유럽연합은
어떻게 세계를 지배하는가

브뤼셀 효과

한국외국어대학교 EU연구소
신사회계약인문사회총서 06

이 역서는 2022년 대한민국 교육부와 한국연구재단의 지원을 받아 수행된 연구임.
(NRF-2022S1A5C2A02091292)

한국외국어대학교 EU연구소
신사회계약인문사회총서 06

유럽연합은
어떻게 세계를 지배하는가

브뤼셀 효과

아누 브래드포드 지음
김일곤, 박상준, 이영주, 이하얀 옮김

SNS 혐오발언부터 유전공학 옥수수까지
무엇을 보고 듣고 먹을 것인지는 브뤼셀에서 정해진다

HU:iNE

● 일러두기

각주는 모두 번역자 주석이며, 원서의 주석은 미주로 수록하였다.

발간사

오랫동안 세계화로 인해 촉진되었던 상호 의존 관계는 평화와 번영을 이끄는 요인으로 인식되었다. 국제 규범에 기반을 둔 자유로운 무역과 인적교류는 국가 간 협력을 강화하면서, 경제성장을 촉진했고, 더 나아가 민주주의 확산에도 일정 부분 기여했다. 그러나 최근 수년간 미 · 중 패권 경쟁의 심화, 코로나19 팬데믹 갈등 등의 요인으로 세계화에 균열이 생기고 있다. 보호무역주의와 지정학적 갈등은 국제 규범을 기반으로 구축된 기존의 국제 질서를 흔들고 있다. 이러한 변화 속에서 규범에 기반한 다자주의와 대화를 통한 국제협력의 중요성은 오히려 더 커졌다.

세계화의 기회를 활용하며 발전해 온 한국은 앞으로 어떤 길을 모색해야 할까? 이 질문에 답변하기 위한 방법 중 하나는 다른 국가, 지역의 사례를 살펴보는 것이다. 이러한 문제의식을 갖고 한국외국어대학교의 연구자들은 수많은 사회적 실험을 거쳐 온 유럽이 이러한 전환기에 어떻게 대응하는지를 살펴보고자 했다. 이에 2022년부터 '신(新)사회계약론 탐구: 대전환 시대 유럽의 응전과 한국'을 주제로 인문사회연구사업단을 운영해 왔다. 이 프로젝트의 핵심 목표는 경제 · 사회 · 생태 · 정치 등 다양한 영역에서 유럽이 복합적 위기에 어떻게 대응하고 있는지를 연구하는 것이다. 궁극적으로는 한국이 새로운 사회 모델을 모색하는 데 기여하는 것이다.

이번에 번역, 발간하는 『브뤼셀 효과』는 이러한 노력의 결실이다. 2020년에 발간된 이 저서는 유럽연합(EU)이 규범과 가치를 통해 국제 관계와 글로벌 시장에 미치는 영향력을 체계적으로 분석한 저작이다. '브뤼셀 효과'란 EU가 설정한 규제가 단순히 유럽 내부에 머무르지 않고 전 세계로 확산되는 현상을 의미한다. EU는 소비자 보호, 제품 안전, 환경 보호 등의 보편적 가치를 기반으로 규범을 제정하고, 유럽은 물론 외국 기업들이 이에 따르도록 유도하며, 결과적으로 해당 규범을 국제 표준으로 정착시키고 있다.

브뤼셀 효과는 2000년대 초 등장한 '규범적 권력(normative power)' 개념의 연장선에서 이해할 수 있다. EU는 경제적 · 군사적 힘에 의존하지 않고 규범과 가치를 통해 국제 관계에 영향을 미치는 독자적인 행위자로 자리 잡아 왔다. 특히, 그린 딜(Green Deal) 추진 과정에서의 환경 규제, 디지털 시장 규제, 그리고 향후 도입될 인공지능(AI) 관련 규제는 브뤼셀 효과가 과거에 국한된 개념이 아니라, 앞으로도 지속적인 영향력을 행사할 것임을 보여준다.

유럽학 연구의 석학인 앤드류 모라브칙(Andrew Moravcsik) 교수는 이 책을 두고 "향후 10년 동안 유럽의 세계적 영향력에 관한 가장 중요한 저작"이라고 평가하며 그 가치를 극찬한 바 있다. 그러나 이 책의 번역을 통해 역자들이 한국 사회에 전달하고자 하는 것은 단순히 EU 규제의 확산 메커니즘과 사례를 설명하는 데 그치지 않는다. 이 책은 다양한 이슈에 대해 유럽이 어떻게 대응하며, 스스로의 입지를 조정해 나가는지를 이해하는 데 중요한 통찰을 제공할 것이다. 이를 통해 미 · 중 패권 경쟁, 지정학적 갈등, 보호무역주의 확산 등 세계화의 균열 속에서 한국이 어떤 대응 방향을 모색해야 하는지 고민하는 데 유용한 거울이 될 수 있다.

마지막으로, 이 책의 번역과 발간을 위해 헌신적으로 노력한 한국외국어대학교 EU연구소의 인문사회연구사업단 연구자들께 깊이 감사드린다. 이 책이 국제 질서의 변화에 대한 유럽의 대응을 이해하는 데 도움이 되고, 한국이 직면한 도전을 조망하는 데 참고가 되기를 바란다.

한국외국어대학교 EU연구소장

강유덕

옮긴이 서문

오늘날 유럽을 과거의 강대국으로 묘사하는 소리를 흔하게 들을 수 있다. 군사적인 측면에서 볼 때, 유럽은 약소국에 가까워 보인다. 미국의 지원이 없이 자신의 힘만으로 승세를 굳히거나 전쟁을 종결시키기에는 버거워 보이기 때문이다. 자신의 대륙에서 벌어진 러시아-우크라이나 전쟁 상황이 이를 증명한다. 경제력 면에서도 유럽의 상황은 예전만 못하다. 아시아의 경제력이 상승하는 동안, 유럽의 경제력은 상대적으로 감소해 왔다. 게다가 미 · 중 패권 경쟁 과정에서 미래 먹거리를 둘러싼 반도체, AI 등의 첨단기술 확보 경쟁에서 유럽은 한참이나 뒤처져 있는 듯 보인다. 그 때문에 미국식 주주자본주의 모델의 경쟁상대로 유럽의 라인 모델이 주목을 받던 한때의 영화(榮華)도 힘을 잃고 있다. 더욱이 권위주의로의 회귀와 극우 정당의 발호 속에서 유럽연합(EU)의 구심력도 예전만 못해 보인다. 그 때문에 세계 무대에서 EU는 하나의 목소리를 내지 못하고 영향력이 쇠퇴하고 있는 것으로 여겨진다. 그로 인해 EU는 약한 다자주의와 국제기구로 후퇴하게 될 것으로 인식되고 있다.

그러나 이러한 일반적인 인식과 달리, 유럽의 글로벌 영향력 가운데 여전히 과소 평가되고 있는 부분이 있다. 글로벌 시장을 규제하는 유럽의 일방적인 힘이 바로 그것이다. EU는 식품, 화학물질, 환경, 경쟁, 개인정보보호 등 광범위한 분야에서 글로벌 규칙을 설정하고 있다. 이러한 EU의 규칙 및 규정은 전 세계 시민의 일상생활에 가시적인 영향을 미친다. 예컨대 아침에 바르는 화장, 아침 식사로 먹는 시리얼, 컴퓨터의 소프트웨어, 페이스북 페이지에서 조정하는 개인정보보호 설정 등은 EU가 정하는 규정에 따라 결정된다. 그리고 미국인들이 집의 냉방을 위해 어떤 종류의 에어컨을 사용해야 하는지, 왜 아이들이 맥도널드 해피밀에서 부드러운 플라스틱 장난감을 더 이상 찾을 수 없는지도 EU 규정에 따른 것이다. 또한 아이폰 이용자가 자사의 '사파리(Safari)' 외에 크롬, 엣지, 파이어폭스 등 다른 브라우저도 선택할 수 있도록 애플이 방침을 바꾸기로 한 것도, 애플이 간편결제 기술인 '탭앤고(Tap-and-Go)'를 경쟁사들의 제3자 앱에도 개방하여 '삼성페이'와 같은 경쟁사들의 간편결제 시스템이 아이폰에서 사용될 수 있는 길이 열린 것도 EU의 규제 덕분이다. 하지만, '브뤼셀 효과'로 불리는 이러한 현상을 인지하는 사람은 많지 않다.

브뤼셀 효과란 이 책의 원저자인 브래드포드(Anu Bradford)에 의해 명명된 용어로, EU가 자신의 일방적인 시장의 힘을 이용해 상대국 및 기업이 EU 기준을 자발적으로 수용하게 하여 궁극적으로 EU의 기준이 글로벌 표준으로 확정되는 것을 의미한다. 이에 따르면 EU는 국제기구에 의지하지 않아도 또는 다른 국가의 협력을 구하지 않아도, 선진국과 개발도상국 시장의 법체계에 모두 적용되는 규정을 공포할 수 있다. 그리고 이를 통해 글로벌 상거래의 중요한 측면을 '유럽화'할 수 있다.

브래드포드도 인정하듯이, 이러한 브뤼셀 효과는 왜 EU가 여러 법률 영역에 걸쳐 일방적으로 영향력을 행사할 수 있는 유일한 규제 체제인지, 왜 미국과 중국을 비롯한 다른 거대 경제권에는 이런 종류의 권한이 없는지를 알려 준다. 또한 이는 권력에 대해 생각하는 방식과 누가 왜 강력한가에 대한 질문에도 영향을 미친다. 예컨대 안보전문가에게 EU가 강력한지를 묻는다면, 아니라고 답할 것이다. 경제전문가에게 EU가 강력한지를 묻는다면, 오늘날 중국의 부상과 미국의 경제적 패권 및 고립주의로 EU의 상대적 힘이 약화하고 있다고 말할 것이다. 하지만 애플, 마이크로소프트, 구글, 몬산토, 다우케미컬에 EU가 강력한지를 묻는다면, 브래드포드의 말처럼 그들은 '그렇다'라고 말할 것이다.

러시아-우크라이나 전쟁의 여파로 국제 관계에 대한 논의에서 군사력의 중요성이 다시금 부상하고 있다. 그 배후에서 다른 한편으로 첨단기술의 확보와 이를 위한 표준 선점의 경쟁도 가열되고 있다. EU 역시 신(新)사회계약을 명분으로 '유럽 그린 딜'이라는 거대 전략 아래에서 친환경 및 첨단기술 분야에서 유럽 기준을 글로벌 표준으로 만들기 위해 경쟁의 일원으로 참여하고 있다. 경쟁이 치열할수록, 브뤼셀 효과의 확산을 위한 EU 규제의 적용 대상과 영역도 넓어질 것으로 예측된다. 따라서 이 책 곧 『브뤼셀 효과: 유럽연합은 어떻게 세계를 지배하는가(원제: The Brussels Effect: How the European Union Rules the World)』에서 다루는 표준을 둘러싼 유럽의 규제 방향과 내용에 대한 이해는 미처 눈여겨보지 못한 유럽의 영향력을 재발견하는 기회가 될 것이다. 나아가 이는 EU를 주요 수출시장으로 두고 있는 한국의 관점에서 적합한 대응 전략을 마련하는 데도 공헌하는 바가 적잖을 것이다.

본 역서가 세상 빛을 보는 데 있어 다수의 응원과 지원이 있었다. 우선 본 역서는 2022년 한국연구재단의 "인문사회연구소지원사업"의 하나로 계획되었음을 알리고 싶다. '한국연구재단'의 지원이 없었다면 역서의 계획도 출간도 불가능했을 것이다. 또한 어려운 출판(특히 번역서) 시장 환경에도 불구하고 본 역서의 출간을 흔쾌히 허락해 주신 한국외국어대학교 '지식출판콘텐츠원'에도 고마움을 전하고 싶다. 특히 옮긴이들의 더딘 역서 작업을 기다려주시고 꼼꼼한 교정과 편집으로 역서의 완성도를 높여주신 장혜정 선생님 이하 지식출판콘텐츠원의 편집진에게도 지면을 통해서나마 깊은 감사를 드린다.

본 역서의 출간을 기다려주시고 응원해 주신 여러 선생님께도 감사를 드리지 않을 수 없다. 한국외국어대학교 EU연구소 소장님이신 강유덕 교수님, 인문사회연구사업단 단장님이신 한국외국어대학교 김면회 교수님, 한국유럽학회 회장님이신 한국외국어대학교 김봉철 교수님, 같은 사업단에서 항상 힘이 되어주시는 조선대학교 공진성 교수님, 계명대학교 랄프 하베르츠(Ralf Havertz) 교수님 등이 그분들이다. 그리고 그 외 다수 선생님께서도 본 역서의 출간을 기다리며 관심과 애정을 아낌없이 보내주셨다. 지면 관계상 일일이 존함을 표기하지 못함을 용서 바라며 다만 다른 기회로 인사와 감사함을 표하고자 한다.

마지막으로 역서 작업의 기회는 물론이고 독자를 위해 한국어 서문까지 기꺼이 보내주신 원저자인 미국 컬럼비아 대학교 로스쿨의 브래드포드 교수님께도 지면을 빌려 깊은 감사를 드리고 싶다. 역서 작업 과정에서 우리 옮긴이들은 원전이 지닌 완결성을 훼손하지 않으면서 그분이 독자들에게 전하고자 한 메시지와 의미를 독자들에게 온전히 전달하고자 했다. 이를 위해 직역에 충실하면서 의역은 최대한 피하고자 했다. 그럼에도 있게 된 오역이나 의미의 왜곡은 오롯이 옮긴이들의 책임이다. 그에 따른 비난 역시 마땅히 옮긴이들이 짊어져야 할 것이다. 그저 독자 여러분의 너그러운 아량만 바랄 뿐이다.

옮긴이 일동

한국어판 저자 서문

2016년 유럽연합(European Union, EU)이 획기적인 데이터 개인정보보호 규정인 "일반데이터보호규정(GDPR)"을 채택했을 때, 메타, 구글, 애플, 마이크로소프트를 포함한 많은 미국의 주요 기술 기업들은 이를 글로벌 데이터 개인정보보호 표준으로 받아들였다. 메타는 당시 22억 명(현재는 약 30억 명)에 달하는 전 세계 사용자들에게 GDPR 보호 조치를 확대 적용하기로 했다. 구글 역시 GDPR에 대응하여 전 세계적으로 개인정보보호 정책을 업데이트했으며, 애플도 마찬가지로 GDPR이 요구하는 업데이트를 전 세계 운영 체제에 적용했다. 마이크로소프트 또한 GDPR의 "개인정보보호 중심 설계(privacy by design)" 개념을 수용하여, 제품 설계 단계부터 EU의 데이터 개인정보보호 표준을 반영함으로써, 이 표준을 제품의 고유한 특성을 통해 세계화했다.

EU에 속해 있지도 않은 미국의 이 강력한 기업들이, 다른 지역의 더 관대한 데이터 개인정보보호법 대신 GDPR을 준수하는 이유는 무엇일까? 그 답은 EU의 일방적인 글로벌 시장 규제 역량을 설명하는 "브뤼셀 효과(Brussels Effect)"라는 현상에 있다. EU 시장의 규모와 매력으로 인해 대부분의 대형 기술 기업들은 이 시장에 접근하기를 원하며, 이를 위해서는 유럽의 규제 표준을 준수해야 한다. 물론 이러한 기술 기업들은 EU 시장과 나머지 시장으로 구분된 데이터 개인정보보호 표준을 채택할 수도 있지만, 규모의 경제를 비롯한 다른 비즈니스적 이점으로 인해 이러한 맞춤형 전략은 매력적이지 않은 경우가 많다. 대신, 이러한 기업들은 전 세계적인 규제 준수를 보장하기 위해 가장 엄격한 규제 표준(일반적으로 EU 표준)을 자신들의 글로벌 표준으로 선택하는 경우가 많다. 이러한 방식으로, 시장의 힘과 기업들의 비즈니스 인센티브만으로도 EU의 GDPR을 글로벌 규정으로 전환할 만한 경우가 많다.

대형 기술 기업들이 EU 규제에 맞춰 글로벌 행위를 조정하는 방식을 설명하는 이러한 사실상의 브뤼셀 효과(de facto Brussels Effect) 외에도, 외국 정부들이 EU식 규제를 채택하는 것을 의미하는 법적 브뤼셀 효과(de jure Brussels Effect)를 통해 이러한 규제들이 전 세계적으로 정착되는 경우가 많다. 지금까지 약 150개국이 국내 개인정보보호법을 채택했으며, 한국의 개인정보보호법을 포함한 대부분의 국가가 EU의 데이터 보호 레짐을 본떠 만들었다. 많은 정부가 GDPR을 모방하는 이유는 GDPR을 가장 높고 널리 인정받는 표준, 즉 "황금 표준"으로 인식하기 때문이다. 특정 변곡점이 지나면 EU 규범에 대한 광범위한 수렴이 이루어져, 데이터 개인정보보호법을 제정하는 어떤 정부도 이러한 글로벌 규범에서 벗어나는 것을 정당화하기가 더 어려워진다.

GDPR은 외국 기업, 정부, 그리고 디지털 시민들에게 모두 영향을 미치는 글로벌한 영향력을 가진 EU법의 대표적인 사례로 자주 언급된다. 하지만 브뤼셀 효과는 EU의 영향력이 중요했거나 중요해지고 있는 다른 정책 분야에서도 관찰될 수 있다. 이 책은 브뤼셀 효과가 경쟁 정책, 환경 보호, 식품 및 화학물질 안전 등 다양한 정책 영역을 어떻게 형성해 왔는지를 보여준다.

EU가 어떻게 이러한 규제 권력을 획득했으며, 그 권력이 어떻게 기업들의 글로벌 비즈니스 관행을 형성하고 아시아, 아프리카, 미주 전역의 소비자들의 삶에 영향을 미쳤는지를 설명한다. 이 책의 주요 목적은 우리가 좋아하든 싫어하든 브뤼셀 효과의 기원과 영향을 설명하는 것이지만, 동시에 외국 기업들, 시민들, 그리고 정부들이 이 현상을 환영해야 하는지, 아니면 그 영향력에 대해 우려하고 따라서 글로벌 규제 헤게몬(hegemon)으로서의 EU의 역할에 대응하려 해야 하는지 질문을 던지는 것이다. 마지막으로, 이 책은 과거를 돌아보는 동시에 가까운 미래를 예측하고자 하며, 브뤼셀 효과가 향후 몇 년 안에 쇠퇴할지, 또는 중국의 글로벌 영향력이 커짐에 따라 예를 들어 "베이징 효과(Beijing Effect)"로 대체될 수도 있을지 논의한다.

2020년 영문판이 출간된 이후, 여러 측면에서 브뤼셀 효과는 더욱 강화되었다. EU는 녹색 및 디지털 전환을 추구하면서 수많은 규제를 제정하며 규제에 대한 야망을 지속해 왔다. 디지털 경제는 EU의 증가하는 규제 야망과 그것의 글로벌한 영향력을 보여주는 대표적인 예시이다. 지난 몇 년간 EU는 대형 기술 기업들의 권한을 제한하기 위해 설계된 광범위한 새로운 규제를 제정했다. 여기에는 2022년의 디지털 시장법(DMA)과 디지털 서비스법(DSA), 그리고 2024년의 인공지능법(AI Act)이 포함된다. 이러한 법들은 브뤼셀 효과의 다음 전선을 형성할 가능성이 높으며, 전 세계에 걸친 EU의 글로벌 규제 영향력을 더욱 공고히 할 것으로 보인다.

예를 들어, DSA는 온라인 플랫폼들이 호스팅하는 콘텐츠와 관련하여 포괄적이고 법적 구속력이 있는 투명성 및 책임성 레짐을 수립한다. 이는 플랫폼들이 금지된 콘텐츠에 대한 접근을 신속하게 제거하거나 비활성화할 것을 요구한다. 또한 DSA는 미성년자나 인종, 민족, 종교, 정치적 성향, 성적 지향과 같은 보호 대상 범주에 기반한 타겟 광고와 같은 특정 관행들을 금지한다. 이러한 의무 사항들이 유럽을 넘어 확장되어 브뤼셀 효과를 공고히 하게 되는 경로는 여러 가지가 있다. 예를 들어, 메타가 더 이상 인스타그램에서 유럽의 청소년들을 대상으로 한 맞춤 광고를 할 수 없게 되면, 다른 지역에서 동일한 관행을 지속하는 것을 정당화하기 어려울 수 있다. 이러한 전략은 해당 기업이 상업적 목적을 위해 잘 알려진 미성년자들의 취약성 착취로부터 유럽의 미성년자들만 보호하고 다른 지역의 미성년자들은 보호하지 않는다는 비난으로 이어질 수 있다. DSA는 또한 다른 정부들이 이 분야에서 규제를 추진하는 데 있어 원형을 제공하고 있으며, 이는 법적 브뤼셀 효과로 이어져 이 영역에서 EU가 외국 법률에 영향을 미칠 수 있는 능력을 강조한다.

DMA는 "디지털 게이트키퍼들(digital gatekeepers)"의 반경쟁적이라고 여겨지는 특정 비즈니스 관행들을 제한함으로써 시장 경쟁을 강화하는 것을 목표로 하는 또 다른 주요 디지털 규제이다. EU의 선구적인 DMA는 여러 정부가 이미 유사한 규제를 도입하거나 고려하고 있는 가운데 전 세계적으로 주목을 받고 있다. 전 세계 정부들이 EU의 DMA와 유사한 자체 규제를 도입해야 할지를 논의하는 동안, 이러한 주요 디지털 게이트키퍼들은 그들의 비즈니스 모델에 주목할 만한 변화를 만들어 내는 데 바쁘며, 이러한 변화 가운데 일부는 그들의 제품과 서비스에 글로벌한 변화를 불러올 가능성이 높다.

또 다른 예시는 현재 전 세계를 강타하고 있는 인공지능 분야에서 찾아볼 수 있다. EU의 인공지능법은 윤리적이고 신뢰할 수 있으며 인간 중심적인 AI 개발을 촉진하여 기본권의 높은 수준의 보호를 보장하고자 한다. 이 법 역시 전 세계적으로 AI 개발을 형성할 잠재력을 가지고 있다. 예를 들어, 이 법은 AI 개발자들이 그들의 AI 시스템을 훈련하는 데 사용하는 데이터에 대해 엄격한 데이터 거버넌스 조치를 채택할 것을 의무화한다. 이러한 조치들은 종종 관할권을 넘어 기업 전체에 걸쳐 구현될 가능성이 높다. 기업이 EU를 위해 위험을 관리하고 높은 데이터 품질을 보장하는 프로세스에 투자하고 나면, 다른 시장을 위해 덜 정확한 AI 시스템을 개발할 인센티브는 거의 없다. 글로벌 기업이 채용에 AI를 활용하거나 은행이 개인의 신용 등급을 결정하는 데 AI를 배치하는 경우, 이러한 기업들이 유럽을 위해서는 편향 없는 채용이나 신용 평가 알고리즘을 개발하면서 다른 시장에서 사용되는 AI 시스템에는 품질이 낮은 알고리즘을 사용할 가능성은 낮다. 대신, 기업들은 전반적으로 표준화된 알고리즘을 배치할 가능성이 높으며, 이는 브뤼셀 효과를 촉발하게 된다.

이러한 사례들은 EU가 기업들에 영향을 미치고 전 세계 정부들에게 영감을 주는 선구적인 규제를 통해 글로벌 경제에서 주요 행위자로 남아있는 방식을 보여주는 몇 가지 예시일 뿐이다. 브뤼셀 효과는 실리콘밸리에 기반을 둔 인터넷 플랫폼들, 아프리카와 브라질의 농부들, 한국과 일본의 전자제품 제조업체들이 매일 체감하고 있다. 가장 중요한 것은, 브뤼셀 효과가 사람들이 인터넷을 사용하거나, 자동차를 운전하거나, 슈퍼마켓에서 식품을 구매할 때마다 소비자와 시민들에 의해 체감된다는 점이다. 다시 말해, 브뤼셀 효과가 이토록 중요한 이유는 유럽의 규제가 매일 우리 모두에게 영향을 미치기 때문이다. 브뤼셀은 서울에서 8,700킬로미터나 떨어져 있지만, 규제의 관점에서 보면 두 도시는 마치 이웃사촌과도 같다.

2024년 11월

아누 브래드포드

서문

이 책의 아이디어는 현대 대중 담론에 스며든 EU의 종말이나 글로벌 부적절성(irrelevance)에 관한 거의 끊임없는 대중적 논평에 대한 반응으로 탄생했다. 이러한 서사는 내가 직접 수행한 학문적 연구에서 관찰된 데이터 및 패턴과 모순되는 것으로, 내 연구는 EU의 글로벌 규제 권력과 영향력에 대한 심오한 사례들을 상당수 제공했다. 그 사례들을 정확하게 검토하면 국제 규제 업무 수행에 대한 EU의 글로벌 적절성이 지속적이고 심지어 점점 커지고 있음을 확인할 수 있다. 이러한 상반된 서사들은 처음에 EU의 규제 영향력을 주도하는 메커니즘에 대한 논문을 작성하려는 아이디어를 촉발시켰다. 이는 EU의 쇠퇴에 대한 오해를 바로잡고 세계에서 EU의 역할에 대한 보다 정확한 시각을 발전시키기 위한 노력의 일환이었다. 2012년 『노스웨스턴대학교 법학 리뷰』에 게재된 해당 논문에서, 나는 "브뤼셀 효과"라는 용어를 만들었다. 이 용어는 브뤼셀에 기반을 둔 제도에서 유래한 EU 권력의 기원을 파악하고, 캘리포니아 효과*에 대한 데이비드 보겔(David Vogel)의 획기적인 연구에 경의를 표하고 이를 발전시키기 위한 것이다.

이 논문이 불러일으킨 논쟁에 고무된 나는 옥스퍼드 대학 출판부의 제안을 받아들여 논문을 책으로 확장하기로 했다. 2012년 이후 많은 일이 일어났지만, EU의 글로벌 시장에 대한 영향력은 오히려 커졌다. EU가 계속해서 직면해 온 외견상의 일련의 위기에도 불구하고 말이다. 이 책은 EU의 글로벌 규제 영향력에 대해 처음에 설명한 것보다 훨씬 더 상세하고 섬세한 이론을 발전시키고자 한다. 또한 이 책은 새로운 규제 영역, 새로운 산업 그리고 새로운 국가로 연구 범위를 넓히는 동시에 브뤼셀 효과가 복지를 증대시키는지, 미래에도 지속될 것인지와 같은 새로운 질문을 던진다.

이 책의 주요 기여는 현상을 있는 그대로 서술하는 것이다. 이 책은 EU가 보유한 규제 권력을 지지하거나 비판하지 않으면서 EU가 어떻게 그리고 왜 지정학적 경쟁자들과 비교할 수 없는 글로벌 규제 헤게몬이 되었는지를 설명한다. 누구나 그렇듯이, 나는 EU에 대해 나름의 규범적 견해를 갖고 있으며, 그 운명에 대해 깊은 관심을 가지고 있다. 나는 EU의 많은 업적에 대한

---

* 캘리포니아 효과(California Effect)는 엄격한 규제나 높은 표준을 가진 특정 지역이 다른 지역에도 비슷한 규제를 도입하도록 영향을 미치는 현상을 설명하는 개념이다. 데이비드 보겔이 만든 이 개념은 특히 환경 규제, 소비자 보호, 노동 기준 등에서 나타나는 경향을 설명할 때 자주 사용된다. 캘리포니아 효과라는 명칭은 미국 캘리포니아주에서 유래했다. 캘리포니아주는 역사적으로 환경 규제와 소비자 보호 규제에서 매우 엄격한 표준을 적용해 왔다. 이러한 규제는 처음에는 캘리포니아주 내에서만 적용되었지만, 캘리포니아주의 거대한 시장 규모 때문에 많은 기업들이 캘리포니아 표준을 충족하기 위해 제품과 생산 과정을 조정했다. 이러한 변화는 궁극적으로 미국 전체, 나아가 전 세계적으로도 유사한 규제나 표준을 확산시키는 결과를 초래했다. 요컨대 캘리포니아 효과는 엄격한 규제를 가진 지역이 다른 지역에 규제 강화의 동기를 부여하고, 궁극적으로 더 높은 규제 표준을 확산시키는 현상을 설명하기 위해 고안되었다.

자부심만큼이나 반복되는 실패에 대한 좌절감도 깊게 느끼고 있다. 이 책의 마지막 부분에서 논의를 촉진하기 위해, 나는 브뤼셀 효과에 대한 규범적 입장을 제안한다. 그러나 이 책의 핵심 논거와 전반적인 기여는 EU에 대한 나 자신의 견해에 좌우되지 않는다. 브뤼셀 효과는 좋든 싫든 존재하며, 궁극적으로 브뤼셀 효과가 세계를 발전시키는 현상인지 아니면 우려할 만한 현상인지는 독자들이 판단할 몫으로 남겨둔다.

이 책을 통해, 나는 EU를 지지하는 사람들과 비판하는 사람들 모두를 논쟁에 참여시키기를 희망한다. 이 책은 EU를 무력한 글로벌 행위자로 묘사하는 비판자들의 시각에 이의를 제기하고, 그러한 비판이 오늘날 권력의 의미에 대한 편협하고 시대에 뒤떨어진 비전에 초점을 맞추고 있음을 보여준다. 또 EU의 가장 열렬한 지지자들에게는 EU가 중요하다는 위안을 주겠지만, 동시에 EU의 부활과 존재감을 위해 더 많은 통합이 필요하다는 서사를 약화시키기도 할 것이다. 심지어 유럽연방(European federation)이 부재하더라도, EU는 이미 브뤼셀 효과를 통해 국경 안팎에서 자신의 이익을 증진할 수 있다. 마찬가지로 이 책은 유럽인과 비유럽인 모두를 위해 작성되었다. 이 책은 브뤼셀의 정책 관계자들뿐만 아니라 EU에 대한 직접적인 경험이 거의 없는 외국 정부들, 기업들 그리고 시민들과도 대화하기를 희망한다. 즉 그들이 EU 규제가 얼마나 광범위하고 집요하게 각국과 그들의 일상생활에 영향을 미치고 있는지를 알 수 있을 때까지 말이다.

유럽에서 미국으로의 개인적이고 직업적인 여정의 결과로, 오늘날 나는 내부자이자 외부자로서 동시에 EU를 관찰할 수 있는 이점을 누렸다. 거의 20년 동안, 나는 미국에 거주하는 유럽인으로서 EU를 연구해 왔다. 나는 미국의 학계와 대중적 논의에 참여하면서 브뤼셀에서 벌어지는 논쟁과 일정한 거리를 두게 되었고, 이는 내가 EU에 대해 인식하고 글을 쓰는 방식에 영향을 미쳤다. 하지만 나는 결코 진정한 외부자가 될 수 없었다. 즉 나는 핀란드에서 자랐고, 미국으로 이주하기 전에 벨기에, 프랑스 그리고 독일에서 공부하고 일했다. 그리고 이 글의 대부분은 스페인에 살면서 유럽 전역을 여행하면서 작성되었다. 오늘날 EU 규제와 제도에 대해 글을 쓸 때, 나는 매우 친숙한 것에 대해 글을 쓴다. 나에게, EU법은 외국법이 아닌 국내법으로 남아 있다.

집필 과정 내내, 미국과 유럽에 있는 믿을 수 없을 만큼 훌륭한 개인들과 풍부하고 다양한 대화를 나누면서 많은 도움을 받았다. 이러한 대화를 통해 원고가 상당히 개선되었지만, 모든 오류와 결함은 전적으로 내 책임이다. 이 책은 2018년 뉴욕과 2019년 마드리드에서 개최된 두 차례의 학술회의 발표 원고를 통해 가장 큰 도약을 이루었다. 시간을 내어 원고를 읽고 하루 종일 대화를 나눈 뛰어난 학자들에게 깊이 감사드린다. 각자의 프로젝트를 제쳐두고 나와 브뤼셀 효과에 대해 논의하기 위해 명석한 두뇌를 빌려준 알베르토 알레만노, 조지 베르망, 카티아 비덴코프, 아담 칠튼, 머리스 크레모나, 그라녀 드 부르카, 피에트 에크하우트, 댄 켈레멘, 수잔 킹스턴, 카테리나 리노스, 아베 뉴먼, 마크 폴락, 토냐 퍼트남, 앤-리스 시보니, 토마스 스트라인츠, 데이비드 보겔, 마리아 와이머, 얀 바우터르스 그리고 팀 우에게 진심으로 감사드린다. 그 대화 덕분에 이 책은 매우 달라졌고 훨씬 더 개선되었다.

나는 유럽과 미국에서 개최된 다양한 컨퍼런스에서 원고 초안을 발표할 기회를 가졌다. 여기에는 마드리드에서 개최된 유럽학회협의회 제26차 유럽주의자 국제회의, 제네바에서 열린 세계무역기구의 무역 강좌 세션, 마드리드에 있는 IE 글로벌 및 공공행정 대학원과 마드리드 카를로스 III세 대학교의 EU관측소, 파리에서 개최된 제10차 트랜스 유럽전문가포럼, 피렌체에 있는 유럽대학에서의 EU법 워크숍, 제네바 대학원에서 개최된 글로벌 거버넌스 콜로키엄, 프린스턴 대학교에서 열린 EU 세미나 시리즈, 컬럼비아 대학교에서 열린 교수진 워크숍, 런던시립대학교 시티 로스쿨에서 열린 EU와 세계의 수렴 모델링 워크숍, 듀크 대학교에서 열린 듀크-예일 대외관계법 라운드테이블 등이 포함된다. 이 자리에서 내가 받은 훌륭한 피드백에 깊이 감사드린다.

또한 나는 신뢰할 수 있는 많은 동료들의 아낌없는 독해와 귀중한 통찰력으로부터 큰 도움을 받았다. 사려 깊게 읽고 예리한 피드백을 해준 라헬 브루스터, 톰 긴스버그, 카타리나 피스토어, 에릭 포즈너, 데이브 포젠, 매튜 왁스먼, 그리고 논거를 더 발전시키는 데 많은 통찰력을 제공한 옥스퍼드 대학 출판부의 익명의 심사자들에게 특별히 감사드린다. 또한 유익한 대화와 독서 추천을 해준 불만-포젠, 스타브로스 가디니스, 캐서린 해리건, 버트 황, 올라티 존슨, 벤 리브먼, 플로렌시아 미로타-버글러, 소피 뮈니에, 조앤 스콧, 알렉스 왕, 조나단 위너, 안젤라 장에게도 따뜻한 감사의 인사를 드린다. 나와 같은 관점을 공유하고 올바른 질문이나 출처를 안내해 준 많은 EU 관료들, 법률 및 정책 전문가들, 정부 및 기업 대표들에게 깊이 감사드린다. 물론, 이 책에서 제시된 주장은 나만의 주장일뿐, 이들 개인이나 기관에 귀속될 수 없다. 특히 줄리아 백먼, 매튜 바이, 리카르도 팔코니, 존 프랭크, 토니 가드너, 브루노 젠카렐리, 한스 잉겔스, 시릴 자케, 사빈 주엘리처, 마이클 케피, 에스더 켈리, 니콜라스 레비, 기욤 로리엇, 패트릭 로빈슨, 제시카 쇤버그, 제임스 스티븐스, 에밀리아노 토네제, 니콜라스 베론, 피터 자펠 그리고 카롤리나 자즈보코바에게 진심으로 감사드린다.

이 책은 나의 놀라운 연구 조교팀이 없었다면 존재하지 않았을 것이다. 이렇게 재능이 풍부하고 헌신적인 학생들을 가르치고 함께 일할 수 있다는 것은 엄청난 특권이며 이 직업을 세계 최고의 직업으로 만든다. 필 안드리올, 브루나 바렛타, 켈리 벤귀이, 데이비드 블랙맨, 앤드류 브릭필드, 사미 마루프 크레랜드, 마리-마리 드 페이즈, 팹 디우프, 헤일리 플로라, 후이 첸 간, 조나 가슨, 로한 조지, 로사나 곤잘레스-무노즈, 줄리아 그라보스카, 이사벨라 해리스, 에밀리 허시, 리어 장, 자넷 칸자와, 김현규, 임들, 유-텡 린, 라비 쿠마르 마토, 마리 멘쇼바, 케빈 미노푸, 피터 노이벡, 줄리-아이린 은코도, 리우이 판, 니라즈 RS, 아칸샤 삭세나, 엘비라 시볼라, 에릭 슬리바, 알라스테어 스미스, 스리니디 스리니바산, 줄리아 시노바츠, 로라 와인블룸 그리고 미트라 야즈디에게 진심으로 감사를 표한다. 이들이 없었다면, 이 책을 집필하는 데 수년이 더 걸렸을 것이며 현재의 책이 나오지도 못했을 것이다. 이들의 연구 덕분에 나는 아시아, 아프리카, 라틴아메리카 전역에 걸쳐 나타난 브뤼셀 효과의 사례를 소개할 수 있었고, 이들의 연구를 통해서만 발견한 많은 규제나 산업에 대해 논의할 수 있었다. 나의 포부를 공유하고 나를 위해 여러 번 노력해 줘서 감사하다. 또한 세심한 배려와 헌신, 전문성을 발휘해 이 책을 훨씬 더 읽기 쉬운 책으로 만들어 준 환상적인 편집자 크리스 루라에게도 진심으로 감사를 전하고 싶다.

나는 이 연구를 가능하게 해준 컬럼비아 대학교의 여러 센터와 연구소의 지원에도 감사의 마음을 전한다. 여기에는 제롬 A. 차젠 글로벌 비즈니스 연구소, 밀스타인 글로벌 시장 및 기업 소유권 센터, 리처드 폴 리치먼 비즈니스 법률 및 공공 정책 센터 등이 포함된다. 이 연구는 또한 EU의 에라스무스 플러스 프로그램의 지원(Erasmus + Programme of the European Union)도 받았다.[1]

마지막으로 우리 가족이다. 지난 2년 동안 토요일 아침까지 인내심을 갖고 기다려 준 세 자녀 올리버, 실비아, 비비안에게 진심으로 감사하다. 12살인 올리버는 누구보다도 브뤼셀 효과를 명확하게 잘 설명할 수 있다. 미래를 걱정하는 두 대륙 시민으로서, 그는 매일 뉴욕에서 브뤼셀 효과가 자신에게 미치는 영향에 위안을 받고 있다. 지치지 않고 브뤼셀 효과에 대해 논의하고 이 통찰력이 얼마나 중요한지 상기시켜 준 남편 트래비스에게 깊은 감사를 표한다. 원고 초안의 모든 단어를 읽고 또 읽으며, 타협하지 않는 솔직함과 변함없는 지지를 선사해 준 것에 감사하다. 당신 덕분에 나는 더 멀리 보고 더 깊이 생각할 수 있었으며, 이 책의 가장 중요한 통찰력은 우리가 나눈 수많은 대화에서 비롯되었다.

이 책은 내 가장 깊은 감사를 받아 마땅한 부모님인 리타와 라우리에게 헌정한다. 이 책의 핵심 요소들은 어린 시절을 보낸 핀란드 집에서 일하면서 발전되었다. 수많은 시간 동안 아이를 돌봐주셔서 감사드린다. 덕분에 나는 생각하고 글을 쓸 수 있는 소중한 공간을 가질 수 있었다. 이 프로젝트와 그 기반이 된 과거의 모든 노력에 대한 지칠 줄 모르는 지원에 감사드린다. 두 분은 항상 나에게 당신들이나 다른 사람의 꿈이 아닌 나 자신의 꿈을 좇으라고 격려해 주셨다. 이 책을 포함해 내가 이룩한 모든 성취는 그 덕분이다.

스페인 마드리드에서

2019년 6월

차례

제III부

서론

브뤼셀 효과

최근 뉴스나 싱크 탱크와 정부 기관에서 꾸준히 발표하는 정책 분석을 읽어보면 유럽의 전성기가 끝났다는 가정이 깊숙이 자리 잡고 있음을 쉽게 알 수 있다. 유럽에 관한 글을 쓰는 정책 전문가, 학자, 저널리스트들은 "유럽 대륙의 거대한 통합 프로젝트가 실패하고 있으며, 그 글로벌 영향력이 약화되고 있다"라고 지적한다.[1] 그들은 "유럽의 해체"[2]를 묘사하거나 "EU의 몰락과 쇠퇴: 글로벌 부적절성에 대한 투쟁"[3]이라는 문헌을 작성한다. 그들은 "다가오는 EU의 붕괴"[4]를 언급하거나, "유럽이 더 이상 중요하지 않은 이유"[5]를 설명하기도 한다. 어떤 이들은 "유럽의 쇠퇴는 글로벌 관심사"[6]라며 유럽의 쇠약을 안타까워하는 반면, 다른 이들은 "유럽이 쇠퇴의 길로 가고 있다"[7]라는 점을 고려할 때 유럽의 쇠퇴가 스스로 만든 결과임을 상기시킨다. 이러한 논평에서 비롯된 서사는 EU를 존재감을 유지하기 위해 고군분투하는 노화되고 쇠퇴하는 권력으로 묘사한다.

EU가 쇠약하다고 인식되는 데에는 몇 가지 요소가 있다. 통합된 유럽은 단 한 번도 군사 강국이 아니었기 때문에, 글로벌 위협에 하드 파워(hard power)로 대응하기에는 부적합하다. EU의 경제력은 아시아 경제력의 상승에 비해 지금 약화되고 있다. 유로 위기의 여파가 지속되면서 유럽 프로젝트에 대한 대중의 신뢰는 더욱 약화되었다. 이러한 구조적 도전이 가중되면서, EU는 현재 더욱 독단적인 러시아, 경제적 포퓰리즘과 유럽회의주의의 부상, 테러의 증대, 난민 위기 그리고 물론 EU 탈퇴를 위한 영국의 브렉시트(Brexit) 투표 등에서 기인한 새로운 위협과 압력에 직면하고 있다. 이러한 위기의 다양성과 심각성은 EU의 가장 열렬한 지지자라 할지라도 EU의 쇠퇴가 불가피하다는 확신을 갖게 만들 수 있다.

이 책은 세계에서 EU의 역할에 대한 대안적이고 정반대의 견해를 제시한다. 이 책은 모든 도전에도 불구하고 EU는 여전히 세계를 자신의 이미지로 형성하는 영향력 있는 초강대국이라고 주장한다. EU의 쇠퇴에 대한 지속적인 서사는 최근의 위기에도 영향을 받지 않는 중요한 권력의 차원, 즉 글로벌 시장을 규제하는 EU의 일방적인 권력을 간과하고 있다. 오늘날 EU는 유럽뿐만 아니라 전 세계 모든 곳에서 어떤 제품이 만들어지고 어떻게 비즈니스가 수행될지에 영향을 미치는 규제를 공표하고 있다. 이러한 방식으로 EU는 경쟁 정책, 환경 보호, 식품 안전, 개인정보보호 또는 소셜 미디어에서의 혐오 발언 규제 등에서 표준을 설정하는 능력을 통해 글로벌 시장을 일방적으로 변화시킬 수 있는 중요하고 독특하며 매우 침투력이 강한 권력을 행사하고 있다. 따라서 이 책은 EU가 어떤 재정적 · 정치적 결함을 갖고 있더라도, EU는 앞으로도 오랫동안 글로벌 경제의 주요 세력으로 남을 것이며, 앞으로도 그럴 것이라고 주장한다.

오늘날 EU 규제가 아이폰의 기본 개인정보보호 설정이나 트위터에서 부적절하다고 삭제할 발언의 유형을 결정한다는 사실을 아는 미국인은 거의 없다. 이와 관련하여 미국인만 그런 것은 아니다. EU 규제 영향력의 사례는 글로벌 시장 곳곳에서 찾아볼 수 있다. EU법은 인도네시아에서 목재를 벌목하는 방법, 브라질에서 꿀을 생산하는 방법, 카메룬에서 코코아 농부가 사용하는 살충제, 중국의 유제품 공장에 설치되는 장비, 일본의 플라스틱 장난감에 사용되는 화학물질뿐만 아니라 라틴아메리카의 인터넷 사용자에게 제공되는 개인정보보호 범위 등을 결정한다.

이는 이 책에서 "브뤼셀 효과"라고 설명하는 현상의 몇 가지 사례에 불과하다. 브뤼셀 효과는 글로벌 시장을 규제하는 EU의 일방적인 권력을 의미한다. 국제제도를 활용하거나 다른 국가의 협력을 구할 필요 없이, EU는 글로벌 비즈니스 환경을 형성하는 규제를 공표할 능력을 갖추고 있으며, 이는 글로벌 상거래의 여러 중요한 측면에서 주목할 만한 "유럽화(Europeanization)"를 이끌어내고 있다. 다른 형태의 글로벌 영향력과는 달리, EU는 누구에게도 표준을 강제로 부과할 필요가 없다. 다시 말해 기업들이 전 세계적인 운영을 관리하기 위해 EU 규칙을 자발적으로 확장함에 따라 시장의 힘만으로도 EU 표준을 글로벌 표준으로 전환하는 데 충분할 때가 많다. 특정 조건 하에서, 브뤼셀 효과는 단일 관할권에서 유래된 규제가 글로벌 시장 전반에 걸쳐 경제생활의 여러 측면에 침투하는 "일방적인 규제 세계화(unilateral regulatory globalization)"를 초래한다.

일방적인 규제 세계화의 결정 요인을 분석하면, 왜 EU가 — 미국이나 중국과 같은 다른 강대국이 아닌 — 글로벌 상거래의 지배적인 규제 기관이 되었는지, 그리고 왜 EU가 특정 규제는 성공적으로 수출할 수 있지만 다른 규제는 그렇지 못한지도 알 수 있다. EU는 강력한 규제 기관의 지원을 받는 대규모 소비자 시장을 보유하고 있다. EU와 교역하려면 외국 기업들은 전 세계에서 가장 엄격한 표준인 EU 표준에 따라 활동 또는 생산을 조정해야 하며, 그렇지 않으면 EU 시장을 완전히 포기해야 한다. 그러나 다국적 기업들이 후자를 선택하는 경우는 거의 없다. 또한 EU는 미국에서와 같이 탄력적인 자본 시장이 아닌 주로 비탄력적인 소비자 시장을 규제하기 때문에, 이들 다국적 기업은 규제 대상을 다른 관할권으로 이전하여 EU 규칙을 회피할 수 없다. 자본은 제한적인 규제 환경에 직면하면 도망칠 수 있지만, 비탄력적인 소비자는 그렇지 않다. 더욱이 EU가 규제하는 것은 자신의 역내 시장뿐일지라도, 다국적 기업들로서는 각 개별 시장에 맞게 생산을 맞춤화하는 대신 전 세계적으로 생산을 표준화하고 단일 규칙을 준수하려는 동기를 갖는 경우가 많다. 이는 EU 규제가 사실상의 글로벌 규제로 전환되는 핵심 요소이다. 물론 다른 거대 경제권에서도 일방적인 글로벌 규제 영향력을 행사할 수 있다. 그러나 예를 들어 미국은 사실상 이러한 권력을 EU에 양도한다. 이는 미국이 대부분의 정책 영역에서 덜 엄격한 규제 표준을 공표하고 데이터 보호와 같은 주요 영역에 대한 규제를 주로 시장에 맡기는 것을 선택함으로써 이루어진다.

이 책은 EU의 일방적인 규제 권력에 대한 이론적 · 경험적 설명을 제공함으로써 EU를 쇠약하고 쇠퇴하는 권력으로 묘사하는 현재의 담론에 대한 수정을 제시한다. 이 책의 목표는 EU의 쇠약함에 대한 다양한 비판을 부정하거나 그러한 비판이 가치가 없다고 주장하는 것이 아니다. 그 대신 목표는 전체 이야기가 훨씬 더 균형 잡혀 있으며, 일부 매우 근본적인 측면에서 EU가 여전히 글로벌 경제에서 강력한 행위자로 남아있음을 보여주는 것이다. 또한 이 책은 EU를 다자간 협력과 보편적 규범의 옹호자라는 지배적 서사에 도전한다.[8] 이는 국제 문제에 있어서 미국의 일방주의와 극명한 대조를 보여준다. 브뤼셀 효과는 다자주의와 보편주의에 대한 EU의 약속이 반드시 검증되어야 함을 보여준다. 다른 강대국과 마찬가지로, EU는 국제 규범이 자신의 규제 선호를 반영하도록 국제질서를 형성하고자 한다. 즉 때로는 다자적으로, 때로는 훨씬 더 유효하게 일방적으로 이를 실현하고자 한다.[9] 미국은 일반적으로 친시장적 견해와 관련이 있는 반면, EU는 시장을 불신하고 대신 정부 기관에 의존하는 것으로 여겨진다. 그러나 브뤼셀 효과를 통해 시장의 힘을 가장 잘 활용하여 일방적인 글로벌 규제 권력을 발휘하는 것은 미국이 아니라 EU이다. 결과적으로, 이 책은 EU의 가장 큰 글로벌 영향력이 다자간 메커니즘이나 정치제도를 통해서가 아니라 시장과 민간 기업에 의해 촉진된 일방적인 행동을 통해 발휘될 수 있음을 보여준다.

이 책은 다양한 규제 정책에 걸친 수많은 사례를 통해 브뤼셀 효과가 존재할 뿐만 아니라 중요하다는 것을 보여준다. 글로벌 영향력 경쟁에서 규제 권력은 매우 중요하다. EU 규제는 전 세계 사람들의 일상생활의 수많은 측면에 침투해 있다. 브뤼셀 효과는 그들이 먹는 음식, 숨 쉬는 공기, 생산하고 소비하는 제품에 영향을 미친다. 비록 많은 전통적인 영향력 도구들의 중요성이 약화되었을지라도, EU의 규제 권력은 더 오래 지속되고, 더 많이 활용 가능하며, 다른 국가에 의해 쉽게 훼손되지 않는다. 오늘날 원초적인 군사력을 행사하거나 경제 제재 또는 무역 협정이나 치관협정에 포함된 조건부 인센티브에 의존하는 것은 점점 더 어려워지고 있다.[10] 경제력은 더 이상 미국,

EU, 일본과 같이 비교적 동질적인 소수 국가들만의 전유물이 아니다. 오늘날 중국과 기타 신흥 경제국들의 경제력이 날로 커지고 있다. 여러 강대국과 이질적인 이해관계가 얽혀 있는 세계에서는 일방적인 경제력 행사가 거의 불가능하다. 세계무역기구 무역 협상이 계속 타결되지 못하고 있는 것은 많은 국가들이 강력한 힘을 갖고 있는 세계에서 어떤 국가도 혼자서 모든 것을 해낼 수 있을 만큼 강력하지 않다는 것을 일깨워 준다. 오늘날 경제 제재는 거의 성공하지 못한다. 금수 대상 국가들이 대체 공급업체나 시장을 쉽게 찾을 수 있기 때문이다. 무역 전쟁은 쉽게 세계 시장을 혼란에 빠뜨리고 심각한 불확실성을 초래하며 종종 그러한 전쟁을 벌이는 국가를 포함한 모든 당사자에게 막대한 경제적 손실을 초래할 수 있다. 중국과 같은 국가들이 불량국가에도 아무런 조건 없이 원조를 제공할 준비가 되어 있는 상황에서, 전통적으로 강대국과 세계은행, 국제통화기금과 같은 기관에서 영향력의 수단으로 사용하던 조건부 원조 및 기타 보상들은 그 효과가 점점 줄어들고 있다. 따라서 영향력을 행사하는 이러한 전통적인 채널과 달리, 규제 권력은 일방주의가 여전히 작동하는 몇 안 되는 영역 중 하나이다.

이 책의 주제는 또한 국제 협력과 글로벌 제도의 미래에 관해 우려가 커지고 있는 오늘날 특히 적절하다. 이 책은 세계화가 후퇴하고 있다는 널리 퍼져 있는 견해와 미묘하고도 크게 다른 새로운 관점을 제시한다. 국제 협력이 위기에 처해 있을 수 있지만, 브뤼셀 효과는 다자간 협력이 부재한 상황에서도 글로벌 시장을 규율하는 국제 규칙이 계속 생성될 수 있음을 보여준다. 예를 들어, 트럼프 대통령이 미국을 국제 조약과 기구에서 탈퇴시킬 수는 있지만, 현 미국 행정부가 EU 규제를 철회하고 이러한 규칙들을 브뤼셀 효과를 통해 미국이나 다른 나라로 수출하는 EU의 능력을 축소하기 위해 할 수 있는 일은 거의 없다. 마찬가지로 이 책은 브렉시트가 영국을 EU의 규제적 속박으로부터 해방시키지 못할 것이라고 주장한다. 영국 수출의 약 절반이 EU를 대상으로 하고 있으며, 변화는 거의 없을 것이라고 예상된다. 따라서 영국은 브렉시트 이후에도 EU의 대규모 소비자 시장에 대한 접근이 계속 필요할 것이다. 원칙적으로 영국 기업들은 브렉시트 이후 유럽에 대해 하나의 표준을, 나머지 국가에 대해서는 여러 다른 표준을 채택할 수 있지만, 이는 브뤼셀 효과로 인해 불가능해졌다. 이는 브렉시트가 영국에 가져다줄 규제 자유에 대한 환상을 깨뜨린다. 따라서 브뤼셀 효과는 세계화의 쇠퇴를 완화하고 영국이 EU를 떠난 후에도 오랫동안 EU 시장과 긴밀하게 연결될 수 있도록 한다.

이 책의 구조

이 책은 3부로 구성되어 있다. 1~3장으로 구성된 제I부에서는 브뤼셀 효과의 이론적 토대를 다룬다. EU가 어떻게 글로벌 규제 권력으로 발전했는지 설명하고 브뤼셀 효과가 발생하는 조건에 대해 논의한다. 4~7장으로 구성된 제II부에서는 다양한 정책 영역, 산업 및 관할권에서 브뤼셀 효과에 대한 구체적인 증거를 제시한다. 8장과 9장으로 구성된 제III부에서는 브뤼셀 효과의 타당성을 검토하고 EU의 규제 헤게모니가 지속될 것인지에 대한 예측을 제시한다. 책의 각 부에는 독자의 이해를 돕고 책의 세 부를 자연스럽게 연결할 수 있도록 짧은 서문도 포함되어 있다. 제I부의 서문에서는 브뤼셀 효과에 대한 개괄적인 정의와 이 책의 이론적 위치 및 기존 문헌에 대한 논평을 제시한다. 제II부의 서문에서는 사례 연구의 구조와 선정 근거에 대해 간략하게 설명하고, 사례 연구에서 나온 몇 가지 주요 시사점에 주목한다. 마지막으로 제III부의 서문에서는 마지막 두 장에서 브뤼셀 효과의 타당성과 지속성을 평가할 때 고려해야 할 주요 쟁점들을 소개한다.

1장에서는 글로벌 규제 권력으로 부상한 EU에 대해 논의하면서 시작한다. 이 장에서는 EU의 주요 기관들을 소개하고 규제 과정에서 각 기관의 역할을 설명한다. 그런 다음 규제가 어떻게 유럽통합을 진전시키는 핵심 도구가 되었는지, 이로 인해 이들 기관이 야심 찬 규제 의제를 추진할 수 있는 강력한 동기를 갖게 되었는지를 설명한다. 또한 단일 시장의 창출이 어떻게 항상 EU 기관들의 주요 관심사였는지에 대해서도 논의한다. 오랫동안 브뤼셀 효과는 내부 동기에 의해 추진된 규제 의제의 부수적이고 대부분 의도하지 않은 부산물이었다. 최근에는 이러한 내부 의제와 함께 의도적인 외부 의제가 등장했다.

2장에서는 단일 관할권이 글로벌 규제 권한을 행사할 수 있는 조건을 제시하고 오늘날 EU가 글로벌 규제 헤게몬의 역할을 맡을 수 있는 독특한 위치에 있는 이유를 보여줌으로써 이 책의 핵심 개념을 구상한다. 이러한 조건들은 브뤼셀 효과의 출현과 확산을 설명한다. 한 국가의 **시장 규모**는 외국 기업 및 개인에 대한 규제 권한을 행사할 수 있는 능력의 대리 지표로 잘 알려져 있다. 하지만 시장 규모만으로는 글로벌 규제 영향력을 보장할 수 없다. 국가는 또한 **엄격한 규칙**을 만들 수 있는 **규제 역량**과 정치적 의지가 있어야 한다. 게다가 브뤼셀 효과는 자본 시장이 아닌 소비자 시장과 같은 **비탄력적 대상**을 규제할 때만 발생한다. 자본과 달리 소비자들은 규제가 덜한 관할권으로 도망칠 수 없기 때문에 EU의 규제 영향력이 손상되지 않는다. 마지막으로, EU 표준은 기업의 생산이나 활동이 **비분할적인** 경우에만 세계화된다. 다시 말해 기업들이 단일 표준을 준수함으로써 얻을 수 있는 이점이 다른 시장에서 더 느슨한 표준을 활용함으로써 얻을 수 있는 이점을 초과하는 경우에만 적용된다. 이러한 조건들을 종합하면 EU가 오늘날 글로벌 시장 전반에 걸쳐 일방적인 규제 영향력을 행사할 수 있는 유일한 규제 레짐인 이유를 설명할 수 있다.

3장에서는 EU의 일방적인 규제 영향력을 EU의 광범위한 대외 영향력의 맥락에서 살펴본다. 브뤼셀 효과가 EU의 글로벌 규제 권력을 보여주는 유일한 발현은 아니다. EU는 무역 협정, 국제기구 및 초국가적 정부 네트워크 참여 등 다양한 채널을 통해 규범 설정 권력을 행사한다. 이 장에서는 EU가 사용할 수 있는 광범위한 일련의 도구 내에서 브뤼셀 효과의 맥락을 제공하기 위해 EU의 규제 영향력에 관한 이들 대안적인 채널을 검토한다. 그런 다음 브뤼셀 효과와 대조하여 이러한 대안적인 방법의 상대적 장단점을 비교하고, 기타 영향력 채널들이 브뤼셀 효과를 보완하거나, 또는 대안적으로 대체할 가능성이 있는 경우에 대해 논의한다.

제II부에서는 브뤼셀 효과에 대한 경험적 증거를 살펴본다. 4~7장에서는 기업이 글로벌 생산과 활동을 EU 규제에 수렴하거나(사실상의 브뤼셀 효과) 외국 정부가 국내에서 EU 규제를 모방하고 있는(법적 브뤼셀 효과) 여러 규제 정책 영역을 검토하여 브뤼셀 효과를 설명한다. 이러한 사례 연구들에는 EU

의 시장 경쟁 규제(4장), 디지털 경제(5장), 소비자 건강과 안전(6장), 환경(7장)이 포함된다. 목표는 EU가 이러한 정책 영역에서 왜 그리고 어떻게 가장 두드러진 글로벌 규제 기관으로 부상했는지를 설명하고 브뤼셀 효과 발현의 구체적인 사례를 제시하는 것이다.

8장과 9장으로 구성된 제III부에서는 브뤼셀 효과의 규범적 함의를 고찰하고 브뤼셀 효과의 미래에 대해 성찰한다. 8장에서는 브뤼셀 효과가 EU와 해외 모두에서 사람들의 복지를 증진하는 데 도움이 되는지 묻는다. 이 질문을 검토하면서, 이 장에서는 브뤼셀 효과에 대한 경제적 · 정치적 비판을 다룬다. 이 장에서는 EU 규제의 글로벌 적용이 비용이 많이 들고 혁신을 저해하기도 하는지, 또는 보호주의적 동기에 의해 추진되는지 묻는다. 또한 브뤼셀 효과를 규제 제국주의의 발현, 즉 자국 경제에 관한 중요한 결정을 내리고 민주적으로 수립된 선호에 따라 자국 시민들에게 서비스를 제공할 수 있는 외국 주권자의 권력을 약화시키는 것으로 간주해야 하는지에 관해 의문을 제기한다.

9장에서는 미래를 전망하며 이 책을 마무리한다. 이 장에서는 EU의 규제 헤게모니에 대한 대내외적 도전을 다루고, 이러한 도전을 고려할 때 브뤼셀 효과가 지속될지와 그 방법을 검토한다. 영국의 EU 탈퇴가 임박하면서 EU의 규제 권력이 약화되는 것처럼 보일 수 있다. 다자간 기구와 국제 협력의 미래에 대한 우려가 커지면서 글로벌 규제 환경을 형성하는 EU의 능력에도 도전이 될 수 있다. 추가적인 도전들이 곧 다가올 것이다. 여기에는 EU의 상대적 시장 지배력을 점차 약화시킬 중국과 기타 신흥 국가들의 부상이 포함된다. 기술 변화는 산업 과정에 대변혁을 일으켜 더 많은 맞춤형 생산을 허용하고 단일 글로벌(주로 유럽) 표준에 맞춰 생산할 필요성을 감소시킬 수 있다. 마지막으로, EU 내부의 정치적 갈등으로 인해 반EU 정서가 커지면서 효과적인 규칙 제정에 관여할 수 있는 능력이 저하될 수 있다. 이 장에서는 이러한 각각의 도전을 차례로 고려하면서 EU의 규제 권력뿐만 아니라 그 권력의 지속성에 대한 설명을 제공할 것이다. 이를 통해 이 책이 역사를 서술하는 것으로 읽힐지, 아니면 앞으로 다가올 수십 년 동안의 현재를 서술하는 것으로 읽힐지에 대한 질문도 제기한다.

제I부

제I부의 서문

이론

이 책의 제I부에서는 브뤼셀 효과의 이론적 토대를 마련하고 EU의 광범위한 대외 영향력의 맥락에서 이를 살펴본다. 1장에서는 EU가 글로벌 규제 권력으로 부상한 것을 논의한다. 이 장에서는 규제가 어떻게 유럽통합을 진전시키는 핵심 도구를 제공했고, 이로 인해 EU 기관들이 야심 찬 규제 의제를 추진할 강력한 동기를 갖게 되었는지를 설명한다. 2장에서는 브뤼셀 효과를 통해 시장의 힘이 어떻게 이러한 규제 의제를 외부화하여 EU 규제의 사실상의 세계화를 초래했는지를 보여준다. 특히, 브뤼셀 효과가 발생하는 조건을 간략하게 설명하고 오늘날 EU가 어떻게 전 세계적으로 일방적인 규제 영향력을 행사할 수 있는 독특한 위치에 있는지를 보여준다. 3장에서는 EU의 글로벌 규제 영향력이라는 더 넓은 맥락에 브뤼셀 효과를 위치시킨다. EU의 규제 영향력의 대안적인 채널들을 검토하고, 이러한 채널들이 브뤼셀 효과를 보완하거나, 또는 대안적으로 브뤼셀 효과를 대체하는 시기와 방법에 대해 논의한다.

그러나 제I부를 진행하기 전에 잠시 시간을 내어 "브뤼셀 효과"를 정의하고 이를 다른 글로벌 규제 영향력 메커니즘과 구별하는 것이 유용할 것이다. 해당 정의에 따라, 서문의 나머지 부분에서는 규제 정치와 규제 경쟁뿐만 아니라 EU의 대외 관계 및 글로벌 역할에 관한 현재의 학계 논쟁 내에 브뤼셀 효과를 위치시킨다. 그와 동시에 브뤼셀 효과가 캘리포니아 효과에 대한 영향력 있는 학자들의 연구와 어떻게 연관되고 이를 바탕으로 구축되는지를 보여준다.

브뤼셀 효과란 무엇인가?

"브뤼셀 효과"라는 용어는 EU의 일방적인 글로벌 시장 규제 역량을 의미한다. 브뤼셀 효과는 의도적으로 만들어진 것이 아닐 수 있는데, EU가 적극적으로 규제를 수출하고자 노력했다기보다는 시장에 의해 유지되는 일련의 조건에서 발생했기 때문이다. 다른 형태의 EU의 글로벌 영향력이 존재한다는 점을 인정하면서도, 이 책은 일반적으로 시장이 EU의 규제를 EU 외부의 시장 참여자와 규제 기관 모두에게 전달하는 현상을 포착하기 위해 브뤼셀 효과라는 용어를 사용한다. 이 경우, EU는 글로벌 규제 권력을 행사하기 위해 자체 시장을 규제하는 것 외에는 아무것도 할 필요가 없다. 나머지는 EU의 시장 규모와 매력에 따라 결정된다. 따라서 본질적으로 브뤼셀 효과는 시장의 힘과 비교적 엄격한 EU 표준을 전 세계적으로 채택하려는 다국적 기업의 이기심에서 비롯된다. 동시에 브뤼셀 효과는 사적 권력의 결과만이 아니다. 즉 브뤼셀 효과를 발생시키는 것은 EU 규제와 시장의 힘이 해당 규제를 다양한 시장에서 외부화할 수 있는 능력 간의 상호 작용이기도 하다.

더 나아가 브뤼셀 효과에는 "사실상의 브뤼셀 효과"와 "법적 브뤼셀 효과"라는 두 가지 유형이 있다. 사실상의 브뤼셀 효과는 글로벌 기업들이 EU 규제에 대응하여 자신들의 글로벌 차원의 활동을 EU 규칙에 맞게 조정하는 방식을 설명한다. 외국 정부의 규제 대응은 필요하지 않다. 즉 기업들은 전 세계 생산 또는 운영을 관리하기 위해 EU 규제를 확장하려는 비즈니스적 동기를 가지고 있다. 법적 브뤼셀 효과는 외국 정부가 EU식 규제를 채택하는 것을 의미하며, 이는 사실상의 브뤼셀 효과에 직접적으로 기반을 두고 있다. 즉 다국적 기업들이 EU 규칙을 준수하여 글로벌 차원의 활동을 조정하고 나면, 그들은 자국 관할권에서 EU식 규제를 로비할 동기를 가지게 된다. 그들과는 반대로 EU에 수출하지 않아 비용이 많이 드는 EU 규제를 준수하며 활동 또는 생산을 할 유인이 없는 기업들과 국내 경쟁에서 불이익을 받지 않도록 보장받기 위해서이다.[1]

이런 종류의 상황 — 사실상의 브뤼셀 효과가 외국 다국적 기업들의 동기를 변화시키고, 그들이 자국 시장의 규제 조정을 위해 로비를 하게 만드는 상황 — 은 "법적 브뤼셀 효과"의 엄격한 정의를 보여준다. 때로는 이 과정만으로도 외국 정부가 EU식 규제를 공식적으로 채택하도록 이끌 수 있다. 그러나 외국 정부가 EU 규제를 모방하기로 한 결정에는 종종 다양한 요인들이 작용하며, 이 중 일부만이 사실상의 브뤼셀 효과에서 기원하는 경우가 많다. 결과적으로 "법적 브뤼셀 효과"라는 용어는 덜 엄격하게 정의된 것으로, EU 규칙을 외국 관할권에 전달하는 일련의 광범위한 메커니즘을 설명하는 데 사용될 수 있다. 예를 들어, EU는 다양한 경제적 및 정치적 조약과 국제기구 및 정부 네트워크를 통해 외국 관할권에 자신의 규제를 수출하는 경우가 많다. 또한 EU 규제는 외국 소비자들이 자국 내 규제 개혁을 지지하도록 동원할 수도 있다. 이러한 다른 도구들과 메커니즘들은 브뤼셀 효과를 촉진하거나, 증폭시키거나 다른 방식으로 상호 작용할 수 있지만, 그 자체로도 EU 규제의 확산을 초래할 수 있다. 경험적으로 외국 정부가 EU식 법을 채택하게 되는 다양한 동기를 구분하기 어려운 경우가 많다. 이러한 이유로 이 책에서는 법적 브뤼셀 효과에 대한 덜 엄격한 정의를 채택하고 이러한 다양한 동기에서 비롯된 여러 경험적 사례들을 논의한다.

브뤼셀 효과의 두 가지 유형 중에서, 사실상의 브뤼셀 효과는 이 책의 주요 초점이자 2장의 이론적 논의의 핵심이다. 법적 브뤼셀 효과는 기존 연구에서 개념적으로 발전해 왔다. 즉 법적 브뤼셀 효과의 엄격한 정의 — 사실상의 브뤼셀 효과를 경험한 기업들의 로비 활동으로 인한 규제 조정 — 는 데이비드 보겔이 캘리포니아 효과에 관한 연구에서 발전시킨 것으로 이 책에서 자세히 검토하지 않겠다. 법적 브뤼셀 효과의 더 광범위한 정의 — 국제 조약과 제도를 통한 EU 규범의 확산을 비롯한 — 는 마찬가지로 이전 문헌에서 폭넓게 논의되었다. 그러나 법적 브뤼셀 효과에 대한 경험적 증거는 협소한 정책 영역과 특정 관할권을 제외하고는 광범위하게 검토되지 않았다. 따라서 이 책의 목적은 사실상의 브뤼셀 효과를 이해하는 데 이론적 · 경험적으로 기여하는 것 이외에도 EU 규제의 법적 모방(de jure emulation)이 얼마나 널리 퍼져 있는지, 그리고 법적 브뤼셀 효과가 사실상의 브뤼셀 효과를 어떻게 보완하고 상호 작용하는지를 보여주는 것이다. 더불어 EU의 영향력을 보다 포괄적으로 파악할 수 있을 것으로 기대한다.

이 책에서 주요하게 다루는 규제 이론은 일반적으로 소비자 시장에 적용되는 시장 규제이다. 브뤼셀 효과는 본질적으로 제품 규제에만 국한되지 않고 생산 과정의 규제에도 적용된다. 이러한 "제품 대 과정" 구분은 무역과 경제 규제에 관한 문헌에서 흔히 볼 수 있지만, 분석적 차원에서 보면 브뤼셀 효과의 핵심은 아니다. 브뤼셀 효과는 이 두 가지를 모두 수용한다.[2] 브뤼셀 효과의 여러 사례는 온라인에서 이용 가능한 개인 데이터, 제품 내 특정 화학물질의 존재, 전자기기에 포함된 유해 물질 또는 개발자가 제공하는 특정 소프트웨어 패키지 등 제품의 규제와 관련된다. 브뤼셀 효과의 또 다른 사례는 생산 과정의 규제와 관련된다. 즉 데이터 저장 과정, 화장품의 특정 실험 방법(예를 들어, 동물실험) 또는 생산 과정에서 배출되는 온실가스 규제 등이 그 예이다. 따라서 브뤼셀 효과가 제품 규제에만 적용되고 생산 방식 규제에는 적용되지 않는다는 본질적인 제한은 없다. 그 대신 2장에서 자세히 설명한 브뤼셀 효과의 조건들은 브뤼셀 효과의 적용을 받을 수 있는 규제 유형을 설명한다. 예를 들어, 브뤼셀 효과는 일반적으로 "비탄력적 대상"에 한정되며 자본의 탄력성을 가지고 있는 금융 규제에는 거의 적용되지 않는다. 마찬가지로 브뤼셀 효과가 발생하려면 기업의 활동 또는 생산이 "비분할적"이어야 하며, 최저임금과 같은 많은 노동 기준은 일반적으로 이 현상에서 벗어나 있다. 더욱이, 브뤼셀 효과는 EU의 "시장 규모"를 활용할 수 있는 능력과 연관되기 때문에, 예를 들어 일반적으로 EU의 시장 접근 대상이 아닌 해외의 인권 침해를 제약하는 데 거의 적용되지 않는다.

또한 비록 이 현상이 여기에서는 "브뤼셀 효과"로 명명되고 오늘날 글로벌 규제 헤게몬으로서 EU의 역할을 설명하는 데 사용되지만, 이 현상의 조건들은 본질적으로 EU 특유의 것이 아니라 일반적인 것이다. 이러한 조건들은 시장의 힘을 빌려 글로벌 시장에 대한 규칙을 일방적으로 공급할 수 있는 모든 관할권의 능력을 설명하기 위해 고안되었다. 이러한 의미에서, 브뤼셀 효과는 EU의 규제 헤게모니와 독립적이며 그보다 더 오래 지속되어야 한다. 이는 유사한 조건이 다른 곳에서 발생할 때 EU의 규제 헤게모니가 다른 일방적인 글로벌 규제 기관에 의해 축소되거나 대체될 것인지 여부와 시기를 설명한다. 결과적으로, 브뤼셀 효과는 어느 관할권이든 자신의 규모, 행동, 시장의 힘의 상호 작용에서 파생될 수 있는 일방적인 규제 권력에 대한 이론이다. 현재 EU가 이를 행할 능력은 그 이론의 강력하고도 과소 평가된 적용에 불과하다.

브뤼셀 효과는 어떻게 규제 논쟁에 도전하는가?

이 책은 법학, 정치학 그리고 경제학의 여러 학문적 논쟁에 기여하고자 한다. 이 책은 캘리포니아 효과에 관한 데이비드 보겔의 획기적인 연구를 포함한 규제 경쟁과 수렴에 관한 이론들[3]을 기반으로 하고 있으며, 나아가 EU를 여러 실존적 위기에 몰두한 나머지 글로벌 역할을 포기한 나약하고 쇠퇴하는 행위자로 묘사하는 수많은 논쟁을 바로잡는 데 도움을 준다. 이러한 논쟁들 내에서, 브뤼셀 효과는 경제적 결과를 만들어 내는 데 있어 정부와 시장이 각각 수행하는 상대적인 역할을 재고하도록 우리를 안내한다. 또한 이 책은 글로벌 시장과 글로벌 정치 모두를 변환시키는 일방적인 규칙 제정 권력에 주목함으로써 국제 협력에 대한 논의에 새로운 관점을 제시하는 것을 목표로 한다.

브뤼셀 효과는 무역 자유화가 국내 규제를 약화시킨다고 주장하는 세계화 비판론자들에게 도전한다.[4] 이러한 비판적 목소리는 세계화가 글로벌 경제에서 자국의 상대적 경쟁력을 개선하기 위해 국가들이 규제 표준을 낮추는 "바닥을 향한 경쟁"을 초래할 것이라고 우려한다.[5] 최근에는 이러한 영향력 있는 문헌을 뒷받침하는 많은 가정들이 불신받고 있다.[6] 예를 들어, 오염 피난처로 이전하는 기업들에 대한 우려 또는 더 높은 법인세에 따른 자본 도피에 대한 우려는 대체로 현실화되지 않았다. 대신 학자들은 국제 무역이 "정상을 향한 경쟁"을 촉발하는 경우가 많다는 사실을 보여주었으며, 그 결과 글로벌 경제가 더 통합됨에 따라 국내 규제가 더욱 엄격해졌다.[7] 그럼에도 바닥을 향한 경쟁 패러다임은 여전히 영향력을 발휘하면서 학자와 정책입안자들 간의 논쟁을 만들어 내고 있다. 브뤼셀 효과는 글로벌 시장 전반에 걸친 단일 생산의 이점이 어떻게 기업이 규제 표준을 하향 조정하기보다는 상향 조정하도록 유인을 제공하는지 보여줌으로써 이러한 문헌에 힘을 보탠다.

글로벌 규제 경쟁에 대한 논의는 미국 연방 시스템에서의 규제 결과에 대한 논쟁을 반영한다. "델라웨어 효과"*는 미국 내 기업법에서 바닥을 향한 경

---

* 델라웨어 효과(Delaware effect)는 특정 지역의 낮은 규제가 다른 지역들로 확산되어 전반적인 규제 표준을 낮추는 현상을 의미한다. 이 용어는 미국 델라웨어주에서 유래했다. 델라웨어주는 법적·규제적 환경이 기업 친화적이어서 많은 기업들이 이곳에 본사를 두는 것을 선호한다. 델라웨어 효과는 일반적으로 지역 간 규제 경쟁을 유발하는 것으로 이해된다. 규제 경쟁이 발생하면, 기업들은 규제가 덜 엄격하고 운영 비용이 적게 드는 지역을 선호하게 되고, 다른 지역들도 기업 유치를 위해 규제를 완화

쟁을 설명하는 데 사용되었다. 즉 기업은 사업 소재지에 상관없이 모든 주에서 법인 설립이 가능하기 때문에, 모든 주는 법인세 수입을 유치하기 위해 법인 설립 요건을 완화할 유인을 가진다. 델라웨어는 경영진, 주주 또는 양자 모두의 관점에서 법인 설립에 가장 매력적인 장소로서 이 경쟁에서 승리했다.[8] "캘리포니아 효과"는 반대 현상을 포착한다. 즉 캘리포니아는 시장이 크고 엄격한 소비자 및 환경 규제를 선호하기 때문에 때때로 다른 모든 주를 위한 규제 표준을 효과적으로 설정할 수 있다.[9] 캘리포니아로 수출하고자 하는 기업들은 캘리포니아 표준을 충족해야 하며, 단일 생산으로 인한 혜택은 이들 기업이 전체 생산에 동일한(엄격한) 표준을 적용하려는 유인을 제공한다.[10]

이 책은 캘리포니아 효과를 기반으로 하지만 몇 가지 중요한 방식으로 이를 넘어선다. 첫째, 브뤼셀 효과는 캘리포니아 효과의 역학을 미국 연방 시스템에서 글로벌 맥락으로 확장한다.[11] 그렇게 함으로써, 브뤼셀 효과는 경험적 현상으로 이론화되지 않고 과소 평가되어 온 캘리포니아 효과의 가장 중요한 사례 — 전 지구적인 발생 — 를 밝히고 설명한다. 둘째, 브뤼셀 효과는 상향식 규제 수렴이 나타날 수 있는 정확한 조건을 설명한다. 캘리포니아 효과를 뒷받침하는 이론은 관할권의 외부 규제 영향력의 원천으로서 시장 규모와 규모의 경제의 중요성을 인정한다. 그러나 이 이론은 규제 역량과 비탄력성을 이론의 핵심 구성 요소로 인정하지 않으며, 기업이 각기 다른 시장을 위해 다양한 제품들을 생산하는 것을 방해할 수 있는 규모의 경제 이외의

하거나 기업 친화적인 정책을 채택하게 되는 악순환이 생긴다. 다시 말해 기업들이 비용과 규제 부담을 줄이기 위해 덜 엄격한 지역으로 몰리게 되면, 전체적으로 규제 표준이 낮아지는 경향이 생긴다.

요소들을 간과하고 있다. 따라서 브뤼셀 효과에 대한 논의는 단일 관할권이 국경 밖에서 규제 영향력을 행사할 수 있는 조건에 대한 보다 섬세한 이론을 제공한다. 브뤼셀 효과의 근간이 되는 조건에 대한 보다 정확하고 완전한 이해는 다른 거대 경제권과는 달리 EU가 일방적으로 글로벌 표준을 제공할 수 있는 이유를 설명한다. 또한 이는 이론을 더욱 일반화할 수 있게 해준다. 이론에서 설명한 특정 조건들이 충족된다고 가정하면, 오늘날 브뤼셀 효과에 해당하는 것이 언젠가는 "베이징 효과"로 서술될 수 있을 것이다.

마지막으로 캘리포니아 효과를 포함한 규제 경쟁에 관한 문헌은 선도적인 규제 기관의 엄격한 규칙을 느슨한 외국 규제 기관이 공식적으로 채택하는 역학에 주목하고 있다.[12] 이러한 "법적 규제 수렴(de jure regulatory convergence)"에 대한 관심은 법적 규칙의 공식적인 변경이 부재한 상황에서 발생하는 규제 수렴을 설명하지 못한다. 실제로, 이러한 유형의 공식적인 "트레이딩 업"*은 자주 발생하지 않는다. 그 대신, 우리는 다른 국가들이 독자적인 규칙을 계속 유지하더라도 글로벌 비즈니스의 상당 부분이 일방적인 EU 규칙에 따라 수행되는 "사실상의 규제 수렴(de facto regulatory convergence)"만을 일반적으로 본다. 예를 들어 미국의 경쟁법, 개인정보보호법 그리고 식품 안전에 대한 규칙 등이 이에 해당한다. 일방적인 규제 세계화는 다른 국가의 공식적인 규제 대응을 이끌어낼 필요가 없다. 다른 국가들이 이를 따를지 여부는 EU법이 결정한다. 이러한 관점에서 볼 때, 브뤼셀 효과

---

* 트레이딩 업(trading up)은 사전적 의미로 유사 제품을 더 비싼 것으로 교환 구매하는 것을 의미한다. 다시 말해 트레이딩 업은 소비자가 더 비싸고 고급스러운 제품이나 서비스를 선택하는 경향을 설명하는 용어이다. 여기서는 '상향식 규제 수렴'을 뜻한다.

는 상향식 규제 경쟁을 촉발하기보다는 한 관할권이 다른 관할권을 압도할 수 있는 능력에 관한 것이다.

브뤼셀 효과는 또한 규제 수렴과 규제 권력 간의 관계에 대한 기존 학설과도 차이가 있다. 대니얼 드레즈너(Daniel Drezner)는 강대국들의 합의가 규제 수렴을 초래하는 반면, 강대국들의 의견 불일치는 규제 분산과 경쟁 표준의 출현을 초래한다고 주장했다.[13] 어떤 경쟁 표준이 다른 표준보다 우위에 있는지는 각자의 규제 선호를 지지하는 동맹을 구하는 규제 권력의 상대적 능력에 달려 있다.[14] 드레즈너와 달리, 이 책은 강대국의 의견 불일치 속에서도 사실상의 수렴이 일어날 수 있다는 것을 보여준다. 브뤼셀 효과의 조건이 존재하는 경우, 동등한 두 강대국 간의 경쟁 표준은 실현되지 않는다. 그 대신, 규제 경쟁의 결과는 미리 결정되어 있다. 즉 보다 엄격한 규제 기관이 우세하다.

규제 세계화에 대한 지배적인 이론들은 규제 수렴의 출현을 협력 또는 강압의 결과로 설명한다. 브뤼셀 효과는 이러한 이론적 논의에 기여하지만, 협력과 강압 사이에 있다는 점에서 기존의 이론적 논의와 다르다. 브뤼셀 효과는 국가 또는 규제 당국 간에 합의가 이루어진 후에만 수렴이 이루어지는 정치적 협력과 구별될 수 있다. 또한 브뤼셀 효과는 한 관할권이 위협 또는 제재를 통해 다른 관할권에 자신의 규칙을 부과하는 일방적인 강압과도 다르다. 대조적으로, 일방적인 규제 세계화는 한 관할권의 법이 다른 관할권으로 이전되는 경우로, 전자가 이를 적극적으로 부과하지 않거나 후자가 이를 자진해서 채택하지 않을 때 발생한다.

마지막으로, 규제 논쟁에 대한 제I부의 기여는 현상을 있는 그대로 서술하는 것이다. 이는 현상을 지지하거나 비판하지 않으면서도 브뤼셀 효과가 널리 통용되고 적절성이 있음을 보여준다. 브뤼셀 효과가 바람직한지 아닌지에 대한 보다 광범위한 규범적 질문은 제III부에서 논의될 것이다. 제I부에서는 이 규범적 질문을 잠시 뒤로 미루고 브뤼셀 효과가 언제 어떻게 발생했는지 — 그리고 언제 발생하지 않는지 — 에 대한 서술적 이론(a descriptive theory)을 제시하는 데 중점을 둔다.

제1장

EU는 어떻게 글로벌 규제 권력이 되었는가

1990년대부터 EU는 유럽 규제 국가를 건설하기 위한 야심 찬 프로젝트에 착수했다. 규제를 통해, EU 기관들은 소비자의 건강과 안전 및 환경을 보호하고 경쟁을 촉진하고 개인 데이터의 무결성을 보호하기 위해 공통 표준을 채택하여 공동 시장을 통합했다. 이러한 규제 이면의 중요한 동기는 조화로운 규제 환경을 조성하고 회원국 간 원활한 무역을 가능하게 하는 단일 시장을 건설하는 것이었다. 수년에 걸쳐, 규제를 통해 유럽통합을 추구한다는 이러한 내부 목표는 점점 더 외부적인 차원으로 — 브뤼셀 효과로 추동된 — 확대되어 EU를 글로벌 규제 헤게몬으로 자리매김하게 했다. 오랫동안, 브뤼셀 효과는 내부 동기에 의해 추진된 규제 의제의 부수적이고 대부분 의도하지 않은 부산물이었다. 최근 들어 이러한 내부 의제와 함께 의도적인 외부 의제가 등장했다.

이 장에서는 EU가 글로벌 규제 권력으로 진화하는 과정을 논의한다. 첫째, 이 장은 EU의 주요 기관들과 규제 과정에서의 그들의 역할을 간략하게 소개한다. 그런 다음 이 장은 유럽통합을 진전시키기 위해 규제가 어떻게 발전되어 기관들이 야심 찬 규제 의제를 추구할 강력한 동기를 부여했는지를 설명한다. 그와 동시에 이 장에서는 규제가 그 과정에서 유럽위원회(European Commission)의 관료적 이해관계를 어떻게 충족했는지를 설명한다. 마지막으로 이 장은 EU의 규제 규칙 제정을 이끈 내부 및 외부 동기를 고찰한다.

EU 규제를 만드는 주요 기관들

입법 및 규제 과정에 관여한 EU 기관들은 유럽연합 이사회(Council of the European Union, 이하 '이사회'), 유럽의회(European Parliament) 그리고 유럽위원회 등 세 가지 주요 행위자로 구성된다. 이들 기관은 각각 개별 EU 회원국, 유럽 시민, 그리고 기관으로서의 EU의 이해관계를 대표한다. 또한 유럽법원(European courts)은 EU의 제 조약, 규정 및 지침의 해석과 집행에 있어 중요한 역할을 한다.[1]

이사회는 회원국의 행정부를 한데 모으며 각 회원국의 정부 장관들로 구성된다. 이사회는 EU의 입법부를 구성하며 논의되는 정책 영역에 따라 다양한 소속 이사회에서 회의를 개최한다. 예를 들어, 이사회가 환경 규제를 검토하는 경우 각 회원국은 자국의 환경부 장관을 파견한다. 마찬가지로, 이사회가 농업정책을 입법하는 경우 농업 담당 장관이 각 회원국을 대표한다. 이 대표들은 회원국을 대신하여 투표할 권한이 있으며, 이사회가 공동으로 내리는 결정은 각 회원국을 구속한다. 이사회는 사안에 따라 단순다수결, 가중다수결* 또는 만장일치 투표로 결정한다.

유럽의회는 EU 시민을 대표하며 이러한 자격으로 이사회와 함께 입법 권한을 행사한다. 유럽의회는 유럽 시민이 직접 선출한 751명의 유럽의회 의원으로 구성된다. 각 회원국은 대략 인구에 비례하여 유럽의회에 대표자를 배정받는다. 예를 들어, EU에서 가장 인구가 많은 국가인 독일에는 96명의 유럽의회 의원이 배정받는 반면, 몰타, 에스토니아, 키프로스 그리고 룩셈부르크에는 각각 6명의 유럽의회 의원이 배정되어 있다. 유럽의회 의원들은 스스로를 정치 그룹으로 조직하고, 일반적으로 국가별 노선이 아닌 정치 그룹에 따라 투표한다. 예를 들어 스페인의 중도우파 정당은 다른 모든 회원국의 중도우파 정당을 대표하는 유럽의회 의원들과 연합하고(유럽국민당, European People's Party), 스페인의 사회당은 다른 모든 회원국의 사회주의자(사회민주진보동맹, Progressive Alliance of Socialists and Democrats)와 연합한다.

유럽위원회는 EU 행정부의 역할을 하며 상당한 독립적인 의사 결정 권한을 향유한다. 유럽위원회는 각 회원국에서 한 명의 위원이 선출되는 정치적 "위원단"으로 구성된다. 각 위원은 총국(Directorate-General)으로 알려진 특정 정책 부서에 대한 책임을 맡게 된다. 각 총국은 보건 및 식품 안전 또는 경쟁

* 가중다수결(qualified majority)은 이사회에서 법안이나 정책을 결정할 때 사용하는 주요 의사 결정 방식으로 모든 회원국이 동일한 한 표를 가지는 것이 아니라 인구 규모에 비례하여 가중치가 부여되는 방식이다. 가중다수결은 인구가 많은 대국과 적은 소국 간의 균형을 맞추고, 소수의 큰 회원국이나 다수의 작은 회원국이 단독으로 의사 결정을 좌우하지 못하도록 설계되었다. 2009년 리스본 조약 발효 이후, 가중다수결은 회원국 수와 인구 비율을 동시에 고려하는 이중다수결(double majority)을 따른다. 이중다수결은 최소 EU 회원국의 55% 이상(현재 27개국 중 15개국 이상) 찬성과 찬성하는 회원국들의 인구 합계가 EU 전체 인구의 65% 이상을 동시에 충족해야 한다.

정책과 같은 특정 정책 영역을 담당한다. 위원들은 모두 28개 회원국* 출신이지만 자국의 이익이 아닌 EU 공동의 이익을 증진한다. 정치적으로 선출된 위원들 이외에도, 유럽위원회는 약 3만 명의 직업 공무원으로 구성된 대규모 관료 조직이 있다.

유럽위원회는 입법 제안권을 통해 상당한 의제 설정 권한을 가지고 있다. 유럽위원회는 이사회와 유럽의회와 협력하여 입법 과정 전반에 걸쳐 영향력을 행사하며 EU 입법의 이행과 집행도 담당한다. "제 조약의 수호자"로서, 유럽위원회는 EU법의 집행을 감독한다. 개별 회원국이 특정 규정을 이행하지 않을 경우, 유럽위원회는 유럽사법재판소(European Court of Justice)에 비준수 회원국을 제소할 수 있는 권한이 있다. 또한 유럽위원회는 이사회로부터 권한을 위임받아 EU를 대표하여 조약들을 협상한다. 많은 정책 영역에서, 유럽위원회는 입법 과정과 독립적인 규제 활동에 참여할 수 있는 광범위한 권한을 가진 준-자율 행위자이다. 이사회는 경쟁법을 포함한 여러 정책 영역에서 상당한 규제 권한을 유럽위원회에 위임하여 유럽위원회가 다른 EU 기관의 제약을 거의 받지 않고 규제 의제를 추진할 수 있도록 했다.

마지막으로 유럽법원은 EU법과 규정을 해석하고 집행하는 데 중요한 역할을 한다. 유럽법원은 각 회원국이 지명한 재판관으로 구성된 유럽사법재판소와 일반재판소(General Court)로 구성된다. 유럽법원의 주요 직무는 회원국 전체에 걸쳐 EU법의 통일된 적용을 보장하는 것이다. 이러한 통일성은 EU 회원국의 국내 법원이 EU법을 해석하고 적용할 때 방침이 되는 선결적

* 2025년 기준 EU 회원국은 영국의 탈퇴로 27개국이다.

판결*을 내릴 수 있는 유럽사법재판소의 권한에 의해 촉진된다. EU법의 우위 또는 "직접효력"**과 같은 EU법의 많은 핵심 요소는 EU 제 조약에서 유래된 것이 아니라 나중에 유럽사법재판소가 판결을 통해 선언한 것이다.[2] 또한 유럽법원은 회원국과 EU 기관들이 EU법을 준수하고 EU 제 조약에 따른 개인의 권리 보호를 보장하는 데 핵심적인 역할을 한다.

규제를 통한 유럽통합 촉진

단일 시장을 건설하려는 열망은 항상 EU 규제 이면의 주요 원동력이었다. 단일 시장 운영을 위해서는 조화로운 EU 규제를 발전시키는 것이 중요하다. 왜냐하면 일관되지 않은 제품 표준은 국경 간 무역을 방해할 수 있기

* 선결적 판결(preliminary rulings)은 국내법과 EU법이 충돌하는 경우, 회원국 법원이 유럽사법재판소에 EU법의 해석과 EU 기관이 행한 행위의 유효성 여부를 판단해 달라고 부탁하는 특유의 제도이다. 선결적 판결은 국내 법원이 재판을 앞두고 이루어지는 경우보다는 재판 진행 중에 행해지는 경우가 많다. 이때 유럽사법재판소의 판결이 나올 때까지 국내 소송은 중단된다. 유럽사법재판소의 판결은 해당 사건에 대한 법적 구속력을 가진다.

** 직접효력(direct effect)은 EU법의 핵심 원칙 중 하나로 특정 EU법이 회원국의 국내법으로 변환되지 않아도 개인이나 기업이 회원국 국내 법원에서 EU법을 직업 원용할 수 있음을 의미한다. 직접효력은 1963년 반 겐트 앤 루스(Van Gend en Loos) 판결을 통해 처음으로 확립되었다. 직접효력은 두 가지 유형으로 구분될 수 있다. 첫째는 수직적 직접효력(Vertical Direct Effect)으로 개인 또는 기업이 EU법을 자국의 정부나 공공 기관에 대항하여 주장할 수 있는 경우를 말한다. 특정 EU 규정이나 지침이 회원국 정부에 의해 제대로 시행되지 않았을 때, 개인이 정부를 상대로 자신의 권리를 주장할 수 있다. 둘째는 수평적 직접효력(Horizontal Direct Effect)으로 개인이나 기업이 다른 개인 또는 기업을 상대로 EU법을 적용할 수 있는 경우를 말한다. 그러나 수평적 직접효력은 모든 EU법에 적용되는 것은 아니며, 규정과 조약의 일부 조항에만 적용된다. 지침의 경우 일반적으로 수평적 직접효력이 인정되지 않는다.

때문이다. 28개 개별 회원국이 환경 보호 또는 개인 데이터 보호를 위해 각기 다른 국가 표준을 채택한다면, 기업들은 각 국가마다 다른 규제 환경에 직면하게 되므로 단일 시장이 효율적으로 기능할 수 없다. 그 결과 기업들은 회원국마다 생산 및 비즈니스 관행을 수정하거나 심지어 각 회원국별로 다른 제품 품목을 생산해야 할 수도 있다. 이러한 이유로, 조화된 표준은 일찍부터 유럽통합의 핵심 목표가 되었다. 이는 (환경 보호와 같은) 구체적이고 실질적인 목표와 더 강화된 시장 통합이라는 광범위한 경제적 · 정치적 목표를 모두 달성하기 위해서였다. 따라서 모든 지침과 규정 — 화학물질 안전, 환경 보호, 데이터 개인정보 등 — 은 일반적으로 이중적 목적이 있다. 즉, 소비자 보호 또는 환경 보호를 증진할 뿐만 아니라, EU 전역에서 상품과 서비스의 자유로운 이동을 보장하기 위해 서로 다른 국가의 규제를 조정한 단일 시장을 발전시키려는 것이다.[3]

EU 차원의 조화를 추구한다고 해서, 그것이 국가 표준의 완전한 통일성을 의미하는 것은 아니다. 회원국 간 법적 및 문화적 이질성을 인정하고 각국의 고유한 규제 선호를 존중하기 위해, EU는 종종 "최소한의 조화(minimum harmonization)"와 국가 표준의 상호 인정을 채택해 왔다. 이는 특히 유럽사법재판소가 국가 규제의 상호 인정 원칙을 확립한 영향력 있는 판결, 즉 **카시스 드 디종 사건***에서 볼 수 있다.[4] 상호 인정의 원칙에 따르면, 회원국들은 공공

* 카시스 드 디종(Cassis de Dijon) 판결은 1979년 유럽사법재판소가 내린 획기적인 판결로 EU 회원국 간 상품의 자유로운 이동을 촉진하는 데 중요한 역할을 했다. 카시스 드 디종 사건은 프랑스산 주류인 카시스 드 디종을 독일로 수입하려던 것에서 시작되었다. 당시 독일 법률은 주류에 특정 알코올 함량을 요구했는데, 카시스 드 디종의 알코올 함량이 그 기준에 미치지 못했다. 이에 따라 독일 당국은 카시스 드 디종의 수입을 금지했다. 이러한 독일의 규제가 유럽경제공동체(EEC, 현재의 EU) 조약에서 보

이익을 동등하게 보호하는 한 서로의 규제를 충분한 것으로 인정해야 한다. 최소한의 조화는 EU의 공통 표준을 요구하지만, 그 범위는 회원국이 국내에서 더 엄격한 표준을 제정할 수 있는 유연성을 유지하면서 단일 시장의 기능을 보장하는 데 필요한 한에서만이다. 이러한 유연성은 또한 EU에서 자주 사용되는 입법 수단인 지침에도 내재되어 있다. 지침은 모든 회원국이 달성해야 하는 목표를 명시하는 입법 행위이다. 그러나 지침은 회원국들이 그 목표를 가장 잘 달성할 방법을 결정할 자유를 보장한다. 이러한 유연한 수단들은 EU의 규제 의제에 대한 광범위한 지지를 확보하는 데 필수적인 역할을 수행해 왔다.

EU 차원의 규제가 전 세계적으로 브뤼셀 효과의 주요 동인이기는 하지만, 이러한 규제는 개별 회원국에서 유래된 경우가 많다.[5] EU 회원국은 EU가 행위하지 않은 영역과 EU 제 조약에 따라 회원국이 규제 권한을 보유하고 있는 영역에서 정책 혁신가가 되는 경향이 있다. 예를 들어, 독일, 네덜란드 그리고 북유럽 국가들은 EU 환경 규제의 선구자였다.[6] 독일은 배기가스 배출 기준을 강화하여 EU에 앞서 자동차 배기가스를 규제했다. 스웨덴과 덴마크는 EU가 규제하기 전에 동물 사료의 항생제 사용을 제한했다. 덴마크와 영국은 EU가 EU 차원에서 배출권 거래제(Emission Trading System, ETS)

장하는 상품의 자유로운 이동 원칙에 위배되는지의 문제로 발전했다. 이에 대해 유럽사법재판소는 판결을 통해 상호 인정의 원칙을 확립했다. 상호 인정의 원칙은 한 회원국에서 합법적으로 생산 및 판매되는 상품은 다른 회원국에서도 자유롭게 판매될 수 있어야 한다는 것이다. 즉, 프랑스에서 합법적으로 유통되는 카시스 드 디종은 독일에서도 수입되고 판매될 수 있어야 한다. 다만 공중보건, 소비자 보호 등 공공 이익을 이유로 일부 예외를 인정할 수는 있다. 하지만 이러한 예외는 비차별적이고 비례적인 경우에만 허용된다.

를 채택하기 전에 이미 국가 배출권 거래제를 시행했다. 마찬가지로, 유전자 변형생물체(GMOs)에 대한 EU 규제에 앞서 독일과 스웨덴에서 유사한 규제가 이미 시행되고 있었다. 게다가 프랑스와 덴마크는 영유아용품에서 비스페놀A를 금지하는 선두 주자였으며, 이후 EU가 이를 따르도록 초석을 닦았다.[7] 이와 유사하게 프랑스와 독일의 규제 기관은 EU 내에서 자국의 개인정보보호 규제를 상향하여 전파한 주요 회원국 중 일부였다.[8] 이러한 국가 규제는 단일 시장을 분열시킬 위험이 있기 때문에, EU는 공동 시장의 완전성을 유지하기 위해 EU 차원에서 표준을 조화시켜야 한다. 특히 EU는 규제 표준이 낮은 회원국이 모든 회원국의 공통 표준을 설정하도록 하는 "하향식 조화(downward harmonization)"를 추구하지 않는 경향이 있다. 대신 방금 언급한 사례에서와 같이, EU는 일반적으로 "상향식 조화(upward harmonization)"를 추구하고 회원국의 표준을 더 엄격하게 규제해 왔다. 이는 이 장의 뒷부분에서 논의하는 것처럼 브뤼셀 효과를 확장하는 데 핵심적인 요소였다.

규제 표준을 조화시키려는 노력은 모든 국가에서 가장 낮은 수준의 규제가 적용되는 결과를 초래할 위험이 항상 존재한다. 다자간 협상에서 가장 덜 엄격한 국가가 표준을 설정하는 경우가 너무 많다. 특히 모든 국가의 동의가 필요한 경우, 각 국가의 거부권 행사 위협이 개별 협상과 표결에 걸림돌이 되어 조항들이 약화된다. 또한 제정과 집행에 비용이 많이 드는 규칙을 국가가 마지못해 채택하도록 강요하기보다는 가장 부담이 적은 표준으로 조화시키는 것이 더 쉬운 경우가 많다. 실제로 EU의 경우 하향식 조화를 추구하게끔 하는 많은 유인과 압력이 있었다. 예를 들어, 높은 규제 표준으로 인해 패배하는 행위자들이 확실히 존재한다. 여기에는 더 낮은 가격을 대가로 더 적은 보호를 선호했을 개별 소비자들이 포함된다. 마찬가지로 논쟁의 여지는 있지만 부유하지 않은 회원국 중 일부는 필요한 경제 성장을 촉진하기 위해 덜 엄격한 규제의 혜택을 누리고 싶었을 수도 있었을 것이다. 마지막으로 기업의 이익은 일반적으로 혁신 및 국제 경쟁력에 대한 비용 부담을 이유로 덜 부담스러운 규제 환경을 지지할 것이다.

그러나 "하향식 조화"가 아닌 "상향식 조화"가 이루어지는 데에는 몇 가지 이유가 있다. 첫째, 경제 통합이 소비자의 건강과 안전 또는 환경의 질을 희생시키지 않을 것임을 유럽 대중에게 안심시키기 위해 엄격한 표준을 채택하는 경우가 많았다. 경제 통합이 심화되면서, 유럽인들은 이러한 비경제적 가치를 위협하는 것으로 간주되는 자유화 의제에 저항하기 시작했다.[9] 지속적인 경제 통합을 방어하고 더 큰 정당성을 확보하기 위해, EU 기관들은 통합 의제를 이러한 다른 가치들로 확장하기로 했다. 그에 따라 엄격한 표준 — 환경 보호, 식품 안전, 데이터 개인정보보호와 같은 영역에서 — 을 채택함으로써, 통합으로 인한 경제적 이익이 삶의 질을 보호하지 않고는 추구되지 않을 것임을 보장하고자 했다.[10] 따라서 규제 표준의 상향식 조화는 경제적 자유화에 대한 지속적인 정치적 지지를 확보하는 데 필요한 것으로 간주되었다.

또한 특정 규제 영역에서 이미 가장 높은 표준을 채택하고 있는 국가들 사이에서는 상향식 조화가 정치적으로 더 구미에 맞았다. 따라서 유럽위원회는 선발 주자들이 양보해서 자국의 국내 보호를 폐지하는 것보다 규제 후발 주자들이 자국 시민들의 더 높은 수준의 보호 요구에 부응하도록 설득하는 것이 더 쉽다는 것을 알게 되었다. 노동자의 건강과 안전에 대한 규제를 조화하려는 EU의 노력은 이러한 역학을 잘 보여준다.[11] 1990년대 초반, 높은 표준을 가진 EU 회원국들 — 벨기에, 덴마크, 프랑스, 독일 등 — 은 노동 기준이 낮은 국내법을 가진 다른 회원국 — 그리스, 아일랜드, 포르투갈, 스페인 등 — 과의 경쟁에 직면한 자국 산업을 보호하기 위해 노동 보호에 대한 EU 차원의 더 큰 조화를 주장했다. 결국, 선택적 면제*를 협상한 영국을 제외한 모든 회원국은 1992년 마스트리히트 조약(Maastricht Treaty)에 부속된 사회의정서(Social Protocol)에 서명하기로 합의했다.[12] 의정서에는 노동조건과 직장 내 평등 대우에 관한 조항 등이 포함되어 있다. 낮은 규제를 가진 회원국들까지 의정서에 가입하도록 설득하기 위해, 유럽위원회는 이들에게 더 높은 노동 기준 채택으로 발생하는 비용 일부를 상쇄할 수 있도록 구조기금(structural funds)의 형태로 보상을 제공하기로 합의했다.[13]

다양한 주요 이익집단의 견해를 고려할 때, 하향식 조화가 아닌 상향식 조화가 타협을 위한 비옥한 기반을 제공한다. 각 표준의 경제적 목적을 보다 광범위한 사회적 목적과 결합하면 다양한 이해관계자 간 연합을 구축하는 데 도움이 된다. 예를 들어, 이러한 조화 노력 과정에서 환경 보호를 옹호하는 비정부기구들(NGOs)은 때로는 조화로운 규제 환경을 원하는 기업들과 공통점을 찾을 수 있었다. 이러한 기업들은 종종 더 느슨한 규칙을 선호하지만 비

* 선택적 면제(opt-out)는 조약에 명기된 공동정책과 조치를 일부 회원국에 부과하지 않는 것이다. 일반적으로 선택적 면제는 마스트리히트 조약 등과 같이 새로운 조약을 체결하거나 기존 조약을 개정할 때 의정서(Protocol)에 관련 내용이 명시된다. 선택적 면제를 부여받은 회원국은 시한을 정하지 않고 반영구적으로 권리를 행사할 수 있으며, 상황에 따라 입장을 철회할 수도 있다. 이는 영국, 아일랜드, 덴마크 등에 적용되었다. EU가 이들 국가에 선택적 면제를 집중적으로 부여한 것은 반(反)EU 정서로 인해 공동정책이나 조치가 무산되거나 지연되는 최악의 경우를 방지하기 위한 데 그 목적이 있었다.

용과 복잡성을 불가피하게 증가시키는 일관성없는 국가 표준보다는 상향식 조화를 더 선호한다. 이러한 드문 이해관계의 일치는 독특하고 강력한 친규제 연합의 길을 열어주며, 기업과 소비자라는 두 이익집단을 유럽 시장, 그리고 궁극적으로는 브뤼셀 효과를 통해 글로벌 시장에서 조화로운 규칙을 추구하는 과정에서 예상치 못한 동맹으로 만들고 있다. 또한 EU는 공동체의 도덕적·경제적 책무가 일치할 때 대외적으로 행동하고자 하는 강력한 동기를 갖는다. 즉 EU가 EU 산업계와 소비자 및 환경 옹호자들로부터 정치적 지대*를 동시에 누릴 때 특히 그렇다.[14]

해외 규제 변화를 끌어낸 이러한 동맹의 한 가지 사례는 1993년 처음 도입된 EU의 환경관리 및 감사 제도(Eco-Management and Auditing Scheme)에 관한 EU 기업들과 환경 단체들 간의 연합이었다.[15] 환경관리 및 감사 제도는 기업의 환경 개선 기록을 대중에게 공개하도록 규제한다. 이미 공개 의무를 준수하고 있던 EU 기업들은 환경 NGO들과 협력하여 미국 및 아시아 기업들도 동일한 표준을 채택하도록 로비활동을 펼쳤다. 결국 이 캠페인은 성공적이었고, 국제표준화기구(ISO)는 1996년 유럽 표준을 글로벌 표준으로 채택했다.[16] 마찬가지로, 1990년대 중반 GMO와의 투쟁에서 그린피스와 다른 환경 및 소비자 NGO들은 다양한 부문에서 압도적인 대중의 지지를 동원했다. NGO들은 코파-코체가(Copa-Cocega)로 대표되는 유럽 농민들과 유로쿱(Eurocoop)과 유로커머스(EuroCommerce)로 대표되는 유럽 소매업계를 포

* 정치적 지대(political rents)는 정치적 과정이나 정부 규제를 통해 얻는 초과 이윤이나 특권적 이익을 의미한다. 여기에서는 EU가 기업, 소비자 및 환경 보호 단체로부터 정치적 지지나 정당성을 확보하면서 얻게 되는 정치적 이익을 의미한다.

함하여 자신들의 대의를 위한 놀라운 동맹을 찾았다.[17] EU의 전통적인 농업 업계는 GMO를 반대하며 이를 재배하지 않았다. 소매 업계 또한 마찬가지로 대중의 반대에 반응하여 GMO에 반대했다. 이러한 주요 이해관계자들의 로비를 통해, 2003년 EU는 두 가지 규정을 채택했다. 하나는 GMO를 추적하고 분류하는 시스템을 구축하는 것이고, 다른 하나는 GMO에서 파생된 식품을 규제하는 것이다.[18] 2003년 이후, 이러한 파트너십은 지속되어 모든 비승인 GMO 식품에 대한 금지를 위해 유럽위원회에 공동의 압력을 유지하고 있다.[19]

마찬가지로 규제 이면의 이러한 이중적 목적은 종종 좌파 정당과 우파 정당이 공통점을 찾는 데 도움이 되었다. EU 전역에 걸친 환경 또는 제품 안전 표준의 조화는 좌파 정당이 소비자를 보호하는 동시에 우파 정당이 공동 시장 전반에 걸쳐 교역을 우선시할 수 있도록 했다. 물론 정치적 긴장은 여전히 남아 있을 수 있으며, 이해관계가 항상 쉽게 일치하는 것은 아니다. 그러나 이러한 이중적 목적은 연합을 확대하고 주요 이익집단들 — 다른 정치적·규제적 맥락에서는 확실히 반대되는 의제를 가질 수 있는 — 이 규제를 통해 무엇인가를 얻을 가능성을 증대시켜 보다 엄격한 표준이 등장할 수 있는 타협의 길을 열어준다.

EU 표준의 상향식 조화 경향은 제 조약의 개정으로 인해 규정과 지침이 만장일치가 아니라 이사회의 가중다수결 — EU 인구의 최소 65%를 대표하는 회원국 55%의 지지를 요구하는 — 로 채택될 수 있게 됨으로써 더욱 촉진되었다. 가중다수결을 향한 이러한 움직임은 1987년 단일유럽법(Single European Act) — 단일 시장 완성을 위한 길을 닦은 주요 조약 개정 — 의 채택까지 거슬러 올라가며 이후 각 조약 개정에서 계속 지속되었다.[20] 심지어 합의가 부재한 상황에서도 입법을 진행할 수 있는 능력은 단일유럽법 이후 중요한 규칙 제정의 기반을 확립했다. 회원국들이 만장일치를 기본 의사 결정 규칙으로 고집했더라면, 야심 찬 규제 의제가 등장했을지 의문이다. "최소한의 조화"와 같은 입법 기법을 활용하는 것도 완벽한 통일성에 대한 EU의 주장을 완화하고 국가별 유연한 제도 시행을 도움으로써 광범위한 규제 의제를 더욱 촉진했다.

가중다수결은 종종 후발 주자들을 침묵시킴으로써 규제 채택이 쉬워지도록 한다. 즉 더 야심 찬 국가들이 더 우세를 보이는 이유는 입법 지지를 위해 모든 국가를 설득할 필요가 없기 때문이다.[21] 그러나 부, 전문성 그리고 이슈의 중요성 또한 규제 채택에 영향을 주는 요소이다. 많은 정책 영역에서 규제 표준을 높이려는 회원국들은 주로 북유럽의 더 부유한 국가들로 경제적 성공과 관련하여 더 큰 정치적 영향력을 가지고 있다. 예를 들어, 북유럽의 높은 성장률과 경쟁력 있는 경제는 경제적 목표를 훼손하지 않는 환경 규제를 지지하는 국가의 능력을 강화한다. 또한 이들 국가는 이미 국내에서 해당 영역을 규제해 온 경험으로 인해 더 큰 설득력을 가지고 있는 경우가 많다. 높은 규제 국가들은 자국 기업들이 유럽 시장에서 경쟁할 때 불이익을 받지 않도록 자국의 표준을 유럽화하려는 강력한 동기도 가진다. 실제로 이사회 투표에 관한 연구에 따르면, 이슈의 중요성이 원초적 투표권(raw voting power)보다 결과를 더 잘 설명하는 경우가 많다.[22] 소규모 국가들은 더 선별적으로 개입하여 그들에게 특히 중요한 이슈에 대해 자신들의 입장을 옹호함으로써 그 입장을 더 신뢰성 있고 영향력 있게 만들 수 있다.[23]

친규제 회원국들은 또한 고도의 전문성을 활용하여 EU의 의사 결정에 영향력을 행사할 수 있는 방법을 찾기도 했다. 유럽위원회는 규제 정책을 개발할 때 전문가 집단에 크게 의존하고 있으며, 이들 전문가 중 약 절반을 각 회원국 정부로부터 채용하고 있다.[24] 친규제 회원국들이 이미 특정 정책 영역을 국내에서 규제하고 있다는 점을 고려하면, 그들은 종종 마음대로 활용할 수 있는 더 많은 수의 기술 전문가들을 보유하고 있는 경우가 많다. 그 결과 친규제 회원국들은 더 큰 자원 우위를 확보할 수 있었다. 이들 전문가는 정책 개발 초기 단계에서 유럽위원회에 영향을 미치기 위해 배치될 수 있다.

예를 들어, 독일과 네덜란드 — 양국은 환경 규제에 대해 진보적인 입장을 취하는 것으로 유명하다 — 는 인력과 전문성을 제공함으로써 EU의 환경 정책에 상당한 영향력을 행사하고 있다. 독일 환경부에는 직원이 900명이며, 독일연방환경청에는 850명의 전문가들이 더 있다. 네덜란드 환경부에는 약 1,500명의 직원이 근무하고 있다.[25] 당연히 독일과 네덜란드의 전문가들은 유럽위원회, 이사회, 유럽의회, 경제사회위원회 그리고 지역위원회 등 다양한 유럽 기관의 환경위원회와 청문회에 두루 포진하고 있다. 이러한 자원 덕분에 독일과 네덜란드 전문가들은 환경 정책 입안에 관여하는 다양한 유럽 기관의 위원회 활동에서 영향력 있는 역할을 맡을 수 있었다.

마지막으로 패키지 딜(이슈 연계라고도 함)은 회원국들이나 정치 그룹들 간의 이견이 있는 상황에서 규제 규칙 제정을 촉진하는 또 다른 기법을 제공한다. 패키지 딜은 다양한 이익집단으로부터 지지를 얻기 위해 여러 입법 제안을 함께 결정하는 관행을 의미한다. 협상의 대상이 되는 EU 정책의 범위가 넓다는 점을 고려할 때, 이러한 거래는 EU에서 성사되는 경우가 많다. 특정 규제에 반대하는 일부 회원국들은 공동농업정책(Common Agricultural Policy)에 따른 지역 보조금 또는 추가 이전금의 증액을 대가로 해당 규제를 지지하라는 설득을 여전히 받을 수 있다.[26] 라야 카르다셰바(Raya Kardasheva)의 연구는 여러 입법 제안에 걸쳐 이슈 연계를 사용하는 유럽의회와 이사회 간의 패키지 딜을 검토했다.[27] 카르다셰바는 1995년 5월부터 2007년 4월까지 완료된 모든 EU 입법의 약 25%가 패키지 딜의 도움으로 결정되었다는 사실을 발견했다.[28] 이슈 연계는 예산 분야에서 가장 흔하게 사용되었지만, 환경 입법뿐만 아니라 보건 및 소비자 보호 분야에서도 많이 활용되었다.[29] 여러 차례의 EU 확대를 통해 새로운 회원국이 EU에 추가되면서, EU 기관들은 점점 다양한 정책 선호를 관리하게 되었고, 그 결과 패키지 딜에 대한 의존도가 높아졌다.[30] 이러한 방식으로 EU의 **규제 밀도**(regulatory density)는 더 야심 찬 규칙 제정을 가능하게 하는 효과를 가져왔다. 다른 정책 영역에서 양보함으로써, 규제 도입에 주저하는 회원국들을 규제에 합류시킬 수 있었기 때문이다.

유럽위원회의 친규제 의제

이전 논의에서 EU의 야심 찬 규제 의제에 대한 추진력은 종종 EU 차원의 상향식 조화를 주장해 온 친규제 회원국들로부터 나왔지만, 야심 찬 규제를 통해 통합을 촉진하는 데 있어 유럽위원회의 역할 역시 핵심적임을 강조한 바 있다. 유럽위원회가 때로는 독립적인 규제 권한을 행사할 수 있지만, 입법

행위를 위해서는 이사회와 유럽의회의 승인이 필요하다. 이는 이들 기관에 유럽 규제 국가를 구축하고 확장하는 데 중요한 역할을 부여한다. 그러나 규정이 발의되고 초안이 작성되는 곳은 유럽위원회 내부이다. 결과적으로, 유럽위원회의 의제 설정 역할은 특히 유럽위원회의 권한과 선호를 면밀히 검토할 것을 요구한다.

유럽위원회의 가장 중요한 책무는 EU의 공동 이익을 증진하는 것이며, 이는 유럽위원회가 종종 보다 긴밀한 유럽통합의 주도적인 옹호자의 역할을 맡게 됨을 의미한다. 그에 따라 유럽위원회가 EU 차원의 규제 표준을 강화하는 데 항상 핵심적인 역할을 해온 것은 지극히 당연한 일에 해당한다. 유럽위원회는 소수의 회원국이 엄격한 국가 표준을 채택하여 독자적인 규제를 진행할 때마다 조화로운 유럽적 해법을 신속하게 지지하며, 단일 시장이 더욱 파편화될 위험을 감지할 때마다 행동에 박차를 가한다. 예를 들어, 유럽위원회는 환경 규제 분야에서 선두 주자들의 요구에 민감하게 대응해 왔다. 이는 그들의 엄격한 국가 표준이 회원국 간의 무역을 왜곡하여 단일 시장의 기능을 방해할 수 있다는 우려 때문이었다.[31]

유럽위원회는 유럽통합에 대한 강력한 이데올로기적 헌신과 제도적 선호를 가지고 있다.[32] 일반적으로 더 많은 규제가 더 많은 통합을 의미하기 때문에, 규제 의제의 증가는 유럽통합을 촉진한다는 유럽위원회의 근본 목표에 분명히 도움이 되었다. 브뤼셀 효과 그 자체는 이러한 목표에 중요한 요인이었다. 우선 브뤼셀 효과는 유럽위원회가 국제 경쟁의 장을 공평하게 만들어 EU 기업들의 글로벌 경쟁력에 대한 우려를 완화하는 데 도움이 된다. 이는 추가적인 EU 규제를 위한 광범위한 지지를 얻는 데 기여한다. 또한 EU는 브뤼셀 효과로 인해 점점 더 글로벌 표준 설정자가 되어 국내외에서 그 표준의 정당성과 영향력을 강화한다.

브뤼셀 효과는 또한 규제 활동의 영향력을 강화하여 유럽위원회의 관료적 이해관계를 강화한다. 규제 기관들은 일반적으로 의제를 얼마나 달성했는지에 따라 성공 여부가 측정되기 때문에 규제를 덜 하기보다는 더 많은 규제를 만들려는 동기를 갖는다.[33] EU 기관들 중에서도 특히 유럽위원회는 끊임없이 자신의 권력을 확대하고 정책 결정에 대한 영향력을 증대하려는 "권한 극대자"로 널리 묘사되고 있다. 그리고 권한을 확대하고자 할 때, 유럽위원회는 주로 규제를 통해 이를 달성하는 경향이 있다.[34]

대체로 규제를 통해 관리하려는 유럽위원회의 경향은 EU의 적은 예산에서 기인한다. EU의 예산은 GDP의 약 1%에 불과하며, 주로 회원국으로부터의 이전금으로 충당된다.[35] 반면 미국 연방 정부의 지출은 정기적으로 GDP의 20%를 초과한다.[36] 이러한 빠듯한 예산은 EU 차원의 대규모 산업 정책, 혁신 정책 또는 일자리 창출 프로그램과 같은 직접 지출 프로그램을 추진하는 유럽위원회의 능력을 제한한다. 반면, 유럽위원회가 공표할 수 있는 규정과 지침의 양을 제한하는 "규제 예산"은 없다.[37] 유럽위원회는 규제를 집행하는 데 막대한 자금이 필요하지 않다. 즉 유럽위원회는 회원국들에게 실제 이행과 집행을 위임함으로써 회원국 자금을 활용할 수 있다. 따라서 유럽위원회가 막대한 재원 없이 영향력을 확대할 수 있는 유일한 방법은 규제 활동에 관여하는 것이다. 왜냐하면 규제는 공동체 기관들이 이용할 수 있는 세입에 의존하지 않기 때문이다.

지안도메니코 마요네(Giandomenico Majone)가 지적했듯이, "[유럽위원회는] 독립적인 과세 및 지출 권한이 없기 때문에 거의 순수한 형태의 규제 국가로 발전해야만 그 권한을 증대시킬 수 있다."[38] 마요네의 EU 규제의 수요-공급 모델에서, 유럽위원회는 입법 발의권으로 인해 공급 측면의 주요 행위자이다.[39] 역사적으로, 유럽위원회에 막대한 규제 권한을 부여하는 것을 회원국들이 원하지는 않았을 것이다. 즉 회원국들은 엄격한 예산 규율을 통해 유럽위원회의 권한을 제한하고자 했다. 그러나 과세와 지출(전쟁은 말할 것도 없고)에 대한 국가의 전통적 권한이 부재한 상황에서, 유럽위원회는 법과 규제의 제국을 건설하고 그 과정에서 자신의 영향력을 극대화했다.[40]

규제 정책은 (브뤼셀 효과를 통한 확장을 포함하여) 유럽위원회가 추진하는 데 거의 비용이 들지 않는다. 규제 준수에 따른 실제 비용은 규제 대상이 되는 기업과 개인에게 전가되기 때문이다. 게다가 집행 비용은 규제를 이행해야 하는 임무를 맡은 회원국 정부가 부담한다.[41] 예를 들어, 새로운 데이터 보호 규정인 일반데이터보호규정(General Data Protection Regulation, GDPR)(5장에서 자세히 논의했다)을 살펴보자. 이 광범위한 규정을 통해, 유럽위원회는 기업들에게 제품을 재설계하고 그들의 개인정보보호 정책을 개정하도록 명령할 수 있다. 이러한 명령은 EU 기관들에게 비용이 들지 않는다. 마찬가지로 GDPR은 유럽위원회가 아닌 각 회원국 정부의 데이터 보호기관이 집행한다. 이들 기관의 직원 및 집행 예산은 회원국 정부가 지원하므로, 실제 집행 또한 EU 예산이 아니라 회원국 예산의 문제가 된다.

브뤼셀 효과는 또한 중요한 외교 정책 수단을 제공하여 대외문제에 대한 유럽위원회의 권한 부족을 보완한다. 공동통상정책(common commercial policy)을 제외한 외교 정책 또는 안보 관련 사안에서 회원국을 대신하여 행위할 수 있는 유럽위원회의 법적 권한은 제한적이다.[42] 예를 들어, 경제 제재를 부과하려면 유럽이사회(European Council)의 만장일치 결정이 필요하므로, 이러한 결정은 회원국의 거부권 행사에 취약하다.[43] 그럼에도 유럽위원회는 단일 시장을 창출하고 유지하는 데 필요한 조치를 이행할 수 있는 실질적인 권한을 위임받았다.[44] 브뤼셀 효과를 통해, 유럽위원회는 이사회에서 만장일치를 확보할 필요 없이 글로벌 시장과 국제 규제 환경을 형성할 수 있는 강력한 도구를 보유하게 된다.

유럽위원회가 유럽 규제 국가를 EU 외부로 확장하는 데 핵심 기관이었지만, 다른 EU 기관들 — 특히 유럽의회와 유럽법원 — 또한 중요했으며, 시간이 지남에 따라 그들의 역할은 더욱 커졌다. 이들 기관 역시 브뤼셀 효과를 통해 EU 규제 의제의 외부화로부터 혜택을 받고 있다. 예를 들어, 마크 폴락(Mark Pollack)은 유럽위원회의 친통합 의제가 다른 기관들과 공유되고 있다고 주장한다. 폴락은 유럽위원회 및 유럽사법재판소의 재량권 사용과 관련하여 회원국들과의 갈등을 다룬 6건의 사례연구를 분석했다. 이 사례들은 시장 자유화와 사회 정책 이슈가 혼합된 것들이다.[45] 그는 거의 예외 없이 유럽위원회, 유럽사법재판소 그리고 유럽의회가 권한 극대자로 행동한다는 사실을 발견했다. 이들 기관은 단일 시장 규제를 포함하여 제 조약이 EU 기관들에 부여한 목표와 권한에 대한 폭넓은 해석을 옹호하는 경향이 있다. 폴락에 따르면, 이는 회원국들에 비해 이들 기관이 "더 강화된 유럽통합에 대한 조직적 선호를 공유하고" 있기 때문이다.[46]

이는 브뤼셀 효과가 유럽위원회의 이해관계와 마찬가지로 유럽의회와 유럽법원의 이해관계에도 부합한다는 것을 시사한다. 예를 들어, 유럽의회가 개인 데이터 또는 개인정보보호에 관심을 갖는다면 — GDPR에 대한 강력한 지지에서 알 수 있듯이 —, GDPR이 글로벌 시장에 확산되는 경우에만 그 이익이 더욱 커지고 EU 개인정보보호 규범이 글로벌 규범이 된다. 실제로 2007년 10월에 발간된 책자 『유럽의 미래: 유럽의회가 자신의 비전을 정하다』에서, 유럽의회는 "유럽 표준 수출"이라는 목표를 강조하고 있다. 이 문서는 국제 무역에 미치는 영향에 대한 유럽의회의 2017년 결의문을 언급한다. 해당 결의문에는 EU가 유럽 정책을 해외로 수출하고, 모니터링하고, 집행할 수 있는 다양한 메커니즘이 자세히 설명되어 있다.[47]

마찬가지로, 유럽법원의 친통합적 경향은 브뤼셀 효과로 인해 더욱 강화될 가능성이 높다. 브뤼셀 효과는 법원 판결의 집행을 포함하여 EU 규칙을 준수하도록 하는 시장 기반 유인을 창출한다. 이러한 강화된 규칙 준수는 더 나아가 유럽법원의 권위와 정당성을 유지하는 데에도 도움이 된다. 잊혀질 권리가 글로벌 도메인 이름에까지 확대되어야 하는지 여부를 묻는 아직 계류 중인 사건을 포함하여, 유럽사법재판소는 최근의 일부 판결에서 자신의 판결이 미치는 외부 효과를 고려하도록 분명히 요청받고 있다.[*48] 2009년 리스본 조약은 유럽사법재판소에 대외 정책을 고려할 수 있는 헌법적 기반을 제공함으로써, 유럽사법재판소가 단일 시장을 넘어서는 사항까지 다룰 권

* Case C-507/17, Google v. CNIL 사건은 EU의 '잊혀질 권리'에 대한 중요한 판례이다. 해당 사건은 '잊혀질 권리'가 EU 내에서만 적용되는지, 아니면 전 세계적으로 적용되는지가 주요 쟁점이었다. 2017년 프랑스의 개인정보보호 감독 기관인 국가정보자유위원회(Commission Nationale de l'Informatique et des Libertés)는 구글에 전 세계 모든 도메인에서 검색 결과를 삭제할 것을 요구하면서 벌금을 부과했다. 이에 구글은 EU 도메인에서만 검색 결과를 삭제하겠다고 주장했다. 유럽사법재판소는 해당 사건에 대해 2019년 9월 24일에 판결했다. 판결에 따르면, 구글은 EU 전역에서 검색 결과를 삭제해야 하지만, 반드시 전 세계적으로 삭제할 의무는 없다.

한을 부여했다.[49] 이러한 조약 체계의 변화로 인해 유럽사법재판소는 자신의 판결이 미치는 외부 효과를 더욱 의식하게 되었고 EU 국경 밖에서도 영향을 미치는 판결을 내릴 수 있는 권한을 가지게 되었다. 유럽사법재판소가 EU의 대외적 권한을 어디까지 확장할지 여부와 관계없이, 대부분의 논평가들은 모든 EU 기관들이 그들의 규제 우선순위를 전 세계적으로 확립함으로써 상당한 이득을 얻었다는 데에 동의한다.

외부 규제 의제의 등장

원래 EU의 초국가적 규제 장치는 유럽에서 통합되고 자유화된 경쟁 시장을 설립하고 감독하기 위해 만들어졌다. 따라서 유럽 규제 국가는 주로 내부 지향적인 정치적 의제에 의해 추진된 내부 도전에 대한 대응이었다. 그 결과 초기 수십 년 동안 — 1960년대 시작되어 2000년대까지 지속된 — EU의 대외 영향력은 내부 동기의 부수적인 부산물로 보는 것이 가장 적절하다고 할 수 있다. 그러나 최근에는 의도적인 외부 의제가 EU의 내부 규제 의제를 보완하기 위해 등장했다. 이러한 변화는 국가들의 규제 정책의 외부 효과가 글로벌 무역 의제를 차지하기 시작한 1990년대 초반의 더 광범위한 글로벌 차원의 전개와 관련이 있다. 다양한 형태의 "글로벌 거버넌스"에 참여하려는 노력이 증가하면서 규제 협력과 다국적 표준 설정이 증대되었다. 다양한 국내 규제가 점차 비관세 장벽으로 간주되면서, 이를 철폐하기 위한 다자간 노력이 활발해졌다. 이들 협상은 1995년 세계무역기구의 설립으로 절정에 달했다. 부분적으로 이러한 이유로, EU 규제 정책의 외부 효과는 EU 안팎에서 더욱 두드러진 이슈가 되었다.

내부 동기: 단일 시장

EU는 전통적으로 자신 이외의 시장을 형성하려는 적극적인 노력 없이도 규제를 외부화해 왔다. 단일 시장을 강화하기 위해 단순히 규제를 만드는 것만으로도 충분했으며, 대외적 영향력은 이러한 내부 목표의 부수적인 부산물로 등장했다. 앞서 언급했듯이 회원국 간의 비일관적인 규제는 단일 시장을 위협하는 것으로 간주되었고, 이로 인해 회원국 간 법을 조화시키는 EU 차원의 규제를 제정해야 할 필요성이 대두되었다. 예를 들어, 환경 분야의 많은 규제들은 조화로운 환경 표준을 통해 환경을 보호하고 단일 시장을 촉진한다는 이중적 목적을 달성하기 위해 제정되었다.[50] 따라서 EU는 글로벌 환경 표준을 제공하는 것을 목표로 하기보다는 단일 시장 프로그램의 효율적인 기능과 정당성에 관심을 기울였다.[51] 단일 시장의 발전은 또한 EU 기관들이 행위할 수 있는 견고한 법적 근거를 제공함으로써 국가 차원이 아닌 EU 차원의 규제가 필요하다는 논리를 제공했다.

예를 들어, 역내 시장의 논리는 6장에서 자세히 논의된 화학물질 안전 규정인 "화학물질의 등록, 평가, 승인 및 제한에 관한 규정(REACH)"를 제정하는 데 핵심이었다.[52] 유럽위원회는 2001년 백서에서 EU의 새로운 화학물질 정책의 주요 목표 중 하나가 "역내 시장의 파편화를 방지하는 것"이라고 명시했다.[53] 2003년 REACH 입법 제안의 첫 번째 설명 부분에서, 이는 다음과 같이 명시적으로 언급된다. "(1) 물질 자체 및 그 혼합물과 완제품에서 물질의 자유로운 이동은 역내 시장의 핵심적인 측면이며 소비자와 노동자의 건강과 웰빙 그리고 그들의 사회적·경제적 이해관계뿐만 아니라 화학산업의 경쟁력에 크게 기여한다. (2) 공동체 내 물질에 대한 역내 시장의 효율적인 기능은 물질에 대한 요건이 회원국마다 크게 다르지 않은 경우에만 달성될 수 있다." 마찬가지로, 2005년 공동 입장에 대한 이사회의 정치적 합의는 "이 규정의 목적은 경쟁력과 혁신을 강화하는 동시에 건강과 환경에 대한 높은 수준의 보호뿐만 아니라 역내 시장에서 물질의 자유로운 유통을 보장하는 것이다"[54]라고 명시하면서 REACH의 목표와 범위를 논의하고 있다.

EU의 데이터 보호 규정도 공동 시장 전역에서 데이터 전송을 위한 단일 시장 설립이라는 목표에 그 기원을 두고 있다. EU 기관들의 초기 성명에는 데이터 보호에 있어 EU의 외부적 측면을 언급하기보다는 오히려 EU 내부의 각 국가별 조치가 단일 시장에 부정적인 영향을 미친다는 것만 언급하고 있다.[55] 예를 들어, 개인 데이터 자동 처리에 관한 1981년 유럽위원회의 권고는 다음과 같이 언급하고 있다.[56]

> EC 회원국들의 상이한 데이터 보호법은 데이터 처리에 대해 전혀 다른 조건을 창출한다. 데이터 처리에 있어 공동 시장의 설립과 기능은 그 처리와 관련하여 수집 조건의 광범위한 표준화를 요구하며, 따라서 유럽 차원의 데이터 보호가 필요하다. 데이터와 정보가 국경을 넘어 자유롭게 이동하고 불평등한 경쟁 조건과 그에 따른 공동 시장에서의 경쟁 왜곡을 방지하기 위해서는 데이터 보호에 대한 근사화(Approximation)가 바람직하다.

다른 여러 준비 작업들 역시 EU의 데이터 보호 규정의 핵심 목표가 항상 "단일 시장의 잠재력을 발휘"하려는 열망이었음을 확인시켜 준다.[57] "유럽과 글로벌 정보 사회"에 관한 1994년 유럽위원회 백서는 "[이러한 개인정보 보호 규칙의 보호 수준에서의 격차로 인해] 회원국 당국이 개인 데이터 보호를 위해 회원국 간 광범위한 신규 서비스의 자유로운 유통을 제한할 위험이 있다"[58]라고 강조한다.

2010년 개인 데이터 보호에 관한 유럽위원회 통지문에서도 마찬가지로 "지침을 이행하는 국내법 간의 차이가 역내 시장에서 개인 데이터의 자유로운 흐름을 보장하는 주요 목적 중 하나를 위반한다"라고 경고하면서, 민간 이해관계자들이 조화의 결핍에서 비롯된 행정 비용에 대해 불만을 제기해 왔음을 인정하고 있다.[59] GDPR의 입법 역사는 계속해서 단일 시장을 강조하면서, EU 단일 시장에서 "회원국 간 규칙의 상당한 차이"를 없애고 "파편화된 법적 환경"과 관련된 "개인에 대한 불확실하고 불균등한 보호"를 제거해야 한다고 강조한다.[60]

이러한 성명들은 EU가 의식적으로 단일 시장을 외부화하려는 "규제 제국주의자(regulatory imperialist)"라고 주장하는 비평가들의 견해에 의문을 제기한다.[61] 의도적인 외부 의제 대신에, 이러한 통지문들은 EU 규칙 제정의 많은 부분이 단일 시장의 완전성을 보호하려는 내부 목표에서 유래한 것임을 보여준다. 특히 초기에, 단일 시장의 외부 효과는 기껏해야 시장 통합 목표에 몰두했던 EU 기관들에게 후순위에 불과했다. 이러한 내부가 중심이 된 수동적인 EU 규칙의 외부화는 특히 효과적이었는데, 이는 EU 기관들이 EU 프로젝트의 핵심 목표, 즉 유럽통합과 단일 시장의 설립을 추구하기 위한 합의를 도출하기만 하면 되었기 때문이다. EU 표준이 때로 외부화되었던 것은 EU 기관들에 의해서가 아닌, EU 표준을 준수할 필요가 있었거나 전 세계적으로 적용하기로 결정한 시장 참가자들에 의한 것이었으며, 이는 EU가 가진 원래 목표의 부산물에 불과했다.

외부 동기: 글로벌 규범 설정

유럽 규제 활동의 주요 목적이 분명히 단일 시장을 설립하는 것이었지만, 이 활동은 EU를 글로벌 규제 헤게몬으로 확립하는 부수적인 효과를 가져왔다. 단일 시장의 이러한 외부적 차원은 미국을 비롯한 EU의 무역 파트너들이 단일 시장이 제3국에 비용을 부과할 수 있다는 우려를 표명했을 때 비로소 완전히 체감되었다.[62] 물론, EU는 단일 시장과 연관된 이러한 "부수적인 외부성"으로부터 이익을 얻고 있으며, EU의 내부 동기는 글로벌 규제 환경을 형성하고 글로벌 영향력을 추구하려는 EU의 외부 동기와 상충되지 않는다.[63] 예를 들어, 유럽위원회는 EU의 새로운 외부적 규제 권한을 처음에는 의도하지 않았지만 환영할 가능성이 높다. 또한 EU의 내부 목표들이 점차 더 다면적인 일련의 목표들 — 내부적 목표와 외부적 목표 모두를 포함하는 — 로 발전해 가고 있으며, EU는 이러한 목표들을 규제 정책 수립에 반영하고 있는 것으로 보인다.

비록 유럽위원회가 통지문에서 전통적으로 역내 시장의 강화에 주목하고 있으나, 이러한 통지문을 검토해 보면 시간이 지남에 따라 단일 시장의 외부적 차원에 관한 관심이 증대되는 경향이 있음을 알 수 있다. 단일 시장을 전반적으로 논의하는 문서들에서, 단일 시장의 외부 효과에 대한 언급은 2007

년 무렵부터 나타나기 시작했으며, 그 이후 이 주제만을 다룬 다양한 발행물이 등장했다. 거의 순전히 내부적인 관점만을 반영한 1985년 백서와 1996년 단일 시장에 대한 유럽위원회의 통지문을 비교해 보면 상당한 변화가 있음이 드러난다.[64] 이는 유럽위원회가 EU 규칙을 외부화하고 이를 수행할 능력을 강화시킬 필요성을 더욱 자각하고 있음을 보여준다.

2007년 발간된 "단일 시장의 외부적 차원에 대한 검토"라는 워킹 페이퍼에서, 유럽위원회는 "단일 시장 체계와 더 광범위한 EU의 경제적·사회적 모델이 제3국은 물론 글로벌 및 지역 포럼에서 점점 더 준거점으로 작용하면서 EU가 글로벌 규칙 제정자로 부상하고 있음"을 인정한다.[65] 유럽위원회는 또한 "[여기] 글로벌 해결책을 추진할 수 있는 기회의 창이 있다. EU는 현대적인 규제 체계를 국제적으로 촉진하여 선두를 차지할 수 있는 좋은 위치에 있음"을 인식하고 있다.[66] 또 다른 통지문에서, 유럽위원회는 "EU가 제품 안전, 식품 안전, 환경 보호, 공공 조달, 금융 규제 그리고 회계와 같은 여러 분야에서 글로벌 표준 설정자로 주목받고 있다"라고 강조한다.[67] 이러한 성명들은 단일 시장을 넘어 글로벌 규제 환경을 형성할 수 있는 능력에 대한 EU의 인식이 증대되고 있음을 보여준다.

이러한 기회에 대한 인식이 커짐과 동시에, 유럽위원회는 글로벌 영향력에 대한 자신의 잠재력을 강조하기 시작했다. 예를 들어, 2007년 정책 보고서 "시민을 위한 단일 시장"에서, 유럽위원회는 EU와 그 역내 시장이 국제적인 수준에서 표준 설정자가 되기를 희망한다.[68]

> [EU]는 제품 안전, 환경, 증권 그리고 기업 거버넌스와 같은 분야에서 글

로벌 표준 설정을 고취시키는 규칙과 표준 개발에 박차를 가하고 있다. 이를 통해 EU는 글로벌 규범을 형성하고 공정한 규칙이 전 세계 무역과 투자에 적용되도록 보장할 수 있는 잠재력을 갖게 되었다. 미래의 단일 시장은 야심 찬 글로벌 의제의 도약대가 되어야 한다.

이와 같은 시기에 데이터 보호 규제에 대한 기존 통지문에서의 주목할 만한 변화로, 유럽위원회는 글로벌 표준의 벤치마크로서 EU 데이터 개인 보호법 추진의 중요성을 강조하기 시작했다. 예를 들어, 2009년 통지문에서 유럽위원회는 "연합은 개인 데이터 보호를 위한 국제 표준의 개발과 촉진, 그리고 적절한 양자 또는 다자 간 협약을 체결하는 데 있어 원동력이 되어야 한다"[69]라고 언급했다. 이러한 언급은 유럽위원회가 공동 시장 전역에서 더 원활한 데이터 흐름을 보장하기 위해 표준을 조화시킬 필요성을 강조했던 기존 성명과는 대조적이다. 2010년 통지문에서, 유럽위원회는 "EU 내에서 단일한 높은 수준의 데이터 보호가 전 세계적으로 EU 데이터 보호 표준을 지지하고 촉진하는 최선의 방법이 될 것"이라고 언급하면서 엄격한 표준을 옹호했다.[70] 유럽위원회는 또한 EU 규범에 기반한 보편적 원칙을 다음과 같이 요구했다.

데이터 처리는 세계화되고 있으며 개인 데이터 처리와 관련하여 개인 보호를 위한 보편적인 원칙의 개발을 요구한다. 데이터 보호를 위한 EU의 법적 체계는 데이터 보호를 규제할 때 종종 제3국에게 벤치마크 역할을 해왔다. EU 법적 체계의 효과와 영향력은 EU 안팎에서 가장 중요하게 여겨져

왔다. 따라서 EU는 데이터 보호와 관련된 EU 및 기타 유럽 협약을 기반으로 개인 데이터 보호를 위한 국제적 차원에서의 법적 및 기술적 표준을 개발하고 촉진하는 원동력으로 남아 있음에 틀림없다.[71]

전 세계에 벤치마크를 제공하고자 하는 EU의 이러한 비전은 GDPR 초안 작성에 영향을 미쳤다. GDPR이 발효되기 전 해인 2017년 베라 요우로바(Vera Jourova) — 데이터 보호를 담당하는 법무 유럽위원회 위원 — 는 "우리는 글로벌 표준을 설정하고자 한다"라고 명확하게 선언했다.[72]

시간이 지남에 따라, EU는 또한 무역 협정을 통해 자신의 규제 선호를 촉진하려는 목표를 더욱 명시적으로 밝히고 있다.[73] 오늘날 EU의 무역 정책을 논의하는 이사회의 웹사이트에 따르면, "EU 무역 정책의 가장 중요한 측면 중 하나는 — 유럽 기업과 소비자를 보호하는 동시에 — EU의 원칙과 가치를 촉진하는 것"이라며, 그 예로 인권과 환경 규제를 들고 있다.[74] 최근의 EU 조약 개정 역시 더 외부 지향적인 유럽으로의 사고 전환을 반영하기도 한다. 예를 들어, 2007년 리스본 조약은 EU에 내부 규범과 가치를 외부적으로 투사할 명시적인 권한을 부여하여 EU와 더 넓은 세계와의 관계에서 이러한 가치의 중요성을 강조한다.[75]

전반적으로 이러한 성명들은 단일 시장의 외부 효과에 대한 인식이 높아지고 있으며, 이러한 차원이 EU에 기회를 제공한다는 사실을 깨닫고 있음을 나타낸다. 내부 목표는 퇴색되지 않았으며 여전히 가장 중요하고, 외부 동기는 이를 대체하기보다는 보완하는 것으로 보인다. 내부 의제는 여전히 가장 중요하다. 그런데 단일 시장을 강화하려는 내부 목표의 기반이 되는 근본 논리는 이해하기 쉽지만, EU가 왜 글로벌 표준 설정자가 되려고 하는지는 명확하지 않다. 규제 개혁의 글로벌 리더가 되어 전 세계의 규칙과 표준에 대한 벤치마크를 설정함으로써 EU가 얻는 이득은 무엇인가?[76]

유럽 산업을 위한 공평한 경쟁의 장을 보장하고 경쟁력을 보호한다는 경제 목표는 규제 의제를 외부화하려는 EU의 의지를 설명하는 데 큰 도움이 될 것이다. 자신의 표준을 다른 국가에 수출하지 못하면, 유럽 기업들은 경쟁에서 불리해질 것이다.[77] 그러나 EU가 글로벌 규제 기관으로 역할을 할 수 있다면 자신의 역내 산업의 경쟁력을 훼손하지 않으면서도 사회적 선호를 지킬 수 있다. 외국 기업들이 유럽 시장에서 EU 규범을 준수하면, 수입 경쟁 산업들은 공평한 경쟁의 장을 보장받게 된다. 또한 EU의 규범이 제3국으로 더 확산될수록, EU는 수출 지향적 기업들도 불이익을 받지 않도록 보장할 수 있다. 글로벌 표준에 영향을 미칠 수 있다면, 유럽 기업들은 조정 비용을 최소화할 수 있고, 이를 통해 자신의 역내 시장 규칙에 기반하여 해외 시장에서 영업할 수 있게 된다.

유럽 산업의 경쟁력에 대한 우려 이외에도, EU는 규제 권력을 해외에 투사할 추가적인 동기를 가질 수 있다. 우선 자신의 규칙을 세계화함으로써 더 큰 정당성을 얻으려는 욕구가 동기로 작용할 수 있을 것이다. 외국 기업들과 정부가 EU 표준을 지지하는 경우, 해당 표준은 더 큰 호소력을 가지며, 따라서 더 큰 정당성을 갖는 것으로 간주된다.[78] 이를 통해 얻을 수 있는 구체적인 이점 중 하나는 해당 표준이 이미 전 세계적으로 복제된 경우, EU의 무역 파트너들이 세계무역기구와 같은 포럼에서 EU 표준의 적법성에 이의를 제기할 가능성이 줄어든다는 점이다. 다소 불확실하지만, 글로벌 표준 설정자가 되면 EU의 소프트 파워(soft power)를 확대하고 대내외에서 규제 의제의 타당성을 입증하는 이점이 있다.

자신의 거버넌스 모델과 규제 경험을 해외에 복제시키려는 욕구 또한 동기가 된다. EU는 공동 시장을 창출한 자신의 성공적인 경험을 바탕으로 동일한 규칙에 기반한 글로벌 질서를 추구하고 있다. EU의 규제 강화는 예측 가능성과 안정성이 높아짐을 의미했다. 이는 마찬가지로 글로벌 공공재를 보존하기 위해서도 광범위한 규제 시스템이 필요하다는 신념을 심어주었다. EU는 정책의 동시적 조화 없이는 무역 자유화가 경제적 목표를 달성하는 데 실패하리라는 견해에 동의한다. EU의 경우, 이는 경제적 · 정치적 통합의 가장 효율적이고 보편적으로 유효한 모델을 제공하며[79], 잠재적으로 해외에서 자신의 경험을 복제할 만한 강력한 이유가 될 수 있다.

최근 몇 년 동안 더 광범위한 지정학적 맥락은 EU가 글로벌 표준 설정자의 역할을 맡도록 하는 추가적인 유인을 제공했을 수 있다. 세계무역기구는 1995년 우루과이 라운드(Uruguay Round)가 종료된 이후 점점 더 기능장애를 겪고 있다. 오늘날 세계무역기구가 무역에 대한 규제 장벽을 효과적으로 해결하지 못하면서 EU가 그 공백을 메울 수 있는 독보적인 위치에 놓이게 되었다. 또한 미국 정부는 국내 규제와 국제제도로부터 점점 더 후퇴하고 있다. 이 분야에서 미국의 리더십 부재는 EU가 행동에 나설 수 있는 추가적인 자극을 제공한다. 스노든 게이트*와 같은 스캔들은 미국 정부의 광범위한 전

---

* 스노든 게이트(Snowden revelations)는 2013년 에드워드 스노든(Edward Snowden)이 미국 국가안보국(NSA)의 대규모 감시 프로그램에 관한 기밀 문서를 폭로한 사건을 가리킨다. 스노든은 국가안보국이 프리즘(PRISM)이라는 프로그램을 통해 광범위한 국내외 감시 활동을 수행했다는 사실을 폭로했

세계 감시 활동을 드러냈으며, 이는 개인 데이터와 개인정보보호 권리의 글로벌 수호자 역할을 하려는 EU의 결심을 더욱 강화했을 것이다. 끝으로 세계 경제에서 EU의 역할이 감소하는 반면 아시아의 역할이 증가하고 있다는 인식도 EU가 여전히 힘을 행사할 수 있는 시점에서 자신의 규칙을 전 세계적으로 공고히 하려는 욕구에 마찬가지로 기여했을 수 있다.

마지막으로 전 세계적으로 규범을 설정할 수 있게 되면, EU는 자신이 글로벌 경제 권력으로서 여전히 적절하다는 점을 비판자들에게 증명할 수 있다. 규제 헤게몬의 역할을 수용함으로써, EU는 자신의 정체성을 강화하고, 심지어 EU의 효율성과 적절성이 끊임없이 의문시되는 위기 상황에서도 EU의 글로벌 위상을 강화할 수 있다. EU가 영향력을 행사하려면 활용 가능한 모든 수단을 동원해야 한다. 전통적인 권력 수단이 부족하기 때문에, EU의 가장 큰 글로벌 영향력은 EU가 공표할 수 있는 규범을 통해 이루어진다. 군사력 또는 마음껏 사용할 수 있는 경제력이 없는 상황에서, EU는 전 세계의 행동 표준을 설정함으로써 진정한 일방적인 권력을 가장 효과적으로 행사할 수 있다.[80] 미국이 군사력과 무역 전쟁의 개입을 통해 하드 파워를 투사하고, 중국이 차관과 투자를 통해 경제력을 발휘하는 세계에서, EU는 가장 강력한 글로벌 영향력 도구인 규제를 통해 권력을 행사하고 있다.

다. 해당 기밀 문서는 미국 정부가 자국민과 외국인들의 전화 통화, 이메일, 온라인 활동 등을 광범위하게 수집하고 있음을 보여주었다. 스노든의 폭로는 전 세계적으로 큰 파장을 일으켰으며, 개인정보보호와 국가 안보 사이의 균형에 관한 논쟁을 촉발시켰다.

제2장

브뤼셀 효과

거대 경제권만이 글로벌 표준의 원천이 될 수 있다. 그러나 시장 규모만으로는 관할권에 글로벌 규제 권력을 부여하지 않는다. 그렇지 않다면 "워싱턴 효과" 또는 "베이징 효과"도 브뤼셀 효과와 함께 존재했을 것이다. 대신 일방적인 규제 권력을 가지려면 특정 거대 경제권의 명확한 정치적 선택이 필요하다. EU가 글로벌 규제 기관이 된 것은, 단순히 역내 시장의 규모가 컸기 때문만이 아니라 시장 규모를 실질적인 규제 영향력으로 전환할 수 있는 제도적 구조를 구축했기 때문이기도 하다. EU의 주요 이해관계자들은 더 나은 사회를 향한 비결로서 엄격한 규제를 더욱 수용하고 있으며, 이를 통해 야심 찬 규제 의제에 대한 중요한 정치적 지원을 제공하고 있다. 그러나 EU는 원하는 모든 정책 영역에 대해 글로벌 규제 권력을 행사하지 않는다. 다시 말해 시장의 힘은 일부 EU 규제를 성공적으로 세계화하지만, 다른 규제는 그렇지 않아 브뤼셀 효과에 한계가 있다.

이 장은 브뤼셀 효과의 이론적 토대를 마련한다. 이 장에서는 한 관할권 표준의 외부화가 전개되는 조건과 그 메커니즘을 파악한다. 일방적인 규제 권한을 면밀히 살펴보면, 브뤼셀 효과의 근간에는 **시장 규모, 규제 역량, 엄격한 표준, 비탄력적 대상** 그리고 **비분할성** 등 다섯 가지 요소가 있음을 알 수 있다. 기존 문헌에서는 외국 기업에 대해 규제 권한을 행사할 수 있는 관할권 능력을 보여주는 대리 지표로서 시장 규모에 초점을 맞추고 있다.[1] 실제로 시장 규모가 크다는 것은 일방적인 규제 세계화의 전제조건이다. 그러나 관할권은 글로벌 규제 권한을 행사할 수 있는 충분한 규제 역량 또한 갖추어야 한다. 이를 위해서는 규제를 효과적으로 채택하고 집행할 수 있는 제도적 구조를 갖추어야 한다. 더욱이 이들 규제 기관은 관할권에서 주요 이해관계자들의 선호를 반영하여 엄격한 규제 표준을 공표해야 한다. 또한 글로벌 규제 권한은 자본과 같은 보다 탄력적인 대상이 아닌 소비자 시장과 같은 비탄력적인 대상을 규제할 수 있는 선택과도 연관되어 있다. 관할권을 벗어날 수 없는 대상을 목표로 하는 엄격한 표준만이 한 국가의 규제가 시장의 힘이나 다른 관할권의 규제 대응에 의해 제약을 받지 않도록 보장한다. 마지막으로, 단일한 글로벌 표준을 준수하는 이점이 느슨한 관할권의 완화된 표준을 이용하는 이점보다 클 때에만 일방적인 표준이 글로벌 표준이 된다. 다시 말해 대상의 활동 또는 생산이 글로벌 시장 전역에 걸쳐 비분할적일 경우에 그렇다.

브뤼셀 효과가 발생하려면 이 다섯 가지 요소가 모두 필요하다. 이들 조건 중 일부는 시장 규모와 같이 관할권의 역사적 자산에 뿌리를 두고 있으며 정치제도 또는 시장 참여자의 결정에 덜 의존한다. 반면, 규제 역량과 엄격한 규칙을 공표하려는 의지는 일반적으로 규제 관할권의 정치경제를 반영하므로, 정치제도들이 내린 적극적 선택의 결과이다. 더욱이 규제 대상의 비탄력성 또는 규제의 비분할성은 글로벌 경제의 본질에 내재된 조건들이다. 이러한 조건들은 민간 기업의 사업적 고려에 의해 주도되며, 규제 기관 자체의 영향력 밖에 있는 경우가 많다. 이는 브뤼셀 효과가 역사적으로 물려받은 시장 규모, 정치적 의사 결정, 그리고 기업 행동을 주도하는 시장의 힘이 복합적으로 결합된 결과로 발생한다는 것을 시사한다.

브뤼셀 효과의 근간이 되는 이 다섯 가지 요소는 일방적인 규제 권력의 일반적 조건으로, 어떤 관할권이 글로벌 시장을 단독으로 규제할 수 있는 능력(또는 무능력)을 설명할 수 있다. 그러나 이 장에서는 이들 조건이 존재하는 곳에서 현재 EU가 어떻게 지배적인 규제 레짐이 되는지를 보여주며, 왜 EU — 예를 들어 미국이 아닌 — 가 여러 정책 영역에 걸쳐 일방적인 영향력을 행사하는지를 설명한다.

시장 규모

글로벌 경제에서, 권력은 특정 국가의 국내 시장의 상대적 규모와 상관관계가 있다.[2] 글로벌 규제 영향력에 관한 기존 학설은 경제력의 대리 지표로서 시장 규모의 중요성을 강조한다. 다니엘 드레즈너는 글로벌 규제 결과가 국가 권력의 함수(a function of state power)이며, 국가 권력은 국내 시장의 규모와 다양성에서 비롯된다고 주장한다. 대규모 시장은 생산자들에게 중력 효과를 발휘하여 해당 국가에서 널리 통용되는 규제 표준으로 끌어당긴다.[3] 채드 담로(Chad Damro)는 이에 동의하며 EU를 "시장 권력으로서의 유럽"으로 인식하고, EU 정체성은 "시장 통합의 경험과 결정적으로 연계되어 있다"라고 주장한다.[4] 단일 시장은 EU의 토대를 제공하며 유럽 외부로 규제 조치를 외부화할 수 있는 능력의 핵심이다.[5]

시장 규모는 상대적 개념이다. 어떤 국가의 시장 지배력의 정도는 대체 가능한 시장과 비교하여 해당 국가의 소비 시장이 얼마나 매력적인지에 따라 달라진다. 소비재의 경우, 잠재적 소비자의 수와 그들의 부유함이 시장 접근의 이점을 결정한다. 이러한 소비자들을 포기하는 데 따른 기회비용도 마찬가지로 중요하다. 즉 이 기회비용은 기업의 자국 시장 또는 대체 가능한 제3국 시장에서의 수요가 제한적일 때 특히 높다. 따라서 수출국 시장에 비해 수입국 시장이 클수록, 기업들은 수입 관할권의 표준에 적응할 가능성이 높아진다.[6] 달리 말해, 자국 및 제3국 시장에서의 매출 대비 관할권으로의 수출 비율이 높을수록, 브뤼셀 효과가 발생할 가능성이 높아진다. 동시에 수출업체가 제3국 시장으로 무역을 전환하거나 자국 시장의 수요 증대 능력이 높을수록, 브뤼셀 효과가 발생할 가능성은 낮아진다.

관할권의 시장 지배력은 기업들이 해당 시장에 대한 접근의 가치를 높게 인식할 때 강화된다. 이러한 가치를 평가할 때, 외국 기업들은 소비자 시장의 매력과 시장 진입과 관련된 조정 비용을 비교한다. 조정 비용은 초기 설립 비용(예를 들어, 제품에 사용되는 주요 부품 교체)과 반복적인 준수 비용(예를 들어, 더 엄격한 환경 표준을 준수하기 위해 더 높은 생산 비용의 발생)으로 구성될 수 있다. 외국 생산자는 시장 접근의 이점이 조정 비용보다 더 클 경우 수입 관할권의 엄격한 표준을 준수할 동기를 갖게 된다. 시장 접근의 이점에 비해 조정 비용이 낮을수록, 생산자는 수입국의 표준에 맞춰 시장에 진입할 가능성이 높아진다.[7]

시장 규모에만 초점을 맞추면, 여러 국가가 잠재적인 글로벌 표준 설정자가 될 자격이 있다. EU는 17조 달러가 넘는 국내총생산(GDP)을 가진 세계에서 두 번째로 큰 경제권이다.[8] 전 세계 국민총소득(GNI)에서 EU가 차지하는 비중은 20%가 넘는다.[9] EU는 두 번째로 큰 상품 수입국이자 가장 큰 서비스 수입국이다.[10] 물론 미국, 중국 그리고 일본 또한 충분한 영향력을 가질 만큼 큰 국내 시장을 보유하고 있다. 일부 지표에서, 그들은 EU보다 더 큰 경제 규모를 가지고 있다. 미국은 경제 규모가 19조 달러가 넘는 세계 최대 경제 대국이다. 중국은 GDP가 12조 달러로 세계에서 세 번째로 큰 경제 대국이며, 일본은 5조 달러에 가까운 경제 규모를 가지고 있다.[11]

EU는 또한 틀림없이 세계에서 가장 중요한 소비자 시장이다. 부유한 소비자의 비율이 높기 때문에, 많은 생산자들이 이들 소비자에게 제품과 서비스를 공급할 수 있는 능력에 의존하고 있다. EU의 인구는 5억 1,600만 명이며, 1인당 GDP는 4만 900달러이다. 미국은 상대적으로 더 부유하지만(1인당 GDP 5만 9,500달러), 소비자 시장은 더 작다(인구 3억 2,700만 명). 반면 중국은 더 큰 소비자 시장(인구 14억 명)을 보유하고 있지만, 소비자들은 상대적으로 덜 부유하다(1인당 GDP 1만 6,700달러). 인도는 중국과 거의 비슷한 인구(인구 12억 명)를 보유하고 있지만, 1인당 GDP는 상당히 낮다(7,200달러).[12]

중국과 인도와 같은 시장의 중요성이 계속 증대되면서, 생산자들은 시간이 지남에 따라 수출의 일부를 해당 시장으로 전환할 수 있는 선택권을 갖게 될 것이다. 그러나 오늘날 이들 시장의 소비자 구매력이 상대적으로 낮다는 점을 고려하면, EU 시장을 포기하고 잃어버린 수익을 다른 곳에서 되찾을 수 있는 국제적 기업은 거의 없다. 따라서 EU 시장 접근의 가치가 뚜렷하게 높다는 것은 왜 많은 생산자가 EU에 상품과 서비스를 판매하는 능력을 유지하기 위해 상당한 조정 비용을 기꺼이 감수할 준비가 되어 있는지를 설명해 준다.

새로운 국가들이 EU에 가입함에 따라 지난 수십 년 동안 EU 역내 시장에 대한 접근의 가치도 눈에 띄게 증가하고 있다. 1995년 확대의 결과로, EU는 2,200만 명의 인구가 증가해 GDP에 3,830억 달러를 추가했다. 2004년 확대로 EU는 7,500만 명의 인구가 증가했고 GDP에 6,850억 달러를 추가했다. 2007년 확대로 3,000만 명의 인구와 2,670억 달러의 GDP가 추가되었으며, 2013년 확대로 400만 명의 인구와 810억 달러가 추가되었다.[13] 조지아, 모로코 그리고 튀르키예와 같은 인접 국가로 규제를 확대하는 EU의 다양한 제휴 협정들은 EU의 시장 규모를 사실상 더욱 성장시켰다.[14] 이들 국가는 자국의 규제를 EU의 규제와 대체로 일치시켜 EU 규제 표준이 적용되는 총 GDP 및 소비자 기반을 확대하고 있다. 이는 유럽 표준 준수의 이점을 더욱 증대시킨다.

이러한 확대 과정이 필연적으로 EU의 시장 지배력을 강화하는 것처럼 보일 수 있지만, EU가 자신의 시장 규모에 따른 영향력을 훼손하지 않으면서 새로운 회원국 가입을 통해 시장 규모를 확대하는 데에는 상당한 한계가 있다. 최적의 국가 규모에 관한 연구에서, 알베르토 알레시나(Alberto Alesina)와 엔리코 스폴로레(Enrico Spolaore)는 국가 규모와 시민들 간 선호 이질성 사이의 상충 관계를 강조한다.[15] 시장이 크면 클수록 공공재 공급 비용은 더 저렴해진다. 예를 들어, 더 많은 국가가 EU에 가입하면 단일 시장에서 교역할 수 있는 기회가 늘어나 공동 시장의 가치가 높아진다. 동시에 새로운 회원국이 가입할 때마다 EU 회원국 간의 선호 이질성도 증가한다. 이는 최적의 규제에 대한 의사 결정을 복잡하게 만들고 EU가 추구할 수 있는 정책을 제한한다. 따라서 더 확대된 EU가 EU의 시장 지배력을 강화하는 것처럼 보일 수 있지만, 실제로는 EU의 시장 지배력이 약화되기 시작하는 균형점이 존재한다. 추가적인 통합과 추가적인 규제에 반대하는 회원국에 의해 의사 결정이 방해받기 때문이다. 그 결과 규제에 영향력을 미칠 수 있는 시장의 능력이 실제로 시장 규모에 따라 증가하지 않는 "준최적 대규모 시장(suboptimally large market)"과 같은 것이 존재할 수 있다. 이런 의미에서, EU 내부 분열의 증가는 시장 규모와 관련된 EU의 영향력이 실제로 이미 정점에 이르렀거나 이미 지나쳤을 수 있음을 시사한다.

그럼에도 EU의 현 시장 규모에 대한 보다 정태적인 견해조차 EU가 오늘날 많은 해외 생산자들에게 중요한 목적지임을 시사한다. 물론 특정 국가, 산업 그리고 기업마다 EU 시장에 의존하는 정도는 다르다. 예를 들어, EU는 러시아, 남아프리카공화국, 중국, 미국, 인도 그리고 브라질의 수출업체에게 중요한 시장으로, 이들 국가의 총수출에서 각각 43%, 31%, 22%, 21%, 19%, 18%를 차지하고 있다. 반면 캐나다와 호주 같은 국가들에게는 EU가 덜 중요한 목적지로, 이들 국가의 총수출 중 각각 9%와 7%만이 EU로 향한다.[16] EU는 러시아, 남아프리카공화국, 인도, 미국의 1위 수출 시장이며, 중국, 캐나다, 브라질의 2위 수출 시장이고, 일본과 한국의 3위 수출 시장이다.

각 국가 내 특정 산업에 따라 중요성 또한 다르다. 예를 들어, 미국 의약품 수출의 87%와 미국 유기 화학제품의 36%가 EU로 수출된다. 또한 EU는 인도 섬유(인도 섬유 수출의 45%), 중국 장난감(40%), 한국 의약품(78%), 러시아 광물 연료(65%), 캐나다 항공기(24%), 브라질 커피(51%), 남아프리카공화국 과일 및 견과류(74%), 일본 장난감(50%) 그리고 호주의 각종 종자 및 과일(64%)의 중요 수출 대상국이다.[17] 이들과 비슷한 위치에 있는 다른 많은 생산자들에게도 EU 시장에 접근하는 것은 매우 가치가 있으며, 따라서 EU의 시장 규모는 그들의 비즈니스 활동에 강력한 제약을 가한다.

특히, 유럽 시장은 많은 미국 거대 기업들에게 중요하다. 이는 특히 전자 산업에서 그렇다. 전자 산업은 "EU 시장에 대한 의존도가 높고 미국 경제에 매우 중요하다. 전자 산업은 미국의 세 번째로 큰 대(對)EU 수출 부문이다."[18] EU는 또한 많은 미국 하이테크 기업들에게 가장 중요한 수출 시장이다. EU에서 하루 이용자 2억 7,700만 명을 보유한 페이스북은 미국보다 EU에서 더 많은 고객을 보유하고 있다. 또한 유럽 광고는 페이스북의 글로벌 광고 수익의 24%를 차지한다. 2017년에는 유럽에서의 해당 수익이 41% 성장하여 회사의 모든 지역 중 가장 높은 성장률을 기록했다.[19] 또 다른 예를 들어보자. 미국에서는 구글의 시장 점유율이 약 67~75% 정도인 반면 대부분의 추정치에 따르면 EU에서는 90%가 넘는다.[20] 또한 구글은 EMEA(유럽, 중동 그리고 아프리카)에서의 광고 수익이 2017년 전체 수익의 33%에 달한다고 보고했으며, 독일과 영국에서만 아마존의 총 순매출에 280억 달러(16%) 이상이 창출된다.[21] 이러한 모든 수치는 브뤼셀 효과의 토대로서 EU의 시장 규모가 얼마나 중요한지를 잘 보여준다.

EU는 시장 규모를 활용하여 해당 기업들 및 산업들의 경제생활의 많은 측면을 규제할 수 있지만, EU가 상품의 불가피한 목적지 시장이 아닌 경우 시장 지배력은 더욱 제한된다. 이 경우, 브뤼셀 효과는 발생하지 않는다. 예를 들어, 일본 제약회사인 다케다(武田薬品工業)는 EU에서 시판 허가를 받는 데 어려움을 겪은 후 유럽 시장에서 불면증 치료제인 '라멜테온(Ramelteon)'의 개발을 중단하기로 결정했다.[22] 유럽 규제 요건을 충족하기 위한 추가 임상 데이터를 산출하는 대신, 그들은 전년도에 유럽의약품청(European Medicines Agency)에 제출한 시판 허가 신청을 2008년에 철회했다. 동시에, 다케다는 미국과 일본에서 각각 2005년과 2010년에 필요한 규제 승인을 획득한 동일한 불면증 치료제를 '로제렘(Rozerem)'이라는 다른 이름으로 계속 판매하고 있다.[23] 이와 같이 기업들은 때때로 엄격한 EU 표준을 준수하는 데 드는 높은 비용 때문에 글로벌 생산을 EU 표준에 맞추기보다는 EU 시장을 아예 포기하기도 한다.

또 다른 사례는 유해 폐기물 관리에서 나온다. 여기서도 EU는 다른 국가들에 자신의 표준을 수출하는 데 실패했다.[24] 유해 폐기물의 불법 이전은 여전히 흔하다. 왜냐하면 생산자들이 폐기물 관리 표준을 시행하지 않는 관할권을 찾아 비용이 많이 드는 규제를 회피하려는 상당한 동기를 가지고 있기 때문이다. 폐기물은 이동이 가능하므로, 생산자들은 유럽 외부로 폐기물을 버릴 수 있는 능력과 동기를 갖는다. 이는 자국 시장으로의 수입을 막는 것보다 특정 제3국으로의 수출을 제한하는 것이 목표인 경우 규제 권력을 외부로 투사하기가 훨씬 더 어렵다는 것을 보여준다.[25]

일부 분야에서, EU의 시장 규모는 전혀 관련이 없기 때문에 브뤼셀 효과가 발생하지 않는다. 우선, EU는 시장 접근과 관련이 없는 규제 대상에 대해서는 영향력이 거의 없다. 인권 분야를 예로 들어보자. 인권은 EU가 규제 역량과 높은 수준의 보호를 추구하는 강력한 선호를 모두 가지고 있는 분야이다. 그러나 EU는 북아프리카나 중동 국가들, 즉 자신의 직접적인 영향권 밖에 있는 국가들에게 인권 기준이나 민주적 가치를 전파하는 데 그다지 성공적이지 않았다.[26] 예를 들어, 인권 조약에 서명하는 것은 EU와의 무역 협정의 조건이 될 수 있다.[27] 조약을 집행하는 것은 또 다른 문제이다. EU는 유럽 시장에 진출하지 않는 개인과 관련된 국제적 관행을 단속하는 것보다 EU 표준을 충족하지 않는 제품에 대한 시장 접근을 거부하는 것이 훨씬 쉽다. 마지막으로 EU는 자신의 거대하고 가치 있는 시장에 대한 조건부 접근을 제공할 수 있는 능력에서 권력을 획득한다. 따라서 대규모 시장 규모를 활용할 수 있는 관할권의 능력은 브뤼셀 효과를 유지하는 근본 조건으로 남아있다.

규제 역량

대규모 시장 규모만으로는 다른 국가에 자신의 규제 선호를 투사하는 국가의 능력을 설명할 수 없다. 즉 대규모 시장을 가진 모든 국가가 글로벌 표준의 원천이 되는 것은 아니다. 규제 권력이 되는 것은 시장 규모에 내재된 것이 아니라 국가가 추구하는 의식적인 선택이다. 국가는 시장 지배력을 실질적인 규제 영향력으로 전환하기 위해 제도를 구축하여 규제 역량을 부여하는 데 전념해야 한다.[28] 규제 역량은 규제를 공표하고 집행할 수 있는 관할권의 능력을 의미한다. 이는 규제 전문성과 자원 모두를 필요로 한다. 이러한 역량이 없으면, 국가는 자국의 관할권 내외의 시장 참여자들에게 권한을 효과적으로 행사할 수 없다. 규제 역량에서 중요한 요소는 규정을 준수하지 않는 경우 제재를 부과할 수 있는 권한이다. 규제를 준수하지 않는 기업들을 시장에서 퇴출하여 상당한 비용을 부과할 수 있는 관할권만이 규제 조정을 강제하고 규정을 준수할 동기를 부여할 수 있다.[29]

규제 역량은 종종 또 다른 조건 — 엄격한 규칙을 공표하려는 성향 — 과 밀접하게 연관되어 있다. 왜냐하면 엄격한 규제를 채택하려는 정치적 의지를 가진 관할권들은 강력한 규제 기관을 구축하기 위해 동일한 정치적 의지를 활용하는 경우가 많기 때문이다. 그러나 관할권이 특정 정책 영역에 규제를 부과하기를 원하지만 필요한 규제 역량을 구축할 기술적 전문성 또는 재정적 자원이 부족한 경우도 있다. 그러므로 엄격한 규제에 대한 선호는 브뤼셀 효과가 발생하는 데 필요한 독자적인 조건으로 간주되어야 한다.[30]

규제 역량의 정도는 글로벌 규제 권한을 행사할 수 있는 국가의 능력에 중요한 한계를 설정한다. 예를 들어, 많은 아시아 경제는 놀라운 속도로 성장하고 있지만, 이들의 GDP 성장이 규제 경험과 규범을 집행하는 데 필요한 제도적 역량으로 전환되기까지는 시간이 걸릴 것이다. 특히 외국 기업을 상대로 규범을 집행하는 데는 더욱 그렇다.[31] 이는 중국의 사례에서 분명히 드러난다. 막대한 외환보유고와 미국 국채 보유에도 불구하고, 글로벌 금융 규제에 미치는 중국의 영향력은 제한적이다. 중국의 제한적인 영향력은 부분적으로 이 영역에서 국내 시장 규칙을 감독하는 효과적이고 독립적인 관료 기관의 부재에서 찾을 수 있다.[32] 따라서 상당한 규모의 국내 시장의 힘을 활성화하기 위해 정교한 규제 기관이 필요하다는 사실은 오늘날 미국 또는 EU를 제외하고는 글로벌 영향력을 가진 규제 기관이 될 수 있는 역량을 갖춘 관할권이 거의 없다는 것을 의미한다.[33] 미국에서는 행정 기관이 규칙을 공표하고 집행할 수 있는 역량이 잘 확립되어 있다. 마찬가지로 EU도 규제 국가의 역할이 증대했다. 왜냐하면 단일 시장의 창설에 수반된 제도적 발전이 EU에 상당한 규제 역량을 부여했기 때문이다.[34]

EU는 특히 1986년 단일유럽법을 채택한 이후 광범위한 규제 역량을 구축해 왔다. 단일유럽법은 1992년까지 단일 시장을 완성한다는 야심 찬 의제를 개시했다. 이러한 목표를 이행하기 위해, 회원국들은 1장에서 논의한 대로 시장 규제를 제정하고 집행할 수 있는 막대한 권한을 EU 기관들에 부여했다. 규칙을 공표하고 준수를 보장하는 이러한 역량은 EU 기관들의 상당한 규제 전문성, 정책 결정의 일관성 그리고 광범위한 제재 권한에 달려 있다.[35] 광범위한 규제 장치를 구축하기 위한 EU의 의식적인 노력은 통합 과정을 더욱 진전시키고 단일 시장을 완성해야 한다는 필요성에서 비롯되었으며, 이는 대부분 규제를 통해 이루어졌다.

EU의 내부 규제 역량은 그 이후에도 계속 성장해 왔다. 모든 EU의 주요 기관들 — 유럽위원회, 이사회 그리고 유럽의회 — 은 시간이 지남에 따라 상당한 관료적 성장을 경험했다. 2016년, EU 기관들은 39,715명의 직원을 고용했다. 이 수치들은 기관 설립 이후 연평균 5.2%씩 증가해 왔다.[36] 이러한 추세는 1959년부터 2008년 모든 EU 기관에서 지속되었다. 2011년에는 EU 기관들이 2008년 금융 및 예산 위기에 대응하여 효율화 압력을 받아 의도적으로 직원을 감축했다. 그러나 위기 대응을 제외하면, EU 공무원의 수는 꾸준히 증가해 왔다. 1959년 — 유럽경제공동체 초창기 — 에는 EU의 전체 직원이 2,591명이었으며, 유럽위원회 직원 1,930명, 유럽의회 직원 315명, 이사회 직원 264명으로 구성되었다. 2016년에는 유럽위원회(24,044명)가 가장 많은 직원을 보유했고, 그 다음이 유럽의회(6,762명), 이사회(3,040명) 순이었다.[37] 또한 세 기관의 연평균 직원 증가율은 유럽위원회 5.0%, 유럽의회 6.0% 그리고 이사회 4.7%로 비슷했다.

EU 관료제는 지난 수년간 꾸준히 성장해 왔지만, EU의 광범위한 권한과 5억 명 이상으로 확대된 EU 인구에 비해 직원 수는 여전히 상대적으로 적다. 미국 연방 관료제와 비교하면, EU 관료제의 상대적 규모는 훨씬 더 작아 보인다. 미국 연방 정부는 행정부, 입법부 그리고 사법부에 걸쳐 400만 명 이상의 직원을 고용하고 있다.[38] 미국 연방인사관리처의 보고서에 따르면, 2007년 회계연도에 연방 행정부의 직원 수는 187만 명으로, 이는 정규직 민간 직원(우편 서비스 직원과 제복을 입은 군인 제외)을 반영한 수치이다.[39] 예를 들어, 미국 농무부와 교통부에만 각각 73,000명, 53,000명이 넘는 직원이 있다.[40] 1인당 기준으로 보면 미국 연방 정부의 상대적 규모는 인구가 더 많은 EU와 비교해도 훨씬 더 크다.

물론 미국 연방 관료제와 EU 관료제의 직원 수를 직접 비교하는 것은 다소 오해의 소지가 있다. 왜냐하면 EU 회원국들 자체가 EU법을 이행하고 집행할 상당한 책임을 지고 있기 때문이다. 이는 간접적이지만 실질적으로 EU의 관료적 역량을 증대시킨다. EU는 많은 주요 EU 규정 — GDPR을 포함한 — 의 집행을 회원국에 위임했다. 또한 유럽위원회는 EU법을 완전히 이행하거나 집행하지 않는 개별 회원국들을 상대로 위반 소송을 제기할 수 있는 권한을 부여받고 있다. 이러한 방식으로 유럽위원회는 회원국이 자신의 의무를 준수할 유인을 부여하여 EU의 규제 역량에 효과적으로 기여하도록 보장할 수 있다.

게다가 어떤 지표를 사용하든 EU 직원의 수만으로는 EU 기관에 부여된 규제 역량의 범위를 제대로 파악할 수 없다. EU 관료제의 질도 중요하다. 예를 들어, 유럽위원회는 고도로 숙련되고 사명감이 투철한 관료들의 도움으로 자신의 권한을 수행할 수 있었다. 유럽위원회는 유럽통합에 대한 사명감을 공유하는 고도로 교육받은 관료들로 구성되어 있다. 유럽위원회 관료의 70% 이상이 대학원 학위를 보유하고 있으며, 58%는 한 국가 이상에서 공부한 경험이 있다. 이는 유럽위원회가 종종 코스모폴리탄이자 고학력 엘리트로 구성되었다고 여겨지는 이유를 부분적으로 설명해 준다.[41] 또한 유럽위원회 관료는 상당한 기술적 전문성을 보유하고 있다. 이는 규칙 제정에 추가적인 정당성을 부여하고 객관성과 중립성이라는 분위기를 조성하여 권위를 강화하는데 기여한다.[42]

유럽위원회 직원들의 공유된 사명감은 규칙 제정 역량을 더욱 증폭시킨다. 리스벳 후허(Lisbet Hooghe)가 실시한 유럽위원회 관료를 대상으로 한 최근 설문 조사에 따르면, 응답자의 72%가 "유럽에 대한 헌신"을 유럽위원회에 취업한 동기로 꼽았으며, 초국가주의자가 국가 중심주의자보다 두 배 이상 많았다고 한다.[43] 이전 설문 조사에 따르면, "유럽위원회 고위 관료들은 국가 엘리트나 여론보다 훨씬 더 친유럽적인 것으로 드러났다."[44] 더 놀랍게도 후허의 설문 조사에 따르면, 40% 이상의 유럽인들이 자신을 국가 정체성만을 유지한다고 생각하는 반면, 설문 조사에 참여한 유럽위원회 직원 중 그렇게 응답한 사람이 거의 없었고, 80% 이상이 자신을 어느 정도 유럽인으로 인식하고 있었다는 것이다.[45] 유럽위원회의 문화는 "더 심화된 통합을 더 광범위한 정치적 목표를 달성하기 위한 수단으로 보는 EU의 목적론적 비전을 중심으로 전개된다."[46] 이러한 명확한 사명감의 동질성 덕분에 유럽위원회는 정치적 내분을 비교적 명확하고 일관된 비전으로 대체할 수 있었다. 이를 통해 유럽위원회는 보다 광범위한 규칙 제정의 기반을 마련할 수 있었다.

또한 유럽위원회는 지난 20년 동안 유럽규제기관(European regulatory agencies)의 설립을 통해 자신의 전문성과 자원을 노련하게 강화해 왔다. 특히 재량권이나 권한이 제한적이었던 영역에서 그렇게 했다. 이러한 방식으로 유럽위원회는 단일 시장을 규제하는 데 있어 유럽규제기관을 활용하여 — 경쟁하기보다는 — 자신의 역할을 확장할 수 있었다.[47] 게다가 유럽위원회는 전통적으로 일반적인 규칙 제정 권한을 유럽규제기관에 부여하지 않았다. 오히려 유럽위원회는 자신의 독자적인 규칙 제정 특권을 보호해 왔다. 따라서 대부분의 유럽규제기관은 필요한 경우 유럽위원회에 추가적인 전문성, 인력, 정보 또는 자금을 제공하여, 정책 결정에 대한 권한과 통제력을 훼손하지 않으면서도 유럽위원회가 보유한 규제 역량을 강화한다.[48]

EU 규제 역량의 주요 특징은 광범위한 제재 권한으로, 이는 효과적인 억지력을 창출하고 EU 규정 준수를 유도한다.[49] 궁극적인 제재 형태로, 유럽위원회는 EU의 규제 요건을 충족하지 않는 경우 특정 제품 또는 서비스가 자신의 영역 내에서 제공되는 것을 금지함으로써 EU 시장에 대한 접근을 거부할 수 있다. 더 나아가 EU는 규제를 준수하지 않는 기업에 상당한 벌금을 부과할 수 있는 권한이 있다. 예를 들어, EU의 데이터 보호 규정인 GDPR이 그토록 강력한 이유는 회원국에서 유럽 데이터 보호 당국이 규정을 위반하는 기업에게 해당 기업의 글로벌 매출액(수익)의 4%에 해당하는 벌금을 부과할 수 있다는 점이다.[50] 경쟁 위반은 심지어 더 높은 벌금이 부과된다. 즉 유럽위원회는 연간 총매출액의 최대 10%까지 벌금을 부과할 수 있다. 최근 구글에 부과된 50억 달러, 27억 달러 그리고 17억 달러의 벌금에서 알 수 있듯이, 유럽위원회는 또한 이러한 제재 권한을 행사하겠다는 의지를 반복적으로 보여왔다.[51]

EU의 역사는 EU 기관들의 권한이 수년에 걸쳐 현저하게 성장함에 따라 규제 의제가 지속적으로 확장된 것으로 특징지어진다.[52] EU는 서로 전쟁을 벌일 수 있는 국가의 역량을 제거하려는 노력의 일환으로 서유럽 철강 및 석탄 산업에 한정하여 통합하는 데 초점을 맞춘 기관에서 출발했다. 그러나 곧 이어 관세동맹의 설립과 역내 무역장벽의 철폐가 뒤따랐다. 이후 EU의 권한은 환경 및 소비자 보호부터 사회 정책, 교통, 공중보건, 개인정보보호 그리고 형사 사법 등에 이르기까지 다양한 이슈를 포괄할 수 있을 정도로 성장했다.

EU의 규제 권한이 시간이 지남에 따라 크게 성장하는 데에는 여러 이유가 있다. 1986년 단일유럽법 이후 경제적 자유화 의제가 커지면서, 이에 회의적인 회원국들의 동의는 주로 급속한 경제 통합의 부정적 영향을 상쇄하기 위해 자유주의적 경제 의제와 광범위한 사회 보호 간의 균형을 맞춤으로써 얻어졌다.[53] 따라서 오늘날 EU의 광범위한 규제 권한은 다양한 국내 소비자 또는 환경 보호 조치와 공동 시장 내 경제적 자유를 보장해야 할 필요성 간의 균형을 맞추는 방법에 대한 EU 회원국들의 의견 불일치에서 유래되었다. 이러한 정치적 의견 불일치를 해결하는 가장 손쉬운 방법은 경제적 유럽과 사회적 유럽 중 하나를 선택하도록 강요하는 것이 아니라 — 일부 회원국에는 도움이 되지만 다른 회원국에는 도움이 되지 않은 — 두 가지 모두를 포

괄할 수 있도록 EU의 권한을 확대하는 것이었다.[54]

EU 제 조약의 다양한 개정뿐만 아니라 유럽사법재판소의 제 조약 해석은 마찬가지로 EU의 권한을 더욱 확장하고 더 광범위한 규제 의제를 추진할 수 있는 토대를 닦았다. 예를 들어, EU 제 조약의 "조화 조항(harmonization article)" — 유럽연합기능조약(TFEU) 제114조 — 은 단일 시장의 설립과 기능을 강화하기 위해 회원국 법을 조화시킬 수 있는 권한을 EU에 부여한다. 즉 해당 조항은 종종 규제 행위의 법적 근거를 제공하여 EU 기관들에게 비교적 광범위한 행위 권한을 부여했다. 예컨대, 유럽사법재판소는 2006년에 공중보건에 대한 규제가 EU 권한 밖에 있다고 하더라도 담배 광고에 대한 국가별 규제의 불일치가 역내 시장의 기능을 방해하는 한 조화 조항에 따라 EU가 담배 광고를 규제할 수 있는 역량을 확장할 수 있다고 판단했다.[55] 이와 관련하여, EU 기관들은 자신들에게 부여된 권한을 다양한 방식으로 적용하는 데 있어 단호했다. 예를 들어, EU 제 조약은 법인세 영역에서 행위할 권한을 유럽위원회에 부여하지 않았지만, 유럽위원회는 제 조약의 국가 보조금 조항들에 따른 광범위한 권한을 활용하여 애플과 스타벅스와 같은 기업의 세무 거래를 추적해 왔다.[56] 이 조항들은 회원국이 특정 기업에 선별적인 재정적 혜택을 제공하는 것을 금지한다.[57] 이에 대해서는 4장에서 자세히 논의한다.

EU 기관들의 표결 규칙 변화 또한 EU의 규제 역량을 확장하는 데 중요한 역할을 했다. 특히 규제의 더 많은 부분이 만장일치 투표가 아니라 가중다수결의 대상이 됨에 따라, 이사회의 규제 공표 능력이 수년에 걸쳐 확장되었다.[58] 예를 들어, 환경 정책은 1992년 마스트리흐트 조약 이후 가중다수결 투표만이 적용되었다.[59] 이에 따라 법안 통과가 더 쉬워졌으며 EU의 규제 범위가 더욱 확대되었다. EU 기관들은 공동 시장을 더욱 통합하고 더 심화된 통합으로부터의 이익을 극대화해야 할 필요성의 결과로 이러한 권한의 증대를 획득했다. 여러 차례에 걸친 EU 회원국의 확대는 EU 회원국의 이질성을 증대시켜 만장일치 의사 결정을 더욱 어렵게 만들었다. 따라서 가중다수결 투표를 향한 추세는 지속적인 규제 행위를 허용하는 데 필수적이었다.

EU의 규제 역량 강화에 기여한 또 다른 제도적 변화는 유럽의회의 점진적인 권한 강화이다. 1986년 단일유럽법과 1992년 마스트리흐트 조약 이후, 유럽의회는 EU 입법 과정에서 영향력을 강화해 왔다.[60] 마스트리흐트 조약은 유럽의회에 이사회와 공동으로 법안을 채택할 권한을 부여하는 공동결정절차(co-decision procedure)를 도입했다는 점에서 특히 주목할 만하다. 리스본 조약은 이 공동결정절차를 입법의 기본 방식으로 삼았다.[61] EU의 민주적 결핍에 대한 우려로 유럽 시민이 직접 선출한 기관에 더 큰 역할을 부여하여 EU 의사 결정을 더욱 정당화할 필요성이 제기됨에 따라 유럽의회의 강화가 모색되었다. 유럽의회는 친규제 입장으로 잘 알려져 있으며, 유럽 시민들의 이익에 도움이 되는 의무를 이행하려는 소망의 일환으로 환경 규제와 소비자 보호 강화를 지지하고 있다. 또한 더 강화된 유럽통합은 유럽의회를 포함한 초국가적 EU 기관들의 역할을 강화하는 경향을 보인다. 이는 유럽의회의 친통합적 성향을 보다 잘 설명한다.[62]

유럽법원도 EU 기관들의 권한을 확대하고 그 과정에서 규제 역량을 강화하는 데 중요한 역할을 해 왔다.[63] 유럽사법재판소는 종종 제 조약에서 예상하지 못한 권한을 EU에 부여하는 판결을 통해 "사법적 통합"을 추구한 "적극적" 법원으로 묘사된다.[64] EU법의 많은 핵심 개념 — EU법 우위[65]와 직접 효력[66]을 포함한 — 은 유럽사법재판소의 판결에서 유래한다. 유럽사법재판소의 친통합적 성향은 종종 유럽위원회의 특권을 보호하고 EU 권한의 범위와 깊이를 확장해 왔다. 이는 정치적 과정이 교착 상태에 빠졌을 때조차, 아니 어쩌면 특히 그런 상황에서 더욱 두드러졌다. 회원국들 사이에서 보다 심화된 합의가 부족할 때에도 마찬가지였다. 유럽회의론의 대변자들은 유럽사법재판소가 과도하게 권한을 남용하여 초국가주의와 회원국 주권 사이의 미묘한 균형을 위협하고 있다고 비난해 왔다.[67] 아마도 부분적으로는 기존의 (또는 예상되는) 반발에 대응하기 위한 것일 수도 있지만, 유럽사법재판소가 사회 정책과 같은 영역에서 적극적 입장으로부터 후퇴하고 있다는 징후도 일부 있다.[68] 그럼에도 유럽사법재판소의 비판자와 지지자 모두 유럽사법재판소의 확장주의적 법리가 수십 년에 걸쳐 많은 경우에 EU 기관들의 권한을 강화했고 더 강화된 유럽통합을 가져온 규제를 지지해 왔다는 데 동의할 것이다.

회원국에서 EU로의 규제 권한의 점진적이지만 결정적인 양도는 유럽 규제 국가의 부상에 있어서 핵심이었다. 회원국이 자기 뜻대로 하도록 놔둔다면, 오늘날 유럽에는 동일한 수준의 규제 역량이 존재하지 않았을 것이다. 지안도메니코 마요네에 따르면, 이러한 "정책 입안의 유럽화"는 매우 중요했으며, 이는 "브뤼셀 당국이 매년 만들어 내는 지침과 규정의 수가 [...] 거의 기하급수적으로 증가"하는 결과를 초래했다.[69] EU는 명확한 법적 목표, 투명성, 대중의 참여 그리고 규제 결정에서 적법 절차 조항을 주장하는 등 여러 방식으로 광범위한 규제 권한을 정당화해 왔다. 이는 EU의 친규제 성향에 대한 우려를 완화시켜 EU 기관들이 정당성을 훼손하지 않으면서도 자신의 권한을 극대화할 수 있게 했다.[70]

그런데도 EU의 규제 역량은 정책 영역에 따라 다르다. 궁극적으로, EU가 특정 영역에서 규제 권한을 가질 수 있는 것은 회원국들이 해당 권한을 부여했을 때에만 가능하다.[71] EU는 수년에 걸쳐 단일 시장과 관련된 모든 영역에서 광범위한 규제 역량을 확보해 왔으며, 바로 이러한 규제들이야말로 외부화에 적합한 속성을 지닌 것들이다. EU의 규제 역량은 경쟁법과 같이 배타적인 — 단지 공유되거나 지원되는 것과는 달리 — 규제 권한을 누리는 영역에서 가장 크다.[72] 이러한 EU의 배타적 권한 영역에서, 회원국들이 독자적으로 법을 제정하는 것은 허용되지 않는다. 그러나 EU 회원국들이 EU에게 권한을 양도하지 않은 중요한 정책 영역들이 남아있다. 여기에는 법인세, 문화 그리고 교육 등이 포함된다. 당연히, EU의 글로벌 규제 권력은 회원국이 배타적 또는 공유 규제 권한을 EU에 양도한 정책 영역으로 제한된다. 이 경우에, EU는 단일 시장의 힘을 발휘하고 이를 구체적인 규제 영향력으로 전환하는 데 필수적인 규제 역량을 갖추게 된다.

엄격한 규제

EU의 주요 기관 — 특히 유럽위원회 — 에 부여된 제도적 권한과 전문성은 유럽 규제 국가의 토대를 형성한다. 그러나 대규모 시장이 상당한 규제 역량을 갖추고 있더라도, 규제 역량을 활용하려는 정치적 의지가 보완되지 않는다면 규제 영향력이 보장되지 않는다. 따라서 브뤼셀 효과에는 관할권이 엄격한 규제 표준을 공표하려는 성향을 갖는 것도 요구된다.

엄격한 규제에 대한 국내 선호는 소득 수준이 높은 국가에서 더 많이 발견될 가능성이 높다.[73] 부유한 국가들은 기업의 수익성을 희생하더라도 환경 및 소비자 보호를 추구할 여유가 있는 반면, 덜 부유한 국가들은 비즈니스 활동을 제약하여 경제 성장을 제한하는 규제 비용에 더 민감하다. 엄격한 규칙 비용에 대한 이러한 낮은 관용과 더불어 규제 역량의 부족은 왜 신흥 시장이 당분간 그들의 성장하는 시장 규모에 걸맞은 규칙 제정 권력을 행사하기 어려운지를 설명해 준다.

그러나 부유한 국가들조차도 규제 개입에 대한 성향은 다르다. 1980년대 말까지, 미국은 소비자 및 환경 규제에 대한 글로벌 규범을 설정했고, 유럽 기업들은 미국에서 유래된 더 높은 표준에 맞춰 조정했다.[74] 당시 미국의 규제는 유럽의 활동가들에게 종종 벤치마크 역할을 하기도 했다. 이들은 예컨대 자동차 배기가스, 연료의 납 함량 또는 오존층에 유해한 화학물질 규제 등에서 EU가 뒤처져 있다고 비판했다.[75] 1990년대 이후, EU는 점점 더 엄격한 소비자 및 환경 보호 표준을 채택한 반면, 미국은 EU의 선례를 따르지 못하면서 역할이 바뀌었다.[76] 오늘날 미국이 EU 표준을 대체할 수 있는 유일한 방법은 스스로 더 높은 표준을 채택하는 것이지만, 미국은 이를 복지 향상에 도움이 되지 않아 자국의 이익에 부합되지 않는다고 생각한다.

데이비드 보겔은 1990년대의 변화를 시민의 위험 인식에서의 변화와 더 많은 규제에 대한 요구 증가에 대응하려는 의사 결정자의 의지가 증대된 결과로 설명한다.[77] 유럽인들은 기업들이 초래한 건강, 안전 그리고 환경 위험을 신뢰할 수 없고 정치적으로 용납할 수 없는 것으로 인식했다. 이러한 대중의 위험 인식의 폭과 현저성이 증대된 것은 부분적으로 대중이 직면한 위험에 대한 의식을 고조시킨 "계기"에서 찾을 수 있다. 미국인들은 1960년대부터 1990년대까지 다양한 위험에 대한 일련의 경고성 뉴스 — 오염된 크랜베리, 탈리도마이드, 수은에 오염된 생선 또는 대규모 기름 유출 등 — 를 연이어 경험했지만, 1990년대에는 이러한 경종에 대한 일부 반론이 널리 퍼지면서 그 심각성이 약화되어 추가 규제에 대한 요구가 감소되었다. 이와 대조적으로 유럽에서는 북해에서의 물개 폐사, 영국에서의 "광우병", 프랑스에서의 HIV에 오염된 혈액, 체르노빌 원전 사고에 따른 방사성 폐기물 또는 라인강을 독소로 붉게 물들인 대규모 화학물질 유출 사고 등 경종이 계속해서 이전보다 훨씬 더 크게 울렸다.[78] 이는 "사전예방적 위험 문화"를 조성하여 대중의 인식에 규제의 필요성을 부각시켰다.

이러한 시민들의 인식 변화는 중요하지만, EU가 미국을 제치고 지배적인 글로벌 규제 기관이 된 유일한 이유는 아닐 것이다. 또 다른 설명으로는 통합 과정을 가속화하고 1990년대 초까지 단일 시장을 완성하기 위한 단호한 정책에 착수하려는 EU의 의식적인 결정을 강조한다. 즉 규제를 통해서 말이다. 1986년 EU의 단일유럽법이 채택되면서, EU는 1992년 말까지 단일 시장을 설립한다는 목표로 통합 프로젝트에 새로운 활력을 불어넣었다. 단일유럽법은 규제 개혁과 더 진전된 통합을 위한 핵심 촉매제가 되었다.[79] EU의 실질적인 범위는 환경 및 사회 정책과 같은 새로운 정책 분야로 확장되었다. 단일유럽법의 이행을 돕기 위해, EU는 또한 가중다수결을 통해 규제를 통과시킬 수 있는 보다 큰 능력을 자신의 기관들에 부여했다. 심지어 영국을 비롯한 유럽회의주의적 국가들조차도 단일 시장 프로그램과 관련된 이점을 고려하여 가중다수결 투표에 찬성하면서 주권을 제한하는 데 동의했다.[80] 1990년대 초에 채택된 이러한 변화는 보다 광범위한 통합 의제에 도움이 될 엄격한 규제를 추구하는 야심 찬 의제를 위한 기반을 다졌다.

유럽통합이라는 광범위한 목표를 촉진하기 위한 도구로서 엄격한 규제 의제를 활용하는 것 외에도, EU가 확실하게 엄격한 규칙을 추구하는 것을 설명하는 데에는 두 가지 추가적인 요인이 핵심적이다. 즉 공정하고 효율적인 결과를 창출하기 위해 시장이 아닌 정부에 대한 유럽인들의 더 큰 신뢰(이데올로기). 그리고 불확실성이 있는 경우에 사적 소송보다 공적 규제의 상대적 중요성 및 규제 기관의 낮은 개입 문턱(과정). 이것들은 차례대로 논의될 것이다. 특정 규제 정책 영역에 따라, 이들 요인의 현저성은 달라질 수 있으며, 그 상대적 중요성은 시간이 지남에 따라 또는 주요 의사 결정자에 따라 변화할 수 있다. 또한 높은 표준을 위한 정책별 동인도 존재한다. 이에 대해서는 제II부에서 다룰 것이다. 따라서 이러한 두 가지 핵심 요인 — 이데올로기와 과정 — 에 대한 논의에서는 보다 포괄적인 배경 규범만을 파악하고자 한다. 이는 수많은 상이한 정책 영역 전반에서 엄격한 표준을 공표하려는 EU의 전반적인 성향을 설명해 준다. 이들 두 가지 요인을 검토한 후, 그 다음으로 이 논의에서는 누락된 규제 성향이 브뤼셀 효과를 제한하는 몇몇 반대 사례를 제시한다.

이데올로기: 시장 대 정부

유럽인들은 일반적으로 시장을 덜 신뢰하고 정부 개입에 더 익숙하다. 국가는 EU에서 더 큰 대중적 신뢰를 향유하며, 따라서 시장 규제에 있어서 보다 중요한 역할을 맡을 수 있다.[81] 이와 대조적으로 미국인들은 친기업적이고 자유 시장 지향적인 자본주의 유형을 수용하는 경향이 있다. 특히 보수적인 유권자들 사이에서 연방 정부의 권한 침해로부터 개별 주의 권리를 보호하려는 정치적 의지를 고려할 때, 미국에서는 광범위한 연방 규제에 대한 대중적 지지를 얻기 힘들다. 물론, 양쪽 모두 예외는 존재하지만, 일반적으로 미국은 규제 작위의 비용에 더 민감한 반면 EU는 규제 부작위에 따른 비용을 훨씬 더 강조한다. 이러한 차이로 인해 EU에서 더 엄격한 규제가 나오는 경우가 많다.[82]

엄격한 규제에 대한 EU 정책 입안자들의 선호는 사회적 시장 경제와 지속 가능한 발전에 대한 그들의 헌신을 반영한다. EU의 목표를 명시한 리스본 조약 제3조는 다음과 같이 선언하고 있다.

> 연합은 역내 시장을 설립한다. 연합은 균형 잡힌 경제 성장 및 물가안정, 완전고용 및 사회적 진보를 목표로 하는 고도의 경쟁력을 지닌 사회적 시장 경제, 그리고 높은 수준의 환경 보호 및 환경의 질적 개선을 기초로 하는 유럽의 지속 가능한 발전을 위해 노력한다. 연합은 과학기술의 진보를 촉진한다.

"지속 가능한 발전", "균형 잡힌 경제 성장", "사회적 시장 경제", "완전고용 및 사회적 진보"와 함께 "높은 수준의 환경 보호 및 환경의 질적 개선"에 대한 언급은 유럽적 가치를 잘 보여준다. 이는 규제된 시장 성과의 관리자로서 정부의 중요한 역할을 상정한다. 이들 목표는 시장의 힘만으로 달성할 수 없기 때문에 지속적인 정부 개입이 필요하다. 이들은 단일 시장의 근간이 되는 규제 철학을 담고 있으며, 현재 유럽에서 정책 입안의 특성인 높은 수준의 규제 활동을 위한 헌법적 토대를 제공하고 있다.

이러한 친규제 이데올로기는 대부분의 개별 EU 회원국들이 수용한 경제 정책에 뿌리를 두고 있다. 프랑스와 독일과 같은 영향력 있는 회원국들은 정부의 경제 개입을 선호한 오랜 역사가 있다.[83] 프랑스는 역사적으로 경제 거버넌스에 대한 고도의 국가 개입을 요구하는 계획(dirigiste) 경제 정책과 관련이 있다. 독일은 1950년대에 사회적 시장 경제 모델이 시작된 국가이며, 그 이후로도 국가가 시장 경제의 이익을 재분배하겠다는 약속을 유지해 온 나라이다.[84] 노르딕 국가들 — 덴마크, 핀란드 그리고 스웨덴 — 뿐만 아니라 네덜란드도 마찬가지로 복지국가에 대한 약속의 일환으로 강력한 정부를 수용하고 있다.[85] 이들 국가는 독일과 함께 1970년대부터 환경 보호를 정책에 포함시켰다.[86] 정부의 현저한 역할은 공산주의 치하에 살았던 동유럽의 많은 회원국에서도 자연스럽게 나타나며, EU 가입 이후에도 국영기업이 경제생활에 영향을 미칠 수 있도록 계속 허용해 왔다.[87] EU의 다른 회원국에 비해 훨씬 더 두드러진 시장 지향적인 정치적 분위기를 특징으로 하는 영국조차도 단일 시장 전반의 거래 장벽을 제거하는 규제를 지지하는 경우가 많았다. 영국은 또한 기후 변화 대응에 있어 EU의 가장 두드러진 지지자 중 하나로, EU에서 배출권 거래제를 주도하고 있다. 그럼에도 여전히 영국은 규제 과잉에 대한 두려움으로 인해 미국에 더 가깝다고 할 수 있다. EU의 "관료적 형식주의"에 대한 영국의 불만은 결국 2016년 영국이 EU 탈퇴를 투표로 결정한 주요 이유 중 하나이다.

따라서 대부분의 EU 회원국들은 다양한 역사적 이유로 이러한 감정이 발생하더라도 시민들 사이에 보다 공평한 부의 분배를 보장하기 위한 방법으로 정부 개입을 지지한다. "자본주의의 다양성"에 대한 영향력 있는 문헌의 관점에서 볼 때, 대부분의 유럽 국가들은 "자유 시장 경제"가 아닌 "조정 시장 경제"의 특징을 보이는 경향이 있다.[88] 일반적으로 조정 시장 경제에서는 정부 규제와 비-시장 제도가 더 큰 역할을 한다.[89] 자유 시장 경제의 특징이 더 잘 나타나는 영국과 아일랜드와 같은 관습법 관할권을 제외하고, 대부분의 EU 회원국들은 개인이 아닌 국가에 더 많은 권리를 할당하도록 경제를 구조화했다.[90]

시장에 대한 유럽인들의 낮은 신뢰는 주로 이데올로기에서 기인한 것이지만, 일부 규제 영역에서는 시장이 실제로 작동하는 방식에 따른 결과이기도 하다. 예를 들어, EU 경쟁법은 시장에 맡겨두면 실패할 가능성이 높고 정부의 개입이 결과를 개선할 수 있다는 믿음을 반영한다. 반대로 미국의 반독점법은 시장의 자정 능력에 훨씬 더 큰 신뢰를 반영한다. 이는 부분적으로 EU의 자본 시장이 미국에 비해 덜 발달하여 시장 진입이 더 어렵기 때문이다.[91] 미국의 자본 시장은 일반적으로 자본 조달이 더 쉽고 시장 진입이 용이하여 신규 진입자가 기존 행위자의 반경쟁적 행위를 더 효과적으로 견제할 수 있게 한다. 반면 EU는 그 반대의 경우가 많다. 이는 EU가 시장 경쟁 유지의 주요 수단으로 시장에 의존하는 미국과 달리 경쟁 규제에 상대적으로 의존하는 이유를 부분적으로 설명해 준다.

EU의 정치적 환경도 마찬가지로 광범위한 규칙 제정에 도움이 되었다. 유럽의 정치 엘리트들은 미국의 정치 엘리트들보다 이데올로기적으로 덜 분열되어 있으며, 그 결과 일반 대중의 더 엄격한 규제에 대한 요구에 더 민감하게 반응한다.[92] 이데올로기적 스펙트럼 전반에 걸쳐 있는 정당들은 규제에 대한 지지 정도는 다를 수 있지만, 사회 보호를 포함하여 규제된 시장경제에 대한 근본적인 약속을 공유한다.[93] 보수적인 유럽국민당을 대표하는 장-클로드 융커(Jean-Claude Juncker) 유럽위원회 위원장이 유럽의회 후보 연설에서 다음과 같이 다짐한 것이 이를 잘 보여준다. "나는 자유무역의 제단 위에 유럽의 안전, 건강, 사회 및 데이터 보호 표준이나 문화적 다양성을 희생하지 않을 것이다."[94] 따라서 심지어 가장 친시장적이고 중도우파적인 정당조차도 자유무역과 시민을 위한 광범위한 보호 간에 균형을 맞추는 EU의 규제 의제를 지지한다.

과정: 행정 규칙 제정에 대한 선호와 사전예방 경향

규칙 제정 과정은 또한 EU에서 엄격한 규제를 채택하게 된 규제 환경에도 기여했다. 이 주장은 두 가지 차원에서 설명될 수 있다. 첫째, EU는 기업이 안전하지 않거나 유해 제품을 시장에 출시하는 것을 막기 위해 사적 소송 및 불법행위 책임 규칙에 의존하는 미국의 방식을 따르지 않는다. 대신 EU는 정부가 사전 규제를 공표하고 집행하는 데 의존한다. 둘째, 행정 규칙 제정은 환경 및 소비자 보호에 대한 보다 사전예방적 접근 방식에 의존한다. 이는 비용-편익 분석에 더 많이 의존하고 사전예방적 접근 방식에 기반한 규제를 공표하는 능력이 떨어지는 미국의 행정 절차와 대조될 수 있다.

다양한 규제 위험에 엄격한 표준으로 대응하는 EU의 경향은 부분적으로 사적 소송인에 의한 사후 집행이 아닌 사전 정부 규제에 의존하는 데서 유래한다. 미국에서는 제조업체에 잠재적으로 중대한 책임을 지게 하는 강력한 불법행위법이 생산자들이 유해 제품을 시장에 출시하는 것을 억제한다. 따라서 불법행위법은 규제 시스템을 대체하여 기관의 규칙 제정과 공적 집행의 필요성을 줄여주는 역할을 할 수 있다.[95] 유럽에서는 사적 소송인들이 소송을 제기할 유사한 유인이 부재하기 때문에, EU는 유해 행위를 억제하는 데 필요한 억지력을 창출하기 위해 비교적 더 엄격한 규제 표준에 의존하는 행정 시스템을 개발했다.

EU는 규제 규칙을 공표하고 이를 집행하기 위해 유럽위원회와 다양한 국가 기관들에 의존하면서 일반적으로 법원의 판결보다 기술관료 기관의 전문성에 의존하는 방식을 선택했다. 법원은 과학적 사실에 대한 평가가 필요한 보건 및 안전 문제에 대한 구체적인 지식이 부족한 경우가 많다.[96] 유럽위원회는 전문화된 총국에 비교적 많은 직원을 배치하고 있다. 이들 총국 모두 특정 정책 영역에 중점을 두고 있다. 이를 통해 관료들은 자신의 규제 영역에서 상당한 전문성을 개발할 수 있다. 예를 들어, 각 개인은 자신들이 겪고 있는 일부 건강상의 악영향이 발암성 인자 또는 발암 물질에 노출되어 발생한다는 사실조차 인식하지 못할 수도 있다. 관련된 지식이 없다면, 그들은 해당 성분이 포함된 제품의 제조업체를 상대로 책임 소송을 제기해야 한다는 사실조차 알지 못했을 것이다.[97] 규제를 유럽위원회에 맡김으로써, EU는 사적 소송인이 소송을 통해 불법행위 책임을 작동시킬 때 직면하는 정보 제약을 일부 완화한다. 또한 EU는 상당한 규모의 경제를 통해 5억 명이 넘는 소비자의 권리를 보호하는 규제를 공동 시장 전체에 걸쳐 마련, 공표 그리고 집행할 수 있는 지식을 효율적으로 확보할 수 있다.[98]

국가들이 규제 시스템을 조직하기 위해 사적 불법행위법 또는 공적 규제 중 어느 쪽에 더 의존할지는 해당 국가의 법적·행정적 시스템을 특징짓는 광범위한 특성들에 달려 있다. 예를 들어, 미국식 불법행위 제도가 효과적으로 작동하려면 광범위한 증거 개시 규칙, 집단 소송의 가용성 그리고 상당한 금전적 보상이 필요하다. EU에서, 증거 개시와 집단적 손해배상청구는 모두 역사적으로 제한되어 왔다. 금전적 보상은 과실이 입증된 경우 미국 소송인들이 받을 수 있는 3배 손해배상과 같은 구제책에 비하면 매우 적다. 이러한 특징들은 EU에서 소송을 제기할 유인을 감소시켜 불법행위법을 공소(public action)의 대안으로 삼기 어렵게 만든다.

게다가, EU는 미국보다 이데올로기적으로 공공 기관이 행사하는 "사회적 명령"에 기반한 행정 규제에 더 익숙하다.[99] 국가가 시장 규제에서 항상 핵심적인 역할을 해왔던 대부분의 유럽 국가에서는 개인의 경각심에 의존하는 것이 낯설기 때문이다. 미국은 정반대의 입장을 취하고 있다. 미국은 사적 소송인에게 더 큰 역할을 맡기기 위해 정부의 사회적 통제 능력을 제한하는 데 익숙하다. 사적 집행은 미국의 개인주의적 전통과 소송 문화에 더 부합한다. 미국은 또한 정부 규제가 무해한 활동에도 부담을 줄 수 있다는 점을 인식하고 있으며, 실제 피해가 발생한 경우로 책임을 제한하기 때문에 불법행위 제도를 더 매력적이라고 여긴다.[100]

마지막으로 사전 규제는 많은 건강 및 환경 위험에 대한 허용 범위가 낮고 종종 보다 먼 미래의 위험이나 불확실한 위험을 제거하기 위해 사전예방적 규제를 선택하는 유럽인들에게 더 많은 반향을 불러일으킨다. 불법행위 제도는 본래 피해가 실제로 발생한 후에야 조치를 취할 수 있다는 특성을 가지고 있다.[101] 이러한 특성은 유럽에서 널리 퍼져 있는 사전예방적 태도와 상충되는 것으로, EU는 피해가 발생하기 전에 규제 기관이 조치를 취하는 사전예방적 통제를 수용하게 된다. EU의 규제 과정은 초기에는 분명 느릴 수 있지만, 규제 개입은 위험이 현실화되기 전에 예방적으로 이루어지도록 설계되어 있다.

방금 위에서 언급한 사유들은 EU가 불법행위 소송을 통한 억지력을 창출하기 위해 재판관보다는 관료적 규칙 제정에 주로 의존하는 이유를 잘 보여준다. 물론 행정 규칙 제정은 미국법의 많은 분야에서 중요한 역할을 하고 있으며, EU에서도 법원이 이 문제와 무관한 것은 아니다. 유럽사법재판소의 많은 주요 판결들은 각국 법원의 선결적 심판 제도(preliminary references)에서 비롯되었으며, 이는 사적 소송인에 의해 시작된 것이다.[102] 또한 사적 소송은 향후 EU에서 더 중요해질 수 있다. 2018년, 유럽위원회는 소비자 보호 사건에 EU 전역에 적용되는 집단소송 제도를 도입하려는 법안을 제안했다.[103] 새로운 지침은 소비자 보호, 제품 배상책임, 환경, 금융 규제, 건강, 관광, 승객 권리 그리고 데이터 보호를 포함한 여러 EU 규제 영역으로 집단 소송을 확대할 것이다. 이러한 개혁에도 불구하고, 소비자가 구제 명령에 대해 "선택적 면제(opt out)"가 아니라 "선택적 적용(opt in)"해야 한다는 요건, 더 제한된 증거 개시권 그리고 성공 보수 제도의 도입 의지 부재 등과 같은 특성으로 인해 미국식 집단피해 불법행위 소송 문화가 가까운 시일 내에 EU에서 등장할 가능성은 낮다. 또한 집단 소송 개혁으로 인해 유럽위원회가 규칙 제정을 자제하고 향후 덜 엄격한 규제를 공표하게 될 것이라는 가능성도 별로 없다.

EU가 행정 규칙 제정을 불법행위 책임보다 강조한다는 사실이 EU의 엄격한 규제를 이끄는 유일한 과정 중심적 이유인 것은 아니다. EU의 규제 엄격성은 규제 과정에서 비용-편익 분석(cost-benefit analysis)과 사전예방이 수행하는 서로 다른 역할로도 설명된다. 오늘날 EU와 미국은 모두 새로운 규제를 제정하기 전에 규제 행위의 비용과 편익을 분석하는 행정 문화를 공유한다. 그러나 비용-편익 분석의 채택은 — EU에서 "영향 평가(impact assessment)"로 알려진 — 비교적 최근에 이루어졌기 때문에, EU에서는 아직 자리 잡지 못했다. 규제 위험이 불확실하고 정확하게 정량화하기 어려운 경우, EU는 사전예방에 기반해서라도 개입하는 것이 더 편하다. 전체적으로 볼 때, 이러한 이유들은 왜 EU가 과대 집행(false positives) — 현실화될 수도 있고 그렇지 않을 수도 있는 잠재적 위험으로부터 시민들을 보호하려 노력하는 과정에서 잘못된 개입으로 인해 유익한 경제 활동을 제한하는 경우 — 보다 과소 집행(false negatives) — 잘못된 개입 실패로 인해 피해가 현실화되는 경우 — 에 더 큰 우려를 보이는지를 설명해 준다.

미국에서 비용-편익 분석은 모든 새로운 규칙을 공표하기 전에 비용-편익 테스트를 충족하도록 요구한 레이건 대통령의 1981년 행정 명령으로 거슬러 올라간다.[104] 이후 모든 후임 대통령은 민주당이든 공화당이든 여러 방식의 비용-편익 분석을 지지했다. 비용-편익 분석은 모든 미국의 규제 기관들에게 개입으로 인한 편익이 비용보다 크다는 점을 입증하도록 강제한다.[105]

이러한 의무는 1억 달러를 초과하는 준수 비용을 부과하거나 중대하고 새로운 정책 문제를 제기하는 모든 규제에 적용된다.[106] 결과적으로 이 모든 경우에 규제 개입을 정당화하기 위해서는 먼저 모든 위험을 정량화하고 그 위험이 불합리한 것으로 판명되어야 한다.[107]

영향 평가는 EU에서 더 최근의 일로 2002년에 공식적으로 도입되었다.[108] EU는 "경제적, 환경적 또는 사회적으로 중대한 영향"을 미칠 수 있는 유럽위원회의 모든 이니셔티브에 대한 영향 평가를 요구한다.[109] EU에서 영향 평가의 기반이 되는 방법은 미국에서 사용되는 방법과 다르다.[110] 비용-편익 분석은 규제와 그 대안의 예상 비용과 편익에 대해 주로 정량적 평가를 제공하도록 미국 기관들에 요구하지만, 유럽위원회는 더 총체적인 접근 방식을 채택했다. 이는 비용-편익 분석, 비용-효율성 분석 그리고 다기준 분석과 같은 다양한 유형의 사전 정책 평가 방식을 통합하고 있다. 또한 이는 쉽게 정량화할 수 없는 정책 요인들 — 총체적 영향과 분배적 영향 모두를 포함하는 — 에 대한 정성적인 평가를 더 수행한다. 더욱이 유럽위원회는 모든 입법 제안이 EU의 기본권에 미치는 영향을 평가할 의무가 있다.[111] EU의 영향 평가는 규제감시위원회(Regulatory Scrutiny Board)의 검토를 받는다. 규제감시위원회의 검토는 영향 평가가 높은 수준의 분석을 반영하는지에 초점을 맞추고 있다. 반면 이에 상응하는 미국의 정보규제사무국(Office of Information and Regulatory Affairs)은 규제가 대통령의 의제와 일치하는지 여부를 추가적으로 검토하여 그 과정에 정치적 통제라는 하나의 층을 추가한다.[112]

EU의 영향 평가와 규제감시위원회의 기능은 시간이 지남에 따라 미국의 상응 기관들과 더 비슷하게 발전했다.[113] 예를 들어, 규제감시위원회는 초기에는 비용-편익 분석을 통과하지 못한 제안에 대해 거부할 수 없었지만 2010년에 해당 권한을 획득했다. 따라서 미국과 EU의 차이를 과대평가하여 EU 표준의 상대적 엄격성을 비용-편익 분석의 차이로 돌리는 것은 잘못된 것이다. 결국 EU의 경우 규제 기관이 엄격한 표준으로 개입할 여지를 더 많이 남겨두는 더 유연한 비용-편익 분석을 채택하고 있다고 말하는 것이 타당하다.

EU와 미국은 또한 불확실성에 직면했을 때 과학적 증거와 사전예방적 규제와의 관계에서도 차이가 있다.[114] 1990년대부터 미국의 영향력 있는 학자, 비즈니스 엘리트, 싱크탱크 그리고 미디어는 과도한 사전예방이 규칙 제정을 지배하고, 그로 인해 지나치게 부담스러운 보건 및 안전 규제가 제정되었다고 인식하면서 이에 대한 점점 더 많은 의문을 제기하기 시작했다.[115] 이는 또한 규제의 필요성에 대해 더욱 회의적인 대중 인식의 변화를 초래했다.[116] 부분적으로 이러한 변화로 인해 미국 기관들은 1990년대부터 규제 의사 결정에 있어 엄격한 과학적 평가를 수행하기 시작했다.[117] 비용-편익 분석을 수행하고 설득력 있는 과학적 데이터를 수집해야 한다는 엄격한 요건 — 그렇지 않으면 규칙 제정에 대한 사법적 이의 제기에서 실패하게 된다 — 은 미국 기관들이 공표한 모든 규제의 행정적 장벽을 높였다.

이와는 대조적으로, 과학적 증거는 EU에서 위험을 규제하는 데 여전히 핵심으로 남아있지만[118], 이는 EU 차원에서 "사전예방 원칙"이 채택되면서 완화되었다. 이 원칙은 잠재적으로 위험한 영향이 선택된 보호 수준과 일치하지 않을 수 있다는 우려에 대한 합리적인 근거가 있는 한, 위험에 대한 절대적이고 정량화할 수 있는 확실성이 부재한 경우에도 사전예방적 규제 행위가 적절하다고 규정한다.[119] 사전예방 원칙은 1960년대까지 거슬러 올라가는 스웨덴과 독일의 환경법,[120] 그리고 1992년 EU 차원에서 해당 원칙을 공식적으로 수용한 마스트리히트 조약[121]에서 유래했다. 이는 주로 유럽 환경 정책을 "게르만화(Germanize)"하려는 독일의 노력을 반영한 것이다.[122] 사전예방 원칙에 대한 추가적인 동력은 다양한 식품 안전 및 환경 스캔들로 인해 일반 대중이 사전예방적 규제를 통해 규제 위험을 사전에 방지하고자 하는 열망을 갖게 된 데서 유래했다. 사전예방 원칙에 대한 대중의 지지가 커짐에 따라, 모든 기관들은 이를 활용하고 사전예방을 지지하여 대중의 관점에서 더 큰 정당성을 얻기를 열망했다.[123]

유럽위원회는 위험 규제의 기초로 과학의 중요성을 강조하여 회원국들이 다른 회원국들과의 무역을 제한하는 구실로 사전예방 원칙에 과도하게 의존하는 것을 줄이려고 노력해 왔다.[124] 동시에 유럽위원회는 EU가 "잠재적 위험"에 대응하고자 할 때 또는 EU의 규제가 "결정적이지 않거나" "부정확한" 증거에 기반하여 제정되었을 때, EU 차원의 위험 규제를 EU의 무역 파트너들로부터 관철할 능력을 유지하겠다는 의지를 분명히 하고 있다. 예를 들어, 2000년 통지문에서 유럽위원회는 "대중이 적절하다고 생각하는 위험 수준"[125]에 직면했을 때 EU가 행위할 수 있는 능력을 보유하며, 시민의 우려를 규제 개입의 정당한 근거로 인정했다.

실제로 사전예방 원칙은 EU의 규제 의사 결정의 핵심 요소가 되었다. 사전예방 원칙은 주요 정책 문서들에 체계적으로 통합되어,[126] REACH, 소고기 호르몬 규제, GMO 규제와 같은 많은 규제의 토대를 제공하고 있다.[127] 유럽법원 역시 사전예방 원칙을 일관되게 지지해 왔으며,[128] 이를 통해 유럽위원회가 사전예방에 기반하여 행위할 수 있는 광범위범한 재량권을 부여했다.[129] 유럽사법재판소는 심지어 **아르테고단 판결***[130]에서 사전예방 원칙을 EU법의 "일반 원칙"으로 격상시켜 사전예방 기준에 대한 법원의 강력한 지지를 보여주고 있다. 이는 기관들의 규제 조치를 검토할 때 상대적으로 엄격한 심사를 해온 미국 법원과 극명한 대조를 이룬다.

제II부에서는 브뤼셀 효과가 이미 나타난 여러 정책 영역들을 상세히 설명한다. 이 모든 영역의 공통적인 특징은 EU가 엄격한 규제에 대한 선호를 명백히 드러냈다는 것이다. 여기에는 경쟁 정책과 데이터 보호뿐만 아니라 온라인 혐오 발언을 제한하려는 요구도 포함된다. 또한 여기에는 소비자와 시민의 건강 보호뿐만 아니라 환경 보호에 대한 정책도 포함된다. 이러한 영역들은 시장이 최적의 결과를 제공하지 못하면 정부가 개입해야 한다는 유럽에서 널리 퍼진 견해를 반영한다. 게다가 그것들은 EU가 피해 발생을 방지하기 위해 지나치다 싶을 정도로 개입할 준비가 되어 있다는 사전예방적 견해도 반영한다. 또 다른 공통점은 유럽 시민과 정책 입안자들이 개입의 이

---

* 아르테고단(Artegodan) 판결은 2002년 유럽사법재판소에서 결정된 것으로 의약품 허가와 관련된 규제에 대한 법적 기준을 확립했다. 본 판결은 사전예방 원칙의 적용에 있어서 중요한 판례로 간주된다. 아르테고단 사건에서는 암페프라몬(amfepramone)과 같은 식욕 억제제의 안전성에 대한 우려가 제기되었다. 유럽의약품청은 이들 약물이 심각한 부작용을 일으킬 수 있다는 우려에 따라, 비록 그 위험이 명확하게 입증되지 않았더라도 공중보건을 위해 해당 의약품의 시장 철회를 권고했다. 유럽위원회는 이 권고를 바탕으로 암페프라몬 등의 허가를 철회하라는 결정을 내렸다. 사전예방 원칙은 과학적 불확실성이 있는 상황에서 공공의 안전, 특히 환경과 건강을 보호하기 위해 사전예방적 조치를 취할 수 있다는 원칙이다. 이는 어떤 활동이나 제품이 심각한 위험을 초래할 가능성이 있을 때, 그 위험이 완전히 과학적으로 입증되지 않았더라도 사전예방적 조치를 취해야 한다는 것을 의미한다. 이처럼 아르테고단 판결은 공중보건과 안전을 우선시하는 EU의 접근 방식을 강조하고 있으며, 과학적 불확실성이 존재하는 상황에서 사전예방적 조치를 취하는 것이 정당화될 수 있음을 명확히 했다.

점에 어느 정도 동의하고 있으며, 그에 따라 엄격한 규칙 제정의 필요성을 인정하고 있다는 점이다.

그럼에도 EU의 규제 성향 — 높은 표준에 대한 선호 — 이 부재하거나 다른 경제 강국들이 더 높은 표준을 선호하기 때문에, EU가 글로벌 표준의 원천이 되지 못하는 정책 영역이 있다는 점에 유의하는 것이 중요하다. 일부 경우에는 모든 또는 대다수 EU 회원국이 높은 규제가 아닌 낮은 규제에 대한 선호를 공유하기도 한다. 그러나 EU의 누락된 규제 성향은 종종 회원국 간 선호 이질성을 반영한다. 온라인 도박은 EU 내 조화가 실패한 영역의 한 예이다.[131] 영국은 온라인 도박의 합법화에 선호하는 반면, 독일과 프랑스와 같은 국가들은 도박에 대한 국가 독점 또는 라이선스 제도를 보호하기 위해 합법화에 반대하고 있다.[132] EU 자체 내에서 충분한 합의가 이루어지지 않았다는 것은 EU가 수출할 공통된 규제 입장이 없다는 것을 의미한다.[133]

또한 EU는 법인세 조화 문제에 대해서도 분열되어 있다. 아일랜드(법인세율 12.5%)와 같은 국가들은 조세 조화를 위한 어떠한 조치도 반대하는 반면, 프랑스(법인세율 33%)와 같은 국가들은 공통 규칙을 지지한다.[134] 이 영역에서 만장일치가 필요하다는 점을 고려할 때, EU가 세율을 성공적으로 조화시키거나 법인세에 대한 최저 수준을 설정할 가능성은 거의 없다. 세율 조화의 어려움을 인식한 EU는 공동통합법인세제안(Common Consolidated Corporate Tax Base proposition)과 관련된 제안을 적극적으로 고려하고 있다.[135] 공동통합법인세제안의 목적은 대기업들이 과세 대상 이익을 계산하는 방법과 해당 이익을 사업의 다른 부분에 배분하는 방법을 표준화하는 것이다.[136] 이는 기업들이 저세율 관할권으로 이익을 이전함으로써 공격적 조세회피 전략에 관여하는 기업의 능력을 감소시킬 수 있다.[137] 비록 이 제안이 실제 법인세율을 각 회원국이 결정하도록 남겨두지만, 공동통합법인세제안은 아일랜드와 같은 국가들로부터의 저항에 직면하고 있다. 아일랜드는 현재 자국에 과세되는 이익이 향후 다른 EU 국가들로 배분되어 세수가 아일랜드 밖으로 이전되고 저세율 관할권으로서 아일랜드의 매력이 손상될 수 있다는 점을 우려한다.[138]

EU의 글로벌 규제 영향력은 다른 국가들이 더 높은 표준을 선호하는 경우에도 제한적이다. 예를 들어 EU가 식품 안전 규제에 있어 더 엄격하지만, 미국은 모든 우유와 유제품에 대한 저온 살균을 의무화하는 반면, EU는 원유의 판매, 마케팅 그리고 유통을 허용한다.[139] 또한 미국은 2018년부터 경화유를 부분적으로 금지하면서 식품 내 트랜스 지방을 규제하는 데 있어 EU보다 앞서 조치를 취했다.[140] 반면 EU는 이 영역에 대한 규제를 준비하기 위해 단지 영향 평가와 협의를 진행하는 단계에 있을 뿐이다.[141]

이와 유사하게, 엔론 사태* 이후 환경에서 기업의 책임을 강화하려는 미국

---

* 엔론(Enron) 사태는 2001년 미국에서 발생한 대규모 회계 부정 사건이다. 2001년 당시 세계 최대의 에너지 회사 중 하나였던 엔론이 파산했다. 엔론 사태는 주로 회사의 고위 경영진이 재무 성과를 부풀리기 위해 회계 부정을 저지른 것에서 비롯되었다. 우선 엔론은 부채와 손실을 숨기기 위해 여러 개의 특수목적회사(Special Purpose Entities)를 설립했다. 이를 통해 엔론은 손실을 회계 장부에서 제외하고, 가공의 수익을 기록해 재무제표를 왜곡했다. 둘째, 엔론은 회계 부정을 통해 수익을 과장하고 부채를 축소하여 회사의 실적을 크게 부풀렸다. 셋째, 엔론의 경영진들은 회사의 실적이 조작된 것을 알면서도 내부 정보를 이용해 주식을 매도하고 개인적인 이득을 취했다. 2001년 10월, 엔론의 회계 부정이 폭로되면서 회사의 주가는 폭락하기 시작했다. 엔론의 신용 등급이 급격히 하락하면서 회사는 유동성 위기에 빠졌고, 결국 2001년 12월에 파산을 신청하게 되었다. 엔론 사태는 미국의 회계 및 기업 거버넌스에 대한 규제 강화로 이어졌다. 이 사건 이후 미국 의회는 2002년에 사베인스-옥슬리법을 제정하여 기업의 재무 보고 투명성을 높이고, 내부 통제 시스템을 강화하는 등의 조치를 취했다.

의 2002년 사베인스-옥슬리 법*은 기업 거버넌스에 대한 가장 높은 글로벌 표준을 확립한 것으로 널리 인식되고 있다.[142] 미국이 엄격한 금융 규제를 선호하는 또 다른 사례는 2010년 도드-프랭크 월가 및 소비자 보호법**이다.[143] 미국이 엄격한 표준을 선택하는 경우, 일방적인 규제 세계화의 조건이 충족된다는 조건 하에서 글로벌 표준의 원천이 될 수 있다. 미국의 최근 규제 추진은 주로 금융 부문을 대상으로 했기 때문에, 이러한 규칙들이 자본의 탄력성으로 인해 글로벌 표준이 될 가능성은 낮다. 예를 들어, 사베인스-옥슬리 법의 효과가 전 세계적으로 금융 규제 표준을 강화한 것인지 아니면 미국 증권거래소가 외국 기업의 상장을 폐지한 것인지에 대한 논란이 있었다.[144] 어쨌든, 단독으로 글로벌 규칙을 정할 수 있는 EU의 능력은 항상 EU가 가장 높은 수준의 규칙을 선호하는지 여부에 달려 있다는 점은 분명하다.

또한 규제의 한 측면에 대해서는 어떤 관할권이 가장 엄격하지만, 다른 측면에 대해서는 다른 국가가 가장 엄격한 경우가 있을 수도 있다. 이러한 경우

---

* 사베인스-옥슬리법(Sarbanes-Oxley Act)은 2002년 미국 의회에서 제정된 법으로 기업의 회계 투명성을 높이고 투자자를 보호하며 회계 부정 및 금융 사기 사건을 방지하기 위해 만들어졌다. 이 법은 2001년 발생한 엔론 사태 등 대규모 회계 부정 사건의 여파로 도입되었으며, 기업의 재무 보고와 내부 통제에 대한 규제를 강화하는 내용을 담고 있다. 이 법의 도입으로 기업의 회계 투명성과 내부 통제가 대폭 강화되었다. 상장기업은 법률에 따라 정기적으로 내부 통제 시스템을 모니터링하고, 외부 감사를 받아야 하며, 최고 경영진은 재무 보고서의 정확성을 보장해야 한다. 이 법은 투자자들에게 기업의 재무 보고서가 더 신뢰할 수 있도록 보장하는 역할을 했다. 사베인스-옥슬리법은 미국 외의 다른 국가에도 영향을 미쳐, 전 세계적으로 기업의 회계 및 내부 통제에 대한 규제가 강화되는 계기가 되었다.

** 2010년 도드-프랭크 월가 및 소비자 보호법(Dodd-Frank Wall Street Reform and Consumer Protection Act of 2010)은 2007~2008년 세계 금융 위기 이후 미국에서 금융 시스템의 안정성을 강화하고 소비자 보호를 증대시키기 위해 제정된 법이다. 이 법은 금융 규제의 대대적인 개혁을 담고 있으며, 금융 산업 전반에 걸쳐 새로운 규제와 감독 기구를 도입했다. 해당 법은 글로벌 금융 규제에도 지대한 영향을 미쳤다.

에, EU 표준은 모든 다른 표준을 포괄하지 않으면서도 전 세계적인 규제 준수를 보장한다. 기업들이 시장을 분할할 수 없는 경우에, 기업들은 단일 규제 기관이 요구하는 것보다 훨씬 더 엄격한 표준을 준수할 가능성이 있다. 분쟁 광물 규제는 EU와 미국이 모두 엄격한 표준을 적용하면서도 다소 상이한 접근 방식을 취한 대표적인 사례이다. 분쟁 광물은 분쟁 지역에서 채굴되어 전투에 참여하는 무장 단체의 이익을 위해 거래되는 광물을 의미한다. 미국 규제는 직접 수입업체뿐만 아니라 하청 업체로도 책임을 확대한다는 점에서 더욱 엄격하다. 이에 반해 EU 규제는 직접 수입업체에만 적용된다.[145] 한편으로 EU 규제의 지리적 범위는 궁극적으로 더 넓어질 것으로 예상되며,[146] 이는 전 세계 모든 "분쟁 및 고위험 지역"에서 채굴되는 분쟁 광물도 포괄한다.[147] EU 규제는 또한 더 광범위한 실사 요건을 부과한다.[148] 따라서 이 분야에 종사하는 다국적 기업들은 일반적으로 글로벌 규제 준수를 보장하기 위해 최소 두 가지의 서로 다른 규제 레짐 — 서로 다른 차원에서 엄격한 — 을 준수해야 한다.

또 다른 예는 데이터 보호에서 유래한다. 인도가 새로 제안한 데이터 보호 규정은 EU의 GDPR에 포함된 많은 조항들을 모방하고 있지만, 일부 측면에서는 GDPR를 넘어선다. 예를 들어, 인도법이 채택되면 개인의 프라이버시를 존중하는 공정하고 합리적인 방식으로 개인 데이터를 처리해야 하는 일반적인 의무가 부과된다.[149] 이는 인도 법안 초안에서 데이터 관리자를 "데이터 수탁자"로 지정하는 것과 일맥상통하는 것으로,[150] 데이터 수탁자는 GDPR에 따라 데이터 관리자가 갖는 것보다 개인 데이터 처리와 관련하여 더 많은 의무를 부담하게 된다. 또한 인도 법안 초안에는 "데이터 수탁자는 인도에 위치한 서버 또는 데이터 센터에 한 개 이상의 개인 데이터 사본을 보관해야 한다"라는 일반화된 데이터 현지화 요구사항[151]이 포함되어 있다. 더 나아가, 인도 정부가 지정한 특정 범주의 개인 데이터의 경우, 이러한 범주의 데이터는 인도 내에서만 처리될 수 있다.[152]

이러한 사례들은 기업들이 누적된 복수의 규제 표준에 직면하게 될 시나리오를 보여주며, 이는 잠재적으로 기업이 각기 다른 관할권들에서 제공하는 가장 엄격한 규제의 조합을 준수하도록 강제한다. 결과적으로 이는 일방적인 규제 세계화의 더욱 강력한 유형으로 이어질 수 있다. 즉 글로벌 규칙은 EU 규제 단독에 의한 것이 아니라 다양한 관할권에서 제공하는 규제의 상호 작용에 의해 강화된다. 이 강화된 유형의 브뤼셀 효과는 어떤 관할권(들)이 궁극적으로 글로벌 시장의 규칙을 설정하는지를 설명하는 데 있어 규제의 상대적 엄격성이 수행하는 핵심적인 역할에 더욱 주목한다.

비탄력적 대상

엄격한 국내 규제는 비탄력적 — 탄력적 대상이 아닌 — 대상을 겨냥하는 경우에만 글로벌 표준으로 작동할 수 있다.[153] "비탄력적 대상"은 규제 변화에 반응하지 않아 특정 규제 레짐에 묶여 있는 제품이나 생산자를 의미한다. 예를 들어, EU가 소비자 건강 및 안전을 규제하는 경우 이러한 규제의 대상은 EU 시장에서 소비자에게 판매된 제품이다. 제조업체의 위치가 아닌 EU 내 소비자의 위치에 따라 대상 제품에 대한 EU 규제의 적용 여부가 결정된다. 소비자 시장의 비탄력적 특성으로 인해 생산자들에게 관할권에 대한 선택권이 주어지지 않는다. 즉 생산자들은 규제 시장에 대한 접근성을 상실하지 않고는 유리한 규제를 "쇼핑"할 수 없다. 이는 대상 생산자를 비탄력적으로 만들거나, 다른 말로 하면 이동 불가능한 상태로 만든다. EU는 주로 식품 안전 또는 데이터 개인정보보호와 같은 비탄력적인 소비자 시장을 규제한다.

탄력적 대상과 비탄력적 대상 간의 차이를 설명하기 위해 자본 시장과 소비자 시장을 예로 들어보자. 자본과 같은 비탄력적 규제 대상은 이동성이 높기 때문에 다른 관할권으로 쉽게 이동할 수 있다. 반면, 식품의 소비자 또는 개인정보보호권이 부여된 데이터 주체는 일반적으로 이동이 쉽지 않다. 식품 제조업체나 데이터 관리자는 이들 소비자 또는 데이터 주체에게 어떤 규칙을 적용할지 선택할 수 없기 때문에 EU 표준을 회피하는 것이 불가능하다. 기업이 5억 명이 넘는 EU 소비자들에게 제품을 판매하려면 EU의 소비자 보호 규정을 준수해야 한다. 즉 이들 소비자는 보호 수준이 더 낮은 규제가 적용되는 관할권으로 단순히 이전되어 그곳의 규제에 따라 제품을 구매할 수 있는 것이 아니다.

이 책에서 논의된 브뤼셀 효과의 모든 사례들은 EU의 규제 영역에서 분리되기 어려운 비탄력적 대상과 관련이 있다. 예를 들어, 화학물질 안전에 관한 REACH 규정은 어느 회사가 제한화학물질을 생산하는지 또는 화학물질이 어디에서 생산되는지와 무관하다. 즉 화학물질이 유럽 시장에서 판매되기만 하면, REACH가 적용된다.[154] EU의 많은 환경 규제들 역시 동일한 논리를 따른다. 예를 들어, 유해물질제한지침(Restriction of Hazardous Substances)

은 전자제품이 유럽 시장에서 판매될 때마다 해당 전자제품의 유해물질 사용을 제한한다.[155] 제조업체의 위치는 중요하지 않다. 즉 EU 시장 접근을 포기하지 않는 한, 제조업체가 새로운 위치로 이전한다고 해서 유해물질제한 지침을 회피할 수 없다. EU 경쟁법은 마찬가지로 규제 대상 기업의 국적 또는 반경쟁적 행위가 발생한 장소와 무관하다. 기업의 활동이 EU 시장에 영향을 미치는 한, EU 경쟁법이 적용된다. EU 데이터 보호 레짐인 GDPR 역시 데이터 처리 장소나 데이터 처리 기업의 소재지와 관계없이 EU에 거주하는 데이터 주체의 개인 데이터를 처리하는 모든 기업에 적용된다.[156] 따라서 기업은 데이터 관리자 또는 처리자를 EU 외부로 재배치하여 EU 규칙을 회피할 수 없다. 이들 각 사례에서, EU는 규제 대상이 다른 관할권으로 이전하여 규제를 회피할 것을 우려하지 않고도 시장 참여자에 대한 규제 권한을 효과적으로 주장할 수 있다.

이러한 현실은 예를 들면 기업법과는 크게 대비된다. 기업법에 따르면, 글로벌 기업은 글로벌 시장에 대한 접근성에 구애받지 않고 법인 설립 국적을 결정할 수 있는 폭넓은 자유를 가지고 있다. 또 다른 예로는 해양법을 들 수 있는데, 해운 회사는 국제 항구에 대한 접근성을 잃지 않고 자사 선박이 어떤 국기를 달고 항해할지를 선택할 수 있다. 이처럼 기업의 본사 또는 법인 설립 소재지에 따라 규제 레짐이 결정되는 경우, 기업들은 어떤 규제가 자신에게 적용되는지를 선택할 수 있다. 이러한 경우에, 탄력적인 규제 대상 — 여기서는 법인 설립 기업 — 은 가장 유리한 규제 체계를 제공하는 관할권에 법인 설립을 할 수 있는 능력과 실제로 그럴 유인을 갖는다. 예를 들어, 법인 설립 소재지는 기업에 적용되는 조세 레짐을 결정할 때 중요한 역할을 한다. 마찬가지로 기업공개(initial public offering)를 준비하는 기업은 100개가 넘는 증권 거래소 중에서 상장할 거래소를 선택할 수 있다. 이러한 선택을 할 때 관할권의 규제 부담이 중요한 고려 사항 중 하나이다. 기업공개 목적지가 회사 증권 상장 및 후속 거래에 적용되는 규칙과 요건을 결정하기 때문이다.

주식 시장 규제의 어려움은 자본과 같은 탄력적 대상에 대한 관할권을 주장하는 것이 얼마나 어려운지를 잘 보여준다. 예를 들어, 니킬 칼리얀푸르(Nikhil Kalyanpur)와 아브라함 뉴먼(Abraham Newman)은 상장기업 회계 및 투자자 보호에 대한 더 엄격한 표준을 도입한 2002년 사베인스-옥슬리 법이 채택된 후 미국 주식 시장에서 상장 폐지된 기업의 수를 조사했다.[157] 많은 외국 기업들이 새로운 엄격한 규칙에 대응하여 "비탄력적 행동" — 규제 부담에 비해 상장 폐지 비용이 너무 높기 때문에 미국 주식 시장 상장을 유지하는 — 을 보인 반면, 상당수의 EU 소재 기업들은 "탄력적 행동"으로 대응하여 EU로 상장을 전환했다. 상장 폐지는 EU 시장의 규모뿐만 아니라 일련의 공통 회계 규칙의 도입과 유로 표시 채권 발행 능력을 포함하여 해당 시장을 관리하는 EU의 신뢰할 수 있는 제도적 구조 덕분에 촉진되었다. 이는 자본이 실제로 탄력적이며 믿을만한 출구 기회가 존재하는 한 이동할 수 있음을 시사한다.

장외 파생상품(미국에서는 "스왑"이라고 알려진)에 대한 규제는 매우 탄력적인 대상을 다루는 금융 규제의 또 다른 사례를 제공한다. 금융 위기 이후, EU와 미국 모두 중앙 청산을 의무화하여 파생상품 시장을 규제하기 시작했다. 청산을 위한 민간 차원의 양자 간 계약이 아닌 중앙청산소(central counterparties)에 대한 이러한 의존은 청산소에 시장 위험을 집중시킨다. 개혁론자들은 이러한 특화된 회사들이 분산된 시장 참여자들보다 규제하기 쉽다고 주장했다.[158] 파생상품 청산은 관할권에 얽매이지 않은 금융 인프라에 의존한다. 즉 청산은 계약 당사자들이 거주하는 모든 관할권 또는 당사자들이 계약에 적용할 법을 선택한 관할권에서 이루어질 수 있다는 것이다. 예샤 야도프(Yesha Yadov)와 더모트 튜링(Dermot Turing)의 연구에 따르면, 신용파생계약(신용부도스왑) 거래자들은 자국 관할권 내 거래 상대방보다 자국 관할권 밖의 거래 상대방과 4배 이상 더 자주 거래한다.[159] 저자들은 다음 사례를 통해 이러한 유연성을 설명한다.

> 스위스 은행 [...]이 영국 파운드화로 표시된 명목 원금에 대해 고정 변동 금리 스왑을 체결하고, 이때 거래 상대방은 일본 은행의 뉴욕 지점이다. 이러한 거래는 뉴욕 법에 따라 기장될 수 있으며 유로클리어(Euroclear)(이는 벨기에에 소재하며 벨기에 법에 따라 운영됨)에 보관된 독일 정부 채권을 포함한 담보로 보증된다.[160]

특정 청산소와 거래 당사자 사이에 필수적인 지리적 연계가 없다는 것은 당사자들이 청산 활동을 수행할 장소를 선택할 수 있다는 것을 의미한다.[161] 이러한 높은 수준의 탄력성은 EU의 유럽증권시장감독청(European Securities and Markets Authority)과 같은 규제 기관이 규제 차익거래의 심각한 위협에 직면하게 됨을 시사한다. 만약 EU 규제가 경쟁에 기반해 고객들에게 서비스를 제공하는 중앙청산소의 능력을 방해한다면, 중앙청산소는 규제 부담이 적은 관할권으로 어려움 없이 이주할 수 있다.[162] 중앙청산소가 규제를 피하기 위해 이전하더라도 EU 청산 시장에서 상실한 특별한 것이 없기 때문에, EU가 지나치게 엄격한 규제를 공표하면서 동시에 활발한 시장을 유지하기는 어려울 것이다.

언급된 사례들은 자본이 완벽하게 탄력적이지는 않지만, 소비자 시장보다는 훨씬 더 탄력적이라는 주장을 강화한다.[163] 예를 들어, 만약 EU가 지나치게 높은 세율로 법인세를 조화시키려 한다면, 많은 기업들이 EU의 관할권을 벗어나 다른 곳에 법인 설립을 시도할 수 있다. 물론 이러한 이전에는 비용이 수반된다. 그러나 EU는 상대적으로 저렴한 이전 비용보다 규제 부담이 낮은 수준까지만 규제할 수 있다. 이와 대조적으로, 비탄력적 소비자 시장에서 EU는 유럽 소비자 시장의 완전 철수에 드는 높은 비용보다는 규제 부담이 낮은 수준까지만 규제할 수 있다.

마찬가지로 유로 위기 이후 유럽위원회가 제안한 것처럼 만약 EU가 금융 거래에 세금을 부과한다면, 거래 활동은 EU 외부의 금융 중심지로 이동할 수 있다.[164] 제안된 세금은 증권, 채권, 통화 거래 그리고 파생상품을 포함한 은행과 기타 금융 기관 간의 금융 거래에 적용될 수 있다.[165] 이 제안이 정치적으로 실행 가능한지는 불분명하다.[166] 특히 이는 해당 세금의 도입으로 인해 EU 소재 금융 기관들이 비EU 국가로 이전할 수 있다는 EU의 인식을 고려할 때 더욱 그렇다.[167] 이러한 현실은 주식, 채권 또는 파생상품 거래에 대한 과세에 있어 비탄력적 대상에 유사한 규제 영향력을 성공적으로 발휘할 수 있는 EU의 능력을 제약한다.[168]

대상의 탄력성은 기업 거버넌스의 다른 측면을 규제하는 EU의 능력에도 유사한 한계를 세기할 수 있다. 여기에는 EU가 도입한 은행가의 "보너스 상한선"이 포함된다.[169] 물론 기업 활동이 임원 보수 상한제 도입에 즉각적으로 EU 외부로 이전하는 식으로 대응하지 않을 수 있다. 그러나 어느 정도 수준이 되면 규제가 부담스러워져 기업들이 규제가 적은 관할권으로 이전할 유인을 만들 수 있다는 점에서 EU 규제 권력은 여전히 제약받고 있다.

흥미롭게도, 유럽위원회는 자본의 탄력성을 제약하고 실제로 더 비탄력적으로 만드는 몇 가지 규제 조치를 최근에 옹호했다. 예를 들어, 유럽위원회는 대기업들이 사업 부문별로 이익을 배분하는 방식을 표준화하는 주요 법인세 개혁을 제안했다.[170] 이 개혁은 법인세 실제 수준을 규제하지 않고 그대로 둔 채, 이익을 저세율 관할권으로 이전하는 기업의 능력을 제약하여 결과적으로 사실상의 자본 이동을 제한하려 할 것이다. EU는 또한 "디지털세"를 고려하고 있다. 이는 기업들이 이익을 신고하는 장소가 아닌 광고 수익이 발생하는 장소를 기준으로 디지털 기업들에 세금을 부과하는 것이다.[171] 이는 마찬가지로 이들 기업이 저세율 관할권에서 이익을 계상할 가능성을 제거하고, 실제 가치가 창출되거나 비즈니스가 이루어지는 국가에서 세금을 납부하도록 강제할 것이다. 만약 채택된다면, 이 세금은 가치가 창출되고, 수익이 발생하고, 고객이 위치한 관할권에 납세의무를 부과함으로써 기업 이익의 탄력성을 제약하게 된다.

대부분의 탄력적 규제 대상은 자본 시장 규제와 관련이 있지만, 다른 분야에서도 사례를 찾을 수 있다. 예를 들어, 유럽사법재판소가 최근 배아 줄기세포의 특허 등록을 거부한 것은 글로벌 표준으로 자리 잡기 어려울 가능성이 크다.[172] 비평가들은 EU의 엄격한 규제가 줄기세포 연구와 관련 사업을 EU 밖으로 내몰고 있을 뿐이며, 특허 보호의 탄력성과 특허에 의존한 산업의 이동성을 잘 보여주고 있다고 강조한다.[173] 줄기세포 연구는 여전히 미국을 포함한 세계 여러 지역에서 특허를 받을 수 있다. 따라서 중요한 연구 활동은 EU의 엄격한 규제 입장에 대응하여 쉽게 이전할 수 있다.[174] 또 다른 사례는 폐기물 관리 규제에 대한 EU의 접근 방식을 들 수 있다. 폐기물 처리에 대한 높은 기준은 국내 생산자에게 비용이 많이 들기 때문에, 생산자는 EU에서 폐기물을 처리하거나 재활용하여 얻는 이득이 거의 없다.[175] 폐기물은 이동이 가능하며, 생산자들이 폐기물 관리 기준을 집행하지 않는 관할권을 찾아 엄격한 규제를 회피하려는 유인을 갖기 때문에 유해 폐기물의 불법 이전이 여전히 흔하다.[176]

규제 대상의 탄력적 특성과 비탄력적 특성에 대한 논의는 규제 경쟁과 관할권 경쟁에 관한 문헌과 밀접한 관련이 있다.[177] 초기 문헌에서는 세계화가 "바닥을 향한 경쟁"을 초래하여 국가들이 기업과 자본을 유치하기 위해 규제 표준을 낮춘다고 주장했다. 이러한 견해에 따르면, 이동 자본은 규제 차익거래를 악용하고 가장 높은 수익률을 얻을 수 있는 관할권으로 이전한다. 기업들이 높은 법인세율이나 엄격한 노동 또는 환경 보호 표준에 부담받지 않을 때, 이러한 수익은 더 높아진다. 그러면 다른 국가들은 자본 도피를 방지하기 위해 각자의 규제 표준을 낮추는 방식으로 대응한다.[178] 이러한 경쟁의 결과는 이론적으로 바닥으로의 규제 수렴이다. 그러나 이후의 경험적 연구들은 바닥을 향한 경쟁이 실제로 어느 정도 발생하는지에 관해 의문을 제기했다.[179] 영향력 있는 문헌들은 경제의 세계화가 오히려 "정상을 향한 경쟁"을 초래했다고 주장하고 있다. 즉 국가들이 선도 규제 기관들의 엄격한 규제 표준 도입에 대응하여 규제 표준을 높이고 있다는 것이다.[180]

바닥을 향한 글로벌 경쟁에 대한 경험적 증거는 제한적이지만, 대부분의 연구는 기업이 물리적으로 다른 관할권으로 자신의 운영을 이동할 필요 없이 규제 관할권을 자유롭게 선택할 수 있는 경우(예를 들어, 주식 상장)에 기업 이전의 가능성이 더 높다는 데 동의할 것이다.[181] 이 경우, 최근 연구는 "티부 분류*"가 발생하고 있음을 보여준다. 여기서는 정상을 향한 경쟁 또는 바닥을 향한 경쟁이 관찰되지 않고, 그 대신 기업들이 각기 다른 비용 구조, 이질적인 선호 그리고 시장세분화에 따라 다양한 관할권 전반에 걸쳐 스스로를 분류한다.[182] 일부 기업들은 더 낮은 규제 표준을 선호하는 반면, 다른 기업들은 실제로 더 높은 규제 표준을 선호할 가능성이 높다. 이러한 가정에 따르면, (일부) 탄력적 대상들은 부담이 적은 관할권으로 이동할 가능성이 높은 반면, 다른 탄력적 대상들은 더 엄격한 관할권에 머물면서 더 높은 비용을 감수할 가능성이 높다. 이러한 분류가 이루어지는 한, 특정 규제 대상들은 부담이 적은 시장으로 이탈하거나 그렇게 하겠다고 위협함으로써 브뤼셀 효과를 제약할 수 있다.

규제 대상의 비탄력성에 초점을 맞추면, "워싱턴 효과"보다 "브뤼셀 효

---

* 티부 분류(Tiebout sorting)는 1956년 경제학자 찰스 티부(Charles Tiebout)가 제안한 개념으로 지방 정부의 공공재 공급과 관련된 문제를 다루는 모델이다. 티부는 사람들이 자신에게 가장 적합한 공공재와 세금을 제공하는 지역으로 이동함으로써, 시장 메커니즘이 작동하지 않는 공공재 분야에서도 효율적인 자원 배분이 가능하다고 주장했다. 티부 분류에서 중요한 가정 중 하나는 사람들이 자유롭게 이동할 수 있다는 것이다. 이는 사람들이 자신이 선호하는 공공재를 제공하는 지역으로 이동할 수 있다는 것을 의미한다. 여러 지방 정부들은 서로 다른 수준의 공공재를 제공하며, 이때 각 지방 정부의 공공재와 세금 조합이 서로 상이하다. 이에 사람들은 지역 간 이동을 통해 자신이 원하는 공공재와 세금 수준을 선택할 수 있다. 즉, 사람들은 자신의 선호에 맞는 지역을 선택함으로써 간접적으로 지방 정부의 공공재 공급 정책에 영향을 미친다. 이를 통해 티부는 사람들이 자신이 선호하는 공공재와 세금을 제공하는 지역을 선택함으로써 자원이 효율적으로 배분될 수 있다는 이론적 결론을 도출한다.

과"가 더 흔히 관찰되는 이유를 설명하는 데 도움이 된다. 미국의 규제 노력은 최근 수십 년간 더 탄력적인 금융 부문을 주로 대상으로 삼았기 때문에, 미국이 글로벌 표준의 원천이 될 가능성은 낮다. 이와 대조적으로 EU는 소비자 시장과 환경을 규제하는 데 중점을 둠으로써 대상의 탄력성으로 인해 자신의 규제가 약화될 수 없는 글로벌 표준 설정자로서의 역할을 강화했다. 이런 의미에서, 정부는 일반적으로 규제 대상의 탄력성 또는 비탄력성 자체에 영향을 미칠 수 없다. 즉 탄력성은 대상 자체의 고유한 특성이다. 일반적으로 자본은 탄력적이고, 소비재는 비탄력적이다. 그러나 정부는 규제할 대상의 유형을 선택하는 데 있어서 영향력을 유지하고 있다. EU와 달리, 미국은 탄력적 대상을 규제하기로 선택했는데, 이로 인해 의도치 않게 자국 관할권 밖에서 규제를 외부화하는 데 시장을 거의 활용할 수 없게 되었다.

비분할성

방금 설명한 조건들은 엄격한 관할권이 역외 규제를 할 수 있다는 것을 보장만 할 뿐이다. EU가 이러한 조건들을 충족한다고 해서, 그 자체로 엄격한 표준이 실제로 세계화된다는 의미는 아니다. 브뤼셀 효과는 다국적 기업이 EU 표준을 준수하기 위해 제품 또는 비즈니스 관행을 전환한 후 이 새로운 표준을 전 세계 제품 또는 활동에 적용하기로 결정할 때에만 촉발된다. 다시 말해, 글로벌 표준은 기업들이 자발적으로 가장 엄격한 규제 기관의 규제 요건을 글로벌 운영으로 확대하기로 선택할 때에만 등장한다.

기업은 생산이나 활동이 여러 시장에 걸쳐 비분할되는 경우 글로벌 표준을 채택할 가장 큰 동기를 갖게 된다. 비분할성은 관할권 전반에 걸쳐 생산이나 비즈니스 관행을 표준화하여 — 맞춤화하는 것이 아니라 — 기업의 글로벌 활동을 규율하는 단일 표준을 적용하는 것을 의미한다. 이는 규모의 경제로 인한 단일 표준의 이점이 규제가 덜한 시장에서 더 낮은 비용을 포기하는 데 드는 비용을 초과할 때 종종 발생한다. 예를 들어, 단 하나의 규제 표준만을 준수하면 기업은 단일 생산 과정을 유지할 수 있으며, 이는 다양한 규제 표준을 충족하도록 생산을 조정하는 것보다 비용이 적게 든다.[183] 표준화를 선택할 때, 기업은 "선도 표준"[184]을 준수하는 것을 더 선호한다. 이는 일반적으로 기업의 중요한 시장을 대표하는 주요 관할권에서 부과하는 가장 엄격한 표준이다. 이 선도 표준은 일반적으로 다른 표준도 통합하여 기업이 운영하는 모든 시장에서 규정 준수를 보장한다는 점에서 특히 매력적이다.

비분할성에 대한 간단한 예시를 위해 디너 파티를 주최하는 사람이 8명의 손님을 초대한다고 상상해 보자. 그중 두 명은 붉은 고기를 먹지 않는다. 다른 한 명의 손님은 붉은 고기를 선호하지만 글루텐-프리(Gluten-free)라면 무엇이든 즐겨 먹는다. 주최자는 붉은 고기가 포함된 옵션과 포함되지 않은 옵션, 글루텐이 포함된 옵션과 포함되지 않은 옵션을 제공하여 모든 사람을 위한 맞춤형 식사를 준비할 수 있다. 그러나 주최자는 디너 파티 경험을 모든 사람의 다양한 식단 선호에 맞게 맞춤화하는 데 드는 시간, 번거로움 그리고 비용을 줄이기 위해 생선을 선택하고 모든 요리를 글루텐-프리로 제공할 가능성이 높다. 결국 다양한 식단 제한에 직면했을 때, 가장 제한적인 식단이 승리한다. 즉 글루텐-프리와 미트-프리(meat-free) 요리가 제공된다. 같은 이

유로, 학교는 비분할성에 대해 유사한 시각으로 정책을 조정하는 경우가 많다. 학교에는 땅콩 알레르기가 있는 학생들이 소수에 불과할 수 있지만, 학교 전체는 소수의 더 제한적인 요구를 수용하기 위해 넛-프리(nut-free) 정책을 채택한다.

다양한 시장에 제품을 제공하는 글로벌 생산업체에게도 동일한 원칙이 적용된다. 특히 경제적으로나 실질적으로 모든 시장에 맞게 생산을 맞춤화할 수 없는 경우에 더욱 그렇다. 브뤼셀 효과는, 기업이 생산을 표준화하도록 장려하기 때문에, 시장에 출시되는 제품의 다양성도 불가피하게 제한한다. 이 과정에서, 조엘 월드포겔(Joel Waldfogel)이 처음 설명한 "시장의 폭정(tyranny of the market)"이라는 변형이 만들어진다.[185] 월드포겔은 고정 비용이 기업들로 하여금 경제적으로 생산할 수 있는 제품 종류의 수를 제한할 때 시장이 효율적인 결과를 만들어 내지 못한다고 주장한다. 이 경우, 다수의 선호만이 충족될 뿐이다. 월드포겔은 이러한 시장 주도의 결과를 "다수의 폭정(tyranny of the majority)"이 선거 결과를 좌우하는 정치 과정의 결과와 비교한다. 이를 통해 그는 시장이 항상 더 효율적인 결과를 제공한다는 친시장적 믿음에 이의를 제기한다. 따라서 시장은 투표와 관련된 유사한 단점을 동반한다. 더욱이 국제 무역이 성장함에 따라, 우리는 점점 더 "외부인 다수의 폭정(tyranny of alien majorities)"을 목격할 수 있다. 왜냐하면 글로벌 시장에서 활동하는 국내 생산자들이 주로 외국 소비자들로 구성될 수 있는 다수의 구미에 맞춰 생산 패턴을 조정하기 때문이다.

브뤼셀 효과는 이 이론을 부분적으로 입증하면서도 부분적으로 이의를 제기한다. 브뤼셀 효과는, 단지 시장이 글로벌 표준을 결정하는 것이 아니라,

시장**과** 정부의 이원성이 획일적인 생산을 야기한다는 점에서 시장의 폭정과 다르다. 브뤼셀 효과는, 제품 다양성의 제한으로 시장 행위자와 고정 비용에 초점을 맞추기보다는, 정부 규제와 다양한 요인 — 법, 기술 그리고 경제 — 를 비분할성과 그에 따른 제품 다양성 저하의 동인으로 강조한다. 이 구분은 시장의 폭정만큼이나 정부의 폭정도 지적한다.

생산자들이 전 세계적으로 EU 유형의 제품만 제공할 때마다, 실제로 시장은 모든 소비자에게 최적의 결과를 양산하지 못하는 것으로 여겨진다. 예를 들어, 많은 미국인에게 브뤼셀 효과는, EU가 그들이 이용할 수 있는 제품을 결정하는 경우, "외부인 다수의 폭정"의 사례가 될 수 있을 것이다. 그러나 전 세계적으로 브뤼셀 효과는 글로벌 다수의 폭정보다 오히려 "규제받는 외부인 **소수**의 폭정(tyranny of the regulated alien *minority*)"이 더 크게 나타나는 현상으로 볼 수도 있으며, 이는 시장의 폭정이라는 기본 논거에서 한참 더 나아간 것이다. 제공되는 제품의 다양성은 오로지 소비자의 선택과 달리 정부 규제의 엄격성을 반영하는 것으로 해석될 수 있다. 전 세계적으로 이러한 선택을 굳히는 데 시장의 힘이 중요한 역할을 하더라도 마찬가지이다. 결과와 관계없이, 브뤼셀 효과는 기업들이 제품의 다양성을 포기하고 가장 규제가 엄격한 관할권 고객들의 구미에 주로 맞추는 이유에 대한 대안적인 설명을 제공한다.

브뤼셀 효과가 어떤 종류의 "폭정"으로 인식되어야 하는지에 대한 규범적인 질문은 제쳐두고, 다음 논의에서는 다양한 유형의 비분할성을 설명하는 데 중점을 둘 것이다. 기업의 생산 또는 활동의 비분할성은 법적 비분할성, 기술적 비분할성, 경제적 비분할성 등 세 가지 주요 유형으로 나뉜다. 그

중 마지막 유형인 경제적 비분할성이 브뤼셀 효과를 주도하는 가장 일반적인 유형이다. 이 논의에서는 각 유형의 비분할성을 뒷받침하는 논리를 검토하고, 이러한 특징이 어떻게 기업들이 글로벌 시장에서 생산을 표준화하도록 이끄는지 설명하는 사례를 제공한다.

법적 비분할성

"법적 비분할성"은 단일한 표준의 동인으로서 법적 요건과 구제책을 의미한다. 이는 일반적으로 기업이 가장 엄격한 관할권의 법을 준수함으로써 발생하는 파급효과로 발현된다. 글로벌 합병은 좋은 예가 될 수 있다. 이것은 관할권 단위로 완료될 수 없으며, 그 대신 가장 엄격한 경쟁 관할권이 거래의 전 세계적 운명을 결정하게 된다.[186] 예를 들어, EU는 합병 승인 조건으로 기업에 자산 분할을 요구할 때 — 생산 공장의 매각을 주문하듯이 —, 이러한 매각은 EU에서만 완료될 수 없다. 같은 이유로 EU가 반경쟁적 합병을 금지할 때마다, 거래는 전 세계적으로 금지된다. EU의 금지에 직면하여, 합병을 진행할 수 있는 유일한 방법은 당사자들이 거래로부터 충분한 자산을 떼어내어 합병에 대한 EU의 관할권을 박탈하는 것이다. EU 시장의 중요성을 고려할 때, 거래의 재편은 종종 EU 시장에서의 완전한 철수를 요구하고, 이는 합병에 대한 사업적 근거를 없애버린다. 그 결과 EU의 관할권을 실제로 회피하는 것은 거의 불가능하다.

카르텔 구제책도 종종 유사한 글로벌 효과를 발휘한다. 자진신고자 감면제도는 카르텔 참여자들이 내부 고발자 역할을 하도록 유도함으로써 카르텔을 불안정하게 만들기 위해 고안된 것이다. 이는 종종 모든 관할권에서 카르텔을 해체한다.[187] 따라서 비록 유럽위원회가 유럽에서 가격에 영향을 미치는 담합을 적발하기 위해 자진신고자 감면제도를 시행하더라도, 유럽위원회와 협력하는 것은 다른 시장에서의 담합 또한 해결해 줄 것이다. 참여 기업들 간의 카르텔을 지탱하는 신뢰가 이러한 배신으로 인해 사라지기 때문이다. 마찬가지로 유럽위원회가 자체 조사를 통해 카르텔을 적발하고 조사하는 경우(감면 신청에 따른 것이 아닌), 카르텔 참여자들은 전 세계적으로 담합을 포기할 가능성이 높다. 카르텔 참여자들은 유럽위원회의 조사가 외국 당국에 그들 시장에서도 담합을 경고할 가능성이 있다는 것을 알고 있다. 이로 인해 EU와 같은 주요 관할권이 카르텔를 해체하려고 할 때마다 카르텔 운영이 사실상 비분할적이게 된다.

규정 준수 오류와 관련된 법적 위험은, 순수한 형태의 법적 비분할성을 발현시키지는 않지만, 기업들의 글로벌 운영을 규율하는 내부 정책을 채택하도록 유도한다. 이러한 기업 차원의 정책은 일반적으로 가장 엄격한 관할권에 적용되는 법적 표준을 반영한다. 예를 들어, 가격 담합이 일부 시장에서는 규제되지 않아 잠재적으로 이득이 되더라도, 대부분의 기업들은 이러한 시장에서도 담합을 자제한다. 다국적 기업들은 일반적으로 관련 관할권과 관계없이 경쟁사와의 가격 논의를 금지하는 글로벌 규정 준수 매뉴얼을 유지한다. 이는 가격 담합에 대한 엄격한 규제를 유지하는 시장에서 규정 위반이 실수로 기업 관행으로 확산되는 것을 방지하며, 그 결과 기업이 법적 책임에 노출되지 않게 한다. 경영진이 기업이 운영하는 모든 시장에서 내부적으로 일관된 기업 정책을 모니터링할 수 있을 때, 위험이 조정된 규정 준수 비용은 더 낮아진다. 상장기업의 경우 규정 준수 오류를 최소화해야 하는 필요성이 훨씬 더 크다. 왜냐하면 주식 가격은 상장 관할권에서 현실화되는 법적 위험에 의해서만 영향을 받는 것이 아니기 때문이다. 그 대신, 모든 관할권에서 법적 책임의 가능성은 전 세계적으로 기업의 운영을 불안정하게 만들어 주식 가격에 악영향을 미칠 수 있다.

표준 계약을 활용하는 경향은 법적 및 경제적 비분할성의 힘을 나타낸다.[188] 기업이 여러 다양한 시장에 걸쳐 판매 계약에 표준화된 조항을 사용하면, 내부 모니터링 과정이 간소화되어 규정 준수 실패가 줄어들고 효율성이 높아진다. 예를 들어, 글로벌 기업은 각 시장에서 수많은 라이선스 사용권자나 판매업체와 새로운 라이선스 계약 또는 판매 계약을 협상하지 않을 것이다. 대신 이러한 계약은 고도로 표준화될 것이다.

법적 비분할성은 또한 기업이 법인 설립 장소를 선택하는 데서 비롯될 수 있으며, 그 결과 선택한 관할권의 법적 요건에 해당하는 비즈니스 운영 범위가 확장될 수 있다. EU의 데이터 보호 규정이 이러한 시나리오를 잘 보여주는 사례이다. 페이스북은 아일랜드에 본사를 두고 있으므로, GDPR은 아일랜드 기업 구조의 일부인 모든 페이스북 법인에 적용된다.[189] 최근까지 미국 외부에 있는 대부분의 비EU 사용자들은 아일랜드 법인에 의해 관리받았다. 따라서 페이스북은, 더블린에 법인을 설립하기로 결정함으로써, EU 외부의 데이터 주체에게도 EU의 개인정보보호를 제공해야 할 법적 의무를 지게 되었다. 이는 EU 외부의 페이스북 사용자들이 향유하는 권리가 EU 내 페이스북 사용자들이 향유하는 권리와 법적으로 비분할하게 만든다. 5장에서 논의하겠지만, 흥미롭게도 페이스북은, GDPR 발효에 대응하여, 이용약관을 개정하여 아시아, 아프리카, 호주 그리고 중동의 사용자들을 EU에서 제외시켜 미국의 법적 구조 아래 두었다. 이를 통해 페이스북은 비EU 사용자들이 외국의 데이터 보호 위반에 대해 아일랜드의 데이터 보호 담당자에게 불만을 제기할 권리를 제한하는 분할성을 도입할 수 있게 되었다.[190]

기술적 비분할성

"기술적 비분할성"의 원칙은 기술적인 이유로 기업의 생산 또는 서비스를 여러 다양한 시장에 걸쳐 분리하는 것이 어렵다는 것을 의미한다. 이는 종종 데이터 개인정보보호 규제에 적용된다. EU에서 사업을 운영하려면, 구글은 유럽데이터보호표준을 준수하기 위해 데이터 스토리지 및 기타 비즈니스 관행을 수정해야 한다. 특정 사용자가 "유럽 데이터 주체"인지 명백하게 판단하기 어렵다는 점을 고려할 때, 구글은 EU를 위한 데이터 수집을 쉽게 분리할 수 없다. 결과적으로 구글은 자사의 글로벌 운영을 가장 엄격한 EU 표준에 맞추는 전략을 채택했다.[191]

GDPR이 발효됨에 따라, 기업들은 EU의 규제 요건을 염두에 두고 제품을 설계해야 할 의무가 있다. 5장에서 논의하겠지만, 마이크로소프트와 애플을 비롯한 기업들은 제품의 초기 기술 설계에 GDPR 요건을 통합하여 이 원칙을 따르고 있고, 처음부터 소비자를 대신하여 개인정보보호에 부합하는 기술적 해결책을 만들고 있다. 분명한 점은 기술적으로 내장된 데이터 보호를 여러 관할권에 걸쳐 분할하는 것은 훨씬 더 어렵다는 사실이다. "데이터 주체"인 소비자가 기기를 EU에서 작동하든 제3국에서 작동하든, 소비자는 개발 단계에서 기기에 내장된 기본 설정을 준수할 가능성이 높다. 따라서 GDPR 규정 제25조에 포함된 "개인정보보호 중심 설계" 원칙은 EU가 데이터 보호에 대한 가장 엄격한 규제 기관으로서 기본 설정을 결정하면서 점점 더 많은 제품이 단일 표준에 따라 설계되도록 보장한다.

기술적 비분할성의 매우 상이한 예로는 특히 식품 안전과 GMO에 대한 EU의 전면적인 규제이다.[192] 이 규제로 인해 작물 간 교차 오염이 발생할 수 있는 농업 산업에서 생산이 표준화되었다. 예를 들어, 교차 수분과 관련된 위험으로 인해 인접한 경작지에서 재배된 비GMO에 GMO가 "우발적으로 존재"할 수 있다. 그렇기 때문에, 일부 농민들은 유럽에 공급할 비GMO 품종을 생산하고자 할 때 GMO 사용을 완전히 중단하게 된다. 이러한 유형의 오염은 부주의로 GMO 품종을 비GMO 품종과 분리하지 못하는 경우 제품의 재배, 보관 또는 운송 단계에서 얼마든지 발생할 수 있다.[193] 농업 산업에서 사용하는 살충제와 기타 화학물질에도 동일한 논리가 적용된다. 교차 수분을 방지하는 것이 기술적으로 불가능하기 때문에 한 경작지에 사용된 살충제가 인접한 경작지의 작물에 영향을 미치지 않도록 보장하는 것은 대부분 어려운 일이다. 마찬가지로, 농민들은 같은 동물에서 추출한 다양한 부위의 고기를 지리적으로 여러 다양한 시장에 판매할 수 있지만, 성장 호르몬이나 특정 살균 방법의 사용을 동물의 한 부위로만 제한할 수 없다. 그 때문에 EU의 육류 안전 및 위생 표준은 모든 시장에 영향을 미친다.

경제적 비분할성

기업들은 종종 다양한 시장에 맞춘 다양한 제품을 생산할 수 있는 기술적 해결책을 찾아낼 수 있다. 그러나 기저에 깔린 경제학 — 특히 단일 생산과 관련된 규모의 경제의 중요성 — 은 이러한 분할을 실제로 유지될 수 없게 한다. 이러한 유형의 "경제적 비분할성"은 아마도 제조업체들이 글로벌 표준을 선택하는 가장 일반적인 이유일 것이고, 이는 EU의 건강, 환경 그리고 제품 표준에 대한 기업들의 대응에서 가장 전형적인 예가 된다. 대표적인 예는 EU 시장에 진출하고자 하는 모든 기업에 적용되는 유럽화학물질규정(European chemical regulation)이다.[194] 미국의 많은 제조업체들은 다양한 소비자 시장을 위해 서로 다른 제품을 개발하는 데 비용이 너무 많이 든다고 판단할 때, 자신들의 전체 글로벌 화학물질 생산을 EU 표준에 맞추기로 선택한다.[195] 따라서 단일 글로벌 생산 과정과 관련된 규모의 경제로 인해 EU는 종종 글로벌 제품 표준에 효과적으로 영향을 줄 수 있다. 경제적 비분할성을 위한 다른 중요한 동인은 브랜드와 평판과 관련이 있다.

규모의 경제와 관련된 이점은 종종 단일 생산에 대한 명시적 선호를 설명한다. 기업이 국내 및 (잠재적으로 여러) 수출 시장을 위해 표준화된 제품을 대량으로 생산할 때, 기업은 다양한 방식으로 비용을 절감할 수 있다.[196] 표준화를 통해 생산 재료를 대량으로 구매할 수 있으므로 구매 단위당 조달 비용이 낮아진다. 기업이 다양한 제품 종류에 사용되는 제조 과정과 장비를 조정할 필요가 없어지면, 생산 비용은 더욱 감소한다. 규모의 경제는 고정 비용이 높은 경우 특히 중요하다. 왜냐하면 이러한 비용은 종종 더 높은 최적 규모로 이어져 해당 비용을 회수하기 위한 노력으로 표준화를 장려하기 때문이다. 예를 들어, 대기업은 정교한 연구 개발(R&D)을 더 수월하게 수행할 수 있다. 제약 산업은 R&D가 중요한 대표적인 산업으로, 기업들은 R&D 비용을 더 많은 매출량에 분산시키기 위해 합병할 동기를 갖게 된다. 이로 인해 글로벌 시장을 대상으로 대체로 표준화된 의약품을 생산하려는 동기가 더욱 커지

게 된다.[197]

또한 우리는 자본 집약적 산업이나 고도로 통합된 글로벌 공급망 또는 기술에 대한 외국인직접투자에 의존하는 산업에서 단일 생산이 이루어질 것으로 예상한다. 예를 들어, 개발도상국의 자동차 산업에 대한 외국인직접투자 대부분은 선진국의 고도로 규제된 시장에서도 활동하는 다국적 기업에서 비롯된다. 이러한 다국적 기업들은 주요 선진국 시장에서 통용되는 보다 엄격한 표준을 준수하도록 설계된 생산 과정을 변경할 가능성이 없다. 이를 통해 그들은 생산에서 규모의 경제를 활용하고 글로벌 또는 지역 제조 네트워크에 유사한 기술을 배포할 수 있다.[198] 이는 규제가 덜 엄격한 개발도상국 시장에서 판매되는 많은 자동차들이 종종 엄격한 규제 표준을 특징으로 하는 선도 시장에서 통용되는 안전 및 환경 표준을 충족하는 이유를 설명해 준다.

또한 자동차 산업은 완성차를 구성하는 여러 부품이 최종적으로 조립되기 전에 여러 국가에서 생산되는 경우 초국가적 조립 라인을 활용하는 경향이 있다. 여러 시장에서 표준이 조화되면, 제조업체들은 더 큰 규모의 경제를 달성할 수 있게 한다. 왜냐하면 제조업체들은 다양한 시장에서 판매되는 자동차에 동일한 부품과 기술을 사용할 수 있기 때문이다.[199] 이는 "캘리포니아 효과"를 설명하기 위해 처음 사용된 사례로, 1990년대에 캘리포니아의 배출가스 기준이 미국 전체 자동차 제조에 있어 사실상의 미국 국가 표준으로 부상한 것을 의미한다. 캘리포니아 효과는 바로 자동차 제조업체들이 모든 자동차를 단일 표준에 따라 생산하는 것이 더 저렴했기 때문에 발생했다. 이는 캘리포니아 표준을 준수하는 데 드는 비용을 모든 주에 분산시켰고, 여기에는 해당 표준의 환경적 이점에 가치를 두지 않는 주들도 포함되었다.[200] 비슷한 사례는 유럽과 그들의 엄격한 안전 규칙에서도 찾을 수 있다. 이들 규제로 인해 '제너럴 모터스'는 켄터키에 있는 '콜벳 공장'을 재설비해야 했는데, 이는 유럽 시장만을 위한 특수 부품을 설계하고 생산해야 하는 비용을 감당하기 어려웠을 것이기 때문이다.[201]

경제적 비분할성은 또한 제조 또는 서비스 제공의 간소화와 연관되어 있고, 이는 추가적인 비용 절감과 더 안전한 제품이라는 결과를 낳는다.[202] 단일 글로벌 표준을 준수하면 제품 품질이 향상된다. 왜냐하면 기업이 단일 제품(또는 더 작은 범위의 제품) 생산에 자원을 집중할 수 있고 해당 제품의 모든 측면을 개선하는 데 주력할 수 있기 때문이다. 이는 운영의 복잡성을 줄이고 오류 비용을 최소화한다. 제품 설계, R&D, 테스트, 재고 관리, 보관, 마케팅 또는 유통에 이르기까지 어떤 단계든지 간에, 단일 제품 표준은 이러한 과정을 간소화하고 이 모든 단계와 관련된 비용을 줄여준다.[203] 품질 관리와 관련된 규모의 경제의 중요성은 바나나의 글로벌 무역이나 새로운 의약품의 제조에 이르기까지 다양한 산업에서 글로벌 생산 패턴과 기업 규모를 주도해 왔다.[204]

농업 부문은 왜 기업들이 경제적 이유로 단일 표준을 선택하는지에 대한 추가적인 예를 보여준다. 예를 들어 EU가 호르몬 처리 소고기를 시장에서 금지했을 때, 미국 육류 생산업체에게는 호르몬 처리 소고기와 호르몬-프리(hormone-free) 소고기를 모두 생산하는 것이 비경제적이 되었다. 왜냐하면 기존 유통 시스템에서 호르몬-프리 소고기를 유통하는 데 드는 비용이 지나치게 높아져 손실로 이어졌기 때문이다.[205] 마찬가지로, 국제적으로 제품을 판매하는 몇몇 미국 식품 가공업체들은 EU의 엄격한 GMO 규제에 대응하여 유전자 변형 옥수수나 대두를 구매하지 않기로 했다.[206] 그렇게 하려면, 유럽만을 위한 특별한 비GMO 제품군을 만들어야 했고, 이는 비경제적이었다. 유럽 시장에 대한 지속적인 접근의 중요성을 고려할 때, 식품 가공업체들은 EU 표준을 무시하고 GMO를 허용하는 국가에만 공급할 수 없었다. 이러한 이유로 일리노이주 농무부는 농민들에게 EU 승인을 받지 않은 몬산토사(社)*의 옥수수 품종을 심지 말 것을 요청했다.[207]

기업들이 조화를 이룬 글로벌 제품의 제공을 선호하게 하고, 일단 그러한 조화가 확립되면 이를 유지하려는 동기를 갖게 만드는 또 다른 규모의 이점이 있다. 예를 들어, 단일 제품을 제공하면 기업들은 여러 시장에서 수요가 변동할 때마다 다른 시장으로 쉽게 수출을 전환할 수 있다. 따라서 시장 전반에 걸쳐 표준화된 제품을 제공하는 것은 각 시장의 수요를 정확하게 예측해야 할 필요성을 줄인다. 경제 불황, 소비자 선호의 변화, 유통망 문제, 경제 제재 또는 기타 다른 이유로 한 국가에서 수요가 정체되는 경우, 기업들은 해당 시장에서 동일한 제품을 판매하는 한 제품의 일부를 대체 가능한 시장으로 전환할 수 있다. 예를 들어, 제너럴 모터스가 각 시장별로 각기 다른 제품군을 보유하고 있었다면, 인도, 러시아 그리고 남아프리카공화국에서 철수하기로 한 결정은 이미 그 시장에 투자한 비용을 매몰 비용으로 만들었을 것이다.[208] 대신 여러 시장에 동일한 차량을 제공함으로써, 기업들은 원래 그 시

* 몬산토(Monsanto)는 1901년 설립된 미국의 농업 생명공학 기업으로 농업용 화학물질과 GMO 작물의 개발 및 상업화로 널리 알려져 있다. 특히 몬산토는 옥수수, 대두, 면화 등과 같은 GMO 작물을 개발하여 세계 농업 시장에 크게 영향을 미쳤다. 몬산토는 2018년에 독일의 바이엘(Bayer)에게 인수되었으며, 이후 몬산토라는 이름은 더 이상 사용되지 않는다. 하지만 몬산토의 유산과 그 관련 기술은 여전히 농업과 생명공학 분야에서 큰 영향력을 미치고 있다.

장을 목표로 했던 생산을 자국 또는 다른 수출 시장으로 전환할 수 있다. 따라서 단일 글로벌 표준에 따라 생산하는 것은 변화하는 시장 상황에 적응할 수 있는 중요한 능력을 기업에게 제공한다.

규모에 따른 이점 이외에도, 단일 표준은 글로벌 브랜드와 평판을 유지하는 데도 도움이 된다.[209] 표준화는 단일 글로벌 브랜드화와 광고 전략을 가능하게 하며, 이를 통해 여러 시장에 걸쳐 대규모 광고를 해야 하는 비용을 줄인다. 예를 들어, 펩시와 같은 기업들은 공통된 글로벌 브랜드화를 통해 매년 수백만 달러를 줄이고 있다.[210] 일관된 브랜드명은 유통, 재고 그리고 포장 비용 절감으로도 이어질 수 있다.[211] 브랜드와 그 일관된 품질에 대한 신뢰는 소비자가 새로운 시장에서 제품을 선택할 때 불확실성을 없애고 검색 비용을 절감할 수 있게 한다. 예를 들어, 출장을 자주 다니는 비즈니스 여행자는 브랜드에 대한 친숙함 때문에 전 세계에서 동일한 호텔 체인을 계속 이용하게 된다. 이는 힐튼 호텔의 객실이 목적지와 관계없이 비슷한 모습을 하는 이유 중 하나이며, 그곳에서 제공되는 서비스는 시장 전반에 걸쳐 대부분 표준화되어 있다.[212] 이는 목적지 전반에 걸쳐 객실과 편의시설이 일관되게 유지되기 때문에 여행자에게 집과 같은 느낌을 준다. 이러한 특징은 소비자 충성도를 유지하여 소비자가 여러 관할권에 걸쳐 동일한 제품을 선택하도록 유도한다.

많은 글로벌 기업들이 법적 의무를 준수할 필요가 없는 경우에도 EU 외부에서 EU 규정을 준수하기로 선택한 것은 자신의 글로벌 브랜드와 평판을 보호하기 위해서이다.[213] EU의 개인정보보호 규제를 미국 소비자들까지 확대하는 것은 자사의 글로벌 브랜드 가치를 높일 기회를 구글에게 준다. 이는 유럽 사용자들의 개인정보보호만큼 미국 사용자들의 개인정보보호도 중요하게 생각한다는 것을 전달함으로써 이루어진다. 반대로 이러한 전략을 취하지 않으면 미국 소비자들이 불만을 가질 가능성이 높다. 왜냐하면 미국 소비자들은 기업들이 다른 곳에서 이러한 보호를 제공할 능력과 의지가 있음에도 고의적으로 자신들에게 더 낮은 수준의 보호를 제공한다는 사실을 알게 될 것이기 때문이다. 마찬가지로 기업이 일부 해외 관할권의 아동 노동 또는 환경 관행에 대한 느슨한 표준을 악용한다면, 그 기업의 브랜드는 훼손될 수 있다. 이러한 관행이 소비자의 자국 관할권에서 발생하지 않았다 하더라도, 소비자들이 그 제품을 외면할 위험이 있다. 예를 들어 거대 제과업체 네슬레는 아프리카와 남미의 공급망에서 아동 노동을 사용했다는 서방 언론의 보도로 인해 곤욕을 치른 바 있다.[214]

활동가들의 압력은 기업들이 활동하는 모든 시장에서 가장 엄격한 표준을 준수하도록 더욱 자극하고 있다. 생활용품이나 화장품과 같은 소비재를 생산하는 산업들은 이러한 압력의 흔한 대상이 된다. 규제 실패로 세간의 주목을 받거나 브랜드명이 연루된 경우, 소비자의 부정적인 인식은 더욱 증대된다. 이는 대중이 해당 제품과 밀접하기 때문이다. 이 경우, 소비자들과 활동가들은 규제 차익거래를 악용하고 다른 시장보다 일부 시장에서 덜 부담스러운 의무 사항을 활용하려는 기업의 시도를 쉽게 지적할 수 있다. 비정부기구와 기타 활동가들이 주도하는 공공 캠페인은 다국적 기업의 이중 잣대를 효과적으로 폭로할 수 있다. 예를 들어, 다국적 기업들이 EU에서는 더 이상 사용하지 않는 화학물질을 세계의 다른 지역에서 계속 사용하거나 생산하는 경우가 이에 해당한다.[215] 결과적으로, 많은 화장품 기업들은 전 세계적

으로 유럽 표준을 준수함으로써 인지도가 있고 가치가 높은 브랜드의 평판을 지켜내고 있다.[216]

표준화에 대한 다양한 압력이 존재하지만, 많은 제품이나 활동 유형은 여전히 분할되어 있어 브뤼셀 효과를 제한한다. 제품이 단일 표준을 요구하지 않을 때, EU는 기껏해야 자체 표준 준수를 달성할 수 있을 뿐 해당 표준의 세계화는 달성할 수 없다. 노동 기준을 규제하려는 시도를 생각해 보자. 규모의 경제로 인해 생산자가 단일 생산지로 생산을 집중할 것을 요구하지 않는 한, 노동 시장은 분할될 수 있다. 예를 들어, 모든 관할권 전반에서 하나의 글로벌 최저임금을 준수하는 것은 규모의 경제를 거의 수반하지 않는다. 따라서 기업은 각기 다른 관할권에서 상이한 기준을 어려움 없이 — 근무 시간과 휴가 정책에서부터 퇴직 계획, 단체 노동 전략에 이르기까지 — 유지할 수 있다.[217]

여러 다른 제품들도 시장 전반에 걸쳐 분할될 수 있으므로 브뤼셀 효과로 인한 글로벌 규제를 회피할 수 있다. DVD는 지역마다 다른 코드를 가지고 있어 영화 배급사들이 출시일, 콘텐츠 제한 그리고 가격을 지역별로 구분할 수 있다. 책과 잡지는 각기 다른 관할권에서 서로 다른 언어로 출판된다. 앞서 논의한 특허 보호도 분할 가능하다. 즉 인간 세포의 특허성에 대한 규칙을 부과하는 EU의 능력은 연구 기업의 이동성뿐만 아니라 다른 관할권에서 특허를 계속 출원할 수 있는 능력에 의해서도 제약된다. 또 다른 사례는 경쟁법에서 찾아볼 수 있다. 2007년, EU는 마이크로소프트가 자사의 윈도우 소프트웨어를 오직 하나의 인터넷 브라우저, 즉 마이크로소프트가 소유한 인터넷 익스플로러(Internet Explorer)와 함께 제공하는 관행이 독점 금지 문제를 초래하는지에 대한 반독점 조사를 시작했다. 이에 대응하여, 마이크로소프트는 인터넷 브라우저가 없는 유럽 전용 윈도우 버전인 Windows 7 E를 출시했다.[218] 마찬가지로, 구글은 검색 결과에서 자사의 가격 비교 쇼핑 서비스를 경쟁사의 서비스보다 더 눈에 띄게 배치하는 것을 금지하는 EU의 경쟁법 판결에 대응하고자 했다. 이에 구글은 유럽에서 가격 비교 쇼핑 서비스를 별도의 독립된 단위로 분리했고 그에 따라 채택된 구제책을 유럽 시장으로만 한정했다.[219] 마지막으로 구글은 스페인의 새로운 국내 저작권법을 준수하지 않기로 결정했다. 이 법에 따르면 구글은 스페인 언론사에 비용을 지불해야 했다. 그 대신 구글은 스페인에서 구글 뉴스 서비스를 완전히 종료함으로써 자사의 광범위한 뉴스 서비스에서 스페인 출처의 콘텐츠를 제거하기로 결정했다.[220] 이는 구글이 다른 관할권에서 구글 뉴스를 중단하지 않고도 할 수 있었던 일이었다.

때로는 소비자 선호의 다양성이 표준화의 이점을 제한한다. 예를 들어, 식품 산업에서 소비자 선호는 수많은 제품에 걸쳐 관할권에 따라 나뉘어 있다.[221] 예를 들어, 코카콜라는 시장마다 동일한 제품에 대한 설탕 함량이 다르다.[222] 마찬가지로 맥도날드는 매우 단일한 브랜드를 가지고 있지만 각 시장별로 제품과 메뉴를 계속 맞춤화하고 있다.[223] 이는 질병을 치료하기 위해 고안된 의약품 생산과 극명한 대조를 이룬다. 왜냐하면 의약품의 종류에 따라 소비자 선호가 거의 달라지지 않아 동일한 의약품이 모든 시장에 제공될 수 있기 때문이다.[224] 게다가 자동차 산업은 종종 표준화된 대량 생산의 이점을 누리지만, 앞서 논의된 것처럼 자동차 산업도 어느 정도의 현지 선호 맞춤

화를 유지해야 함을 보여주는 반례도 있다.[225]

방금 논의한 사례들은 일부 산업 또는 제품 범주에서 제품 다양화 비용이 미미하고 맞춤형 생산의 이점이 큰 경우 EU 표준의 세계화가 일어날 가능성이 낮다는 것을 시사한다. 이 경우, 기업들은 생산을 분할하여 EU 역외 시장에서 통용되는 더 낮은 표준을 활용할 것으로 예상된다.[226] 그러나 소비자 선호의 차이로 인해 기업들이 여러 종류의 제품을 생산하게 되는 경우조차도, 기업들은 "제품 플랫폼"을 표준화함으로써 이익을 얻는 경우가 많다. 기업들은 생산의 일부 측면에 다양성을 도입하는 동시에 이러한 다양성 전반에 걸쳐 표준화된 부품과 생산 과정을 계속 공유할 수 있다. 이 전략은 복잡성, 위험 그리고 재고의 필요성을 줄여 생산과 관련된 비용을 낮춘다.[227]

앞선 논의에서는 단일 규제 관할권이 다섯 가지 조건 — **대규모 국내 시장**, 충분한 **규제 역량**, **엄격한 표준 선호**, **비탄력적 대상**을 규제하는 경향 그리고 생산의 **비분할성** — 이 충족되는 곳이라면 어디든 글로벌 표준을 제공할 수 있다고 주장했다. 일방적인 규제 세계화가 이루어지려면 이 모든 조건들이 충족되어야 한다. 예를 들어, 기업들은 시장 규모가 크지 않으면 엄격한 규제 기관의 시장을 포기하고 거래를 다른 곳으로 전환할 것이다. 이 경우, 광범위한 규제 역량이나 기타 나머지 조건들은 무의미하다. 마찬가지로 관할권이 규제 역량이 부족하거나 가장 엄격한 표준을 공표하지 못한다면, 다른 조건들의 존재 여부와 관계없이 다른 관할권이 자체 기준으로 그 기준을 대체할 수 있다. 마지막으로 규제 대상이 탄력적이거나 기업 활동이 분할 가능하다면, 다국적 기업들은 부담이 적은 관할권으로 이동하거나 다양한 시장 전반에서 맞춤화를 선호하여 글로벌 표준을 포기할 수 있다. 이는 다른 조건들의 강도와 상관없이 브뤼셀 효과를 약화시킬 수 있다.

이러한 조건들은 모두 필요하지만, 정책 영역에 따라 그 상대적 중요성은 다를 수 있다. 예를 들어, 일부 정책 영역은 규제하기가 더 복잡하다. 기술 기업의 경쟁 행위나 데이터 처리 관행을 모니터링하는 것이 그 예이다. 이는 이론에서 규제 역량의 중요성을 더욱 부각시킨다. 또한 일부 조건들은 정책 영역 전반에 걸쳐 더 불변적일 수 있다. 시장 규모나 규제 역량이 그 예이다. 반면 다른 조건들은 더 가변적일 수 있다. 예를 들어, 비분할성은 다양한 산업 및 기업별 고려 사항들에 따라 달라질 수 있다. 마지막으로, 처음 세 가지 조건은 일반적으로 절대적이라기보다는 상대적이다. 중요한 것은 다른 대규모 경제와 비교했을 때 상대적인 시장 규모, 상대적인 규제 역량 그리고 상대적인 규제 엄격성이다. 예를 들어, 브뤼셀 효과를 유발하는 절대적인 시장 규모는 없다. 대신 중요한 것은 기업들이 대규모 시장을 포기할 여유가 있는지 여부이다. 이는 단순히 특정 시장의 규모뿐만 아니라 그들의 제품과 서비스를 위한 대체 가능한 목적지를 제공할 수 있는 다른 소비자 시장의 규모에도 달려 있다.

이 장에서 논의된 조건들은 브뤼셀 효과와 글로벌 규제 헤게몬으로서의 EU의 역할을 설명하기 위해 개발되었지만, EU에 국한된 것이 아니라 일반적인 것이다. 따라서 이는 글로벌 시장에 일방적으로 규칙을 제공할 수 있는 모든 관할권의 능력을 설명하기 위해 고안되었다. 이러한 의미에서, 이들 조건은 EU의 규제 헤게모니를 넘어서 지속될 수 있으며, 그러한 헤게모니가 언제 끝나는지 또는 다른 일방적인 글로벌 규제 기관에 의해 대체될 수 있는지를 설명하는 데 도움이 될 수 있다. 따라서 이들 조건은 이미 언급된 "워싱턴 효과" 또는 "베이징 효과"를 마찬가지로 설명할 수 있다. 이는 미국이나 중국이 시장 지배력, 규제 역량 그리고 엄격한 규제를 생성할 정치적 의지의 조합을 갖추고, 동시에 관할권 전반에 걸쳐 비분할적인 비탄력적 대상을 추구하려는 열망이 있을 때 가능하다.

브뤼셀 효과의 미래를 논의하는 9장에서 설명하겠지만, 각 조건은 또한 시간이 지남에 따라 지속성에 영향을 미치는 다소 다른 외부의 힘에 의해 유지되거나 도전받는다. 예를 들어, EU의 시장 지배력은 향후 수십 년 동안 중국과 기타 신흥 경제 강국의 부상에 의해 제약받을 것이다. EU 내 분열이 커지면 엄격한 규제를 공표하는 데 필요한 합의는 향후 더 어려워질 수 있다. 동시에 영국의 EU 탈퇴로 인해 엄격한 규칙이 생성되기가 더 쉬워질 수도 있다. 영국은 EU의 광범위한 규칙 제정에 종종 반대해 왔기 때문이다. 마지막으로, 생산의 분할성이 더 커지는 것은 기술 발전에 의해 야기될 가능성이 높다. 이는 또한 각 요소가 브뤼셀 효과의 출현 또는 지속성을 설명하는 데 독립적인 역할을 한다는 것을 시사한다.

제3장

브뤼셀 효과의 맥락

EU가 글로벌 규제 영향력을 행사하는 유일한 방식으로 브뤼셀 효과만 있는 것은 아니다. 실제로 EU는 통상 협정, 국제기구 및 초국가적 정부 네트워크 참여 등 다양한 경로를 통해 국제 규범을 설정하는 힘을 발휘한다. 많은 국가와 지역 기구들도 다른 방식으로 EU의 규제를 채택하고 있다. 그들은 입법 차용, EU 기관 모방, 유럽법원이 발전시킨 법적 개념과 원칙 인용 및 EU의 선례를 따른 "모방(copycat)" 소송 등의 방식을 취한다. EU가 "규범 권력"으로서 인식되는 역할 때문에 시장 효과나 EU 측의 노력이 없더라도 EU의 규범은 규제 수렴을 위해 영향력 있는 구심점 역할을 할 수 있다.

이 장에서는 먼저 EU의 글로벌 규제 영향력이 발휘되는 다양한 채널들을 검토하고, 이를 통해 2장에서 논의된 사실상의 브뤼셀 효과의 맥락을 제공하고자 한다. 이 장은 또한 EU법이 왜 그토록 매력적인 모방 대상이 되는지를 살펴본다. 이는 모든 형태의 법적 브뤼셀 효과를 촉진하는 요인이 된다. 나아가 **시장 주도 조화**와 **조약 주도 조화**의 상대적 장단점을 평가하고, 이러한 다른 영향력 채널들이 언제 브뤼셀 효과를 보완하고, 강화하며, 대체하게 되는지를 고찰한다.

EU의 글로벌 규제 영향력 메커니즘

사실상의 브뤼셀 효과란 EU가 자기 시장으로부터 획득하게 되는 일방적인 규제 권력을 의미한다. 그러나 브뤼셀 효과가 EU의 일방적인 영향력을 보여주는 유일한 사례는 아니다. EU는 역외 적용(extraterritoriality)이나 영역 확장과 같은 입법 기법을 통해서도 외국 행위자들에게 일방적인 영향력을 행사한다. EU는 이러한 수단들을 통해 자체 규제를 외국 행위자들에게 직접 적용하려 한다. 이런 기법들은 이 장에서 논의될 브뤼셀 효과와 관련된 시장 주도 조화나 조약 주도 조화를 통한 EU의 규제 투사 노력과는 구별된다.

우선적으로 고려해야 할 사항으로, 브뤼셀 효과는 이러한 다른 일방적인 영향력 메커니즘들과 구별되어야 한다. 일부 EU의 규제는 역외 적용 성격을 띠고 있는데, 이는 EU와 영토적 연관성이 없는 개인이나 단체에도 의무를 부과한다는 의미이다.[1] 예를 들어, 외국 당사자들의 행위가 해외에서 시작되었더라도 EU 경쟁법은 그들에게 적용된다. EU 소비자들에게 영향을 미치는 한, EU는 이러한 외국 당사자들을 상대로 법을 집행하여 EU 내 경쟁 상태를 회복할 수 있다. EU의 파생상품 규정(Derivatives Regulation)은 이러한 역외 적용의 또 다른 사례를 보여준다. 여기에는 "규정에 포함된 조항들의 회피를 방지하기 위해 의무 부과가 필요하거나 적절한 경우, 하나 이상의 제3국(비EU 국가)에 설립된 두 기관 사이에 체결된 계약에 대해 의무를 부과하는 반회피 조항이 포함되어 있다."[2]

하지만 EU는 이러한 명시적인 역외 적용이나 효과에 기반한 관할권에만 의존하지는 않는다.[3] 오히려 EU는 조안 스콧이 "영토 확장(territorial extension)"이라 부르는 입법 기법을 사용한다. 이 기법을 통해 해외에서의 특정 행위나 상황이 EU와 영토적 연관성을 갖게 된다.[4] 영토 확장 기법은 EU가 "해외에서 발생하지만, EU나 전 세계가 공유하는 자원에 부정적 영향을 미치는 활동들"을 규제할 수 있게 한다.[5] 예를 들어, EU 배출권 거래제의 항공 규제는 이러한 특성에 따른 영토 확장의 한 예로 볼 수 있다. 왜냐하면 이 규제는 EU 역외에서 항공기가 배출하는 배출량과 항공 배출을 규제하는 제3국의 조치도 고려하기 때문이다.[6]

방금 언급한 이러한 메커니즘들은 서로 다른 역학을 반영하지만, EU는 브뤼셀 효과 외에도 글로벌 규제 환경을 일방적으로 형성할 수 있는 다양한 경로를 제시한다. 또한 EU는 양자 간 또는 다자간 조약과 같은 협력 메커니즘을 통해 자신의 규범을 전 세계적으로 확장할 수 있다. EU는 광범위한 경제 및 정치 협정을 협상해 왔다. 이 협정들은 가장 강력한 형태로, EU의 통상 파트너들이 단일 시장 접근권을 확보하기 위해 채택해야 할 규제 유형을 명시하고 있다. 이러한 조약상의 의무는 때로 EU법이 해외에 직접 이식되는 결과를 낳기도 한다. 또한 EU는 국제기구, 표준 제정 기관, 초국가적 정부 네트워크에 참여함으로써 국제 규범을 형성할 수 있다. 끝으로, 유럽법원은 외국 법원들의 본보기가 되는 판결을 함으로써 EU 규제의 외부 확산에 기여하고 있다. 종합적으로 볼 때, 이 모든 메커니즘은 상호 보완적이고 EU의 규범과 규제가 글로벌 규제 환경을 형성하는 데 주목할 만한 방안을

제시한다.[7]

제 조약과 제도

EU는 양자 간 경제 및 정치 협정을 통해 체계적으로 자신의 표준을 수출한다. 이는 가입 협정과 파트너십 조약[8]에서 가장 명확하게 나타나지만, 다양한 무역특혜협정(PTA)에서도 볼 수 있다. 소피 뮈니에(Sophie Meunier)와 칼립소 니콜라이디스(Kalypso Nicolaidis)는 EU가 시장 접근을 EU 규제 표준 채택과 연계하는 경향 때문에 EU를 단순히 무역**에서의**(*in*) 권력뿐만 아니라 무역을 **통한**(*through*) 권력으로도 설명한다.[9] 본질적으로 EU는 양자 간 또는 지역 무역 협정에 포함된 특정 표준을 채택하겠다는 무역 파트너들의 약속과 자신의 시장 접근권을 교환한다. EU는 무역 관계를 도구로 활용하여 "EU 방식"의 경제적 개방을 촉진할 수 있다. 이는 민주화 촉진, 법치주의 확립, 또는 무역 파트너의 내부 시장을 관할하는 특정 규제 표준의 도입 등을 통해 이루어진다.

EU의 이러한 조건부 시장 접근을 통한 협상력은 타국이 EU 가입을 추진할 때 가장 강력하다. 지금까지 EU는 최초 6개 회원국에서 28개국의 연합으로 확대되었으며, 현재 6개 후보국과 가입 협상을 진행하고 있다.[10] EU 가입 조건으로, 예비 회원국들은 모든 EU 규정 준수를 입증해야 하며, 이는 사실상 **공동체 유산***의 전면적 이행을 의미한다. 이를 위해서는 광범위한 35개 정

---

* 공동체 유산(acquis communautaire)은 EU의 법체계를 구성하는 모든 권리와 의무의 총체로, EU의 설립조약과 개정조약, 제정된 모든 법령, 유럽사법재판소의 판례, EU와 제3국 간의 국제협정, EU 기관들 간의 합의사항, 그리고 구속력 없는 연성법을 포함한다. EU에 가입하고자 하는 모든 국가는 이

책 분야(또는 "장"이라고도 함)에 걸친 구체적인 협상이 필요하다. 예를 들어 여기에는 경쟁, 개발, 에너지, 환경, 기본권, 운송 등이 포함된다. 이 모든 정책별 협상 과정에서 EU는 거의 모든 협상력을 가지고 있다. 이는 EU가 궁극적인 목표인 EU 회원국 자격을 통제하고 있기 때문이며, 이를 통해 EU는 가입 후보국들로부터 원하는 거의 모든 조건을 끌어낼 수 있다.

EU는 스스로 확대를 "연합의 가장 성공적인 대외 정책 수단"으로 여긴다.[11] 일부 학자들은 EU 확대를 "국제 행위자가 지금까지 실행한 가장 성공적인 민주주의 증진 프로그램"으로 설명했다. EU 가입 확대는 EU 규범에 의해 추진되어 가입국들의 "국가 행위의 모든 측면"에서 "영구적인 변화를 끌어내는" 능력이다.[12] 동시에, EU가 가입 과정에서 끌어낼 수 있는 약속들이 얼마나 오래 지속될 수 있을지는 불분명하다. EU는 가입이 이루어진 직후 압도적인 협상 우위를 상실하게 된다. 확대의 성공 사례가 많이 있긴 하지만, 최근 헝가리, 폴란드, 루마니아 등에서 발생한 법치주의 후퇴 현상은 새로운 회원국이 EU의 체제 안으로 편입된 이후에 이들에게 기존에 합의했던 약속을 강제하기가 어렵다는 점을 보여준다. 이러한 사례들은 EU가 가입 과정을 통해 달성할 수 있는 것의 한계를 잘 보여준다.

EU는 예비 회원국들에 규제를 부과하기 위해 가입 과정을 활용하는 것 외에도, 더 긴밀한 경제적, 정치적 협력을 목표로 제3국들과 광범위한 경

공동체 유산을 전면적으로 수용해야 하며, 회원국들은 이를 선별적으로 수용할 수 없고 전체로서 받아들여야 하는데, 이는 EU 법체계의 통일성을 보장하기 위함이다. 공동체 유산은 고정된 것이 아니라 새로운 법령의 제정, 판례의 축적, 국제협정 체결 등을 통해 계속 확장되고 발전하며, EU 회원국들은 이를 준수하고 이행할 의무가 있고 위반 시 제재를 받을 수 있다. 이러한 공동체 유산은 EU의 법적, 제도적 통합을 가능하게 하는 근간이 되며, EU의 확대와 심화 과정에서 중요한 역할을 수행한다.

제 파트너십 및 제휴 협정을 협상한다. 이러한 협정을 통해 EU는 더 안정적이고 평화로우며 번영하는 세계를 구축하고자 한다. 지금까지 EU는 49개의 경제 파트너십 협정, 23개의 제휴 협정, 그리고 글로벌 협정 및 관세동맹 등 18개의 기타 유사 협정을 협상했다.[13] EU는 특히 남부 및 동부 이웃 국가들과의 관계에서 적극적이었으며, **공동체 유산**을 수출함으로써 법적 근사화(legislative approximation)를 추구해 왔다.[14] 처음에 이는 유럽 협정(Europe Agreement)과 그리고 파트너십 및 협력 협정에 포함된 연성 의무를 통해 이루어졌다. 이후 EU 가입 후보국은 아니지만 EU와 더 긴밀한 경제적, 정치적 유대를 추구하는 국가들을 위해 EU는 2004년 "유럽근린정책"(European Neighbouring Policy)을 수립했다.[15] 현재 유럽근린정책은 모로코에서 아제르바이잔에 이르는 국가들을 포괄하고 있다.

EU 제 조약이 일관되게 내포하는 메시지는 EU의 규범과 가치를 투사하는 것이 자신과 더 넓은 세계와의 관계에서 핵심적이라는 점이다.[16] 리스본 조약은 나아가 EU 인접 국가와의 관계에 있어 EU 기관에 "변혁적 권한(transformative mandate)"을 부여한다.[17] 특히 유럽근린정책은 EU가 이웃 국가들에 안정성을 수출하거나, 또는 이웃 국가들로부터 불안정성을 수입한다는 개념에 기반을 두고 있다.[18] 이러한 광범위한 지역에서 안정적인 정치 환경을 보장해야 할 필요성은 EU에 이들 국가의 경제 및 정치 시스템에 깊이 관여할 것을 요구한다. 실제로 이는 유럽근린정책 국가들이 "공유된 가치를 입증하고 정치적, 경제적, 제도적 개혁을 효과적으로 이행(여기에는 EU의 유산이 담긴 법적 조화도 포함)하며 구체적인 진전을 보여주는 것에 대한 대가로 더 긴밀한 경제적, 정치적 관계를 제공하는 것을 의미한다.[19] 따라서 실제 EU

회원국 자격을 약속하는 수준에는 미치지 못하지만, 협상 과정은 여전히 매우 비대칭적이어서 EU의 기존 회원국들의 요구를 따르는 것 말고는 EU의 이웃 국가들은 선택의 여지가 거의 없다.

그러나 사실상 유럽근린정책의 많은 목표가 달성되지 못한 채로 남아있다. 민주주의, 법치주의, 인권 존중, 사회 결속을 증진하는 데 있어 EU의 성과는 최소한 실망스러웠으며, 일각에서는 "완전한 실패"라고 평가한다.[20] 유럽근린정책이 구상한 정치적, 사회적, 제도적 개혁은 대부분 실현되지 못했다. 리비아, 시리아, 우크라이나를 포함한 일부 유럽근린정책 국가들은 폭력적 갈등과 내전으로 분열되었고, 이집트와 같은 다른 국가들은 군사 쿠데타를 겪었다. 해당 지역 다수의 국가에서 부패는 만연해 있고, 법치주의에 대한 개혁은 미미하거나 전혀 없다. 이들 국가가 지속해서 맞닥뜨리고 있는 심각한 내외부적 도전을 고려할 때, 일부 평론가들은 EU가 유럽근린정책을 통해 자신의 가치를 전파하고 이익 보호에 전반적으로 실패했다고 결론짓는다.[21]

EU가 자신의 규제 모델을, 제 조약을 통해 인접한 지역을 넘어서 수출하려는 시도는 주로 양자 무역 협정을 통해 이루어진다. EU는 광범위하게 PTA를 협상해 왔으며, 이는 무역 파트너들이 EU의 단일 시장 진입을 위해 갖춰야 할 규제 유형에 영향을 미친다. 지금까지 EU는 다양한 경제 및 정치 파트너십 조약 외에도 50개 이상 다양한 형태의 PTA를 체결했다.[22] EU의 조약 파트너에는 대규모 및 소규모 경제권이 모두 포함되어 있다. 일본과 캐나다 같은 경제 강국부터 레소토와 페로 제도 같은 경제 소국까지, 알바니아와 마케도니아 같은 다른 유럽 국가들부터 칠레와 마다가스카르 같은 지구 반대편의 국가들까지 다양하다. EU의 PTA 네트워크는 각각 18개와 14개의 PTA를 체결한 일본이나 미국 같은 다른 큰 무역 강국들에 비해 훨씬 더 광범위하다.[23]

EU의 협상된 조약상 의무는 조약 체결 상대국에 따라 EU 규정의 외부화 정도를 달리한다. 특히 상대적으로 약한 교역 상대국들과의 관계에서 EU는 자신의 방대한 시장 규모를 비대칭적 협상 카드로 활용하여 상대국 국내 규제 레짐에 상당한 변화를 요구할 수 있다. 여기에는 환경 정책, 개발 목표, 경쟁법, 또는 인권 등의 모든 분야가 포함된다.[24] 지난 10년 동안 EU가 협상한 PTA는 규제 표준에 대한 광범위한 약속을 포함함으로써 이러한 무역 의제를 반영하고 있다.[25] 더욱이 대부분의 EU PTA들이 같은 원형을 따르기 때문에 그것들은 다른 협정의 모델 역할[26]도 하며, 나아가 EU의 영향력을 확대하고 있다.

EU가 PTA를 통해 수출하는 규제 기준의 유형은 매우 다양하다. 예를 들어, EU는 글로벌 산림 거버넌스에 대한 다자간 조약 체계 수립에 실패하자, 산림 관리 전략에 관한 EU의 규범 수출을 위해 양자 무역 협정에 의존하게 되었다.[27] 다른 대표적인 PTA 조항에는 특정 인권 및 노동 기준의 채택 및 유지 의무가 포함되어 있다. 국내 경쟁법 채택을 요구하는 조항들도 오늘날 EU의 PTA에 당연히 망라되어 있다. 그러나 EU가 시장에 접근하려는 교역 상대국에게 항상 EU의 공동체 유산의 일부 채택을 요구하는 것은 아니다.[28] EU는 종종 PTA를 활용해 EU의 고유한 규정이 아닌 일반적인 규제 원칙이나 국제 규제 기준을 전달한다.[29] 취약한 교역 상대국을 대상으로 하는 EU의 규제 개혁 요구는 보통 이러한 개혁 실행의 어려움을 고려해 기술 전문성 및 재정 지원 제안이 함께 이루어진다. 그러나 이러한 일반적인 조항조차도 교역 상대국의 실제 규제 관행에 지속적 변화를 가져왔는지는 여전히 불분명하다. 이 장에서 더 자세히 논의되겠지만, 수혜국의 규제에 변화를 촉진하는 데 있어 EU의 성과에 긍정적인 면만 있는 것은 아니다.

경제 전반을 아우르는 이러한 일반적인 무역 협정 외에도, EU는 근거리 및 원거리 국가들과 다양한 부문별 협정을 체결했다. 예를 들어, EU는 주로 아프리카 국가들과 여러 지속가능한 어업 파트너십 협정(Sustainable Fishing Partnership Agreement)을 체결했다.[30] 지속가능한 어업 파트너십 협정에 따라 EU는 이들 국가의 수역에서 잉여 어업권을 얻는 대가로, 해당 수역의 자원 보존과 어업의 지속가능성 향상을 위한 재정적, 기술적 지원을 제공한다. EU의 인접국들과의 부문별 협정들은 일반적으로 통합을 더 심화시키는 것을 목표로 한다. EU 회원국들과 발칸 국가 간의 여러 부문별 협정들은 EU 공동체 유산과 관련된 이행을 명시적으로 요구하고 있다. 예를 들어, 대외 항공 정책(External Aviation Policy)은 "[EU] 인접 파트너국들이 유럽 항공 규칙을 포함하는 공동체 유산의 일부 채택을 의미한다."[31] 마찬가지로, 에너지 공동체 조약(Energy Community Treaty)은 "조약 당사국 모두가 공동체 입법, 또는 **공동체 유산**의 일부 이행을 포함한다."[32] 운송 공동체 설립 조약(Treaty Establishing the Transport Community) 역시 관련 공동체 유산을 바탕으로 운송 시장의 점진적 통합에 기초하고 있다.[33] 이러한 제 조약은 규제 대상 부문과 관련해 제3국을 공동 시장으로 통합시키는 것을 종종 명시적 목표로 삼고 있다.

EU는 또한 여러 국제기구에서 상당한 영향력을 행사하고 있다. 다만 그 상대적 영향력은 다양하며, 때로는 회원국이나 유럽중앙은행을 통해서만 영향력 행사할 수 있다.[34] 예를 들어, EU 회원국들은 국제통화기금과 세계은행에서 상당한 규모의 투표권을 가지고 있으며, 전통적으로 국제통화기금 총재는 EU에서 배출되었다. 세계무역기구에서 EU는 역사적으로 미국, 일본과 같은 다른 무역 강국들과 함께 자신들의 유리한 위치를 선점할 수 있었다. 그러나 세계무역기구의 회원국이 늘어나고 상대적인 힘이 회원국들 전체에 분산됨에 따라, EU가 결과에 영향을 미치고 입장을 진전시키는 것이 상당히 어려워졌다.

EU의 영향력은 특정 기구에서 EU가 단일한 대표 기구로서 권한 행사를 하는지, 아니면 회원국들이 개별적으로 권한을 행사하는지에 따라 달라진다. 세계무역기구에서는 무역 정책이 EU의 배타적 권한에 속하기 때문에 EU가 회원국들을 대신해 행동한다. 반면 유엔에서 EU는 옵서버에 불과하며, 공식적으로는 회원국들을 통해서만 EU의 입장을 대변한다. EU는 회원국들의 행동을 조율해 공동 입장을 형성하려 하지만, 이러한 조율이 항상 성공하는 것은 아니다. 일부 기구에서는 EU와 회원국들이 무대를 공유한다. 예를 들어, 금융 안정과 지속 가능한 성장을 위한 정책 조정을 모색하는 세계 선진국들의 비공식 포럼인 G20에서 EU는 프랑스, 독일, 이탈리아, 영국 지도자들과 함께 한 자리를 차지한다. 35개 회원국으로 구성된 경제협력개발기구(Organization for Economic Cooperation and Development, OECD)에서는 21개 EU 회원국이 공식 회원이지만, EU도 정식 참여자의 지위를 누린다. 이를 통해 EU는 회원국 간 합의가 이루어지지 않을 경우, OECD의 활동에 직접 참여하고 영향을 미칠 수 있다.[35] 바젤은행감독위원회에서는 유럽중앙은행과 EU의 단일감독위원회(Single Supervisory Board)가 9개 EU 회원국과 함께 정회원 자격을 가지며, 유럽위원회와 유럽은행감독청(European Banking Authority)도 옵서버 자격을 갖는다.

EU는 다양한 시장 규제 분야의 표준 설정에 중점을 둔 국제기구에서도 영향력을 행사한다. 예를 들어, 유엔식량농업기구(Food and Agriculture Organization)와 세계보건기구(World Health Organization)는 글로벌 식품 표준 수립을 위해 국제식품규격위원회(Codex Alimentarius Commission, 식품위원회)를 구성했다.[36] 역사적으로 회원국들과 함께 가입을 청원하여 회원 자격을 획득한 EU는 식품위원회의 의사 결정에서 사전예방 원칙의 역할과 같이 논란의 여지가 많은 여러 정책 입장을 성공적으로 관철해 왔다.[37] 식품위원회에서 EU의 광범위한 영향력은 적어도 부분적으로는 EU가 식품 안전 규제에 대해 오랜 경험을 쌓아온 것으로부터 획득된다.[38] 식품 안전은 EU가 이미 1960년대에 단일 시장을 성공적으로 구축한 정책 분야이다. 이를 통해 EU는 귀중한 전문성을 축적할 수 있었고, 이러한 전문성을 식품위원회에서의 표준 설정에 영향을 미치는 데 자주 활용해 왔다. 오늘날 EU와 식품위원회의 표준은 일부 특정 부분의 중복이 있는데, 이는 양방향 규제 조화가 종종 이루어짐을 시사한다. 예를 들어, 식품위원회는 1999년 EU의 방사선 조사 식품 검출 표준을 채택[39]했고, 식품 첨가물에 대한 2008년 EU의 규정은 식품위원회가 사용한 것과 거의 동일한 첨가물 정의를 활용했다.[40] 이러한 조화는 국제 무역을 촉진하며 표준 설정 기관으로서 식품위원회의 주요 목적 중 하나이다.[41]

EU가 국제기구를 통해 자신의 규칙을 외국 관할권에 성공적으로 전파한 사례는 많다. 예를 들어, EU는 유엔 유럽경제위원회(UN's Economic Commission for Europe)를 통해 자신의 자동차 배출가스 규제 기준을 유럽 주변 지역뿐 아니라 아르헨티나, 브라질, 중국, 인도, 페루, 태국 같은 먼 나라에도 수출할 수 있었다.[42] 많은 사람이 미국 표준이 더 효과적이라고 생각했음에도 불구하고 관련 "유로(Euro)" 표준이 동등한 미국의 "티어(Tiers)" 표준보다 널리 채택되었고, 채택 국가 중 상당수는 EU에 자동차를 수출하지도 않았다. 이 경우 외국 생산업체가 EU 표준을 모방할 시장 접근 동기가 없다는 점에서 이러한 유형의 영향력은 브뤼셀 효과와는 차이가 있다. 따라서 EU의 표준 수출 성공은 미국 시장의 특수성을 염두에 두고 설계된 미국 표준에 비해 다양한 시장 환경에 더 적합하고 부분적으로는 더욱 보편적으로 수용되기 쉬운 정책 설계로 설명될 수 있다. 또한 유엔 유럽경제위원회는 주로 유럽 국가들로 구성되어 있어 유럽 표준 채택의 경향이 강했다. 그러나 유엔 유럽경제위원회는 지리적으로 더 광범위한 회원국을 보유한 다른 국제기구와도 활발히 교류하며, 이 네트워크를 활용하여 유럽을 넘어 표준—이 경우에는 EU 표준—을 홍보한다.

국제해사기구(International Maritime Organization)의 단일 선체 유조선 금지 조치는 다소 다르지만 분명 흥미로운 사례이다.[43] 안전한 이중 선체 설계에 비해 단일 선체 유조선은 충돌 시 기름 유출 가능성이 더 높다. 1989년 알래스카 해안에서 발생한 엑손 벨디즈 원유 유출(Exxon Valdez oil spill) 참사 이후, 미국은 1990년 일방적으로 단일 선체 유조선을 금지했다. 하지만 미국은 이 규범을 글로벌화하기 위해 노력을 거의 하지 않았다. 그 대신 원래 미국에서 시작된 이중 선체 안전 표준을 성공적으로 세계화한 것은 EU였다. EU는

2000년에 미국 표준을 모방했고, 이후 해양 안전을 발전시키기 위한 광범위한 의제의 일환으로 2001년 단일 선체 유조선을 단계적으로 폐지하기로 합의한 국제해사기구를 통해 표준을 국제화하기 시작했다. 여러 면에서 이 국제 표준은 미국의 일방주의에서 비롯된 것으로 미국의 금지 조치 이후 위험한 선박들이 EU 해역으로 이동했기 때문이다. 따라서 EU는 이러한 외부 환경에 대응해 규제하고 이중 선체 표준을 더욱 광범위하게 보급하기 위한 동기를 갖게 되었다. 결과적으로 이 사례는 EU가 특정 표준이나 규제를 도입한 선도주자는 아니더라도 국제기구가 EU의 영향력을 확대하는 데 중요한 수단이 될 수 있음을 보여준다.

산드라 라베넥스(Sandra Lavenex)는 EU가 자신의 규칙을 해외로 투사하는 과정이 종종 전통적인 외교보다 EU 규제 기관의 기술관료적이고 분야별 접근을 통해 이루어진다고 강조했다.[44] 이러한 정책 확산 채널은 정부 네트워크의 역할을 부각하고 브뤼셀 효과를 보완한다.[45] 범정부 네트워크를 통한 EU의 규칙 추진은 종종 강압적이 아닌 공조를 통한 영향력에 해당한다. 이러한 공조는 일반적으로 유럽위원회(및 유럽규제기관)가 적극적으로 참여하는 기술 지원 및 역량 강화 활동의 맥락에서 이루어진다. 이 과정에서 EU 대표들은 단순히 전문지식을 제공하는 데 그치지 않고, 의식적으로든 무의식적으로든 EU의 규제 접근법을 "모범 사례"로 자주 홍보한다.[46] 그러나 범정부적 네트워크는 일방적 정책 수출 통로 대신, 협력과 대화를 통한 긴밀한 규제 조율을 목표로 한다.

이러한 네트워크는 브뤼셀 효과를 보완하는 중요한 영향력 채널을 제공한다. 예를 들어, 4장에서 논의된 EU 경쟁법은 브뤼셀 효과를 통해서만

이 아니라, 국제경쟁네트워크(International Competition Network)와 같은 범정부적 네트워크에서 유럽위원회의 적극적 역할과 규제 기관 간의 양자 협력 협정을 통해 확산했다.[47] 마찬가지로, 6장에서 논의된 EU 화학물질 규제인 REACH와 관련된 강력한 브뤼셀 효과는 유럽화학물질청(European Chemicals Agency)이 해외 상대 기관과 과학 및 기술 협력을 통해 더욱 강화되었다.[48] EU는 또한 REACH의 규제 접근을 홍보하기 위해 OECD, 유엔 환경 프로그램인 유엔환경계획(United Nations Environment Program), 세계보건기구, 유엔식량농업기구와 같은 다른 공식 국제기구들을 활용했다. 여기에는 국제 통합 화학물질 정보 데이터베이스와 화학물질 정보에 관한 글로벌 포털과 같은 비공식 네트워크도 포함된다.[49]

유럽법원과 외국 소송 당사자들

유럽법원은 또한 "친통합적" 판결을 통해 브뤼셀 효과를 강화하며 EU 규범을 수출하는 역할을 해왔다. 때로 법원은 EU의 입법 또는 행정 절차에서 나온 규정을 해석할 때 EU법률에 역외적 효력을 부여해 왔다. 예를 들어, 유명한 "잊혀질 권리" 원칙이 EU의 GDPR에 통합되기 전 유럽사법재판소는 **구글 스페인 대 마리오 코스테하**, C-131/12(구글 스페인) 판결*에서 이 원칙을

---

* 구글 스페인(Google Spain) 대 마리오 코스테하(Mario Costeja) 사건은 2014년 5월 13일 유럽사법재판소가 '잊혀질 권리'를 확립한 판결이다. 스페인 시민 코스테하는 1998년 자신의 부동산이 경매에 부쳐진 신문 기사가 구글 검색 결과에 계속 표시되는 것에 대해, 해당 채무가 이미 완전히 해결되어 더 이상 관련이 없다며 삭제를 요청했다. 이에 대해 유럽사법재판소는 검색엔진 운영자가 개인정보를 '처리'하는 자로서 EU 개인정보보호지침의 적용을 받으며, EU 역내에 지사나 자회사를 두고 광고 영업을 하는 경우 EU 개인정보보호법의 적용을 받는다고 판시했다. 또한 부적절하거나, 부적합하거나, 더 이상 관련이 없게 된 개인정보나 시간이 경과하여 불필요하게 된 정보에 대해 공익적 필요성과 개인

선언했다. 그 이후로 이 원칙은 유럽 외 지역 법원에서 원고 측에 의해 인용되었고 여러 관할권의 법원에서 인정되었다. 유럽사법재판소가 선언한 권리는 적어도 아르헨티나, 브라질, 칠레, 콜롬비아, 이스라엘, 멕시코, 니카라과, 일본, 한국, 홍콩에서 법적 소송에 등장했다.[50] 심지어 러시아는 2015년에 잊혀질 권리를 법제화하기까지 했다.[51]

유럽법원은 EU 규정 확산의 해석적 역할 외에도, 지역 법원들의 제도적 원형을 제공했다. 카렌 올터(Karen Alter)에 따르면, 현재 유럽사법재판소와 유사한 전 세계 법원이 11개 있다.[52] 이 법원들은 총 2,000건 이상의 구속력 있는 판결을 했으며, 이는 이들이 단순히 설립 협정상으로만 존재하는 기관이 아닌 활발히 활동하는 법원이 되었다.[53] 이러한 제도적 원형은 특히 라틴아메리카와 볼리비아, 콜롬비아, 에콰도르, 페루가 설립한 지역 기구인 안데스 공동체(Andean Community)에서 두드러진다. 1969년의 카르타헤나 협정(Cartagena Agreement)은 로마 조약을 모델로 하여 안데스 공동체를 설계했으며, EU 기관과 매우 유사한 거버넌스 구조로 설계했다. 초기 공동체 기관은 1984년 안데스 사법재판소(Andean Tribunal of Justice)에 의해 보완되었다.[54] 안데스 사법재판소는 설계적 특성과 법적 원칙 모두에서 유럽사법재판소를 면밀하게 모델로 삼았다.[55] 안데스 사법재판소는 오늘날 유럽사법재판소와 유럽인권재판소에 이어 세 번째로 활발하게 활동하는 국제 법원으로, 판결 건수 면에서 유럽사법재판소와 유럽인권재판소 다음으로 많은 판결을 하고 있다.[56]

의 개인정보보호 권리를 비교 형량하여 삭제를 결정해야 하며, 정보주체는 검색엔진에 직접 삭제를 요청할 수 있고 거부 시 감독기관이나 법원에 제소할 수 있다고 판결했다.

안데스 사법재판소는 유럽사법재판소의 많은 제도적 특징들을 모방했다. 여기에는 국내 법원이 공동체법의 해석이 필요한 사건에 대해 안데스 사법재판소의 의견을 요청할 수 있는 선결적 심판 제도 절차가 포함된다.[57] 안데스 사법재판소는 또한 안데스 공동체법이 국내법보다 우위에 있다는 원칙을 확립했다.[58] 이는 EU에서 최고법 우위 원칙을 확립한 유럽사법재판소의 획기적인 사건인 **코스타/에넬 판례***[59]를 인용한 것이다. 안데스 사법재판소는 공동체법의 직접효력에 관한 **반 겐트 엔 루스 사건****[60]과 내부 시장 운영에 관한 주요 사건 등 수많은 다른 획기적인 사건에서도 마찬가지로 유럽사법재판소의 판결을 인용했다. 그러나 유럽사법재판소의 광범위한 모방에도 불구하고 안데스 사법재판소는 EU의 "맹목적인 모방(blind mimicry)"에 의존

---

* 코스타/에넬(Costa/ENEL) 사건(Case 6/64)은 1964년 7월 15일 유럽사법재판소가 EU법의 국내법에 대한 우위를 확립한 핵심 판결이다. 이탈리아 변호사 플라미니오 코스타는 전력회사 ENEL의 국유화에 반대하며 자신의 주식 가치 하락에 대한 보상을 요구했는데, 이탈리아 법원은 국유화법이 EEC 조약과 충돌하는지 여부에 대해 선결적 판결을 요청했다. 이에 대해 유럽사법재판소는 회원국들이 EEC 조약 가입으로 제한된 영역에서 자신의 주권적 권리를 양도했으며, 따라서 EU법이 회원국 국내법에 우선한다는 'EU법 우위의 원칙'을 확립했다. 재판소는 EU법 체계의 실효성을 확보하기 위해서는 회원국이 일방적 조치로 EU법의 효력을 부인할 수 없으며, EU법이 모든 회원국에 통일적으로 적용되어야 한다고 판시했다. 이 판결은 EU법의 기본 원칙인 'EU법 우위의 원칙'을 처음으로 명확히 선언했다는 점에서 EU법 발전의 이정표가 되었다.

** 반 겐트 엔 루스(Van Gend en Loos) 사건(Case 26/62)은 1963년 2월 5일 유럽사법재판소가 EU법의 직접효력 원칙을 확립한 획기적 판결이다. 네덜란드 운송회사인 반 겐트 엔 루스가 독일에서 수입한 화학제품에 대해 네덜란드 관세당국이 관세율을 인상하자, 이것이 유럽경제공동체 조약 제12조(현 유럽연합기능조약 제30조)의 새로운 관세 부과 금지 조항에 위반된다며 소송을 제기했다. 이에 대해 유럽사법재판소는 EU법이 회원국 국내법과는 별개의 새로운 법질서를 창설했으며, EU법은 회원국뿐만 아니라 그 국민에게도 직접적인 권리와 의무를 부여할 수 있다고 판시했다. 특히 유럽경제공동체 조약의 특정 조항이 명확하고 무조건적이며 추가적인 회원국의 이행조치를 필요로 하지 않는 경우, 개인은 국내 법원에서 직접 이를 원용할 수 있다는 'EU법의 직접효력' 원칙을 확립했다. 이 판결은 EU법이 단순한 국제법이 아닌 회원국과 그 국민에게 직접 적용되는 독자적 법체계임을 선언했다는 점에서 EU법 발전의 초석이 되었다.

하지 않는다.[61] 대신 지역의 특정 요구에 더 잘 부응하기 위해 선택적 모방을 취한다.[62]

안데스 사법재판소가 유럽사법재판소를 밀접하게 모방한 것은 설립 제조약과 제도의 유사성을 고려할 때 놀라운 일은 아니다. 게다가, 안데스 공동체에 가장 적합한 사법 모델을 평가하는 임무를 맡은 라틴아메리카 카리브해 통합 연구소(Institute for the Integration of Latin America and the Caribbean)의 전문가들은 유럽사법재판소를 원형으로 추천했다. 이 전문가 중 다수는 EU와 유럽사법재판소에 대한 깊은 연관성과 지식을 지니고 있었는데, 이는 그들이 유럽 대학에서 공부하고, 주요 EU 학자들과 함께 일하며, 유럽에서 열린 다양한 친통합 학술 행사에 참여했기 때문이다.[63] 안데스 공동체 구성원들은 또한 유럽사법재판소 재판관인 피에르 페스카토르(Pierre Pescatore)와 유럽위원회 법률 지원 부서(European Commission Legal Service)[64]의 부총국장인 제럴드 올리비에(Gerard Olivier) 교수 등 유럽 전문가들에게 자문을 구했으며, 이에 따라 유럽사법재판소 모델을 본보기로 따르는 것이 거의 필수적으로 되었다.

또한, 일부 외국 법원들은 유럽법원과 기타 기관을 더 선진적인 사법부의 사례로서 참조하여 사법적 결정의 근거로 인용하고 있다. 예를 들어, 콜롬비아 헌법재판소(Colombian Constitutional Court)는 특정 불법 작물 근절을 위해 제초제 글리포세이트를 사용한 사건에서 두 가지 방식으로 EU법과 기관에 문의했다. 첫째, 글리포세이트 사용의 위험성에 대해 유럽식품안전청의 공식 의견을 요청했다. 둘째, 이 문제의 사전예방 원칙을 분석할 때 EU 일반재판소를 인용했다.[65] GMO에 관한 논란과 관련된 다른 사건에서, 콜롬비아 헌법재판소는 "EU는 2003년 결의안 1829에 따라 이러한 유형의 제품에 대한 표시를 규정하는 등 명확한 태도를 보여왔으며 [GMO] 퇴치에서 국제적인 기준이 되고 있다"라고 밝혔다.[66] 더불어, 또 다른 건강 및 안전 문제와 관련된 사건에서, 콜롬비아 헌법재판소는 미성년자에게 인유두종 바이러스(HPV) 백신이 특정 질병을 유발하는 여부를 판결할 때 EU의 견해를 존중하는 모습을 보였다. 이 문제를 결정할 때, 콜롬비아 헌법재판소는 EU를 인용하고 유럽위원회가 유럽의약청의 사전 승인에 따라 백신의 상용화를 승인했다는 사실을 고려했다.[67]

다른 외국 기관들과 법원들도 정기적으로 EU 경쟁법을 인용하는데, 자국의 경쟁 규칙 해석을 주로 뒷받침하기 위해서이다. 예를 들어, 인도 대법원은 특정 기업들이 국내 경쟁법의 반경쟁적 합의 조항 적용 대상 여부를 결정할 때 EU법을 참조했다.[68] 또한 인도의 마드라스 고등법원은 특정 합의의 허용 여부를 결정할 때 EU의 카르텔 합의 절차를 인용했다.[69] 더 나아가, 인도의 경쟁 당국인 인도경쟁위원회(Competition Commission of India)는 판결에서 EU 제 조약, 법원, 그리고 유럽위원회의 백서를 언급[70]하면서, 이러한 모델 사용의 근거로 EU 경쟁 레짐의 "성숙도"를 인용했다.

그러나 단순한 제도적 복제나 인용만으로 유럽사법재판소의 실제 영향력을 측정하기는 어렵다. 첫째, 이러한 판결들이 실제로 정부에 의해 이행되는지 혹은 민간 당사자에게 집행되는지 여부를 포함하여 현장에서 얼마나 많은 영향력을 미치는지 명확하지 않다. 둘째, 유럽사법재판소의 상대적 영향력을 평가하려면 이들 법원이 예를 들어 미국 대법원 등 다른 외국 법원들을 얼마나 인용하는지에 대한 이해도 필요하다. 그런데도, EU 법원들이 외국 관할권에 주요 EU 규정을 전파하는 데 역할을 할 수 있다는 점은 인정할 만하며, 그 결과 법적 브뤼셀 효과를 더욱 공고히 하는 데 이바지할 수 있다.

EU의 대외적 영향력의 또 다른 징후는 반경쟁적 관행과 같은 특정 행위의 영향이 여러 시장에 걸쳐 확대되는 경우 일부 관할권에서 EU의 선례를 따라 "모방" 소송을 제기하는 경향을 들 수 있다. 이에 대한 몇 가지 사례는 경쟁법과 관련하여 4장에서 논의되며, 여기에는 EU 경쟁법에 따라 추진된 매우 유사한 사건에서 유럽위원회와 일반재판소의 판결을 면밀히 따랐던 한국의 마이크로소프트에 대한 조사도 포함된다. 몇 가지 이유로 이러한 현상은 설명될 수 있다. 첫째, EU 조사는 다른 관할권의 정부 및 개인 원고에게 집행 조치가 필요한 행위를 경고하는 정보적 가치가 있다. 둘째, EU 조사에 의존하면 다른 기관이 EU가 수집한 증거에 의존할 수 있으므로 자원이 적은 관할권의 경우 집행 비용을 절감할 수 있다. 이를 통해 해당 기관은 상당한 집행 비용을 들이지 않고도 벌금을 부과하고 자체 집행 실적을 개선할 수 있다. 마지막으로, 모방 소송은 EU의 자체 조사에 대한 지원 요청에 의해 촉발될 수 있다. 예를 들어 일부 주요 증거가 외국 관할권에 있는 경우 이런 일이 발생할 수 있다. EU를 위해 관련 증거가 수집되면 외국 기관은 독자적인 자체 소송에서 이를 동일한 증거 사용할 것을 결정할 수 있다.

다른 관할권에서의 동시 또는 후속 조사 및 소송이 EU의 모방에 해당한다는 것을 항상 경험적으로 입증할 수 있는 것은 아니다. EU의 집행 조치가 없더라도 외국 관할권에서 조처했을 가능성이 있다. 그러나 당사자가 기관이나 법원에 제출하는 소장과 제출물에서 EU를 명시적으로 언급하는 경우가 많으며, 이는 적어도 외국 사안에서 EU 집행이 고려되었음을 시사한다.

논거나 최종 구제책의 유사성은 불만 제기자, 소송 당사자, 기관 또는 법원이 EU 결정을 영감의 원천으로 사용되었음을 나타낼 수도 있다.

외국 정부나 법원만이 자국의 법률 규칙과 규정을 집행할 때 EU를 모방하는 것은 아니다. 많은 외국 기업도 전략적으로 유럽위원회 또는 유럽법원을 분쟁 및 소송을 위한 선호의 장으로 삼고 있다. 4장에서 설명한 대로 EU 경쟁법은 외국 원고에게 특히 매력적인 EU 규제 분야이다. 외국 기업들은 국내 경쟁법에 비해 EU의 엄격한 표준에 따라 유리한 판결을 받을 가능성이 높다는 사실을 알고 있다. 그래서 그들은 국내 경쟁사에 대한 불만을 곧잘 EU 기관에 제기하곤 한다. 예를 들어 마이크로소프트는 구글에 대한 EU의 경쟁 조사에서 주요 제소자였다. 마찬가지로 인텔에 대한 EU의 경쟁 판결은 인텔의 미국 라이벌인 AMD의 제소에서 비롯되었다.

앞서 언급된 사례들은 EU 사법 절차가 EU 규정을 외부화할 수 있는 여러 방식을 보여준다. 이는 EU 규정을 해석하여 외국 법률에 정착되는 특정한 의미를 부여하거나, 해외에서 복제되는 제도적 틀을 제공하거나, 외국 법원에서 인용되거나 심지어 모방되는 판결을 내리거나, 또는 EU 관할권을 선택한 외국 당사자들을 위한 소송 법정을 제공하는 방식으로 이루어진다. 그러나 앞서 언급했듯이 이러한 영향력은 모방 소송이나 EU 기관이 외국 당사자를 상대로 판결하는 경우 등 일부 사례에서는 매우 구체적이고 실제적일 수 있는 반면, EU의 영향력이 실제로 확립되거나 이행되는지 명확하지 않은 법원 인용 사례 등 다른 사례에서는 불확실성이 더 클 수 있다.

EU법이 원형으로 매력적인 이유

외국에서 EU법을 모방하는 경향을 설명하는 이유에는 여러 가지가 있다. 첫째, EU의 시장 규모와 규제 조정을 끌어내는 도구로서 시장 접근성을 활용할 수 있는 능력은 사실상의 브뤼셀 효과에 이어 나타나는 법적 브뤼셀 효과 설명하는 데 있어 여전히 중요한 구조적 요인이다. 앞서 설명한 바와 같이 사실상의 브뤼셀 효과는 다국적 기업이 EU 규범의 현지 채택을 지지하는 외국 관할권의 정치경제를 변화시킴으로써 법적 브뤼셀 효과를 위한 길을 열어준다. 마찬가지로 규제 변화를 강제하기 위해 시장 지배력을 활용하는 EU의 능력은 무역 조약과 경제 파트너십을 통해 행사하는 규제 영향력을 설명한다. 여기서 시장 접근의 매력에서 비롯된 인센티브라는 근본적인 역학 관계는 브뤼셀 효과와 다르지 않지만, 규제 조정은 시장 중심의 일방주의가 아닌 조약 기반의 양자주의에 따라 주도된다.

EU가 국제기구와 초정부적 네트워크를 통해 글로벌 규범에 영향을 미치는 능력은, EU의 전반적인 정치적 영향력 및 협상력과 더불어 기술 지원을 제공하고 역량 구축에 참여하려는 경험, 전문성, 의지에 기반을 두고 있다. 동시에 브뤼셀 효과라는 맥락 없이는, 왜 외국 법원이 EU 판결을 인용하거나, 왜 입법 차용이 일어나는지를 이해하기 어려울 수 있다. 이를 염두에 두고 다음 논의에서는 외국 입법자, 정부 기관 및 법원이 자발적으로 EU 규칙을 모방하는 추가적인 두 가지 이유, 즉 실용주의와 규범적 아이디어에 의한 이유를 제시한다.

EU 규칙을 모방하는 실용적인 이유는 단순히 EU 규정을 쉽게 복제할 수 있다는 점에 있다. EU의 민법 전통은 일반적으로 미국과 같은 관할권의 관습법 전통보다 더 정확하고 상세한 규칙을 공표한다. 이렇게 잘 정의된 규칙은 법적 확실성과 예측 가능성을 높여 유럽 통합에 이바지한다. EU 회원국들은 일반적으로 미국의 법적 전통에 깊이 뿌리박힌 예측하기 어려운 사례별 법 접근 방식에 익숙하지 않다.[71] 경쟁법이 좋은 예로, 유럽연합기능조약 제101조와 제102조는 미국의 셔먼법 제1, 2조에 비해 훨씬 더 정밀하게 규정되어 있다. 이 상세한 조약 원형은 유럽위원회의 규정, 고시 및 지침을 뒷받침하여 보완되었기 때문에 EU 경쟁 규칙을 더 쉽게 모방하고 확산할 수 있게 한다.[72] 마찬가지로 EU의 일반데이터보호규정인 GDPR의 모방이 쉽다는 점도 전 세계적인 확산을 부분적으로 설명한다. GDPR은 경제의 모든 부문을 포괄하고 민간 및 정부 기관에 모두 적용되기 때문에 분야별로 세분화된 미국의 데이터 보호 규정과 비교할 때 해외 관할 지역에서 모방하기가 더 쉽다.[73] 특히, EU법의 잘 명기된 특성은 행정 기관과 사법부의 역량이 떨어지는 개발도상국에서 모방하기가 더 쉽다. 이러한 저소득 국가에서는 상세하고 명문화된 법적 규범이 인적 자본을 대체할 수 있으므로 보다 유연한 기준보다 선호된다.[74] 이러한 세부적인 규칙은 재량의 필요성을 줄여주고, 복잡한 사례별 의사 결정에 필요한 기술적 경험과 훈련이 부족한 기관이 보다 기계적인 규칙을 제정하고 집행할 수 있게 한다.

EU 규정은 더 정확하고 접근하기 쉬운 원형일 뿐만 아니라 프랑스어, 포르투갈어, 스페인어를 포함한 여러 언어로 공표된다는 또 다른 장점도 있다. 따라서 특히 라틴아메리카와 프랑스어권 아프리카에서 EU법을 쉽게 복사할 수 있다. 또한 문화적, 역사적 배경이 비슷하거나 식민 지배를 경험한 제3국에서는 개별 EU 회원국의 법률을 참고하는 경향이 있다. 예를 들어 라틴아메리카의 환경 규정은 라틴아메리카와 유럽 간의 강한 문화적, 언어적 유대감과 EU의 적극적인 홍보 및 기술 지원으로 인해 EU의 환경 규정과 매우 유사하다.[75] 아프리카 법원이 유럽사법재판소를 모방하는 경향은 영어권과 프랑스어권 국가들이 각각 영국, 프랑스와 가지고 있는 긴밀한 언어적, 교육적 유대관계로 적어도 부분적으로 설명될 수 있다.[76] 이는 라틴아메리카의 옛 식민지들이 스페인, 포르투갈과 맺고 있는 긴밀한 관계가 그 지역에서 유럽사법재판소 판결의 모방을 촉진한 것과 같은 방식이다. 4장에서 설명하는 것처럼 스페인의 경쟁법을 거의 그대로 베낀 에콰도르는 이러한 모방 입법 사례의 구체적인 예이다.[77] 에콰도르는 스페인 경쟁법이 대부분 EU법에서 파생되었다는 점을 고려할 때 간접적으로 EU 경쟁법을 모방한 것이다. EU 법과 제도의 중층적 구조를 통한 이러한 간접적 영향력은 EU의 규제 영향력 영역을 넓혀준다. 또 다른 간접적인 형태의 영향력은 안데스 공동체, 서아프리카국가경제공동체(Economic Community of West African States), 동부 및 남부 아프리카 공동시장(Common Market for Eastern and Southern Africa) 등 아프리카와 라틴아메리카의 지역 기구를 통해 이루어진다.[78] 이들 기구는 EU 기관을 직접 모델로 삼아 제도를 만들고, 그 과정에서 회원국의 법률 시스템에 EU 규칙을 간접적으로 내재화한다.[79]

마지막으로, EU는 법적 정확성과 함께 초안 작성의 유연성을 결합했다. EU 규정은 다양한 법적 시스템에서 작동하도록 설계되었다. 그 목표는 다양한 법적 전통과 정치 제도를 가진 개별 국가를 아우르는 응집력 있는 단일 시장을 만드는 것이다. 따라서 규정은 회원국의 이질적인 이해관계를 반영하고 다양한 법적 전통을 고려하는 프로세스를 통해 초안이 작성된다. 이러한 균형을 맞추기 위해서는 어느 정도의 주권을 유지하면서 통일성을 달성하는 입법 기술이 필요하다. 예를 들어, 많은 EU 규정이 지침으로 작성되어 명확한 목표는 제시하지만, 국가별로 시행 방식에 차이가 있을 수 있다. EU 규정에 들어있는 이러한 유연성 덕분에 EU와 다른 특성을 가진 해외 관할권으로 수출할 때 더 나은 원형을 만들 수 있다.

이러한 실용적인 이유와 모방의 용이성은 적어도 법률을 제정할 때만큼은 더 많은 모방으로 이어질 수 있다. 그러나 이러한 모방이 실제로 효과적이고 시장 행위자들의 행동에 실질적인 변화를 불러오는지는 다른 문제이다. 만일 어떠한 나라가 접근하기 쉬운 언어로 작성되었다는 이유로 EU식 규칙을 채택하는 경우, 해당 국가가 그러한 규칙을 실제로 이행하기 위해 전적으로 헌신했는지는 확실하지 않다. 국내의 심도 있는 토론이나 실제 선호도의 변화에 따른 채택은 유사한 규칙을 채택하려는 진정한 동기를 더 잘 나타낸다. 이러한 이유로 사실상의 브뤼셀 효과로 인해 국내 비즈니스 이해관계의 선호 변화는 규제 개혁을 위한 더 장기적인 기반이 될 수 있다.

그러나 EU 규칙이 상세하고 여러 언어로 제공된다는 이유만으로 글로벌 원형 역할을 하는 것은 아니다. 또한 몇몇 전문가들은 EU 규칙의 "규범적 매력(normative appeal)"을 강조하는데, 이는 모방 모델로서 매력을 높인다. 이러한 매력이 존재한다면 EU의 영향력은 아이디어의 질과 설득의 규범력에도 달려 있다. 이안 매너스(Ian Manners)는 설득을 통해 영향력을 행사하는 EU의 능력을 포착하기 위해 "규범 권력으로서 유럽"이라는 개념을 발전시켰다.[80] 매너스는 EU를 규범 권력으로 가장 잘 개념화할 수 있으며, 이는 국제관계에서 정상적인 것을 형성하는 "관념적 권력(ideational power)"과 능력을

EU에 부여한다고 주장한다.[81] 이러한 힘은 EU 통합을 가능하게 한 목표와 가치, 그리고 민주주의, 법치, 인권, 기본적 자유에 대한 EU의 헌신에서 찾을 수 있다. 이러한 원칙의 매력은 EU가 "선한 본보기"가 되어 전 세계로 규범이 확산하는 것을 의미한다.

EU 규칙의 규범적 매력은 브뤼셀 효과가 발생하지 않을 때도 외국 법원이 EU법과 유럽사법재판소 판결을 인용하고 모방하려는 의지를 설명할 수 있다. 미셸 레비 코랄(Michel Levi Coral)은 EU 기관이 법원을 포함한 다른 지역 조직에 영향을 미치는 이유를 분석하면서 EU 통합의 성공에 대한 인지와 가시성을 강조하며 EU의 경험에 주목할 만한 신뢰성을 부여한다.[82] 아마데오 아레나(Amadeo Arena)도 같은 결론에 도달하여 EU의 원칙이 유럽에서 잘 작동하고 있으며, 따라서 더 심화된 통합을 추구하는 다른 지역의 모범이 될 수 있다고 보았다.[83]

EU 모델의 규범적 매력 외에도 여러 전문가는 EU가 자신의 제도적 구조의 복제를 적극적으로 장려하는 방식에 주목한다.[84] EU는 규정을 이행하는 많은 제3국에 법률 및 기술 전문 지식과 재정 지원을 제공한다.[85] 특히, 외국 법원에 대한 EU의 영향력에 관한 연구에 따르면 이 과정은 강압이 아닌 설득에 의한 것으로 밝혀졌다. 이러한 연구에 따르면 규범 수용국들은 유럽사법재판소의 모방이 법 준수를 강화하고 법원을 자국 내 통합을 진전시키는 수단으로 간주하여 EU 모델을 기꺼이 수용했다.[86] 앨런 태덤(Alan Tatham)에 따르면, 외국 법원은 유럽사법재판소 판결을 인용함으로써 자신들의 사법 적극주의에 대한 비판을 완화할 수 있으며, "통합 분야에서 최고의 지역 법원"을 인용함으로써 지역 통합을 지지하는 현지 판결에 정당성을

부여할 수 있다.[87]

그러나 다른 한편에서는 EU가 "하위 관할권(lesser jurisdiction)"이 따라야 할 "규범적으로 우월한" 모델로 묘사되는 것에 대한 반감이 있을 수 있다고 주장한다. 8장에서는 이러한 비판들을 다룰 것인데, 이는 종종 EU를 규제 제국주의자로 인식하는 것과 연관된다. 이러한 인식에 따르면, EU가 "자비로운 헤게몬"으로서 표방하는 규범 수출은 사실상 새로운 형태의 식민주의에 불과하다. 금융 위기에서 법치주의 후퇴에 이르기까지 최근 EU가 겪고 있는 어려움은 자신의 통합 프로젝트가 해외에서 복제하기에 적합한 "모범 사례(virtuous example)"라고 EU가 계속 주장할 수 있는지 의문을 품게 한다.

브뤼셀 효과와 다른 영향력 형태의 비교

방금 논의에서 살펴본 바와 같이 규제 수렴에는 다양한 경로가 있다. 이러한 경로에는 브뤼셀 효과 및 기타 영향 메커니즘이 포함되며, 각 경로가 서로 다른 정치-경제적 조건에서 최적의 것으로 입증될 수 있다. 또한 이 경로들은 병렬적으로 또는 순차적으로 작동하여 서로를 강화하거나 길을 열어줄 수도 있다. 예를 들어, 유럽법원의 영향력은 EU 기관의 규제 역량을 새로운 정책 영역으로 확장함으로써 브뤼셀 효과를 보완하는 경우가 많다. 또한 법원은 EU 규제의 내용을 보다 확산하기 쉬운 방식으로 해석할 수도 있다. 사실상의 브뤼셀 효과가 선행될 때 제 조약과 국제기구를 통한 EU의 규제 영향력은 확산하기 쉽다. 왜냐하면 어느 정도의 규제 조율이 이미 이루어졌을 때 합의 도달이 더 쉽기 때문이다. 그러나 EU는 특히 브뤼셀 효과를 사용할 수 없거나 사용하는 것이 바람직하지 않을 때, 사실상의 브뤼셀 효과를 대체하기 위해 이러한 조약 중심 메커니즘을 적용한다.

여기에서는 **조약 주도 조화**와 비교하여 **시장 주도 조화**의 상대적인 장단점에 대해 설명한다. 또한 이 두 가지 형태의 영향력이 어떻게 상호 작용하는지에 대해서도 설명한다. 여기서 "시장 주도 조화"라는 용어는 사실상의 브뤼셀 효과에 의해 생성된 규제 표준의 시장 주도적인 더욱 소극적인 조화를 의미한다. "조약 주도 조화"라는 용어는 협상 또는 국제기구를 통해 달성되는 보다 적극적이고 합의에 기반한 규제 표준의 조화를 의미한다.

브뤼셀 효과와 시장 주도 조화의 장점

시장 주도 조화로서 브뤼셀 효과는 조약 주도 조화에 비해 계약 비용이 낮고 집행 비용이 제한된다는 점에서 EU에 뚜렷한 이점이 있다. 시장에 의존하여 규정을 전달할 때 EU는 다른 국가의 동의를 구할 필요가 없다. 따라서 조약이나 제도에 가입하기를 꺼리는 국가에 대한 집단 행동 문제, 비싼 이전 비용 또는 비용이 많이 드는 강압적인 조치를 피할 수 있다. 또한 EU는 조약 비준 과정과 관련된 불확실성을 제거할 수 있다. 교착 상태에 빠진 세계무역기구 협상을 되살리거나 유엔 주도의 세계 산림 협약 협상 과정을 주도하려는 EU의 실패한 노력은 다자간 협력과 관련된 어려움을 보여준다.[88] 이러한 과정에는 막대한 정치적 자본과 외교적 노력이 필요하지만 때로는 아무런 성과를 거두지 못하기도 한다.

조약 주도 조화는 국가들이 글로벌 표준의 이점에 동의하지 않는 경우 특히 어려움을 겪는다. 또한 대부분 국가가 통일된 표준 달성이 바람직하다는 데 원칙적으로 동의할 때도 다자간 표준 설정은 어렵다. 국가들은 종종 최적의 특정 표준에 대해 서로 다른 견해를 가지고 있다. 서로 다른 수렴 지점은 종종 다른 분배 결과를 수반하기 때문에 일부 국가는 다른 표준보다 한 표준을 선호하기도 한다.[89] 시장 주도 조화는 이러한 조정 문제를 해결한다. 가장 엄격한 규칙이 수렴 지점이 된다. EU가 아무런 비용 없이 표준을 유지할 수 있다는, 즉 상황 변화가 없는 한 표준을 변경하지 않을 것이라는 상호 이해는 예측가능하고 안정적인 균형을 제공한다.

다자간 협력을 어렵게 만드는 기존의 분열은 점점 더 커지고 있는 것으로 보인다. 국제법 학자들은 이러한 "국제법의 정체" 또는 "합의의 쇠퇴"[90]를 점점 더 한탄하고 있다. 이러한 용어를 사용하여, 해당 학자들은 전통적인 조약 구조가 국제 질서에 대한 현대적 도전에 대한 효과적인 해결책을 제공하지 못하고 있으며, 이러한 메커니즘이 점점 더 일방적인 행동과 비공식적인 국제 법제화에 자리를 내주고 있다고 지적한다.[91] 주스트 파우웰린(Joost Pauwelyn)과 그의 공동 저자들은 40여 명의 학자와 30건의 사례 연구를 포함한 2년간의 연구 프로젝트 결과를 바탕으로 공식적인 국제법이 양적, 질적 측면에서 정체되고 있다고 주장한다. 이들은 이러한 침체는 새로운 다자 조약의 협상이 급격히 감소하고, 체결되는 조약의 근거가 되는 동의가 점점 더 얇아지고 있는 것이 그 증거라고 주장한다.[92] 가장 최근에는 미국이 국제기구에서 탈퇴하면서 국제기구의 불만이 더욱 심화되었고, 일부 경우에는 국제기구의 기능이 약화되기도 했다.

조약은 체결하기 어려울 뿐만 아니라 시행하기도 어렵고 비용도 많이 든다. 엄격한 글로벌 표준이 국제 조약의 예상 결과물일지라도, 조약이 이행되거나 집행될 것이라는 보장은 없다. 세계 해양 어업에 관한 조약은 남획 문제를 해결하고 어족 자원의 지속 가능한 관리를 추진하는 데 성공하지 못했다는 점에서 목표를 달성하지 못한 협상된 글로벌 표준의 많은 예 중 하나이다.[93] 많은 국제노동기구(International Labor Organization) 협약이 체결되었음에도 불구하고 노동 기준은 실제로는 시행되기 어려웠다.[94] 이러한 사례는 집행하기 어려운 조약에 포함된 글로벌 표준의 세계에서 이례적인 일이 아니다. 실제로 일부 전문가들은 "효과적으로 집행되는 국제 표준을 만들어 내는 조약은 예외지 규칙이 아니"라고 지적하기도 한다.[95]

반면, 시장 주도 조화는 기업의 이기심에 의존하여 전 세계적으로 EU 규제를 시행하기 때문에 가장 효율적인 형태의 규제 글로벌화를 제공하는 경우가 많다. EU의 일방적인 규제 의제는 외국 주권국의 협력보다는 자국 시장에서 거래하고자 하는 외국 기업의 협조가 필요하다. EU의 자체 기준을 승인하기 위해 느리고 불확실한 외교에 관여하는 대신, 시장 주도 조화를 통해 해외 기업들에게 로비 활동을 아웃소싱할 수 있게 된다. 이들 기업은 EU 규정 준수 비용을 부담한 후, 자국 시장에서 더 높은 기준을 지지하는 옹호자가 된다. 이러한 방식으로 EU는 적극적인 노력 없이 규칙을 외부화할 수 있다. 이 과정에서 자신의 규정을 외국 정부가 채택하도록 설득하기 위한 어떠한 정치적 자본을 들이지 않으면서 사실상의 브뤼셀 효과뿐만 아니라 결국에는 법적 브뤼셀 효과도 목격하게 될 것이다.

내부자 거래에 대한 미국 규칙을 시행하려는 미국 증권거래위원회와 미국 국무부의 노력은 유용한 대조를 제공한다. 미국의 규칙을 시행하려는 이들 기관의 노력은 외국, 특히 스위스가 자국 은행 비밀 보호법으로 인해 미국과의 협력을 꺼리는 바람에 어려움을 겪었다. 미국은 스위스 당국이 협조하도록 설득하기 위해 막대한 정치적 자본을 투입해야 했다. 스위스 은행이 전 세계 개인 자산의 약 절반을 보유하고 있다는 점을 고려하면 이는 노력할 만한 가치가 있는 일로 여겨져 왔다.[96] 외국의 국내 규칙 변경을 끌어내지 못했다면 국내의 내부자 거래 축소하려는 미국의 능력은 훼손되었을 것이다. 미국에서 활동하는 외국 기업이 미국 규제에 협조하도록 장려하는 것만으로는 이 목표를 달성하기에 부족했을 것이다.

EU가 효과적으로 자신의 국제 무역 조약에 표준과 규정을 통합했더라도 앞서 언급한 바와 같이 이러한 조항이 무역 파트너의 실제 규제 관행에 지속적인 변화를 불러오는지는 불분명하다. 기껏해야 수혜국의 규제변화를 촉진하는 데 있어 EU의 실적은 엇갈리고 있다. 그 이유 중 하나는 조약 조항이 때때로 모호한 방식으로 작성되어 각국에 실제 결과를 요구하는 대신 "최선의 노력"이라는 표준을 적용하기 때문일 수 있다. 예를 들어, 니콜라스 A. J. 크로켓(Nicolas A. J. Croquet)은 한-EU 무역협정의 환경 조항이 모호하게 규정되어 있어 실제로는 실효성이 없다고 주장한다.[97]

그러나 집행 문제는 모호한 조약 초안을 넘어 부적절한 후속 조치, 비효율적인 모니터링, 미집행도 모두 반영하고 있는 경우도 많다. 무역 협정의 노동권 조항에 대한 악셀 마르크스(Axel Marx)와 자디르 소아레스(Jadir Soares)의 실증적 연구는 규범과 표준을 수출하는 도구로서 무역 협정의 효과에 대해 깊은 의문을 제기한다.[98] 저자들은 EU가 강력한 노동 조항이 포함된 무역 협정을 체결한 13개국에서 결사의 자유와 단체 교섭권이라는 두 가지 구체적인 노동권을 조사한다. 그들의 분석에 따르면 조약상 의무에도 불구하고 시간이 지남에 따라 이러한 권리의 보호가 꾸준히 감소하고 있는 것으로 나타났다. 저자들은 강력한 인과관계를 주장하는 것은 조심스럽지만 무역 협정이 외국 관할권에서 노동 보호를 강화하는 데 효과적으로 활용될 수 있을지에 회의적인 태도를 보인다.[99]

일반특혜관세제도(Generalized System of Preferences) 프로그램과 같은 일방적인 무역 수단을 감시하고 집행하는 것도 쉽지 않다. 일반특혜관세제도 프로그램은 무역을 통한 개발도상국의 성장 촉진을 위해 개발도상국 상품에 대한 우선적 시장 접근을 제공하기 위해 고안된 제도이다. 미국과 EU는 이러한 특혜를 연장하기 위한 조건으로 다양한 국내 개혁을 부과하고 있으며, 이러한 조건을 위반하면 일방적으로 철수할 수 있는 일반특혜관세제도 프로그램을 시행하고 있다. 그러나 EU의 일반특혜관세제도 프로그램을 검토한 결과, 특혜 제공에 따른 약속을 이행하는 경우는 거의 없는 것으로 나타났다. EU는 일반특혜관세제도 수혜국(대부분 개발도상국)에 비해 더 월등한 경제력을 보유하고 있음에도 불구하고, 일반특혜관세제도 조건 위반이 보고될 때도 일반특혜관세제도 특혜를 중단하는 경우는 거의 없다.

미얀마에 대한 로라 베케(Laura Beke)와 니콜라 하체즈(Nicolas Hachez)의 사례 연구는 이러한 역학 관계를 잘 설명하며, 일반특혜관세제도 특혜 철회에 대한 위협이 일반특혜관세제도 표준의 효과적인 이행을 유도하지 못한다는 것을 보여준다.[100] 실제로 EU는 1997년 미얀마, 2007년 벨라루스, 2010년 스리랑카, 2019년 캄보디아 등 소수의 국가에 대해서만 특혜를 중단한 바 있다. 이에 따라 비평가들은 "일반특혜관세제도 철회는 EU의 모든 제재 중

최악의 성공 기록"[101]이며 "아직 단 한 건의 준수 사례도 기록되지 않았다"[102]라는 결론을 내리고 있다. 최근까지 유럽위원회가 혜택 철회 결정에 대한 독점적 권한이 없었고 논란이 되는 결정을 (종종 동의하지 않는) 이사회에 맡겨야 했다는 점은 규제 변화를 촉진하는 데 있어서의 일반특혜관세제도 조항의 비효율성을 설명하는 한 가지 예이다.[103] 보고와 모니터링을 강조하는 최근의 2014년 일반특혜관세제도+ 프로그램 개혁이 이 수단의 효율성을 높일 수 있을지는 아직 불분명하다.[104]

이 모든 사례는 무역 협정을 통한 표준 수출의 한계가 애초에 협정 체결보다는 주로 집행의 어려움과 관련이 있다는 것을 시사한다. 그러나 모든 무역 협정은 협상이 장기화하는 경우가 많으므로 상당한 계약 비용이 수반된다. 또한 EU가 강력한 무역 파트너와 협상하는 경우 표준을 적용하기가 훨씬 더 어렵다. 또한 EU와 무역 파트너 간의 의견 불일치뿐만 아니라 EU 내부의 분열로 인해 계약 비용이 많이 든다. 현대의 무역 협정은 종종 "혼합 협정"으로 전환하는 조항을 포함하고 있는데, 이는 협상 권한이 EU에만 있는 것이 아니라 회원국의 비준도 필요하다는 것을 나타낸다.[105] 예를 들어, 최근 체결된 EU-캐나다 포괄적 경제무역협정(EU-Canada Comprehensive Eocnomic and Trade Agreement)은 벨기에에서만 7개 연방, 지역 및 공동체 기관의 비준을 받아야 하는 등 EU 내부의 여러 거부권 탓에 거의 무산될 뻔했다.[106] 또 다른 예로는 실패한 위조 방지 무역 협정(Anti-Counterfeiting Taade Agreement)이 있는데, 이 협정은 유럽의회가 동의를 거부하여 발효되지 못했다.[107]

조약에 의해 주도되는 의무에 관한 협상 및 시행과 관련된 어려움은 다소 논란의 여지가 있는 결론을 제시한다. 즉 시장 주도 조화는 외국 정부가 반드시 법을 바꾸지 않아도 기업이 행동을 바꾸도록 유도하는 반면, 조약 주도 조화는 정부가 법을 바꾸더라도 기업이 반드시 행동을 바꾸지는 않는 결과가 초래될 수 있다는 것이다. 물론 현실에서 브뤼셀 효과는 종종 불완전하며 조약 주도적 메커니즘이 항상 실패할 운명에 처한 것은 아니다. 조약 주도적 협력이 아무런 성과를 거두지 못했다면 EU는 오래전에 다자주의와 조약 주도적 협력을 포기했을 것이다. 그러나 다자주의와 국제기구에 대한 EU의 헌신은 여전히 강력하다.

다자주의와 조약 주도적 협력이 지속되는 이유

확실한 점은 EU가 일방주의를 위해 국제 협력과 합의 기반 수단을 완전히 포기한 적이 없으며 앞으로도 그럴 가능성이 없다는 것이다. 시장 주도 조화에 내재된 많은 이점을 고려할 때 EU가 양자 조약과 다자 기구에 비록 선택적일지라도 계속해서 의존하는 것은 의외일 수 있다. 그러나 일방주의가 불가능하거나 바람직하지 않은 때도 있어서 EU는 외국 정부의 적극적인 규제 채택을 계속해서 모색하고 있다. 당연히 일방적 조화의 중요한 조건이 존재하지 않을 때는 사실상의 브뤼셀 효과든 법적 브뤼셀 효과든 발생하지 않는다. 이러한 상황에서는 국제 협력이 규제의 세계화를 위한 유일한 길인 경우가 많다.

다자주의는 필요성뿐만 아니라 적극적인 선택의 산물일 수도 있다. 그 자체가 다자주의의 구성 요소인 EU는 국제 관계를 관리하는 기반으로서 다자주의를 보존하는 데 실존적 이해관계가 있는 것으로 묘사될 수 있다. 다자주의는 특정한 이점을 가지고 있으며, EU는 때때로 이러한 이점을 매우 능숙하게 활용하여 이익을 얻었다. EU는 앞서 언급한 높은 계약 및 집행 비용에도 불구하고 국제적인 장에서 많은 성공을 거두었다. EU와 주요 회원국은 자유주의 국제 질서의 주요 설계자이자 이 질서의 토대를 형성하는 제도의 주요 지지자로 남아있다. 따라서 EU는 이 질서의 회복력과 지속성에 대해 상당한 기득권을 가지고 있다.

물론 때때로 조약 주도 조화에 대한 EU의 선호는 더 광범위한 경제적, 정치적 목표를 추구하려는 시도를 반영하기도 한다. 예를 들어, EU가 가입 협상과 유럽근린정책을 통해 더 넓은 지역의 안정화를 추구한다는 점에서 이를 쉽게 알 수 있다. EU는 역내 국가들과 관련하여 더 깊은 정치적 의제를 가지고 있으며, 이러한 의제는 브뤼셀 효과가 그 자체로 가져올 수 있는 것보다 훨씬 더 긴밀한 경제적 연계와 정치적 연대를 요구한다. PTA는 더 긴밀한 정치적 참여를 위한 도구이자 더 광범위한 협력 의제를 위한 길을 열어주는 외교적 프로세스의 시작이 될 수도 있다. 궁극적으로 이는 국가 안보와 같이 매우 정치적이고 시장 주도적 메커니즘의 손이 닿지 않는 문제에까지 도달할 수 있다.

그러나 EU의 목표가 규제 조율에만 관련된 경우에도 다자주의는 협력적 표준 설정을 위한 실현 가능하고 매력적인 장을 제공할 수 있다. EU는 때때로 국제기구에 표준을 통합하는 데 매우 성공적이었으며, 다자주의에 비해 일방주의의 이점을 덜 두드러지게 만들었다. 정부 간 협력의 산물인 EU는 이질적인 국가들이 채택하기에 적합한 규칙을 공표한 풍부한 경험을 보유하고 있다. 또한 EU는 국가와 연방이 혼합된 제도적 구조를 유리하게 활용하는 데 능숙하다. 국제 협상에서 EU는 28개국의 협상력을 활용하거나,

수많은 국내 거부권이 존재하기 때문에 특정 정책에 대해서만 서명할 수 있는 대리인처럼 보이게 함으로써 동일한 28개의 수를 제약으로 활용할 수 있다.[108] 따라서 특정 사안을 둘러싼 정치적 역학 관계에 따라 EU는 브뤼셀 효과가 작동하도록 하기보다는 조약 주도 조화 추구를 선호할 수 있다.

브뤼셀 효과의 근간이 되는 이론을 통해, EU가 언제 시장에 의존하는 대신 조약 주도 조화를 추구함으로써 표준을 확산시키려고 하는지 예측해 볼 수 있을 것이다. 예를 들어, 이 이론에 따르면 브뤼셀 효과가 EU 기업이 중요한 수출 시장에 도달하지 못하는 상황에서 EU는 협력 수단에 의존할 것으로 예상한다. 공평한 경쟁의 장이 부재한 상황에서 EU의 수출 지향 기업들은 이러한 시장에 진출하는 데 어려움을 겪을 수 있다. 따라서 EU가 특정 제품의 순 수입국이 아닌 순 수출국인 경우, EU는 자국 시장보다 수출 시장의 표준에 더 많은 관심을 기울일 것으로 예상된다. 더욱이 순 수입국들이 EU에서 상대적으로 적은 비중을 차지하기 때문에, 바로 이러한 경우에 브뤼셀 효과가 자동으로 기준을 높이기는 어렵다. 따라서 EU는 순 수출 분야에서는 다자간 기준을 협상하기 위해 외교적 노력을 더 기울이고, 순 수입 분야에서는 시장에 의존하는 경향이 있다.

마찬가지로, 이 이론에 따르면 EU는 규제 역량이 제한되어 있어 규제를 만들 수 있는 능력이 떨어지는 분야에서 조약에 의한 조화를 추구할 가능성이 더 높다. 실제로 EU는 내부 만장일치가 필요하다는 한계로 인해 유해한 조세 경쟁과 조세 회피를 규제하는 데 제한적인 성공을 거두었다. 그 결과, OECD 권고안을 기반으로 법적 구속력이 있는 규칙을 개발하고 비협조적인 조세 관할권을 추적하기 위해 국제 파트너와 협력하는 등 기업 탈세에 대

한 국제적 협력을 적극적으로 모색해 왔다.[109]

EU는 다른 주요 관할권이 자신보다 더 높은 기준을 선호하는 분야에서 국제 표준을 협상할 유인도 유사하게 갖는다. 이 경우 브뤼셀 효과는 가장 엄격한 표준이 아니기 때문에 EU 선호의 외부화를 지원하기 위해 이를 활용할 수 없다. 그렇다면 EU 최상의 선택은 이러한 다른 관할권이 EU의 자체 표준에 대한 "상호 인정"을 제공하도록 설득하는 것이다. 그러면 EU는 선호하는 표준을 계속 준수하면서도 국제적으로 거래를 지속할 수 있을 것이다. 예를 들어, EU와 미국은 파생상품 의무 청산을 위한 거래소와 관련하여 서로 다른 규정을 가지고 있다. 2017년 미국 상품선물거래위원회(Commodity Futures Trading Commission)는 오랜 협상 끝에 EU의 새로운 법적 요건이 상품거래법(Commodity Exchange Act) 기준을 충족한다는 판단에 따라 특정 EU 인가 거래 시설에 대한 면제를 발표했다.[110]

특히 금융 규제는 자본의 탄력성으로 인해 브뤼셀 효과가 제한되는 분야로, 일반적으로 국제 표준 설정이 규제 글로벌화를 위한 유일한 실현 가능한 경로이다. EU는 특히 2008년 금융 위기 이후 금융 시장의 규제 차익 거래와 불안정성을 제한하기 위해 더 강력한 국제 금융 규제를 모색해 왔다.[111] 예를 들어, 전 세계 자본 시장을 관리하기 위한 국제 표준을 개발하는 국제증권감독기구(International Organization for Securities Commissions)는 EU가 증권 규제에 관한 국제 표준에 영향력을 행사할 수 있는 플랫폼을 제공했다.[112] 국제증권감독기구에서 EU는 회원국들의 금융감독당국, 유럽증권시장감독청, 그리고 유럽위원회를 통해 대표된다.[113] 마찬가지로 EU는 회원국들과 유럽중앙은행을 통해 바젤은행감독위원회가 제정하는 글로벌 은행 규제에 상당한 영향력을 행사해 왔다.[114] 글로벌 금융 시장의 상호 연결성과 탄력성을 고려할 때 일방적인 영향력으로는 다자간 표준 설정을 통해 달성하고자 하는 목표를 결코 달성할 수 없다.

또한 EU는 자체 표준의 효과를 강화하기 위해 조약 주도 조화를 추구할 동기가 있다. 예를 들어, 표준이 네트워크 효과(동일한 표준을 채택하는 국가가 추가될 때마다 표준과 관련된 혜택이 증가하는 현상)를 특징으로 하는 경우 EU는 네트워크 외부효과를 활용하기 위해 조약 체결에 참여할 더 큰 유인을 갖게 된다.[115] 이는 유럽위원회가 향후 10년 동안 디지털 경제와 사회에 매우 중요하다고 생각하는 5G 또는 "5세대" 통신 시스템의 글로벌 구현 추진한 것에서 잘 드러난다.[116] 따라서 유럽위원회는 "글로벌 상호운용성을 위한 국제 협력을 강력히 지지"하며 2019년 초에 브라질, 중국, 일본, 한국과 5G 공동 선언문에 서명했다.[117]

EU는 또한 도덕적 의무에 따라 행동하는 경우 제3국이 자신의 기준을 채택하도록 장려할 수 있다. 예를 들어 인권 증진과 같이 전 세계적으로 행동을 변화시키려는 도덕적 추구에 동기가 있는 경우 일방적인 세계화만으로는 충분하지 않다. 특히 이념이나 도덕적 신념을 수출하려는 영향력 있는 국내 정치 집단이 보편적 행동의 기준을 확립하는 데 관심이 있을 때 이러한 문제가 두드러질 가능성이 높다.[118] 이러한 정책 영역에서 EU는 종종 시장 접근성을 활용할 수 없다.[119] EU는 시장 접근권을 활용하여 고문 폐지, 정치범 석방, 이주 위기 해결, 핵 군축 달성, 글로벌 에너지 공급 통제 등을 할 수 없다. 이러한 비시장적 문제에서는 조약에 의한 조화가 불완전하거나 비효율적인 경우가 많지만, 여전히 유일한 경로다.

조약 주도 조화를 추구하는 또 다른 이유는 세계화를 통해 EU 규제에 대한 정당성을 확보하기 위해서이다. 외국 기업과 정부가 EU 표준을 지지하면 해당 표준이 더 폭넓게 적용되어 더 큰 정당성을 갖는 것으로 간주될 수 있다.[120] 이러한 정당성의 중요한 이점은 이러한 표준이 전 세계적으로 복제되었을 때 EU 무역 파트너가 세계무역기구와 같은 포럼에서 EU 표준의 적법성에 대해 이의를 제기할 가능성이 줄어든다는 것이다. 그보다는 덜 가시적이지만, 글로벌 표준 설정자가 되면 EU의 소프트파워를 확대하고 국내외에서 규제 의제를 검증할 수 있는 이점이 있다. 일방적인 세계화, 심지어 정부의 적극적인 조치가 아닌 시장에 의해 주도되는 세계화는 EU가 규칙을 수출할 때 외국 정부의 동의를 구할 필요가 없다는 점에서 강압적인 것으로 간주될 수 있다. 이는 해외의 반발을 불러일으킬 수 있으며, 앞서 인정하고 8장에서 자세히 논의한 바와 같이 "규제 제국주의"라는 비난으로까지 이어질 수 있다. 따라서 조약에 의한 조화로 브뤼셀 효과를 보완하면 EU의 일방주의와 관련된 비판을 완화할 수 있다.

조약 주도 조화가 항상 브뤼셀 효과의 대안으로만 역할하는 것은 아니다. 브뤼셀 효과가 이미 존재하는 경우에도 중요한 보완 메커니즘을 제공할 수 있다. 예를 들어, EU는 다른 국가의 작위(또는 부작위)가 EU의 이익에 부정적인 외부성을 초래하는 상황에서 외국이 특정 표준을 채택하도록 장려할 가능성이 높다. 이러한 동기는 경쟁법의 확산을 장려하기 위해 양자 간 조약, 규제 협력 협정, 국제 제도 및 정부 네트워크를 통한 협력을 추구하는 EU의 노력을 부분적으로 설명할 수 있다.[121] 반경쟁적 관행이 다른 곳에서 계속 수익을 창출할 경우 EU 경쟁법의 억제 효과는 훼손될 가능성이 있다. 예를 들어, 카르텔의 구성원이 담합 관행을 통제하지 못하는 시장에서 초과경쟁적(supra-competitive) 이윤을 거둠으로써 EU의 벌금을 상쇄할 수 있는 능력이 있는 경우 등이 이에 해당할 수 있다. 기후 변화는 또 다른 예에 해당한다. 예컨대 중국이 온실가스 배출량을 제한하지 못해 기후 변화를 막으려는 EU의 노력을 직접적으로 훼손한 경우가 그러하다. 브뤼셀 효과는 일부 조건에서 EU로 수입되는 제품 생산과 관련하여 중국의 온실가스 배출을 제한할 수 있다.[122] 하지만 브뤼셀 효과는 중국에서 발생하지만 전 세계 문제에 영향을 미치는 배출을 제한하는 데는 아무런 역할을 하지 못한다.

또한, 경우에 따라 EU는 특정 시장 주도적 EU 표준을 제도화하여 "고정(lock-in)"하기 위해 조약 주도 조화를 추구할 수도 있다. 이는 시장 접근이 영향력을 행사하는 데 덜 효과적인 도구가 되는 미래의 세계 상황에 대비하는 현명한 방법이 될 수 있다. EU는 아시아 및 기타 지역의 소비자 시장의 규모와 부의 규모가 계속 성장함에 따라 향후 상대적인 경제적 영향력이 줄어들 수밖에 없다는 것을 알고 있다. 법적 브뤼셀 효과는 사실상의 브뤼셀 효과에 비해 이러한 경제적 변화에 덜 취약하다. 이는 EU가 시장에 무기한 의존하기보다는 자신의 규제를 조약에 포함시키려 하는 이유를 설명해 준다.

마지막으로, 시장 주도 조화와 조약 주도 조화가 순차적으로 이루어질 수도 있다. EU는 이미 제한적인 브뤼셀 효과가 발생한 경우 표준을 더욱 성공적으로 제도화할 수 있다. 사실상의 브뤼셀 효과 또는 법적 브뤼셀 효과의 결과와 무관하게 이미 많은 외국 기업이나 정부가 EU 규정을 따르고 있는 경우, EU는 국제 협상에서 EU에 유리하게 균형을 맞추는 데 필요한 임계치에 더 잘 도달할 수 있다. 따라서 브뤼셀 효과는 EU 규칙을 모델로 하면서 조약에 포함되고 국제적 합의를 반영하는 것으로 간주되는 국제 표준에 합의하려는 EU의 노력을 촉진할 수 있다. 또한 브뤼셀 효과는 근저에 있는 협상 역학을 변화시킴으로써 다자간 협력의 길을 열어줄 수도 있다. 예를 들어, EU의 일방주의적 위협은 7장에서 논의한 국제 항공 탄소 상쇄 및 감축 계획(Carbon Offsetting and Reductino Scheme for International Aviation)[123]을 통해 항공 분야 온실가스 배출 규제에 대한 국제적 합의를 끌어내는 데 있어 중요한 요인이었다. 참여국들은 국제적 합의가 없을 경우 EU가 일방적으로 항공 산업을 규제할 것이라는 전망 때문에 국제 항공 탄소 상쇄 및 감축 계획에 동의하는 데 큰 동기가 되었다. 이 사례는 EU가 때때로 다자주의를 촉진하기 위해 어떻게 일방주의를 활용할 수 있는지를 보여준다.

브뤼셀 효과는 EU의 규정이 전 세계의 기업 관행과 규제 레짐을 변화시키는 여러 메커니즘 중 하나이다. 수동적이지만 강력한 시장 중심 메커니즘인 브뤼셀 효과는 종종 EU가 규제 영향력을 행사하는 보다 다른 적극적인 다른 메커니즘보다 우위에 있다. 그러나 브뤼셀 효과에는 한계가 있다. 요컨대 브뤼셀 효과는 영향력을 행사하기에 여러 면에서 부재하거나 불완전하거나 때로는 비효율적인 방식일 수 있다. 궁극적으로 선택되는 규제 영향력의 정확한 메커니즘은 정책 영역에 따라, 또는 시간에 따라 달라질 수 있다. 즉 시장 주도 조화가 조약과 제도를 통해 규제를 더욱 적극적으로 추진하게 된다. EU는 다른 많은 관할권과는 달리 시장 주도적 메커니즘과 조약 주도적 메커니즘이 공존하거나 심지어 서로를 증폭시켜 EU 규정이 전 세계 시장 결과에 미치는 영향력을 극대화할 수 있다는 점에서 차별화된다.

제 II 부

제II부의 서문

사례 연구

제II부는 브뤼셀 효과의 실증적 핵심을 내용으로 한다. 이를 위해 앞서 제시된 이론적 틀을 네 가지 주요 정책 영역에서 관찰된 작동 방식에 적용한다. 4장은 시장 경쟁에 초점을 맞추며, EU의 경쟁 규제(사실상 규제와 법적 규제 모두)가 어떻게 전 세계적 영향력을 행사하는지 논의한다. 5장은 디지털 경제를 다루며, EU가 디지털 기업들의 글로벌 데이터 보호 관행과 플랫폼 내 혐오 표현 정책에 미친 영향, 그리고 이에 따라 해외에서 촉발된 규제 개혁을 조망한다. 6장은 위험 규제로 관심을 전환하여, EU의 소비자 건강과 안전 규제 노력, 특히 식품 안전과 화학물질 안전 관련 정책들이 어떻게 글로벌 시장에 침투했는지 설명한다. 7장은 EU 환경 규제의 세계적 영향을 유해 물질 및 전자 폐기물 통제, 동물 복지 보호, 기후 변화 완화 등의 사례를 통해서 살펴본다. 각 장에서 다루는 정책 이슈들은 때때로 중첩될 수 있으며, 많은 주제가 다른 정책 영역과 함께 다른 장에서도 논의될 수 있다. 예를 들어, 화학물질 안전 규제와 GMO 규제는 6장에서 소비자 건강의 맥락에서 다뤄지지만, 7장의 환경 규제 논의에서도 동등한 주제로 다뤄질 수 있다.

이러한 정책 영역들은 — 시장 경쟁, 디지털 경제, 소비자 건강 및 안전, 그리고 환경 — 실제로 브뤼셀 효과의 작동을 보여주는 중요한 EU 정책 영역이기 때문에 선택되었다. 이들은 강력한 EU 차원의 규제 권한에서 비롯된다는 공통점을 가지고 있지만, 동시에 중요한 차이점도 보인다. 일부는 전통적인 EU 규제의 잘 확립된 영역(예를 들어 식품 안전)을 대표하는 반면, 다른 일부는 최근의 규제 혁신(예를 들어 온라인 혐오 발언)을 나타낸다. 어떤 정책은 주로 내부적 동기에 의해 추진되었고(예를 들어 전자제품 내 유해 물질), 다른 정책은 처음부터 내부 및 외부 동기를 모두 고려하여 도입되었다(예를 들어 배출권 거래). 많은 영역에서 EU 규제는 강제적 규칙(예를 들어 화학물질 안전)으로 구성되어 있지만, 일부는 자발적 규제 수단(예를 들어 온라인 혐오 발언)에 의존한다. 어떤 정책 영역은 집행에 있어 유럽위원회의 광범위한 개입(예를 들어 경쟁 정책)을 특징으로 하지만, 다른 영역에서는 회원국에 집행이 위임된다(예를 들어 데이터 보호). 이 모든 규제 영역은 정도의 차이는 있지만 브뤼셀 효과에 의해 만들어졌다. 이들은 브뤼셀 효과의 강점뿐만 아니라 때로는 그 한계도 보여주며, 대부분은 브뤼셀 효과의 발생 여부를 좌우하는 이론의 특정 요소들을 설명할 기회를 제공한다.

앞으로 제시될 네 가지 사례 연구는 때로는 복잡한 규제 내용을 명확히 풀어내고자 하나의 표준 형식을 따른다. 각 사례 연구는 먼저 해당 분야의 주요 EU 입법을 소개하고, 그 입법의 근간이 되는 정치경제를 간략히 논의한다. 이어서 브뤼셀 효과의 사례들 — 즉 사실상 및 법적 둘 다 모두 — 을 검토하는데, EU의 전 세계적 규제 영향력에 의해 형성된 특정 기업들, 산업들, 국가들을 주목한다. 각 사례 연구에서 사실상의 브뤼셀 효과에 대한 논의는 2

장에서 다룬 조건들을 실제 기업들의 맥락에서 설명한다. EU 규제에 맞춰 전 세계적 활동이나 생산을 조정한 기업들의 사례를 보여주거나, 혹은 그렇게 하지 못한 이유를 제시한다. 각 사례 연구를 통해 법적 브뤼셀 효과에 대한 논의는 외국 정부가 EU식 규제를 공식적으로 채택한 사례를 다룬다. 경험적으로 보았을 때, 법적 브뤼셀 효과로 이어지는 다양한 동기를 분리하는 것은 거의 불가능하다. 따라서 사례 연구들은 법적 브뤼셀 효과에 대해 덜 엄격한 정의를 적용한다. 즉 여기에는 그것이 사실상의 브뤼셀 효과에서 비롯되었든, 3장에서 논의된 다양한 대체 메커니즘에서 비롯되었든, 또는 이들의 조합에서 비롯되었든 관계없이 경험적 사례들이 논의된다.

이러한 사례 연구들은 2장에서 개괄한 사실상의 브뤼셀 효과의 기본 조건들을 체계적으로 검증하지는 않는다. 또한 소비자 압력과 같은 다른 영향 메커니즘이 브뤼셀 효과와 함께 기업 활동에 영향을 미치지 않는다고 주장하지도 않는다. 그러나 이러한 사례 연구들은 시장 규모, 규제 역량, 엄격한 표준, 비탄력적 대상, 그리고 비분할성과 같이 브뤼셀 효과의 동인으로 확인된 조건들이 존재할 때 브뤼셀 효과가 어떻게 다양한 비즈니스 관행을 형성했는지를 경험적으로 보여줄 것이다. 일부 사례 연구는 브뤼셀 효과의 발생 여부를 설명하는 데 있어 이러한 조건들의 상대적 중요성을 명확히 함으로써 조건들 자체를 더욱 정교하게 다듬는 데 도움을 줄 것이다.

예를 들어, 모든 사례 연구들은 이론의 기초로서 EU 시장 규모와의 관련성을 설명한다. 브뤼셀 효과의 사례는 EU를 주요 수출 시장으로 삼는 기업과 국가들에서 가장 쉽게 찾을 수 있다. 여기에는 아프리카 농민들의 식품 안전 관행, 일본과 한국 전자 제조업체들의 제품 설계, 실리콘밸리 IT 기업들의 개인정보보호 정책에 영향을 미치는 브뤼셀 효과의 다양한 예시가 포함된다. 호주 기업들에 영향을 미치는 브뤼셀 효과의 사례도 분명히 존재하지만, EU가 이들의 주요 수출 대상지가 아닌 만큼 그리 흔한 사례는 아니다.

더욱이 이러한 사례 연구들은 브뤼셀 효과의 토대가 되는 세 가지 추가 조건 — 강력한 규제 역량, 엄격한 규칙 선호, 규제의 비탄력적 특성 — 에서 거의 차이를 보이지 않는다. EU는 다양한 정책 영역에서 서로 다른 시기에 독특한 정치적 과정을 통해 규제 역량을 갖추게 되었다. 그리고 이 사례 연구들은 브뤼셀 효과가 EU가 해당 규제 정책에 대해 배타적 권한을 가지거나 회원국과 권한을 공유하는 정책 영역에서 나타남을 시사한다. 또한 브뤼셀 효과는 유럽위원회가 상당한 자율성을 누리거나(예를 들어 경쟁 규제), 유럽규제기관(예를 들어 화학물질 안전 또는 식품 안전)의 전문성이 뒷받침될 때, 미국과 같은 다른 규제 강국들이 특히 약한 규제자일 때(예를 들어 디지털 경제) 더욱 강화되며, 이런 경우 EU의 상대적 규제 역량은 더욱 향상된다.

모든 사례 연구에서 브뤼셀 효과는 EU의 엄격한 규칙에 대한 선호로부터 비롯된다. 이는 전형적으로 예측 가능 규제를 선호하는 유럽위원회뿐만 아니라 유럽의 소비자, 시민, 활동가, 산업계 주요 대표 주체들, 그리고 해당 분야에서 규제 선구자였던 영향력 있는 회원국들 사이에서도 나타난다. 물론 다른 관할권들이 더 엄격한 규칙을 선호하는 정책 영역 — 금융 규제 포함 — 의 사례도 있는데, 이런 경우에는 브뤼셀 효과가 발생하지 않는다. 이 사례 연구들은 한 가지 예외가 있다. 온라인 혐오 발언 규제에서 중국을 포함한 일부 다른 주요 관할권들은 온라인 발언에 대해 더욱 제한적인 규제자이지만, 글로벌 기업들은 여전히 EU의 ("정치적으로 수용할 수 있는 가장 엄격한") 규칙으로 수렴된다.

일반적으로 EU의 엄격한 규제는 다른 관할권의 덜 염격한 표준들을 포괄한다. 규제 기준은 거의 상호 배타적이지 않다. 어느 국가도 기업의 전자 폐기물 생성, 장난감 유해 화학물질 포함, GMO 재배, 경쟁사와의 가격 담합, 데이터 개인정보보호 침해를 강요하지 않는다. 따라서 EU의 보호적 규제를 준수함으로써 다국적 기업들은 전 세계적 규정 준수가 일반적으로 가능하다. 그러나 사례 연구들은 일부 제한된 정책 영역에서 다른 관할권의 기준이 EU의 기준과 실제로 양립 불가능함을 보여준다. 예를 들어, EU의 화장품 동물실험 금지와 중국의 동물실험 요구 사례에서와 같이, EU의 염격한 표준 준수가 모든 다른 시장의 준수를 보장하지 않는다. 이 경우, 기업들이 대부분의 해외 시장에서는 EU 기준을 적용하면서도 중국과 상충하는 기준 충족을 위해 별도의 생산 라인을 유지한다. 즉 브뤼셀 효과가 더 제한적이거나 부분적으로 발생하는 것이다. 사례 연구들은 또한 "브뤼셀 효과 플러스(Brussels Effect plus)"가 발생할 수 있는 (드문) 예시를 보여준다(디지털 경제 규제 등). EU가 규제의 한 측면에서는 더 엄격할 수 있지만, 다른 관할권이 다른 측면에서 더 엄격할 수 있다. 이러한 상황에서는 기업들이 이러한 (둘 이상의) 가장 엄격한 표준들의 조합을 준수함으로써만 전 세계적인 영업이 가능해, 더 강력한 유형의 브뤼셀 효과가 발생할 가능성이 높다.

이러한 사례 연구들은 모두 브뤼셀 효과의 핵심 동인으로 비탄력성의 중요성을 더욱 강조한다. 논의된 정책 영역들은 모두 소비자 시장 규제의 형태로, EU 내 소비자의 위치가 EU 규제 적용 여부를 결정하기 때문에 기업 이전이나 다른 기업 전략을 통해 EU의 규제를 회피하기는 본질적으로 더 어렵다. 따라서 비탄력성은 사례 연구에서 기본적이면서도 단순한 조건이다. 즉 소비자 시장을 대상으로 하는 규제 정책 간에는 차이가 거의 없음을 보여주는 조건이다. 반면, 사례 연구 간 및 사례 연구 내부 모두에서, 가장 큰 차이를 보이는 브뤼셀 효과의 조건은 비분할성이다. 비분할성은 종종 브뤼셀 효과 발생의 차이를 설명하는 유일하면서도 가장 두드러진 요인이다. 비분할성은 특히 경쟁 규제, 디지털 경제, 식품 안전에 관한 사례 연구에서 잘 드러나는데, 이론의 다른 모든 조건들이 충족되었음에도 불구하고 브뤼셀 효과가 발생하는 것을 막기에 충분했던 제품이나 서비스의 분할 가능성의 많은 예시들을 보여준다. 브뤼셀 효과의 한계에 대한 또 다른 유용한 사례 연구는 EU의 배출권 거래제와 이를 국제항공 산업으로 확장하려는 대체로 성공하지 못한 EU의 시도이다. 드물기는 하지만 이는 또한 외국 정부가 브뤼셀 효과를 성공적으로 제한한 반대 사례 중 하나이다.

아프리카, 아시아, 라틴아메리카, 중동, 러시아, 그리고 미국 전역의 수많은 사례를 종합하면, 이 사례 연구들은 광범위한 사실상의 브뤼셀 효과를 보완하는 법적 브뤼셀 효과가 전 세계적으로 미치는 영향이 심히 과소평가 되었음을 보여준다. 많은 국가가 EU를 모방하려는 강한 의지를 보이며, 일부 국가들은 EU를 자국의 입법 모델로 활용한다고 명시적으로 인정하기도 하고(예를 들어 한국), 다른 국가들은 EU를 더 선택적으로도 모방하기도 한다(예를 들어 일본). 브뤼셀 효과는 이분법적이지 않고, 규제 유형과 EU 규제를 모방하는 특정 관할권에 따라 그 강도가 다르다. 예를 들어, 유해물질 제한지침(Restriction of Hazardous Substances Directive, RoHS) 규제에 관한 사례 연구는 법적 브뤼셀 효과가 한 시장(한국)에서는 강한 형태로, 다른 시장(일본)에서는 약한 형태로 동시에 존재할 수 있음을 보여준다. 일부 국가들은 EU 모방을 꺼리는데, 특히 자신들이 강대국일 때 다른 강대국들의 영향을 과도하게 받는 규칙 수용자로 보이기를 원하지 않기 때문이다. 예를 들어, 미국 기업들에 대한 광범위한 사실상의 브뤼셀 효과에도 불구하고 미국은 법적 브뤼셀 효과 사례 연구에 거의 등장하지 않는다. 동시에 법적 브뤼셀 효과는 미국의 개별 주들 사이에서는 더 흔하다. 마지막으로, 사례 연구들은 서류상으로는 존재하지만 실제로는 제한적일 수 있는 법적 브뤼셀 효과 사례들을 보여준다(예를 들어 중국은 EU의 데이터 보호 규정을 복사했다). 이는 법적 브뤼셀 효과의 실제 유효성을 정확히 측정하기 어렵다는 것을 상기시킨다.

브뤼셀 효과가 전혀 적용되지 않는 영역에 대한 별도의 사례 연구는 없지만 — 그런 연구들은 단편적일 것이다 — 브뤼셀 효과의 기본 조건이 약하거나 없을 때 브뤼셀 효과가 본질적으로 제한된다는 점을 명심하는 것이 중요하다. 이는 EU가 외국 기업의 주요 수출 시장이 아닌 경우, 규제 역량이 없는 경우, 가장 엄격한 표준을 공표하지 않는 경우, 규제가 탄력적인 경우, 또는 기업 행위나 생산이 분할 가능한 상황에 해당한다. 따라서 제II부에 포함된 사례 연구들은 경제 규제의 전체 영역을 대표하지 않는다. 브뤼셀 효과가 경제의 많은 부문에 침투했지만, 브뤼셀에서 비롯되지 않고 EU가 글로벌 기준을 설정하지 않는 규제 영역도 여전히 많다. 또한, 논의된 사례 연구들이 브뤼셀 효과로 특징지어지는 규제 정책 전부를 대표하지도 않는다. 그에 할애된 사례 연구가 없더라도 브뤼셀 효과가 적용되는 추가적인 정책 영역들 또한 있다. 이러한 이유로 제II부는 브뤼셀 효과의 확산을 과대 혹은 과소평가할 수 있다. 그러나 이러한 한계에도 불구하고, 이하 선택된 사례 연구들은 제I부에서 제시된 이론적 주장을 설명하는 다양한 예시를 제공하고, 오늘날 브뤼셀 효과가 글로벌 규제 의제를 주도하고 있는 광범위하고 다양한 영역을 보여줄 것이다.

제4장

시장 경쟁

경쟁법은 EU의 글로벌 규제 헤게모니를 잘 보여주는 사례 중 하나다. 2018년 유럽위원회는 구글의 운영 체제인 안드로이드와 관련된 경쟁법 사건에서 구글에 50억 달러의 벌금을 부과했다.[1] 이 벌금은 2017년 23억 달러의 벌금에 이은 것으로, 당시 유럽위원회는 구글이 경쟁사들에 불이익을 주면서 자사의 가격 비교 서비스를 선호하도록 검색 결과를 조작했다고 결론 내렸다.[2] 구글에 대한 유럽위원회의 세 번째 사건은 애드센스(AdSense) 온라인 광고 프로그램을 정조준한 것으로 2019년 17억 달러의 벌금이 부과되었다.[3] 최근 몇 년간 EU가 상대한 다른 집행 대상 중에는 미국에 본사를 둔 두 테크 거인인 퀄컴[4]과 애플[5]도 있다. 미국 기업들을 상대로 한 이러한 주목할 만한 사건들은 새로운 현상이 아니다. 이는 지난 20년 동안 인텔[6], 마이크로소프트[7], 제너럴 일렉트릭[8] 등 미국의 주요 기업들을 상대로 한 일련의 주요 결정의 연장선에 있다. 이 모든 사례에서 해당 기업들의 관행은 미국 기관들도 조사했다. 그러나 EU와는 대조적으로, 미국의 규제 기관들은 더 온건한 처벌로 대응하거나 아예 처벌하지 않는 선택을 했다. 하지만 미국의 대응이 어떠했든 간에, 미국은 EU의 결정을 저지하는 데 무기력했고, EU가 부과한 구제책들로 인해 해당 기업의 관행은 EU 내에서, 때로는 미국을 포함한 해외에서도 크게 변화했다.

EU는 자체 경쟁법의 역외 적용을 통해 글로벌 시장을 형성할 뿐 아니라, 자신의 규제 레짐을 해외로 수출하는 데 놀라운 성공을 거두었다. 오늘날 130개 이상의 관할권이 국내 경쟁법을 가지고 있어, 경쟁법은 전 세계에서 가장 광범위하게 퍼진 경제 규제 형태 중 하나가 되었다.[9] 이러한 법들을 자세히 살펴보면, 대다수가 EU 경쟁법과 매우 유사하게 만들어졌음을 알 수 있다.[10] 이러한 주목할 만한 법적 브뤼셀 효과로 인해 실제로 전 세계 시장의 대부분이 EU 경쟁법의 변형된 형태로 규제되는 상황이 되었다.

다음 논의에서는 먼저 EU 경쟁법의 주요 측면을 소개한다. 그런 다음 EU가 이 분야에서 광범위한 규제 역량을 구축하기로 선택한 이유를 설명하며, 경쟁법이 EU의 더 넓은 단일 시장 프로그램에서 중요한 차원을 형성하는 방식을 보여준다. 이어서 경쟁 규제와 관련된 사실상 및 법적 브뤼셀 효과의 예시를 제시한다.

주요 입법

EU 경쟁법은 EU 창설 제 조약의 일환으로 1957년에 제정되었다. 유럽연합기능조약 제101조는 기업 간 반경쟁적 합의를 명시적으로 금지한다.[11] 이러한 금지된 합의에는 예를 들어 경쟁 기업 간의 가격 담합 카르텔이나 공급업체가 유통업체의 가격을 지시하는 유통 계약 등이 포함된다. 유럽연합기능조약 제102조는 지배적 지위의 남용을 금지한다.[12] 이 조항은 시장 지배력이 큰 기업이 시장 경쟁을 감소시키는 관행을 겨냥한다. 이러한 남용 관행의 예로는 지배적 기업이 특정 경쟁사에 대한 제품 공급을 거부하거나 경쟁사를 시장에서 밀어내려는 약탈적 가격 책정 행위 등이 해당한다. 유럽 합병 통제 규정(European Merger Control Regulation)은 30년 후인 1990년에 처음 공표되었고 2004년에 개정되었다.[13] 유럽 합병 통제 규정은 특정 수익 기준을 초과하는 모든 합병과 인수에 대해 사전 통지 의무를 도입했고, 공동 시장의 경쟁을 해치는 경우 조건을 부과하거나 거래를 금지할 수 있는 권한을 유럽위원회에 부여했다.

EU 경쟁법은 미국의 경쟁법보다 훨씬 최근 것이다. 미국의 주요 경쟁법에는 반경쟁 합의와 독점을 규제하는 1890년 셔먼법[14]과 합병을 규제하는 1914년 클레이튼법이 있다. EU와 미국의 경쟁법은 유사점이 많지만, 중요한 차이도 있다.[15] 두 관할권 모두 유사한 유형의 행위를 잠재적 반경쟁 행위로 인식하며, 법률을 1) 반경쟁 합의, 2) 독점화, 3) 합병 통제를 중심으로 범주화하고 있다. 게다가 EU 경쟁법은 국가 당국이 특정 기업에만 선별적 이점을 주는 불법적 국가 보조금을 규제한다.[16] EU와 미국은 시장 지배력을 용인하는 정도에 따라서 지배적 기업의 행위에 개입하는 정도에서 차이가 난다. 일단 지배력이 확립되어 있으면, EU는 어떤 기업이 시장에서 "지배적 지위"를 가지고 있다고 결론 내릴 가능성이 더 높고, 그 기업이 지배력을 남용하고 있다고 판단할 가능성도 더 높다.[17] EU는 또한 공급업체나 유통업체와의 수직적 합의에 대해 일반적으로 더 엄격한 것으로 여겨진다. 합병 통제는

EU가 미국보다 상당히 늦게 이 규정을 채택했다는 점에서 역사상 큰 차이가 있는 분야이다. 그러나 오늘날 합병에 대한 실질적 규칙은 대체로 일치하지만, EU는 특히 수직적 합병이나 복합 기업 합병에 대해 이의를 제기할 가능성이 더 높다.

EU와 미국의 경쟁법은 실질적 차이 이외에도 제도적 특성과 구제 수단에서 더 큰 차이를 보인다. 예를 들어, 미국 기관들은 금지 명령이나 다른 구제 수단을 구할 때 법원을 거쳐야 하지만, 유럽위원회는 법원의 개입 없이 집행을 수행할 수 있는 광범위한 행정 권한을 가지고 있다.[18] 그러나 경쟁법 위반 시 사용할 수 있는 구제 수단 면에서는 EU가 미국에 뒤처진다. 미국과 달리 EU는 형사 처벌을 하지 않고 행정 벌금과 다른 민사 구제 수단에만 의존한다.[19] 또한 미국은 상당한 규모의 손해배상(3배 배상 포함)을 제공하는데, 이는 사적 집행이 보편화되어 있어 그러하다. 사적 집행은 미국에서 광범위하게 이루어지지만, 유럽에서는 훨씬 더 제한적이다. EU는 최근에야 회원국 법원에서 더 큰 사적 집행을 위한 길을 열기 위해 지침을 공표했다.[20]

형사적 구제 수단을 사용할 수 없음에도, EU를 세계에서 가장 엄격한 경쟁법 집행자로 보는 데 이의를 제기하는 사람은 거의 없다. 이는 이 법 분야에서 관할권이 어떻게 작용하는지를 고려할 때 특히 중요하다. 경쟁법은 경제 규제 분야 중에서도 독특한 특징을 가지고 있는데, 이는 여러 관할권이 자신들의 시장이 "영향을 받는" 한 동일한 거래나 동일한 기업에 대해 개입할 수 있도록 한다. 그 결과, 같은 행위가 여러 국가에 의해 동시에 조사되곤 한다. 이런 경우, 일반적으로 가장 엄격한 규제 기관이 더 관대한 기관들보다 우위를 차지한다. 다시 말해, 서로 다른 법과 규제 기관 간에 충돌이 있을 때,

종종 가장 엄격한 경쟁법이 승리한다. 예를 들어, 미국 정부가 글로벌 합병을 승인해도 EU가 같은 거래를 금지한다면, 그 합병은 전 세계적으로 금지된다. 한 관할권에서 금지된 기업들은 두 가지 선택지를 가진다. 즉 합병을 포기하거나 합병에 이의를 제기하는 관할권에서 사업을 포기하는 것이다. 만일 가장 엄격한 규제 기관의 시장이 상대적으로 중요하지 않다면, 기업은 후자를 선택할 수 있다. 그러나 이 시장이 크다면, 포기하는 것은 현실적인 선택지가 아닌 경우가 대부분이다.[21] 국제적 수준에서 EU 경쟁법은 실제로 종종 가장 엄격하다.[22] EU는 또한 포기하기에는 너무 크고 중요한 소비자 시장으로 구성되어 있다. 이러한 이유로 EU 경쟁법은 종종 사실상의 글로벌 경쟁 표준이 되어 더 관대한 미국의 반독점법이 양보해야 하는 경우가 많다.[23]

정치경제

미국과 EU의 경쟁 규제에 차이가 나는 이유는 다양하며, 이는 두 관할권에서 서로 다른 정치경제적 조건의 우월성을 반영한다. 가장 근본적이고 철학적 차원에서, EU 경쟁 당국은 시장이 효율적 결과를 도출할 능력에 대해 본질적으로 의심스러워하며 규제를 통해 개입하려는 경향이 더 강하다.[24] EU는 비개입의 해로운 효과(소위 과소집행, 즉 EU가 규제하지 못할 수 있는 반경쟁적 관행)를 더 우려하는 반면, 미국 당국은 종종 비효율적 개입의 해로운 효과(소위 과대집행, 즉 미국이 잘못 제한할 수 있는 친경쟁적 관행)를 더 염려한다.[25] 이러한 차이는 왜 EU가 일반적으로 더 자주, 더 강력하게 개입할 준비가 되어 있는지를 부분적으로 설명한다.

EU와 미국의 규제 대응 간의 이러한 차이는 일정 정도 유럽인들과 미국인들이 받아들인 서로 다른 이념을 반영한다. 유럽인들은 정부를 더 신뢰하는 반면, 미국인들은 시장을 더 신뢰한다. 하지만 이는 또한 시장이 어떻게 작동하는지에 대한 과거의 경험을 반영한 것이기도 하다. 유럽인들은 시장의 자율 규제 역량에 대해 더 회의적인데, 이는 부분적으로 많은 유럽 경제가 오랫동안 다수의 국영 기업들로 특징지어졌다는 사실 때문이다. 이러한 기업들이 민영화된 후에도 기존 사업자로서 시장 지배력을 누렸고, 이에 따라 기존 사업자의 특권이 시장 경쟁을 왜곡하지 않도록 보장하기 위한 경쟁 규제가 필요했다.[26] 또한, EU의 자본 시장은 미국보다 덜 발달해 유럽에서는 시장에 진입하는 데 필요한 자금 조달이 더 어렵다. 결과적으로, 신규 진입자의 위협만으로는 기존 시장 참여자들을 충분히 견제하지 못하는 경우가 많아 정부의 개입이 필요하게 된다.

EU 경쟁법은 두 가지 주요 목표에 따라 추진된다. 소비자 복지 보호와 단일 시장 촉진이다. 따라서 경쟁법은 유럽 소비자들의 복지를 극대화하고 공동 시장이 개방적이고 경쟁적으로 유지되도록 하는 것을 목표로 한다. 경쟁법을 EU의 더 넓은 시장 통합 의제와 연결하는 이 오랜 경향은 아마도 EU 경쟁법의 가장 독특한 특징일 것이다.[27] 유럽의회 문서에 기술된 바와 같이, "EU 경쟁 규칙의 근본 목적은 경쟁의 왜곡을 방지하는 것이다. 그러나 이는 그 자체로 목적이 아니다. 오히려 자유롭고 역동적인 내부 시장을 달성하기 위한 조건이다."[28] 이런 관점에서 볼 때, 경쟁법은 무역 자유화의 필수적인 보완책으로, 회원국 간 관세와 할당량 같은 공적 장벽 제거를 통해 얻은 경제적 이익을 사적인 반경쟁적 관행이 무산시키지 않도록 보장하기 위해 제정되었다.

물론 경쟁법은 분명 시장 통합에 대한 기여를 통해서만이 아니라, 그 자체로 소비자 복지를 증진하는 메커니즘이었다.[29] 더 많은 경쟁은 기업들이 자원을 효율적으로 배분하도록 유도하며, 이는 소비자들에게 더 낮은 가격과 더 나은 품질의 제품으로 이어진다.[30] EU는 수십 년에 걸쳐 점차 소비자 복지를 경쟁법의 주요 목표로 받아들여 왔다. 비록 부차적이긴 하더라도 더 폭넓은 범위의 추가적인 정책 목표들을 고려하는 데 있어 상대적으로 개방적인 견해를 밝혀왔다.[31] 예를 들어, EU는 경쟁 정책을 통해 공정성[32], 중소기업 보호[33], 시장 구조 보호 및 경쟁 그 자체의 보호와 같은 가치들을 추구해 왔다.[34] 이러한 다중의 목표는 EU를 전통적으로 소비자 복지나 효율성으로 정의되는 경제적 목표에만 매우 좁게 초점을 맞춰온 미국과 구별된다.[35] 아마도 EU 경쟁법 뒤에 있는 이러한 더 넓은 목표들은 더 많은 개입 근거를 허용하여, 좁은 소비자 피해 기준으로만 개입을 허용하는 미국에 비해 경쟁법 집행의 범위를 확대한다.[36]

EU 경쟁법의 기존 목표들을 넘어서, EU 경쟁 정책을 단순히 소비자 이익만을 위한 것이 아니라 보호주의의 도구로 활용되는 정치적 수단으로 묘사하는 더 회의적인 시각도 있다.[37] 보호주의적 경쟁 정책은 예를 들어 편향된 집행 전략의 형태로 나타날 수 있는데, 기관들이 외국 기업의 인수에 대해 국내 기업보다 더 엄격한 표준을 적용하는 식이다. 마찬가지로, 기관들은 국내 카르텔이나 국내 지배적 기업의 남용 행위에 대해서는 눈감아주면서 외국 기업들이 동일한 행위를 할 때는 이를 조사하기도 한다.

제너럴 일렉트릭과 허니웰의 420억 달러 인수를 차단한 2001년 유럽위원회의 결정 — 이는 미국 법무부가 승인한 합병이었다 — 은 EU의 보호주의 의심 사례 중 아마도 가장 유명한 사례이다.[38] **제너럴 일렉트릭/허니웰** 결정 이후, 예를 들어 미국 재무장관 폴 오닐은 유럽위원회의 결정을 "터무니없다"라고 부르며 유럽위원회를 "독재적"이라고 묘사했고, 법무부의 최고 반독점 집행 관리는 유럽위원회가 "반독점법은 경쟁자가 아닌 경쟁을 보호한다"라는 원칙에서 "벗어났다"라고 했다.[39] 미국 의회 의원들은 유럽위원회가 "미국 경쟁사들의 희생을 대가로 유럽 산업을 보호하고 촉진하기 위한 도구로 합병 검토 과정을 사용하고 있다"라고 노골적으로 비난했다.[40]

하지만 **제너럴 일렉트릭/허니웰** 사례만 있는 것은 아니며, 이후로도 유사한 우려가 반복적으로 제기되어 왔다. 경쟁법을 명분으로 유럽위원회는 보잉, 월드컴, 타임 워머, UPS 등 다양한 유명 미국 기업들이 관련된 합병을 번번이 차단하거나 상당한 구조조정을 강요했다.[41] 이러한 주목받는 개입들로 인해 유럽위원회가 합병 검토 권한을 경쟁이 아닌 보호주의적 산업 정책을 추진하는 데 사용하고 있다는 우려가 제기되었다. 예를 들어, 이러한 우려는 10년 전 C. 보이든 그레이(C. Boyden Gray) 전 EU 주재 미국 대사가 표현한 바 있다. 즉 "EU는 자국 기업들 선호 경향이 있어 그들의 접근 방식을 수출하는 데 공격적이라는 인식이 [미국에서] 이제 생겨나고 있다."[42]

오늘날 미국 기업들의 주요 우려 사항은 유럽위원회가 애플, 구글, 퀄컴 등 미국 첨단 기술 기업들에 대한 경쟁 조사를 늘리고 있다는 점이다. 비평가들은 이를 EU가 미국의 기술적 우위를 상쇄하고 더 약한 유럽 경쟁사들에게 유리하게 시장을 기울이려는 시도라고 본다.[43] 애플의 한 주요 변호사는 유럽위원회가 "헤드라인에 집착하는 EU 반독점 책임자의 편리한 표적"으로 애플을 선택했다고 비난했다.[44] 2015년 오바마 대통령은 구글과 페이스북에 대한 EU의 경쟁 조사가 유럽 서비스 제공업체의 미국 경쟁사와의 경쟁 능력 부족을 반영한다고 말하며, 이 조사의 동기가 EU의 "상업적 이익 일부를 확보해야 할 필요성"이었다고 표현했다.[45] 2018년 트럼프 대통령은 구글에 대한 50억 달러의 경쟁법 벌금에 대해 "미국 기업들이 유럽에서 불이익을 받고 있다"[46]라며 "[유럽인들이] 사실상 미국을 이용해 왔지만, 오래가지 않을 것"이라고 불평했다.[47] 유타주 공화당 상원의원 오린 해치(Orrin Hatch)의 트윗은 미국의 많은 사람이 공유하는 감정을 더욱 잘 포착했다. 즉 "EU는 미국 기술 기업들을 과도하게 공격하는 규제, 세금, 경쟁 조치와 제안을 해온 역사가 있다. 이번 결정은 이러한 조치들이 차별적인 수입 확보 시도 이상의 것인지 의문을 제기한다."[48]

그러나 8장에서 자세히 설명된 바와 같이, EU의 보호주의에 대한 비난은 잘못된 것일 수 있으며, 보호주의가 EU의 경쟁 정책 의제를 주도하고 있다는 것에 의문을 제기할 여러 이유가 있다. 첫째, 유럽 기업들은 유럽위원회의 집행 조치의 주요 수혜자인 경우는 거의 없다. 대개 EU가 미국 기업들의 행위를 제한할 때 이익을 얻는 것은 다른 미국 기업들(유럽 기업들이 아닌)이다. 예를 들어, 구글이 비즈니스 모델 변경을 강요받아도 이로부터 이익을 직접적으로 얻을 유럽 경쟁사는 없다. 더욱이 EU 경쟁법이 EU 기업들도 강력히 겨냥한다는 사례는 많다. 예를 들어, 2016년 세계 최대 및 2위 맥주 제조업체 간의 인수에서, 유럽위원회는 벨기에 인수자인 안호이저-부시 인베브가 SAB밀러를 1,000억 달러 이상에 인수를 승인하는 조건으로 사실상 영국 기

반의 맥주 사업 전체를 매각하도록 요구했다.[49]

물론 보호주의는 감지하기 어렵고 체계적으로 측정하기는 더욱 어려워, 지금까지의 많은 논의는 양측 모두 개별적 진술에 의존해 왔다. 이러한 개별적 진술을 넘어 EU 합병 통제의 기저에 있는 보호주의적 동기를 경험적으로 연구하려는 가장 실질적인 노력은 콜롬비아 대학에서 수행한 분석에서 도출되었다.[50] 이 연구는 EU 합병 통제가 수립된 1990년부터 2014년까지 유럽위원회에 통보된 모든 합병을 포함하는 원본 데이터를 사용하며, 총 5,000건 이상의 제안된 거래를 다룬다. 분석 결과, 유럽위원회가 보호주의적 목적으로 자신의 권한을 체계적으로 사용했다는 증거는 나타나지 않았다. 오히려 분석은 유럽위원회가 외국 인수자가 관련된 거래에 이의를 제기할 가능성이 더 낮다는 것을 보여준다. 물론 보호주의가 유럽의 합병 심사 사례에서 간혹 역할을 할 수 있다는 점을 배제할 수는 없다. 그러나 이 연구는 유럽위원회의 합병 집행 결과에 체계적으로 영향을 미치는 편향이 없다는 것을 시사한다.

EU와 미국의 카르텔 집행을 비교한 다른 저자들의 연구도 마찬가지로 유럽위원회가 미국 기업들에 대해 어떤 편견을 가지고 있다는 증거를 발견하지 못했다.[51] 저자들은 미국과 EU 규제 기관들이 EU, 미국, 그리고 "ROW" 기업들에 대해 카르텔 벌금을 부과하는 경향을 비교했다. 여기서 ROW는 "나머지 세계(rest of the world)"를 의미하며, 즉 미국과 EU가 아닌 기업들을 말한다. 저자들이 발견한 바에 따르면 EU는 미국 기업들보다 국내(EU) 기업들과 ROW 기업들에 벌금을 부과할 가능성이 더 높았으며, 벌금의 크기는 국적에 따라 다르지 않았다. 반면 미국은 특히 ROW 기업들을 겨냥하는 것으로 보이며, 외국 기업들 — ROW나 EU 기업들 — 에 대해 국내 기업들보다 상당히 높은 벌금을 부과한다. 이러한 결론은 보호주의적 동기가 EU 경쟁 정책을 주도한다는 이전의 가정들에 더욱 의문을 제기한다.

이 연구들에서 나타나는 내용은 EU가 엄격한 경쟁 규제 기관이라는 점이다. 하지만 EU는 모든 이에게 엄격하다. 즉 미국 기업, EU 기업, 그리고 세계 나머지 지역의 기업 모두에 해당된다. 유럽 기업들은 그들의 국적만으로 유럽위원회 조사에서 이점을 얻을 수 있다고 안심할 수 없다. 최근 유럽위원회는 독일 기업 지멘스와 프랑스 기업 알스톰 간의 철도 합병을 승인해달라는 가장 강력한 두 회원국-독일과 프랑스-의 계속되는 요구를 거부했다. 이 합병은 외국-특히 강력한 중국-경쟁사들과 경쟁할 수 있는 유럽 챔피언[52]을 만들었을 것이다.[53] 이는 EU 경쟁법이 오히려 EU 회원국들의 보호주의적 경향을 억제하는 도구로 사용되고 있음을 시사한다. 동시에, 이러한 정책 목표가 가까운 미래에 변할지 지켜보는 것도 흥미로울 것이다. 지멘스/알스톰 판결의 결과[54]로, 프랑스와 독일의 정치인들은 오늘날의 지정학적 현실을 고려하여 EU 경쟁 정책의 재평가를 요구하고 있다.[55] 그들은 "유럽 챔피언"의 육성을 EU 경쟁법의 정당한 목표로 인정해야 한다고 주장한다. 지금까지 이러한 노력은 유럽위원회의 공감을 얻지 못했다. 중국과 경쟁을 더 잘하기 위해 "유럽 챔피언"을 키워야 한다는 요구를 일축하며, 경쟁 담당 유럽위원회 위원 마그레테 베스타게르는 최근 EU는 "중국인들이 중국인답게 하도록 놔두어야 한다. 우리는 형편없는 중국인일 것이다. 그들이 그것을 훨씬 더 잘한다"라고 제안했다.[56]

사실상의 브뤼셀 효과

브뤼셀 효과의 근간을 형성하는 대부분의 조건들 — 시장 규모, 규제 역량, 엄격한 표준, 비탄력적 대상, 그리고 비분할성 — 은 경쟁법에 명백히 나타난다. EU는 많은 다국적 기업들에게 중요한 시장이며, 이들은 상대적으로 부유한 다수의 유럽 소비자에게 제품과 서비스를 판매하는 것을 포기할 수 없다. 구글과 같이 EU에 많은 사용자 기반을 가진 기업들은 EU 시장 규모로 인해 그만큼의 거래량을 다른 곳으로 전환할 수 없을 것이다. 이러한 기업들이 벌이는 반경쟁적 행위나 거래는 EU 시장에 부정적으로 영향을 미칠 가능성이 크기 때문에, 집행위원회의 심사를 받게 될 것이다.

물론 전 세계적으로 유럽 시장과 상관없이 EU 경쟁법이 적용되지 않는 비즈니스 관행과 기업 거래는 여전히 많다. 이런 경우 EU의 시장 규모는 중요하지 않다. 오직 라틴아메리카에서만 가격을 담합하는 카르텔은 EU 시장과 관련이 없으므로 EU가 조처하지 않을 것이다. 마찬가지로, 유럽에서 미미한 이익을 거둔 아프리카의 두 회사 간의 순수한 지역적 합병은 EU의 합병 검토를 촉발하지 않을 것이다. 유럽 공급업체와 일본 유통업체 간의 유통 계약도, 유통업체가 오직 일본 고객에게만 제품을 공급하는 한, EU 경쟁법의 범위에 해당하지 않는다. 그러나 일반적으로 일정 규모 이상이며 EU 시장에 서비스를 제공하고자 하는 모든 기업은 통상 5억 이상의 소비자에 대한 접근권을 얻는 대가로 EU 경쟁법 준수 비용을 감수할 만하다고 판단한다. 이 경우, 브뤼셀 효과의 첫 번째 조건인 시장 규모가 충족된다.

브뤼셀 효과의 다른 여러 조건도 일반적으로 존재한다. 이미 알고 있는 바와 같이, EU는 이 분야에서 엄청난 규제 역량을 구축했다. 경쟁법은 EU 차원의 권한이 잘 확립된 분야 중 하나이며, 유럽위원회는 1957년 이래로 경쟁 규칙 집행에 광범위한 경험을 쌓았다. 유럽위원회는 경쟁법 집행에서 보기 드물게 높은 수준의 자율성을 가지며, 이에 따라 종종 다른 기관들의 개입 없이 행동할 수 있다.[57] 이는 EU 규제의 방대한 영역이자 이사회, 유럽의회, 또는 개별 회원국들에 의한 정치적 견제에 가장 적게 제약받는 영역으로 경쟁법을 만들었다. EU는 오히려 EU 경쟁법의 목표를 더욱 발전시키기 위해 회원국들의 규제 역량을 활용해 왔다. EU 경쟁법은 28개 회원국의 국가 경쟁 레짐과 공존한다. 개별 EU 회원국들은 자국법뿐만 아니라 EU 경쟁 규칙도 집행할 수 있는 권한이 있어, EU의 규제 역량은 더욱 강화된다.[58]

유럽사법재판소는 유럽위원회 결정에 대해 사법 심사를 행사하지만, 이러한 사법적 견제는 미국의 경우보다 훨씬 더 제한적이다. 예를 들어, 합병을 금지하기 위해 연방 법원에 가야 하는 미국 법무부 반독점국과 달리, 유럽위원회는 유럽법원에서 소송을 진행하지 않고도 구제책을 부과할 권한이 있다. 이런 점에서 유럽위원회는 미국의 상대 기관들보다 더 낮은 문턱에서 규제 역량을 발휘할 수 있다. 많은 비평가는 이 절차가 본질적으로 유럽위원회를 유럽 전역에서 합병 심사의 검사, 재판관, 배심원으로 만든다고 지적했다.[59] 당사자들은 EU 일반재판소와 궁극적으로 유럽사법재판소에 결정을 항소할 권리가 있다. 그러나 놀랍게도 이 분야에서 유럽위원회 결정에 대한 항소는 매우 드물다. 요컨대, 유럽위원회가 심사한 합병의 99%가 법원에서 이의 제기되지 않아, 유럽위원회를 전 세계 합병 집행에서 가장 중요한 단일 주체로 만들고 있다.[60]

경쟁법 분야에서 EU의 규제 역량은 국가 보조금 통제를 포함한다는 점에서도 광범위하다. 이는 EU 회원국들이 특정 기업에 선별적 이점(보조금)을 제공하는 경우까지 EU의 규제 범위를 확장한다. 예를 들어, EU의 국가 보조금 규칙은 최근 아일랜드 정부와 애플 관련 논란의 판결 근거가 되었다. 2016년 유럽위원회는 아일랜드에 애플로부터 130억 유로(150억 달러)의 미납 세금을 환수하라고 명령했다. 유럽위원회에 따르면, 애플은 모회사-지사 이익 귀속 체계를 이용해 미국 외 판매에서 얻은 이익의 90%를 애플의 아일랜드 자회사에 귀속시켰다. 이에 따라 애플은 지난 10년간 미국 외에서 벌어들인 약 2,000억 달러의 이익에 대해 눈에 띄게 낮은 4%의 세율을 적용받았다. 이를 위해 애플은 1991년 아일랜드 세무 당국이 발행한 세금 판결에 의존했지만, 유럽위원회는 이 판결이 이 경우 EU 국가 보조금 규칙에 어긋난다고 판단했다. 결과적으로 유럽위원회는 애플에 부당한 세금 혜택을 주어 경쟁을 왜곡하고 따라서 EU의 국가 보조금 규칙을 위반했다는 이유로 아일랜드에 애플로부터 미납 세금을 환수하라고 명령했다. 이는 경쟁법과 세법 사이에 있는 흥미로운 사례이다. EU는 회원국의 특권으로 남아있는 세금 정책에 대한 규제 권한이 없다. 그러나 EU 경쟁법 내의 권한을 근거로 행동할 실마리를 찾았다.

시장 규모와 규제 역량만으로는 경쟁법 분야에서 EU의 전 세계적 지배를 설명할 수 없다. 미국과 EU 기관 모두 역외 규제 역량을 갖추고 큰 국내 시장에 대해 관할권을 행사한다.[61] 따라서 규제 역량 자체가 EU를 세계의 사실상 경쟁법 집행자로 만든 것은 아니다. 대신, EU가 미국보다 더 엄격한 경쟁법을 지속해서 선호한다는 점이 EU를 차별화한다. EU는 경쟁법상 금지되는 것에 대해 광범위한 개념을 가지고 있다. 예를 들어, 앞서 EU와 미국의 경쟁법을 비교한 논의에서 언급했듯이, EU는 일반적으로 기업이 지배적 지위를 누리거나 반경쟁적 행위에 관여한다고 판단할 가능성이 더 높다. EU 경쟁법의 이러한 상대적 엄격성은 글로벌 규정 준수를 보장하기 위해 가장 엄격한 경쟁 규칙에 맞춰 행동을 조정하는 기업들이 일반적으로 EU를 참고하는 이유를 설명한다.

EU 경쟁법의 잘 알려진 엄격성의 한 표현은 EU가 종종 외국 기업들의 "선택의 장(forum of choice)"이 된다는 점과 관련이 있다. 이는 기업들이 자사의 경쟁자들에 대항해 EU의 엄격한 경쟁 규정을 활용하고자 할 때 나타난다. 이는 종종 EU가 경쟁 문제에 개입할 가능성이 더 높거나, 위반이 발견되면 더 강력한 구제책을 부과할 것이라는 기업들의 믿음에서 비롯된다. 특히 미국 기업들은 자주 경쟁사들의 관행에 이의를 제기하기 위해 유럽위원회를 찾았고, 브뤼셀은 그들의 경쟁 분쟁을 위한 주요 법적 전장이 되었다. 예를 들어, 미국에 본사를 둔 유나이티드 테그놀로지스는 제너럴 일렉트릭에 인수 입찰에서 진 후 제너럴 일렉트릭/허니웰 합병 조사의 주요 제소자가 되었다. 그 결과 이 합병은 2001년 유럽위원회에 의해 최종 금지되었다. 마찬가지로 노벨과 썬 마이크로시스템즈라는 두 미국 기업은 1998년 EU에 마이크로소프트를 고발[62]했는데, 이는 EU가 반경쟁적 행위에 대해 더 넓은 개념을 가지고 있어 구제책을 얻을 가능성이 더 높다고 판단했기 때문이다. 흥미롭게도 상황이 바뀌어, 2011년에는 마이크로소프트가 구글에 대해 유럽위원회에 경쟁 민원을 제기했다.[63] 마이크로소프트는 결국 2016년 구글과 합의 후 철회했지만, 오라클, 카약, 익스피디아, 트립 어드바이저[64]를 포함한 다른 미국 기업들은 지속해서 유럽위원회가 구글에 대한 제재를 내리도록 압박했고, 결국 유럽위원회는 23억 달러, 50억 달러, 그리고 가장 최근에는 17억 달러의 막대한 벌금을 부과했다.[65] 마찬가지로, 2009년 인텔에 대한 EU의 경쟁 판결은 인텔의 미국 경쟁사인 AMD의 제소에서 비롯되었다. 실제로 오늘날 남의 이목을 끌고자 하는 대부분의 EU 경쟁 분쟁에 양측 미국 기업들이 관여하며, 각자 EU 경쟁 규칙의 잘 알려진 엄격성 때문에 브뤼셀로 모여든다.

경쟁법은 또한 매우 비탄력적이다. EU 경쟁법은 혐의가 제기된 반경쟁적 행위가 EU 시장에 영향을 미치는 한 이 법은 적용된다. 기업의 국적은 무관하다. 따라서 EU 외부에 회사를 설립하거나 이전해도 EU 경쟁 규칙을 회피하는 것은 불가능하다. EU 소비자들에게 영향이 있다면 EU 개입의 근거가 된다. 합병 통제에서 EU의 규제 권한은 합병 당사자들이 EU에서 특정 금액의 매출(수익)을 발생시키는 한 발동된다.[66] 다시 말해, 당사자들의 본사가 어디에 있는지 또는 "합병의 중심(gravity of the merger)"이 어디 있는지 관련이 없다. 기업들이 이전을 통해 EU 권한을 피할 수 없으므로, EU의 규제 검토를 피할 수 있는 유일한 방법은 거래 당사자들이 유럽에서 주목할 만한 수익을 발생시키지 않도록 합병에서 충분한 자산을 떼어내야 한다는 점이다(예를 들어, EU 자회사들을 분사함으로써). 하지만 이러한 거래 구조조정은 일반적으로 거래의 근간이 되는 사업 논리를 훼손하게 된다.

다른 조건들이 충족되면, 브뤼셀 효과의 발생 여부는 주로 분할 가능성의 문제에 달려있다. 이와 관련해 합병 심사, 카르텔 행위, 지배적 지위 남용과 같은 다양한 유형의 경쟁 문제들 사이에는 주목할 만한 차이가 있다. EU가 금지하는 초국가적 합병은 그 특유의 법적 비분할성으로 인해 브뤼셀 효과의 진정한 사례라 할 만하다. 왜냐하면 그와 같은 합병의 법적 비분할성 때문이다. 반면 지배적 기업들에 대한 많은 사건에서는 기업들이 관할권에 따라 행위를 분할하고 그들의 구제책을 EU에만 한정할 수 있어 사실상의 브뤼셀 효과가 발생하지 않는다. 다음 논의에서는 이러한 다양한 사례들을 차례로 살펴볼 것이다.

합병 통제 측면에서, 사실상의 브뤼셀 효과가 발생한 여러 사례가 있다. 그러나 발생하지 않은 경우도 많다. 2장에서 논의된 바와 같이, 글로벌 합병은 관할권별로 완성될 수 없다. 이런 의미에서 합병은 법적 비분할성이다. 실제로 이는 가장 엄격한 합병 심사 관할권 거래가 전 세계적 운명을 결정하게 됨을 의미한다.[67] 이 장에서 앞서 논의된 **제너럴 일렉트릭/허니웰** 합병 제안은 아마도 브뤼셀 효과가 대규모 국경 간 합병에 영향을 미친 가장 유명한 사례일 것이다.[68] 유럽위원회가 합병을 차단했을 때, 미국 반독점 당국이 이전에 이 거래를 승인했다는 사실은 무의미해졌다. 즉 합병이 법적으로 비분할적인 성격을 가지고 있기 때문에 인수는 전 세계적으로 금지되었다. 즉, 법적으로 한 시장에서는 합병을 진행하고 다른 시장에서는 금지하는 것이 불가능했다.

제너럴 일렉트릭/허니웰 거래가 가장 유명하지만, EU 합병 통제 결정을 세계화한 브뤼셀 효과의 여러 다른 사례들도 있다. 1991년, EU는 캐나다 당국이 승인한 프랑스-이탈리아 기업 에이티알의 캐나다 기업 더 해빌런드 인수를 금지했다.[69] 그 직후인 1996년, EU는 경쟁에 대한 가장 중대한 영향이 남아프리카에서 나타났음에도 불구하고 남아프리카 기업 젠코어와 영국 기반의 론로[70] 간의 합병을 금지했다. 최근 2013년에는 유럽위원회가 미국에 본사를 둔 경쟁사 UPS의 네덜란드 물류 기업 TNT 익스프레스 인수 시도를 막았다.[71] TNT 익스프레스의 주요 시장은 유럽이었지만, 60개국 이상에서 활동하고 있었다. EU의 결정은 브뤼셀 효과로 인해 이러한 모든 시장에 영향을 미쳤다. 이 사례는 특히 그 전개 과정이 흥미롭다. 왜냐하면 UPS가 2017년 EU 일반재판소에서 합병 결정을 뒤집었고 이 판결을 근거로 EU에 21.4억 달러의 손해배상을 요구하고 있기 때문이다. 그러나 UPS의 법정 승리와 관계없이, UPS/TNT 익스프레스 합병은 재개될 수 없다. 다른 미국 기업인 페덱스(FedEx)가 2015년 유럽위원회의 승인을 받아 TNT 익스프레스를 인수했다.[72] 하나의 거부된 인수가 빠르게 다른 인수로 대체된 이 사례는 일반적으로 유럽위원회의 금지 후 합병이 어떻게 되살아날 수 없는지를 보여준다. 이로 인해 유럽위원회는 이러한 글로벌 거래의 최종 중재자가 되며 브뤼셀 효과는 법원의 번복에도 영향을 받지 않게 된다.

EU가 합병을 완전히 금지하지는 않지만, 승인 조건으로 특정 약속을 요구할 때 — 예를 들어 생산 공장 매각 명령 — 이러한 매각은 보통 EU에만 국한되지 않는다. 브뤼셀 효과로 인해 이런 매각은 기업의 전체 글로벌 구조에 영향을 미친다. 예를 들어, 2009년 유럽위원회는 파나소닉과 산요 합병의 조건으로 일본에 있는 당사자들의 공장 중 하나를 매각하도록 요구했다.[73] 이 매각은 법적으로 비분할이었기 때문에 명백히 전 세계적으로 효과를 미쳤다. 많은 행동 구제책도 마찬가지로 EU 외부에 영향을 미친다. 예를 들어, 1997년 EU는 미국 당국이 이미 아무런 조건 없이 승인한 두 미국 기업 보잉과 맥도넬 더글라스 간의 합병을 차단하겠다고 위협했다.[74] 결국 EU는 광범위한 약속을 조건으로 합병을 진행하도록 허락했다.[75] 여기에는 보잉과 여러 미국 항공사들과의 독점 계약을 포기하는 것이 포함되었다.[76] 결과적으로 이러한 독점 계약들은 전 세계적으로 불법이 되었다. 2011년, 유럽위원회는 합병의 조건으로 인텔이 전 세계적으로 소프트웨어와 보안 솔루션을 분리하도록 요구했다.[77] 또한 독립 보안 소프트웨어 공급업체들에게 로열티 없이 칩셋과 중앙처리장치와 관련된 상호운용성 정보를 공개하도록 요구했다.[78] 이러한 사례들은 합병 심사 맥락에서 브뤼셀 효과의 중요성을 더욱 잘 보여준다.

하지만 때로는 겉보기에 전 세계적인 합병 구제책의 실질적 효과가 EU에만 한정되는 것으로 보일 수 있다. 예를 들어 EU가 2000년 AOL과 타임 워너의 합병을 승인했을 때, AOL이 먼저 독일 미디어 그룹 베르텔스만과의 모든 구조적 연결을 끊도록 요구했다.[79] 이전에 AOL은 유럽에서의 모든 운영을 베르텔스만이 파트너였던 두 개의 합작 투자를 통해 수행했다. 이 매각은 전 세계적으로 유효했다. 다시 말해 다른 경쟁 기관들이 그러한 매각을 요구하지 않았더라도, 합병된 기업은 회사의 전 세계 운영과 관련하여 연결을 끊어야 했다. 동시에, 매각된 기업이 오직 유럽에서의 운영을 수행하는 데만 관련이 있었기 때문에, 이 매각이 미국 등 다른 시장에서 합병된 기업의 사업 전략에 영향을 미쳤는지는 명확하지 않다.

EU의 카르텔 조사도 전 세계적 영향을 미칠 수 있으며, 따라서 브뤼셀 효과의 대상이 될 수 있다. EU가 카르텔을 적발할 때마다 — 내부고발을 장려하는 유럽위원회의 자진신고자 감면제도의 결과로든 자체 조사 후에든 — 해당 카르텔은 전 세계적으로 붕괴될 가능성이 높다. 참여 기업 중 하나가 내부고발자로 행동하여 유럽위원회와 협력하기로 선택하면, 공모 기업들 사이에는 다른 시장에서 카르텔을 유지할 만한 신뢰가 남아있을 가능성이 낮다. 이런 의미에서, 다른 관할권에서 카르텔의 계속 운영은 법적, 기술적, 경제적으로는 가능할지 몰라도 신뢰는 비분할적이다. 마찬가지로, 유럽위원회가 자체적으로 카르텔을 적발한 경우, 다른 외국 기관들이 신속하게 카르텔의 존재를 알게 되고 자체 조사를 시작할 가능성이 높다. 이러한 역학 관계로 인해 카르텔 조사는 실제로 종종 전 세계적으로 비분할적이 된다.

그러나 브뤼셀 효과만으로 카르텔 단속이 이루어지는 경우는 드물다. 항공 화물, 리보/이자율 파생상품, CRT 브라운관 담합 사건 등을 포함한 대부분 주요 사건에서 여러 관할권이 공동으로 카르텔 증거 수집을 위해 긴급 조사를 수행하거나 조사에 협력했다.[80] 예를 들어, CRT 브라운관 담합 사건에서는 EU, 미국, 일본이 거의 동시에 조사를 시작했고, 한국은 2년 후 EU 조사에 합류했다.[81] 또한 EU와 미국은 세계에서 가장 광범위하고 오래 지속된 카르텔 중 하나인 국제 비타민 카르텔을 해체하는 데 공동으로 노력했다. 10년 이상 지속된 이 카르텔은 약 12개의 제품 시장에서 최소 13개 회사가 가격을 고정하는 것을 포함했다.[82] 이 카르텔이 50억 달러 규모의 거래에 영향을 미쳤다고 추정된다.[83] EU와 미국의 집행 노력은 각자의 시장에 초점을 맞추었지만, 결국 전 세계적으로 카르텔을 종식하는 데 성공했다.[84]

카르텔 단속에서 브뤼셀 효과가 종종 불완전하거나 전혀 나타나지 않는 이유는 여러 가지가 있다. 첫째, 오늘날 많은 카르텔이 자진신고자 감면제도를 통해 적발되는데, 이는 당사자들에게 여러 관할권에 동시에 보고하도록 유도한다. 예를 들어, 루프트한자는 항공 화물 카르텔 참여 정보를 미국, EU,

그리고 15~20개 다른 주요 경쟁 당국에 동시에 공개했다.[85] 둘째, 카르텔 적발은 종종 여러 관할권에서의 증거 수집을 해야 하며, EU는 자체 외 시장에서 단독으로 긴급 조사를 수행할 수 없어 일방주의보다는 집행 협력에 의존해야 한다. 이런 의미에서 카르텔 문제에 대한 EU의 규제 역량은 다른 경쟁 문제에 비해 더 제한적이다. 셋째, EU는 구제책 부과 시 자체 시장에 대한 피해만을 계산하며, 그 벌금은 다른 시장에서 과다 청구를 회수하지 못한다. 카르텔을 효과적으로 억제하려면 다른 관할권들도 자체 조사를 수행해야 하며, 그렇지 않으면 영향을 받은 기업들이 다른 시장에서 과다 청구를 통해 EU가 부과한 벌금을 만회할 수 있다. 자체 조사를 시작함으로써 외국 기관들도 벌금을 부과할 수 있게 되는데, 이는 그들이 주로 EU의 조사 노력에 무임 승차하더라도 마찬가지다.

카르텔 조사에서 국제 협력이 흔하지만, 때로는 EU와 같은 단일 관할권이 카르텔 사건에 부과하는 구제책이 전 세계적 성격을 가질 수 있다. 이 경우 브뤼셀 효과는 발생할 가능성이 높다. 예를 들어, 국제 해상 컨테이너 운송은 여러 국가의 경쟁 당국에 의해 자주 카르텔 조사의 대상이 되었으며, 종종 여러 관할권과 중복되는 참여자 및 관행이 관련된다. 이러한 조사에서 나온 구제책은 비분할적으로 보이는데, 국제 해상 운송 가격이 대륙 간 이동하는 특정 선적에 대해 국경을 넘는 단일 거래를 나타내기 때문이다. 따라서 거래의 한 쪽을 규제하면 본질적으로 양쪽을 모두 규제하게 된다. 예를 들어, 2017년 EU는 아시아, 유럽, 중동의 여러 해운 회사들과 카르텔 조사를 합의하여 그들의 가격 책정 관행을 변경하도록 했다.[86] 이러한 가격 책정 관행은 다양한 노선에 걸쳐 있었고, 운송업체들이 EU로 출발하는 많은 비EU 출발 관할권에도 영향을 미쳤다. 여기서 브뤼셀 효과는 출발지와 목적지라는 두 관할권을 연결하는 가격 책정의 기술적 비분할성에 의해 촉발되었다.

합병 통제 및 카르텔 조사와 더불어, EU의 지배적 기업에 대한 규칙 집행은 경쟁법 영역에서 브뤼셀 효과의 작동을 살펴보는 데 특히 흥미롭다. EU의 지배력 조사는 최근 상당한 주목을 받았다. 유럽위원회는 구글, 퀄컴, 인텔, 그리고 10년 전의 마이크로소프트를 포함한 지배적인 미국 기업들에 대해 기록적으로 높은 벌금과 행동 구제책을 부과했다.[87] 이러한 사례들은 EU가 때때로 전 세계적으로 지배적 기업들의 행동에 영향을 미칠 수 있지만, 많은 경우 브뤼셀 효과가 발생하지 않음을 시사한다. 후자의 경우, EU의 지배력 조사 대상들은 분할 가능성을 활용하여 EU 시장에만 국한해 준수할 수 있다.

구제책이 비분할적일 때마다, 브뤼셀 효과가 발생할 가능성이 높다. 예를 들어, 2006년 유럽위원회는 남아프리카 다이아몬드 회사 드 비어스에게 러시아 기업 알로사로부터 다이아몬드 원석의 구매를 중단할 것을 요구했다.[88] 남아프리카나 러시아 당국이 이를 요구하지 않았어도, EU의 결정은 그들 시장에도 영향을 미쳐 전 세계적으로 알로사로부터 조달을 불가능하게 만들었다.[89] 그러나 다른 경우에는 비분할성으로 인해 브뤼셀 효과가 발생하지 않는다. 예를 들어, 2005년 코카콜라는 유통 계약의 독점성 요구사항과 특정 리베이트 및 끼워팔기 프로그램에 대한 EU 경쟁 조사를 해결하기 위해 상당한 행동 제약을 약속했다.[90] 동시에 펩시코가 미국에서 코카콜라의 시장지배력 입증에 실패했고 유럽 외 유통업체들과는 다른 유통 계약을 맺을 수 있었기 때문에, 이와 같은 제한은 코카콜라의 미국 활동에는 영향을 주지 못했다.[91] 그러나 코카콜라가 더 큰 시장 점유율을 가진 이스라엘과 같은 작은 국가에서 유사한 행위를 한 다른 사례들에서는, 코카콜라는 "EU의 동의 명령에서 요구된 것과 같은 방식으로 자사의 행위 제한에 동의했다."[92]

최근 구글에 대한 유럽위원회의 조사는 구제책의 비분할성을 더욱 잘 보여준다. 2018년 구글 쇼핑 조사에서, 구글은 다른 유사한 온라인 가격 비교 플랫폼보다 자사의 쇼핑 서비스에 특혜를 줌으로써 EU 경쟁 규칙 위반이 밝혀졌다.[93] 유럽위원회는 구글에 벌금을 부과하고 자사 플랫폼에 유리한 편향을 제거하여 동등 대우 원칙을 준수하도록 명령했다. 구글은 분할 가능성의 구제책으로 대응했다.[94] 회사는 EU에서 구글 쇼핑을 운영할 별도의 사업부를 설립했다. 이 별도 부서는 구글 쇼핑이 다른 온라인 쇼핑 플랫폼들과 함께 구글 검색의 우선 광고 배치를 위한 경매에 참여하는 시스템을 감독하게 했다. 그러나 이 감독은 오직 EU에서만 적용된다. 이 계획의 결과로, 미국의 구글 검색이나 구글 쇼핑 운영에는 아무런 변화가 없었다.[95] 지리적 위치 확인 기술을 활용하여 구글은 유럽 쇼핑 사업을 분리하고, 비유럽 IP 주소를 사용하여 구글 사이트에 접속하는 사용자들에게는 기존의 구글 쇼핑 비즈니스 모델이 계속 적용되게 했다.[96]

때로는 특정 사례의 한 요소에 대해서는 브뤼셀 효과가 발생하지만, 같은 사례의 다른 부분에서는 브뤼셀 효과가 나타나지 않는 경우를 볼 수 있다. 2004년 마이크로소프트 사건이 좋은 예이다.[97] 유럽위원회는 마이크로소프트가 워크그룹 서버 운영 체제용 소프트웨어 제품과 관련된 정보를 교환하고 상호 사용하는 데 필요한 상호운용성 정보를 경쟁사에게 불법적으로 제공하지 않음으로써 지배적 지위를 남용했다고 판단한 후, 해당 기업에게 그

정보를 공개하도록 명령했다. 마이크로소프트는 전 세계적으로 단일한 라이선스 계약을 유지하기 위해 해당 공개를 전 세계적으로 시행했다.[98] 이는 브뤼셀 효과의 전형적인 사례이다. 그러나 같은 사건의 다른 측면에서는 브뤼셀 효과가 나타나지 않았다. 유럽위원회는 또한 마이크로소프트가 윈도우 미디어 플레이어를 윈도우 운영 체제에 불법적으로 끼워팔게 하여 다른 미디어 플레이어 제공업체들의 시장 진입을 방해했다고 판단했다. 유럽위원회는 회사에 윈도우 미디어 플레이어를 운영 체제에서 분리하고, 자사의 미디어 플레이어가 사전 설치되지 않은 OS 버전을 제공하도록 명령했다. 마이크로소프트는 이 구제책을 유럽에서만 시행했고, 미국과 같은 다른 시장에서는 계속해서 번들 버전의 제품을 제공했다.[99] 이러한 사례들은 결국 브뤼셀 효과의 발생 여부를 결정하는 데 있어 비분할성이 핵심적인 역할을 한다는 것을 함께 보여준다.

EU가 소위 합병, 카르텔, 지배력 남용 사건 등의 주요 경쟁법 분야를 넘어 특정 행위를 적극적으로 추적하거나 반경쟁적 효과를 검토하는 경우 외에도, 기업의 준법 프로그램 역시 브뤼셀 효과의 영향을 받을 수 있다. 많은 기업들은 법규 준수 오류와 관련 법적 위험을 최소화하기 위해 EU법을 고려하여 이런 (주로 전 세계적인) 프로그램을 작성할 가능성이 높다. 가장 엄격한 규제 레짐 — 주로 EU의 레짐 — 을 전 세계적으로 준수하면 이런 오류와 함께 다른 시장에서 서로 다른 준법 정책을 유지할 때 발생할 수 있는 복잡성도 줄일 수 있다. 예를 들어, 지멘스의 비즈니스 준법 지침을 보면 경쟁 관련 조항들이 EU 경쟁법과 매우 유사하게 작성되었다.[100] 마찬가지로 엑슨모빌의 법규 준수 가이드도 여러 EU 경쟁법 조항들, 특히 회사와 고객 간 상호작

용에 대한 지침을 반영하고 있다.[101]

마찬가지로 기업 운영의 효율성과 간소화를 위해 기업들은 전 세계적인 유통 또는 라이선스 계약 네트워크에 표준화된 계약 조항을 사용하는 경향이 있다. 활동하는 시장의 여러 라이선스 사용자나 유통 업체에 대해 각각 다른 유형의 계약을 협상하는 것이 효율적이라고 생각하는 글로벌 기업은 거의 없다. 이러한 복잡성을 도입하고 관리하는 대신, 그들은 고도로 표준화된 계약 조건을 사용할 가능성이 높다. 여기서 EU 경쟁법이 종종 원형을 제공하는데, EU 규칙을 준수하면 일반적으로 다른 시장에서도 준수가 보장되기 때문이다. 이는 때때로 서로 다른 시장의 법적 규칙이나 유통 모델의 차이를 고려하여 조정되더라도 마찬가지다. 예를 들어, 마이크로소프트와 같은 기업은 유통업체 및 라이선스 사용자와의 계약을 주로 EU 경쟁법을 기반으로 작성하여, EU 규정의 영향력을 전 세계 운영으로 확장한다.[102] 따라서 준법 프로그램과 기업 계약의 표준화와 관련된 효율성 이점은 종종 경제적 비분할성을 촉진하고, 이를 통해 브뤼셀 효과를 초래한다.

법적 브뤼셀 효과

법적 브뤼셀 효과 — 즉, 외국 입법자들이 EU 규정을 채택하는 현상 — 는 경쟁법 분야에서 광범위하게 나타나며, 글로벌 시장 경쟁에 상당한 영향을 미쳤다. 지난 30년간 전 세계적으로 경쟁법이 놀라울 정도로 확산되었고, 이 새로운 법 대부분이 EU 경쟁법과 매우 유사하다. 이러한 "입법 차용

(legislative borrowing)" 외에도, 여러 관할권에서 자체 집행 활동에 대한 정보를 얻기 위해 EU의 행동을 참고하고 있다. 특히 EU의 경쟁 조사는 여러 차례 소위 모방 소송을 촉발했는데, 이는 외국 관할권들이 EU의 선례를 따라 EU가 조사한 같은 기업들에 대해 자체 조사를 시작하는 것을 말한다. 그러나 때로는 이러한 외국 관할권들이 행동을 취하지 않기도 한다. 대신 그들은 기꺼이 EU의 조사에 "무임 승차"한다. 이렇게 함으로써 그들은 EU가 주도권을 잡고 특정 반경쟁적 행위를 제한하는 데 상당한 초기 자원을 소비하도록 하면서도, 반경쟁적 거래가 금지되거나 다른 반경쟁적 행위가 수정될 때의 혜택을 누린다. 물론 EU의 구제책이 전 세계적 효과를 가진다고 가정할 때 그러하다. 이 모든 사례는 기업들이 글로벌 시장에서 경쟁하는 규칙의 유럽화에 기여하고 있다.

입법 차용

오늘날 130개 이상의 관할권이 국내 경쟁법을 보유하고 있어, 경쟁법은 전 세계에서 가장 널리 퍼진 경제 규제 형태 중 하나가 되었다.[103] 흔히 하는 이야기로, 경쟁법 학자들과 실무자들은 많은 국가가 경쟁법 입안 시 EU를 참고한다고 말한다.[104] 그들은 보통 EU의 실질적인 경쟁 규칙뿐만 아니라 이러한 규칙을 집행하는 행정 모델도 모방한다. EU를 모방하는 구체적인 이유가 관할권들 각각에 다를 수 있음에도 많은 관할권에 대해 보다 깊이 있게 분석해 보면 앞의 결론이 뒷받침된다. 다음 논의에서는 대국과 소국, 선진국과 개발도상국을 포함한 여러 국가의 사례를 검토한다. 이를 통해 법적 브뤼셀 효과가 아프리카, 아시아, 라틴아메리카 국가들에 동일하게 미치고 있음을 보여준다.

아프리카에서 경쟁법을 가장 적극적으로 규제하는 관할권인 남아프리카공화국을 시작으로, EU는 이 나라의 현대 경쟁법에 뚜렷한 영향을 미쳤다. 이 법은 1998년 아파르트헤이트 체제의 종식을 위한 광범위한 개혁의 하나로 제정되었다.[105] 남아프리카공화국 경쟁법의 여러 영역은 EU법을 거의 그대로 빌려왔다. 또한 유럽사법재판소의 판례법은 입법 초안 작성에 영향을 미쳤다. 특히 주목할 만한 점은 남아프리카공화국 경쟁법의 논란의 여지가 있는 과도한 가격 책정 조항이 유럽사법재판소의 유나이티드 브랜즈 사건 판결에서 직접 가져온 것이라는 점이다.[106] 이 조항에 따르면, 지배적 기업은 "소비자에게 해를 끼치는 과도한 가격"을 부과하는 것이 금지된다.[107] "과도한 가격"이란 해당 상품이나 서비스의 경제적 가치와 합리적 관계가 없고 그 가치보다 높은 가격을 의미한다.[108] 더불어, 남아프리카공화국 법원은 지배력 남용[109]이나 가격 담합 협의[110]와 같은 문제에 대해 유럽사법재판소의 판례법을 일상적으로 인용한다.

남아프리카공화국이 경쟁법 제정에 있어 EU의 예를 따르기로 선택한 이유는 여러 가지일 것이다. 그중에서도 입법 과정에서 유럽위원회의 경쟁총국과의 빈번한 상호작용이 결정적인 역할을 했다고 언급된다.[111] 남아프리카공화국의 새로운 경쟁 법안의 주요 설계자 중 일부가 EU 경쟁법을 공부한 경험이 있어, EU의 모델을 참고하기 쉬웠다.[112] 또한, 남아프리카공화국 경쟁법 초안 작성자들은 아파르트헤이트로 인한 광범위한 경제적, 사회적 불평등을 해소하기 위해 경쟁법 원칙의 전통적 적용에서 벗어나고자 했다.[113] 이 과정에서 그들은 EU가 효율성에 대한 좁은 초점을 넘어 더 넓은 목표를 수용하는 데 개방적이라는 점에서 적절한 모델로 여겼을 가능성이 있다. 비록 남아프리카공화국 입법자들이 채택한 목표들이 다른 공공 정책 관심사에서 비롯되었음에도 그러하다.

여러 아시아 경제국들도 EU의 영향을 비슷하게 수용해 왔다. 2005년에 제정된 싱가포르의 경쟁법은 이를 잘 보여주는 사례이다. 의회 토론에 따르면, 이 법은 EU 경쟁법의 영향을 크게 받은 영국 경쟁법[114]을 모델로 하고 있다. 더욱이 싱가포르 경쟁소비자위원회(Competition and Consumer Commission of Singapore)의 지침은 경쟁법 조항을 관리하고 집행하는 방법을 설명하는데, 이는 대부분 관련 EU 지침을 기반으로 했다.[115] 영국 경쟁법의 "스타일, 접근 방식, 내용"을 따르기로 한 결정은 호주, 캐나다, 아일랜드, 영국, 미국의 경쟁법을 광범위하게 연구한 후 내려졌다.[116] 유럽의 영향이 뚜렷했음에도 불구하고, 싱가포르는 영국/EU 레짐의 모든 측면을 모방하지는 않았다. 가장 주목할 만한 점은 싱가포르가 수직적 합의를 법의 범위에서 제외했다는 것인데, 이는 영국/EU법과의 중요한 차이점이다.[117] 이 결정은 적어도 부분적으로 싱가포르의 작은 시장 규모와 제한된 자원을 반영하며, 이는 싱가포르가 더욱 심각한 반경쟁적 관행에 초점을 맞추는 이유를 설명한다.[118]

싱가포르가 영국/EU 경쟁법의 텍스트를 모방하기로 한 결정은 싱가포르 경쟁소비자위원회의 집행 결정에 있어 영국/EU 판례법을 명백한 기준으로 만들었다.[119] 예를 들어, 싱가포르 최대 티켓 서비스 제공업체인 "시스틱"에 대한 주요 위반 결정 중 하나에서, 싱가포르 경쟁소비자위원회는 그 논리를 전개하는 데 영국과 EU의 판례법에 크게 의존했다. 싱가포르 경쟁소비자위원회는 싱가포르의 시장지배적 지위 남용 조항이 영국법을 모델로 하고 있으며 — 이는 다시 EU법을 모델로 한 것이므로 — EU와 영국의 사례들이 싱가포르 경쟁소비자위원회의 결정에 도움이 되는 "설득력 있거나 유용한" 자료가 될 것이라고 명시적으로 인정했다.[120] 경쟁 항소 위원회(Competition Appeals Board)도 이러한 접근 방식에 동의하며, EU와 영국 법원의 경쟁 결정의 권위가 "매우 설득력 있다"라고 강조했다.[121]

싱가포르가 경쟁법 초안을 작성할 때 영국/EU 모델을 모방하기로 선택한 데에는 여러 이유가 있다. 우선, 싱가포르는 자신의 식민지 역사와 영국과의 법학적 강한 유대로 인해 영국을 모방하는 것이 자연스러웠다.[122] 둘째, 영국/EU 모델은 시간이 지나면서 구축되고 여러 다른 출처의 참조가 있어야 하는 미국 모델보다 기업과 소비자 모두가 이해하기 쉬운 것으로 여겨졌다.[123] EU는 또한 유럽사법재판소에서 지배력 남용 사건들이 자주 판결되면서 이러한 입장을 해석하는 데 상당한 경험을 쌓았다.[124] 이러한 경험은 이 특정 영역의 집행 모델로 EU를 사용하는 데 신뢰성을 부여했고, EU 경쟁법의 명확성은 기업들이 새로운 국내법의 집행 방식에 대해 더 확실한 기대를 할 수 있게 했다.

아시아에서 경쟁법에 대한 법적 브뤼셀 효과의 또 다른 예는 인도에서 찾을 수 있다. 2002년 인도 경쟁법(Indian Competition Act)은 EU 경쟁법에서 영감을 얻었다. 2001년 경쟁 법안의 제93차 보고서에 따르면, 인도법은 EU 경쟁법을 참고해 개정되었으며, "새로운 법은 유럽위원회의 경쟁법과 더 밀접하게 조화를 이루고 있다. 거의 모든 법이 수평적/수직적 합의, 독점, 지배력 남용을 다루며 경쟁 당국에 의해 규제된다"라고 명시했다.[125] 인도의 지배력 남용 규제는 유럽연합기능조약 제102조와 유사하다는 점에서 좋은 사례이다.[126] 인도법은 "지배적 지위"를 "기업이 관련 시장, 즉 인도에서 누리는 힘의 위치"로 정의하며, 이는 "해당 시장의 경쟁력으로부터 무관하게 운영되거나 경쟁자, 소비자 또는 관련 시장 전체에 자신에게 유리한 영향을 미칠 수 있는 능력"을 의미한다.[127] 이 정의는 유럽사법재판소가 유명한 **유나이티드 브랜즈** 판결[128]에서 제시한 것과 용어 면에서 유사하다. 유나이티드 브랜즈 사건에서 유럽사법재판소는 (현) 유럽연합기능조약 제102조를 참조하여, 지배적 지위를 "기업이 가진 경제적 힘으로, 이를 통해 해당 시장에서 효과적인 경쟁을 막고, 경쟁자, 고객, 궁극적으로 소비자로부터 상당히 독립적으로 행동할 수 있는 능력"이라고 명확히 했다.[129] 인도 경쟁 위원회는 **HT 미디어 대 슈퍼 카세트** 판결[*130]에서 유나이티드 브랜즈 사건을 더 참조하여 과도한 가격 책정에 대한 3단계 테스트를 적용했다. 남아프리카공화국과 싱가포르의 사례와 함께 이러한 법적 브뤼셀 효과의 사례는 EU 경쟁법이 다른 국가들의 국내법 초안 작성에 미치는 외부적 영향뿐만 아니라, 유럽사법재판소의 경쟁법 해석에 대한 존중을 통해 EU가 행사할 수 있는 외부적 영향력도 보여준다.

---

* HT 미디어 대 슈퍼 카세트 인더스트리스(HT Media Ltd. v. Super Cassettes Industries Ltd.)(2012) 사건은 저작권 라이선스의 합리적 조건과 시장지배적 지위 남용에 관한 인도 경쟁위원회(CCI)의 중요한 판결이다. 이 사건에서 HT 미디어는 슈퍼 카세트(T-Series)가 자신의 음악 저작권에 대해 과도하게 높은 라이선스 비용을 요구하고, 차별적인 라이선스 조건을 제시하며, 거래 상대방에게 불공정한 조건을 부과했다고 주장했다. CCI는 T-Series가 인도 음악 저작권 시장에서 지배적 지위에 있다는 것을 인정하고, 이들이 과도한 가격 책정, 차별적 조건 부과, 불투명한 라이선스 정책 등을 통해 시장지배적 지위를 남용했다고 판단했다. 특히 위원회는 저작권자의 정당한 이익 보호와 공정한 시장 경쟁 사이의 균형이 필요하며, 지배적 사업자의 라이선스 조건은 합리적이고 투명해야 한다고 강조했다. 이 판결은 지적재산권의 행사가 경쟁법적 한계를 가진다는 점을 명확히 하고, 저작권 라이선스 시장에서의 공정경쟁 기준을 제시했다는 의의를 가진다.

중국의 2008년 반독점법 역시 주로 EU 경쟁법에서 영감을 얻었지만, 입법 과정에서 다른 외국 모델들도 영향을 미쳤다.[131] 예를 들어, 중국은 EU의 주요 조항들 — 반경쟁적 합의에 관한 유럽연합기능조약 제101조와 지배력 남용에 관한 제102조 — 의 문구를 자세히 따랐으며, 유럽의 합병 통제 검토 방식도 모방했다.[132] 흥미롭게도 중국은 농업을 경쟁법 범위에서 제외하는 EU 모델도 따랐는데, 이는 이러한 부문별 예외 조항까지도 외국 관할권으로 퍼질 수 있음을 보여준다.[133] EU는 중국의 초기 법 채택을 넘어서도 그 영향력을 유지한 것으로 보인다. 즉 중국이 최근 발표한 합병 규칙에 대한 개정안 초안도 EU의 해당 규칙에서 큰 영향을 받았다.[134]

완 장(万江) 중국 국가발전개혁위원회 관리는 “입법 차용의 관점에서 볼 때, 중국이 반독점법을 위해 유럽 경쟁법을 빌리는 것이 더 합리적인 선택이었다. 중국 반독점법과 유럽 경쟁법의 관련 규정을 비교해 보면, 두 법이 매우 유사하고 특정 조항들은 사용된 단어 면에서 높은 일관성을 보인다”라고 언급했다.[135] 중국의 전 상무부 부부장 마 시우홍(马秀红)은 EU 경쟁법을 “세계에서 가장 영향력 있는 경쟁법 중 하나”로 언급하며, “중국이 반독점법 제정을 위해 여러 측면에서 유럽 경쟁법의 많은 경험을 활용했다”라고 확인해 주었다.[136] 리 지안(李剑) 교수도 마찬가지로 중국의 법이 EU 경쟁법에 “깊은 영향”을 받았다고 인정하며, 이를 EU와 중국이 공유하는 대륙법 전통 때문이라고 설명했다.[137] 그렇다고 해서 중국이 맹목적으로 EU를 모방한 것은 아니다. 중국은 경제에서 국가의 역할이 다르다는 점을 일부 반영하는 조항을 도입했고, “사회주의 시장 경제”의 촉진을 반독점법의 목표 중 하나로 선언했다.[138]

이러한 중국 특유의 조항들에도 불구하고, 중국에서의 법적 브뤼셀 효과는 광범위했다. 이는 EU를 적극적으로 모방하려는 중국의 의지뿐만 아니라 EU가 자신의 규제 모델을 중국 관리들에게 적극적으로 홍보하려는 노력도 반영한 것으로 보인다. 예를 들어, 유럽위원회는 중국 경쟁 당국과 진솔한 대화를 나누며 기술 지원을 제공하고 중국 당국의 규제 역량 구축을 돕고 있다. EU는 중국 상무부, 중국 국가발전개혁위원회, 국가공상행정관리총국[139]을 포함한 경쟁 정책 담당 주요 기관의 초안 작성자들과 긴밀히 협력했으며, 국무원 법제판공실과 일부 중국 법원과도 일정 정도 협력했다.[140] 2004년, 중국 상무부와 유럽위원회 경쟁총국은 "EU-중국 경쟁 정책 대화"라는 경쟁에 관해 형성된 대화에 대해 합의했다. 이 대화의 주요 목적은 "이 분야에서 중국과 EU 간의 영구적인 협의 및 투명성 포럼을 구축하고 경쟁 정책 분야에서 중국에 대한 EU의 기술 및 역량 구축 지원을 강화하는 것"이었다.[141] 이 대화는 EU가 중국의 향후 규제 발전에 계속 참여할 수 있는 장을 제공하며, 이는 중국에서 법적 브뤼셀 효과를 더욱 공고히 할 수 있다.

라틴아메리카 역시 법적 브뤼셀 효과의 수많은 예를 보여준다. 에콰도르는 국내 경쟁법 입안 시 EU를 밀접하게 따르는 여러 라틴아메리카 국가 중 하나다. 에콰도르는 2011년에야 경쟁법인 "시장 지배력 규제 및 통제를 위한 유기법"을 채택했다.[142] 이 법의 조항들은 EU법을 모델로 한 스페인의 경쟁법을 밀접하게 따르고 있다. 여기에는 예를 들어 지배력 남용, 카르텔, 구제책에 관한 조항들이 포함된다.[143] 또한 에콰도르는 관련 시장 정의에 대한 EU 지침을 포함하여 유럽위원회가 공포한 일부 연성법 수단들도 채택했다.[144] EU 경쟁법이 에콰도르에 매력적인 모델이 된 한 가지 이유는 EU가 효율성에 대한 좁은 관점을 넘어 더 넓은 공공 정책 목표들을 경쟁법에 포함하는 경향이 있었기 때문일 수 있다. 이는 "공평하고 상호 지원하는 발전 촉진"에 대한 에콰도르의 헌법적 약속을 고려할 때 더 적합했다.[145] 또한 에콰도르 법체계의 대륙법적 기원을 고려할 때 EU가 에콰도르가 따르기에 더 나은 모델로 여겨졌을 수 있다.

지금까지 논의된 국가들은 EU의 법률상 전 세계적 영향력의 일부 사례를 보여준다. 전 세계적으로 더 많은 예가 있다. 에브게니 호흘로프(Evgeny Khokhlov)에 따르면, EU와 독일의 경쟁법이 2006년 러시아의 경쟁 보호법과 이후의 개정에 상당한 영향을 미쳤다.[146] 하일레가브리엘 페이사(Hailegabriel Feyissa)는 에티오피아의 경쟁법 체제가 EU를 모델로 했으며, EU 법은 경쟁을 규제하는 2003년 무역관행선언(Trade Practice Proclamation)의 초안 작성에 "주요 자료"를 제공했다고 주장한다.[147] 아나 줄리아 자타르(Ana Julia Jatar)도 마찬가지로 콜롬비아와 베네수엘라를 포함한 많은 라틴아메리카 국가들이 경쟁법 제정 시 EU 조약의 제101조와 제102조를 크게 참고했다고 말한다.[148] 이 모든 사례는 EU 경쟁법 원칙의 채택이 광범위하게 이루어졌다는 결론을 뒷받침한다.

앞서 언급했듯이, 이 국가들이 주로, 비록 배타적이지는 않지만, 규제 표준을 찾는 데 EU를 선택한 이유를 하나의 이유로만 설명할 수는 없다. 사실상의 브뤼셀 효과는 일부 정부가 EU 모델을 따르기로 한 결정을 설명할 수 있다. 전 세계의 기업들이 이미 EU 경쟁 규칙을 준수하도록 행동을 조정하면 할수록, 그들이 자국에서 유사한 개혁을 지지할 가능성은 커진다. 이 기업들은 통일된 규칙을 선호하며, 자국 정부가 이미 사실상 그들의 비즈니스 행동을 규제하는 법을 채택하면 적응 비용이 줄어든다.

경쟁법은 또한 다른 관할권들이 EU보다 덜 엄격한 경쟁 규칙을 채택함으로써 얻을 것이 거의 없는 분야다. 적어도 국제적으로 운영되는 기업에는 그렇다. 지역적으로 더 관대한 규칙들은 종종 EU 규칙에 의해 대체되어, 집행 시점에 해당 규제기관들을 무용지물로 만들 뿐이다. 앞서 설명했듯이, EU가 국제적 합병을 금지하면 그 합병은 전 세계적으로 금지된다. 다른 관할권에서 그 합병이 수용 가능하다고 여겨지는 것은 중요하지 않다. 이는 (가장 엄격한 관할권인) EU에서 벗어나는 것이 다른 관할권에는 거의 이득이 되지 않음을 보여준다. 관할권이 중복되는 이러한 국제 거래와 관련하여, EU가 선호하는 규칙이 우선하기 위해 법적 브뤼셀 효과는 필요하지 않다. 그러나 법적 브뤼셀 효과가 없다면, 국내 경쟁법은 계속해서 철저한 지역적 속성으로 시장 경쟁을 규제하게 된다. EU법이 이러한 관행에 영향을 미치려면, EU는 외국 관할권의 규칙을 변경하기 위해 법적 브뤼셀 효과에 의존할 수밖에 없다. 이는 EU가 다양한 수단을 통해 자신의 규칙을 다른 관할권으로 수출하려는 열망을 부분적으로 설명해 준다.

EU가 경쟁법을 해외로 확산시키는 데 있어 EU의 영향력을 더욱 공고히 한 또 다른 이유가 있다. 이 중 일부는 더 일반적이고 다른 일부는 경쟁 정책에 더 특화된 것들이다.[149] 에콰도르와 남아프리카공화국의 사례에서 간략히 언급했듯이, EU가 경쟁법의 목적을 엄격하게 소비자 복지 증진으로 제한하는 대신 더 넓은 범위의 목표를 명시하는 경향은 EU 경쟁법을 수많은 국가에 매력적인 표준으로 만들었다.[150] 특히 개발도상국들은 시장 운영과 경쟁법의 분배 효과에 대해 그들의 무수한 우려 사항들을 EU 모델이 더 잘 수용한다고 여긴다. 이와 관련하여, EU 경쟁법은 자유 시장의 운영과 그 시장에 개입할 정부의 정당한 권한 사이의 타협으로 인식된다. 대조적으로 미국 경쟁법은 시장의 자기 교정 능력에 대한 더 강력한 신뢰를 반영하는 것으로 보이며, 이는 정부 개입의 필요성을 줄인다.[151] 많은 국가가 이런 점에서 이념적으로 EU에 더 가깝다.

EU 경쟁법이 많은 관할권에 매력적인 표준이 되는 것은 그 내용뿐만 아니라 형식 때문이기도 하다. EU 경쟁법은 미국과 같은 다른 주요 표준보다 더 정확하고 예측할 수 있는 표준을 제공하여, 명확한 사전 규칙을 찾는 새로운 경쟁 레짐에 더 상세한 지침을 제공한다. 이는 경험이 부족한 기관과 법원의 의사 결정을 참조할 수 있게 한다.[152] 이것은 영국/EU 모델이 싱가포르에 매력적이었던 이유 중 하나로 언급되었다.[153] 이러한 특징은 특히 행정 기관과 사법부의 숙련도가 낮은 저소득 국가들에 EU 경쟁법을 더욱 매력적인 표준으로 만들 가능성이 높다.[154] 특히 이러한 국가들은 정확한 규칙을 모방함으로써 이익을 얻는다. 이는 기술적 경험이 부족한 기관들이 더 유연한 사례별 의사 결정에 참여하는 대신 더 기계적인 규칙 제정을 할 수 있게 해준다. EU는 또한 이러한 관할권들에 기술 지원을 확대하는 데 종종 열심이며, 이 과정에서 EU의 규칙과 해석 접근법을 수출하고 있다.[155]

언어적, 역사적 연결은 여러 국가가 입법 모델을 찾을 때 EU로 눈을 돌린 이유를 추가로 설명한다. EU 경쟁 법령은 여러 언어로 출판되는데, 이는 의도하지 않았더라도 EU법의 전 세계적 모방을 상당히 쉽게 한다. 특히 스페인어와 포르투갈어를 사용하는 라틴아메리카와 프랑스어권 아프리카에서 그렇다. 또한 EU는 회원국들의 식민지 역사로 인한 전 세계적인 긴밀한 문화적 유대를 통해 이들 지역에서 간접적인 영향력을 자주 행사할 수 있다. 이는 에콰도르가 스페인 경쟁법(그리고 간접적으로 EU법)을 거의 그대로 복제한 이유를 추가로 설명한다. 마찬가지로 영국의 전 식민지였던 홍콩과 싱가포르는 영국 경쟁법을 광범위하게 복사했고, 이를 통해 많은 EU의 경쟁 조항들을 간접적으로 자국 레짐으로 수출했다.

하지만 EU 표준이 미국의 표준보다 우세하게 된 또 다른 이유는 EU가 PTA와 기타 경제 및 정치 협력 협정을 자신의 규제 규범을 확산시키는 수단으로 활용하는 경향 때문이다.[156] 3장에서 논의된 바와 같이, EU는 자신의 거대한 소비자 시장에 대한 특혜적 접근을 제공함으로써 무역 파트너들에 대해 상당한 협상력을 가지고 있으므로, PTA 체결의 조건을 설정할 수 있는 위치에 있다. 그 조건 중 하나는 일반적으로 경쟁법의 채택이다. 1995년의 EC-터키 관세동맹 협정은 이를 잘 보여주는 예다.[157] 이 협정의 제39조는 "터키는 경쟁 규칙 분야의 자국 법률이 유럽 공동체의 법률과 양립할 수 있도록 보장해야 한다"라고 규정한다. 제휴 협정을 통해 경쟁법이 수출된 예로는 알제리, 이집트, 조지아와 같은 국가들이 있다. 예를 들어, 조지아는 1996년 파트너십 및 제휴 협정에 서명할 때 향후 경쟁법을 EU의 법과 근사화하겠다는 의무를 맡았다.[158]

이 논의는 EU의 영향력에 대한 일화적 증거와 그러한 영향력의 배경에 초점을 두었다. 그러나 이러한 대부분의 관할권들이 다른 관할권들의 영향도 받았을 가능성이 있고, 심지어 그럴 가능성이 높다. 최근 컬럼비아 대학, UC 버클리, 시카고 대학의 학자들이 발표한 연구 논문은 이러한 일화적 증거를 넘어서 경쟁법 법령의 새로운 데이터를 사용하여 EU의 상대적 영향력을 더 체계적으로 측정했다.[159] 구체적으로, 이 연구는 전 세계 규제 환경 형성에 있어 EU와 미국 경쟁 레짐의 상대적 영향력을 조사했다. 이 연구는 125개국의 수십 개 경쟁법 조항에 대한 데이터를 사용하여, EU가 경쟁법을 제정하여 미국과 함께 세계의 또 다른 주요 경쟁 규제자가 된 1957년부터 2010년까지 경쟁 체제의 진화를 추적했다. 구체적으로, 이 연구는 주요 경쟁 조항들의 언어적 유사성을 각각 EU와 미국의 경쟁법과 비교했다. 또한 반경쟁적 합의, 지배력 남용, 합병 통제, 구제책 등 경쟁법의 모든 주요 범주에 걸쳐 이러한 외국 법들의 실질적 유사성을 EU 및 미국과 비교하여 측정했다.

이 연구는 경쟁법 레짐을 가진 대다수 관할권이 미국의 반독점법보다 EU 경쟁법과 더 유사한 법을 가지고 있음을 보여준다. 이는 언어적 유사성과 실제 내용 모두에서 그러하다. 더 구체적으로, 이 연구는 1990년대에 제3국들의 유럽 경쟁법 모델 모방이 미국을 능가했으며, 그 이후로 경쟁 규제 분야에서 EU의 "영향권"이 계속 증가해 왔음을 보여준다. 따라서 이러한 더 체계적인 분석은 EU 경쟁법이 실제로 세계 경쟁법의 가장 일반적으로 복사된 표준을 제공했다는 앞선 일화적 증거들을 뒷받침한다.

이 연구 결과에 따르면, 실질적인 경쟁 규제가 미국 법과 더 유사한 국가 중에는 호주, 캐나다, 뉴질랜드와 같이 미국과 강한 문화적, 법적 유대를 가진 국가들이 포함되며, 일본과 같은 중요한 관할권도 포함된다. 그러나 세계의 모든 지역에서, 브라질, 중국, 인도, 멕시코, 러시아, 남아프리카공화국, 한국과 같은 대부분 주요 신흥 시장을 포함하여 미국보다 EU와 더 큰 실질적 유사성을 보이는 법을 가진 국가들이 훨씬 더 많다. 언어적 유사성 측정 결과도 유사하거나 거의 같은 패턴을 보여준다. 예를 들어, EU 경쟁법 언어는 중국, 인도, 멕시코에서 사용되는 반면, 미국과 유사한 국가는 거의 없다(주로 영미법 국가들에 한정된다).

EU 경쟁법의 언어와 더 넓은 실질적 내용을 복제하는 것 외에도, 대부분의 외국 관할권은 경쟁법을 집행하기 위한 EU의 제도적 모델을 모방했다. 이렇게 함으로써, 이들 국가의 경쟁법 집행은 사적 소송 당사자들보다는 주로 공공 기관들이 제기하는 행정 조치에 의존한다. 실제로 미국 외에서 경쟁법의 사적 집행은 드물다. 이러한 공적 집행 레짐은 미국에 비해 대부분 국가에서 경제생활의 조직에 정부가 더 많이 관여하는 것을 반영한다. "사적 검사장(private attorneys general)"의 개념 — 그리고 이와 관련된 대규모의 활동적인 원고 측 변호사단 — 은 미국 외의 세계에서는 흔치 않은 전통이다.[160] 예를 들어, 중국의 반독점법은 사적 소송을 허용하지만, 전반적으로는 행정 집행 모델 그 자체에 의존하고 있다.[161]

모방 소송

외국 관할권이 자국의 경쟁 규칙을 EU의 규칙과 일치시키는 것이 유익하다고 여길만한 또 다른 이유가 있다. EU법을 모방한 후, 이 관할권은 EU의 조사에 무임승차하고 개별 사례에서 반경쟁적 관행을 평가할 때 EU의 선례를 따를 수 있다. 이를 통해 자체적으로 피해 이론, 시장 정의, 경쟁 평가를 개발할 필요 없이 국내에서 벌금을 부과하거나 다른 구제책을 시행할 수 있다. 이 모두는 시간, 기술적 전문성, 그리고 종종 상당한 자원을 필요로 한다. 이 전략 — "모방 소송"으로 알려진 — 은 자체적으로 사건을 구축할 자원과 전문성이 부족한 경험이 적은 기관들에 특히 매력적이다. EU의 논리와 구제책을 복제함으로써 제한된 규제 역량에도 불구하고 규제 이익을 얻고 집행을 추구할 수 있다. 심지어 기존의 경쟁 기관들도 자체적으로 행동하기 전에 EU의 — 또는 캐나다와 같은 국가의 경우 미국의 — 결정을 기다리는 것으로 알려져 있다. 이런 관점에서 볼 때, 법적 브뤼셀 효과는 무임승차를 용이하게 한다. 반대로 EU와 상이한 법적 체계를 운용하는 경우 이에 기반한 독립적 조사가 또 다른 규제 결과로 이어질 수 있기 때문에 무임승차를 어렵게 할 것이다. EU의 경쟁 레짐을 복제하는 것은 그 집행 결정도 복제할 수 있는 길을 열어준다.

대부분의 경우, 모방 소송은 EU 조사가 생성하는 순수한 정보적 이점을 반영한 것일 가능성이 높다. EU의 행동은 외국 기관들에 있을 수 있는 반경쟁적 행위를 경고하며, 그들에게 행동할 동기를 제공한다. 일반적으로 이는 피해 이론을 더 명확히 설명하거나 심지어 경쟁 기관이 사건을 효과적으로 구축하는 데 필요한 중요한 증거를 제공할 수 있다. 이런 방식으로, 모방 소송의 주요 이점은 외국 기관의 집행 비용을 낮추고 자원이 부족한 기관들도 집행 행위에 참여할 수 있게 한다는 것이다. 그러나 보다 회의적인 시각은 때때로 모방 소송이 EU의 행동 동기와는 다른 경로를 취할 수 있다는 것이다. EU 외 관할권들이 기존의 EU 조사를 특정 회사에 대한 자신들의 괴롭힘, 보호주의적, 또는 기타 부적절한 조사의 구실로 사용할 수 있다는 것이다. 이때 선행한 EU의 조사는, 비록 정당한 근거에 기반해 진행되었을지라도, 이러한 부적절한 조사를 정당화하는 데 사용될 수 있다.

물론 모방 소송에 참여하는 것은 외국 정부들이 취할 수 있는 가능한 전략

중 하나일 뿐이다. 일부 외국 관할권들은 집행을 완전히 포기하고 그들의 집행을 전적으로 EU에 "아웃소싱"하기로 선택할 수 있다. 이는 더 포괄적인 무임승차 전략으로, 이를 통해 외국 관할권은 자체적인 집행 노력 없이도 자신들의 규제 체계와 일치하는 EU의 집행 결과로부터 이익을 얻는다. 예를 들어, EU가 국제적 합병을 금지하면, 더 작은 관할권들은 모방 소송을 통해 같은 결과를 얻으려 노력할 이유가 거의 없다. 하나의 금지만으로도 전 세계적으로 합병을 금지하기에 충분하다. 이는 EU만이 탐지하고 억제할 수 있는 카르텔에도 똑같이 적용된다. EU가 글로벌 카르텔을 해체한다면, 다른 나라의 기관들은 자신들의 한정된 자원을 들여 같은 일(중복된 일)을 반복해서 얻을 이점이 별로 없다고 느낄 것이다.

그러나 현실에서는 카르텔 집행이 종종 여러 관할권 행동을 요구하기 때문에 EU에 집행을 전적으로 외주화하기는 어렵다. 예를 들어, 앞서 논의한 바와 같이, EU는 카르텔 벌금 산정 시 외국의 피해를 제외하기 때문에, 다른 관할권들이 자체적으로 벌금을 부과하는 것이 종종 필요하다. 그렇지 않으면 카르텔이 충분히 억제되지 않는다. 자체적으로 사건을 제기하면 이러한 관할권들이 별도의 벌금을 징수함으로써 금전적 이익을 얻을 수도 있다. 지배력 남용 사건에서는, 여러 관할권의 당국들이 같은 경쟁 우려를 공유하고 EU가 그러한 우려를 해소하는 전 세계적 구제책을 발표하는 한 무임승차가 가능할 수 있다. 그러나 EU의 구제책이 EU 내로만 국한될 경우, 외국 관할권들은 EU의 선례를 따르고 모방 소송에 참여할 가능성이 높다.

이러한 유형의 모방 소송의 여러 사례가 있지만, 다른 관할권이 EU가 먼저 행동했기 때문에 행동하는지, 아니면 그 이유가 독립적인지 또는 단순히 시기가 EU의 조사와 일치하거나 밀접하게 따라가는지를 항상 알기는 어렵다. 예를 들어, 2005년 한국은 윈도우 미디어 플레이어를 운영 체제와 끼워팔기(또는 "번들링") 하는 지배적 지위 남용에 대해 마이크로소프트를 비난한 2004년 EU의 판결을 철저히 따랐다. 이 사건은 몇 년 전 EU가 제기한 유사한 끼워팔기 사건에서 영감을 받은 것으로 널리 여겨졌다. EU 사건은 1998년 마이크로소프트의 경쟁사인 썬 마이크로시스템즈가 EU에 제기한 불만으로 시작되었다. 2004년 유럽위원회는 마이크로소프트가 끼워팔기 행위를 통해 EC 조약 (현) 제102조를 위반했다고 판단했다.[162] 구제책으로, 유럽위원회는 마이크로소프트가 시장에 제공한 번들 버전 외에 윈도우 미디어 플레이어가 없는 윈도우 운영 체제 버전을 제작하도록 요구했다. 곧이어 한국 경쟁 당국은 마이크로소프트를 조사하며 유사한 끼워팔기 주장을 제기했다. 2001년 다음커뮤니케이션[163]과 2004년 리얼네트웍스[164] 같은 마이크로소프트의 경쟁사들의 불만 제기 이후, 한국 공정거래위원회는 2005년 지배적 지위 남용으로 마이크로소프트에 330억 원(약 3,200만 달러)의 벌금을 부과했다. 한국 공정거래위원회는 마이크로소프트가 윈도우 미디어 플레이어와 윈도우 메신저를 윈도우 운영 체제와 끼워팔게 함으로써 반경쟁적 행위를 했다고 판결했다.[165] 유럽위원회와 마찬가지로, 한국 공정거래위원회는 마이크로소프트에게 윈도우 미디어 플레이어와 윈도우 메신저가 있는 버전과 없는 버전, 두 가지 윈도우 버전을 판매하도록 명령했다.[166] 한국의 구제책이 EU가 부과한 것과 매우 유사한 점을 고려하면, 한국 공정거래위원회가 EU의 결정을 기준으로 사용했을 가능성이 매우 높아 보인다. 이 사건의 불만 제기자인 '다음'은 한국의 결정 전에 "EU의 사례가 공정거래위원회의 결정에 영향을 미치기를 희망한다"라고 명시적으로 언급했다.[167] 마이크로소프트도 자체적으로 EU와 한국 공정거래위원회 결정을 비교했지만, 2006년 보도자료에서 한국 공정거래위원회 결정을 EU가 명령한 구제책보다도 "더 가혹한" 것으로 묘사했다.[168]

EU가 2010년 이후 구글에 대해 수행한 여러 조사는 전 세계적으로 주목을 받았으며, 이는 또한 명백한 모방 소송의 여러 사례로 이어졌다. 다른 관할권의 여러 기관이 EU의 조사에 이어 구글의 행위에 이의를 제기했다. 그러나 이러한 관할권 중 많은 곳이 EU의 조사를 명시적으로 언급하지 않아, 이들을 명확하게 "모방 소송"이라고 분류하기는 어렵다. 동시에, 이 기관들이 EU가 한 일을 무시한 채 자신들의 사건을 구축하고 있을 가능성은 낮다.

예를 들어, 러시아는 유럽위원회가 공식 절차 시작과 동시에, 혹은 약간 앞서 안드로이드와 관련된 구글의 관행에 대한 공식 조사를 시작했다. 2015년 2월, 러시아 경쟁 당국인 러시아 연방 반독점 서비스(Federal Antimonopoly Service of the Russian Federation)는 구글의 가장 큰 지역 경쟁사인 검색 엔진 얀덱스 NV(Yandex NV)의 불만 제기에 따라 안드로이드와 관련된 구글의 비즈니스 관행에 대한 조사를 시작했다. 얀덱스는 EU의 구글 조사에서도 불만 제기자 중 하나였다. 러시아 연방 반독점 서비스의 2월 조사 개시는 유럽위원회의 공식 절차 시작보다 몇 달 앞섰다. 그러나 당시 유럽위원회가 공식 절차 개시 전에 이미 안드로이드와 관련된 구글의 관행을 평가하고 있다는 것은 공공연한 사실이었다.[169] 2015년 9월, 러시아 연방 반독점 서비스는 구글이 안드로이드와 관련된 불법 관행을 통해 러시아 경쟁법을 위반했다고 판단하는 결정을 내렸다. 또한 중지 명령을 내리고 약 4억 4천만 루블(약 780만 달러)의 벌금을 부과했다.[170] 이로써 러시아 연방 반독점 서비스는 "안드로이드 운영 체제와 관련된 구글의 관행에 대해 부정적 평가를 한 세계 최초의 경쟁 당국"이 되었다.[171] 그러나 더 회의적인 시각에서는 러시아가 EU보다 먼저 조사를 완료할 수 있었던 이유가 구글에게 제공된 적법 절차가 더 적었기 때문일 수 있다는 지적이 있을 수 있다. 러시아의 조기 결정 이유와 상관없이, 구글의 관행에 대한 러시아의 조사는 적어도 부분적으로 EU에서 동시에 진행 중이던 유사한 조사에 의해 촉발된 것으로 보인다.

브라질의 구글 비즈니스 관행 조사 역시 모방 소송의 또 다른 예이다. 2013년 10월, 마이크로소프트와 현지 검색 엔진인 부스카페 및 본파로가 브라질 경쟁 당국인 브라질 경제방어를 위한 행정위원회(Administrative Council for Economic Defense)에 구글에 대한 불만을 제기했다. 브라질 경제방어를 위한 행정위원회는 "구글이 부당하게 경쟁사의 콘텐츠를 사용하고, 그들의 광고주의 의욕을 꺾었으며, 검색 결과에서 자사 제품 목록을 선호했다는 혐의를 조사하고 있다"라고 밝혔다.[172] 마이크로소프트가 2015년 EU에서와 유사한 결정을 반복하여 브라질 경제방어를 위한 행정위원회에 대한 구글 불만을 철회한 후에도 브라질 경제방어를 위한 행정위원회는 조사를 계속했다.[173] 브라질 경제방어를 위한 행정위원회의 초기 구글 조사는 안드로이드와 관련된 구글의 비즈니스 관행을 다루지 않았지만, 2018년 여름 EU가 안드로이드 모바일 운영 체제와 관련된 지배력 남용으로 구글에 벌금을 부과한 후 이는 변경되었다. 당시 브라질 경제방어를 위한 행정위원회의 알레한드레 바헤투(Alexandre Barreto) 회장은 "우리가 지금 하는 것은 여기서 행동할 근거가 있는지 결정하기 위해 EU의 결정을 분석하는 것"이라고 밝혔다.[174]

이 발언은 브라질 경제방어를 위한 행정위원회가 구글 안드로이드와 관련하여 유럽위원회가 시작하고 완료한 조사를 모방할 수 있음을 시사한다.

브라질과 러시아의 사례 외에도, 최근 터키의 구글 조사에서 또 다른 가능한 모방 소송의 사례를 볼 수 있다. 2015년 7월, 터키 경쟁 당국(Rekabet Kurumu 또는 TCA)은 얀덱스의 불만 제기에 따라 안드로이드와 관련된 구글의 비즈니스 관행 조사를 시작했다. 얀덱스는 구글이 모바일 기기 제조업체들에, 스마트폰에 특정 구글 앱을 사전 설치하도록 의무를 부과함으로써 지배적 지위를 남용하여 터키 경쟁 규칙을 위반했다고 주장했다. 2018년 9월, TCA는 안드로이드에 대한 모바일 기기 제조업체들과의 계약과 관련하여 지배적 지위를 남용한 혐의로 구글에 9,300만 터키 리라(약 1,500만 달러)의 벌금을 부과했다. 이 결정은 유럽위원회가 유사한 관행에 대해 구글에 50억 달러 이상의 벌금을 부과한 직후에 나왔다. 전문가들은 "터키 경쟁 당국의 결정은 터키 경쟁 당국이 여전히 행위의 반경쟁성을 평가하는 데 있어, 특히 복잡한 사안에서 유럽위원회의 발자취를 상당 부분 따르고 있음을 다시 한번 보여준다"라고 지적했다. 이 터키 사례는 브라질과 러시아 사례에 더해 가능한 모방 소송의 또 다른 사례로 볼 수 있다.[175]

마지막으로, 한국 공정거래위원회의 구글에 대한 경쟁 조사는 이 분야에서 EU 집행 결정의 광범위한 영향력에 대한 추가적인 증거를 제공한다. 이 사례는 한국 공정거래위원회가 처음에는 구글의 어떤 위법 행위도 없다고 판단했지만, EU의 결정 이후 접근 방식을 재고한 것 때문에 특히나 흥미로운 예이다. 2011년, NHN(한국 최대 인터넷 검색 엔진인 '네이버'의 소유주)와 다음커뮤니케이션은 한국 공정거래위원회에 구글의 반경쟁적 관행을 조사하도록 촉구했다. 구체적으로, 이 기업들은 구글이 스마트폰에서 특정 모바일 검색 창 애플리케이션의 사전 로딩을 제한하고 있다고 주장했다.[176] 한국 공정거래위원회는 2013년 판결에서 구글의 한국 검색 엔진 시장 점유율이 경쟁을 위협하기에는 너무 작다고 결론 내리며 이들의 주장을 기각했다.[177] 그러나 한국 공정거래위원회가 EU가 안드로이드 관련 구글의 비즈니스 관행에 대해 "이의 성명서"를 발행했다는 것을 알게 된 후 — 이는 EU가 반경쟁적 행위를 의심하고 있다는 징후이다 — 구글을 다시 살펴보기로 했다. 이에 따라 한국 공정거래위원회는 구글이 안드로이드의 지배력을 불공정하게 사용하여 한국 모바일 검색 시장의 경쟁을 제한했는지 조사하게 되었다.[178] 2016년, 한국 공정거래위원회 관리는 "한국 공정거래위원회는 EU 조사에서 반독점 위반이 발견된 것과 OS/검색에 대한 시장 환경 변화를 고려하여 구글을 재모니터링하고 있다"라고 인정하며, "모니터링 결과와 EU의 최종 판결에 기반하여 한국 공정거래위원회는 공식 조사 시작 여부를 결정할 것"이라고 언급했다.[179]

전 세계적으로 구글에 대한 경쟁 조사가 증가하면서 가장 주목을 받고 있지만, 모방 소송은 구글, 첨단 기술 부문 또는 지배력 남용 사건에만 국한되지 않는다. 합병 통제는 모방 소송에 적합한 또 다른 경쟁법 영역을 제공한다. 특히 EU와 같은 선도적 관할권이 처음 부과한 구제책을 복제할 때 그러하다.

앤하이저부시 인벨브(AB InBev)와 SAB밀러의 2015년 거래에 대한 EU의 조건부 합병 승인을 에콰도르 시장지배력 통제 감독청(Ecuadorian Market Power Control Superintendence)이 밀접하게 따른 최근 사례가 있다.[180] 유럽위원회의 승인을 얻기 위해 앤하이저부시 인벨브는 프랑스, 이탈리아, 네덜란드, 영국의 SAB밀러 사업을 제3자에게 모두 매각하겠다고 제안했다. 그러나 유럽위원회는 당사자들에게 추가적인 약속을 요구하여, 동유럽(체코, 헝가리, 폴란드, 루마니아, 슬로바키아)의 SAB밀러 사업도 매각하도록 했다. 앤하이저부시 인벨브와 SAB밀러의 이 합병은 에콰도르 시장지배력 통제감독청이 지금까지 분석해야 했던 가장 중요한 거래였다. 합병 당사자들의 에콰도르 내 합병 후 시장 점유율이 97%를 초과해 개입이 불가피했다. 2011년부터 합병을 검토하기 시작한 에콰도르 당국의 경험 부족으로 인해, 유럽위원회가 명령한 유형의 약속을 밀접하게 차용했으며, 여기에는 앤하이저부시 인벨브의 에콰도르 사업 일부 매각 요구도 포함되었다. 구체적으로, 에콰도르 당국은 결의안 전반에 걸쳐 유럽위원회가 사용한 것과 같은 특정 개념과 단어들에 의존했는데, 이는 EU 결정이 모델로 사용되었음을 시사한다. 예를 들어, 잠재적 구매자들에게 매각을 더 매력적으로 만들고 구매자들이 시장에 진입하여 효율적으로 운영할 수 있는 충분한 자산을 갖게 하려고 특정 자산이나 사업을 "패키지"로 매각해야 한다는 강한 강조가 있다. 또한 에콰도르 당국은 이전에 사용하지 않았던 특정 개념들을 포함했는데, 이는 당사자들이 유럽위원회와 합의한 약속 이행과 매우 유사했다. 예를 들어, 매각을 수행하기 위해 에콰도르 기관은 당사자들에게 분리 운영(Hold Separate) 약속과 함께 분리 운영 관리자 및 모니터링 수탁자를 구현하도록 요청했다. 에콰도르 당국이 요청한 분리 운영 약속은 심지어 스페인어로 번역되지도 않고 단순히 "Commitment #7"로 나열되어 있으며, 문자 그대로 "분리 운영"을 언급한다.[181] 이러한 문구 선택은 EU 결정이 실제로 에콰도르 기관에 의해 직접적인 모델로 사용되었다는 점에 대해 거의 의심의 여지를 남기지 않는다.

이러한 사례들은 외국 정부들이 종종 EU를 모방하는 모방 소송을 매력적으로 여기는 이유를 보여준다. 동시에 외국 기업들이 점점 더 EU에 경쟁 관련 불만을 제기하는 경향이 있어, EU가 오늘날 가장 주목받는 경쟁 분쟁의 글로벌 중재자가 되고 있다. 자국에서 싸우는 대신 EU에 경쟁 사안을 제기함으로써 이 기업들은 소위 '판결장 쇼핑'에 참여하여 개입을 선호하는 것으로 여겨지는 EU의 더 엄격한 규칙을 이용하려 한다. 이에 따라 유럽위원회는 그러한 역할을 적극적으로 추구하거나 접수된 모든 불만을 처리할 자원이 없음에도 불구하고 글로벌 경쟁 집행의 "허브(hub)"가 되었다. 이 장에서 앞서 간단히 논의된 이러한 관행의 몇 가지 예로, 마이크로소프트가 10여 년 전 두 미국 기업(노벨과 썬 마이크로시스템즈)에 의해 유사한 EU 불만의 대상이 된 후 2011년에 구글의 반경쟁적 행위에 대해 유럽위원회에 불만을 제기한 사례가 있다.[182] 포럼 쇼핑과 모방 소송은 서로 다른 주체와 동기에 의해 주도되지만, 법적 브뤼셀 효과의 변형을 통해 EU의 영향력을 증가시키고 EU 경쟁 규칙을 글로벌 규범으로 더욱 공고히 하는 효과를 가진다.

EU의 경쟁법 영향력을 자세히 살펴보면 브뤼셀 효과의 가장 명백한 사례들이 드러나지만, 동시에 그 한계도 명확히 노출된다. 브뤼셀 효과의 기반이 되는 첫 네 가지 조건 — 시장 규모, 규제 역량, 엄격한 표준, 비탄력적 대상 — 은 일반적으로 모든 경쟁 정책 문제에 스며들어 있다. 이 조건들의 존재만으로도 EU 경쟁법은 광범위한 역외 적용 범위를 가지며, 따라서 EU 경쟁법은 외국 기업들의 행위가 EU 시장에 영향을 미치는 한 그들에게도 적용된다.

그러나 이 네 가지 조건만으로는 브뤼셀 효과가 발생하지 않는다. 브뤼셀 효과의 발생 여부를 궁극적으로 결정짓는 조건은 비분할성이다.

이 장의 논의는 비분할성 문제가 경쟁 문제에서 브뤼셀 효과의 발현에 있어 거의 모든 변동을 설명한다는 것을 보여주었다. 비분할성은 기업들이 자발적으로 EU 규제를 전 세계 운영에 적용하도록 이끄는 방아쇠 역할을 한다. 경쟁 정책의 다양한 영역을 자세히 살펴보면 비분할성이 일부 경쟁 문제에서 다른 영역보다 더 흔하다는 것도 드러난다. 예를 들어, 합병 금지는 비분할성의 전형을 보여준다. 다시 말해 거래 금지는 관할권별로 시행될 수 없으므로 브뤼셀 효과를 촉발한다. 동시에 금지되지 않고 조건부로 승인된 합병은 그 조건이 전 세계적으로 또는 지역적으로 시행될 수 있는지에 따라 비분할성을 보일 수도 있고 아닐 수도 있다. 카르텔 조사는 특히 EU의 조사가 전 세계적으로 카르텔을 해체할 만할 때 비분할적일 수 있다. 동시에 EU의 결정이 전 세계적으로 카르텔을 종식시킬 수 있다고 하더라도, 이들 기관들은 여전히 벌금을 부과할 동기가 있을 수 있다. 이는 그들이 EU의 조사를 따라 자체적인 조사를 수행할 때에만 가능하다. 지배력 남용 사건은 브뤼셀 효과의 특히 흥미로운 시험대를 제공한다. EU가 최근 글로벌 집행자로서의 역할이 두드러진 이러한 조사에서는, 아마도 의외겠지만, 브뤼셀 효과가 가장 적게 나타난다. 많은 개별 사례에서 당사자들은 그들의 구제책을 EU 시장에만 제한할 수 있었고, 다른 시장에서는 계속해서 제품의 다른 변형을 제공할 수 있었다. 이는 예를 들어 지난 몇 년간 유럽위원회가 구글에 부과한 다양한 구제책에서 일반적이었다.

경쟁 문제의 유형과 산업에 걸쳐 사실상의 브뤼셀 효과의 발생이 일관적이지 않았던 반면, 법적 브뤼셀 효과는 지속적으로 나타났다. 경제 발전 수준, 법적 및 경제적 시스템, 정치적 성향이 달리하는 국가들은 경쟁 법령을 제정할 때 EU를 참조해 왔다. 이러한 영향력은 시장의 힘에 의해서만 부분적으로 설명될 수 있으며, EU를 매력적인 모델로 만든 여러 요인의 조합에서 비롯된다. EU는 자신의 경쟁법을 적극적으로 수출했으며, 많은 관할권이 EU의 수출을 받아들이는 데 상당한 의지를 보였다. 외국 관할권들이 EU의 집행 결정을 열심히 복사하려는 경향은 EU의 경쟁 정책에 대한 전 세계적 영향력을 더욱 공고히 했으며, 이는 여러 관할권에서 일어나는 모방 소송으로 나타났다.

최근까지 미국은 나머지 세계가 EU의 경쟁법을 모방하고 그 집행 관행을 복사했음에도 불구하고 경쟁 집행에 대한 자국의 제한적 접근법을 옹호해 왔다. 그러나 최근 주요 온라인 플랫폼들에 대한 광범위한 반독점 조사를 발표한 미국 정부의 움직임에서 볼 수 있듯이, 미국 역시 곧 반독점 정책을 재평가하는 과정에 있을 수 있다. 미국 기관들은 "검색, 소셜 미디어, 일부 온라인 소매 서비스"에 초점을 맞춘 이 조사를 통해 아마존, 구글, 페이스북을 겨냥하고 있는 것으로 여겨진다.[183] 따라서 미국도 더 이상 법적 브뤼셀 효과로부터 오랫동안 자유로울 수는 없을 것이다. 특히 정치적 모멘텀이 더 많은 규제 개입을 향해 결정적으로 이동한다면 더욱 그럴 것이다. 이러한 발전은 법적 브뤼셀 효과를 확장하거나, 또는 시간이 지남에 따라 새롭게 부상하는 "워싱턴 효과"와 균형을 이룰 수 있는 잠재력을 가지고 있다.

제5장

디지털 경제

지난 20년 동안, 특히 디지털 경제 분야에서 EU의 규제 권력이 글로벌 시장에 미치는 영향력이 크게 증가했다. EU의 2016년 GDPR만큼 글로벌 디지털 기업이나 그 사용자들에게 영향을 미친 규제는 거의 없다.[1] GDPR이 발효되자, 소비자들은 여러 기업으로부터 개인 데이터 활용 동의를 요청하는 이메일을 대량으로 받게 되었다. 전 세계 기업들은 EU의 규제에 대응하여 데이터 수집, 저장 및 사용 방식을 신속하게 조정해야만 했다. GDPR 외에도, 이러한 기업들과 사용자들에게 영향을 미친 또 다른 주요 규제는 EU의 온라인 혐오 발언 규제 노력에서 나왔다. 유럽위원회가 페이스북, 트위터, 유튜브, 마이크로소프트[2] 등 네 개의 미국 IT기업과 함께 온라인 불법 혐오 발언에 대응하기 위한 자발적 행동 강령을 제정하면서 이들 및 기타 디지털 기업들은 자사 플랫폼에 게시된 발언을 엄격히 관리하기 위한 광범위한 조치를 취하게 되었다. 이 두 가지 규제는 해외 관할권에서도 막대한 영향을 미쳤으며, 브뤼셀 효과의 글로벌 영향력을 보여준다.

브뤼셀 효과의 글로벌 확산은, 개인 데이터의 소유와 소셜 미디어에서의 대화 통제를 통해 이들 기업들이 막대한 권력을 축적하고 있다는 인식의 증가에서 비롯된 유럽위원회의 디지털 경제 규제 추진에서 나타난다. 이러한 권력은 기업들에게 비범한 상업적 이점을 부여하여, 전례 없이 소수의 기업에 부를 집중시키고 있다[3]. 그러나 더욱 우려스러운 점은 이들 기업들이 플랫폼의 영향력과 개인에 대한 방대한 데이터 축적을 사용하여, 의도치 않게도 정치 선거에 영향을 미치거나, 범죄와 학대를 조장하는 것으로 밝혀졌다는 사실이다. 예를 들어, 2013년에 폭로된 스노든 게이트로 미국 국가안보국이 페이스북 데이터를 수집하여 대규모 감시 캠페인을 벌였다는 사실이 드러났다. 그리고 2018년에는 "케임브리지 애널리티카 스캔들"이 세상에 알려짐으로써 영국의 정치 컨설팅 회사인 케임브리지 애널리티카가 페이스북 사용자의 개인 데이터를 수집하여 정치 캠페인에 사용함으로써 트럼프 대통령 선거와 브렉시트 국민투표에 영향을 미친 것으로 드러났다. 가장 최근인 2019년에는 뉴질랜드 크라이스트처치의 한 이슬람 사원에서 증오 범죄로 50명을 살해한 범인이 페이스북에서 자신의 범행을 생중계했다. 이 영상은 페이스북과 기타 여러 온라인 플랫폼에서 수백만 건의 조회수가 발생했고, 이 영상은 회사들이 온라인에 게시된 다양한 영상 사본을 삭제하기 위해 애쓰는 동안에도 재생되었다. 이와 같은 스캔들은 이 기업들의 관행과 이들을 규제하려는 EU의 비교적 엄격한 노력에 전 세계의 주목을 끌게 했다.

이 장에서는 이와 같은 사례들을 바탕으로 EU가 디지털 경제를 규제하기 위해 중점적으로 다뤄온 두 가지 규제 분야, 즉 데이터 보호와 온라인 혐오 발언 규제에 초점을 맞춘다. 먼저 EU의 데이터 보호를 관장하는 법률을 검토하고, 그 배경이 되는 경제적 및 정치적 동인을 설명한다. 이어서 데이터 보호에 있어 사실상의 브뤼셀 효과와 법적 브뤼셀 효과의 몇 가지 사례를 논의한다. 이후 온라인 혐오 발언으로 초점을 옮겨, 해당 규제와 그 배경이 되는 경제적, 정치적 동기를 검토하며, EU가 인터넷 시대에서 수용 가능한 발언과 수용 불가능한 발언의 경계를 어떻게 그어왔는지에 대한 사례를 살펴본다. 이는 유럽뿐만 아니라 전 세계적으로도 해당되는 내용이다.

디지털 경제 I : 데이터 보호

EU는 개인정보보호와 데이터 보호 규제에 있어 전 세계적으로 기준을 제시한다. EU는 경제 전반의 모든 부문에 적용되는 포괄적인 데이터 보호법을 제정하여, 공공 및 민간 기관 모두를 위한 적용되는 개인정보보호 원칙을 확립했다. 개인정보보호 권리는 EU에서 기본권의 지위를 부여받으며, 이는 EU 조약 구조에서 그 중요성이 더욱 높아졌다. 이 권리는 EU 회원국 전역에서 독립적인 규제 기관을 통해 집행되며, 위반 시 상당한 제재를 가할 수 있다. EU의 개인정보보호 규칙은 사실상의 브뤼셀 효과와 법적 브뤼셀 효과를 통해 전 세계적으로 중요한 영향을 미쳤으며, 데이터 보호는 글로벌 규제 환경의 유럽화를 보여주는 대표적인 사례가 되었다.

주요 입법

EU에서는 개인정보보호가 계약으로 포기할 수 없는 기본권으로 간주된다.[4] 1950년 유럽인권협약이 개인정보보호 권리를 인정한 것을 토대로, 2009년 리스본 조약은 데이터 보호를 EU 기관이 보장하는 기본권으로 격상시켰다.[5] 구체적으로, 리스본 조약은 거의 10년 전에 선포된 유럽연합기본권헌장에 법적 효력을 부여했다. 이 헌장은 개인에게 개인정보보호 권리, 즉 개인 데이터 보호 권리를 보장한다.[6] EU의 기본권 접근법에 기반한 개인정보보호 철학은 개인이 자신의 개인 데이터에 대한 통제력을 강화함으로써 자기결정권을 증진하는 데 있다.[7]

이러한 헌법적 보호 외에도, EU는 2018년 5월에 발효된 2016년 GDPR에서 상세한 개인정보보호 규정을 명시하고 있다.[8] GDPR은 1995년 데이터 보호 지침을 대체하며, 유럽 시민들이 누리는 개인정보보호 권리를 더욱 강화하며,[9] 이러한 권리가 모든 회원국에서 직접 적용될 수 있도록 했다. GDPR은 데이터 처리에서의 합법성, 공정성, 투명성을 요구한다.[10] 또한 데이터 수집의 양과 목적을 제한하고, 데이터를 수집하고 처리하는 모든 기관 — 민간 기업이든 정부 기관이든 — 이 데이터의 무결성, 보안, 정확성을 보장해야 한다고 규정한다.[11] 또한 데이터는 제한된 기간 동안만 저장될 수 있다.[12] GDPR은 "잊혀질 권리"와 같이 데이터 주체가 특정 데이터[13]를 삭제하도록 요청할 수 있는 권리와 "개인정보보호 중심 설계"처럼 제품과 서비스가 GDPR 의무를 염두에 두고 설계되도록 요구하는 새로운 의무를 추가했다.[14] GDPR은 회원국들이 독립적인 데이터 보호 기관을 설립하여 GDPR

에 내재된 보호 조치를 보장하도록 요구한다. 그리고 유럽 데이터 보호 이사회를 설립하는 것도 명시하고 있다.[15] GDPR은 또한 강력한 제재를 규정하여 규제의 억제 효과를 높이고 있다. 즉, GDPR 미준수 시 최대 2천만 유로 또는 전년도 전 세계 연간 매출의 최대 4% 중 더 높은 금액의 행정 벌금이 부과될 수 있다.[16]

GDPR은 광범위한 지역적 적용 범위를 가지고 있다.[17] GDPR은 개인 데이터가 수집, 보유 또는 처리되는 "데이터 주체", 즉 EU 내 거주자의 개인 데이터를 처리하는 모든 기업에 적용되며, 기업의 위치나 데이터 처리 장소와 상관없이 적용된다. 따라서 GDPR은 EU 내에 설립되지 않은 데이터 관리자나 처리자에게도 적용된다. 단, 이들이 EU 거주자에게 상품이나 서비스를 제공하거나 EU 내에서 발생하는 행동을 모니터링하는 한 해당된다. EU 시민의 데이터를 처리하는 비EU 기업들도 EU 내에 공식 대리인을 지정해야 한다. EU는 보호된 데이터가 다른 관할권에서 접근 가능해질 경우, 자국의 높은 개인정보보호 기준이 훼손될 수 있다고 보고 있다. 이와 같은 이유로 EU는 데이터 개인정보보호 권리를 "적절한 수준에서 보호"하지 않는 제3국으로의 데이터 전송을 금지한다.[18] 무엇이 "적절한" 보호 수준인지에 대해서는 EU가 개별 사례별로 정의한다.

GDPR을 보완하기 위해, EU는 현재 새로운 e프라이버시 규정[19]을 채택하는 과정에 있다. 이 규정의 목표는 기존 1995년 e프라이버시 지침을 현대화하고, 이를 GDPR과 호환되도록 보장하는 것이다.[20] e프라이버시 규정은 유럽 시민들의 전자 통신, 특히 문자 메시지와 이메일로 전송되는 데이터를 보호하기 위해 기업들에게 추가적인 의무를 부과한다. 또한, 사용자의 명시적인 동의 없이 쿠키를 사용해 인터넷 사용자의 온라인 활동을 추적하거나 맞춤형 광고를 발송하는 기업의 능력을 제한할 것이다.[21] e프라이버시 규정을 둘러싼 입법 과정은 논란이 많았으며, 시민 사회 단체와 산업 무역 협회들로부터 강력한 로비가 있었다.[22] 한편으로, 새로운 e프라이버시 규정의 비판자들은 이 법이 중복되며 GDPR에서 비롯된 의무와 충돌할 가능성이 있다고 주장한다. 다른 한편으로, 이 법의 지지자들은 스카이프나 왓츠앱과 같은 현대적인 온라인 통신을 포괄하기 위해 개인정보보호를 확대할 필요성을 강조한다.[23] 새로운 법안은 유럽의회에서 채택되었으며, 현재는 이사회에서 논의 중에 있다.[24]

유럽법원은 유럽 시민의 개인정보보호 권리의 범위를 더욱 확장해 왔다. GDPR이 발효되기 전에도 유럽사법재판소는 1995년 데이터 보호 지침의 적용 범위를 넓히는 여러 판결을 내렸다. 그중 대표적인 개인정보보호 판결 중 하나는 "잊혀질 권리" 사건으로 알려진, 스페인에서의 구글 검색과 관련된 **구글 스페인** 사건이다.[25] "잊혀질 권리"란 인터넷 사용자가 자신과 관련된 모든 데이터를 요청에 따라 영구적으로 삭제할 권리를 의미한다. 이 사건에서 스페인의 한 사용자는 자신의 재정 문제를 다룬 오래된 신문 기사와 연결된 검색 엔진 결과를 구글이 삭제해 줄 것을 요청했다. 고소인에 따르면, 해당 정보는 정확하지만 모든 채무가 해결되었으므로 더 이상 관련성이 없다는 것이었다. 그러나 구글은 해당 정보를 검색 결과에서 제거하는 것을 거부했다. 이에 대해 유럽사법재판소는 선결적 심판 제도를 통해 개인정보보호 권리의 범위와 당시 적용되던 1995년 데이터 보호 지침이 구글과 같은 데이터 처리자 또는 관리자에게 적용되는지 여부에 대해 판결을 내려달라는 요청을 받았다.

유럽사법재판소는 1995년 데이터 보호 지침의 제12조에서 비롯된 "잊혀질 권리"의 광범위한 범위를 재확인했다. 유럽사법재판소에 따르면, 구글을 포함한 검색 엔진이 적절하지 않거나 관련성이 없거나 최신 정보가 아닌 특정 콘텐츠에 대해 링크 해제 및 더 이상 검색되지 않도록 해 달라는 요청을 존중해야 한다고 EU법은 요구한다. 이 의무는 또한 데이터 주체에게 실제 피해를 입증해야 한다는 조건을 두고 있지 않다.[26] 더 나아가 법원은 이미 공공 영역에 있는 정보를 단순히 모아놓은 검색 엔진에는 제12조가 적용되지 않아야 한다는 구글의 주장을 기각했다. 법원은 또한 검색 엔진 본사의 위치나 관련 데이터의 처리 또는 색인이 이루어지는 위치가 검색 엔진의 데이터 관리자로서의 의무와는 무관하다고 판단했다. 구글의 EU 외부에서 이루어진 데이터 처리 활동은 스페인에 있는 구글 자회사의 광고 및 기타 활동과 "불가분하게 연결"[27]되어 있었다. 따라서 법원은 구글의 데이터 처리 활동이 EU 지침에 따라 제정된 스페인 데이터 보호법의 적용을 받는다고 판결했다.[28] 특히, GDPR은 외국 데이터 관리자의 관할권을 확립하는 데 있어서 한층 더 진일보 했다. GDPR은 데이터 관리자가 EU 거주자나 EU 데이터를 처리하는 제공업체에 서비스를 제공하는 한 해당 데이터 관리자가 EU에 존재하지 않더라도 적용된다.[29]

구글은 해당 판결을 이행하면서 Google.sp뿐만 아니라 Google.fr과 같은 다른 유럽 사이트에서도 검색 결과를 링크 해제했다. 그러나 구글은 처음에 이 법원 판결이 EU의 관할권에만 국한되며, 글로벌 검색 결과를 수정할 필요는 없다고 주장했다. 이는 링크 해제된 데이터가 미국에서는 물론이고 사용자가 구글의 글로벌 도메인 "google.com"에서 검색을 수행할 경우 스페인에서도 여전히 접근 가능하다는 것을 의미했다. 하지만 유럽 규제 당국은 Google.sp와 같은 국가별 도메인에서의 검색 결과 제거만으로는 충분하지 않다고 주장했다. 프랑스 데이터 보호 당국의 명령에 따라 구글은 판결이 유효한 국가에 위치한 IP 주소를 사용해서 검색이 수행될 때마다, Google.com 플랫폼에서도 검색 결과를 차단하기로 하는 데 동의했다. 즉, 스페인에서 검색할 경우 Google.sp과 Google.com에서 모두 데이터가 링크가 해제되지만, 미국이나 심지어 프랑스에서 Google.com으로 검색할 경우에는 여전히 데이터에 접근 가능하다는 의미였다.[30]

이러한 전개 과정이 있고 난 뒤, 2017년 프랑스 데이터 보호 당국은 더 넓은 범위의 "잊혀질 권리"를 요청했으며, 이는 검색 엔진이 EU 외부에서만 접근 가능한 도메인을 포함하여 모든 도메인에서 검색 결과를 삭제하도록 요구하는 것을 의미했다.[31] 이 결정은 현재 유럽사법재판소에 계류 중이며, 이 장에서 더 자세히 논의될 예정이다. 유럽사법재판소가 최종적으로 어떤 판결을 내리든, EU의 잊혀질 권리는 검색 엔진에 비대칭적인 인센티브를 부과하기 때문에 상당한 범위의 검색 결과 삭제로 이어질 가능성이 크다. 구글과 같은 개별 기업들은 정보 삭제 여부를 개별 사례에서 결정할 권한을 유지하지만, 경계선에 있는 사례의 경우 정보가 검색 결과에서 삭제될 가능성이 높다. 정보를 삭제하지 않을 경우 막대한 벌금이 부과될 수 있는 반면, 과도한 링크 해제에는 벌금이 부과되지 않기 때문에 삭제를 유도하는 인센티브가 작용한다.[32] 구글은 이러한 링크 해제 요청에 대한 대응의 증거로, 2014년 5월 판결 이후 받은 약 280만 건의 요청 중 약 44%를 삭제하기로 동의했

다고 최신 투명성 보고서에서 밝혔다.[33]

EU 법안과 유럽사법재판소 판결은 EU 회원국 차원에서의 광범위한 개인정보보호 규제와 적극적인 집행에 의해 더욱 강화된다. 국가 데이터 보호 당국(Data protection authorities)의 규제 역량은 GDPR의 효과성에 핵심적인 역할을 한다. 왜냐하면 국가 데이터 보호 당국은 GDPR뿐만 아니라 국가의 데이터 보호법 뿐만 아니라 GDPR의 집행 임무도 맡고 있기 때문이다. 또한 국가 데이터 보호 당국은 집행 권한을 적극적으로 행사할 의지를 분명히 보여주고 있다. 예를 들어, 독일 함부르크 데이터 보호 당국은 유니레버, 펩시코, 어도비의 자회사에 대해 "미국으로 전송된 직원 및 고객 데이터의 개인정보보호를 적절히 보장하지 못한" 혐의로 벌금을 부과했다.[34] 프랑스는 페이스북에 벌금을 부과했다. 그 이유는 페이스북이 "법적 근거 없이" 광고에서 데이터를 사용할 목적으로 사용자 정보를 수집하고 충분한 경고 없이 인터넷에서 사람들을 "부당하게" 추적했기 때문이었다.[35] 다른 사례들도 많이 있다. 스웨덴이 고객의 사전 동의 없이 데이터를 미국 전자 예약 시스템으로 전송한 아메리칸 항공을 상대로 소송을 제기한 것에서부터,[36] 체코 공화국이 구글의 지도 소프트웨어 프로그램 확장 시도를 금지한 사례,[37] 이탈리아가 페이스북 모회사와 데이터를 공유한 혐의로 왓츠앱에 벌금을 부과한 사례까지 다양하다. 또한, 네덜란드 당국이 사용자의 성적 취향에 맞춘 맞춤형 광고를 문제 삼은 후 페이스북은 광고를 중단했다.[38] 이 사례들은 회원국들이 EU법과 국내법에 부여된 권한을 바탕으로, 자국 시민들의 개인정보 보호 권리를 적극적으로 집행할 의지를 지속적으로 가지고 있음을 보여준다.

정치경제

EU의 엄격한 데이터 보호의 기원은 제2차 세계대전과 나치 정권의 잔혹행위로 거슬러 올라간다.[39] 나치 정권은 유대인과 기타 소수 집단을 식별하기 위해 체계적으로 개인 데이터를 악용했다. 전쟁 후 동독의 사회주의 독재체제하에서도 슈타지*로 알려진 국가보안부가 시민들을 감시하면서 국가 감시와 개인 권리 침해가 계속되었다.[40] 이러한 경험들은 독일인들, 더 나아가 유럽인들 전반이 국가 감시와 개인 권리를 침해할 수 있는 정부의 데이터 수집 관행에 대해 의심을 품게 만들었다. 이러한 의심은 기업들이 공익을 위해 행동할 것이라는 불신과 결합되어 독일에서 그리고 그 이후에는 유럽에서 더 광범위하게 강력한 개인정보보호 권리 레짐이 마련되는 길을 열어주었다.

이 같은 역사적 이유 외에도, EU 데이터 보호 규제는 유럽 시장 통합의 필요성에 대한 대응으로 등장했다. 공통의 유럽 데이터 보호 기준을 채택함으로써 EU는 유럽 내 상거래를 저해하고 무역 장벽으로 떠오르던 각국의 상충하는 국내법을 조화시킬 수 있었다. 이러한 이유로 GDPR과 그 전신인 1995년 데이터 보호 지침은 단일 시장 내에서 데이터의 자유로운 흐름을 허

* 슈타지(Ministry for State Security, Stasi)는 1950년부터 1990년 독일 통일까지 동독의 비밀경찰 및 정보기관으로 당시 세계에서 가장 효과적이고 두려운 감시 기구 중 하나로 알려져 있다. 슈타지는 동독 시민들을 체계적으로 감시하고, 반체제 인사를 억압하며, 광범위한 첩보 활동을 통해 사회 통제를 유지했다. 특히, 시민들의 전화, 서신, 대화 등을 도청하거나, 비밀 요원을 통해 이웃이나 직장 동료들까지 감시 대상자로 삼았다. 슈타지는 약 9만 명의 정규직 요원과 17만 명 이상의 비공식 협력자 네트워크를 통해 시민들 사이의 신뢰를 무너뜨리고, 정치적 반대세력을 억압하는 데 큰 역할을 했다.

용하여 디지털 단일 시장을 창출하는 데 기여하는 역내 시장 도구로 간주되었다. 이 역내 시장 논리는 EU가 이 분야에서 규제할 수 있는 법적 근거를 제공하는 데에도 중요한 역할을 했다.[41] 1995년 데이터 보호 지침이 제정될 당시, EU는 기본적인 개인정보보호 권리 법안을 제정할 권한이 없었지만, 단일 시장의 원활한 기능을 보장하기 위한 조치를 제정할 권한은 있었다. 물론, 시장 통합 목표는 낮은(그러나 조화된) 수준의 데이터 보호를 제공하는 공통 기준을 채택함으로써도 달성될 수 있었을 것이다. 그러나 2장에서 설명한 바와 같이, 정치적으로 EU가 낮은 규제를 채택하기보다는 높은 규제를 조화시키는 것이 더 실현 가능했다. 그리고 규제가 낮은 회원국들보다는 규제가 높은 회원국들이 이미 국내 시장을 지배하고 있는 데이터 보호법을 약화시키는 대신 데이터 보호 기준을 높이는 방향으로 조화시키는 것이 더 용이했다.

유럽 시장 통합을 위한 내부적 동기가 데이터 개인정보보호 규제를 시작하게 한 초기 동력이 되었지만, EU의 현재 규제 추진은 외부적 동기에도 영향을 받고 있다. 데이터 처리의 글로벌한 특성과 국경 간 데이터 전송의 중요성을 고려할 때 — 이는 EU 내부뿐만 아니라 전 세계 시장에 걸쳐 있는 문제이다 — EU는 개인 데이터 보호를 위한 국제 표준을 촉진하는 것이 중요하다는 인식을 하게 되었다.[42] 따라서 GDPR을 통해서 EU는 다른 유사한 생각을 가진 국가들과 함께 데이터 개인정보보호의 글로벌 표준을 설정하는 데 기여하고자 하면서, "우리가 지금 기준을 정하지 않으면, 다른 누군가가 그 기준을 정할 것"[43]이라는 점을 인식하고 있다. 또한, EU는 대안으로 등장할 수 있는 글로벌 표준은 또는 데이터 현지화를 요구하거나 데이터 보호를

검열과 국가 감시를 위한 수단으로 활용하는 등 바람직하지 않을 수 있다는 점을 강조하고 있다.[44]

이와 같은 다양한 동기들은 EU의 엄격한 데이터 보호 규제의 기초를 제공했다. 그러나 이러한 규제는 독특하게도 논쟁이 많았던 정치적 과정을 통해 나타났다. 독일, 프랑스, 스웨덴을 포함한 몇몇 회원국들은 유럽 개인정보보호의 가장 적극적인 추진자들이었다. 최초의 데이터 보호 법률은 1970년 독일 헤센주에서 도입되었다.[45] 독일 헌법재판소 역시 유럽 데이터 보호 법률의 역사에서 중요한 역할을 했다. 1983년 **인구조사** 판결[46]에서 헌법재판소는 제안된 인구조사가 독일 인구에 대한 데이터 전송을 포함하여 위헌이라고 판결했다. 이 판결에서 재판소는 "정보의 자기결정권"이라는 기본권을 선포했으며, 이는 이후 유럽 데이터 보호법의 초석이 되었다.[47] 정보의 자기결정권은 개인이 자신의 개인 데이터 공개 및 사용을 규율하는 원칙을 결정할 권리를 의미한다. 이 권리의 제한은 공익에 근거해야 하며, 이를 위해 헌법상의 법적 근거가 있어야 한다. 이 판결은 또한 수집된 데이터의 목적, 정확성, 보유 기간에 대한 제한을 설정하고, 데이터 주체가 수집된 정보를 접근하고 수정할 권리를 공포했다. 마지막으로, 이 판결은 데이터 보호 당국의 독립성을 요구하는 새로운 기준을 제시했다. 이러한 원칙들은 이후 제정된 EU 데이터 보호 지침과 이어지는 GDPR의 기초를 제공했다.

친규제 회원국들은 유럽의회 내 녹색당과 다른 자유주의 그룹들의 정치적 지원을 더욱 받았다. 이들은 데이터 개인정보보호 문제를 다른 정당과 구별할 수 있는 수단으로 활용했다.[48] 이러한 그룹의 유럽의회 의원들은 강력한 데이터 보호 규칙의 확고한 옹호자였으며, 1995년 데이터 보호 지침의 채택을 처음으로 주도했고, 이후 GDPR에 대한 중요한 지지를 제공했다. 또한, 개별 회원국의 데이터 보호 당국도 EU 차원의 데이터 보호 규제 도입을 적극 지지하는 데 중요한 역할을 했다.[49] 데이터 보호 규제기관으로서, 이들은 모든 유럽 시민들이 향상된 개인정보보호의 혜택을 받아야 한다고 강하게 믿었다. 그러나 이들은 또한 자국의 규제 자율성을 보호하려는 동기에서 부분적으로 움직였을 가능성도 있다.[50] EU 차원의 조화가 없으면, 적절한 데이터 보호 규칙이 없는 회원국에 데이터 처리시설을 위치시켜 국가 데이터 보호 당국의 규제 검토를 기업이 피할 위험이 있었다. 이러한 우려는 국가 데이터 보호 당국은 범정부적 네트워크를 형성하고 데이터 개인정보보호를 EU의 규제로 포함시키기 위해 로비를 하는 동기가 되었다.

GDPR 채택을 둘러싼 찬반 로비 활동은 특히 치열했으며, 입법 과정은 매우 논쟁적이었다. 유럽의회의 입법 과정에서만 3,000건 이상의 수정안이 도입되었다는 사실은 이를 잘 보여준다.[51] 특히 데이터 수집에 의존하는 비즈니스 모델을 가진 기업들은 자율 규제, 즉 자발적인 업계 규약이나 인증 메커니즘을 옹호하며, 데이터 관리자에게 부과되는 부담을 최소화하려고 했다. 동시에 소비자 및 데이터 보호 옹호자들은 개인정보보호를 강화하고 데이터 관리자에게 더 많은 책임을 부여하며, 위반 시 강력한 처벌을 도입할 것을 요구했다.[52] 양측이 한 가지 점에서 동의한 것은 데이터 보호의 이질적인 집행이 문제라는 것이었다. 이는 데이터 보호 지침(회원국에게 더 많은 자율성을 부여하는)에서 데이터 보호 규정(회원국 간의 더 큰 일관성을 달성하는)으로의 전환을 지지하는 이유가 되었다.[53]

외국 정부, 기업, 그리고 경제 단체들은 GDPR로 인해 발생하는 비용 부담을 완화하기 위해 적극적인 로비 활동을 벌였다. 미국 정부는 GDPR이 혁신과 연구를 저해할 뿐만 아니라 국가 안보 협력에도 장애가 될 것이라며 강력히 반대했다. 시스코, 인텔, 마이크로소프트, NBC 유니버설과 같은 주요 미국 기업들뿐만 아니라, 테크아메리카 유럽, 미국 상공회의소, 유럽 내 일본 경영 협의회와 같은 조직들도 협의 단계에서 의견을 제출했다.[54] 시민 사회 측에서는 유럽 디지털 권리와 같은 여러 유럽 NGO들이 활발히 활동했으며, 호주 사이버스페이스 법률 및 정책 센터와 미국 민주주의와 기술 센터와 같은 외국 NGO들의 지원도 받았다.[55] NGO들이 완전한 승리를 선언할 수는 없을지라도 — 예를 들어, 데이터 보호 위반에 대한 제안된 벌금을 전 세계 매출의 최대 5% 또는 1억 유로 중 더 높은 금액으로 유지하려던 싸움에서 패배했다[56] — 입법 과정에서 나온 결과물은 전례 없이 엄격한 데이터 보호법이었으며, 데이터 관리자에게 부과되고 엄중한 처벌로 뒷받침된 광범위한 의무였다.

강력한 개인정보보호를 가진 회원국들과 헌신적인 NGO들 외에도, 개별 시민들도 EU에서 엄격한 개인정보보호 규칙을 추진하는 동력을 제공했다. 가장 잘 알려진 예로는 오스트리아의 변호사이자 데이터 보호 활동가인 막스 슈렘스(Max Schrems)가 있다. 그는 23세의 법학도로서 페이스북에 자신의 개인 데이터를 넘겨줄 것을 요청하며 소송을 제기했다.[57] 페이스북이 자신에 대해 1,200페이지에 달하는 데이터를 수집했다는 사실을 알게 된 후, 슈렘스는 페이스북에 대한 관할권을 가지고 있는 아일랜드의 데이터 보호 위원회에 여러 건의 민원을 제기했다. 슈렘스의 불만은 미국 국가안보국이 대규모 감시 캠페인의 일환으로 페이스북 데이터를 수집하고 있다는 스노든 폭로와 맞물려 더 큰 주목을 받았다. 이 폭로는 EU와 미국 간의 데이터 전송을 보장하기 위해 체결된 2000년의 EU-미국 세이프 하버 협정[58]의 적절성에 의문을 제기했다. 아일랜드 데이터 보호 위원회가 당시 세이프 하버 결정의 유효성을 이유로 슈렘스의 불만을 조사하지 않기로 하자, 슈렘스는 이 결정을 사법적으로 검토해 달라며 아일랜드 법원에 소송을 제기했다.[59] 이 소송은 아일랜드 고등법원의 선결적 심판 제도를 통해 최종적으로 유럽사법재판소의 판결로 이어졌으며, 이 판결에서는 EU와 미국 간의 데이터 전송을 관장하는 유럽위원회의 세이프 하버 결정이 무효라고 선언되었다.[60]

막스 슈렘스의 활동이 특이할지도 모르지만, 그의 개인정보보호에 대한 견해는 유럽인들 사이에서 널리 공감을 얻고 있다. 2016년에 실시된 유럽 시민들의 개인정보보호 대한 태도에 관한 최신 유로바로미터 설문조사 결과는 이를 잘 보여준다.[61] 이 설문조사는 현재 EU에서 논의 중인 새로운 e프라이버시 규정에 대한 지지를 측정하기 위해 실시된 것이지만, 일반적으로 개인정보보호에 대한 공공의 태도를 잘 나타낸다. 조사 결과는 유럽인들이 온라인 개인정보보호를 얼마나 중요하게 여기는지를 명확히 확인시켜 준다. 예를 들어, 응답자의 80% 이상이 쿠키와 기타 활동 모니터링 도구가 자신의 허락하에만 사용될 수 있는 것이 "중요하다"라고 말했으며, 그중 56%는 이것이 "매우 중요하다"라고 답했다. 또한, 응답자의 90%는 자신의 메시지와 전화를 암호화하여 의도된 수신자만이 읽을 수 있도록 해야 한다고 생각하고 있다. 거의 같은 비율인 89%의 응답자는 브라우저의 기본 설정이 자신의 정보를 공유하지 않도록 설정되어야 한다고 보고 있다. 대부분의 응답자는 자신이 좋아할 수 있는 새로운 서비스를 제공하는 데 도움이 되더라도 정보 공유에 반대하며, 71%의 응답자는 이를 "받아들일 수 없다"라고 생각하고 있다. 같은 조사에 따르면, 유럽인들은 자신의 개인정보보호를 지키기 위해 적극적으로 나서고 있으며, 컴퓨터의 개인정보보호 설정을 변경하거나 개인정보를 보호하는 소프트웨어를 설치하고 있다. 응답자의 60%는 인터넷 브라우저의 개인정보보호 설정을 변경하거나, 검색 기록 또는 쿠키를 삭제한 적이 있으며, 40%는 온라인 활동이 모니터링될 수 있다는 우려로 특정 웹사이트를 방문하지 않는다고 답했다. 또한, 응답자의 37%는 온라인 광고를 차단하는 소프트웨어를 설치했으며, 27%는 온라인 활동 모니터링을 방지하는 소프트웨어를 설치했다. 자신의 개인정보보호를 강화하기 위한 적극적인 조치는 특히 젊고, 교육을 받은, 이메일, 인터넷, 소셜 네트워크를 자주 사용하는 사람들 사이에서 흔하다.

유럽 대중의 깊은 지지와는 대조적으로, EU의 데이터 보호 규칙은 해외에서 상당한 비판을 받아왔다. 특히 미국은 EU의 접근 방식에 대해 회의적이며, 데이터 보호 법안이 보호주의로 위장되었을 가능성을 우려하고 있다.[62] 미국 기업들은 EU의 규제 노력을 강력히 비판하며, 이를 "비합리적인 제한"으로 표현했다.[63] 이러한 기업들은 준수 비용에 대해서도 비판하고 있으며, 구글은 최근 GDPR 준수를 달성하기 위해 "수백 년에 해당하는 인적 시간"을 투입했다고 밝혔다.[64] 2018년 5월까지 미국의 포춘 500대 기업들은 GDPR 준수에 약 78억 달러를 지출했으며, 이는 기업당 평균 1,600만 달러에 해당한다. 이러한 비용에도 불구하고, 많은 미국 기업들이 유럽의 규범을 반영하기 위해 글로벌 비즈니스 관행을 조정하고 있으며, 이로 인해 데이터 개인정보보호는 브뤼셀 효과의 가장 강력한 사례 중 하나로 꼽히고 있다.

미국의 비판은 이 분야에서 EU와 미국 간의 규제 차이가 깊다는 점을 고려할 때 놀랍지 않다. 미국의 데이터 개인정보보호법은 상당히 약하며, 그 범위도 공공 부문과 의료 및 은행과 같은 일부 민감한 부문으로만 제한된다.[65] 민간 부문의 데이터 개인정보보호 문제는 주로 업계 자체에서 자율적으로 관리된다.[66] 개별 기업들은 자체적인 개인정보보호 정책을 만들 수 있으며, 소비자들은 자신이 원하는 수준의 개인정보보호를 제공하는 기업과 계약을 맺어야 한다.[67] 또한, 개인정보보호 권리의 실질 내용도 더 제한적이다. 예를 들어, 미국 법원은 현재까지 '잊혀질 권리'를 명백히 거부하고 있으며, 개인 개인정보보호보다 표현의 자유를 더 중시해 왔다.[68] 또한, 개인정보보호 권리를 집행할 수 있는 독립적인 규제 기관이 존재하지 않으며, 이는 연방거래위원회가 소비자 보호와 상업에 영향을 미치는 "불공정"하거나 "기만적인" 관행을 감시하는 광범위한 임무의 일부로 포함되어 있다.[69]

EU-미국 규제 차이는 부분적으로 2장에서 논의된 바와 같이, 유럽인과 미국인이 시장 대 정부 개입에 대해 갖고 있는 기존 견해 차이로 부분적으로 설명될 수 있다. 예를 들어, 폴 슈와르츠(Paul Schwartz)와 칼-니콜라우스 파이퍼(Karl-Nikolaus Peifer)는 미국과 EU의 개인정보보호 레짐을 비교했다. EU가 "데이터 주체"로서 개인 보호를 중심으로 한 권리 담론(즉 그들이 말하는 "권리 토론")을 중심으로 개인정보보호 문화를 형성한 반면, 미국에서는 개인정보보호 권리가 상업적 맥락에서 "프라이버시 소비자"의 권리로 비춰진다.[70] 미국의 시장 담론은 개별 소비자가 자신의 상품 — 개인 데이터를 — 공공 기관의 엄격한 감독 없이 거래할 수 있다는 생각에 더 수용적이다. 반면, EU 기관들은 권리 담론에서 강력한 역할을 수행하며, 시민들의 기본권을 보호하는 데 중심적인 역할을 하고 있다. 알렉스 터크(Alex Turk)는 미국과 EU 간의 차이를 유사한 맥락에서 설명하며, 미국에서는 개인 데이터가 "거래 가능한 상품"으로 여겨지는 반면, EU에서는 "인격의 속성"으로 간주된다고 언급했다.[71]

미국의 데이터 보호 규제가 약한 이유는, 디지털 기업들이 규제 과정에서 행사하는 경제적 영향력과 이에 따른 정치적 영향력으로도 설명될 수 있다. 이러한 기업들이 미국 경제 성장과 혁신 문화에 끼치는 막대한 중요성은 미국 입법자들과 규제 당국이 이들의 경제적 성공 이면에 있는 비즈니스 모델에 도전하는 것을 꺼리게 만들 수 있다. 반면, EU는 이러한 소극적인 태도를 보이지 않으며, 이는 EU의 규제 대응이 미국보다 훨씬 더 적극적인 이유를 부분적으로 설명할 수 있다. EU의 이러한 기업들의 행동을 규제하려는 경향은 미국이 상업 인터넷을 지배하는 성공에 대한 일종의 반감을 반영하고 있을 수도 있다.[72] EU는 다국적 기업들의 데이터 운영 방식을 규제함으로써, 미국의 비규제적 접근 방식에 명확히 반대하는 입장을 취하고 있으며, 이는 비록 제한적일지라도 미국의 디지털 시장 지배에 대응하는 조치가 되고 있다.[73]

국제 개인정보보호 논쟁의 근저에 있는 정치는 최근 EU에게 유리하게 전개되었다. 앞서 언급한 것처럼, 특히 중요한 발전은 2013년 에드워드 스노든이 미국 국가안보국의 불법 감시 프로그램을 폭로한 사건이었다. 2018년에는 또 다른 대형 스캔들이 발생하여 시민들의 개인정보보호에 대한 우려를 더욱 깊게 만들었다. 그 해, 영국의 정치 컨설팅 회사인 케임브리지 애널리티카가 페이스북 사용자로부터 획득한 개인 데이터를 정치 캠페인에 사용한 것으로 드러났다. 이 불법 데이터는 2016년 미국 대선과 영국의 브렉시트

국민투표에 사용되었다. 이 스캔들은 시민들 사이에서 데이터 수집업체에 대한 불신과 반감을 키웠으며, 개인정보보호 담론에서 EU의 입지를 강화하고 해외에서 더 강력한 데이터 보호법을 촉구할 수 있는 권위를 높였다.[74]

사실상의 브뤼셀 효과

사실상의 브뤼셀 효과는 특히 데이터 개인정보보호 영역에서 강하게 나타난다. GDPR의 역외 적용 범위를 고려할 때, 일부 평론가들은 이를 "거침없는 세계화"[75]로 묘사한다. EU는 페이스북과 구글을 포함한 많은 데이터 중심 기업들에게 중요한 시장이다. 페이스북은 유럽[76]에서 2억 5천만 명의 사용자를 보유하고 있으며, 이는 페이스북 전 세계 매출의 25%를 차지한다.[77] 구글은 대부분의 EU 회원국에서 검색 시장의 90% 이상을 점유하고 있으며, 이는 미국에서의 67~75%의 시장 점유율을 크게 상회한다.[78] 이들 기업에게 EU 시장을 포기하는 것은 상업적으로 전혀 현실적인 선택지가 아니다. 또한, 이 디지털 기업들이 데이터 처리 활동을 EU 외부로 이전함으로써 GDPR을 회피하는 것도 어려울 것이다. GDPR은 데이터 처리 위치와 관계없이 유럽 데이터 주체를 보호하기 때문에 이 규제는 역외적이며 매우 비탄력적으로 만든다.

EU의 데이터 개인정보보호 규제 역량과 엄격성도 상당하며, 이는 브뤼셀 효과를 더욱 강화하고 있다. 특히 GDPR이 EU의 데이터 보호 레짐을 강화하여 높은 기준과 글로벌 매출을 기준으로 산정된 강력한 제재를 도입한 이후로 이러한 경향이 두드러졌다. 그러나 GDPR이 원칙적으로는 광범위한 규제 역량을 부여하는 것과 별개로, 실제로 회원국들의 데이터 보호 당국이 이러한 역량을 실행할 자원을 갖추고 있는지에 대한 질문이 남는다. 강력한 다국적 기업들과 맞서기 위해서는 상당한 기술적 전문성과 재정 자원이 필요하다. 예를 들어, 아일랜드 데이터 보호 당국은 에어비앤비, 애플, 페이스북, 구글, 트위터, 마이크로소프트와 같은 디지털 기업들에 대해 GDPR을 집행할 책임이 있으며, 이들 기업은 모두 유럽 본사를 아일랜드 더블린에 두고 있다.[79] 그러나 아일랜드 데이터 보호 당국의 연간 예산은 약 900만 달러로, 이는 더블린에 본사를 둔 디지털 기업들이 약 10분 만에 창출하는 수익에 해당한다.[80] 따라서 브뤼셀 효과의 강도는 궁극적으로 회원국 정부가 데이터 보호 당국에 필요한 규제 역량을 확보할 충분한 자원을 제공할지 여부에 달려 있을 수 있다. 지금까지 다양한 회원국에서 종료된 조사 및 진행 중인 조사의 방대한 수 — 앞서 언급한 일부 사례를 포함하여[81] — 는 데이터 보호 당국이 정부의 예산 지원을 기다리며 집행을 포기하지 않고 있음을 보여준다. 다음 논의 역시도 디지털 기업들이 GDPR이 실제로 강력하게 집행될 것이라는 예상에 따라 광범위한 조치를 취하고 있음을 시사하고 있다.

따라서 브뤼셀 효과가 발생하는지 여부는 종종 전 세계 사용자들에게 제공되는 제품과 서비스의 비분할성 문제로 귀결된다. 다양한 사례들을 보면, 오늘날의 글로벌 디지털 기업들에게 있어 세계 시장별로 다른 데이터 관리 방식을 유지하는 것은 (기술적 비분할성으로 인해) 어렵고 (경제적 비분할성으로 인해) 비용이 많이 드는 경우가 많다. 특히 이러한 기업들은 흔히 자신들이 실제 운영하는 시장이 아닌 다른 시장에 위치한 서버에 데이터를 저장하기 때문에, 국경을 넘어 데이터를 원활하게 이동할 수 있어야 하는 것이 필수적이다.[82] 개인정보보호 규제가 관할권마다 다를 수 있지만, 이 같은 디지털 기업들은 여러 규제 레짐에 대한 준수 비용을 줄이기 위해 글로벌 데이터 관리 시스템을 간소화한다.[83] 서로 다른 시장을 위해 서로 다른 프로그램을 만드는 대신, 가장 엄격한 표준을 전반적으로 적용하는 경향이 있다.[84] 때로는 유럽 시민과 비유럽 시민을 포함한 데이터를 분리하는 것이 기술적으로 어렵거나 불가능할 수도 있다.[85] 다른 경우에는 EU를 위한 특별한 웹사이트나 데이터 처리 관행을 만드는 것이 가능하더라도, 너무 비용이 많이 들 수 있다.[86] 결과적으로, EU 규칙의 기술적 또는 경제적 비분할성은 구글부터 넷플릭스에 이르는 여러 미국 기업들이 글로벌 개인정보보호 관행을 수정하도록 했다.[87] 단일 글로벌 정책을 선택할 때, 이러한 기업들은 대개 어디에서나 사업을 영위할 수 있는 능력을 유지하기 위해 가장 엄격한 규제를 채택하는 경향이 있다.[88] 실제로, 오늘날 많은 다국적 기업들은 단일 기업 차원의 개인정보보호 정책을 가지고 있으며, 이것이야말로 바로 EU의 정책이다.[89]

글로벌 기업들의 개인정보보호 정책을 검토해 보면, 이들이 EU의 개인정보보호 정책을 자사의 표준으로 채택하고 있는 정도를 알 수 있다. 애플은 최근 EU의 개인정보보호 권리 담론을 채택했다. 이에 따라 미국 고객들에게도 "애플은 개인정보보호를 기본적인 인권으로 믿습니다"라는 문구로 시작하는 알림을 아이폰 화면에 표시하며 개인정보보호 보호에 대해 알렸다. 애플은 또한 GDPR을 반영한 단일 글로벌 개인정보보호 정책을 따르고 있다.[90] 중요한 점은 애플이 GDPR의 제25조 "개인정보보호 중심 설계" 원칙을 이행하고 있다. 이는 제품과 서비스를 설계할 때 기본 설정으로 GDPR에 부합하는 개인정보보호 규칙을 준수하도록 설계하여, 처음부터 개인정보보호를 고려한 설계 선택을 통해 데이터 수집을 최소화한다.[91] 또한, 애플은 GDPR이 요구하는 대로 모든 제품에 대해 개인정보보호 영향 평가를 수행하고, 모바일 운영 체제에서 GDPR이 요구하는 업데이트를 전 세계의 애플 사용자들에게 제공하고 있다.[92]

GDPR 발효를 준비하면서, 페이스북의 최고운영책임자 셰릴 샌드버그(Sheryl Sandberg)는 페이스북이 "새로운 개인정보보호 센터를 전 세계적으로 공개하여 핵심 개인정보보호 설정을 한 곳에 모아 사용자들이 자신의 데이터를 훨씬 쉽게 관리할 수 있도록 할 것"이라고 발표했다. 이는 유럽의 개인정보보호가 사실상 전 세계 페이스북의 22억 명 사용자에게 확장된다는 것을 의미한다. 또한, GDPR은 페이스북이 새로운 EU 규정 준수를 준비하기 위해 역사상 최대의 다기능 팀을 구성하게 만들었다.[93] 페이스북은 사용자 콘텐츠 언어나 설정 및 제어 형식이 관할권마다 다를 수 있지만, "모든 제어와 설정을 유럽뿐만 아니라 모든 지역에서 동일하게 만들 것"이라고 밝혔다.[94] 구글도 마찬가지로 GDPR을 예상하면서 개인정보보호 정책을 업데이트하고, "EU에서 새로운 데이터 보호 규정이 발효됨에 따라 이와 같은 업데이트를 진행하고 있으며, 전 세계 구글 사용자들을 위해 개선할 기회를 도모하고 있다"라는 공지를 사용자에게 보냈다.

에어비앤비 또한 개정된 GDPR에 부합하는 개인정보보호 정책이 2018년 5월 25일, 즉 GDPR 발효일에 모든 기존 사용자에게 적용된다고 발표했다.[95] 우버 역시 모든 관할권에서 승객과 운전자를 포함한 단일 개인정보보호 정책을 전 세계적으로 적용하고 있다.[96] 다른 기업들도 마찬가지로

GDPR 준수를 보장하기 위해 상당한 투자를 하고 있다. 최근 프라이스워터하우스 쿠퍼스 설문조사에 따르면, GDPR 준비는 미국 다국적 기업들에게 높은 우선순위를 차지하고 있다.[97] 200명의 응답자 중 54%가 GDPR 준비가 데이터 개인정보보호와 보안 의제에서 가장 높은 우선순위라고 답했고, 38%는 GDPR이 여러 최우선 과제 중 하나라고 말했다. 단지 7%만이 GDPR이 최우선 과제가 아니라고 답했다.

GDPR의 제25조는 기업들이 "개인정보보호 중심 설계"와 "개인정보보호 기본 설정"을 통해 글로벌 준수를 추구하도록 더욱 압박하고 있다. 이러한 개념들은 개인정보보호를 고려한 제품 설계를 통해 제품 개발에 개인정보보호 고려 사항을 포함시키도록 설계되었다. 이는 기본적으로 가장 엄격한 개인정보보호 설정을 준수하는 기능을 갖춘 제품을 개발하도록 기업들을 장려한다. GDPR 준수를 제품 설계에 통합하는 것은 EU 규범을 세계화하는 강력한 방법이다.[98] 예를 들어, 마이크로소프트는 고객들이 GDPR 준수를 유지할 수 있도록 돕는 기능을 갖춘 제품을 개발하고 있다. 제조 단계에서 EU 데이터 보호 기준을 제품에 통합하기로 한 결정은 기술적 비분할성의 가장 강력한 표현일 수 있으며, 스마트폰과 같은 일상 제품에서부터 가정용 로봇과 같은 독특한 제품에 이르기까지 영향을 미친다.[99]

브뤼셀 효과는 일반적으로 경제적 및 기술적 고려 사항 때문에 발생한다. 그러나 글로벌 기업들이 기업 내부의 프로세스를 간소화하기 위해 표준화된 글로벌 정책을 선택할 때도 발생할 수 있다. 채용 절차에서 공정성을 유지하려는 요구가 그 예 중 하나이다. 2017년, 유럽 데이터 보호 규제 기관들로 구성된 제29조 실무그룹(working group)은 고용주들이 잠재적 직원들의 소셜 미디어 프로필을 검토하는 것을 제한하는 가이드라인을 발표했다. 이는 해당 사이트의 정보가 "업무 수행과 관련이 있는" 경우가 아니면 검토할 수 없도록 한 것이다.[100] 최근 한 설문조사에 따르면 고용주의 70%가 채용 결정을 하기 전에 잠재적 후보자들의 소셜 미디어 사이트를 검토한다는 점을 고려할 때, 이는 기업들의 채용 관행에 상당한 조정이 필요하다는 것을 시사한다.[101] 다국적 인력을 채용하는 글로벌 기업은 지원자의 국적에 따라 일부 소셜 미디어 프로필을 검토하고, 일부는 검토하지 않는 방식을 선택하기 어려울 가능성이 높다.

글로벌 개인정보보호 정책은 또한 다른 관할권에서 기업이 제공하는 보호와 동일한 보호를 얻고자 하는 소비자 수요의 증가로 의해 촉진될 수 있다. 평판과 브랜드 관련 이유로 기업들은 일부 소비자에게는 개인정보보호를 거부하면서 다른 관할권의 소비자에게는 이를 허용하는 것이 어려울 수 있다. 예를 들어, 캘리포니아에 있는 무선 스피커 회사인 소노스는 "모든 소노스 소유자가 이러한 보호를 받을 권리가 있다고 믿기 때문에 이 같은 업데이트를 전 세계적으로 구현하고 있다"라고 언급하며 GDPR 보호를 전 세계 고객에게 확장했다.[102]

때로는 기업들이 새로운 규제에 대한 대응을 해당 규제가 시행되는 관할권에만 제한할 수 있었다. 그러나 기업의 범위가 더 넓은 지역에 대응하는 경우 정책을 글로벌하게 조정해야 했다. 예를 들어, 야후는 프랑스 시민들이 접근할 수 있는 미국 웹사이트에 게재된 자료로 인해 프랑스 법원에서 기소되었다.[103] 야후는 처음에 기술적인 이유로 프랑스 거주자들만 사이트 접근을 차단하는 방법으로 해결책을 프랑스에만 제한할 수 없다고 주장했지만, 독립 전문가들은 약 90%의 정확도로 이를 실행할 수 있다고 결론지었다.[104] 관할권별로 자료를 필터링할 수 있는 기술적 능력에도 불구하고, 결국 야후는 지리적 필터링을 포기하고 프랑스에서 금지된 자료를 전 세계적으로 차단하기로 결정했다.[105]

이와 같은 예시는 사실상의 브뤼셀 효과가 얼마나 널리 퍼져 있는지를 보여주지만, 브뤼셀 효과가 실현되지 않은 많은 사례들도 있다. 때로는 기업들이 분할성을 도입하고 정책 변경 요구를 부과한 관할권으로 그 변경을 국한시키는 것이 가능하고 이익이 된다고 판단하기도 한다. 예를 들어, 유럽위원회와 유럽 개인정보보호 규제 기관이 페이스북이 왓츠앱 데이터를 수집하는 것을 중단하라고 명령했지만(페이스북이 왓츠앱을 인수한 후), 페이스북은 여전히 미국에서 두 플랫폼을 통해 수집된 데이터를 결합하고 있다.[106] 일부 기업들은 GDPR 발효에 대응하여 새로운 규칙을 준수할 방법을 모색하면서 유럽에서 웹사이트를 폐쇄하기도 했다. GDPR이 발효된 직후, 『LA 타임스』는 유럽 사용자들을 다음과 같은 문구가 표시된 웹사이트로 안내했다. "안타깝게도, 현재 대부분의 유럽 국가에서 저희 웹사이트를 이용하실 수 없습니다. 우리는 이 문제에 대해 노력하고 있으며, EU 시장에 대한 디지털 제공의 전체 범위를 지원할 수 있는 옵션을 찾기 위해 매진하고 있습니다. 모든 독자들에게 우리의 수상 경력이 빛나는 저널리즘을 제공하게 될 기술적 준수를 위한 해법을 계속해서 모색하고 있습니다."[107]

GDPR 시행에 대한 페이스북의 대응은 법적 분할성의 한 대표적인 사례를 보여준다. 앞서 논의한 바와 같이, 페이스북은 전 세계 모든 사용자에게 EU 보호 조치를 확장하기로 했지만, 회사 구조 변경을 통해 EU 내 법적 책임을 제한하는 방향으로 분할성을 도입했다. 구체적으로, 페이스북은 아시아, 아프리카, 호주 및 중동 지역 사용자들을 아일랜드 법인 구조에서 미국 법인 구조로 이전시켰다.[108] 아마도 이와 같은 법적 분할성은 비EU 국가 사용자들이 아일랜드 데이터 보호 당국에 데이터 보호 위반을 신고할 권리를 제한하고, 따라서 이 사용자들에 대한 GDPR의 엄격한 제재에 대한 기업의 노출을 줄이기 위한 것으로 보인다.

일부 관할권의 데이터 현지화 요구사항은 단일 글로벌 개인정보 보호 정책을 구현하는 데 장애물이 될 수 있다. 데이터 현지화 요구사항은 기업이 개인 데이터를 특정 관할권에서 저장하거나 처리하도록 강요한다. 이는 기업이 해당 관할권에 대한 별도의 준수 절차를 만들어야 할 수 있음을 의미한다.[109] 예를 들어, 현재 러시아와 중국은 데이터 현지화를 요구하고 있다.[110] 인도의 새로운 개인정보보호 법안도 유사한 요구사항을 포함하고 있다.[111] 데이터 현지화는 기업이 특정 시장을 위해 별도의 운영을 만들지, 아니면 해당 시장에서 철수할지를 결정하도록 강요한다. 예를 들어, 러시아는 링크드인이 데이터를 러시아에 저장하는 것을 거부한 후, 이 전문 네트워킹 사이트의 러시아 운영을 차단했다.[112] 반면에 링크드인은 중국의 데이터 현지화 요구를 수용하고 그곳에서 운영을 계속하고 있다.[113]

관할권에 맞춘 개인정보보호 정책을 이끌어낼 수 있는 또 다른 예는 2018년 캘리포니아 소비자 개인정보보호법에서 찾을 수 있다. 이 법은 캘리포니아 주민들에게 개인 정보 판매를 막을 수 있는 권리를 부여한다.[114] 이 권리를 보장하기 위해, 기업은 "내 개인 정보를 판매하지 마세요"라는 제목의 명확하고 눈에 띄는 링크를 비즈니스의 인터넷 홈페이지에 제공해야 한다.[115]

그러나 그 법의 동일 조항은 이 "선택적 면제" 권리를 제공하는 캘리포니아 전용 웹사이트를 제공할 수 있는 옵션을 허용한다. 이로 인해 기업이 캘리포니아 주민에 대한 의무를 제한 할 수 있다.[116] 그러나 실제로 얼마나 많은 기업이 캘리포니아만을 위한 전용 웹사이트를 운영하기로 선택할지는 명확하지 않다.

아마도, 개인정보보호 정책의 분할성과 관련된 가장 중요한 발전은 현재 유럽사법재판소에서 계류 중인 사안일 것이다. 2019년, 유럽사법재판소는 구글과 빙과 같은 검색 엔진이 "잊혀질 권리" 판결을 EU 외부의 검색 도메인에도 적용해야 하는지에 대해 판결을 내릴 예정이다. 이는 비유럽 IP 주소를 사용하여 접근할 때 구글의 글로벌 도메인인 "google.com" 사이트에서 요청된 정보를 삭제하는 것을 포함할 수 있다.[117] 2017년 7월, 프랑스 최고 행정법원인 국참사원(Conseil d'Etat)은 구글의 항소에 따라 이 질문을 유럽사법재판소에 선결적 심판 제도 절차로 제기했다. 구글은 프랑스의 개인정보보호 감시 기관인 국가정보자유위원회가 구글에 대해 모든 글로벌 도메인, 특히 google.com을 포함하여 개인정보보호 판결을 적용하지 않았다는 이유로 10만 유로의 벌금을 부과한 결정에 대해 항소했다. 이는 이 장 앞부분에서 논의한 바 있듯이, 국가정보자유위원회는 "잊혀질 권리"에 대해 더 큰 역외 효과를 요구했다.[118]

2019년 1월, 유럽사법재판소의 법무관 슈프나르(Szpunar)는 이 사건에 대한 의견을 발표했다.* 이 의견에서 슈프나르 법무관은 검색 엔진이 EU 내에

---

* 2019년 1월, 유럽사법재판소의 법무관 마치에이 슈프나르(Maciej Szpunar)는 '잊혀질 권리'의 적용 범위에 관한 의견서를 발표했다. 그는 검색 엔진 운영자가 전 세계 모든 도메인에서 삭제 요청을 적용할

서 제기된 삭제 요청을 모든 글로벌 도메인에 적용할 필요는 없다고 제안했다.[119] 이 의견은 EU 내에서 실행된 검색과 EU 외부에서 실행된 검색 간에 차별을 둔다.[120] 슈프나르 법무관은 다른 규제 영역 — 예를 들어 경쟁법 및 상표법 — 에서 EU법이 역외 효과를 가질 수 있다는 것을 인정하고, 특정 경우에 따라 글로벌 삭제가 요구될 가능성을 열어두고 있지만, 인터넷의 글로벌 특성으로 인해 역외 효과가 불확실하고 잘 정의되지 않는다고 보고 있다.[121] 또한 슈프나르 법무관은 잊혀질 권리라는 기본권과 정보 접근에 대한 공공의 정당한 이익 간의 균형을 맞추는 것이 어렵다는 점을 강조하는데, 특히 EU법이 전 세계적으로 적용되는 반면 이 균형을 잡는 활동이 EU 내부의 이익에 초점을 두고 있기 때문이다.[122] 이 의견은 또한 글로벌 삭제를 명령하는 모든 결정과 관련된 정치적 민감성을 인식하고 있다. 즉 그것이 비EU국가들로 하여금 보복하게 할 수 있고, 또 EU 시민들이 정보에 접근하는 것을 막게 될 수도 있다는 것이다.[123]

현재 계류 중인 소송의 결과는 불확실하지만, 디지털 기업들은 잠재적으로 불리한 판결에 대비하고 있다. 예를 들어, 구글은 미국 증권거래위원회에 제출한 연례 보고서에서 법원의 명령에 따라 전 세계적으로 콘텐츠를 삭제

의무는 없으며, EU 내에서 삭제 요청이 효과적으로 이루어질 수 있도록 IP 주소를 기반으로 한 지리적 차단과 같은 조치를 취해야 한다고 권고했다. 슈프나르 법무관은 데이터 보호 및 프라이버시 권리와 대중이 정보에 접근할 수 있는 정당한 권리와 같은 다른 기본권 사이의 균형을 맞출 필요성을 강조했다. 그는 전 세계적으로 삭제 요청을 강제하는 것이 비EU 국가들이 자신들의 기준을 세계적으로 적용하도록 허용할 위험이 있으며, 이는 인터넷 검열과 정보 접근 제한으로 이어질 수 있다는 우려를 표명했다. 법무관의 의견은 법적 구속력은 없지만, 종종 유럽사법재판소의 최종 결정에 영향을 미친다. 이 사건에서, 유럽사법재판소는 슈프나르 법무관의 권고를 반영하여 '잊혀질 권리'를 EU 내 검색으로 제한하는 판결을 내렸다.

해야 할 가능성을 "위험 요소" 중 하나로 보고했다. 최종적으로 유럽사법재판소는 해당 법무관의 의견을 따를 수도, 그렇지 않을 수도 있다.[124]

결국, 유럽사법재판소가 국가정보자유위원회의 입장을 지지하고, "잊혀질 권리"가 보편적으로 적용되지 않으면, 즉 EU 외부에서의 검색도 포함하지 않으면 "무의미해진다"라고 주장하는 국가정보자유위원회의 관점을 승인할 수도 있다. 그렇지 않으면, 개인정보보호와 관련된 과거 행동이나 발언이 미국의 동료들, 혹은 비EU 국가의 IP 주소를 사용하여 정보를 접근하는 "호기심 많은 이웃"에게도 쉽게 노출될 수 있다.[125] 반대로, 유럽사법재판소는 구글의 반론을 받아들일 수도 있다. 구글은 이 같은 권리 확장이 "표현의 자유에 대한 더 심각한 제한을 가진" 국가들이 자신들의 제한을 보편화할 수 있는 심각한 위험을 초래할 것이라고 주장했다.[126] 그렇게 된다면, 인터넷은 전 세계에서 표현이 가장 제한적인 레짐을 가진, 관할권에 의해 엄격히 통제되는 상황이 발생할 것이다. 이는 실로 사실상의 브뤼셀 효과의 순수한 표현일 것이다.

법적 브뤼셀 효과

EU의 데이터 보호 레짐은 또한 상당한 법적 브뤼셀 효과를 일으켰다. 폴 슈와르츠와 칼-니콜라우스 파이퍼에 따르면, "EU의 데이터 보호는 놀라울 정도로 영향력이 컸다. 전 세계 대부분이 이를 따르고 있다."[127] 또 다른 개인정보보호 전문가인 그레이엄 그린리프(Graham Greenleaf)는 "'유럽 표준'에 부합하는 데이터 개인정보보호법이 데이터 개인정보보호법이 존재하는 대부분의 지역에서 표준이 되고 있다"라고 언급했다.[128] 현재까지 약 120개국이 개인정보보호법을 채택했으며, 그중 대부분은 EU의 데이터 보호 레짐을 반영하고 있다.[129] 이러한 국가들은 브라질, 일본, 남아프리카 공화국, 한국과 같은 대형 경제국 및 지역 리더에서부터 콜롬비아, 태국과 같은 중간 규모 경제국, 심지어 버뮤다와 같은 작은 경제국 및 작은 섬나라에 이르기까지 다양하다.[130]

해당 국가들이 EU 데이터 보호법을 모방하기로 선택하는 것은 놀라운 일이 아니다. 첫째, 많은 국가들은 GDPR을 "황금 표준"으로 간주하며, 가장 높은 수준의 널리 인정받는 기준을 따르려 한다.[131] 둘째, EU 시민들의 데이터를 처리하는 모든 대기업들이 이미 실질적으로 EU 개인정보보호 표준을 채택하고 있기 때문에, 정부는 이러한 법을 자국의 법적 체계에 도입하는 데 큰 저항을 받지 않는다. EU법의 영향을 받는 외국 기업들은 법적 브뤼셀 효과로 인해 추가적인 준수 비용을 부담하지 않으며, 자국 시장에서도 EU 기준을 로비할 인센티브를 가지게 된다. 이를 통해 현재 GDPR을 준수할 필요가 없는 국내 지향적 기업들에 비해 경쟁의 장을 평준화할 수 있다.

미국 시장은 이러한 역학을 잘 보여준다. 2018년 10월, 애플의 CEO 팀 쿡은 EU 스타일의 포괄적인 연방 개인정보 보호법을 채택할 것을 촉구하며, "이제 세계의 나머지 국가들도 EU의 선례를 따라 사용자 개인 데이터를 보호하기 위한 엄격한 법적 체계를 채택해야 할 때"라고 말했다. 쿡은 기업들이 수집하는 개인 데이터의 양을 "불안하게 만드는" 것으로 묘사하며, 이를 "감시"로 언급하고, 수집된 데이터의 남용으로 이어질 수 있다고 경고했다.[132] 더욱 놀라운 점은 페이스북의 개인정보보호 최고 책임자인 에린 이건(Erin Egan)이 쿡과 함께 미국에서 GDPR과 동등한 연방 개인정보보호법을 지지한다고 발표한 것이다.[133] 6개월 후, 페이스북의 창립자이자 CEO인 마크 저커버그는 워싱턴 포스트에 기고한 사설에서 전 세계적으로 GDPR 스타일의 법을 채택할 것을 촉구했다.[134]

> 효과적인 개인정보보호와 데이터 보호를 위해서는 전 세계적으로 조화된 체계가 필요합니다. 전 세계 사람들이 EU의 GDPR에 맞춘 포괄적인 개인정보보호 규제를 요구해 왔으며, 저도 이에 동의합니다. 더 많은 국가들이 GDPR과 같은 규제를 공통의 체계로 채택한다면 인터넷에 좋은 일이 될 것이라고 생각합니다. 미국과 전 세계의 새로운 개인정보보호 규제는 GDPR이 제공하는 보호를 바탕으로 구축되어야 합니다.

페이스북의 비즈니스 모델은 애플의 모델보다 데이터 수집에 더 의존하고 있어, 페이스북과 마크 저커버그의 발언이 이러한 새로운 현실을 더욱 명확히 드러내고 있다. 이로 인해 이들 기업은 GDPR을 비난하기보다는 받아들이게 되었다. 연방 법이 없는 상황에서, 기업들은 서로 상충될 가능성이 있는 주(州) 개인정보보호법들의 복잡한 모자이크가 나타나는 것을 우려하며, 이는 이들의 준수 노력을 더욱 복잡하게 만들 것이다. 이것이 바로 이러한 기업들이 캘리포니아 소비자 개인정보보호법에 반대했던 주요 이유 중 하나이다.[135] 연방 법을 로비할 때, GDPR은 애플과 페이스북과 같은 미국 기반의 글로벌 기업들이 이미 그들의 기업 행위를 규율하고 있다는 점에서 매력적인 템플릿을 제시한다.

전 세계적으로 EU식 개인정보보호 레짐이 확산되는 또 다른 강력한 이유는 각국이 EU로부터 "적절성 결정(adequacy decision)"을 받기를 원하기 때문이다.[136] 적절성 결정은 EU가 특정 국가의 데이터 보호 기준이 충분한 보호 수준을 제공한다고 공식적으로 판단하여, EU에서 해당 국가로 데이터 전송을 안전하게 허용할 수 있도록 하는 제도이다. 적절성이 인정되면 EU와 해당 국가 간의 데이터 흐름이 열리며, 유럽 기업들이 해당 국가에 새로운 자회사, 지점, 콜센터 또는 데이터 센터를 개설할 가능성이 높아진다.[137] 현재까지 EU는 안도라, 아르헨티나, 캐나다(상업 조직에 한함), 페로 제도, 건지, 이스라엘, 맨섬, 일본, 저지, 뉴질랜드, 스위스, 우루과이 등 비EU 국가들을 데이터 보호법이 적절한 것으로 인정했다.[138]

유럽사법재판소는 제3국의 데이터 보호 레짐의 "적절성"을 사법적으로 검토할 때 엄격한 표준을 적용한다. **슈렘스** 판결에서 유럽사법재판소는 "적정한"이라는 용어를 "본질적으로 동등한"으로 정의했으며, 이는 제3국이 사법 검토를 견딜 수 있는 적절성 결정을 얻기 위해 EU 규칙을 더욱 면밀히 모방하게 만들 것으로 예상된다.[139] 이로 인해 유럽사법재판소는 "사실상 전 세계의 데이터 보호 법안을 규정"했으며, 적절성 결정에 의존하는 국가들에게는 특히 그렇다.[140] 비록 본질적 동등성이 제3국과 EU 간의 데이터 전송에만 요구되지만, 한 국가가 유럽 데이터를 포함할 때와 그렇지 않을 때를 구분하는 다른 데이터 보호 기준을 요구하는 국내 개인정보보호법을 채택하는 것은 상상하기 어렵다.[141] 이러한 의미에서 적절성 요구는 데이터 보호법을 법적으로 비분할성으로 만들어, EU 데이터 보호 기준이 국내 개인정보보호 규제의 기초가 될 가능성을 높인다.

회사가 운영되는 국가가 적절한 수준의 데이터 보호를 제공하지 않는다고 판단된 경우, 여전히 해당 국가로 데이터를 전송하려는 회사는 구속력 있는 기업 규칙(Binding Corporate Rules, BCR)을 위한 유능한 감독 기관의 승인을 받아야 한다. 이 규칙은 해당 기업 그룹의 모든 법인이 준수해야 하는 데이터 보호 의무를 규정한다.[142] 이러한 BCR이 승인되면, 이는 해당 회사에 대해 EU가 승인한 데이터 보호법으로 기능한다.[143] 또는, 이러한 기업들은 EU에서 승인한 "표준 계약 조항"을 사용할 수 있다.[144] 이 조항들은 기업이 EU 법인과 계약을 맺고 EU의 개인정보보호 규칙을 준수할 것을 서약하게 하여, 해당 국가가 적절한 데이터 보호법을 갖추지 못한 경우에 기업이 사용할 수 있는 "우회" 수단을 제공한다. 그러나 개인정보보호 활동가 막스 슈렘스가 아일랜드 데이터 보호 위원회 앞에서 이러한 조항에 도전한 이후, 이 표준 계약 조항이 데이터 전송의 근거로 유지될 수 있을지는 의문이다.[145] 아일랜드 데이터 보호 위원회의 예비 결정은 표준 계약 조항이 적절한 개인정보보호 보장을 제공하지 않는다는 우려를 표명했다. 이 사건은 아일랜드 법원을 거쳐 유럽사법재판소로 진행되었다.[146] 만약 유럽사법재판소가 이 조항들을 무효화한다면, 외국 정부들은 EU와 자국 간의 데이터 흐름을 유지하기 위해 EU식 개인정보보호법을 채택하기 위해 더욱 큰 노력을 기울일 가능성이 크다.

적절성 인정을 받지 못한 상태에서 국경 간 데이터 전송과 관련된 어려움은 여러 국가들에게 GDPR과 자국의 법을 일치시킬 강력한 인센티브를 제공했다. 예를 들어, 아르헨티나와 우루과이는 EU의 적절성 결정을 받은 두 라틴아메리카 국가이다. 아르헨티나는 2000년[147]에 데이터 보호법을 채택했으며, 이는 스페인의 1992년 데이터 개인정보보호법과 EU 데이터 보호 기준과 매우 유사하다. 3년 후, 이 나라는 EU의 적절성 인정을 받았다. 2016년, 아르헨티나는 GDPR 이후의 법적 환경에서 적절성 지위를 유지하기 위해 필요한 입법 개혁을 연구하기 위한 실무그룹을 설립하며, EU와의 적합성을 유지하기 위해 자국의 법을 지속적으로 업데이트하려는 의지를 보여주었다.[148] 우루과이도 마찬가지로 2008년과 2009년 데이터 보호법을 EU의 데이터 보호 체계를 모델로 삼아 제정했다.[149] 이 나라가 2012[150]년에 확보한 EU의 적절성 인정을 받으려는 전망이 이 법의 주요 동기였다.[151] 우루과이는 EU의 적절성 결정을 기술 부문에서 투자를 유치하는 데 중요한 요소로 보았다. 예를 들어, 우루과이 투자 및 수출 진흥 기관은 "EU의 인정을 받으면 주요 유럽 투자의 가능성이 열릴 것이며, 특히 우루과이가 아웃소싱 산업을 활성화하고 라틴아메리카에서 행정, 금융 및 기타 데이터 처리 서비스를 찾는 EU 기반 기업들을 유치하는 데 도움이 될 것"이라고 강조했다.[152]

일본은 최근 EU와 상호 적절성에 대한 협상을 마무리했으며, 2018년에 양측이 상대방의 데이터 보호 시스템을 동등하다고 인정하기로 합의했다.[153] 일본은 2015년에 개인정보보호법을 개정했으며,[154] 이는 부분적으로 GDPR과 일치시키기 위해서였다. 일본 비즈니스 커뮤니티는 새로운 법을 지지하는 데 큰 역할을 했는데, 이는 유럽 기업들과의 국제 무역 거래에서 이미 상당한 데이터 보호 규제를 받고 있었기 때문에 유사한 국내 규정을 준수하는 데 드는 비용이 크게 줄어들 것이라고 보았기 때문이다.[155] EU의 적절성 결정을 얻는 것은 도요타 자동차와 미쓰이 스미토모 은행을 포함한 일본 기업들에게 큰 이점으로 여겨졌으며, 이 결정으로 인해 이들은 EU로부터 개인 데이터를 전송할 수 있게 되었다.[156]

한국은 현재 EU와 적절성 결정에 관한 협상을 진행 중이다.*[157] 한국의 데이터 개인정보보호법인 개인정보보호법(Personal Information Protection Act)[158]은 EU의 법과 매우 유사하다.[159] 한국 행정안전부 개인정보보호협력과의 박종현 과장에 따르면, EU와 한국의 개인정보보호 체계는 "90% 이상" 유사하다고 한다. 그러나 적절성 결정에 대한 주요 반대 이유는 한국 법에 따라 독립적인 기관의 감독이 부족하다는 점이다. 현재 한국의 데이터 보호법은 독립 기관이 아닌 행정안전부에 의해 집행되고 있다.[160] 이를 해결하기 위해, 한국은 독립적인 한국방송통신위원회를 EU-한국 간 데이터 전송의 감독 기관으로 지정하고, 이에 적절한 제재 권한을 부여하는 방안을 고려하고 있다.[161]

이와 대조적으로, 미국의 데이터 보호법은 EU의 적절성 기준을 충족하지 않는다. 동시에, EU의 적절성 결정을 얻는 것은 EU-미국 간 데이터 흐름의 범위를 고려할 때 미국에 특히 중요했다. 미국 상무부에 따르면, 미국과 EU 간의 연간 디지털 서비스 무역 가치는 2,600억 달러에 달한다.[162] 싱크탱크인 국제정치경제유럽센터는 대서양 횡단 데이터 전송이 중단될 경우 EU

---

* 한국과 EU는 양측의 대화와 제도 정비 끝에 2021년 12월 EU의 적절성 결정이 최종 확정되었다. 이로써 한국은 GDPR 체계와 '동등 수준'의 보호를 제공한다고 공식 인정받았고, 양 지역 간 데이터 이전이 더욱 원활해졌다. 협상은 (1) 한국의 개인정보보호 체계가 EU GDPR과 높은 수준의 유사성을 갖추고 있었지만, (2) 독립성이 있는 단일 감독기구 부족이라는 약점을 지적받은 뒤, (3) 한국 정부가 개인정보보호위원회를 중심으로 제도 정비를 함으로써, (4) EU가 한국을 적절성 승인 대상 국가로 인정한 순으로 진행되었다.

의 GDP가 연간 0.4% 감소할 것이라고 추정했다.[163] 이 문제를 해결하고 대서양 횡단 데이터 전송의 법적 근거를 마련하기 위해, 미국과 EU는 2000년에 세이프 하버 협정을 체결했다.[164] EU-미국 세이프 하버 협정은 협상된 원칙들로 구성되어 있었으며, EU는 이를 유럽의 "적절성" 기준을 충족하는 것으로 간주했다. 이 기준을 자발적으로 따르는 미국 기업들은 유럽 데이터 주체와 관련된 데이터 전송을 받을 수 있었다. 5,000개 이상의 미국 기업들이 이 세이프 하버 협정에 가입했다.[165] 그러나 미국[166] 국가안보국의 대규모 감시에 대한 에드워드 스노든의 폭로 이후, 유럽사법재판소는 2015년 10월 **슈렘스** 판결에서 세이프 하버 협정을 무효화했다.[167] 법원에 따르면, 적절성 기준은 비EU 국가가 "EU 내에서 보장되는 것과 **본질적으로 동등한** 수준의 기본권과 자유의 보호를 보장"[168]해야 한다는 것이었으며, 15년 동안 EU 데이터 흐름을 관리했던 세이프 하버 데이터 전송 협정은 이 기준을 충족하지 못했다.[169]

이 좌절은 미국과 EU가 대서양 횡단 데이터 전송을 규율하기 위한 새로운 협정을 협상하게 만들었다. 그 결과로 탄생한 것이 바로 EU-미국 프라이버시 실드이다.[170] 이 새로운 협정은 2016년 8월에 발효되었으며, 2019년 5월까지 페이스북, 구글, 마이크로소프트와 같은 주요 기업들을 포함한 4,685개의 미국 기업이 서명했다.[171] 미국 상무부는 이 기업들이 프라이버시 실드를 준수하는지 모니터링하여, 데이터 보호 기준이 EU에서 요구하는 것과 동등한 수준을 유지하도록 할 것이다. 프라이버시 실드는 상당히 강화된 개인정보보호 조치, 향상된 집행 메커니즘,[172] 그리고 미국 정부의 개인 데이터 접근과 관련된 새로운 안전장치를 포함하고 있다. 예를 들어, 미국 정보기관과 독립적인 옴부즈맨을 임명하여 미국 국가안보기관에 의한 개인 데이터 오용에 대한 개인의 불만을 처리할 수 있도록 한다.[173]

그러나 프라이버시 실드의 미래도 불확실하다. EU 회원국의 국가 개인정보보호 규제 당국은 이 협정이 채택되자마자 비판적이었으며, 유럽의 인터넷 사용자들을 보호하기에 충분하지 않다고 주장했다.[174] 법적 도전도 유럽법원들에서 계류 중이다.* 현재까지 프라이버시 실드는 디지털 권리 아일랜드라는 NGO에 의해 도전받았지만, 유럽사법재판소는 디지털 권리 아일랜드가 소송을 제기할 자격이 없다고 판결했다.[175] 디지털 권리 아일랜드(Digital Rights Ireland)를 지지하기 위해 개입을 신청한 단체 중 하나인 라 콰드라튜르 뒤 넷(La Quadrature du Net)은 프라이버시 실드에 대해 자체적인 도전을 시작했으며, 이 사건은 아직 유럽사법재판소에서 계류 중이다.[176]

프라이버시 실드는 미국이 이를 제대로 이행하지 못할 경우 실패할 수도 있다. 프라이버시 실드는 유럽위원회의 주기적인 검토와 평가를 받게 된다. 2017년 첫 번째 검토에서 트럼프 행정부가 협정에서 예상한 독립 옴부즈맨 임명을 지연시켰다는 이유로 유럽에서 우려가 제기되었다.[177] 또한, 유럽의회는 2018년 케임브리지 애널리티카 사건[178] 이후 프라이버시 실드 협정이 적절한 수준의 데이터 보호를 제공하지 못한다고 명시한 결의안을 채택했다.[179] 이후 미국은 프라이버시 실드의 영구 옴부즈맨을 임명하는 등 일부 우

* 2020년 7월, 유럽사법재판소는 미국의 감시 관행과 EU 시민의 데이터 보호 부족을 이유로 '프라이버시 실드'를 무효화했다. 이후 2023년 7월, 유럽위원회는 새로운 'EU-미국 데이터 개인정보보호 체계'를 승인하며 데이터 이전을 재개했다. 그러나 디지털 권리 단체들은 여전히 데이터 보호가 충분하지 않다고 주장하며 법적 도전을 예고하고 있다. 이에 따라 이 협정의 장기적 안정성은 불확실한 상태이다.

려 사항을 해결했지만,[180] 추가적인 도전 과제는 남아 있다. 2019년 두 번째 검토에서 유럽 데이터 보호 이사회(European Data Protection Board)는 미국으로 전송된 개인 데이터가 EU 시민들에게 새로운 개인정보보호 보장을 제공하지 않고 국가 안보 목적을 위해 사용되는 것에 대해 우려를 표명했다.[181]

EU의 적절성 결정을 통해 혜택을 받은 국가들 외에도, 아프리카, 아시아, 라틴아메리카의 많은 국가들이 EU 데이터 보호 기준을 따랐다. 예를 들어, 남아프리카공화국의 2013년 데이터 개인정보보호법은 EU의 1995년 데이터 보호 지침을 모방했다.[182] 이 법은 GDPR이 발효되기 전에 초안이 작성되었지만, 남아프리카공화국의 입법자들은 GDPR을 염두에 두었고, 결국 GDPR의 일부가 된 많은 정의를 포함시켰다.[183] 2008년, 세네갈도 유사하게 개인 데이터 보호에 관한 법을 제정했으며, 이 법은 EU와 프랑스의 개인 데이터 규제를 밀접하게 닮았다.[184] 이 법의 서문은 "제3국으로의 개인 데이터 전송에 대한 유럽 요구사항"을 언급하고 있다. 이 법은 또한 EU 규제 체계의 핵심 요구사항인 법 시행을 감독하기 위한 독립 기관으로서 세네갈 개인 데이터 보호 위원회(Data Protection Commission)를 설립했다.

많은 라틴아메리카 국가들은 EU법에 기반을 둔 스페인 데이터 보호법의 개념을 이식했다.[185] 라틴아메리카 국가들 중에서 "유럽 모델[186]에 크게 영감을 받은" 국가로는 콜롬비아, 코스타리카, 멕시코, 페루, 그리고 최근의 브라질[187]이 있으며, 앞서 언급한 적절성 결정을 받은 아르헨티나와 우루과이도 포함된다. 유럽의 데이터 개인정보보호 모델이 라틴아메리카에 확산되는 데 기여한 중요한 기관 중 하나는 이베로아메리카 데이터 보호 네트워크(Red Iberoamericana de Proteccion de Datos, RIPD)이다.[188] 이 네트워크의 회원국에는 아르헨티나, 칠레, 콜롬비아, 코스타리카, 멕시코, 페루, 그리고 우루과이가 포함된다.[189] RIPD의 목적은 이 지역의 국가 입법의 기초가 될 수 있는 개인정보보호를 위한 공통 원칙을 확립하는 것이다.[190] RIPD는 2017년에 EU 데이터 개인정보보호 규칙을 모방한 모델 기준을 발표했다.[191] 일부 평론가들은 이 기준을 "EU GDPR의 복사본"이라고 설명한다.[192] RIPD의 2015~2018년 의제에는 이베로아메리카 국가들에서 유럽 데이터 개인정보보호 모델을 촉진하는 것이 명시적으로 포함되었으며, "이러한 채택이 해당 국가들과 증가하는 개인정보 전송을 원하는 스페인 기업들에게 가져다 줄 혜택"을 언급하고 있다.[193]

중국은 EU의 데이터 보호법을 모방한 가장 중요한 관할권 중 하나로 꼽히며, 적어도 표면적으로는 그렇다. 중국은 최근 2017년에 포괄적인 데이터 보호법인 사이버 보안법을 제정했다.[194] 이 법은 2013년 2월 1일에 발효된 "공공 및 상업 서비스 정보 시스템에서의 개인정보보호를 위한 지침(GB/Z28812-2012)"과 같은 중국 정부의 이전 비구속적 지침들을 기반으로 한다.[195] 사이버 보안법은 GDPR의 여러 개념을 중국 국내법에 통합하고 있다. 예를 들어, "데이터는 처리 목적에 비추어 적절하고 관련성이 있으며 과도하지 않아야 한다"와 "데이터 주체는 명시적 동의를 제공해야 한다"라는 GDPR의 목적 제한 및 동의 요건을 반영하고 있다.[196] EU의 영향은 2005년부터 2009년까지 진행된 중국과 EU 간의 협력 사업인 "중국-EU 정보 사회 프로젝트"에서도 확인할 수 있다.[197] 이 협력의 일환으로 EU는 중국 상무부에 자금과 기술 조언을 제공했으며, 구체적인 목표는 "EU의 모범 사례를 도입하여 규제 체계를 설계하는 것"이었다.[198] 중국 학자들 또한 EU식 법제도를 중국에

도입하는 것을 지지했으며, 산업에 의한 미국식 자율 규제보다는 정부 규제에 의존하는 EU 스타일이 중국 시스템에 더 잘 맞는다고 평가했다.[199]

동시에, EU가 중국의 데이터 보호 레짐에 실제로 얼마나 영향을 미쳤는지는 불분명하다. 중국은 자국민의 인터넷 자유를 제한하는 것으로 잘 알려져 있으며, "디지털 권위주의"에 참여하고 있는 중국의 행보는 EU의 인터넷 거버넌스 및 개인정보보호 원칙과는 크게 대조된다.[200] 예를 들어, 중국은 여전히 대규모로 온라인 콘텐츠를 차단하고 필터링하고 있으며, 여러 기업의 국내 운영을 금지했다. 구글을 포함한 많은 기업들이 광범위한 검열 규칙과 해킹 공격 때문에 중국에서 철수하기도 했다.[201] 중국이 EU식 데이터 개인정보보호를 준수할 것이라는 약속은 법 집행 목적으로 안면 인식 기술을 대규모로 배치한 중국의 사례가 드러난 후 더욱 의심스러워졌다.[202] 중국은 또한 세금 납부나 범죄 저지와 같은 문제에서 시민의 신뢰성을 평가하는 사회신용 제도를 시행하고 있다.[203] 신뢰할 수 없는 평가를 받은 개인은 기차나 비행기 티켓 구매 금지와 같은 부정적인 결과를 겪게 된다. 따라서 데이터가 사회 통제 도구로 활용되는 중국의 관행은, 문서상의 법적 브뤼셀 효과가 반드시 EU의 규제와 원칙이 의미 있게 적용된다는 것을 의미하지는 않는다는 사실을 상기시켜준다.

마지막으로, 인도는 GDPR 스타일의 법을 채택하는 과정에 있는 관할권으로 흥미로운 사례를 제공하며, 일부 측면에서는 GDPR보다 더 엄격할 것으로 예상된다. 현재까지 인도는 포괄적인 데이터 개인정보보호법을 제정하지 않았지만, 위프로(Wipro)[204]와 인포시스(Infosys)[205]와 같은 많은 인도의 IT 컨설팅 기업들이 EU 데이터 보호 규범을 채택하여 자사의 행동을 규율하고 있다. 그러나 2017년에 전문가 위원회가 설립되어 데이터 보호 법안 초안을 준비하기 시작했다. 인도의 법안 초안은 GDPR에 포함된 접근권, 데이터 정정권, 데이터 이동권, 잊혀질 권리와 같은 주요 조항들을 복제하고 있다. 또한 개인정보보호 설계 원칙을 통합하고, 조직이 데이터 보호 영향 평가를 수행하고 데이터 보호 책임자를 지정할 것을 요구하고 있다.[206] 법안 초안은 또한 GDPR에서 제공하는 것과 유사한 제재를 예상하고 있다. 그러나 이 법안은 GDPR을 넘어서는 내용도 포함하고 있다. 가장 눈에 띄는 것은 일반적인 데이터 현지화 요구사항으로, 이에 따라 "데이터 수탁자는 개인 데이터의 최소한 하나의 복사본을 인도에 위치한 서버나 데이터 센터에 저장해야 한다." 또한 특정 범주의 데이터는 인도 내에서만 처리될 수 있다. 데이터 현지화는 EU 데이터 보호 레짐과 상당히 다른 방향으로 나아가는 것이며, 인터넷 트래픽과 데이터 전송의 효율적인 흐름을 방해할 위험이 있다는 이유로 상당한 비판과 저항을 받고 있다.[207]

이와 같은 사례들은 법적 브뤼셀 효과의 범위를 보여주는 동시에, 미국 개인정보보호 레짐의 영향력이 감소하고 있음을 상기시켜 준다. 미국은 명백히 예외적인 경우로, 최근까지는 개인정보보호에 있어 EU의 선도적 역할을 거부해 왔다. 세이프 하버 협정과 그 후속인 프라이버시 실드는 미국 국내법 체계에 변화를 초래하여 미국법이 EU의 개인정보보호 기준에 더 가까워지도록 했다.[208] 그러나 연방 차원에서 포괄적인 입법 개혁은 이루어지지 않았다. 2012년 2월, 오바마 행정부는 "네트워크 세계에서의 소비자 데이터 개인정보보호"라는 보고서를 발표하며, 의회에 소비자 개인정보보호 "권리 장전"을 채택할 것을 촉구했다.[209] 그러나 이 법안은 의회에서 지지받지 못하고

결국 입법으로 이어지지 못했다

포괄적인 연방 개인정보보호법이 없는 상황에서 개별 주들이 이 분야를 규제하기 시작했다. 앞서 언급한 것처럼, 캘리포니아는 2018년 6월에 소비자 개인정보보호법을 통과시켰다.[210] 이 법안은 시민 발의에 의해 처음 촉발되었으며, 60만 명 이상의 서명을 받아 주 전역에서 투표를 실시하게 되었다.[211] 이 발의안을 추진한 그룹인 "캘리포니아 소비자 개인정보보호를 위한 단체"는 소비자 개인정보보호법이 주 의회를 통과한 후 발의안을 철회하기로 합의했다. 개인정보보호법의 여러 조항들은 GDPR과 유사성을 띠고 있는데, 여기에는 데이터 수집자가 수집하는 개인정보의 범주를 고지하고 해당 데이터 수집 목적을 제한하도록 의무화하는 것;[212] 시민들이 기업이 수집한 자신들의 모든 데이터를 알 권리를 제공하는 것;[213] 그리고 시민들이 자신과 관련된 데이터의 삭제를 요청할 권리("잊혀질 권리")가 포함된다.[214]

비록 지금까지 연방 차원의 미국 입법 노력이 실패했지만, 더 강력한 개인정보보호법을 위한 정치적 분위기가 미국에서도 도래했을 가능성이 있다. 케임브리지 애널리티카 사건과 같은 최근의 스캔들들은 미국 내 개인정보보호 논의의 기조를 바꾸었고, 심지어 미국 연방거래위원회와 페이스북 간의 획기적인 합의로 이어져 회사가 50억 달러의 벌금을 지불하게 되었다.[215] 이러한 스캔들들로 인해 IT 기업들의 자율 규제에 대한 대중의 신뢰가 감소했고, 이는 연방 차원에서든 또는 우리가 이미 목격하고 있는 것처럼 개별 주 차원에서든 미국에서도 더 엄격한 규제를 추구하라는 요구를 촉진시킬 가능성이 있다.[216] 이제 가장 영향력 있는 데이터 기반 미국 기업들조차 연방 차원의 개인정보 보호법 제정을 요구하고 있는 만큼, 입법 변화에 대한 추진력이 충분할 수 있다. 이는 미국이 영원히 버틸 수만은 없으며, 강력한 연방 데이터 보호법이 필요한 시점이 도래했음을 인정해야 할 수도 있음을 시사한다. 이는 결국 법적 브뤼셀 효과가 마지막 남은 영역인 미국에까지 도달할 수 있음을 의미할 수 있다.

디지털 경제 II: 온라인 혐오 발언

EU가 전 세계 표준에 영향을 미치는 가장 최근의 분야 중 하나는 온라인에서의 혐오 발언 규제와 관련이 있다. 표현의 자유는 EU가 인정하는 기본권이자 EU 기관들이 수호하는 핵심 가치이다. 그러나 EU에서 표현의 자유는 미국에서와 달리 광범위하게 인식된 적이 없다. 역사적, 이념적 이유로 인해 EU는 특정 집단에 대한 증오를 선동하는 발언을 신속하게 비난하며, 이와 같은 유형의 발언이 폭력으로 이어질 가능성이 있는지 여부와 상관없이 이를 규제하려 한다. 혐오 발언은 오래된 현상이지만, 최근 들어 그 발생 빈도가 증가하고 있다. 또한 혐오 발언은 점점 온라인으로 이동하고 있어, 새로운 규제의 필요성이 대두되었다.

다음 논의에서는 EU가 혐오 발언 규제를 향한 엄격한 접근 방식을 채택하게 된 기원과 IT 기업들의 자유를 제한하려는 의지를 간략히 검토한다. 그리고 이를 미국이 인터넷 운영자들을 그들의 플랫폼에 게시된 발언에 대해 책임지게 하는 데 있어 상대적으로 소극적인 태도를 보이는 것과 대조해 본다. 이 분야에서 EU와 미국의 비교는 두 관할권 간의 뚜렷한 규제 차이로 인해 특히 주목할 만하다. 이어서 EU가 주요 IT 기업들과 체결한 최근의 자발적 행동 강령을 검토하고, 이와 같은 자발적 규제 접근 방식조차도 브뤼셀 효과를 통해 EU가 전 세계의 혐오 발언 규범을 형성할 수 있도록 했다는 점을 보여준다.

주요 입법

EU는 미국의 접근 방식에 비해 불법적 혐오 발언을 폭넓게 해석한다. EU에서는 폭력을 선동하는 발언뿐만 아니라 혐오 그 자체를 선동하는 발언도 금지된다.[217] 반면, 미국 헌법은 발언이 위협적이고 즉각적인 폭력적 반응을 유발할 가능성이 있는 경우에만 금지한다.[218] 미국은 더 광범위한 표현의 자유 개념하에서 다른 유형의 사상을 보호하는 것과 같은 방식으로 혐오적 발언도 보호하고자 한다.[219] EU는 또한 특정 집단의 존엄성을 훼손하는 발언을 비난하는데, 이는 미국의 판례에서는 다루지 않는 부분이다.[220]

이러한 상이한 접근 방식은 미국과 EU의 표현의 자유 원칙을 뒷받침하는 서로 다른 철학을 반영한다. 미국의 헌법적 전통은 혐오 발언을 인종차별적 또는 **성차별적** 사상의 표현으로 간주한다. 이러한 사상들이 많은 이들에게 아무리 혐오스럽게 보일지라도, 공공의 효용이 있는 것으로 인식되어 헌법적 보호를 받을 자격이 있는 것으로 여겨진다.[221] 이는 표현의 자유에 대한 미국의 확고한 의지와 어떤 종류의 발언이 가치 있고 어떤 사상이 침묵되어야 하는지를 정부가 결정하는 것을 꺼리는 태도를 반영한다. 이를 더욱 잘 보여주는 사례로, 미국은 시민적 및 정치적 권리에 관한 국제규약(International Covenant of Civil and Political Rights)의 서명국 중 유일하게 제20조 2항의 '국가적, 인종적 또는 종교적 증오를 조장하는 표현이 차별, 적대감 또는 폭력을 선동하는 경우 이를 금지한다'라는 조항에 반대하는 국가로 남아 있다.[222] 미국에게 제20조 2항은 미국의 표현의 자유 개념을 침해하는 것으로 받아들일 수 없는 것이다.

EU의 표현의 자유 규제는 기본권헌장, 주요 조약, 그리고 2차 입법에 뿌리를 두고 있다. 유럽연합기본권헌장 제11조는 "모든 사람은 표현의 자유를 가질 권리가 있다"라고 인정하고 있다. 그러나 유럽법원의 판례는 이와 같은 자유가 결코 절대적인 것이 아니며, 차별 금지 규범이 우선하기 때문에 이로써 제한될 수 있음을 명확히 했다.[223] 2007년 **페른** 판결[224]에서 유럽사법재판소는 단순한 발언도 EU 제 조약에 명시된 차별 금지 원칙을 위반하는 차별 행위가 될 수 있다고 판결했다.[225] 이와 같은 엄격한 입장은 **페른** 사건에서 마두로 법무관의 의견서 첫 문장인 "통념과 달리, 말은 상처를 줄 수 있다"라는 말에 잘 요약되어 있다.*[226]

유럽사법재판소는 종종 자신의 판결에서 유럽인권협약과 유럽인권재판소의 판결을 인용하며, 유럽인권재판소의 판례를 EU의 기본권 체계의 일부로 만든다. 유럽인권재판소는 표현의 자유가 모든 인간의 "동등한 존엄성"

---

* 2007년 페른(Feryn) 사건에서 유럽사법재판소는 차별적 고용 정책을 암시하는 공개 발언만으로도 EU 차별 금지 원칙을 위반할 수 있다고 판결했다. 법무관 마두로는 "말은 상처를 줄 수 있다"라는 의견을 통해 이러한 발언의 영향을 강조했다. 이 판결은 개인 피해자가 없어도 차별 행위로 간주될 수 있음을 명확히 하며, EU 차별 금지법의 엄격한 입장을 보여준다.

을 훼손하고 증오를 선동하는 발언을 억제할 필요성과 균형을 이루어야 한다는 유럽사법재판소의 견해를 공유한다.[227] **2006년 에르바칸 대 터키 사건***에서 유럽인권재판소는 "일부 민주주의 사회에서는 불관용에 기반한 증오를 퍼뜨리거나, 선동하거나, 촉진하거나, 정당화하는 모든 형태의 표현을 제재하거나 심지어 방지할 필요가 있을 수 있다. 단, 부과된 '형식', '조건', '제한' 또는 '처벌'이 추구하는 정당한 목표에 비례해야 한다"라고 판결했다.[228] 또한 유럽인권재판소는 혐오 발언 확산에 있어 IT 기업의 역할에 대한 견해를 명확히 하면서, "사용자 생성 댓글을 위한 플랫폼을 제공함으로써, 이러한 기업들은 사용자가 혐오 발언이나 직접적인 폭력 선동에 해당하는 댓글을 게시할 때, 협약 제10조 2항에 따른 표현의 자유와 관련된 '의무와 책임'을 지게 된다"라고 언급했다.[229]

EU법은 회원국들이 가장 심각한 형태의 혐오 발언[230]을 처벌하도록 요구하며, EU는 미디어와 온라인에서의 인종차별적 및 외국인 혐오적 행동을 통제하기 위한 지침을 통과시켰다.[231] 비록 회원국들이 혐오 발언에 대해

---

* 2006년 7월 6일, 유럽인권재판소는 '에르바칸 대 터키(Erbakan v Turkey)' 사건에서 터키 정치인 네즈메틴 에르바칸(Necmettin Erbakan)의 표현의 자유가 침해되었다고 판결했다. 에르바칸은 1994년 지방 선거 운동 중 종교적 용어를 사용하여 사회를 '신자'와 '비신자'로 구분하고, 종교적 소속을 기반으로 한 정치적 노선을 촉구하는 연설을 했다. 이에 따라 1998년 그는 인종, 종교, 지역 간 차별을 조장한 혐의로 기소되어 1년의 징역형과 벌금을 선고받았다. 재판소는 정치인이 관용을 저해할 수 있는 표현을 피해야 할 필요성을 인정하면서도, 정치적 토론의 자유가 민주사회에서 근본적인 요소임을 강조했다. 당국이 해당 연설의 내용을 사건 발생 4년 후에야 문제 삼았고, 증거로 사용된 비디오 녹화의 신뢰성이 논란이 있다는 점을 지적했다. 또한, 연설이 즉각적이고 명백한 위험을 초래했는지에 대한 증거가 부족하다고 판단했다. 따라서 재판소는 에르바칸에 대한 형사 소추와 엄격한 처벌이 필요 이상의 조치라고 결론 내렸다. 이 판결은 정치적 표현의 자유와 혐오 발언의 경계를 명확히 하고, 정치적 담론에서 표현의 자유를 보호하는 데 중요한 선례로 작용했다.

다양한 국가적 규범으로 대응하고 있지만, EU 내에서 표현의 자유의 보루로 알려진 네덜란드조차도 형법에서 "의도적으로 모욕하는 행위"를 금지하고 있다는 점은 주목할 만하다. 네덜란드 형법은 또한 "인종, 종교, 성적 지향 또는 개인 신념에 따른 증오를 언어적, 서면적, 또는 그림으로 선동하는 행위"를 금지하고 있다.[232] 가장 눈에 띄는 사례로, 네덜란드는 많은 정치적 수사에서 무슬림과 이슬람을 표적으로 삼았던 우파 정치인 게르트 빌더르스(Geert Wilders)와 관련된 사건에 혐오 발언 규정을 적용했다.[233] 이는 표현의 자유를 가장 강력하게 옹호하는 유럽 국가들조차 혐오 발언을 상대적으로 광범위하게 정의하고 엄격하게 집행하고 있음을 보여준다.

EU는 혐오 발언이라는 현상을 규제하는 데 더 적극적일 뿐만 아니라, 디지털 기업들을 전반적으로 규제하는 데도 더 적극적이다.[234] 따라서 EU가 온라인상에서 발생하는 혐오 발언의 주요 규제자로 발전하여 IT 기업들이 자사 플랫폼에서 발생하는 발언에 대해 책임을 지도록 한 것은 놀라운 일이 아니다. 반면, 미국은 표현의 자유의 강력한 옹호자일 뿐만 아니라, 인터넷의 상업화를 경제적 성공과 기술 발전의 원동력이 되어 온 기업가 정신, 혁신, 자유 시장에 대한 미국의 의지를 보여주는 증거로 보고 있다.[235] 이는 온라인 혐오 발언을 포함한 기술 산업의 온라인 활동에 대한 관대한 규제 접근으로 이어졌다.

EU는 일반적으로 혐오 발언에 대한 엄격한 법적 체계를 유지하면서도, 온라인 혐오 발언을 단속하는 노력에 있어서는 참여적이고 자발적인 접근 방식을 선택했다. 2016년, 유럽위원회는 페이스북, 트위터, 유튜브, 마이크로소프트 등 4개의 미국 IT 기업들과 함께 온라인 불법 혐오 발언 대응에 관한 자발적 행동 강령(Voluntary Code of Conduct on Countering Illegal Hate Speech Online, Code)에 서명했다.[236] 이 강령은 서명 기업들이 유럽의 혐오 발언 기준을 반영하는 "규칙 또는 커뮤니티 가이드라인"을 채택하고 유지할 것을 요구한다. 이 강령에 서명함으로써, 이들 IT 기업은 "자사 플랫폼에서 폭력 선동과 혐오 행위의 조장을 금지하는 것"에 동의한다. 또한, 이러한 콘텐츠를 플랫폼에서 삭제해 달라는 요청을 받은 후 24시간 이내에 평가하고, 필요한 경우 해당 콘텐츠를 삭제하는 것에 동의한다. EU는 이러한 자발적 강령을 2017년에 발표한 일련의 비구속적 권고사항과 2018년 3월에 발표한 또 다른 비구속적 운영 권고사항으로 보완한다.[237] 이러한 권고사항들은 IT 기업들이 불법 콘텐츠를 효과적으로 예방, 탐지, 제거하는 방법과 EU 당국이 삭제가 필요한 콘텐츠와 관련하여 이러한 기업들과 효율적인 소통을 보장하는 방법에 대한 지침을 포함한다.

EU의 자발적 규제 접근 방식은 또한 향후 잠재적으로 더 강력한 규제 대응으로 구성될 수 있는 구속력 있는 법의 그늘 아래에서 작동한다. EU는 강령이 불충분한 것으로 판명될 경우 언제든지 구속력 있는 입법 조치를 시행할 수 있다는 점을 분명히 했다. 2017년 권고안을 발표하면서, 유럽위원회는 "기존 규제 체계를 보완하는 가능한 입법 조치를 포함하여, 온라인상의 불법 콘텐츠를 신속하고 선제적으로 탐지하고 제거하기 위해 추가 조치가 필요한지 평가하기 위해" IT 기업들의 활동을 면밀히 모니터링할 것이라고 발표했다.[238] 유럽위원회는 페이스북의 케임브리지 애널리티카 스캔들 연루에 대한 대응으로 2018년 4월 다시 한번 더 강제적인 법안의 가능성을 확인했다.[239] 제재가 뒷받침된 구속력 있는 규칙의 전망은 기업들이 유럽규제기관을 만족시키는 방식으로 자체 모니터링을 수행하도록 하는 강화된 동기를 제공한다. 이러한 더 엄격한 규제 대응의 위협 때문에, 일부 평론가들은 EU의 기존 규제 접근 방식을 자발적이거나 공공-민간 파트너십의 산물이 아닌 "정부의 강압"이라고 설명했다.[240]

더욱이, IT 기업들이 EU 규칙을 준수하려는 동기는 개별 EU 회원국들에서 등장하는 엄격한 규제들로 인해 더욱 강화되고 있다. 예를 들어, 독일은 2017년 7월 네트워크 집행법을 통과시켰다.[241] 이 법은 독일 규제 당국에 불법 혐오 발언을 신속히 제거하지 않는 소셜 미디어 운영자들에게 최대 5천만 유로의 벌금을 부과할 수 있는 권한을 부여한다. 프랑스 또한 인종차별적이고 반유대주의적 콘텐츠를 규제하는 데 있어 소셜 미디어 기업들에 더 큰 책임을 부과하는 새로운 법을 검토하고 있으며,[242] 영국은 온라인 혐오 발언을 구체적으로 다루는 새로운 정부 조치를 발표했다.[243]

정치경제

EU는 표현의 자유에 대한 미국의 원칙을 공유하지만, 혐오 발언에 대해서는 그 자유를 제한하는 데 훨씬 더 적극적이다. 미국과 달리, EU는 혐오 발언의 권리를 공적 담론의 가치 있는 부분으로 보지 않는다. 대신, EU는 혐오 발언을 차별의 해로운 표현으로 간주한다. 혐오 발언을 억제하는 것은 민주주의, 평등, 그리고 시민들의 사회 참여를 촉진할 기회로 여겨진다.[244] EU의 혐오 발언 규제 입장은, 제2차 세계대전 이전 나치가 유대인을 상대로 증오를 선동한 사례를 포함한 유럽의 인종차별 및 외국인 혐오 폭력의 역사적 맥락에서 가장 잘 이해될 수 있다. 이러한 역사적 짐은 유럽이 혐오 발언에 접근하는 방식을 계속해서 정의하며, 인종차별 및 외국인 혐오 감정에 대한 "기억, 경계, 그리고 싸움의 의무"를 더욱 강조하게 만든다.[245]

EU 내 많은 개인과 활동가들은 인터넷 운영자들이 그들의 플랫폼에서 발생하는 발언에 대해 책임을 지도록 하는 최근의 규제 추진을 환영하고 있다. 반이민적 시각을 가진 포퓰리스트 정당의 부상은 특히 소셜 미디어에서 혐오 발언 사건의 증가에 기여했다.[246] 이러한 추세에 맞서기 위해, 유럽의 여러 정부 기관과 비정부기구들은 혐오 발언에 반대하는 정책과 관행을 지지하는 데 적극적인 역할을 하고 있다. 혐오 발언에 강력히 반대하고, 이러한 발언을 검열하는 데 온라인 플랫폼의 책임을 강화할 것을 요구한 조직들에는 다음과 같은 단체들이 포함된다. 유럽평의회의 유럽 인종주의 및 불관용 철폐위원회[247], 유럽평의회 청소년부가 주도하여 유럽 전역에서 조직한 "혐오발언반대운동(No Hate Speech Movement)"[248], 그리고 Galop UK[249] 등이 있다. 또한, 표현의 자유에 기반을 둔 직업인 유럽의 언론인들도 혐오 발언을 억제하기 위해 표현의 자유에 대한 제한을 주장해 왔다. 유럽기자연맹(European Federation of Journalists)은 시민 사회 단체들의 연대와 함께 전 유럽 차원의 #MediaAgainstHate 캠페인을 시작했다.[250] 이 캠페인의 목적은 전통 미디어와 온라인 미디어 모두에서 차별과 혐오 발언에 맞서 싸우는 것이다.

조직된 옹호 단체들 외에도, 유럽 사람들은 혐오 발언이 사회 내에서 존중과 건전한 토론을 억압한다고 느끼고 있다. 2016년 유로바로미터 조사에서는 미디어 다원성과 민주주의에 관한 유럽 시민들의 의견을 조사했다.[251] 이 조사는 EU 28개 회원국의 28,000명의 시민들을 대상으로 실시되었다. 결과는 매우 놀라웠다. 유럽 소셜 미디어 사용자 중 4분의 3이 온라인 토론에 참여하는 동안 학대, 혐오 발언, 또는 위협을 경험한 적이 있다고 보고했다. 이 중 거의 절반에 해당하는 시민들은 이로 인해 소셜 미디어 토론에 참여하는 것을 꺼리게 되었다고 응답했다.[252] 이는 이 분야에서 구속력 있는 규제를 추진하려는 유럽위원회의 노력이 유럽 시민들로부터 강력한 지지를 받을 가능성이 있음을 시사한다.

브뤼셀 효과

EU의 온라인 혐오 발언 규제 노력은 사실상의 브뤼셀 효과를 보여주는 흥미로운 사례이다. 이는 EU가 아직은 구속력 있는 규정을 외부에 적용하지 않는 상황을 나타낸다. 대신, 이 외부화는 기업들이 유럽위원회와 협력하여 자발적으로 약속을 채택하는 것을 포함한다. 온라인 혐오 발언은 또한 EU의 일방적인 규제 영향력을 보여주는 흥미로운 예시이기도 하다. 왜냐하면 EU는 전 세계적으로 가장 엄격한 온라인 발언 규제자가 아니며, 중국과 러시아 같은 다른 대형 시장에 뒤처져 있기 때문이다.

이 분야에서 EU의 주목할 만한 시장 영향력은 결정적이며, 이는 브뤼셀 효과의 토대를 형성한다. 유럽 소비자와 유럽에서 발생하는 수익은 세계 유수의 IT 기업들에게 매우 중요하다. 5억 명의 잠재 고객을 가진 EU의 거대한 소비자 기반은 IT 기업들에게 "가장 중요한 해외 시장" 중 하나로 만든다.[253] 예를 들어, EU 전체는 페이스북에게 2억 5천만 사용자를 보유한 가장 큰 시장 중 하나이다.[254] 유럽은 페이스북 수익의 약 25%를 차지하며, 이는 (미국에 이어) 두 번째로 큰 수익원이다.[255] 특히 유럽의 중소기업 시장은 페이스북에게 중요한 광고 수익원이 되며, 연간 60% 이상의 수익 성장률을 기록하고 있다.[256] 유튜브의 경우, 5개 EU 회원국만으로도 전 세계 사용자 중 14%를 차지한다.[257] 대부분의 EU 회원국에서 구글의 검색 시장 점유율은 90%를 넘으며, 반면에 미국에서 구글의 시장 점유율은 약 67~75%로 추정된다.[258] 이는 적어도 부분적으로, 왜 구글이 수년간 미국 수정헌법 제1조에 맞춘 보편적인 혐오 발언 규칙을 유지해 오다가 최근에 더 제한적인 유럽식 혐오 발언 규제로 전환하는 전략적 선택을 한 이유를 부분적으로 설명할 수 있을 것이다.

유럽 시장이 제공하는 막대한 사업 기회를 고려할 때, 이러한 IT 기업들이 EU 규제로 인해 압박을 느낀다 하더라도 유럽 시장에 남겠다는 의지를 갖는 것은 놀라운 일이 아니다. 구글의 CEO 순다르 피차이(Sundar Pichai)는 투자자들에게 구글이 "이 지역에 매우 헌신하고 있으며" 유럽이 "우리에게 중요한 시장"이라고 밝혔다.[259] 이러한 헌신은 유럽에 새로운 사무소를 확장하고, 대륙에 AI 센터를 설립하며, 직원 채용을 확대하려는 회사의 계획에서 드러난다.[260] 최근에 행동 강령에 서명한 스냅챗 역시 유럽을 "핵심 시장" 중 하나로 간주하고 있다.[261]

EU는 주목할 만한 시장 영향력을 가지고 있음에도 불구하고, 구속력 있는 규정을 통해 그 힘을 행사하기보다는 자발적 기준을 추구하기로 선택했다. 행동 강령을 준수하지 않을 경우 주어지는 주요 제재는 평판과 관련된 것이다. 유럽위원회는 회원국 공무원 및 시민 사회 단체들과 함께 서명 기업들의 준수 여부를 주기적으로 모니터링하며, 이들 기업이 행동 강령을 위반하는 발언을 검토하고 삭제하는 비율을 공개한다.[262] 그리고 이 장에서 더 논의되겠지만, 기업들의 준수율은 매우 높다. 이는 자발적 기준조차도 충분한 규제 역량을 반영할 수 있으며, 따라서 브뤼셀 효과를 지속할 수 있음을 시사한다.

IT 기업들의 서비스 약관과 커뮤니티 가이드라인을 검토해 보면, 이들 기업이 실제로 행동 강령을 준수하고 있으며, 그 자발적 성격에도 불구하고 유럽 표준에 맞춰가고 있음을 알 수 있다. 이 약관들은 폭력을 입증할 필요 없이 혐오 발언을 금지하며, 종종 관련된 유럽 기본체계 결정(European Framework Decision)의 언어와 매우 유사한 표현을 사용한다.[263] 예를 들어, 유튜브의 혐오 발언 정의는 "다음 속성 중 하나를 기준으로 개인이나 그룹에 대한 폭력이나 증오를 조장하는 콘텐츠: 나이, 장애, 민족성, 성별, 국적, 인종, 이민 상태, 종교, 성별, 성적 지향, 재향군인 신분"이라고 언급한다.[264] 따라서 이들 기업은 폭력을 선동하는 발언뿐만 아니라 증오를 선동하는 발언도 금지한다. 흥미롭게도, 행동 강령은 서명 기업들뿐만 아니라 전 세계적인 온라인 혐오 발언 기준에도 영향을 미치고 있는 것으로 보인다. 예를 들어, 행동 강령에 서명하지 않은 텀블러(Tumblr)*조차도 유럽식 혐오 발언 정책을 채택하여, 사용자들에게 "증오"를 조장하지 말 것을 권고하고 있으며, 이는

---

* 텀블러는 인스타그램, 트위터, 페이스북의 기능이 모두 결합된 듯한 서비스형 블로그이다.

폭력을 조장하는 것과 별개의 범주로 다뤄진다.[265] 이는 미국의 수정헌법 제1조 규정하에서 금지될 콘텐츠보다 훨씬 광범위한 콘텐츠를 금지하게 만든다.

이 자발적 접근 방식에는 여러 가지 장점이 있다. 아마도 가장 중요한 점은, 기업들이 스스로의 행동을 감시하기 위해 자원을 투입해야 하기 때문에 EU가 거의 비용을 들이지 않고도 집행을 추진할 수 있다는 것이다. 둘째로, 비용이 많이 드는 모니터링 의무는 이러한 기업들이 그들의 플랫폼에 나타나는 유해 발언을 자동으로 감지하고 제거하는 기술을 개발하도록 유인한다.[266] 궁극적으로, 이는 온라인 혐오 발언의 규제가 더 포괄적이고 효율적으로 이루어질 수 있게 할 것이다. EU 기관들은 이러한 방식으로 집행 노력을 자동화할 수 있는 혁신적인 역량을 거의 보유하고 있지 않다.

그러나 규제 대상인 기업들 스스로가 준수 여부를 모니터링하도록 외주를 주는 방식에는 몇 가지 단점이 있다. 그중 하나는 행동 강령이 실제로 어떻게 구현되는지에 대한 불확실성이다. IT 기업들의 공식 서비스 약관이 유럽 표준을 반영하더라도, 결국 이들 기업 내의 변호사들이 무엇이 불법적인 혐오 발언인지에 대해 자체적으로 판단하게 된다. 따라서 그 결과는 유럽위원회가 직접 집행하는 상황에 비해 유럽위원회의 규제 접근 방식과 완벽하게 일치할 가능성이 적다. 예를 들어, 유럽위원회가 제안된 합병이 EU 경쟁법과의 적합성을 결정하는 경우, 결과는 명확하며, 유럽위원회가 합병이 진행될 수 없거나 특정 부서를 매각해야 한다고 결정하면 당사자들은 거의 재량권을 가지지 않는다. 그러나 혐오 발언을 제거하는 문제에 있어서는, 각 콘텐츠 제거 결정이 결정권자의 표현의 자유에 대한 개인적인 견해와 더 넓은

기업 문화를 반영하는 경우가 많다.[267]

마빈 아모리(Marvin Ammori)는 이러한 기업에서의 콘텐츠 삭제 결정이 필연적으로 미국의 표현의 자유 규범을 바탕으로 이루어진다고 주장했다. 이는 콘텐츠를 검토하는 변호사들이 미국의 로스쿨에서 교육받았을 가능성이 높고, 따라서 미국의 표현의 자유 원칙에 더 익숙하기 때문이다.[268] 이러한 결정권자들은 또한 미국의 표현의 자유 전통에 깊이 젖어 있는 경영진에게 보고하며, 이들은 표현의 자유에 대한 독특한 문화적 강조가 있는 기업 문화를 조성한다.[269] 제프리 로젠(Jeffrey Rosen)도 비슷한 견해를 제시하면서, 온라인 혐오 발언 정책이 "유럽식 정의"를 가지고 있지만, 때로는 "미국식 방식"으로 집행된다고 설명했다.[270] 최근 유출된 페이스북의 내부 정책은 이를 보여주는 한 예로, 페이스북의 알고리즘이 유럽 표준에 따라 엄격히 금지된 홀로코스트 부정과 관련된 특정 게시물을 허용하는 것으로 나타났다.[271]

그러나 IT 기업들이 현재 유럽 표준에 완벽하게 맞춰 집행하지는 않더라도, 점점 더 광범위한 혐오 발언 기준을 향해 나아가고 있다는 것은 불법 발언에 대한 검토와 제거가 점점 더 확장되고 있다는 사실에서 확인할 수 있다. 행동 강령에 따른 주기적인 평가 결과도 이를 확인시켜 준다. 2018년 11월부터 12월까지[272] 진행된 최신 평가 라운드의 결과에 따르면, IT 기업들은 신고된 불법 혐오 발언의 평균 72%를 제거했다. 이 제거율은 2016년 첫 번째 모니터링 라운드에서 28%였고, 2017년 두 번째 라운드에서는 59%, 2018년 세 번째 라운드에서는 이미 높은 70%에서 약간 더 증가하며, 각 평가 기간마다 크게 상승했다. 행동 강령은 이들 기업이 24시간 내에 "대다수"의 신고를 검토할 것을 요구하고 있지만, 기업들은 평균적으로 89%의 신고를 그 시간 내에 검토하고 있으며, 이는 첫 번째 모니터링 라운드에 비해 두 배 이상 증가한 수치이다.[273] IT 기업들은 또한 불법 콘텐츠를 검토하기 위해 더 많은 직원을 고용하며 준수 능력을 강화하고 있다. 페이스북은 2017년에 플랫폼에서 혐오성 자료를 식별하기 위해 3,000명의 추가 모니터 요원을 고용할 것이라고 발표했으며, 이는 기존의 4,500명 팀에 추가된다.[274] 마지막으로, 인스타그램, 구글+[275] 스냅챗과 같은 새로운 기업들이 2018년에 행동 강령에 서명하며 참여하고 있다.[276]

지금까지 자발적 규제가 (상대적으로) 성공적이었음에도 불구하고, EU는 자발적 접근 방식을 포기하고 가까운 미래에 구속력 있는 규제를 도입하는 것을 고려하고 있다. 현재 유럽위원회는 포괄적인 "디지털 서비스법"을 초안 작성 중이며, 이 법은 2020년 말까지 도입될 가능성이 있다.[277] 이 새로운 법안은 EU에 온라인 혐오 발언뿐만 아니라 기타 불법 콘텐츠와 정치 광고를 규제할 수 있는 "광범위한 법적 권한"을 부여할 것이다. 그 결과, 불법 콘텐츠의 제거가 소셜 미디어 플랫폼에 의무화되며, 이를 이행하지 않을 경우 벌금이 부과될 것이다. 이러한 규제 강화의 원인은 두 가지로 추정된다. 첫째, 불법 온라인 콘텐츠와 관련된 논란의 심각성과 빈도가 증가함에 따라 IT 기업들의 자율 규제에 대한 대중의 신뢰가 감소했다. 둘째, 프랑스, 독일, 영국을 포함한 일부 대형 회원국들이 온라인 혐오 발언을 겨냥한 국가 법률을 도입하기로 결정하면서, 유럽위원회는 내부 시장의 일관성을 유지하기 위해 조치를 취해야 할 강력한 이유를 가지게 되었다. 이는 회원국 간에 일관성 없는 국가 법률이 생기는 것을 방지하기 위함이다.

제안된 디지털 서비스법이 최종적으로 채택될지 여부와 상관없이, 온라인 혐오 발언 사례는 브뤼셀 효과의 흥미로운 예로 남아있다. 이는 EU의 규제 역량이 자발적 규범을 통해 글로벌 시장에 전달되어 눈에 띄는 사실상의 브뤼셀 효과를 초래한 방식을 보여주기 때문이다. 또한, 이 사례는 EU가 온라인 발언 규제에 있어 가장 엄격한 규제자가 아니라는 점에서도 흥미롭다. 일반적으로 브뤼셀 효과가 발생하기 위해서는 가장 엄격한 규제가 필요하지만, 온라인 콘텐츠의 허용 여부나 검열에 있어 EU는 중국, 이란, 러시아와 같은 국가들에 비해 상당히 덜 엄격하다. 이들 국가들은 표현의 자유에 대한 제한을 훨씬 더 강하게 유지하고 있으며, 이러한 정부들의 검열 초점은 혐오 발언보다는 정치적으로 용납할 수 없는 발언에 더 맞춰져 있다. 그럼에도 불구하고 IT 기업들은 모든 시장에 접근할 수 있는 보장이 있음에도 불구하고, 더 엄격한 중국의 기준을 따르고 온라인에서 허용하는 콘텐츠를 최소화하는 방식을 선택하지 않는다.

대신에, 이들은 더 높지만 지나치게 높지는 않은 유럽 표준에 점점 수렴하고 있으며, 이는 중국을 포함한 몇몇 중요한 시장에서 차단될 수 있다는 것을 의미하더라도 그러하다. 이러한 기업들이 어떤 발언을 허용할지를 결정하는 것은 그들의 가치관을 반영하는 것으로 여겨진다. 중국에서 차단되는 것은 비용이 크지만, 기업들은 이를 감수하기로 선택한다. 그 이유 중 하나는 자신들이 수용하는 표현의 자유 기준이 그들의 가치, 브랜드, 그리고 기업 정체성과 일치하도록 보장하고자 하기 때문이다. 특히, 이들 기업은 가장 발언을 제한하는 국가들에서 국가 검열에 "공모"[278]하는 것으로 보이고 싶어 하지 않는다.

반면에, EU 시장에서 배제되는 것은 상업적으로 실행 가능한 선택지가 아니기 때문에, 기업들은 상대적으로 엄격하지만 정책적 관점에서는 여전히 수용 가능한 유럽 표준을 받아들이게 된다. 이와 같은 방식으로, 온라인 혐오 발언 규제는 브뤼셀 효과의 흥미로운 사례를 제공한다. 이 경우, EU가 가장 엄격한 규제 기관은 아니지만, 표현의 자유와 정부 검열 사이에서 "중간 지대"를 제공함으로써 글로벌 규범을 생성할 수 있다. 따라서 더 미묘한 주장이 시사하는 바는 **EU가 기업들이 반응하는** 가장 엄격한 규제 기관이 될 때 브뤼셀 효과가 발생한다는 것이다.

브뤼셀 효과의 나머지 조건인 비탄력성과 비분할성도 이 분야에 존재하며, 이는 EU의 일방적 규제 영향력에 있어 중요한 요소이다. 표현의 플랫폼은 비탄력적이다. IT 기업들이 온라인 발언에 참여하는 유럽인의 IP 주소를 수정할 수 없기 때문이다. 이들은 여전히 EU법과 제도가 보장하는 보호를 받을 자격이 있는 유럽의 소비자이다. 다시 말해, IT 기업들은 다른 곳에 법인을 설립하더라도 EU 규정을 피할 수 없다. 왜냐하면 유럽 시민들이 EU법을 위반하는 발언에 접근하는 한 EU법이 이들 기업에 적용되기 때문이다.

전통적인 혐오 발언 규제와 달리, 온라인 혐오 발언 규제는 기술적이거나 경제적으로 비분할적인 경향이 있다. IT 기업들의 서비스 약관을 검토해 보면, 이들이 EU와 행동 강령을 체결한 후 전 세계적으로 동일한 정의를 채택하는 경향이 있음을 알 수 있다. 일반적으로 유럽식 금지 조항이 이들 기업의 **글로벌** 서비스 약관에 반영되어 전 세계적으로 적용된다. 이는 유럽위원회가 행동 강령이 기업들의 유럽 내 활동만을 규제한다고 명확히 밝혔음에도 불구하고, 유럽위원회는 기본체계 결정이나 행동 강령 모두 불법 혐오 발언에 관한 관련 법(들)이 적용되지 않는 지역에 대해 언급하고 있다. 예를 들어,

EU 외 국가(들)나 특정 국가에서는 그러한 콘텐츠에 접근하지 못하도록 기업들에게 의무를 부과하지 않는다고 명시했다. 그럼에도 불구하고, 여전히 이러한 상황이 발생하고 있다.[279]

실제로 IT 기업들은 글로벌 사용자 기반을 고려하여 두 가지 선택을 하게 된다. 하나는 모든 플랫폼에 동일하게 적용되는 보편적 규칙을 채택하는 것이고, 다른 하나는 운영하는 국가별로 규칙을 맞추어 적용하는 것이다.[280] 보편적인 규칙은 가장 엄격한 표준을 반영할 수도 있을 것이다. 이는 많은 시장에서 허용된 발언을 억제하면서도 가장 언론 제한적인 국가들에서조차 회사가 운영될 수 있게 하는 것이다; 또는 대안적으로, 보편적 규칙은 가장 느슨한 기준을 반영할 수 있는데, 이는 자유로운 발언을 최대화하지만 회사가 여러 시장에서 배제되어 수백만 명에게 플랫폼을 이용할 수 없게 만드는 결과를 초래할 것이다. 이러한 선택지 중에서 IT 기업들은 주로 보편적인 규칙을 선택하는 것으로 보인다. 페이스북과 구글은 초기부터 보편적인 규칙을 채택했다. 트위터는 한때 국가별 규칙을 채택한 유일한 인터넷 기업이었지만, 행동 강령에 서명한 지 6개월 만에 글로벌 서비스 약관에서 "혐오적 행위"를 금지하는 보편적인 기준을 채택하는 방향으로 전환했다. 전 세계적으로 일관된 규칙을 채택하는 이유는 기술적, 경제적, 심지어 사회적 및 문화적 요인 때문이다.

원칙적으로 IT 기업들은 "지리적 차단"을 활용하여 국가별 규칙을 추구할 수 있다. 이를 통해 지리적 위치에 따라 선택된 콘텐츠를 차단할 수 있다.[281] 지리적 차단은 인터넷 사용자의 지역별 접근을 제한하는 주요 수단으로 자리 잡았다. 이는 지리적 위치 기술을 사용하여 이루어진다. 이를 통해 사용자의 "인터넷 프로토콜(IP)" 주소의 위치를 기반으로 사용자가 어디에 있는지를 서비스 제공자가 결정할 수 있다.[282] 지리적 차단은 또한 국가별 도메인 이름을 통해 구현될 수 있다. 예를 들어, 독일과 프랑스에서는 홀로코스트 부인을 불법으로 규정하고 있기 때문에, 사용자는 Google.de와 Google.fr에서 홀로코스트 부인 사이트를 찾을 수 없지만, 이 사이트들은 Google.com에서는 여전히 접근할 수 있다.[283]

그러나 실제로 유럽 지역의 데이터만을 분리하는 것은 어렵기 때문에, 지리적 차단은 EU 표준을 준수하면서 각국의 온라인 발언을 "구분"하는 데 효과적인 도구가 되지 못한다. 구글에서 EMEA(유럽, 중동, 아프리카) 지역 글로벌 커뮤니케이션 및 공공정책 책임자를 역임한 바 있던 레이첼 웨트스톤(Rachel Whetstone)은 각국 정부가 표현의 자유를 규제하는 방식의 법적 차이가 "한 나라에서는 특정 유형의 콘텐츠를 제한하고 다른 나라에서는 제한하지 않는 현실적인 기술적 과제를 생성한다"라고 인정했다.[284] 예를 들어, 사용자가 단순히 계정의 위치 설정을 변경하는 것만으로도 지리적 차단을 쉽게 우회할 수 있다.[285] 또한 암호화 기술은 사용자가 온라인에서 자신의 위치를 숨길 수 있게 하므로, 전 세계적으로 콘텐츠를 제거하지 않고서는 관할권별 규칙을 준수하는 것이 기술적으로 불가능할 수도 있다. 실제로, 유럽 전용 데이터만을 분리하는 어려움 때문에 IT 기업들이 특정 국가뿐만 아니라 전 세계적으로 불법 콘텐츠를 제거하라는 법원 명령을 받는 경우도 발생했다.[286]

비분할성에 대한 기술적 과제를 넘어, 경제적 및 기타 준수와 관련된 실질적인 고려 사항들도 종종 각 개별 시장에 맞춰 자신의 규칙을 맞춤화할 수 있는 기업의 능력을 제한하기도 한다. IT 기업들은 혐오 발언을 규제하기 위해 서비스 약관과 공동체 가이드라인을 운영할 때, 이 같은 넓은 범위의 서비스 약관을 세부적인 내부 정책 가이드라인으로 변환해야 한다. 일관성 유지와 모니터링 및 준수의 용이성을 위해, 기업들은 종종 단일한 내부 정책을 적용하는 것을 선호한다.[287] 이 내부 정책 가이드라인에는 매우 구체적인 정의가 포함되어 있으며, 전 세계 수백 명의 직원과 계약업자가 24시간이라는 엄격한 시간 내에 게시물을 검토할 때 이를 준수해야 한다. 따라서 국가별 가이드라인을 만드는 것은 복잡하고 비용이 많이 들며, 여러 개의 검토 과정이 수반되어야 한다.

또한, 일관된 기준을 유지하려는 사회적 또는 문화적 브랜드 관련 이유도 있다. 이러한 플랫폼들은 자신들을 관할권의 경계를 넘어 사람들을 연결하고 글로벌 대화를 촉진하는 글로벌 운영자로 간주한다. 페이스북과 같은 플랫폼의 중요한 장점 중 하나는 전 세계적으로 친구 관계를 유지할 수 있는 능력으로, 대화의 "거리"를 좁혀준다. 페이스북이 지리적 차단을 사용하기를 꺼리는 이유 중 하나는 그것이 페이스북의 "소셜 네트워크 모델"을 약화시키기 때문이다.[288] 지리적 차단은 국제적인 대화를 방해하는데, 이는 대화의 일부가 일부 참가자에게 숨겨지기 때문이며, 해당 게시물은 지리적 차단 금지 규정이 적용되지 않는 국가에 사는 친구들의 뉴스피드에만 나타나게 된다. 따라서 과도한 지리적 차단은 "사람들이 국경을 넘어 소통할 수 있도록"[289] 하는 페이스북의 목표와 상충된다. 더 나아가 페이스북은 "하나의 페이스북"[290]이라는 입장을 주장하며, 특정 지역에서 발언을 제거하고 다른 지역에서는 제거하지 않는 것에 동의하기를 꺼려한다.

유럽사법재판소는 분할 가능성에 관한 법적 문제에 대해 판결을 내릴 기회를 가지게 될 것이다.[291] 오스트리아 대법원은 페이스북이 플랫폼에서 혐오 발언 게시물을 삭제할 책임이 있는지에 관한 법적 문제를 선결적 판결을 위해 유럽사법재판소에 회부했다. 오스트리아 항소법원은 오직 오스트리아에서만 혐오 발언 게시물을 차단하는 것으로는 충분하지 않으며, 전 세계 플랫폼에서 삭제해야 한다는 입장을 취했다. 그러나 오스트리아 대법원은 이에 대해 판결을 내리지 않고, 법적 문제를 유럽사법재판소에 회부했다. 유럽사법재판소는 페이스북의 책임 범위가 어느 정도가 되어야 하는지, 즉 콘텐츠에 대한 접근을 지역적으로만 아니라 전 세계적으로 차단해야 하는지, 그리고 EU법에 따라 동일한 사람을 대상으로 한 유사(하지만 동일하지 않은) 혐오 발언 게시물도 제거할 의무가 있는지에 대해 판결을 내려야 한다.[292] 2019년 6월, 슈프나르 법무관은 이 사례에 대한 의견을 제시하면서, 페이스북이 불법으로 판명된 명예훼손 댓글에 해당하는 동일한 모든 게시물을 확인하도록 명령받을 수 있다고 언급했다. 이 의무는 처음 불법 정보를 게시한 동일한 사용자가 작성한 유사한 (하지만 동일하지 않은) 댓글로도 확장될 수 있다.[293] 특히, 이 의견은 나아가 해당 EU 지침이 이러한 의무의 영토적 범위를 규제하지 않기 때문에 "호스트 제공자가 **전 세계적**으로 이와 같은 정보를 제거하도록 명령받는 것을 배제하지 않는다"는 점도 시사한다. 이 사건은 현재 유럽사법재판소에서 계류 중인 또 다른 사건, 즉 "잊혀질 권리"가 구글과 같은 인터넷 플랫폼에 전 세계적으로 특정 정보를 목록에서 제거할 의무를 부과하는지 여부를 다루는 건과 유사한 문제를 제기하고 있다. 이들 사건은 유럽사법재판소가 브뤼셀 효과가 얼마나 광범위하게 적용될지를 결정할 수 있는 새롭고 매우 중요한 기회를 제공한다.

이 장에서 보여주었듯이, EU는 디지털 기업의 중요한 글로벌 규제 기관이 되었다. EU는 GDPR을 통해 초국가적 기업의 행동과 외국 정부의 입법 활동을 동시에 형성하며, EU를 넘어선 개인들의 개인정보보호를 강화하고 있다. 또한, EU는 온라인 혐오 발언 규제를 통해 전 세계 여러 관할권에서 허용 가능한 담론의 경계를 마찬가지로 재설정하고 있다.

데이터 보호는 사실상과 법적 모두에서 브뤼셀 효과의 강력한 사례를 제시한다. EU는 다국적 기업들에게 중요한 시장을 제공하며 브뤼셀 효과의 기본 전제 조건인 시장 규모가 충족될 수 있게 한다. GDPR은 데이터 처리가 EU 외부에 있더라도 유럽의 데이터 주체를 보호한다는 점에서 비탄력적이기도 하다. GDPR은 이전의 EU 표준보다 더욱 엄격한 데이터 보호 표준을 제시함으로써 브뤼셀 효과를 더욱 강화했다. GDPR은 또한 EU의 규제 역량을 강화했다. 유럽위원회가 핵심 집행자 역할을 한 경쟁법 분야에서와는 달리 GDPR의 집행이 거의 전적으로 회원국의 데이터 보호 당국에도 의존하고 있음에도 그러했다. 따라서, 브뤼셀 효과의 장기적인 중요성은 EU 기관이 이들에게 부여한 규제 역량을 회원국 규제 당국이 얼마나 효과적으로 활용하느냐에 달려 있을 것이다.

위에서 언급한 브뤼셀 효과의 조건들이 일반적으로 존재하지만, 데이터 개인정보보호에서 브뤼셀 효과가 발생하는 것은 주로 비분할성의 존재 여부에 달려 있다. 이 장에서는 오늘날 대부분의 다국적 기업들이 GDPR에 맞춰 글로벌 개인정보보호 정책을 유지하고 있음을 보여주었으며, 이는 기술적 및 경제적 비분할성, 복잡성을 최소화하고 준수 오류를 방지하려는 이유 때문일 것이다. 비분할성은 또한 이러한 기업들이 글로벌 브랜드를 유지하고, 특히 오늘날 데이터 보호 문제가 중요해지면서 모든 사용자에게 동등한 보호를 제공해야 할 필요성에 의해 주도되고 있다. 이 역학은 비분할성에 기여했지만, 이 장에서는 기업들이 다양한 시장에서 자신들의 행동을 분할할 수 있고, 그러한 의지가 있는 여러 사례들도 검토했다. 따라서 경쟁법의 경우와 마찬가지로, 데이터 보호도 브뤼셀 효과의 발현 차이를 설명하는 데 있어 비분할성의 중요성에 주목한다.

법적 브뤼셀 효과는 데이터 보호의 경우에서도 널리 나타나고 있다. 아시아, 아프리카, 라틴아메리카 전역의 여러 국가들이 GDPR을 면밀히 모방한 국내 데이터 보호법을 채택한 사례들이 이를 보여준다. 이 광범위한 법적 브뤼셀 효과는 사실상의 브뤼셀 효과를 포함한 여러 요인에 의해 촉진된 것으로 보인다. 사실상의 브뤼셀 효과는 다국적 기업들이 자국 시장에서도 GDPR 유형의 법을 강력히 지지하게 만들었으며, 이는 최근 미국에서도 나타나고 있다. EU가 국제 데이터 전송의 조건으로 요구하는 "적절성" 요건은 외국 정부들이 GDPR을 모방하도록 추가적인 동력을 제공했다. 또한, 케임브리지 애널리티카 데이터 유출과 같은 최근의 스캔들은 데이터 개인정보보호 침해를 폭로하고, 해외에서 더 강력한 데이터 보호법에 대한 수요를 더욱 증가시켰다. 이 모든 경우에, 외국 정부들은 입법 초안 작성 시 GDPR을 자주 참조하는데, 이는 GDPR이 전 세계적으로 "황금 표준"으로서의 평판뿐만 아니라 포괄성을 갖추고 있기 때문이다.

EU는 디지털 기업들에게 사용자 데이터 개인정보보호를 유지하기 위한 광범위한 의무를 부과하는 것 외에도, 혐오적인 것으로 간주될 수 있는 콘텐츠를 감시하도록 온라인 플랫폼에 압력을 가하고 있다. EU는 혐오 발언에 대해 광범위한 개념을 수용하며, 인터넷 규제에 있어서 미국의 자유주의적 접근 방식을 공유하고 있지 않다. 주목할 점은 규제의 대상이 되는 세계에서 가장 강력한 기업들조차 구속력 있는 규칙이나 제재가 없는 상황에서도 EU의 규칙을 준수하고 있다는 것이다. 이 사례는 EU가 자발적 규제를 통해 규제 역량을 발휘할 때조차도 브뤼셀 효과가 발생할 수 있음을 보여준다. 온라인 혐오 발언 규제는 이처럼 자발적 규제의 한 형태일 뿐만 아니라, 브뤼셀 효과의 흥미로운 변형에 해당하기도 하는데, 이는 EU의 규제가 가장 엄격한 규제 표준을 제시하지 않는다는 점에서 그렇다. 중국과 러시아와 같은 관할권은 온라인 대화에 대해 EU보다 훨씬 더 제한적이다. 실제로, 예를 들어 중국은 페이스북을 완전히 차단한 몇 안 되는 관할권 중 하나이다.

일부 다른 관할권들이 규제 엄격성에서 EU를 뛰어넘고 있다는 징후들이 나타나고 있다. 나아가 이는 브뤼셀 효과의 한계를 시험하고 있다. 최근 뉴질랜드의 두 모스크에서 발생한 학살 사건을 페이스북이 실시간 생중계한 이후, 호주는 소셜 미디어 기업들이 그들의 플랫폼에서 "혐오스러운 폭력 자료"를 신속하게 제거하도록 명령하는 국내 법안을 통과시켰다.[294] 이를 이행하지 않을 경우, 기업 임원들은 큰 벌금이나 심지어 징역형에 처해질 수 있다. 이 법은 신속하게 통과되었으며, EU의 온라인 혐오 발언 규제보다 훨씬 더 광범위하게 적용되어 IT 기업들로부터 강한 비판을 받았다.[295] 이 호주 법이 IT 기업들의 글로벌 행동에 어떤 영향을 미칠지는 아직 지켜봐야 할 것이다. 호주는 중요하지 않은 시장은 아니지만, 시장 규모에서 EU에 비해 훨씬 작기 때문에 IT 기업들에게 경제적 중요성이 덜하다.[296] 이로 인해 일부 IT 기업들이 새로운 법과 관련된 법적 위험 때문에 호주에서 사무소를 철수할 가능성도 제기되고 있다. 다른 한편으로 호주 법이 전 세계에서 가장 엄격한 규제를 결합한 "브뤼셀 효과 플러스" 현상으로 이어질 가능성도 있다. 이 경우, 특히 다른 관할권이 호주의 예를 따른다면, EU는 자체 규제를 더욱 강화할 여지를 찾을 수 있을 것이다. 또한 EU는 전 세계적인 정치적 계기를 증폭시키고, 온라인 혐오 발언이나 디지털 경제 규제와 관련된 더 큰 정당성에 대한 인식을 강화할 수 있을 것이다.

제6장

소비자 건강과 안전

소비자의 건강과 안전을 보호하는 것은 EU 규제 당국에게는 오랜 관심사였다. 단일 시장이 처음 등장한 이래로, EU는 소비자들이 불안전한 식품, 위험 물질 또는 결함 있는 제품에 노출되어 겪는 위험을 최소화하기 위한 다양한 규제를 조화시키려 노력해 왔다. 이처럼 위험을 규제할 때, EU는 항상 이중 목표를 가졌다. 즉, 소비자의 건강과 안전을 증진시키는 동시에 조화로운 규정을 통해 단일 시장 내에서 무역을 촉진하는 것이다. 이 장에서는 EU가 시민들을 보호하기 위한 노력의 핵심이 된 두 가지 규제 분야인 식품 안전과 화학물질 안전에 중점을 둔다. 두 분야 모두 시장이 규제되지 않았을 때 소비자가 경험할 수 있는 피해에 대한 EU의 강한 우려를 반영하며, 이처럼 위험이 처음부터 나타나지 않도록 사전예방적 차원에서 EU가 개입할 동력을 제공한다.

이 장의 첫 번째 부분은 EU의 식품 안전 규제가 세계적으로 미친 영향을 통해 브뤼셀 효과를 분석하며, 두 번째 부분은 화학물질 안전의 관점에서 브뤼셀 효과를 다룬다. 먼저 EU의 주요 식품 안전 규제를 소개하고, 그러한 엄격한 규제가 EU의 입법 과정에서 어떻게 등장했는지 설명하는 이해관계자 역학을 살펴본다. 그런 다음, 식품 안전에 대한 사실상과 법적으로 나타나는 브뤼셀 효과의 몇 가지 예를 제시한다. 이후 화학물질 안전으로 넘어가 관련 규제와 그 배경이 된 정치적 논리를 다시 검토하며, 브뤼셀 효과의 만연함을 사실상과 법적으로 모두 보여주며 EU의 글로벌 시장에서의 깊이 뿌리박힌 규제적 영향력을 입증한다.

소비자 건강과 안전 I: 식품 안전

식품 산업은 유럽에서 가장 큰 제조업 및 고용 부문이며, 식품은 모든 유럽인의 일상에 영향을 미친다. EU는 세계 최대의 식품 수입국이자 수출국으로, 여기서 식품은 가공식품뿐만 아니라 가축과 기타 식품으로 사용되는 원자재를 포함하는 용어이다.[1] EU의 농업 및 농촌 개발 담당 유럽위원회 위원인 필 호건(Phil Hogan)에 따르면, EU가 세계 최대 농식품 수출국으로 성공할 수 있었던 이유는 EU 생산자들이 글로벌 시장에서 경쟁력을 갖추도록 만든 다양한 규제 개혁 덕분이지만, 동시에 EU 제품이 '안전하고 지속 가능하게 생산되며 영양가가 높고 고품질'이라는 전 세계적인 명성 덕분이기도 하다.[2] 따라서 유럽 식품 산업의 이처럼 고품질 명성을 유지하는 것은 EU에게 막대한 경제적 중요성을 가진다.

그러나 경제적 중요성 외에도, 식품은 종종 유럽인들 사이에서 감정적인 이슈가 되며, 많은 유럽 지역에서 식품 생산과 요리가 중요한 문화적 및 지역 정체성의 일부를 형성한다. 예를 들어, 유럽인들이 GMO에 저항하는 이유는 단순히 안전 문제를 반영하는 것이 아니다. 이는 집약적 농업을 제한하고 단일재배의 힘을 줄이며, 유럽 농촌의 활력과 다양성을 유지하고 전통적인 농업 문화를 보호하려는 바람에서 비롯된다. 이처럼 더 넓은 문화적 및 감정적 식품에 대한 애착과 이 부문의 경제적 중요성으로 인해 식품 안전은 유럽 생산자와 소비자 모두에게 중요한 정책 이슈가 되었으며, EU 규제의 중요한 목표가 되었다.

지난 몇십 년 동안 수많은 식품 스캔들이 소비자들의 식품 공급망에 대한 신뢰를 약화시키고, 규제 개입에 대한 광범위한 대중적 지지를 이끌어냈다.[3] 아마도 가장 악명 높은 식품 스캔들은 1986년 영국에서 시작된 광우병 사태일 것이다. 당시 가축 사료로 동물성 고기와 뼛가루가 사용되었는데, 광우병이 인간에게 전염되어 치명적인 크로이츠펠트-야코프병을 일으킬 수 있다는 사실이 밝혀지면서, EU는 영국산 소고기에 대한 전면 금수 조치를 내렸다.[4] 그러나 광우병은 이미 유럽의 다른 지역으로 퍼져 위기를 더욱 악화시켰고, 감염된 소들의 대량 도살을 초래했다. 영국에서만도 감염된 소고기를 섭취한 사람 중 1990년대 후반에 156명이 크로이츠펠트-야코프병으로 사망했다.[5] 이 스캔들은 기존의 식품 안전 규제에 대한 광범위한 비판을 불러일으켰고, EU 차원에서 더 체계적인 대응의 필요성을 부각시켰다.[6] 이 외에도 강력한 EU 전역의 규제 조치에 대한 대중적 지지를 이끈 다른 주요 식품 위기에는 스페인 콜자유 오염 사건(1981), 영국에서의 벤젠에 오염된 페리에(1990), 벨기에에서 가금류와 가축 사료에 포함된 발암성 다이옥신(1999), 이집트산 씨앗과 콩 수입 후 독일에서 발생한 대장균 사망 사건

(2011), 그리고 여러 유럽 국가에서 햄버거에 소고기 대신 말고기가 사용된 것이 드러난 사건(2013)이 포함된다.*

이와 같은 개별 식품 안전사고들 이후 새로운 규제를 요구하는 것 외에도, 유럽인들은 식품 생산에서의 더 광범위한 기술적 및 환경적 변화에 관련된 식품 안전 문제에 대해서도 우려를 표명해 왔다. 예를 들어, 유럽인들은 잠재적으로 건강에 악영향을 미칠 수 있는 GMO의 재배와 마케팅을 규제하는 것에 지지를 표명해 왔다. 이처럼 우려로 인해 EU는 EU 내에서 판매되는 모든 GMO가 포함된 식품에 대해 라벨링을 의무화하고 있다. 또한, GMO는 EU 시장 내에서 재배되거나 식품, 농산물, 또는 사료로 사용되기 전에 인간 건강과 환경에 미치는 위험 평가를 포함한 장기간의 승인 절차를 거쳐야 한다.

다음 논의는 식품 안전 전반과 특히 GMO와 관련된 EU 규제의 핵심 측면을 검토한다. 또한 이 분야에서 EU의 엄격한 규제를 설명하는 정치적 역학을 분석하며, 식품 안전 규제와 관련된 사실상 및 법적 브뤼셀 효과의 여러 사례를 제공한다. EU는 식품 안전 규제를 일부 산업과 국가에 외부적으로

---

* 1981년 스페인 콜자유 오염 사건은 스페인에서 유독성 변형 콜자유가 식용으로 판매되어 약 1,000명 이상이 사망하고 25,000명 이상이 중독 증상을 겪은 대규모 식품 안전 사건이다. 1990년 벤젠에 오염된 페리에 사건은 영국에서 페리에 생수 제품에서 발암 물질인 벤젠이 검출되어 전 세계적으로 리콜 조치가 이루어진 사건이다. 1999년 벨기에의 다이옥신 오염 사건은 벨기에에서 가금류와 가축 사료에 발암성 화학물질인 다이옥신이 포함되어 식품 체인에 심각한 영향을 미친 사건이다. 2011년 독일 대장균 사망 사건은 이집트산 씨앗과 콩을 사용한 후 독일에서 발생한 대장균 감염으로 인해 약 50명이 사망하고 수백 명이 중증 신장 손상을 입은 사건이다. 2013년 말고기 파문 사건은 여러 유럽 국가에서 햄버거와 가공육 제품에 소고기 대신 말고기가 사용된 시실이 밝혀져 소비자 신뢰와 식품 라벨링 체계에 큰 파문을 일으킨 사건이다.

성공적으로 적용해 왔다. 그러나 브뤼셀 효과가 발생하지 않은 사례들도 존재한다. 식품은 국가마다 소비자의 선호도와 전통이 상당히 다르기 때문에 모든 경우에서 경제적 비분할성을 식품 생산업체들이 활용하는 데 한계가 있다. 이처럼 식품 소비 및 생산과 관련된 국가 전통의 차이로 인해 모든 사안에서 EU를 모방하려는 외국 정부의 의지가 제한되기도 했다. 이처럼 차이점을 감안할 때, 식품 안전은 브뤼셀 효과가 나타나기 위한 다양한 조건들의 상대적 중요성을 검토하기에 특히 흥미로운 분야이다.

주요 입법

EU는 설립 이후, 특히 최근 몇십 년 동안 여러 식품 안전 위기에 대응하여 광범위한 식품 관련 법안을 제정해왔다. 유럽위원회에 따르면, "모든 유럽 시민은 자신이 먹는 식품이 어떻게 생산, 가공, 포장, 라벨링, 판매되는지 알 권리가 있다."[7] 주요 규제는 식품과 동물 사료의 안전성, 생산 위생, 식용 동물의 건강과 복지, 방부제 및 식용 색소와 같은 식품 첨가물의 사용, 식품 포장 및 라벨링에 관한 것이다.[8] 예를 들어, EU는 소비자들이 식품을 통해 질병에 걸릴 위험이 있는 특정 오염 물질을 금지하고, 건강에 해로운 식품 첨가물의 사용을 제한한다. 또한 수확 후 식품에 허용되는 최대 농약 잔류량에 엄격한 제한을 두고 있으며, 도축장에서 유지해야 하는 높은 위생 기준을 적용한다. 생산자들은 식품 안전 규정 준수를 확인하거나 유기농 생산 기준을 충족했음을 검증하는 신뢰할 수 있는 인증 절차를 따라야 한다. 공공 보건을 보호하는 것 외에도, EU 식품 규제는 소비자에게 정확한 정보를 제공하는 것을 목표로 한다. 라벨링 요구 사항에는 원산지를 명확하게 표기하고, 해당 식품 제품에 대한 건강, 영양, 알레르기 정보를 제공하는 것이 포함된다. EU의 식품 안전 규정은 국내 생산 식품뿐만 아니라 수입 식품에도 동일하게 적용된다.[9] 식품 수입의 안전성을 더 잘 통제하기 위해, EU는 외국 국가의 규제 레짐을 법적 체계 내에서 협력하고 모니터링할 수 있도록 사전 수출 검사를 포함한 규정을 채택했다.[10]

GMO를 재배하거나 마케팅하는 과정은 GMO 식품과 사료 그 자체와 마찬가지로 EU의 광범위한 규제를 받고 있다.[11] GMO가 EU 내에서 재배되고 판매되기 전에, 유럽식품안정청[12]은 EU 회원국의 과학 기관들과 협력하여 GMO의 안전성을 평가해야 한다.[13] 이 과정에서 수입자는 해당 GMO가 인간이나 동물의 건강에 악영향을 미치거나 환경을 해치지 않을 것임을 입증할 책임이 있다.[14] 위험 평가가 긍정적으로 이루어진 후, 유럽위원회는 회원국 대표들로 구성된 위원회에 승인 결정을 초안으로 제출해 투표를 진행한다.[15] 그러나 GMO에 대한 논란이 많은 상황에서, 회원국 대표들은 승인에 대한 투표를 일관되게 회피해 왔으며, 이는 EU 규정상 유럽위원회가 자동으로 해당 제안을 채택하게 만든다.[16] 이 절차는 유럽위원회의 의사 결정 역할을 강화했지만, 동시에 회원국들이 기피하는 GMO 승인을 유럽위원회의 책임으로 돌릴 수 있는 여지를 남겼다.

이처럼 까다로운 규제 절차와 GMO 승인에 대한 높은 기준 때문에, 현재 EU에서 재배되는 유일한 GMO는 몬산토의 옥수수 MON810으로[17], 주로 스페인에서 재배되고 있다. GMO 식품과 사료의 판매와 마케팅 역시 제한적이다. 현재 EU에서는 소수의 GMO만이 식품과 사료로 사용될 수 있도록 승인받았다.[18] 동시에, EU는 상당한 양의 GMO 사료, 특히 가축 사료로 사용되는 GMO 대두를 수입하지만, 강한 대중적 반대 때문에 GMO 식품은 거의 수입하지 않는다.[19]

2015년부터 EU는 GMO 재배에 대한 규제를 각 회원국에 더 많은 권한을 부여해 왔다. 현재 회원국들은 EU 차원에서 재배가 승인된 GMO일지라도, 자국 내에서 재배를 개별적으로 제한할 수 있는 자유를 가지고 있다.[20] 구체적으로, 회원국들은 유럽위원회의 GMO 재배 승인 결정에서 제외되기를 요청할 수 있으며, 자국 시장에서 GMO 사료와 식품의 판매를 금지할 수 있다. EU 회원국들 사이에서 GMO에 대한 강한 대중적 우려를 보여주는 사례로, 이처럼 권한을 부여받은 직후 19개국이 EU에서 승인된 유일한 GMO인 몬산토의 옥수수 MON810의 자국 내 재배를 금지했다.[21]

EU는 또한 소비자와 식품 공급망 운영자가 GMO를 추적하고 식품에 대해 정보에 기반한 선택을 할 수 있도록 하기 위해 GMO의 추적성과 라벨링을 규제하는 주요 식품 안전 법안을 마련했다.[22] EU 규정에 따르면, 0.9% 이상의 GMO를 포함한 대부분의 승인된 식품, 원료, 그리고 사료에는 라벨링이 요구된다.[23] EU에서 판매되는 모든 포장된 GMO 식품이나 GMO 사료 제품에는 '유전자 변형' 또는 '유전자 변형 [생물 이름]으로부터 생산됨'이라는 라벨이 붙어야 한다.[24] EU의 라벨링 기준은 세계에서 가장 엄격하다. 비교하자면, 미국과 일본 같은 많은 국가에서는 제품에 5%까지의 GMO 물질이 포함되어야 라벨링 의무가 발생한다.[25]

정치경제

식품은 오랫동안 유럽에서 중요한 이슈였으며, 유럽인들은 식품과 관련된 위험을 매우 심각하게 받아들인다. 2010년 유로바로미터 설문조사에 따르면, 유럽인들은 동물 감염, 화학적 오염, GMO와 같은 신기술과 관련된 위험에 대해 특히 두려움을 느끼고 있다.[26] 예를 들어, 유럽인의 70%가 농약 잔류물, 고기의 항생제 또는 호르몬, 생선의 수은, 돼지고기의 다이옥신에 대해 우려하고 있다. 식품 생산을 위한 동물 복제도 비슷한 수준의 우려를 불러일으킨다. 같은 조사에서 유럽인들은 이처럼 위험을 관리하는 공공 기관에 대한 신뢰도가 비교적 높다는 결과도 나왔으며, 이는 이 분야에서 규제 개입에 대한 대중적 지지를 더 잘 설명해 준다.

유럽인들은 특히 식품의 출처와 추적성과 관련된 엄격한 식품 안전 규제를 지지하고 있다. 오늘날 시장에서 식품은 점점 더 전 세계적으로 공급되며, 최종 소비자에게 도달하기 전까지 여러 관할권에서 많은 생산자들이 관여한다. 그러나 이처럼 긴 공급망은 추적성에 대한 불확실성과 문제를 초래할 수 있다. 예를 들어, 2013년 EU는 여러 국가에서 햄버거에 소고기 대신 말고기가 제공되고 있음을 발견했다. 이 말고기는 루마니아의 도축장에서 나온 것이었고, 키프로스 상인이 이를 프랑스 공급업체에 판매했으며, 이 공급업체는 다시 프랑스 식품 가공 회사에 넘겨 영국과 프랑스의 슈퍼마켓에 판매되었다.[27] 몇 년 전인 2011년에는 이집트산 콩나물이 오염되어 22명이 사망하고 2,000명이 추가로 병에 걸렸다. 그러나 책임의 연결 고리를 밝히기 전까지는 스페인 농부들이 잘못 비난받았고, 러시아에 무역 금지 조치가 내려져 스페인과 러시아 농부들에게 상당한 경제적 손실을 초래했다.[28] 이러한 사건들은 식품 위기의 원인을 파악하고 규제적 대응을 촉진할 수 있는 엄격한 추적성 규칙에 대한 유럽인들의 지지를 촉진시켰다.

EU의 친규제 입장은 다른 국가들, 특히 미국과 항상 일치하지는 않는다. 특히 식품 안전과 관련된 위험을 명확히 파악하기 어려운 상황에서 EU가 "사전예방 원칙"에 따라 행동했을 때 이처럼 차이는 더욱 두드러진다. 이로 인해 식품 안전은 국제 무역 분쟁의 빈번한 주제가 되었다. 예를 들어, EU는 성장 호르몬이 처리된 미국산 소고기의 수입을 금지했으며, 이 금지가 불법이라는 세계무역기구의 판결에도 불구하고 이를 유지해 왔다.[29] 마찬가지로, EU는 위생 목적으로 염소로 세척된 미국산 가금류의 수입도 금지했으며, 이 역시 세계무역기구에 제소되었다.[30] 그러나 이처럼 EU와 미국 간의 고위급 무역 분쟁은 EU가 엄격한 표준을 통해 식품 안전을 규제하려는 경향을 억제하지 않았으며, 이는 브뤼셀 효과가 전 세계적으로 영향을 미치는 데 중요한 요소로 작용해 왔다.

식품 안전 규제의 또 다른 주요 분야에서 EU는 다른 여러 관할권보다 일관되게 더 많은 규칙과 감독을 추구해 왔다.[31] 특히, GMO의 재배 및 판매와 관련하여 규제가 집중된다. 전 세계적으로 GMO는 매우 다양한 방식으로 규제되지만, EU에서는 그 사용에 대한 강력한 정치적 지지가 있다. 2001년과 2006년 조사 데이터에 따르면, 유럽인의 62%가 GMO가 초래할 식품 안전 위험에 대해 우려하고 있으며, 71%는 자신들의 식품에 GMO가 포함되는 것을 원하지 않았다.[32] 2010년의 더 최근 설문조사에서도 이처럼 태도가 변하지 않았음을 확인할 수 있었으며, 유럽인의 70%가 GMO 식품은 본질적으로 "비자연적"이라고 생각하고, 61%는 GMO 식품이 불안감을 유발한다고 답했다. 또한, 유럽인의 61%는 GMO 식품 개발이 장려되어서는 안 된다고 동의했다.[33]

EU 내에서 GMO 규제에 대한 강력한 전반적인 지지에도 불구하고, 회원국들 간에는 이에 대한 상이한 태도가 존재한다. 아일랜드(46%), 스웨덴(48%), 영국(48%)과 같은 국가에서는 GMO에 대해 우려하는 인구가 절반 이하인 반면, 그리스와 리투아니아에서는 80% 이상의 인구가 안전에 대한 우려를 가지고 있다. 오스트리아에서는 GMO가 농약과 더불어 가장 심각한 식품 안전 문제로 꼽히고 있다(67%).[34] 회원국들의 규제 정책도 GMO에 대해 분열되어 있으며, 이는 주로 각국의 농업 부문의 구성과 가장 강력한 농업 조직들의 영향을 반영한다. 예를 들어, EU에서 가장 큰 GMO 생산국인 스페인과 체코, 포르투갈, 루마니아, 슬로바키아는 GMO 개발을 지지하는 반면, 오스트리아, 프랑스, 독일, 그리스, 헝가리, 룩셈부르크는 재배와 사용에 반대하고 있다. GMO를 수용하지 않는 회원국들은 주로 사회경제적, 윤리적 또는 정치적 이유로 저항하고 있다.[35]

일부 EU 회원국들이 GMO 재배 확대를 선호함에도 불구하고, EU 내의 반(反) GMO 운동은 강력하며, 이는 주로 GMO 관련 입법 의제를 형성해 왔다. 이 반 GMO 연합은 주요 비정부기구를 포함하며, 이들은 GMO를 옹호하는 산업보다 EU 법안에 더 큰 영향을 미쳤다.[36] 특히, 이처럼 NGO들은 유럽 농민을 대표하는 이익 단체와 유럽 소매 산업의 지지를 이끌어내는 데 성공했다. 전통적인 '대농업' 산업은 GMO를 받아들이지 않고, 대신 기존의 농업에 집중하는 경향이 있으며, 식품 소매업체들은 소비자들의 강한 반대 때문에 GMO에 반대하고 있다. 이처럼 강력한 반 GMO 연합의 지지에 직면하여, 몬산토, 바스프, 신젠타, 바이엘, 듀폰과 같은 대형 농업 및 식품 산업 그룹이 포함된 친 GMO 연합은 소비자 인식을 변화시키거나 EU 정책에 영향을 미치는 데 성공하지 못했다.[37] 예를 들어, 바스프의 유전자 변형 감자 '암플로라'가 EU에서 재배 승인을 받은 후, 온라인 활동가 네트워크 아바즈(Avaaz)와 그린피스가 GMO 재배[38]에 대한 새로운 모라토리엄을 요구하는 청원에 백만 명의 서명을 받아냈고, 이는 바스프가 시장에서 철수하게 만드는 결과를 초래했다.[39] 몬산토 역시 2013년 EU에서 GMO 작물 재배를 위한 모든 신청서를 철회했으며, 이는 EU 내의 깊이 뿌리박힌 GMO에 대한 저항이 가까운 미래에 완화될 기미가 보이지 않는다는 점을 인정한 결과였다.[40]

EU의 GMO 및 생명공학에 대한 엄격한 규제는 EU와 미국 간의 상반된 관점을 더욱 두드러지게 한다. EU는 일반적으로 GMO의 생산, 사용, 확산에 반대하는 입장을 취하며, 과학적으로 안전성이 확실하게 입증되지 않는 한 이를 허용하지 않는다.[41] EU의 규제 레짐은 시장 출시 전 승인, 사전예방원칙, 그리고 시장 출시 후 통제를 기반으로 한다. 반면, 미국은 GMO 제품을 전통적인 생산 방법으로 만들어진 제품과 본질적으로 유사하게 여기며, 안전하지 않다고 입증되지 않는 한 이를 허용한다. 따라서 미국에서는 광범위한 사전 안전성 연구 없이도 GMO 제품을 재배하고 판매할 수 있다.[42] 이처럼 차이는 다른 여러 규제 분야에서도 EU와 미국 간의 분열을 재현하는데, EU는 신중을 기하는 경향이 있는 반면, 미국은 새로운 기술을 빠르게 수용하고 정부 개입에 대해 회의적이며, 특히 피해가 불확실하거나 완전히 입증되지 않았을 때는 더욱 그렇다.

그러나 이처럼 미국-EU 간 GMO 규제 차이는 추가적인 동기에서 비롯될 수도 있다. 미국은 세계 최대의 GMO 생산국인 반면, EU에서는 거의 GMO가 재배되지 않는다.[43] 2015년 기준으로 미국은 7,090만 헥타르에 달하는 면적에서 유전자 변형 작물을 재배했으나, 유럽에서 가장 많은 GMO 작물을 재배한 스페인은 0.11만 헥타르에 불과했다.[44] 미국은 생명공학 기술을 통한 생산 증진이 수출 시장에서 경쟁력을 유지하는 데 필수적이라고 보는 반면, EU는 소규모 농업에 문화적 중요성을 부여하고 대량 생산 기술에 대해 회의적이다. 따라서 미국에서는 농업인들과 생명공학 산업이 GMO 규제와 관련한 정치적 과정에서 영향력을 행사하는 반면, EU에서는 비 GMO 작물을 생산하는 농민들이 더 큰 영향력을 행사하고 있다.

소비자 선호 역시 규제의 차이를 반영한다. 유럽인들이 GMO가 초래할 식품 안전 위험에 대해 우려하는 반면, 미국 소비자들은 이 문제에 대해 상대적으로 덜 우려해 왔다. 예를 들어, 여론조사 회사 엔바이로닉스의 조사에 따르면, 미국인의 78%가 농업 생명공학을 지지하는 반면, 독일에서는 54%, 프랑스는 52%, 영국은 36%, 스페인은 29%에 불과했다.[45] 미국 소비자들은 일반적으로 GMO에 대해 잘 알지 못하는 경향이 있었다.[46] 그러나 최근 몇몇 설문 조사에 따르면, 미국에서 GMO에 대한 태도가 경직되고 있는 조짐이 보인다. 예를 들어, 최근 미국 여론 조사에서는 소비자들이 GMO 식품 라벨링을 의무화하는 것을 선호한다는 결과가 나왔다.[47] 또한, 2014년 한 연구에 따르면, 72%의 미국 소비자들이 식품 구매 시 "유전자 변형 또는 조작된 성분을 피하는 것"이 "매우 중요"하거나 "중요"하다고 응답했다.[48] 이처럼 연구들은 미국 소비자들의 GMO에 대한 회의감이 커지고 있으며, 이는 앞으로 규제 변화를 이끌 수 있음을 시사한다.

지난 20년 동안 GMO는 EU와 미국 간에 오랜 무역 분쟁의 주제가 되어 왔다.[49] 1998년부터 2004년까지 EU에서는 GMO 승인에 대한 사실상의 모라토리엄이 있었는데, 회원국들은 EU의 규제 체계가 변경될 때까지 어떠한 GMO 승인도 지지하지 않았다.[50] 이 모라토리엄은 승인되지 않은 GMO 품종을 EU로 수입하는 것을 사실상 불가능하게 만들었다. 이에 대응하여 아르헨티나, 호주, 캐나다, 칠레, 콜롬비아, 이집트, 엘살바도르, 온두라스, 멕시코, 뉴질랜드, 페루, 미국, 우루과이는 세계무역기구에 EU의 규제 절차가 지나치게 느리고, GMO의 안전성을 뒷받침하는 과학적 증거에도 불구하고 기준이 불합리하다는 이유로 제소했다. 2006년, 세계무역기구 분쟁 해결 기구는 EU의 사실상 모라토리엄이 국제 무역 규칙을 위반한다고 판결했다. 그러나 EU의 무역파트너들은 이 판결에도 불구하고,[51] EU가 세계무역기구 판결을 준수하는 데 소극적이라고 주장하며, EU가 여전히 GMO 승인 절차를 매우 느리게 진행하고 있다고 비판했다.[52] 더욱이, EU가 승인 절차를 더 빠르게 진행한다고 하더라도, GMO는 여전히 EU 시장에 제한적으로 접근할 수밖에 없다.[53] EU의 GMO 제품에 대한 추적성과 라벨링에 대한 엄격한 요구 사항은 여전히 유지되고 있어, GMO에 대한 유럽 소비자들의 불신으로 인해 생산자들이 유럽 시장에 진입하는 데 상당한 제약이 있다. 또한, EU는 GMO 사료 규제를 더욱 강화했다. 2011년 EU는 비EU 국가에서[54] 수입된 사료에 대해 승인되지 않은 GMO 물질의 비율을 0.1%로 제한하는 새로운 규제를 통과시켰으며, 이는 사실상 승인되지 않은 사료에 대한 무관용 정책을 도입한 것이다. 이로 인해 미국과 같은 국가로부터의 동물 사료 수입이

사실상 금지되어 무역 긴장이 더욱 심화되었다.[55]

EU의 GMO 규제가 개발도상국에 미치는 이점이나 해악에 대해서는 상반된 주장들이 존재한다. 농업이 경제에서 중요한 역할을 하는 개발도상국에서는 GMO가 중요한 문제로 부각되며, GMO는 농업 생산성을 높이고 이들 국가가 증가하는 인구를 먹여 살리는 데 기여할 수 있다. 그러나 이러한 국가들은 GMO와 관련된 위험을 관리할 자원이 부족하다. 또한, 전통적인 농업이 많은 사회에서 중요한 문화적 역할을 하고 있어, 많은 개발도상국은 GMO를 받아들이는 데 주저하고 있다.[56] 많은 아프리카 국가들이 유럽을 주요 수출 대상으로 삼고 있어, GMO 사용에 제한이 따르게 된다. 비판가들은 EU의 인증, 라벨링, 추적성 요구가 자원이 부족한 이들 국가의 생산자들에게 지나치게 부담이 되며, 많은 소규모 농부들이 글로벌 가치 사슬에서 사실상 배제된다고 주장한다.[57] 반면, 최근 연구는 EU의 높은 식품 안전 기준이 아프리카 생산자들에게 긍정적인 영향을 미친다는 것을 보여준다. 이들 생산자들은 기준을 충족하고 인증을 획득한 후 EU와 거래함으로써 훨씬 높은 수익을 올린다.[58] 예를 들어, 386명의 가나 파인애플 농부들의 농장 데이터를 분석한 클리만(Kleemann) 등은 글로벌갭(GlobalGAP) 또는 유기농 인증을 받은 농부들이 인증 비용을 상쇄할 정도로 투자 수익이 증가했다는 것을 발견했다. 이처럼 EU의 기준을 준수하는 것은 아프리카 생산자들에게 긍정적인 효과를 가져올 수 있으며, 이들이 고부가가치 수출 시장에 접근하고 농업 지식을 향상시키며 매출을 증가시킬 수 있게 한다.[59]

전반적으로, 유럽 시민들은 여전히 농업 생명공학에 대해 회의적인 태도를 유지하고 있으며, 엄격한 식품 안전 규제를 지지하고 있다. 이는 EU에게 식품 산업을 형성하는 가장 야심 찬 안전 기준을 설정할 강력한 권한을 부여해왔다. 오늘날의 글로벌 식품 생산이 긴 공급망을 통해 깊이 연결되어 있기 때문에, EU의 GMO 및 기타 식품 안전 문제에 대한 규제는 다국적 기업과 외국 관할권이 EU 시장에 접근하기 위해 이 규제를 채택하게 만드는 경우가 빈번하다. 이 장의 다음 두 부분에서는 이처럼 영향이 어떻게 사실상과 법적으로 브뤼셀 효과를 통해 나타나는지를 조명한다.

사실상의 브뤼셀 효과

식품 안전 분야에서 사실상의 브뤼셀 효과는 일부 산업에서는 광범위하게 나타났지만, 다른 산업에서는 거의 나타나지 않았다. 브뤼셀 효과의 세 가지 주요 조건 — 규제 역량, 규제의 엄격성, 식품 안전 규제의 비탄력성 — 은 이 분야에서 일반적으로 충족된다. 몇 가지 예외(예를 들어, 비살균 치즈 허용)를 제외하고, EU는 세계에서 가장 엄격한 식품 안전 규제 기준을 가지고 있다. 또한, EU는 이 분야에서 상당한 규제 권한을 행사할 수 있는 제도적 역량을 오랜 시간에 걸쳐 구축해 왔다. 식품은 EU의 관할권 아래 놓인 첫 번째 정책 분야 중 하나이며, 1960년대 초에 단일 식품 시장이 구축되어 EU가 이 분야에서 상당한 전문성을 축적할 수 있었다. 2002년 유럽식품안전청의 설립과 각국 식품 안전 당국의 역할은 EU의 규제 역량을 더욱 강화했다.[60] 식품 안전 규제는 소비자 보호 규제의 비탄력성에 해당되며, 이는 규제 대상을 다른 관할구역으로 옮겨 EU의 규제를 피할 수 없음을 의미한다.

2015년 GMO 재배에 관한 EU 규제 개혁이 EU의 규제 역량과 엄격성을 강화했는지, 아니면 약화시켰는지에 대해서는 의문이 있다. 이 개혁은 회원국들이 자국 내 GMO 재배 여부를 결정할 수 있는 권한을 부여함으로써 EU의 규제 정책을 부분적으로 분권화했다. 이 새로운 규제 체계는 GMO를 EU에서 재배하려는 신청자가 이제 추가적인 장애물을 마주하게 되므로, 규제 환경이 더 강화된 것으로 볼 수 있다. 따라서 이 개혁 이후 브뤼셀 효과는 더욱 강력해질 수 있다. 그러나 회원국 규제 간의 잠재적인 차이가 생김에 따라, 기업들이 글로벌 차원에서 EU 규칙에 맞추도록 유도했던 공통된 EU 정책이 사라질 수 있어 브뤼셀 효과가 약화될 가능성도 있다. 다만 이 개혁은 GMO 재배에만 적용되며, GMO 판매 및 마케팅에 대한 규제는 그대로 유지된다.

또한, EU의 규제 역량, 규제의 엄격성, 식품 안전 규제의 비탄력성은 확고하게 자리 잡았지만, 브뤼셀 효과의 나머지 두 가지 조건이 충족되는지는 불확실하다. 예를 들어, EU가 모든 주요 수출국에 대해 중요한 시장을 대표하지 않기 때문에, 브뤼셀 효과를 유발할 정도의 시장 규모를 가지지 않을 수 있다. 미국 농부들에게 EU는 다섯 번째로 큰 수출 시장에 불과하며, 전체 농업 수출의 약 8%만을 차지한다.[61] 많은 미국 생산자들은 규제 준수가 너무 부담스럽다고 판단할 경우 EU 시장을 포기하고 다른 시장으로 전환할 수 있는 역량이 있다.[62] 실제로 무역 통계에 따르면, 미국 생산자들은 점점 더 다른 시장으로 눈을 돌리고 있다. 2000년부터 2013년까지 미국의 전 세계 농업 수출은 181% 증가했지만, EU로의 수출은 단 1% 증가에 그쳤다. 이는 부분적으로 EU의 엄격한 규제 때문으로 해석된다.[63] 그러나 여러 주요 경제국들이 EU의 식품 안전법을 점점 더 모방하면서 미국 농부들의 무역 전환 범위는 점차 좁아지고 있다. 예를 들어, 호주, 브라질, 중국, 일본은 GMO 제품에 대한 의무적인 라벨링 제도를 도입하며 EU의 선례를 따르고 있다.[64] 이는 궁극적으로 미국 농부들이 브뤼셀 효과를 경험할 가능성을 높인다.[65] 또한, 아프리카와 일부 라틴아메리카 국가들에 있어서 EU는 가장 중요한 수출 대상이므로, 브뤼셀 효과가 이들 시장에 영향을 미칠 가능성이 크다.

식품 안전의 경우, 생산의 비분할성 문제는 특히 복잡하며, 이는 브뤼셀 효과가 발생하는지 여부를 설명하는 중요한 요소 중 하나다. 많은 경우, 생산자들은 소비자 선호의 큰 차이에 대응하여 다른 시장을 위해 서로 다른 제품을 생산한다. 예를 들어, 미국에서는 식품의 외관을 돋보이게 하기 위해 사용되는 인공 염료(무지개 사탕과 빨갛게 착색된 연어 등)가 허용되지만, 이러한 염료가 아이들의 과잉 행동을 유발한다는 연구가 발표된 후 EU에서는 해당 염료가 제한되었다.[66] 그 결과, 크래프트, 코카콜라, 월마트, 마스와 같은 회사들은 유럽에서 유통되는 제품에서 자발적으로 인공 염료를 제거했지만,[67] 미국에서는 여전히 이를 사용하고 있다. 비슷하게, EU에서 판매되는 엠앤엠(M&Ms)은 천연 색소를 사용하지만, 미국 소비자에게 판매되는 엠앤엠은 인공 염료를 포함하고 있다. 네슬레의 초콜릿 '스마티즈'는 EU에서 무, 레몬, 붉은 양배추 추출물로 색을 내지만, 미국에서는 '황색 제6호'이나 '적색 제40호' 같은 인공 염료를 사용한다.[68] 이러한 사례는 브뤼셀 효과가 불가피하지 않으며, 상이한 소비자 선호에 맞추는 것이 그에 따른 비용보다 더 많은 이익을 제공하는 한, 브뤼셀 효과가 나타나지 않을 수 있음을 보여준다.

그러나 다른 많은 상황에서는 기업들이 EU 표준을 단일 글로벌 표준으로 채택함으로써 브뤼셀 효과를 불러일으킨다. 예를 들어, 2015년 크래프트는 상징적인 '오렌지색 맥 앤 치즈'에서 '황색 제5호'와 '황색 제6호' 염료를 제거하고 파프리카와 안나토 같은 천연 색소로 대체했다. 이와 같은 염료는 미국에서 합법적이지만, EU 규정에 맞추기 위해 변경된 것이다.[69] 펩시와 코카콜라도 음료에서 시트러스 향이 분리되는 것을 방지하는 화학물질인 브롬화 식물성 기름을 제거하고 천연 성분으로 전환할 것을 약속했다. 이 식물유는 기억력 상실과 신경 장애와 연관이 있다는 이유로 EU에서 금지되었지만, 미국 식품의약국(FDA)은 이를 안전하다고 간주한다.[70] 서브웨이 역시 발암성 특성 때문에 EU에서 금지된 표백 화학물질인 아조디카르보나마이드를 빵에서 제거했으며, FDA가 식품에 사용을 승인했음에도 이를 제거했다.[71] 웬디스와 맥도날드도 서브웨이의 사례를 따랐다.[72] 물론, 위 사례에서는 기업들이 EU 규제에 맞추기 위해서만 이러한 변화를 시행하는 것이 아니라, 국내의 변화 압력에도 대응하고 있다. 그러나 EU 시장에서 거래를 지속하기 위해 이미 생산 방식을 조정해야 하는 상황이 이들의 변화 의지를 크게 촉진했음을 알 수 있다.

글로벌 기업들이 글로벌 시장에서 생산을 맞춤화할지 표준화할지는 몇 가지 중요한 요소, 특히 비용과 소비자 선호와 관련된 요소에 달려 있다. 첫째로, 주요 시장에서 소비자 선호가 충분히 다를 경우, 기업들은 제품을 분리해서 생산하는 것이 가치 있다고 판단할 가능성이 높다. 이는 맞춤화를 통해 실질적인 이익을 얻을 수 있기 때문이다. 예를 들어, 네슬레는 미국 시장에서 밝은 색상의 '스마트'를 선호하는 소비자가 충분히 많기 때문에 미국 시장을 위해 다른 색상 종류의 제품을 생산하는 것이 정당화된다. 아마도 스마트의 경우 맞춤화 비용이 적거나, 적어도 미국 소비자들의 특정 요구를 충족시킴으로써 더 큰 판매 이익을 얻을 수 있어 그 비용을 상쇄할 수 있는 것이리라. 반면, 맞춤화 비용이 비싸거나 맞춤화를 통해 얻을 수 있는 이익이 미미할 경우, 기업들은 EU 표준을 글로벌 표준으로 채택할 가능성이 높다. 또한, 기업들이 전 세계적으로 더 엄격한 표준에 대한 소비자 수요가 증가하고 있음을 감지하면, 글로벌 표준 생산이 더 가능해질 것이다.[73]

EU 규제에 대한 기업의 대응 방식에 영향을 미치는 또 다른 중요한 요소는 운영상의 실현 가능성이다. 경우에 따라, 글로벌 생산을 EU 기준에 맞추는 것이 너무 비싸고, 동시에 기존 생산 시설 내에서 생산을 분리하는 것이 불가능한 경우, 기업은 대체 비즈니스 전략을 모색할 수 있다. 예를 들어, EU의 엄격한 식품 위생 및 안전 기준 때문에,[74] 일본의 마쿠라자키 해산물 가공 협동조합은 가다랑어포(말린 참치 조각)를 프랑스로 수출하지 않기로 결정했다. 대신, 이 회사는 일본 공장을 EU 규정에 맞추기보다는 EU 내에 공장을 세우기로 결정했다.[75]

식품 및 농업 생산에서 분리의 실현 가능성을 고려할 때, GMO는 복잡한 문제를 제기하며, 이는 브뤼셀 효과의 작동을 연구하기에 특히 가치 있는 분야이다. 원칙적으로, 미국 농부들은 국내 시장과 EU 시장을 위해 GMO와 비GMO 품종을 각각 재배할 수 있을 것이다. 그러나 실제로는 기술적 및 경제적 이유로 인해 이처럼 분리가 어려울 수 있다.[76] GMO 작물은 심는 시점부터 가공 및 마케팅 체인 전체에 걸쳐 분리되어야 한다. 이는 재배 구역을 분리하고, GMO 밭에서 비GMO 밭으로 꽃가루가 날아가는 것을 방지하는 것을 의미한다.[77] 또한, 생산자와 유통업자는 별도의 장비, 저장 구역, 배송

용기를 사용해야 하며, 농장에서 소비자까지의 제품을 추적할 수 있는 특성 식별 시스템을 구축해야 한다.[78] 이처럼 교차 오염과 관련된 위험은 상당할 수 있으며, 특히 과정의 어느 단계에서라도 경제적 운영자가 실수를 저지르면 전체 생산 라인이 파괴되어 판매 손실과 시장에 적합하지 않은 전체 생산물을 폐기해야 할 필요가 생긴다.[79] 따라서 일부 농부들이 이같은 분리의 위험과 비용을 피하고, GMO를 피하거나 EU에서 승인된 GMO 작물만 재배하는 방식으로 가장 엄격한 표준에 맞추는 것을 선택하는 것은 놀라운 일이 아니다.[80]

GMO와 비GMO 품종이 혼합되는 데는 여러 요인이 작용할 수 있다. 그 요인에는 "꽃가루 이동, 자발적 혼합, 수확, 운송, 저장, 가공 중의 혼합, 인적 오류 및 사고"[81]가 포함된다. 만약 이 요인들로 인해 혼합이 발생하면, 식품 안전 산업에서 '불가피한 혼입'이라고 부르는 개념이 적용되어[82], 우연히 섞인 GMO가 허용 수준을 초과할 수 있다. EU의 0.9% 임계치를 포함한 엄격한 표준은 GMO와 비GMO 작물을 동시에 생산하는 것을 어렵게 만드는데, 이처럼 교차 오염을 완전히 제거하는 것은 거의 불가능하기 때문이다. GMO 맥락에서 완전히 분리된 생산을 창출하는 어려움은 최근 유럽사법재판소의 판결에 의해 다시 한번 강조되었다. 유럽사법재판소는 실험용 GMO 밭에서 500미터 떨어진 곳에서 우연히 오염된 GMO 흔적이 포함된 꿀도 EU법에 따라 GMO로 생산된 식품으로 간주된다고 판결했다.[83] 이 판결은 농부들과 식품 가공업체들이 GMO와 비GMO 시장을 위해 생산을 분리하려 할 때 직면하는 기술적 어려움과 법적 위험을 강조한다.

실제로 최근 여러 연구는 관행적인 종자 재배에서 GMO 흔적의 불가피한 혼입을 피하는 것이 얼마나 어려운지를 확인했다.[84] 예를 들어, 한 연구는 멕시코 유카탄 반도에서 유전자 변형 대두 작물의 꽃가루가 가까운 농업 지역의 꿀로 옮겨가는지를 조사했다.[85] 농부들과 수출업자들이 주목했던 주요 우려 사항은 GMO 전이가 "유럽 시장과 소비자로부터 거부 반응을 일으킬 수 있다"라는 것이었다.[86] 연구 결과 유카탄 반도의 꿀에 GMO 대두 꽃가루가 "비교적 적은 양"이 포함되어 있긴 했지만, 여전히 이처럼 오염을 방지하기 위한 조치가 권고되었다.[87] 이처럼 기술적 어려움과 이후 발생하는 법적 위험은 생산을 분리하고 GMO 종자와 비GMO 종자를 분리하려는 시도가 실패할 가능성을 설명하는 중요한 요소이며, 이는 브뤼셀 효과가 이 분야에서 확산되는 이유이기도 하다.

다국적 식품 가공업체들의 영향력과 사업 관행 역시 생산의 비분할성을 강화해 사실상 브뤼셀 효과를 더욱 공고히 한다. 예를 들어, 유니레버와 네슬레는 수출 목적지와 관계없이 모든 제품에서 GMO를 사용하지 않겠다고 약속했다. 거버와 하인즈 역시 미국 시장에서 판매되는 제품을 포함하여 모든 유아식에서 GMO를 배제하고 있다.[88] 이들은 종종 EU와 미국을 위해 별도의 생산 배치를 만드는 것을 꺼리며, 예를 들어, EU에서 마케팅 문제를 일으킬 수 있는 옥수수 구매를 거부한다.[89] 이와 비슷하게, GMO 품종을 재배하는 농부들로부터는 심지어 관행 곡물도 구매하지 않음으로써 일부 미국 농부들이 아예 GMO 제품을 재배하지 않도록 유도했다.[90] 예를 들어, 미국 최대 농업 협동조합인 CHS Inc.는 수출 승인을 받지 못한 특성이 포함된 종자를 판매하거나 곡물을 구매하지 않는다.[91] 시카고에 본사를 둔 대형 글로벌 식품 가공 및 상품 거래 회사인 아처 대니얼스 미들랜드 역시 전 세계적으로 승인되지 않은 GMO 작물은 구매하지 않는다. 이는 "매년 수출되는 수십억 부셸의 동일해 보이는 곡물 중에서 승인되지 않은 특성이 포함된 작물을 분리하기 어렵기" 때문이다. 스테인 씨드와 바이엘 역시 주요 수출 시장에서 승인되지 않은 특성을 가진 종자는 판매하지 않는 정책을 고수하고 있다.[92]

이 다국적 식품 가공업체들이 생산의 비분할성을 고수하는 이유는 경제적, 법적, 기술적 요인이 복합적으로 작용하기 때문이다. 별도의 생산 라인을 운영하는 것은 비용이 많이 들며, 이처럼 기업들은 특히 EU의 엄격한 규제(승인되지 않은 GMO가 0.9%만 포함되더라도 허용하지 않는 규제)를 고려할 때, GMO와 비GMO 품종이 우연히 혼합되는 것과 관련된 법적 위험을 피하려 한다. 또한, 이들 다국적 기업들은 기술적인 이유로 모든 공급업체가 승인된 품종과 승인되지 않은 품종을 분리할 수 있다고 보장할 수 없기 때문에, 전체 공급망이 잠재적인 법적 책임에 노출될 수 있다.

GMO 외에도 사실상 브뤼셀 효과는 아프리카, 아시아, 라틴아메리카의 여러 기업들의 식품 안전 정책에 영향을 미치고 있다. EU는 이들 국가의 농민들에게 중요한 수출 시장이기 때문에, 그들은 EU 시장을 포기하고 무역을 다른 곳으로 전환할 여력이 거의 없다. 그 결과, EU의 식품 안전 규제를 준수하는 것 외에 다른 선택지가 없으며, 비록 그 규제가 부담스럽고 비용이 많이 들더라도 이를 따를 수밖에 없다. 높은 준수 비용과 농업 부문의 중요성을 고려할 때, 이들 국가의 기업들은 때때로 EU 규제를 준수하기 위해 정부의 도움을 받는다. 그리고 일단 이들이 EU 규제 준수를 위해 투자하면, 사실상 브뤼셀 효과가 예상하듯, 생산 라인의 전체에 걸쳐 향상된 생산 방법과 시설을 확장하는 경우가 많다.

EU는 아프리카 농산물의 가장 중요한 수출지로, 생산자들은 EU의 식품 안전 규정에 매우 민감하게 반응하며, 이를 통해 EU는 해당 지역의 농업 관행을 변화시킬 수 있다. 아프리카의 코코아 산업이 그 예시이다. EU는 세계 최대 초콜릿 소비국이자 코코아 원두의 최대 수입국이다. 또한, 코코아 원두로부터 코코아 버터와 분말을 만드는 대규모 코코아 가공 산업도 보유하고 있다.[93] EU는 식품에서 특정 오염물질, 특히 코코아 및 코코아 제품에서 다환 방향족 탄화수소(PAH)에 대한 최대 허용치를 설정하고 있다.[94] 식품 오염 물질을 규제하는 이유는 식품 내 높은 독성 수준에 대한 우려와 이에 따른 공중 보건에 미치는 부정적인 영향을 방지하기 위함이다.[95] 주요 건강 문제로는 살충제 사용, 부적절한 발효, 도로 위나 연기가 나는 오븐에서 코코아 원두를 건조하는 비위생적인 가공 방법, 그리고 코코아 수출품에 포함된 발암 물질인 카드뮴의 존재 등이 있다.[96] EU의 이처럼 규제는 소비자 건강 보호 외에도 서아프리카와 중부 아프리카 전역에서 지속 가능하고 윤리적인 코코아 생산을 보장하려는 EU의 의지도 반영되어 있다.[97]

이 문제를 겨냥한 EU 규제의 결과, 사실상 브뤼셀 효과를 통해 해당 지역에서 EU의 규제적 영향력은 상당히 컸다. 예를 들어, 카메룬은 세계에서 다섯 번째로 큰 코코아 생산국이다.[98] 코코아 원두, 버터, 페이스트는 카메룬 전체 수출의 15% 이상을 차지하며, 석유에 이어 두 번째로 큰 수출 품목이다.[99] 국가의 수출 기회를 유지하기 위해, 카메룬 당국은 자국 기업들이 EU의 규제 요구에 부합할 수 있도록 여러 조치를 시행했으며, 여기에는 검사, 점검, 그리고 산업이 EU 규정을 준수하도록 하는 교육 캠페인이 포함된다.[100] 이와 같은 노력에도 불구하고, 2013년 EU는 카메룬에서 수출된 2,000톤의 코코아 원두를 유해한 화학물질의 높은 함량 때문에 반송한 적이 있다.[101] 이로 인해 카메룬 당국은 미흡한 코코아 가공 관행에 대한 단속을 강화하고, 산업이 EU 기준을 충족할 수 있도록 지원했다.[102] 정부는 방수포를 무료로 배포하고, 코코아 건조를 위한 새로운 오븐을 제공하거나 기존 오븐을 개조했으며, 제대로 건조되지 않은 원두를 압수했다. 카메룬 코코아 · 커피 산업위원회의 사무총장 오메르 가티엔 말레디(Omer Gatien Maledy)에 따르면, "이는 코코아 건조 과정에서 좋은 관행을 장려하고, 유럽연합이 설정한 기준을 충족하기 위한 캠페인의 일환이다."[103] 그러나 이 같은 '좋은 관행'은 EU 기준을 충족하기 위해 도입된 것이지만, EU로 수출되는 코코아뿐만 아니라 전체 코코아 생산에도 영향을 미쳤다. 이 사례는 국내 정부가 EU 규정을 모방하는 국내법을 제정하는 것이 아니라, 자국 기업들이 EU 규정에 맞게 경영 관행을 조정할 수 있도록 재정적 및 기타 지원을 제공함으로써 사실상 브뤼셀 효과를 증폭시킬 수 있음을 보여준다.

브뤼셀 효과는 케냐 기업들의 사업 관행에도 큰 영향을 미쳤다. 케냐의 농업 부문은 EU의 엄격한 식품 안전 기준에 맞추기 위해 생산 기준을 개선하는 데 상당한 투자를 했다.[104] 예를 들어, 2000년대 초반 동안 12개의 대형 케냐 농업 기업들은 EU로의 대규모 수출을 보장하기 위해 광범위한 현대화 작업을 진행했다. 이러한 개혁들은 기존 창고의 대규모 업그레이드를 포함했으며, 여기에는 냉방 및 환기 시스템, 물 정화 시스템, 냉각 시스템 및 기타 장비 개선이 포함되었다. 엄격한 위생 기준을 충족하기 위한 조치였다. 일부 기업들은 사사 제품 및 직원 건강 검사를 위한 현장 실험실을 직접 설치하고,

식품 기술자와 과학자들을 고용하여 제품 테스트를 진행하고 식품 안전 및 위생 교육과 직원들을 위한 건강 상담을 제공했다. 그러나 카메룬의 코코아 건조 사례와 마찬가지로, 개조된 시설들은 이들 기업의 전체 생산에 혜택을 주었을 가능성이 크다. 실제로 케냐 농부들이 새로운 시설에 투자한 후에는 비EU 시장을 위한 농산물 생산을 위해 낡은 창고와 열악한 장비를 계속 유지할 가능성은 낮다.

아프리카 농산물 생산자들은 또한 EU의 규제에 대응하여 자신들의 사업 관행을 조정했다. 이 규제는 소비자들이 정보에 입각한 선택을 할 수 있도록 식품 제품이 전달해야 하는 정보에 관한 것이다. 소비자에게 유용한 정보를 제공하는 것 외에도, 라벨링에 대한 통일된 규칙은 내부 시장의 원활한 기능에 기여한다.[105] 예를 들어, EU는 와인 라벨에 대한 정보 요구 사항을 표준화했으며, 이는 남아프리카를 포함한 해외의 와인 생산자들에게 영향을 미친다. 남아프리카공화국은 광범위한 와인 생산과 수출을 하는 국가이다. EU 규정에 따르면 와인 라벨[106]에 명시된 포도 품종이 와인의 85%를 차지해야 한다. 반면 남아프리카공화국의 유사한 규정은 75%만 요구한다.[107] 그러나 남아프리카공화국의 규제는 실질적으로 무의미해진다. 이는 생산자들이 EU의 라벨링 요구사항을 준수할 동기가 있기 때문인데, EU가 남아프리카 와인의 주요 수출 시장이며, 영국이 최대 수출 시장이고 그 뒤를 독일과 네덜란드가 잇고 있다는 점을 고려할 때 그렇다.[108]

EU가 아프리카 농부들에게 상대적으로 더 중요한 수출 시장으로 남아 있는 것은 해당 지역이 EU와 지리적으로 가깝기 때문이다. 하지만 EU는 남미 국가들로부터 식품 및 농산물을 수입하는 주요 수입국이기도 하다. 그 결과,

남미 생산자들도 때때로 여러 시장에서 사업에 영향을 미치는 재배 및 유통 관행을 변경하기도 했다. 예를 들어, 브라질은 세계에서 가장 큰 농업 생산국 중 하나로, 많은 기업들이 EU의 식품 규제에 민감하게 반응한다. 세계 최대 오렌지 주스 생산업체인 브라질의 시트로수쿠가 브뤼셀 효과의 브라질 사례를 잘 보여준다. 시트로수쿠는 생산량의 약 95%를 100여 개국에 수출하며, 그중 EU가 최대 수출 시장이다.[109] 마탕, 카탄두바, 아라라스에 위치한 시트로수쿠의 브라질 공장 세 곳 모두 유럽의 생산 및 진위 기준을 준수하는 인증을 받았다. 이들 공장은 모두 글로벌 시장[110]에 오렌지 주스를 공급하며, 수출 대상에 상관없이 제품은 동일한 절차와 규정을 따르고, 가장 엄격한 EU 기준에 부합한다.[111] 또 다른 브라질 기업인 JBS는 190개국에 식품을 공급하는 글로벌 식품 산업의 선두주자 중 하나이다.[112] JBS의 모든 브라질 공장은 유럽 기준을 충족하기 위한 인증을 받았으며, 심지어 브라질 내에서 판매되는 제품도 유럽의 식품 안전 규정을 따르고 있다.[113]

사실상 브뤼셀 효과는 글로벌 차원에서도 더욱 확대되고 있으며, 이는 간접적으로 산업 전반의 표준화 메커니즘을 통해 이루어진다. 그중 하나가 '글로벌갭'으로, 이는 좋은 농업 관행에 대한 독립적인 인증 시스템이며, EU의 식품 안전 요구 사항을 면밀히 따르는 여러 지속 가능성 및 식품 안전 요구 사항에 대한 준수 여부를 인증한다.[114] EU 소매업체들이 생산자들에게 글로벌갭 인증을 요구하기 때문에, 이는 사실상 EU 시장으로 농식품 제품(작물, 가축, 양식업)을 수출하기 위한 필수 조건이 되었다.[115] 글로벌갭은 EU 표준을 기반으로 하며, 1997년 유럽의 여러 슈퍼마켓 체인이 각 소매업체가 공급업체에 요구하는 다양한 행동 강령을 통합하기 위해 시작한 유렙갭으로 출발했다. 이제 이는 EU의 규제를 전 세계적으로 수출하고 영향을 미치는 중요한 수단이 되었다.

여러 시장의 농업 생산자들은 EU 시장에 접근하기 위해 글로벌갭 기준에 맞추어 제품을 생산하고 있다. 예를 들어, 브라질의 주요 과일 및 채소 생산업체인 아그리콜라 파모사는 매년 15만 톤 이상의 과일을 수출하며, 글로벌갭 기준을 준수한다.[116] 일본에서는 사과 생산업체 카타야마 링고가 영국 대형 슈퍼마켓에 제품을 판매하기 위해 글로벌갭 인증을 획득한 최초의 일본 생산업체였다.[117] 일부 일본 소매업체들은 글로벌갭을 기반으로 자체 GAP 시스템을 도입했는데, 그중에는 대표적으로 일본의 주요 소매업체인 이온이 포함된다. 일본 소비자 협동조합 연합 또한 글로벌갭을 기반으로 한 'JGAP' 표준을 도입했으며, 이는 과일 및 채소, 곡물, 쌀, 차 등을 포함한다. 처음에는 EU로 농산물을 수출하는 일본 농장들만이 글로벌갭 인증을 받았으나, 이후 글로벌갭은 인도네시아와 같은 다른 국가로 확산되었다. 이는 일본 농장들이 비EU 국가로 수출하더라도 인증을 받게 하는 동기를 부여했다. 예를 들어, 시즈오카현의 멜론 농장은 인도네시아로 멜론을 수출하기 위해 글로벌갭 인증을 획득했으며, 이는 EU에서 시작된 표준이 궁극적으로 두 비EU 국가 간의 무역을 어떻게 작동하는지를 보여준다.

식품 산업은 전 세계적으로 상호 연결되어 있으며, 종종 여러 규제 관할구역을 넘나드는 긴 공급망에 의존한다. EU의 엄격한 식품 안전 기준은 많은 경우 다국적 기업들의 글로벌 사업 관행을 변화시켰으며, 이는 주로 이들 기업이 공급망 어딘가에서 발생할 수 있는 실수로 인한 법적 위험과 경제적 비용을 회피하고자 하기 때문이다. 많은 경우 브뤼셀 효과는 서로 다른 수출 시장을 위해 생산을 분할하는 기술적 어려움이나 경제적 비용 때문에 발생한다. 이는 대형 다국적 식품 가공업체뿐만 아니라 개발도상국 농부들에게도 적용된다. 케냐의 채소 농부들이 EU 규제에 대응하여 시설을 개조하고, 교육을 제공하며, 위생 기준을 개선할 때, 이와 같은 개선은 EU로 수출되는 농산물뿐만 아니라 전체 생산 공정에도 긍정적인 영향을 미친다. 마찬가지로, 카메룬에서 정부가 코코아 건조를 위한 오븐을 개조할 경우, 그 새로운 오븐은 라틴아메리카, 러시아, 또는 미국으로 수출되는 코코아를 건조하는 데에도 사용된다. 또한, 글로벌 식품 가공업체들이 EU에서 승인되지 않은 GMO 품종을 거부할 경우, 전 세계 소비자들은 그 GMO 품종이 없는 식품을 소비하게 된다. 이러한 사례들은 EU가 EU 내에서 판매되는 식품의 안전성을 규제함으로써 외국 농산물 시장을 형성할 수 있는 능력을 강조한다. 이 과정에서 EU는 전 세계 식품 안전 기준을 향상시키고 있다.

법적 브뤼셀 효과

정부들이 EU의 식품안전 기준을 모방함에 따라 전 세계적으로 법적 브뤼셀 효과의 증거가 드러난다. 그러나 EU의 식품안전 규정의 확산은 경쟁법이나 데이터 보호와 같은 다른 많은 영역에서의 법적 브뤼셀 효과보다 그만큼 광범위하지 않다. 또한 사실상의 브뤼셀 효과를 통해 EU 규정에 먼저 적응한 외국 다국적 기업들이 이후 본국에서 규제 변화를 위해 로비할 것이라는 구체적인 증거를 찾기는 어렵다. 대신 EU의 세계적 영향력은 3장에서 논의된 것처럼 EU가 영향력 있는 회원인 국제식품규격위원회와 같은 다국적 표준 제정 기구를 통해 전달되는 경우가 많다. 국제식품규격위원회 참여를 통해 EU는 일부 식품안전 기준을 다자화하는 한편, 공동으로 합의된 다양한 국제식품규격 기준을 반영하여 자체 기준을 조정했다.[118] 세계무역기구가 회원국들에게 기존 국제 표준에 근거하여 규정을 제정하거나, 그렇지 않으면 이러한 표준에서 벗어나는 것을 정당화할 과학적 증거를 제시하도록 요구한다는 점에서 EU는 식품 안전 기준을 국제식품규격 체계와 일치시킬 추가적인 동기를 가지고 있다.[119]

다자간 표준 설정 참여 외에도, EU의 외국 규제 당국과의 적극적인 개별 협력은 EU 식품 안전 레짐의 중요한 부분을 형성하며, EU 규정을 해외로 수출할 수 있는 기회를 제공한다. 국경에서 EU로 들어오는 모든 제품을 검사할 수 있는 역량에는 한계가 있다. 국경에서의 공식 통제 외에도, EU는 식품을 EU로 수출하는 국가들이 강력한 국내 식품 안전 규정과 통제 메커니즘을 갖추고 있기를 원한다. 이를 촉진하기 위해 유럽위원회는 광범위한 역량 구축에 참여하며, 외국 규제 기관에 기술 지원을 제공한다. EU의 식품수의국은 식품 수입의 안전성을 보장하기 위한 임무의 일환으로 외국에서 점검과 감사를 수행한다.[120] 이와 같은 활동은 종종 EU 규정과 행정 관행의 해외 확산을 초래한다. 외국 정부들은 일반적으로 EU의 지원과 점검을 환영하는데, EU 식품안전 규정 준수가 확인되면 해당 국가 생산자들의 EU 시장 접근성이 열릴 뿐만 아니라, EU의 "공식 승인"으로 인해 그 국가의 식품 생산이 높은 기준을 갖춘 것으로 인식되어 다른 해외 시장에서의 수출 기회도 확대되기 때문이다.[121]

결국, 식품 안전 분야에서의 법적 브뤼셀 효과는 이처럼 일방적, 양자적, 다자적 확산 메커니즘의 결합으로 발생한다. 이는 EU 규제의 모든 분야에서 발생할 수 있지만, 특히 식품 안전 분야에서 이러한 파급경로가 더 두드러지는데, 그 이유는 이 분야에는 강력한 다자 협력 메커니즘이 존재하며, 또한 EU가 시장 주도적 메커니즘에 의존하기 어려운 분야이기 때문이다. 사실상 브뤼셀 효과에 대한 논의가 보여준 것처럼, 다국적 기업들은 항상 글로벌 표준을 채택하거나 자국 내에서 EU 표준을 옹호하는 것은 아니다. 이 산업에서 EU의 영향력이 다양한 파급 경로를 통해 행사됨을 인정하면서, 다음 논의에서는 먼저 식품안전 전반에 관한 법률상 브뤼셀 효과가 어떻게 발생하는지에 대한 몇 가지 사례를 살펴보고, 이어서 특히 GMO 규제와 관련된 사례들을 검토한다.

법적 브뤼셀 효과가 입법 변화를 이끄는 사례 중 하나는 세계에서 가장 큰 개발도상국이자 주요 농업 생산국 중 하나인 브라질에서 나타난다. 예를 들어, EU법은 브라질의 소고기 산업 규제에 영향을 미쳤으며, 여기에는 가축의 성장을 촉진하기 위한 성장 호르몬 주사를 금지하는 법의 도입이 포함된다.[122] 이 법의 목적은 EU와 같은 국제 시장에 부합하기 위한 것이었다.[123] 흥미롭게도 EU가 브라질의 가장 중요한 수출 시장이 아님에도 불구하고 EU의 영향력은 강력했다. 브라질 쇠고기 수출량 중 EU가 차지하는 비중은 약 13%에 불과하며, 이는 브라질 소고기 수출의 25%를 차지하는 중국과 홍콩 등에 뒤처지는 수치이다.[124]

브라질은 또한 EU의 외국 수입 중단이 해외에서 더 광범위한 규제 개혁을 촉발할 수 있는 사례를 제공한다. 2006년, EU는 브라질산 꿀에서 유해한 잔류물과 오염 물질이 발견됨에 따라 브라질산 꿀[125] 수입을 중단했다. 이 수입 중단으로 인한 잠재적인 수익 손실 때문에, EU의 금수 조치는 브라질에서 규제 개혁을 촉발했다. 여기에는 "꿀 및 벌꿀 제품 생산 체인 브라질 상공회의소"라는 새로운 기관의 설립이 포함되었으며, 이는 "꿀 상공회의소"로 알려지게 되었다. 꿀 상공회의소는 규제 기준의 개정과 꿀에 대한 엄격한 잔류물 모니터링의 시행을 촉진했다. 공공 및 민간 행위자들을 모으는 자문 포럼 역할을 하는 것 외에도, 2007년 꿀 잔류물 및 오염 물질 통제에 관한 국가 계획의 채택을 촉진했다.[126] 이 계획은 꿀 생산 부문의 특정 요구에 맞춘 일반적인 가이드라인과 잔류물 모니터링 절차를 제공한다. 이 조치에 따라 EU는 2008년에 브라질산 꿀에 대한 수입 금지를 해제했다.

식품 라벨링, 추적, 경고 시스템과 관련된 다른 사례들은 아시아 및 아랍 세계에서도 찾아볼 수 있다. 예를 들어, 대만에서는 2013년 식품안전위생관리법을 개정할 때 대만 입법원이 EU 일반식품법 규정을 참조했다.[127] EU 규정 제7조를 인용하면서 대만의 입법원은 각 수준의 당국이 식품 안전 모니터링 및 조사 메커니즘을 구축하고, 위험 식품에 대한 경고 및 통제 조치를 마련할 것을 요구했다. 더 나아가, EU 규정 제18조를 참고하여, 대만 법은 기업들이 원재료, 반제품 및 완제품의 출처를 추적하는 시스템을 구축할 것을 요구하고 있다.[128] 법적 브뤼셀 효과의 사례는 중동 및 북아프리카에서도 볼 수 있다. 2013년, 걸프협력회의는 새로운 식품 라벨링 표준을 발표했다. 이 표준의 주요 개정 사항들 중에는 영양 성분 표기 의무화 및 알레르기 유발 성분 표기 도입이 있는데, 이는 EU법과 유사하다. 같은 해, 모로코와 알제리는 라벨 크기에 대한 최소 규격을 설정하는 등 EU의 소비자 식품 정보 규정(Food Information to Consumers Regulation)과 유사한 새로운 라벨링 규정을 발표했다.[129]

앞으로 여러 국가에서 법적 브뤼셀 효과를 불러올 가능성이 높은 EU 식품 규제 분야 중 하나는 유기농 식품 생산이다. 지금까지 EU는 "동등성 원칙"을 바탕으로 미국과 같은 국가에서 유기농으로 인증된 제품에 대해 상호 인정해 왔다.[130] 그러나 이는 유기농 제품 기준이 원산지에 따라 크게 달라지는 문제를 초래했다. 예를 들어, 미국의 유기농 기준은 EU 기준보다 낮다. 구체적으로 설명하면, EU 유기농 기준에서는 가축을 몰 때 사용하는 전기봉이 금지되어 있지만, 미국 기준에서는 허용된다. 또한, 미국의 유기농 농장에서 기르는 오리는 연못이나 호수에서 수영할 수 있는 접근을 제공받을 필요가 없는데, 이는 EU에서는 '유기농' 라벨을 받을 수 없게 만든다. 이러한 차이를 고려해, EU는 이제 유기농 규정을 개정하고 있으며, 이는 EU 시장에 유기농 제품을 수출하는 비EU 국가의 농부들에게도 EU 규정을 적용하도록 확대한다.[131] 이 새로운 규정은 2021년에 발효될 예정이며, 동등성 원칙을 포기하고 "일치성 원칙"을 채택하여, EU의 유기농 식품 시장에 진출하려는 외국 생산자들이 EU에서 시행 중인 규정과 완전히 동일한 기준을 준수하도록 요구할 것이다. 이는 현재 동등성 규칙에 따라 EU에 수출하고 있는 여러 국가에서 개혁을 촉진할 가능성이 크다.

법적 브뤼셀 효과는 또한 전 세계의 여러 사례에서 EU의 영향력을 보여주듯이 GMO 관련 새로운 규정의 세계적 제정에 기여하고 있다. 앞서 다른 식품안전 문제의 맥락에서 논의된 브라질 꿀 산업은 GMO 규제의 맥락에서 또 다른 사례를 보여준다. GM 식물의 꽃가루 흔적이 포함된 꿀을 GM 제품으로 표시해야 한다는 2011년 유럽사법재판소의 판결에 따라, 브라질 농축산공급부, 브라질 꿀 수출업 협회, 그리고 꿀 상공회의소의 다른 구성원들은 GM 식물의 꽃가루 흔적을 가장 잘 감지할 수 있는 방법을 모색하기 시작했다. 브라질 양봉연맹은 꿀 생산을 이전할 수 있는 GM 작물이 없는 지역을 확인하기 시작함으로써 이러한 노력을 보완했다. 브라질 양봉연맹은 또한 정부에 GM 식물의 꽃가루 흔적의 교차 오염 위험 없이 꿀을 생산할 수 있는 GMO 프리 지역을 설정할 것을 요구했다.[132] 결국 브라질은 이와 관련하여 EU가 부과한 기준보다 더 엄격한 표준을 채택했다.[133] 브라질이 강력한 국내 GMO 규제를 도입하려는 의지는, 브라질이 세계에서 두 번째로 큰 GMO 작물 생산국이라는 점을 고려할 때 특히 주목할 만하다.[134]

EU의 GMO 규제는 브라질에서의 영향과 유사하게 다른 국가들의 법률에도 주목할 만한 영향을 미쳤으며, 여러 외국 정부들이 분명히 EU의 선례를 따르고 GMO의 재배와 마케팅을 제한하고 있다. 현재 60개국 이상이 유전자 변형 식품의 표시를 요구하고 있다.[135] 여기에는 호주, 중국, 인도네시아, 일본, 러시아, 남아프리카, 한국과 같은 많은 대규모 경제국들이 포함된다. 많은 국가들이 또한 EU의 규제와 유사한 방식의 GMO 규제를 도입하는 과정에 있다. 예를 들어, 한국은 유전자 변형 작물로부터 EU식 기준을 반영한 엄격한 식품 검사 기준을 도입할 계획이다.[136] 여러 라틴아메리카 국가들도 GMO의 수입과 사용을 제한하는 조치를 취했다.[137] 여기에는 10년간의 모라토리엄을 부과한 페루가 포함된다.[138] 볼리비아와 에콰도르도 GMO 사용을 금지했다.[139] 그러나 EU법이 다른 요인들과 비교하여 법률에 얼마나 영향을 미쳤는지 구체적으로 확인하기는 어렵다. 그럼에도 불구하고 브라질[140]과 우루과이[141]를 포함한 GMO 표시를 요구하는 여러 라틴아메리카 국가들은 GMO 표시의 기준치로 EU의 0.9% 기준을 모방하고 있다.[142] 이는 EU법이 적어도 부분적으로 따라야 할 템플릿으로 사용되었음을 시사한다.

일부 외국 법원들도 GMO에 관한 판결에서 EU 규정을 인용했다. 예를 들어, 콜롬비아 헌법재판소는 GMO 규제의 법적 공백이 관련 제품 정보에 대한 소비자의 헌법적 권리와 식품을 선택할 권리에 심각하고 용납할 수 없는 위험을 초래한다고 판단했다.[143] 재판소는 이어 의회에 GMO 식품 항목 또는 GMO 함량의 표시에 관한 규정을 발표할 것을 요구했다.[144] 재판소는 그 논거에서 EU의 GMO 처리를 검토하고 "EU가 명확한 입장을 취하고 2003년 결의안 1829호에 따라 이러한 유형의 제품에 대한 표시도 규정하고 있는 [GMO]에 대한 투쟁에서 국제적 기준이 되었다"라고 설명했다.

전 세계적으로 GMO에 대한 광범위한 규제는 여러 관할권에서 법적 브뤼셀 효과가 존재함을 시사하지만, 이 분야에서 EU만이 전 세계적으로 규제적 영향력을 행사한 것은 아니다. 미국 역시 GMO에 대한 규제 접근 방식을 여러 국가에 수출하는 데 적극적이었으며, 일부 지역에서는 성공을 거두었다. 특히 아르헨티나, 브라질, 캐나다와 같은 주요 GMO 작물 생산국들에서 미국의 영향력이 두드러졌다.[145] 예를 들어, 캐나다는 미국의 GMO 규제 방식을 따랐으며, 두 국가의 소비자들은 GMO에 대해 유사한 입장을 가지고 있는 것으로 보인다. 그러나 아프리카에서는 EU와 미국의 규제 접근 방식 간에 영향력을 둘러싼 경쟁이 뚜렷하게 나타나고 있다. 남아프리카공화국과 이집트는 미국의 접근 방식을 따랐으며, 두 나라 모두 GMO 작물의 상업적 재배를 승인했다. 마찬가지로 식량 부족으로 인해 GMO에 반대해 왔던 말라위와 케냐와 같은 다른 아프리카 국가들은 GMO에 대한 규제를 완화했다. 그러나 잠비아와 같이 경제적, 환경적, 공중 보건적, 전통 농업 보호가 여전히 GMO 반대의 주요 이유가 되는 국가들에서는 EU의 영향력이 강하게 나타난다.[146] 따라서 GMO의 글로벌 규제는 영향력을 확보하려는 경쟁의 장으로 볼 수 있으며, EU와 미국이 각국에 자국의 규제 입장을 채택하도록 설득하고 있다.[147]

미국의 경제력이 크고 GMO에 대한 관용이 높은 점을 고려하면, 법적 브뤼셀 효과가 미국에서 발생할 가능성은 크지 않아 보인다. 그러나 최근 몇 년 동안 미국 내 여론은 GMO에 대해 점점 더 부정적으로 변하고 있다. 2011년 한 조사에 따르면, 92%의 미국인들이 정부가 GMO에 대한 의무적 라벨링을 요구해야 한다고 답했고, 55%는 그러한 제품을 피할 것이라고 밝혔다.[148] 2011년, 캘리포니아주의 주도를 받아 미국 의회는 FDA가 GMO 연어를 승인하지 못하도록 하는 법안을 통과시켰으며, 만약 승인될 경우 GMO 연어에 대한 라벨링을 요구했다. 2016년, 미국은 "국가 생명공학 식품 공시 기준"[149]을 제정했으며, 이에 따라 미국 농무부 농업 마케팅 서비스는 2018년 7월까지 식품 내 GMO를 공시하는 전국적인 의무 시스템을 개발하도록 요구받았다.[150] 2014년 현재, 이미 미국 내 3개 주에서 GMO 식품 라벨링을 요구하는 법안이 통과되었다.[151] 이들 주는 EU의 0.9% 기준을 GMO 라벨을 요구하는 기준으로 따르는 등 EU의 GMO 라벨링 요소를 모방하고 있다.[152] 2015년, 라벨링 옹호 단체인 "Just Label It!"을 위한 여론조사에서는 미국 시민의 88%가 GMO 식품에 대한 라벨링 요구를 지지하는 것으로 나타났다.[153] Just Label It!은 전 세계가 EU의 GMO 라벨링 선례를 따르고 있으며

"논리적으로 생각해보면 미국도 EU를 따르게 될 것"이라는 점을 강조하며 이와 같은 주장을 펼쳤다.[154] 이러한 입법 발전과 미국 내 여론의 변화를 고려할 때, EU에서 영감을 받은 규제가 미국에서도 등장할 가능성은 더 이상 상상하기 어려운 일이 아니다.

지금까지 이 장에서는 EU가 전 세계 식품 안전 기준을 형성하는 데 미친 글로벌 영향력을 살펴보았다. 그러나 식품 안전은 EU가 유럽 소비자의 건강과 안전을 보호하기 위해 엄격한 규제를 시행한 여러 규제 분야 중 하나일 뿐이며, 브뤼셀 효과를 통해 글로벌 기준을 높이고 있다. 다음으로는 화학물질 안전과 같이 브뤼셀 효과가 세계 여러 지역에서 강하게 나타난 또 다른 위험 규제 분야에 대한 논의로 넘어간다.

소비자 건강과 안전 II: 화학물질 안전

EU의 소비자 건강 레짐에서 주목할 만한 측면 중 하나는 화학 산업에 대한 규제이다. EU의 엄격한 화학물질 규제는 유럽 시민들이 인체와 환경에 미칠 수 있는 유해 화학물질의 잠재적인 부정적 영향에 대해 높은 관심을 가지고 있다는 점을 반영한다. 이러한 우려와 더불어 단일 시장 내 무역을 촉진하기 위한 규제의 조화를 이루고자 하는 바람이 2007년 "REACH"에 관한 광범위한 EU 규정의 채택을 가져왔다.[155] REACH는 화학 산업과 전 세계 화학물질 규제에 상당한 영향을 미쳤다. 화학 산업은 다국적이며, EU는 REACH의 적용 범위에 포함되는 다양한 화학물질과 이를 포함한 제품들이 중요한 시장이기 때문이다. 이로 인해 다국적 기업들은 유럽 시장[156]에 접근하기 위해 자사의 글로벌 운영을 EU의 엄격한 규제 체계에 맞추려는 강한 유인을 가지게 되었고, 이는 전 세계적으로 규제 개혁을 촉발했다. EU의 이 분야에서의 영향력은 특히 크며, 이는 단순히 화학물질 자체뿐만 아니라 의류, 장난감, 화장품, 청소 제품, 페인트, 플라스틱 병과 같은 화학물질을 포함한 다양한 제품을 규제한다는 사실에서 기인한다. EU의 화학물질 안전 규제 레짐이 광범위한 제품에 적용된다는 점은, 브뤼셀 효과가 발생하는 메커니즘을 분석하는 데 있어 특히 중요한 규제 분야로 만든다.

주요 입법

EU 화학물질 안전 규제는 1970년대로 거슬러 올라가지만,[157] 2007년 REACH의 제정은 세계에서 가장 강력한 화학물질 안전 규제 체계를 도입하는 획기적인 순간이었다. REACH는 EU 시장에 의도된 화학물질의 안전성 입증 부담을 규제 기관이 아닌 제조업체와 수입업체에 전적으로 부과한다는 점에서 주목할 만하다.[158] 이는 예를 들어 미국의 규제 접근방식과 눈에 띄게 다르다. 이에 따라 제조업체와 수입업체는 자사가 취급하는 물질이 인체 건강과 환경에 미치는 영향을 조사하고, 이를 EU 당국에 제공하기 위해 물질을 데이터베이스에 등록해야 한다.[159] "고위험, 경제적 · 기술적으로 대체가 가능할 경우" 적절한 대안 물질로 교체되어야 한다.[160] EU는 또한 인체 건강이나 환경에 "용납할 수 없는" 위험을 초래하는 물질의 사용을 제한할 권한을 가지고 있다.[161] REACH는 또한 '사전예방 원칙'을 기반으로 하며, 과학적 불확실성이 존재하는 경우 규제 개입을 정당화하여 더욱 광범위한 화학물질에 적용된다.[162]

REACH의 엄격성에 더욱 기여하는 것은 REACH가 새로운 화학물질만 규제하는 것이 아니라 제정 당시 EU 시장에 이미 존재하던 수만 개의 물질에도 적용된다는 특징이다.[163] 유럽위원회에 따르면, 이미 존재하던 화학물질은 EU 시장 총 물질의 99%를 차지한다.[164] 이들을 REACH에 포함시킴으로써 규제의 범위가 극적으로 확대되어 총 22,000개 이상의 화학물질에 적용되게 되었다.[165] 이는 미국의 접근방식과 또 다른 차이점을 나타낸다. REACH와 달리, 미국의 주요 화학물질 규제인 유해물질 관리법(Toxic Substances Control Act, TSCA)은 기존 화학물질의 95%를 기존 허가된 물질로 간주하여 시장에 유통되는 대부분의 화학물질에 대한 시험 절차를 생략했다.[166] 이는 자연스럽게 TSCA보다 REACH하에서 훨씬 더 많은 화학물질이 제한되는 결과를 가져왔다.

EU와 미국의 화학물질 안전 레짐 간의 차이는 TSCA가 기존 화학물질을 안전성 검토에서 면제한 결정에 그치지 않는다. 1976년에 제정된 TSCA는 매우 비효율적으로 작동해 왔다.[167] 미국 환경보호청은 1976년에서 1994년 사이에 제출된 24,000건의 신청 중 90%를 추가적인 테스트나 제한 없이 승인했으며, 새로운 물질을 차단하는 규제 권한을 거의 사용하지 않았다.[168] TSCA의 비효율성으로 인해 미국은 규제 당국의 강력한 감독 대신 자발적인 산업 프로그램에 의존하게 되었다.[169] 예를 들어, 미국 화학제조업협회는 1988년에 "리스폰서블 케어"라는 중요한 자발적 자기 규제 프로그램을 설립했다.[170] 리스폰서블 케어는 자체 평가에 기반을 두었으며, 더 강력한 규제를 선제적으로 방지하기 위해 고안되었다.[171] TSCA 개혁을 위한 여러 시도가 있었음에도 — 그중 일부는 REACH에 의해 촉진되었음 — 미국의 화학물질 법안은 범위와 전반적인 엄격성 측면에서 여전히 EU의 법안에 뒤처지고 있다.

정치경제

EU의 엄격한 화학물질 규제는 화학물질이 건강과 환경에 미칠 수 있는 부정적인 영향에 대한 유럽 시민들의 높은 우려를 반영한다. 2017년 유로바로미터 조사에 따르면, 74%의 유럽인들이 일반적인 플라스틱 제품의 건강에 미치는 영향에 대해 우려하고 있으며, 87%는 플라스틱의 환경적 영향에 대해 걱정하고 있다.[172] 이와 마찬가지로, 84%의 유럽인들은 일반 제품에 포함된 화학물질이 건강에 미치는 영향에 대해 걱정하고 있으며, 90%는 이러한 화학물질의 환경적 영향에 대해 우려하고 있다.[173] 이러한 시민들의 우려는 단일 시장[174] 내 규제 조화로 얻을 수 있는 상당한 이익과 함께, EU가 적극적으로 대응하도록 하는 강력한 동인이 되었다.

REACH는 부분적으로, 화학물질 노출이 장기적으로 미칠 영향에 대한 대중의 불안 증가에 대응하는 조치였다.[175] REACH가 2007년에 제정되기 전 몇 년 동안 화학물질 안전에 대한 대중의 우려는 점점 더 커졌고, 이는 정치적으로 중요한 이슈로 부각되었다. 화학물질 안전에 대해 우려하는 소비자들은 보다 엄격한 규제를 촉구하는 데 있어 주요 회원국, 유럽의회, 그리고 몇몇 저명한 NGO의 지지를 받았다. 이 연합은 2000년대 초반 EU의 정치적 의제에서 이 문제를 성공적으로 부각시켰다. 스웨덴은 오스트리아, 덴마크, 핀란드, 네덜란드의 지지를 받아 새로운 화학물질 규제를 위한 추진을 주도했다.[176] 여러 환경, 건강, 소비자 옹호 NGO들은 사전예방 원칙을 지지하는 목소리를 냈다. NGO들은 또한 철저한 위험 식별, 대중 정보 공개, 그리고 유해 화학물질의 단계적 퇴출을 요구했다.[177] 이들은 대중의 관심을 끌기 위해 "화학물질 인식" 캠페인을 시작했다.[178] 이러한 옹호 단체들은 일부 산업계의 지원도 받았다.[179] 특히, 대형 소매업체들은 소비자 신뢰를 강화하고 화학물질 스캔들을 피하기 위해 REACH를 지지했다.[180] 규제 당국은 또한 유럽위원회 환경총국과 유럽의회 환경위원회의 중요한 지원을 받았다.

REACH에 대한 강력한 지지에도 불구하고, 2007년 제정 당시의 정치적 과정은 매우 논쟁적이었다. REACH 지지자들은 공중 보건, 소비자 안전, 환경 보호 측면에서의 이점을 강조했지만, 비판자들은 이 규제가 제조업체와 수입업자들에게 상당한 비용을 부과할 것이며, 그 비용은 긴 공급망을 통해 궁극적으로 소비자에게 전가될 것이라고 주장했다.[181] 비판자들은 최악의 경우 이 규제가 엄격한 EU 요구 사항을 충족하지 못할 것이라는 두려움 때문에 새로운 혁신 물질의 개발을 저해할 것이라고 주장했다.[182]

REACH에 대한 반대는 화학 산업의 규모와 범위를 고려할 때 놀라운 일이 아니었다. 유럽의 화학 산업은 유럽에서 세 번째로 큰 제조업 부문이며, REACH가 제정된 2006년 당시 170만 명의 사람을 고용하고 있었다.[183] 화학 산업계 로비는 REACH 개발 과정 전반에 걸쳐 예상대로 활발히 전개되었다. 전문가들은 이 규제가 "지난 30년간 EU 환경법 중 산업계로부터 가장 큰 반발을 불러일으켰다"라고 평가했다.[184] 주요 화학 회사들, 특히 바이엘, 바스프, 셸 케미칼은 처음에 기존 화학물질을 규제의 범위에 포함시키는 것을 전면적으로 반대했다.[185] 산업계 로비는 자율 규제나 더 자발적인 조치를 주장하며 사전예방 원칙에 강력히 반대했고, 높은 비용과 경쟁력 및 고용에 미치는 부정적 영향을 이유로 들었다.[186] 그러나 어떤 형태로든 규제 체계가 도입될 것이 확실시되자, 산업계는 REACH 법안을 전면적으로 반대하는 대신, 그 부담을 완화하는 데 집중하기 시작했다.[187]

유럽 규제의 세계적 영향력을 고려할 때, REACH는 또한 미국 화학 산업계의 강력한 로비를 촉발했다. 부시 행정부의 전폭적인 지지를 받아, 미국 기업들은 "8년간의 강력한 반대" 캠페인을 전개하며, REACH가 건강과 환경에 미치는 이득은 미미한 반면, 제조업체들에게는 막대한 부담을 초래할 것이라고 주장했다.[188] 2002년, 당시 콜린 L. 파월 국무장관은 제조업체 무역단체와의 협의를 통해 개발된 논점을 인용하며 유럽 전역의 미국 대사관 직원들에게 REACH에 반대하도록 지시했다.[189] 미국 정부는 유럽위원회에 REACH에 반대하는 공식 의견을 제출했고, 미국 환경보호청(EPA) 관료들은 EU 정부와 기업 대표들에게 규제에 반대하는 로비를 했다.[190] 미국 정부는 산업계와 긴밀히 협력하며, 다른 국가들이 REACH에 대한 우려를 제기하도록 유도하기 위해 "교육" 활동을 적극적으로 펼쳤다.[191] 2006년, EU 주재 미국 외교 사절단은 호주, 브라질, 칠레, 인도, 이스라엘, 일본, 말레이시아, 멕시코, 싱가포르, 남아프리카, 한국, 태국의 사절단과 공동 성명을 조직하여 유럽의회에 규제를 재고하도록 요청했다.[192]

프랑스, 독일, 이탈리아, 영국, 아일랜드와 같이 대규모 화학 산업을 보유한 국가들의 고위급 정치인들은 산업계의 견해에 공감했다.[193] 다른 중요한 동맹들은 기업 친화적인 보수파나 사회주의 유럽의회 의원들과 위원회의 기업총국이었다. 이들의 REACH 비판은 산업계의 비판을 반영하여 규제 비용과 유럽 산업의 경쟁력에 대한 부정적 영향을 강조했다.[194] 그러나 상대적으로 작은 연합체인 국가 환경부 장관들, 유럽위원회 관료들, 유럽의원 의원들, NGO 대표들이 이러한 강력한 저항에 맞서 법안을 통과시키기 위해 노력했다.[195]

결국 REACH의 최종 버전은 양측 간의 타협을 반영했다. 유럽위원회는 산업계의 규제 비용에 대한 우려에 대응하여 특정 보고 및 정보 요구사항을 완화함으로써 규제 비용을 약 100억 유로 감축했다.[196] 2003년 개정안이 폴리머의 제외를 포함하여 미국이 추구한 많은 구체적인 변경사항들을 반영했다는 점을 고려할 때, REACH의 일부 완화는 미국의 로비 노력의 결과로 볼 수 있다.[197] 그러나 이러한 타협에도 불구하고, REACH는 여전히 세계에서 가장 엄격한 화학물질 규제 레짐으로 자리 잡고 있다.

사실상의 브뤼셀 효과

REACH는 전 세계 다양한 산업에서 행동 변화를 이끌어내며 중요한 사실상의 브뤼셀 효과를 일으켰다.[198] 많은 외국 화학 제조업체들은 EU 시장에서 배제되지 않기 위해 글로벌하게 REACH 기준을 준수하기 시작했다.

제조업체들은 여러 시장에 맞춘 다양한 제품을 만드는 것보다 하나의 제품을 만드는 것이 더 비용적으로 효율적이기 때문에, 가장 엄격한 글로벌 기준인 REACH에 맞춰 제품을 생산하려는 동기를 갖게 된다.[199] 이 맥락에서 이러한 비분할성은 법적 또는 기술적 한계 때문이 아니라, 생산 과정에서 규모의 경제가 주요 원인이다. 원칙적으로는 다른 화학물질을 사용하는 두 가지 생산 라인을 운영하는 것이 가능하지만, 이는 기업에게 생산을 분리하는 데 드는 비용 때문에 비경제적이다. 또한, 많은 화학물질 하위 사용자들이 EU에서 "매우 높은 우려 물질"로 지정된 물질을 제품에 포함시키는 것을 거부하는 경우가 많다.[200] 화학물질의 복잡하고 긴 공급망을 고려할 때, 공급망에서 하나의 물질이 EU 규정을 준수하지 않을 경우 최종 제품이 EU 시장에 진입할 수 없게 되어, 수출 지향적인 제조업체들은 전 세계적으로 EU 규정을 준수하는 생산을 하게 된다.

또 다른 이유는 REACH의 정보 생성 기능과 "안전하지 않은" 제품에 대한 전 세계 소비자들의 민감성이다. 예를 들어, 듀퐁의 부사장 겸 최고 지속가능성 책임자인 린다 피셔(Linda Fisher)는 자사가 "이것을 유럽 프로그램으로만 보지 않는다. 우리는 전 세계에서 사고팔고 있다"라고 말하면서, "한 번 화학물질이 EU 목록에 포함되면 제조업체들은 생산을 중단할 압박을 받게 될 가능성이 크다… 화학물질에 '우려'라는 단어가 연결되면 시장 반응을 일으킬 수 있다"라고 설명했다.[201] 존슨앤드존슨 또한 미국과 EU 규정[202]을 모두 참조하며, 소비자 신뢰를 이유로 일부 성분을 단계적으로 철폐했지만 건강 우려를 명시하지는 않았다.[203] 이러한 효과는 특히 어린이 장난감이나 분유병과 같은 제품에 대해 더 커질 가능성이 있다.[204] 따라서, 시장 정보와 연관된 평판에 관한 우려는 브뤼셀 효과를 더욱 증폭시키고 있다.

다국적 기업들이 REACH 요구사항을 충족하기 위해 글로벌 생산을 조정한 여러 사례가 이를 잘 보여준다. 화학 산업의 선두 기업인 다우 케미컬은 EU뿐만 아니라 다른 지역에서도 판매되는 모든 제품을 REACH와 일치시키겠다고 발표했다.[205] 스위스 헬스케어 다국적 기업인 호프만-라로슈는 물질이 REACH 후보 목록에 추가된 후 10년 내에 고위험성 우려물질(Substances of a Very High Concern, SVHCs)을 자사 제품에서 단계적으로 제거하는 것을 목표로 한다.[206] 이를 위해 회사는 목표 시장이 REACH의 적용을 받는지 여부와 관계없이 전 세계적으로 자사 제품에 사용되는 SVHCs를 식별하고 제거하고 있다. 레브론, 유니레버, 로레알과 같은 대형 화장품 제조업체들도 유사하게 모든 제품을 REACH에 부합하도록 재구성했다.[207] 예를 들어, 로레알은 유럽 소비자안전과학위원회의 화학물질 관련 권고를 인용하며 특정 제품에서 방부제로 메틸이소티아졸리논을 더 이상 사용하지 않는다고 인정한다.[208] 로레알은 또한 “특정 제품에 사용되는 소수의 나노물질들이 유럽 기준을 준수하여 특별한 안전성 평가를 거쳤다”라고 주장한다.[209] 회사는 또한 “모발 착색 제품에는 규제 승인을 받은 착색제가 포함되어 있으며 파라-페닐렌디아민 농도는 유럽에서 승인된 최대 농도보다 최소 2배 이상 낮다”라고 말하며 EU 기준을 벤치마크하여 설명한다.[210]

REACH의 영향은 화학물질 제조, 제약, 또는 화장품 산업과 같이 직접적인 영향을 받는 분야에만 국한되지 않았다. REACH는 섬유 및 소매 산업에도 상당한 영향을 미쳤다. 플라스틱의 유연성과 내구성을 높이기 위해 첨가되는 물질인 특정 프탈레이트가 REACH의 인가 요건에 포함되었을 때, 아디다스, 나이키, 자라는 자사 제품의 프탈레이트를 덜 위험한 대안으로 대체하기로 약속했다.[211] 브라질의 제조 대기업인 알파르가타스 역시 REACH에 대응하여 인기 있는 하바이아나스 샌들에서 프탈레이트를 제거했다.[212] EU가 회사 수출의 30% 미만을 차지함에도 불구하고, 알파르가타스는 수출 목적지에 관계없이 하바이아나스 라인의 모든 제품에 이 비용이 많이 드는 조정을 부과했다. 많은 비EU 국가에서 운영되는 스웨덴의 패션 소매업체인 H&M[213]은 "사전예방 원칙을 적용"하고 "모든 판매 국가에서 가장 높은 법적 기준"에 기반하여 화학물질 제한을 개발함으로써 REACH 및 기타 규정을 준수하고 있다.[214] 회사의 공급업체나 비즈니스 파트너가 반드시 서명해야 하는 지속가능성 약속은 법적 의무가 없는 경우에도 "잔류성이 있거나, 생물축적성이 있거나 독성이 있을 수 있는" 물질을 피하도록 이러한 파트너들을 장려한다.[215] 대형 가구 소매업체인 이케아와 장난감 제조 회사인 레고와 매텔도 유사하게 자사의 전 세계 생산품이 PVC가 없다고 선언했다.[216]

이러한 다양한 사례들이 시사하는 바와 같이, 다국적 기업들이 EU에서 제품을 판매하고자 한다면, 외국 시장에서 더 낮은 기준을 이용하는 것이 그들의 이익에 부합한다고 보는 경우는 거의 없다. 그러나 브뤼셀 효과가 일부 제품군에 미치지 않는 경우도 있다. 예를 들어 에스티로더와 같은 일부 기업은 전체 생산의 95%에 동일한 안전 기준을 적용한다고 밝혀, 일부 생산 라인의 작은 일부는 여전히 분할 가능성을 가지고 있음을 시사했다.[217] 그러나 이러한 예외적인 사례에도 불구하고, 화학 산업 전반의 추세는 비분할 생산을 선호하는 방향으로 이어지고 있으며, 이는 사실상 브뤼셀 효과의 확산을 뒷받침하는 중요한 요인이 되고 있다.

미국에서 REACH는 8,000억 달러 규모의 화학 산업에 특히 큰 영향을 미쳤다.[218] 일반적으로 미국 산업은 EU 시장에 접근을 유지하기 위해 REACH를 준수할 수밖에 없었다. 2008년, 『워싱턴 포스트』는 "미국 제조업체들이 이미 자전거 헬멧부터 샤워 커튼에 이르기까지 수천 개의 소비재에 사용되는 화학물질의 더 안전한 대체제를 찾고 있다"라고 보도했다.[219] 또한, 미국화학위원회의 정부 및 규제 업무 총괄 매니저인 마이크 월스(Mike Walls)는 "위원회 회원의 90%가 EU법의 영향을 받고 있으며, 일부는 규제를 준수할 비용을 감당할 수 없다... EU 기준은 많은 제조업체들이 EU뿐만 아니라 미국에서도 제품을 재구성하도록 강요할 것"이라고 언급했다. 이 예시들이 미국에 본사를 둔 많은 기업들과 관련이 있다는 점을 고려할 때, 이러한 전망이 실현된 것은 명확하다.

흥미로운 질문은 사실상의 브뤼셀 효과가 트럼프 행정부의 유해 화학물질에 대한 미국 환경 규제 철폐 또는 제한 시도에 어떤 영향을 미칠지 여부다.[220] 예를 들어, EPA는 화학물질과 관련된 위험을 결정하는 데 "덜 교조적인 접근"과 "더 빠른 검토"를 추구하고 있다.[221] EPA는 석면이나 접착제, 페인트 제거제, 용제, 청소 제품, 자동차에 흔히 사용되는 헥사브로모사이클로도데칸과 같은 10가지 유독성 화학물질의 생산 제한을 검토하고 있다.[222] 하지만, 과거의 사례들을 살펴본다면, 브뤼셀 효과는 미국 제조업체들이 여전히 화학 제품을 EU로 수출하는 한, 더 완화된 미국 규제를 이용하기 위해 생산 공정을 조정할 가능성이 낮다는 것을 시사한다.

법적 브뤼셀 효과

REACH는 또한 법적 브뤼셀 효과를 유발하여 여러 시장에서 REACH 스타일의 법률 채택을 촉진했다. REACH와 유사한 규제를 도입하거나 계획한 관할권에는 중국, 일본, 말레이시아, 세르비아, 한국, 스위스, 터키가 포함된다.[223] 인도와 같은 다른 국가들도 REACH와 유사한 규제를 제안했다.[224] EU는 REACH의 이러한 해외 모방을 환영하며, 이 획기적인 법률이 전 세계적으로 새로운 기준을 제시할 잠재력이 있다고 선언하고,[225] 필요한 경우 기술 지원을 제공하겠다고 약속했다. 예를 들어, 아르헨티나, 칠레, 중국, 대만의 요청에 따라 EU는 규정 준수 지원을 약속했다.[226] 기술 지원을 제공하는 것 외에도 유럽화학물질청은 호주, 캐나다, 일본, 미국 등 여러 외국 당국과 빈번한 규제 대화를 진행했다. 이 협력의 결과로 국제 통일 화학물질 정보 데이터베이스와 정량적 구조-활성 관계(QSAR) 도구라는 두 가지 소프트웨어 도구가 개발되었으며, 이는 전 세계적으로 규제 당국과 제조업체가 화학물질 안전성에 관한 데이터를 조직, 평가, 저장 및 교환하는 데 도움을 주고 있다.[227] EU는 또한 일련의 다자간 화학물질 협약을 주도해 왔으며, 때때로 그 과정에서 글로벌 기준을 성공적으로 높이기도 했다.[228] 그러나 이러한 환경에서 EU의 영향력은 미국과 같은 다른 강대국들에 의해 제한을 받았다.[229] 이러한 다자간 협약들은 또한 광범위한 화학물질에 걸친 포괄적인 규제 레짐을 제공하는 대신, 더 좁은 범위의 특정 화학물질 그룹을 다루고 있다.[230] 따라서 포괄적인 글로벌 화학물질 정책이 부재한 상황에서 REACH의 세계화는 더욱 중요하다.

모방의 또 다른 이유는, REACH의 도입으로 영향력이 강화된 외국 소비자 건강 및 환경 운동가들이 EU 규제를 입법 개혁의 기준으로 삼았기 때문이다. 수출 생산자들은 이미 사실상 브뤼셀 효과 덕분에 REACH 기준을 충족하고 있으므로, 이 회사들은 자국 시장을 위한 유사한 제품을 생산하는 데 추가 비용이 발생하지 않는다.[231] 법적 브뤼셀 효과는 EU 시장에 진출하지 않는 국내 경쟁업체와의 경쟁에서 수출 생산자들에게 동등한 경쟁 환경을 제공한다. 또 다른 이유는 REACH의 도입으로 인해 권한을 얻게 된 외국 소비자 건강 및 환경 운동가들이 입법 개혁을 추진하는 데 EU 규제를 기준으로 삼았기 때문이다.[232]

법적 브뤼셀 효과는 관할권마다 다양한 정도로 효과를 발휘했다. 미국은 REACH의 영향을 받아 연방 화학물질 규제를 개정했지만, 여전히 다른 규제 태도를 유지하고 있다. 반면, 한국은 REACH를 모델로 한 K-REACH를 도입했다. 중간 지점에 있는 일본과 중국 같은 국가는 REACH의 일부 측면을 차용해 자국의 화학물질 규제 전략에 포함시켰다.

미국에서 REACH는 주 수준의 규제 개혁을 촉진했다.[233] 이러한 노력들은 화학 산업의 글로벌한 특성과 미국 기업들이 REACH를 준수해야 할 기존의 필요성을 인정하는 것으로, 여기에는 생산과 관련된 안전 정보 수집이 포함된다.[234] 예를 들어, 캘리포니아에서는 REACH가 부과한 기존의 정보 부담이 주 내에서 동일한 데이터를 활용하는 설득력 있는 이유로 여겨졌다. 그 결과, 캘리포니아 독성물질관리국은 현재 EU를 포함한 다른 국가들에서 생성된 안전 정보를 화학 제품 규제에 "최대한 실행 가능한 범위까지" 사용하도록 요구받고 있다.[235]

미국의 연방 화학물질 규제 법인 TSCA를 개정하려는 다양한 옹호 단체들의 노력은 오랫동안 강력한 산업계의 반대 때문에 크게 성공하지 못했다. 그러나 TSCA는 2016년에 마침내 개정되었고, 이는 주 차원의 화학물질 법률이 점점 더 단편화되고 국제 규제가 확대됨에 따라 산업계의 반대가 약해졌기 때문이었다.[236] REACH는 부분적으로 TSCA의 최종 개정을 촉진하는 촉매 역할을 했다.[237] 이미 많은 대형 미국 화학 제조업체들이 REACH를 준수하고 있었기 때문에, 이들 기업은 국내에서도 유사한 규제를 지지하는 것이 자사 이익에 부합한다고 판단했다. TSCA 개정을 촉진한 또 다른 원동력은 미국이 화학 산업 규제를 대부분 EU에 넘겨주었다는 사실을 깨달은 것이었다. 카차 비덴코프(Katja Bidenkop)의 연구는 REACH의 채택이 어떻게 미국 화학 산업의 입장을 TSCA 개혁에 대한 반대에서 지지로 바꾸었는지 보여준다.[238] 2011년 의회 청문회에서 미국화학위원회 회장은 "우리는 캐나다와 EU에서 무엇이 효과가 있는지, 무엇이 효과가 없는지를 배워야 한다... 미국은 항상 글로벌 리더였으며, 앞으로도 그래야 한다"라고 말했다.[239] 듀폰의 부사장 겸 최고 지속 가능성 책임자 또한 '화학물질 산업을 주도할 정책 수립의 책임을 EU나 중국에 넘기는 것은 현명하지 않다'라고 주장했다.[240]

TSCA 개정안은 REACH와 유사한 규제 접근 방식을 도입했지만, 여전히 화학물질에 대한 사전 정보 요구 사항이 적다. 환경 방어 기금의 화학 안전 추적자인 생화학자 리차드 데니슨(Richard Denison)은 두 규제 체계가 유사한 결과를 가져올 것으로 예상할 수 있으며, 미국 환경보호청(EPA)은 "화학물질이 시장에 출시되기 전에 그 화학물질이 안전하다는 긍정적인 결정을 내려야 한다"라고 설명했다.[241] 산업계 전문가들은 TSCA 개정안이 미국을

REACH에 더 가까운 시스템으로 이동시켰다고 결론 내렸지만, 중요한 차이점도 있다고 지적했다.[242] 예를 들어, TSCA는 EPA가 새로운 화학물질이 시장에 출시되기 전에 긍정적인 결정을 내리도록 강요하지만, 또한 EPA가 화학물질을 규제하기 위해 "비합리적인 위험"을 입증하도록 요구한다.[243] 이는 제조업체와 수입업자에게 화학물질 위험이 적절히 통제되고 있음을 입증하도록 강요하는 REACH의 접근 방식과 대조된다.[244]

일부 평론가들은 REACH의 영향을 TSCA 개혁에 기여하는 다른 경제적, 정치적 요인들과 구별하기 어렵다고 주장했다. 온드레이 필리펙(Ondrej Filipec)은 "[미국 규제의 변화가] REACH의 매력에 의해 직접적으로 영향을 받은 정도와 외국의 영향 없이 단일 규제 시스템 내에서의 기능적이고 점진적인 발전으로 볼 수 있는 정도를 결정하기가 어렵다"라고 언급한다.[245] 그러나 다른 평론가들에 따르면, REACH에 의해 생성된 데이터는 미국을 포함한 많은 관할권에서 유용하고 영향력 있는 것으로 입증되었다. 카티아 비덴코프(Katja Biendenkopf)에 따르면, REACH하에서 생성된 EU 데이터는 TSCA 개정에 관한 입법 논의의 일부였다.[246] 환경방위기금은 이를 활용해 두 규제 시스템 간의 차이를 설명했다.[247] 더 큰 데이터 투명성을 설정한 REACH의 추세에 따라, EPA는 7,600개 이상의 화학물질에 대한 정보를 공개하고 이전에 기밀이었던 100개 이상의 화학물질 신원에 대한 정보를 공개했다.[248] 또한, 앞서 논의된 바와 같이, 캘리포니아는 온라인 데이터베이스인 독성정보센터에서 EU 데이터를 사용한다.[249]

다른 관할권에서 REACH 데이터가 시장 행동에 영향을 미칠 수 있는 또 다른 잠재적 경로는 민간 독성 불법행위 소송을 통해서이다.[250] 예를 들어, 유럽 기관들과 연구 기관들의 연합은 환기율과 방 크기와 같은 입력값을 고려하여 벤젠 노출을 모델링하고 평가하기 위한 온라인 도구인 고급 REACH 도구(ART)를 만들었다. 적어도 한 미국 연방 법원이 ART에 기반한 전문가 의견이 원고의 벤젠 노출을 정량화하는 데 신뢰할 수 있다고 판단했지만,[251] 이러한 증언이 일반적이거나 REACH 데이터가 민간 소송에서 광범위하게 또는 자주 사용된다는 증거는 아직 없다. 이는 민간 소송인들보다는 외국 정부가 REACH하에서 생성된 데이터를 더 자주 사용한다는 것을 시사한다. 앞서 논의된 바와 같이, 현 미국 행정부가 화학물질 안전에 대한 규제를 철회하는 조치를 취하고 안전 옹호자들이 점점 더 법원을 방어 수단으로 활용함에 따라 이것이 변화할 것인지는 흥미로운 문제이다.

한국의 화학물질 안전 규제에 대한 EU의 영향은 법적 브뤼셀 효과의 가장 좋은 예를 제공한다. 2013년 한국은 화학물질의 등록 및 평가 등에 관한 법률(K-REACH)을 통과시켰다.[252] 법안 작성 과정에서 한국은 유럽화학물질청과 같은 EU 제도 및 기관들과 긴밀히 협의했다.[253] 그 결과, K-REACH는 EU의 규제 체계와 매우 유사하며, 대부분의 등록 및 보고 조항을 복제하고 있다.[254] 내용과 언어는 매우 유사하지만, K-REACH는 EU의 REACH와 동일하지 않다.[255] 예를 들어, REACH는 연간 1톤 미만으로 생산되거나 수입된 물질에 대한 공개를 요구하지 않지만, K-REACH는 연간 100kg 이상의 신규 물질에 대한 등록을 요구하도록 개정되어 이 점에서 K-REACH가 더 엄격하다.[256] 반면, K-REACH는 원래 기존 화학물질이 아닌 신규 화학물질에 대해서만 등록을 요구했으며, 2,000개 물질만을 대상으로 했다.[257] 이는 모든 기존 화학물질에 대해 등록을 요구하고 22,000개 이상의 물질을 다루는 REACH보다 K-REACH의 적용 범위가 훨씬 좁음을 보여준다.[258] 그러나 최근 K-REACH 개정에 따라 모든 기존 물질은 사전 통보를 해야 하며, 제조 또는 수입되는 물질의 양에 따라 2030년까지 단계적으로 등록이 이루어질 것이다.[259]

한국에서 이와 같은 유사한 법안이 도입된 것은 한국 기업들이 REACH에 크게 노출되어 있음을 감안할 때 그다지 놀라운 일이 아닐 것이다. 2007년 한국무역투자진흥공사 보고서에 따르면, 화학물질이 EU로의 한국 수출에서 큰 비중을 차지하지는 않지만, 자동차, 무선 통신 장비, 반도체, 선박과 같은 한국의 주요 수출 제품 대부분이 화학물질을 포함하고 있어 REACH의 범위에 포함된다.[260] 2008년 한국 환경부 장관은 EU가 중국에 이어 한국의 두 번째로 큰 수출 시장이라는 점을 감안할 때, REACH가 한국 기업에 상당한 경제적 영향을 미치는 "중요한 무역 장벽"을 제기한다고 평가했다.[261] 같은 연설에서 장관은 또한 EU가 REACH를 전 세계 시장에서 EU 제품의 경쟁력을 높이고 산업 전반에 영향을 미치기 위한 전략적 의도를 가지고 있는 것으로 보인다고 말했다.[262]

K-REACH에 대한 입법 논평에서는 EU의 REACH 도입에 대한 대응 및 일본과 같은 주요 교역국에서의 화학물질 규제 증가 필요성 등을 채택 이유로 설명하고 있다.[263] 한국 환경부는 또한 일본과 중국이 유사한 규정을 도입하기로 한 결정과 더불어 EU 규제가 K-REACH의 도입을 "필수"로 만들었다고 강조했다. 이러한 외부적 이유 외에도 K-REACH는 시민의 건강과 국가 생태계를 보호하는 데 중요한 역할을 할 것으로도 보였다.[264]

일본은 법적 브뤼셀 효과의 또 다른 법률적 사례를 제공한다. — 비록 덜 정확한 종류이긴 하지만. 일본은 REACH의 일부 요소를 복제했지만, 우선 순위와 위험 평가와 같은 캐나다 화학물질 법률의 다른 요소도 차용했다.[265] 예를 들어, 일본은 2009년[266] 화학물질 관리법을 개정하여 내분비 교란 물질을 고위험 화학물질로 지정하는 데 REACH를 부분적으로 따랐다.[267] 또한, 일본은 REACH를 따라 우려가 높은 화학물질의 범위를 정의하고, 이미 시장에 출시된 물질에 대한 신속한 검토를 제공하는 방식을 따른다.[268] 그러나 일본법은 REACH에 비해 산업에 부과되는 정보 부담이 적다. 예를 들어, 일본은 공급망 전체에 대한 정보 공개 필요성을 확장하지 않는다. 중요한 것은 일본에서는 정부가 위험 평가를 수행하지만, REACH에서는 10톤을 초과하는 화학물질을 제조하거나 수입하는 산업이 그 책임을 진다는 점이다.[269] 요시코 나이키(Yoshiko Naiki)에 따르면, 일본에서는 산업 책임 원칙을 도입할 필요성이 크지 않았을 것이다. 이는 REACH를 통해 안전성과 독성 정보가 이미 제공되었고, 따라서 EU 외부의 규제 당국에서도 해당 정보를 활용할 수 있었기 때문이다.[270]

REACH는 중국의 규제 개혁에도 영향을 미쳤다. 카티아 비덴코프와 박대영은 2010년 중국의 "신규 화학물질 환경 관리 조치"와 REACH의 유사성은 중국이 EU 정책에서 차용했음을 보여주는 증거라고 주장한다.[271] 예를 들어, 중국의 톤수 기반 신고 시스템(즉, 1톤, 10톤 등 특정 양에 대한 다른 공시를 요구하는 시스템)은 REACH의 구조와 유사하다. 따라서 두 시스템은 "더 많은 양, 더 많은 데이터"라는 원칙을 적용한다.[272] 또한, REACH와 마찬가지로 중국 개혁은 제조업체와 수입업체 모두에게 연례 보고 및 기록 유지 요구 사항을 부과한다.[273] 마지막으로, 2010년 중국 규정의 제2조는 일상적인 사용에서 신규 화학물질을 방출하는 제품에 규정을 적용하는 데 있어 REACH와 유사한 문구를 사용한다. 하지만 중국 규정의 적용 범위는 다소 더 협소하다.[274]

중국의 다양한 소비재 및 어린이 장난감, 러그에 대한 규제는 주요 수출 시장인 EU의 규제에 영향을 받은 중국 기업들로부터 기인한 것이다. 예를 들어, EU가 장난감에서 프탈레이트 가소제 사용을 제한한 지 1년 후, 중국은 2014년 자체 장난감 안전 기준을 업데이트했다.[275] 새로운 중국의 안전 기준은 EU의 기존 기준을 참조하여 중요한 변화를 제시했다.[276] 중국은 또한 포름아미드라는 물질의 사용을 제한하는 '어린이 러그 안전 요건에 관한 산업 표준 초안'을 발표했다.[277] 이 물질은 REACH에서 "우선적으로 주목해야 할" 물질로 분류되었으며, 유럽화학물질청에 의해 생식 능력이나 태아에 해를 끼칠 수 있는 유해 물질로 분류되었다. 새로운 중국 규정은 또한 어린이 러그에 사용되는 용해성 금속의 사용을 제한하며, 이는 다시 EU의 관련 기준을 참조하고 있다.[278]

이와 같은 사례들은 REACH가 단순히 민간 기업의 사업 관행을 형성하는 것뿐만 아니라, 전 세계의 입법자들이 EU의 화학물질 안전 기준을 자국의 규제 체계에 통합하는 법을 제정했음을 보여준다. 예상대로 REACH는 EU가 주요 수출 시장으로 남아 있는 국가들에 의해 특히 밀접하게 모방되었다. 한편, 미국은 EU의 보다 예방적인 규제 모델을 받아들이기를 꺼리며 독자적인 접근 방식을 고수해 왔다. 그러나 사실상의 브뤼셀 효과가 대형 미국 기업들의 경영 방식에 미친 영향을 고려할 때, 미국에서 법적 브뤼셀 효과가 나타나지 않았다고 하더라도 그 영향력은 상대적으로 덜 중요하게 여겨질 수 있다. 이는 전 세계적으로 REACH가 널리 채택되면서 REACH를 준수하지 않는 제품에 대한 대체 수출 목적지를 찾기가 점점 더 어려워지고 있기 때문이다. 결과적으로, 미국 시장에서만 활동하는 기업들만이 자국의 완화된 규제를 활용할 가능성이 높다.

이 장에서는 EU 소비자 건강과 안전 규제의 두 가지 중요한 영역인 식품 안전과 화학물질 안전을 살펴보았다. 식품 안전은 브뤼셀 효과의 보편성과 한계를 동시에 조사할 수 있는 흥미로운 사례 연구를 제공한다. 논의에서 알 수 있듯이 GMO 규제를 포함한 일부 식품 안전 분야에서는 브뤼셀 효과가 두드러졌다. 이는 GMO 재배의 기술적 비분할성 때문으로, GMO의 우발적인 교차 오염은 비GMO 제품에 소량의 GMO 흔적이 포함되어도 EU 시장에 적합하지 않게 만들 수 있다. 다국적 식품 가공업체들은 GMO의 우발적인 교차 오염과 관련된 법적 위험을 피하려 하며, GMO와 비GMO 품종을 동시에 재배하는 농가에서 제품을 공급받지 않는 경우가 많아 이러한 브뤼셀 효과는 더욱 강화된다.

그러나 다른 경우에는 분할성이 제약되지 않았으며, 기업들은 소비자의 다양한 선호에 맞춰 식품을 맞춤화할 수 있었다. 일반적으로 분할성은 소비자 선호가 다양하고 두드러지며, 기술적으로 실행 가능하고 경제적으로 관리 가능한 경우에 더 자주 발생한다. 이 장에서 살펴본 제한된 예시들에 따르면, 가공 식품(M&Ms 등)과 같이 제조업체가 생산 과정을 더 잘 제어하고 다른 생산 라인을 분리할 수 있는 경우에는 분할성이 더 흔하며, 따라서 브뤼셀 효과는 덜 흔한 것으로 보인다. 반면, 개방된 농장에서 작물을 재배할 때에는

EU 규정 준수 품종과 비준수 품종이 혼합될 위험이 더 높아지므로 GMO나 살충제와 같은 특정 품종의 경우 비분할성이 더 흔하며, 브뤼셀 효과도 더 많이 나타난다. 또한, 긴 공급망에서는 한 단계의 한 행위자가 실수하더라도 전체 공급망이 EU 시장에 접근하지 못할 수 있어 브뤼셀 효과가 발생할 가능성이 더 크다.

화학 산업은 이와 관련하여 다소 다른 역학을 보여준다. 식품과 달리, 제조업체가 다양한 소비자 선호에 맞춰 생산을 맞춤화함으로써 상당한 이익을 얻을 수 있는 반면, 화학물질의 경우 이러한 방식으로 생산을 맞춤화함으로써 얻을 수 있는 이익은 적다. 전 세계 소비자들은 화학물질이 안전하기를 원할 가능성이 높지만, 강화된 안전성에 대해 지불하려는 의지는 다를 수 있다. 어떤 소비자들은 화학물질의 지속 가능성에 관심을 가질 수 있으며, 다른 소비자들은 지불하는 소매 가격을 더 중요하게 생각할 수 있다. 그러나 이러한 고려 외에 최종 소비자들은 자신이 구매하는 제품의 화학물질 구성보다는 음식에 대한 선호가 더 뚜렷하지 않다. 이러한 이유로, 경제적 고려 사항, 특히 규모의 경제의 이점이 화학 산업에서 브뤼셀 효과의 더 중요한 원동력으로 작용해 왔다. 이 두 규제 영역이 공통적으로 보여주는 것은 다국적 생산 공정의 두드러진 역할, 전 세계적으로 연결된 산업, 긴 공급망이 사실상의 브뤼셀 효과를 촉진하는 요소라는 것이다.

EU는 글로벌 기업의 행동에 영향을 미치는 것 외에도 식품 및 화학물질 규제를 단독 또는 다자간으로 해외에 성공적으로 수출해 왔다. 법적 브뤼셀 효과는 식품 안전 규제 영역에서는 다자간 및 양자간 확산 채널이 더 확립된 반면, 화학물질 안전 레짐 영역에서는 법적 브뤼셀 효과가 이러한 다른 채널이 약할 때조차 발생했다.

각 규제 영역 아래에 있는 역학은 다르지만, EU의 식품 안전과 화학물질 안전 레짐은 모두 브뤼셀 효과가 전 세계적으로 더 높은 규제 기준을 이끌어낼 수 있음을 보여준다. 이는 기업들이 독립적으로 자사의 글로벌 기준을 EU 규정에 맞추거나, 외국 정부가 더 엄격한 EU 규제를 모방하는 방식으로 이루어진다. 이 두 분야 모두에서, EU 외부의 다국적 기업들과 소비자들은 EU 규제의 영향을 체감하고 있다. 이는 더 안전하고 지속 가능한 식품을 생산하고 소비하거나, 더 안전한 화학물질을 포함한 제품을 제조하고 구매함으로써 나타나고 있다.

제7장

환경

환경 보호는 지구 공유지를 보호하려는 EU의 헌신과 이와 관련하여 엄격한 규제 표준을 공표하려는 의지를 잘 보여주는 정책 분야 중 하나이다. 한편으로 대중 담론에서 EU는 종종 다자주의에 대한 헌신과 글로벌 환경 조약에 대한 적극적인 지지로 가장 잘 알려져 있다. 이 장의 논의는 EU가 다자간 환경 협력에서 수행하는 중요한 역할을 인정하면서도, 그 환경적 목표가 브뤼셀 효과를 통해 가장 효과적으로 달성되는 경우가 많다고 주장한다.

EU의 환경 규제에 관한 엄선된 사례를 검토한 후, EU의 친환경적 태도의 기원을 설명한다. 그런 다음 EU가 브뤼셀 효과를 통해 글로벌 환경 표준에 성공적으로 영향을 미친 몇 가지 주목할 만한 정책 분야를 살펴본다. 여기에는 유해 물질 및 전자 폐기물 규제, 동물 복지 보호, 배출권 거래제를 통한 기후 변화 완화가 포함된다. 이들 각각은 환경 규제에서 브뤼셀 효과의 강력한 예를 제공하지만, 사실 이러한 분야는 EU 환경 정책의 일부에 불과하다. 유럽환경정책연구소에 따르면 EU 환경법 전체는 1,100개가 넘는 지침, 규정 및 결정으로 이루어져 있다.[1] 이는 EU의 규제 구조에서 환경법이 차지하는 비중과 단일 시장 운영에 있어 환경법이 갖는 중요성을 보여준다. 또한, 많은 환경 문제의 전 지구적 특성을 고려할 때 환경법이 브뤼셀 효과의 가장 두드러진 사례 중 일부에 해당하는 것은 놀라운 일이 아니다.

주요 입법

환경 문제에서 EU의 규제 역량은 유럽 대중의 환경 의식이 고양되면서 그에 병행해 구축되었다. 환경 문제에 대한 공식적인 권한을 획득하기 전에 유럽이사회는 1972년 파리 선언에서 조화로운 EU 환경 정책의 중요성을 강조하고 구체적인 행동 계획을 촉구했다.[2] 1987년 단일유럽법은 환경 보호를 조약의 주요 목표로 삼고 EU 기관에 환경 보호 조치를 취할 수 있는 권한을 부여하여 환경 보호를 공식적으로 EU의 제 조약에 포함시켰다.[3] 이러한 조약 변경 이후 입법 활동의 중심지가 회원국에서 EU 차원으로 이동하기 시작했다.[4] 1992년 마스트리흐트 조약에서 "지속 가능한 성장"의 중요성을 인식하고 환경 문제에 대한 의사 결정을 안내하기 위해 "사전예방 원칙"이 추가됨으로써 EU의 규제 역량은 더욱 강화되었다. 또한 마스트리흐트 조약은 EU 역외에서 다자간 조치를 추진하는 데 있어 EU의 역할을 처음으로 인정했다.[5] 1999년 암스테르담 조약에서 환경 보호를 EU의 모든 정책 영역에 포함시킴으로써 EU 기관은 지속 가능한 발전을 촉진할 의무를 부여받았다.[6] 이후 2009년 리스본 조약은 "기후 변화 대응"을 EU 제 조약의 구체적인 목표로 삼아 지속 가능한 발전이 EU의 대외 관계를 이끌어야 한다는 인식과 함께[7] EU의 기후 행동에 강력한 헌법적 기반을 부여했다.[8] 이러한 발전의 결과로 EU는 환경 규제 분야에서 미국을 제치고 국제적인 리더로 부상했다.

새로운 임무를 효과적으로 수행하기 위해 1990년대에 유럽위원회는 소속 공무원들이 환경 정책의 복잡한 의사 결정에 참여할 수 있게 하는 상당한 기술적 전문성을 구축하기 시작했다. 그러나 유럽위원회는 전반적으로 외부 전문 지식의 도움을 받았으며, 지금도 계속 도움을 받고 있다. 예를 들어, 유럽환경청은 EU의 환경 상태에 대한 정보를 수집하고 전파함으로써 유럽위원회의 규제 의제를 지원한다.[9] 유럽법원은 수년 동안 친환경적인 판결을 통해 환경 정책에서 EU 기관의 역량을 더욱 확대했다. 특히, 획기적인 2005년의 **이사회 대 유럽위원회**(Council v. Commission) 판결에서 법원은 유럽위원회가 환경 범죄에 대한 형사 제재를 확대할 수 있도록 승인했다.[10] 마찬가지로, 법원은 2018년에 폴란드의 원시림 비아와비에자 산림 지역에 대한 불법 삼림 벌채를 즉시 중단하도록 하는 전례 없는 조치를 승인했다. 폴란드가 이전의 금지 명령을 따르지 않자, 법원은 최종 판결이 내려질 때까지 폴란드에 대해 하루 10만 유로의 벌금을 부과할 수 있는 임시 권한을 확대했다.[11]

EU는 환경 규제의 여러 분야에서 글로벌 환경 리더십을 발휘해 왔다. 이러한 분야 중 하나가 유해 물질 및 전자 폐기물 관리이다. 이 분야에서 EU의 규제 노력은 2002년 유해물질제한지침(Restriction of Hazardous Substances Directives, RoHS 지침 또는 RoHS 1)의 채택으로 정점을 찍었다.[12] RoHS 지침은 가전제품, 컴퓨터 등 많은 일반 제품의 사용 수명이 다했을 때 유해 물질이 환경으로 유출되는 것을 방지하기 위해 전기 및 전자 장비에 유해 물질의 사용을 금지한다.[13] 이 지침은 EU에서 생산된 제품이든 비EU 국가에서 생산된 제품이든 상관없이 EU 시장에 출시되는 모든 제품에 적용된다. 2011년에는 의료 기기와 모니터링 및 제어 기기를 포함한 모든 전기 및 전자 장비에 적용되도록 지침이 확대되었다(RoHS 2).[14] 2002년에 처음 채택된 EU의 폐전기 및 전자 장비 지침(Waste Electrical and Electronic Equipment Directive, WEEE)[15]은 전자 폐기물을 매립지에서 제거하고 재활용으로 전환하는 것을 목표로 하는 점에서 RoHS를 보완한다.[16] 이 두 지침은 제품의 수명 주기 동안 제조업체에 제품 관리에 대한 책임을 부과한다.[17] 따라서 이 지침들은 전체 전자 산업에 큰 영향을 미쳤다.

EU는 또한 동물 복지를 발전시키기 위해 결정적인 규제 조치를 취했다. 1974년에 제정된 첫 번째 조치는 도축장 관리에 중점을 두었다.[18] 이 분야의 규제는 1998년 이사회 지침에서 유럽 농업용 동물 보호 협약에서 선언한 동물의 "5대 자유"를 통합하여 농업 목적으로 사육되는 동물 보호에 관한 일반 규칙을 제정하면서 확대되었다.[19] 1999년 암스테르담 조약에는 동물 복지에 관한 의정서가 포함되어 있다. 여기서 동물이 지각 있는 존재라고 선언되었고, 이 입장은 2009년 리스본 조약에서 확인되었다.[20] 동물도 고통과 즐거움을 느낀다는 리스본 조약의 확인을 바탕으로 2012~2015년 동물 보호 및 복지를 위한 EU 전략이 수립되었다. 이 전략은 축사, 사료 공급, 운송, 도축에 관한 새로운 복지 기준을 시행하는 동시에 유럽 생산자들의 경쟁력을 목표로 삼았다.[21] 또 다른 대표적인 사례는 화장품에 대한 동물 실험을 금지하기로 한 EU의 결정이다. 2013년부터 EU에서는 동물 실험을 거친 화장품을 판매할 수 없다.[22]

이 장에서 다루는 마지막 사례는 기후 변화, 특히 EU의 배출권 거래제(ETS)에 관한 것이다. 소위 "총량 제한" 제도인 ETS는 전체 배출량에 한도를 설정하고, 이 한도 내에서 이 제도의 적용을 받는 기업이 필요에 따라 배출권을 사고 팔 수 있도록 허용한다. ETS는 유럽경제지역(European Economic Area)의 11,000개 발전소와 제조 공장을 대상으로 하며, EU 온실가스 배출량의 총 45%에 달한다.[23] 처음에 기후 변화는 독일, 네덜란드, 영국을 비롯한 회원국 차원에서 정책적 관심사로 떠올랐다.[24] EU는 처음에 1997년 교토 기후 협상 당시 ETS와 같은 유연한 시장 메커니즘에 반대했었다. 그러나 유럽 통합에 미치는 이 문제의 중요성을 깨달은 유럽위원회는 영국과 덴마크가 국가별 ETS를 도입한 후 시장 왜곡을 방지하기 위해 EU 차원의 ETS가 필요하다고 주장하며 입장을 변경했다.[25] 나아가 EU가 2008년까지 온실가스 배출량 감축에 관한 자체 교토 공약을 이행하기로 하자, 지구 공유지를 보호하고 유럽 산업의 경쟁력을 유지하기 위해 EU 역외의 다른 국가들도 같은 조치를 취하도록 설득하는 것이 최우선 과제가 되었다.[26]

전자 폐기물부터 동물 복지와 기후 변화에까지 이르는 이러한 사례들은 EU의 엄격한 환경 정책을 잘 보여준다. 또한 이 사례들은 이후 브뤼셀 효과를 통해 외부화되면서 EU의 글로벌 영향력을 위한 토대가 되었다. 이 논의에서는 사실상의 브뤼셀 효과와 법적 브뤼셀 효과를 살펴보기 전에 EU의 환경적 리더십 이면에 있는 주요 정치적 역학을 간략히 검토한다.

정치경제

일반적으로 전 세계 주요 시장 중 가장 강력한 EU의 환경친화적 입장은 여러 가지 요인에서 그 원인을 찾을 수 있다. 여기에는 엄격한 환경 규제를 지지하는 대중의 여론, 활발한 비정부 환경단체(유럽의 비정부 환경단체), 높은 수준의 환경 보호를 지지하는 광범위한 정치적 합의가 포함된다. 환경 규제는 시장 통합을 위한 중요한 도구 또한 되었으며, 자비롭고 가치 중심적인 세계 강국에 관련된 규범을 장려함으로써 EU가 소프트 파워를 발휘할 수 있는 길을 제공하기도 했다.

유럽 대중은 지난 50년 동안 환경 규제를 강력히 지지하는 방향으로 이동해 왔다. EU의 현대적 환경 운동은 1960년대로 거슬러 올라가는데, 당시 환경 악화와 오염 및 인간 활동이 지구에 미치는 위협에 대한 인식이 높아지기 시작했다.[27] 1972년 저명한 연구자 그룹이 작성한 획기적인 연구 보고서인 『성장의 한계(Limits to Growth)』가 발표되면서 지구 자원과 경제 및 인구 성장의 지속 능력에 대한 우려가 더욱 확대되었다.[28] 이러한 인식의 증가는 이후 수십 년간 EU가 공동의 환경 정책을 향한 길을 걷도록 했다.

또한 일련의 특정 사건은 환경 피해에 대한 대중의 인식을 촉발했고 더 강력한 환경 규제를 위한 기반을 마련했다. 특히 1986년 우크라이나에서 발생한 체르노빌 원전 사고는 러시아, 벨라루스, 우크라이나 및 유럽 일부 지역에 엄청난 양의 방사성 물질을 방출했다.[29] 이 사고는 인간 건강과 환경에 큰 악영향을 미쳤으며 유럽의 농업과 생태계에 영향을 미치고 수백만 명의 유럽인을 심각한 건강 위험에 노출시켰다. 또 다른 촉매제는 1970년대와 1980

년대에 유럽 여러 지역에서 산성비가 감지된 것이었다. 산성비는 한 국가에서 배출된 이산화황과 질소산화물과 같은 물질을 포함한 산성 오염 물질이 바람을 타고 이동하여 결국에는 다른 국가에 산성비로 쌓이는 국경을 초월하는 문제인 경우가 많다. 이는 급속한 산업화와 유럽 대륙 전역에 발전소를 건설하면서, 그리고 오스트리아, 노르웨이, 스웨덴, 스위스 등의 국가에서 심각한 환경 피해로 이어지면서 유럽에서 주목할 만한 문제로 대두되었다.[30]

지난 30년간의 여론조사는 환경 보호에 대한 유럽인들의 광범위한 지지를 보여준다. 1980년대 후반, 유로바로미터 조사에 따르면 환경 문제는 모든 회원국 시민의 주요 관심사 중 하나였다.[31] 오늘날 환경에 대한 대중의 관심은 의심할 여지가 없다. 예를 들어 2017년 유로바로미터 조사에 따르면 유럽인의 94%가 환경 보호를 개인적으로 중요하다고 느꼈다.[32] 나아가 유럽인들은 환경 정책을 경제적 이익 및 일자리 창출과 연관 짓고 있다.[33] 또한 그들은 기후 변화를 "빈곤(28%)과 국제 테러리즘(24%)에 이어 세 번째로 심각한 글로벌 문제"로 꼽기도 했다.[34] 동일한 조사에 따르면 유럽인들은 환경 피해의 책임을 산업계에 돌리면서도 개인의 책임도 인정했다.[35] 그들은 또한 환경 보호에 있어 EU 기관과 EU법의 역할이 중요하다고도 생각한다.[36] 이에 따라 유럽인들은 환경 규제에 있어 정부 역할의 확대를 지지하고 있다. 즉 정부가 재생 에너지 목표를 설정해야 한다는 데 89%가 동의했고, 에너지 효율성을 개선하기 위한 노력을 정부가 지원해야 한다는데 88%가 동의했다.[37] 또한 최근 글로벌 여론조사에 따르면 유럽인들의 친환경적 태도는 세계에서 가장 강력한 것으로 나타났다. 예를 들어, 퓨 리서치 센터의 2015년 글로벌 설문조사에 따르면, 유럽인들은 87%의 찬성률로 정부의 온실가스 배출

제한을 가장 지지하는 것으로 나타났다. 반면, 미국에서는 미국인의 69%만이 배출 제한을 지지하여 전 세계 평균치인 78%에도 훨씬 미치지 못했다.[38]

정치인들은 유럽에서 이러한 대중의 태도 변화를 받아들여 정치적 스펙트럼 전반에 걸쳐 환경 목표를 수용하게 되었다. 유럽의회와 각국 의회에서 녹색당의 존재와 영향력은 입법 의제에서 환경 문제의 중요성을 더욱 부각시켰다.[39] 1989년 유럽의회 선거는 유럽의회 내에서 녹색당의 득표율이 2.7%에서 7.7%로 증가하면서 "녹색 조류" 선거로 알려졌고,[40] 녹색당은 주변부 행위자에서 신뢰할 수 있는 정치 세력으로 부상했다. 이는 중요한 의미를 지녔는데, 유럽의회가 1986년 초부터 공동의 기후 변화 정책을 촉구하면서 환경 보호의 강화를 지지하는 데 있어 항상 중요한 역할을 해왔기 때문이다.[41] 1990년대 말까지 녹색당들은 EU 회원국 의회의 약 75%에서 대표를 상주시키면서 EU의 친환경 입법 의제를 더욱 강화했다.

유럽의 비정부 환경단체 역시 유럽에서 더욱 포괄적인 환경 규제를 옹호하는 데에 적극적인 역할을 해 왔다.[42] 다수의 이들 비정부단체는 입법에 영향을 미치기 위해 구상을 만들고 홍보하기 위해 함께 회동했다. 주목할 만한 두 가지 구상으로는 "조약의 녹색화"와 "EU 예산의 녹색화"가 있다.[43] 조약의 녹색화 구상은 EU의 제 조약이 개정될 때마다 환경친화적인 조약 수정을 제안하는 비정부단체의 노력을 말한다. 그리고 예산의 녹색화 구상은 환경에 유해한 조치에 예산을 배정하지 않도록 EU 입법자들을 설득하기 위한 노력을 뜻한다. 가장 중요한 시민사회 활동가는 "그린 10"으로 불리는 가장 큰 비정부 환경단체 연합이다. 이 그룹에는 지구의 벗 유럽, 그린피스 유럽지부, 세계자연기금 유럽 정책 사무소 등 주요 환경 옹호 단체가 다수 포함되어 있다.[44] 이 비정부단체들은 연합 활동을 통해 자원을 모으고 기업 이익단체의 로비에 더 효과적으로 대응할 수 있었다.[45] 기후 행동 네트워크 유럽도 1980년대부터 EU 기후 정책에서 중요한 역할을 해왔다. 더 많은 영향력을 확보하기 위해 이 단체는 유럽에너지보존협회 및 유럽풍력에너지협회와 같은 기업 로비 단체와 동맹을 맺었다.[46]

비정부단체들의 열렬한 지지에도 불구하고, 많은 논평가는 EU의 정책 결과에 산업계가 더 큰 영향력을 행사한다고 주장한다.[47] 수많은 개별 기업과 산업 협회가 부담이 덜한 환경 조치를 위해 로비를 벌이고 있다. 실제로 EU에서 가장 활발한 산업계 로비 활동 중 일부는 유럽위원회 환경총국을 대상으로 한다. 하지만 산업계 로비 활동으로 EU 차원의 법안이 줄어들기는커녕 오히려 늘어날 수도 있다. 산업계는 어떤 규제가 불가피하게 도입될 것임을 알게 되면, 대개 EU 차원의 조치를 지지한다. 이는 각국의 서로 다른, 그리고 잠재적으로 상충 가능성이 있는 규제들이 산업계의 규제 준수 비용을 증가시킬 수 있기 때문이다.[48] 예를 들어, 이러한 현상은 전자 폐기물에 관한 EU 입법에서 특히 두드러졌다. 이 사례에서 산업계 단체들은 회원국 간의 규제 차이로 인해 발생한 시장 왜곡을 해소하기 위해 EU 차원의 조화를 지지했다.[49] 동일한 이유에서, EU의 친환경 정책은 환경 규제를 시장 통합의 도구로 활용하려는 EU 기관들의 노력으로 강화되고 있다.[50] 환경 조치에 대한 공통 표준은 EU의 역내 무역을 활성화한다. 이는 기업이 국가 간 무역을 방해하는 상이한 규제 레짐에 구애받지 않고 단일 유럽 시장에서 활동할 수 있게 해주기 때문이다.

EU의 환경적 리더십과 높은 국내 표준은 미국의 리더십에 관련된 보다 전통적인 국가 전략과 대조를 이루면서 글로벌 차원의 "소프트 파워"로 자신을 드러내고자 하는 EU의 목표에도 기여했다.[51] 예를 들어, 장-클로드 융커 유럽위원회 위원장은 최근 2017년 EU 연설에서 기후 변화 완화를 위한 EU의 의지를 다음과 같은 용어로 표현한 바 있다.

> 저는 기후 변화에 맞서는 싸움에서 유럽이 리더가 되기를 바랍니다.... 미국의 야망이 무너지는 것에 맞서, 유럽은 우리가 지구를 다시 위대하게 만들도록 보장해야 합니다....EU는 이 기회를 잡아서, 글로벌 리더가 되어야 합니다...[52]

이 비전은 인권과 지속 가능한 발전과 같은 가치에 기반한 규범을 장려하면서 영향력을 발휘하는 "규범 권력"으로서의 EU를 묘사한다. 이러한 비전은 국제무대에서 규범적으로 정당하고 원칙에 따라 행동하는 정의로운 권력으로서 EU의 자기 정체성을 강조한다.

국제 포럼에서 EU의 환경적 리더십을 보여주는 사례는 무수히 많다. 국제 환경 조약을 촉진하기 위한 EU 노력의 초기 징후는 1992년 리우 정상회의에서 찾을 수 있다. 당시 EU는 유엔환경개발회의의 주요 행위자였다. 1997년 기후 변화에 관한 교토 의정서 협상,[53] 그리고 보다 최근에는 파리에서 기후 변화에 관한 기본 협정을 체결하는 데에도 EU의 리더십 역할이 중요했다.[54] 국제 환경 협력에 대한 EU의 적극적인 참여는 지속 가능한 성장에 대한 이념적 헌신과 지구 공유지를 EU 단독으로 보호할 수 없다는 이해를 반영한 것이다. 그러나 EU의 글로벌 리더십에는 환경 규제에 따른 비용을

EU 기업이 단독으로 부담함으로써 EU 기업의 경쟁력이 약화되지 않도록 하려는 전략적 고려도 반영되어 있을 것이다.[55] 환경 규범을 촉진하기 위한 이러한 다자간 노력 외에도 EU는 다음에서 논의하게 되듯이 광범위한 일방적인 영향력을 행사해 왔다.

사실상의 브뤼셀 효과

사실상의 브뤼셀 효과는 환경 규제의 여러 분야에서 흔히 볼 수 있다. 여기에서는 유해 물질과 전자 폐기물, 동물 복지 및 기후 변화 규제와 관련하여 브뤼셀 효과가 어떻게 발생하는지 살펴본다. 이러한 다양한 사례는 배출권 거래를 통한 기후 변화 완화 등 시장 메커니즘에 의존하는 규제는 물론이고 유해 물질 및 동물 복지와 같은 전통적인 직접적 제품 규제와 관련된 모두에서 브뤼셀 효과가 어떻게 나타나는지를 보여준다.

이러한 각 분야에서 브뤼셀 효과는 EU의 큰 시장 규모와 강력한 규제 권한으로 인해 증폭되는 경우가 많으며, EU 기관들이 환경 보호를 헌법상 의무로 인식함으로써 더욱 강화되었다. 게다가, 피해 발생이 불확실하더라도 규제 개입을 허용하는 "사전예방 원칙"은 EU의 환경 정책 결정에서 두드러지게 나타나며, 이는 앞으로 살펴볼 모든 사례에서 EU의 규제 역량과 규제 엄격성에 더욱 기여하고 있다. 또한 높은 기준으로 환경을 보호하려는 EU의 의지는 확고하며, 소비자와 정치적 스펙트럼 전반에 걸쳐 정당들은 일반적으로 엄격한 환경 규제를 지지한다. 게다가 환경 규제는 일반적으로 비탄력적이다. EU 규제는 생산지가 어디든 관계없이 유럽 시장에 출시되는 모든 제품에 적용되기 때문이다. 따라서 다국적 기업이 유럽 시장으로의 수출 옵션을 유지하고자 하는 한, 덜 엄격한 환경 보호의 관할지로 생산을 이전하더라도 EU의 엄격한 표준을 회피할 수는 없다. 아울러 환경 규제는 분할될 수 없는 경우가 많다. EU의 엄격한 환경 규칙에 일치하는 투자가 이루어진 후, 기업은 일반적으로 동일한 지속 가능성 관행을 글로벌 차원의 운영이나 생산 전반으로 확장한다.

유해 물질 및 전자 폐기물

2002년 전자제품 유해물질제한지침(RoHS)과 전자제품 폐기물 및 재활용을 규제하는 지침(WEEE)이 제정된 후, EU 시장에 제품을 판매하는 다국적 기업들이 생산 비용 절감을 위해 전 세계 생산에 EU의 엄격한 표준을 적용하는 경우가 많아지면서 전자제품 설계에 세계적인 변화가 일어났다.[56] 그 결과 이러한 두 지침으로 인해 사실상의 브뤼셀 효과 사례가 다수 발생하게 되었다. EU에 제품을 수출하는 주요 다국적 전자 기업인 오라클과 후지쓰는 자신들과 같은 외국 제조업체가 생산라인을 분할하는 경우는 거의 없다고 공개적으로 밝혔다. 오히려, 그들은 일반적으로 하나의 표준을 따르며 전체 생산라인이 RoHS를 준수하는 것을 선호한다.[57] 광범위한 업계 인터뷰를 포함한 카티아 비덴코프의 연구에 따르면, "전자 산업은 고도로 글로벌화되어 있으며...[그리고] 두 개 이상의 별도 제품 라인을 유지하는 것은 바람직하지 않으며 어려운 경우가 많다."[58] 그 결과 대부분의 제조업체가 전 세계적으로 EU의 요건을 적용하고 있으며, RoHS는 "전자 산업 내 글로벌 소재 정책을 위한 사실상의 표준"[59]이 되었다.

사실상의 브뤼셀 효과는 EU 표준을 준수하는 데 드는 비용에도 불구하고 발생하며, 심지어 EU가 기업의 최대 목표 시장이 아닌 때에도 발생한다. 실제로 2006년 『보스턴 글로브』가 보도한 바와 같이, 미국 기업들은 RoHS 지침에 대응하기 위해 "제품을 설계하는 데 수십억 달러를 지출"해 왔다.[60] 타이코 일렉트로닉스의 사업부인 M/A-Com의 수석 품질 엔지니어인 조지 윌키쉬(George Wilkish)는 RoHS 1을 "아마도 50년 만에 전자제품 분야에서 있은 가장 큰 변화일 것"이라고 묘사한다.[61] 전체 제품의 20%만 유럽으로 수출하는 M/A-Com과 같은 많은 기업은 판매 지역에 상관없이 모든 제품에 RoHS에서 요구하는 변경 사항을 적용하려고 계획했다.[62]

놀랍게도 브뤼셀 효과는 RoHS가 직접적으로 적용되지 않는 산업에도 영향을 미쳤다. 예를 들어, 자동차 및 항공우주 분야에서는 RoHS의 규제를 받는 일부 물질을 제거했다.[63] 마찬가지로, 대부분 제품에서 RoHS 준수 수준이 너무 높아서 기업들이 RoHS가 적용되지 않는 부문의 비준수 제품을 구하는 데 어려움을 겪고 있다는 보고가 있었다.[64] 또한 많은 기업은 전체 시장이 EU 표준으로 이동하고 있는 경쟁 환경에서 EU를 따르는 것을 필수로 인식하고 있다. 델과 애플과 같은 거대 전자제품 기업이 RoHS 준수를 광고하고[65], 고객이 지속 가능한 제품에 쉽게 접근할 수 있는 상황에서[66], 소규모 기업이 이를 따르지 않기란 어려운 일이다.

사실상의 브뤼셀 효과는 일본, 대만, 한국의 정보 기술 및 전자 산업의 걸출함에서 볼 때, 이들 국가의 기업들 사이에서 특히 두드러지게 나타났다. 예를 들어, 히타치는 EU RoHS 지침에 대응하기 위해 2005년 3월까지 EU

RoHS가 적용되는 약 70개 제품에 포함된 6가지 화학물질을 전 세계에서 단계적으로 퇴출하기로 결정했다.[67] 또한 히타치는 일본 내 공장에서 생산되는 제품에 대해, 그리고 이후에는 전 세계에서 생산되는 제품에 대해 무연납 솔더로 전환하기로 결정했다.[68] 세계 4위의 반도체 판매 업체[69]인 대만 반도체 제조기업(TSMC)도 마찬가지로 자사의 모든 제품이 RoHS, WEEE 및 REACH를 포함한 EU의 지침을 준수한다고 보증한다.[70] 기업의 사회적 책임에 관한 미디어텍의 2015년 보고서에 따르면, 미디어텍의 환경 표준은 유럽, 아시아, 대만의 환경 보호 기준을 동시에 충족하고 있다.[71] 마지막으로, 2006년 6월 한국의 『사이언스 타임즈』 기사는 삼성과 같은 한국 수출업체들이 EU RoHS를 준수하고 있다고 보도했다.[72] 당시 EU 시장은 한국 전체 전자제품 수출의 1/5에 불과했지만,[73] 이는 업계가 유럽 표준을 따르도록 유도하기에 충분했다. 더욱이 삼성은 자사 웹사이트를 통해 회사의 글로벌 규제 준수 전략의 일환으로 "[삼성의] 모든 제품"이 RoHS를 준수한다고 밝히고 있다.[74]

동물 복지

동물 복지는 사실상의 브뤼셀 효과를 보여주는 또 다른 대표적인 사례이다. 예를 들어, 동물 실험을 거친 화장품과 그러한 제품에 사용된 화학물질의 판매를 금지하는 EU의 조치는 특히 기업의 행동에 광범위한 영향을 미쳤다.[75] EU는 화장품 제조 분야의 세계 선두 주자로서, 세계 50대 화장품 브랜드 중 22개가 유럽에 소재하고 있다.[76] 2017년 유럽의 화장품 및 퍼스널케어 소매 판매액은 776억 유로,[77] 수출액은 202억 유로에 달했다.[78] 또한 EU

는 (동물 실험의 대안을 개발하기 위해 1991년에 설립된) 유럽대체방법검증센터와 소비자제품과학위원회의 설립에서 알 수 있듯이 화장품 산업을 규제하기 위한 상당한 제도적 전문성과 역량을 구축했다.[79] 따라서 화장품에 포함된 화학물질의 안전성과 사용되는 테스트 방법을 모두 규제하는 EU는 이 분야에서 "확실한 규제 헤게몬"이 되어 업계 전반의 기준을 제시하고 있다.[80]

일본 화장품 회사들은 EU의 동물 복지 규제를 준수하기 위해 전 세계 제조 공정을 조정한 기업들에 속한다. 일본 최대 화장품 제조업체인 시세이도는 동물 실험 화장품 판매 금지에 따른 EU의 규제를 준수하기 위해 2013년에 동물 실험을 중단했다.[81] 카오와 코세 등 몇몇 다른 일본 화장품 회사들도 뒤를 따랐다.[82] 이들 회사는 제품에 대한 동물 실험을 대체하기 위해 배양된 인간 세포를 현재 점점 더 많이 사용하고 있다.[83] 제조업체들은 일본에서 동물 실험을 대체해야 할 법적 의무는 없지만, 해외에서 수익을 잃을 수 있다는 이유로 동물 실험을 자제하고 있다.[84] 일부 제조업체는 심지어 원료 공급업체에 동물 실험을 하지 않겠다는 약속을 요구하기까지 한다.[85]

흥미로운 사실은 시세이도가 국내 및 해외 연구소에서 동물 실험을 폐지했지만, 중국에서 판매되는 제품에 대해서는 동물 실험을 계속하고 있는 점이다. 왜냐하면 중국 법에서는 외국 기업의 시장 접근을 위한 조건으로 동물 실험을 요구하고 있기 때문이다.[86] 보다 일반적으로 화장품 회사들은 여러 시장에서 EU의 동물 실험 금지 규제를 광범위하게 준수하면서도 동물 실험이 특정 해외 시장에 서비스를 제공하기 위한 공식 요건이 되는 경우 그와 같은 실험에 참여할 준비가 되어 있는 것으로 보인다. 2018년 3월과 4월에 시세이도 고객 관리팀과 주고받은 이메일 서신에 따르면 시세이도는 다음과 같이 말했다.

> 시세이도는 법에서 절대적으로 요구하거나 제품 안전을 보장할 수 있는 대체 방법이 전혀 없는 경우를 제외하고는 화장품이나 성분을 동물에 실험하지 않습니다. 시세이도의 사명은 고객에게 안전하고 효과적인 제품을 제공하고 시행 중인 화장품 규제를 준수하는 동시에 동물 보호의 원칙을 이해하고 존중하는 것입니다.[87]

다른 시장에서는 동물 실험을 하지 않으면서 중국향 제품에 대해서는 동물 실험을 실시하기로 한 시세이도의 결정은 브뤼셀 효과의 흥미로운 변형을 보여준다. 이러한 환경에서 시세이도는 EU 규제만 준수하는 것으로는 글로벌 규제의 준수를 달성할 수 없다. 다시 말해, 중국 표준과 EU 표준이 상호 양립할 수 없는 한, EU 표준은 다른 모든 (더 약한) 표준을 통합하지 못한다. 이러한 드문 사례에서, 기업은 상반된 행동을 요구하는 두 개(또는 그 이상의) 시장에 서비스를 제공하기 위해 생산을 분할해야 한다.

동물 실험에 대한 EU와 중국의 규제 표준이 서로 맞지 않기 때문에 일부 유럽 화장품 제조업체 또한 두 가지 종류의 제품을 생산하는 방식을 선택했다. EU에서의 법적 위험을 우려해 그들은 EU에서 판매되는 화장품에 중국에서 사용한 성분을 포함시키지 않았다. 이는 해당 성분이 중국 시장 진출을 목적으로 동물 실험을 거쳤기 때문이다.[88] 법적 명확성을 확보하기 위해 유럽화장품원료연맹은 2014년에 유럽사법재판소에 소송을 제기하여[89] 제3국의 규제 요건을 준수하기 위해 화장품 성분이 동물 실험을 거쳤을 경우, EU

의 화장품 규정이 EU 내에서 화장품 판매를 금지하는지 그 여부를 판단해 달라고 요청했다. 이러한 경우에서, 유럽사법재판소는 생산자가 EU 내에서도 제품의 안정성을 입증하기 위해 동물 실험 결과에 의존했다면 해당 화장품을 EU에서 판매할 수 없다고 판결했다.[90] 따라서 이 판결은 제조업체가 두 가지 다른 테스트 방법 — 동물을 사용한 방법과 사용하지 않은 방법 — 을 유지해야 한다고 하면서도, 유럽과 중국 시장 모두를 위한 단일 제품을 생산할 수 있다는 것을 시사한다. 오히려, 만약 유럽사법재판소가 판결을 달리하여 EU에서 판매되는 화장품에 해당 성분의 사용을 금지했다면, 제조업체는 실제로 두 가지 다른 제품을 생산하거나 EU와 중국 중 한 곳에서만 제품을 판매하는 것을 선택해야 했을 것이다. 그러나 이러한 분할성 문제는 머잖아 무의미해질 것이다. 동물 실험에 대한 브뤼셀 효과가 중국에도 영향을 미칠 것이기 때문이다. 요컨대 2014년에 중국은 "일반" 화장품에 대해 동물 실험을 실시하도록 한 국내 기업의 요건을 폐지했다.[91]

동물 복지의 다른 많은 영역에서는 EU의 글로벌 규제 영향력을 추적하고 측정하기가 더 어렵다. 해외 생산업체가 EU를 주요 수출 시장으로 삼아 글로벌 관행을 조정하고 있는지, 아니면 국내 압력의 증가로 인해 관행을 바꾸고 있는지는 항상 명확한 것이 아니다. EU 기관 스스로는 EU 규제가 전 세계적으로 상당한 영향을 미쳤다는 견해를 가지고 있다. 유럽위원회는 동물 복지 조치가 유럽 축산업자의 경쟁력에 미치는 영향에 관한 보고서에서 "EU의 동물 복지 기준은 등대 효과를 가져왔으며 종종 동물 복지에 대한 업계의 자발적 동기에 영감을 준 원천이 되었다"라고 언급했다.[92]

생산자들이 생산 관행을 바꾼 이유로 EU의 조치를 명시적으로 언급하면서 사실상의 브뤼셀 효과가 매우 분명하게 드러나는 때도 있다. 예를 들어, 브라질 농업계는 유럽의 지속 가능한 육류 시장이 제공하는 비즈니스 기회에 어떻게 대응하고 있는지 고백한다. 브라질 돼지고기 산업의 리더들은 EU 표준이 본질적으로 국제 시장의 요건이 되고 있기에 브라질 생산자들이 동물 복지에 투자를 시작해야 한다고 주장했다.[93] 유럽의 복지 기준을 도입하면 브라질 돼지고기의 가치가 높아지고 국제 시장에서의 경쟁력이 향상될 것이다.[94] 이는 브라질이 세계 3위 돼지고기 생산국이자 4위 수출국이라는 점을 고려하면 중요한 의미를 지닌다.

도축 조건에 관한 EU 규제 또한 브뤼셀 효과를 촉발했다. 1993년 EU는 도축 또는 도살 시 동물 보호에 관한 이사회 지침을 통과시켰다.[95] 이 지침에 따르면 모든 동물은 도축 전에 기절시켜야 한다.[96] 이 지침은 불필요한 고통을 방지하는 특정 도축 방식만을 허용하며, 국내 및 수입 육류 제품에 모두 적용된다.[97] 따라서 EU에 육류 제품을 수출하려는 생산자는 도축 지침을 준수해야 한다. 그 결과 브라질, 태국, 나미비아, 캐나다 및 기타 여러 국가의 도축장은 "유럽식품안전청 보고서의 정보와 효과적이고 EU 입법에서 허용하는 기절 방식을 활용"한다.[98] 이러한 도축장이 EU 규제에 맞추기로 결정한 후에는, 이들이 실제로 여러 가지 기절 방식을 유지하지는 않을 것이다.

송아지 사육 상자 사용을 금지하여 송아지의 복지를 보호하는 1997년 EU 지침은 전 세계적으로 기업 관행에 변화를 가져왔다.[99] 송아지 사육 상자는 "이동 제한", "부적절한 바닥", "운동 부족", "사회적 박탈감", "털 손질 불가", "스트레스", "질병"을 유발한다.[100] 미국은 송아지 사육 상자에 관한 연방법이 없으며 2012년 현재 송아지의 대다수가 사육 상자에서 길러지고 있다.[101] 그러나 EU의 금지령이 발효된 이후 미국 내에서도 점점 더 많은 주에서 사용을 금지하거나 규제하고 있다.[102] 2007년 미국송아지협회는 동물 복지에 대한 소비자의 우려를 이유로 송아지 산업이 2017년까지 집단 사육으로 완전히 전환하는 정책을 승인했다.[103] 같은 해, 미국의 주요 생산업체인 스트라우스 빌과 마르초 팜스는 2010년까지 농장을 집단 사육으로 전환할 것이라고 발표했다. 스트라우스 빌은 "향후 2~3년 안에 송아지를 유럽식 집단 사육 방식으로 100% 전환하는 것이 목표"라고 설명했다.[104] 이 인용문은 EU 규제가 주된 동기가 되었든 아니든 간에 적어도 이러한 변화에 영향을 미쳤음을 시사한다. 미국 내 활동가들의 압력에도 영향을 미쳤을 가능성이 있다. EU의 더 엄격한 동물 복지 규정이 옹호 단체에 중요한 주장의 논거를 제공했기 때문이다. 예를 들어, 휴메인 소사이어티는 미국에서 사용되는 관례적인 생산 관행이 "EU 전역에서 불법"[105]이라는 점을 강조했다.

EU는 육류 생산을 위해 사육되는 닭의 보호를 위한 최소한의 규제를 담은 2007년 지침("육계 지침")을 제정하여 전 세계적으로 닭 농장의 조건을 비슷하게 조성했다.[106] 육계 지침은 닭의 최대 사육 밀도를 설정하여 적절한 사육 공간을 확보하도록 정하고 있다. 또한 해당 지침은 사료, 음수기, 깔짚, 환기, 난방, 조명, 청소에 관한 특정 요건과 검사 정책을 명시하고 있다.[107] 2005년 연구에 따르면 "아르헨티나와 태국에서 늘어난 닭고기 생산 비율은 이제 EU 입법 및 식품 회사 표준을 준수하도록 설계되어"[108] 육류 수출업체들이 유럽 소비자들의 요구에 적응하고 있는 것으로 나타난다.

2005년 EU의 동물 운송 규제는 브뤼셀 효과의 가장 대표적인 사례 중 하나를 촉발시켰다.[109] 2015년 유럽사법재판소는 EU 국가에서 제3국으로 출발하는 동물의 처우에 관한 중요한 사건인 **주흐트비-엑스포르트**에 대해 판결했다.[110] 주흐트비-엑스포르트는 독일에서 우즈베키스탄으로 트럭을 통해 소를 운송하려고 했다. 그러나 출발지의 독일 세관 당국은 카자흐스탄에서 우즈베키스탄으로 가는 마지막 29시간 구간이 EU의 동물 운송 규제를 위반한 것으로 간주하여 통관을 거부했다. 유럽사법재판소는 운송이 EU에서 시작되었다면 제3국에서의 운송에도 규제가 적용된다고 판단했다.[111] 이 결정은 조앤 스콧(Joanne Scott)이 영토 확장으로 규정한 기법의 예이다.[112] 이에 따르면 관련 영토적 연관성이 있는 경우(이 경우 카자흐스탄) EU가 규제 범위를 EU 외부의 활동으로 확장할 수 있다.[113] 동시에 이 사건은 사실상의 브뤼셀 효과를 보여주는 한 예가 된다.[114] 여기서 브뤼셀 효과는 기술적 비분할성 — 동물 운송에서 지리적 거리의 비분할성 — 에 의해 주도된다. 이에 따라 운송 회사는 EU 외부에서 이루어지는 여정의 일부와 관련해서도 EU 동물 복지 규제를 준수해야 할 의무가 있다.

기후 변화와 항공업계의 배출권 거래

배출권 거래제(ETS)를 항공 분야로 외부화하려는 EU의 노력은 브뤼셀 효과의 범위와 분명한 한계에 대한 흥미로운 사례 연구를 제공한다. ETS는 EU 기후 변화 정책의 초석을 형성한다.[115] 특히 논란의 여지가 있는 행보에서 2008년에 EU는 항공 배출을 ETS에 포함시켜 국제적인 행동을 강제하려 했고, 그에 따라 이 항공 지침을 역외에 적용하려 했다.[116] 당시 EU 역외에서 온실가스 대응을 위한 효과적인 국내법을 채택한 국가는 소수에 불과했다. 그리고 교토 의정서에서 항공사가 배출하는 온실가스를 국제민간항공기구가 규제하도록 규정했지만, 협상은 교착 상태에 있었다. ETS의 외부화를 추진하기로 한 EU의 결정은 2009년 코펜하겐 기후 회담의 합의 실패로 기후 정책에서 EU의 국제적 리더십이 심각하게 손상된 이후로 강화되었다.[117] 이로 인해 EU는 일방주의에 의지하고 방대한 시장 규모를 지렛대로 사용하여 전 세계적으로 변화를 강요하게 되었다고 할 수 있다.[118]

특히, 항공 지침은 외국 항공사를 포함한 모든 항공사에 유럽 공항에서 출발하거나 착륙하는 모든 항공편에 대해 배출권 구매를 의무화했다. 이렇게 하면 항공사는 규정 준수를 유럽 영공에서 발생하는 여정의 일부로 제한할 수 없으므로 이 제도를 분할할 수 없게 된다. 예를 들어, 샌프란시스코에서 런던으로 가는 항공편의 경우 배출량의 9%만이 EU 영공에서 발생하는 것으로 추산된다(미국, 캐나다 및 공해상에서 발생하는 배출량은 각각 29%, 37% 및 25%).[119] 그러나 지침에 따르면 항공사는, 착륙 지점이 EU 내에 있었기 때문에, 전체 비행 동안 배출되는 각 톤의 배출량에 대해 배출 허가를 취득해야 할 것으로 예상되었다.[120]

항공 지침은 두 가지 측면에서 EU의 일방주의를 정당화했다. 첫째, 항공사가 자국 관할권에서 "동등한 조치"를 적용받는 경우 EU에 착륙하는 항공편에 대해서는 (EU에서 이륙하는 항공편에 대해서는 그렇지 않았지만) ETS에서 면제되었다.[121] 그러나 예를 들어 미국이나 중국의 국내 기후 규제가 동등한 조항으로 인정될 것인지는 EU의 일방적인 결정에 달려있었다.[122] 둘째, 지침은 항공 온실가스 감축에 관한 글로벌 합의가 협상되면 EU가 역외 조치를 포기할 수 있다고 명시했다. 유럽위원회는 또한 이 지침의 준수를 보장하기 위해 강력한 제재를 가함으로써 지침을 뒷받침했다. 즉 지침을 준수하지 않는 외국 항공사는 벌금을 부과받거나[123], 심지어 더 심한 경우 유럽 공항에서의 운항이 금지될 수 있었다.[124]

항공 지침이 완전히 시행되었다면 브뤼셀 효과의 작동을 보여주는 가장 극적인 사례 중 하나가 되었을 것이다. 하지만 자국 정부의 지원을 받은 외국 항공사들은 EU의 일방주의에 대응하기 위해 일련의 공동 조치를 시작했다. 미국항공운송협회의 지원을 받은 유나이티드항공, 콘티넨털항공, 아메리칸항공은 영국 법원에 그들이 ETS에 포함된 것에 대해 이의를 제기하며, 영국이 EU 지침을 시행하기로 한 결정은 국제법을 위반한 것이라고 주장했다.[125] 영국 법원은 이 문제를 유럽사법재판소에 회부했다. 유럽사법재판소는 EU의 조치를 지지하여 유럽위원회에 중요한 승리를 안겨주었다. 유럽사법재판소는 다양한 국제 협약과 관습적인 국제법을 통해 항공 지침의 유효성을 확인했다.[126]

그러나 국제적인 저항은 계속되었다.[127] 중국은 에어버스 항공기 주문을 취소했고 특히 개발도상국에 대한 EU 규제의 초법적인 적용 의혹을 제기하며 비난했다.[128] 또한 중국 민항국은 2012년에 모든 중국 항공사의 EU ETS 참여를 금지했다.[129] 마찬가지로 인도 역시 ETS의 치외법권적 적용에 이의를 제기했다. 2011년 인도 민간항공부는 항공 지침에 반대하는 26개국이 모인 회의를 주최했다. 참가자들은 "델리 선언"에 서명하여 EU가 결정을 번복할 것을 촉구했다.[130] 중국, 인도 및 기타 21개국은 모스크바에서 또 다른 회의를 개최하고 "EU-ETS에 국제 민간 항공의 포함에 관한 선언"에 서명하여 "EU의 일방적인 움직임을 거부하고, EU에 결정 철회를 촉구"했다.[131] 궁극적으로 에어버스와의 연관성으로 인해 중대한 상업적 이해관계가 걸린

EU 회원국들이 EU에 입장 번복을 설득했다. EU는 2016년 말까지 국제민간항공기구가 글로벌 합의에 도달한다는 전제하에 항공 지침의 이행을 그때까지 "동결"했다.[132]

이러한 배경에서 다자간 협상이 부활했다. 2016년 10월 6일, 국제민간항공기구는 '국제항공탄소상쇄감축제도(Carbon Offsetting and Reduction Scheme for International Aviation, CORSIA)'라는 합의에 도달했다고 발표했다.[133] CORSIA의 시범 단계는 2021년에 발효될 예정이지만, 2027년에야 국제민간항공기구 회원국의 참여가 의무화될 예정이다. ETS와 달리 CORSIA는 최빈국, 소도서 개발도상국, 내륙 개발도상국, 국제항공 활동 수준이 매우 낮은 국가에 대한 예외를 포함하고 있다.[134] 2017년 3월, 국제민간항공기구는 "모든 산업 부문의 CO2 배출을 관리하는 세계 최초의 글로벌 설계 인증 표준"도 채택했다. 이 인증 표준은 2020년부터 새로운 항공기 기종 설계에 적용되며, 2023년부터는 이미 생산 중인 항공기 기종 설계에도 확대 적용된다.[135] 이러한 조치의 결과로 EU는 치외법권을 포기하고 2017년부터 ETS의 지리적 범위를 유럽경제지역의 역내 비행으로 제한하기로 합의했다.[136]

ETS의 역외적용을 중단하기로 한 EU의 결정은 두 가지 관점에서 바라볼 수 있다. 한편으로, 이는 브뤼셀 효과의 한계를 보여준다. 눈에 띄고 광범위한 국제적 압력에 직면했을 때 EU는 굴복할 준비가 되어 있다. EU 회원국에 대한 구체적인 비용 부과(에어버스 매출 손실)는 브뤼셀 효과를 억제할 수 있는 실행 가능한 방법임을 입증했다. 다른 한편으로, ETS와 항공사의 사례는 EU가 국제적 합의를 촉진하는 방법으로 브뤼셀 효과를 어떻게 활용할 수 있는지를 보여준다. 브뤼셀 효과와 EU의 일방주의에 따른 비용을 견뎌야 하는 기회비용이 없었다면, 국제민간항공기구를 위한 정치적 합의가 이루어졌을지는 불분명하다. 물론 CORSIA와 The Standard(인증 표준)는 EU ETS의 총량 및 거래통제 제도와는 "근본적으로 다른" 항공 관련 제도이다.[137] 그럼에도 이 제도는 EU가 공격적인 일방주의에 대한 비판에 직면하지 않으면서도 동일한 정책 결과를 달성하는 데 초점을 맞추고 있다.

법적 브뤼셀 효과

유해 물질 및 전자 폐기물, 동물 복지, 기후 변화 규제와 같은 환경 규제 분야는 많은 경우 해외의 입법 변화를 촉발하여 법적 브뤼셀 효과로도 이어졌다. 이러한 정책 분야에서 EU의 영향력은 여러 경로를 통해 나타난다. 환경 정책은 오랫동안 수많은 다자, 지역, 양자 협상의 주제였다.[138] EU는 여러 다자 및 지역 협약을 주도하고 강력한 환경 조항이 포함된 양자 무역협정을 체결하는 등 이러한 협상들에서 종종 핵심적인 역할을 했다. 또한 EU 기관은 종종 외국 규제기관에 기술 지원을 확대하고 때로는 그 과정에서 EU 규제를 수출하기도 한다. 환경 운동도 세계 여러 지역에서 영향력을 발휘하고 있다. 비정부단체들(유럽과 외국의)은 많은 경우 해외에서 개혁을 추진하는 데 적극적인 역할을 해왔으며, 종종 기존 EU 규제를 그들의 옹호 활동에서 기준점으로 활용했다. 따라서 더 좁은 의미의 법적 브뤼셀 효과 — 사실상의 브뤼셀 효과에 따르는 입법적 변화 — 는 일반적으로 EU 외부에서 규제 기준이 상향되는 이러한 다양한 경로들과 함께 작동한다.

유해 물질 및 전자 폐기물

환경 규제는 전 세계 국가들이 EU법을 모방하는 법적 브뤼셀 효과의 몇 가지 예를 제공한다. 유해 물질과 전자 폐기물을 관리하기 위한 규제인 RoHS와 WEEE는 특히 이러한 측면에서 영향을 미쳤다. 흥미로운 사실은 EU가 전자 폐기물 규제에 나선 최초의 선도자는 아니었다는 점이다. 주요 전자제품 생산 국가인 일본과 대만은 EU보다 다소 앞서 WEEE와 유사한 법을 시행했다. 그러나 EU의 WEEE는 범위에서 그들을 능가했다.[139] RoHS는 광범위한 제품에 걸쳐 6가지 물질의 사용을 제한하는 점에서 특히 획기적이었다.[140] 이는 사실상의 브뤼셀 효과와 법적 브뤼셀 효과로 인해 EU법을 기업들이 따르는 글로벌 표준으로 만들었다. 유럽위원회 스스로는 RoHS 1 및 RoHS 2 지침이 "전 세계적으로 유해 물질의 감소를 촉진했으며, 중국, 한국, 미국을 비롯한 여러 국가에서 RoHS와 유사한 법안을 발전시켰다"라고 언급한다.[141]

전 세계적으로 EU RoHS의 광범위한 모방은 규제를 세계화하려는 유럽위원회의 적극적인 노력의 결과가 아니다. 오히려 RoHS는 환경 보호 및 단일시장에 관련된 내부 목표가 지배적이었던 EU 규제의 한 예이며, 규제의 전 세계적 확산은 대부분 이러한 내부 목표의 부수적인 부대 효과에 해당했다. 이 경우 광범위한 사실상의 브뤼셀 효과로 외국 정부에 의한 RoHS의 모방이 상당 부분 설명될 수 있을 것이다. 이미 RoHS를 준수해야 하는 글로벌 기업들은 자국 시장에서도 RoHS 유형의 규제를 지지해야 할 동기를 가지게 되었고, 이는 법적 브뤼셀 효과가 발생하는 길을 열었다.

미국에서는 구속력 있는 연방법을 도입하려는 시도가 실패함에 따라 유해 폐기물 관리에 대한 법적 브뤼셀 효과가 주 차원에서 발생했다.[142] 미국환경보호청은 2001년에 전자 폐기물을 문제로 인식했지만, 그들의 규제 노력은 실패로 끝났다. 주된 이유는 업계 내에서 책임 분담 방식에 대한 의견 불일치가 있었기 때문이다.[143] 실패에 기여한 또 다른 요인은 아마도 '자원 보존 및 회수법'을 통해 유해 폐기물 관리를 각 주에 위임한 데 있을 것이다. 이로 인해 전자 폐기물은, 연방 의제에 포함될 필요가 있어 보이는 기후 변화와 같은 더 중요한 사안들에 비해, 각 주에서 스스로 규제할 수 있는 정책 문제로 격하되었다.[144]

동시에 RoHS는 EU의 사례를 따르도록 미국의 여러 주에 영감을 주었다.[145] 캘리포니아는 가장 광범위한 예시를 제공한다. 즉 EU와 마찬가지로 캘리포니아는 캘리포니아 RoHS[146]와 캘리포니아 전자 폐기물 재활용법[147]이라는 주로 두 가지 관련 법령을 통해 전자 폐기물을 규제하고 있다. 캘리포니아의 RoHS는 EU RoHS를 모델로 한 것이 분명했다.[148] 캘리포니아 RoHS는 또한 2003년에 제정된 전자 폐기물 재활용법에 EU 표준을 명시적으로 적용하고 있다.[149] 일명 "Cal RoHS"로 불리는 이 법은 EU RoHS 지침에 따른 규제 여부에 따라 전자 기기의 캘리포니아 내 판매를 금지하거나 허용하고 있다. 예를 들어, 이 법은 EU RoHS 지침에서 EU 내 판매를 금지하지 않는 제품에 대해 캘리포니아 독성 물질 관리국이 판매를 금지하지 못하게 하고 있다. "따라서 EU RoHS 지침에서 면제되는 납, 수은, 카드뮴 및 6가 크롬의 특정한 적용은 캘리포니아 RoHS 규제에서도 면제된다."[150] 더욱 주목할 만한 점은 Cal RoHS가 EU 지침의 개정 사항을 캘리포니아 법에 반영할 것이라고 명시하고 있기도 하다는 것이다.[151] 그러나 캘리포니아 RoHS

는 EU RoHS보다 적용 범위가 좁으며,[152] 다양한 비디오 디스플레이 장치와 음극선관에만 적용된다.[153] 흥미로운 점은 캘리포니아 RoHS에 대한 업계의 반대가 거의 없었다는 것이다. 이는 제조업체들이 이미 EU RoHS를 준수하는 데 드는 비용을 흡수했었기 때문일 것이다.[154] 이 법안을 지지하는 일부 이익 단체는 이 분야에서 EU법이 이미 존재한다는 사실을 캘리포니아 계획이 실행 가능하다는 증거로 활용하기까지 했다.[155]

보다 최근에는 RoHS와 관련된 법적 브뤼셀 효과의 추가적인 증가를 뉴저지주의 2017년 전자 폐기물 관리법에서 확인할 수 있다. 이 법은 행정 부서에 EU RoHS에 맞춰 규칙과 규정을 채택하도록 지시하고 있었다.[156] 또한 2017년에 인디애나주는 전자 폐기물에 관한 주법에 유사한 요건을 추가했다.[157] 해당 입법안들이 제정되기 전인 2007년에 미네소타주는 RoHS 공개 요건에 관한 내용을 법규에 추가했다.[158] 2009년 4월에 발효된 일리노이주의 전자제품 재활용 및 재사용법도 마찬가지로 제조업체에 대한 RoHS 공개 요건을 규정하고 있다.[159] 뉴욕주의 전자 장비 재활용 및 재사용 법[160]은 2010년 5월에 유사한 공개 요건을 추가했다.[161] 위스콘신과 로드아일랜드주의 재활용법에도 유사한 조항이 포함되어 있다.[162]

미국 이외에 여러 나라나 국가들도 유사한 법안을 채택하거나 고려하고 있다.[163] 여기에는 아르헨티나, 브라질, 중국, 인도, 일본, 말레이시아, 싱가포르, 한국, 스위스, 대만, 터키, 베트남이 포함되어 있다.[164] 특히 이 목록에는 선진국과 개발도상국이 모두 포함되어 있다. 이는 높은 규제 준수 비용을 감당할 준비가 덜 된 국가조차도 EU 시장에 대한 자국 산업의 의존도를 고려하여 EU 표준을 선택하고 있음을 보여준다.[165]

한국은 아마도 법적 브뤼셀 효과를 가장 극명하게 보여주는 사례일 것이다. 한국은 RoHS와 WEEE를 면밀히 모방했을 뿐만 아니라 폐자동차(End of Life Vehicles, ELV)에 관한 EU 규제도 따랐다.[166] 이 ELV 규제는 "폐자동차와 그 부품의 재사용, 재활용 및 회수"에 관한 목표를 설정하고 제조업체가 유해 물질이 없는 새 자동차를 생산하도록 장려한다.[167] 한국은 2007년에 전기전자제품 및 자동차의 자원 순환["재활용"으로도 번역되는]법을 통과시켰다.[168] 이 법은 전기전자제품과 자동차의 재활용 및 재사용을 촉진하고 해당 제품에서 유해 물질 사용을 제한하는 것을 목적으로 한다. 또한 이 법은 재활용이 용이하도록 제품을 설계하고 제조할 것을 사업자에게 요구한다.[169] 이 법에 근거하여 환경부와 한국환경공단은 전기전자제품 및 자동차에 대한 환경성보장제도를 시행했다.[170]

여러 소식통에 따르면 EU가 한국 법의 모델로 사용되었다고 한다. 한국 환경부 웹사이트는 "선진국들은 지속 가능한 발전이라는 대의를 위해 전기·전자 및 자동차 산업에 대한 다양한 환경 규제를 더욱 엄격하게 시행하고 있으며, WEEE, RoHS와 같은 규제는 국내 기업의 수출에 영향을 미칠 것으로 예상된다. 이에 따라 한국은 2008년 1월 1일 자원순환과 환경보전을 위해 전기 및 전자제품과 자동차의 자원순환에 관한 법을 시행하게 되었다"라고 이르고 있다.[171] 환경부와 한국환경공단이 운영하는 환경성보장제도 웹사이트는 이 분야에서 한국의 법 시행을 논의할 때 엄격한 EU 규제를 언급한다.[172] 또한 해당 웹사이트는 한국 법이 EU RoHS, WEEE, ELV의 특징을 포괄하고 있다고도 말한다.[173] 특히 "환경성보장제도의 요약"이라는 제목의 섹션에서 그 웹사이트는 "EU RoHS + WEEE + ELV 등 = 전기 및 전자 장비와 자동차의 자원순환에 관한 법"이라는 수식을 제시한다. 마지막으로, 2014년 한국 환경부가 주최한 심포지엄에서 환경부 자원 재활용과 사무관은 한국 법과 EU법이 똑같이 제한적이라 규정하고, "2018년까지 환경부는 EU 수준에 맞춰 생산량의 57% 재활용률을 달성할 계획"이라고 밝혔다.[174]

일본은 좀 더 거리를 둔 EU의 모방 사례이다. 2005년에 일본 경제산업성 산업표준위원회는 "J-MOSS"로도 알려진 JIS C 0950:2005를 발행했다. J-MOSS는 전기 및 전자 장비에 특정 화학물질의 존재를 표시하기 위한 일본의 산업 표준이다.[175] J-MOSS는 EU RoHS와 유사하지만 덜 엄격하다. EU의 RoHS와 마찬가지로 J-MOSS는 동일한 6가지 물질을 규제하며 농도 수준도 동일하다. 그러나 EU의 RoHS는 이러한 물질의 사용을 제한하는 반면, J-MOSS는 의무적인 라벨링 요구사항을 채택하고 있다.[176] 제품 함량이 J-MOSS에서 정한 값을 초과하는 경우, 제조업체는 "함량 마크" — 제품 및 포장에 두 손을 모은 "R" 기호 — 를 표시해야 하며, 물질 정보를 카탈로그와 사용 설명서에 그리고 인터넷에도 공개해야 한다.[177] 요시코 나이키에 따르면, 일본은 단순히 RoHS를 모방하지 않고 자체 규제를 도입하면서 EU RoHS로부터 영향을 받았다고 한다.[178]

중국은 2016년에 "RoHS 2"를 채택했다. 중국 RoHS는 어떤 측면에서는 EU RoHS 2보다 약하지만, 다른 측면에서는 훨씬 더 엄격하다. 중국 RoHS는 EU가 2015년에 프탈레이트 4종을 추가한 점을 제외하면 EU RoHS 2와 동일한 6가지 유해 물질을 규제한다.[179] 다른 한편으로, 중국 RoHS는 EU RoHS 면제 대상인 일부 전자 및 전기 제품 또는 부품을 면제하지 않는다는 점에서 EU RoHS보다 훨씬 더 엄격하다고 볼 수 있다.[180] 공급망의 모든 생산자가 최종 제품의 EU 시장 접근을 보장하기 위해 RoHS를 준수해야 한다는 점을 고려할 때 EU를 모방하기로 한 중국의 결정은 놀라운 일이 아니다. 전자제품의 경우 공급망 시작 단계에 있는 부품 제조업체는 종종 중국에 근거지를 두고 있다.[181]

라틴아메리카의 경우, 이 분야에서 EU의 선례를 따르려는 노력은 그다지 성공적이지 못했다. 아르헨티나 상원은 2010년에 RoHS와 유사한 법안을 통과시켰고,[182] EU로부터 그 내용에 대해 영감을 받았다고 언급했다. 그러나 이 법안은 최종 승인을 받지 못했으며, 2011년에 일부만 제정되었다. 이 법안에 포함된 제품 범주와 목록은 "유럽 WEEE 지침의 부속서 I에 명시된 것과 거의 동일(약간의 수정을 포함해)하다."[183] 2018년 뉴스 보도에 따르면, "브라질 정부는 전기 및 전자 장비에서 EU의 유해물질제한지침인 RoHS와 유사한 규제를 제안할 계획에 있음을 발표했다."[184] 라틴아메리카에서 EU RoHS, WEEE 및 이와 유사한 규제를 모방한 기존 입법 사례는 제한적이지만, 라틴아메리카 전역에서 입법 개혁의 움직임이 증가하고 있다. 이러한 입법 노력은 글로벌 시장의 생산자들이 EU 규제 기준을 충족하려는 경향이 커지면서 더욱 힘을 받을 것이다. 이로 인해 가까운 미래에 라틴아메리카에서도 법적 브뤼셀 효과의 사례가 나타날 가능성이 있다.

동물 복지

동물 복지 기준에 대한 사실상의 브뤼셀 효과처럼, 입법 변화에 대한 EU의 영향력은 국내의 옹호 압력과 분리되기 어려울 때가 많다. EU 기관들은 EU의 동물복지법안이 해외의 규제 개혁에 중요한 역할을 했다는 견해를 다시 한번 밝혔다. 예를 들어, 유럽의회는 산란계를 위한 삭막한 배터리 케이지 사용을 금지하는 EU 지침을 다음과 같이 설명했다.[185]

> 암탉의 복지를 크게 향상시켰으며 전 세계적으로 많은 영향을 미쳤다. 현재 뉴질랜드, 인도, 대만, 호주의 한 주, 미국의 여러 주에서도 유사한 법안과 소매업체 기준이 시행되고 있다. 다른 많은 국가에서도 복지 수준이 높은 달걀 제품에 대한 소비자들의 수요가 증가하고 있다. 이러한 전 세계적 변화에서 EU의 소비자 태도만이 아니라 EU의 입법이 주요 요인으로 작용했으며, 이러한 변화는 가속화되고 있다.[186]

일부 다른 분야에서 외국 정부들은 또한 그들의 정부 보고서 및 기타 입법 문서에서 EU법을 참조하면서 자국의 입법 노력에서 적어도 부분적으로 EU를 모방하고 있음을 시사한다. 예를 들어, 임신 중 모돈(母豚) 감금을 금지하는 EU 규제는 여러 관할권에서 법적 브뤼셀 효과를 가져왔다. EU는 돼지 보호를 위한 최소한의 기준을 정한 2008년 이사회 지침을 통해 이 분야를 규제하고 있다.[187] 이 지침은 임신 첫 4주를 제외하고 모돈을 묶는 일과 모돈 스톨*을 금지하고 있다.[188] 비록 이 금지 조치가 2013년에야 발효되었지만,[189] 이미 2001년에 공포되었고, 그 이후 다른 많은 국가에서도 유사한 금

* 모돈 스톨(sow stalls)은 임신한 암퇘지를 사육하기 위해 사용되는 구조물이다. 이 구조물은 한정된 공간에서 많은 암퇘지를 관리할 수 있고(공간 관리), 먹이와 물을 쉽게 제공하고 건강 상태를 모니터링하기 수월하며(건강 관리), 출산 시 안전하게 관리(출산 관리)할 수 있게 한다는 점에서 애용된다. 그러나 이는 암퇘지가 좁은 공간에 갇혀 움직이지 못하게 되면 스트레스와 건강 문제를 유발할 수 있다는 이유로 동물 복지 측면에서 그 사용이 점차 다수 국가에서 법으로 금지되고 있다.

지 조치가 도입되었다. 예를 들어, 뉴질랜드에서는 2015년에 모든 스톨이 단계적으로 폐지되었다.[190] 뉴질랜드 정부는 "새로운 규범은 동물 복지 분야의 세계적 리더로서 뉴질랜드의 입지를 확인하고 정부가 동물 복지에 우선순위를 두고 있음을 보여준다"라고 발표했다.[191] 뉴질랜드 양돈 업계는 "[소비자들은] 임신 전용 스톨을 사용하지 않는 것을 선호하며, 우리는 이에 귀를 기울였으며 이를 변경하고 스톨을 제거하고 있다"라고 언급하며 공개적으로 금지 조치를 지지했다.[192] 뉴질랜드 역시 EU 사례로부터 영향을 받았을 가능성이 있다. 즉, 돼지 복지법 개정에 관한 정부 보고서에서 비교 대상으로 EU 기준과 입법이 빈번히 언급되고 있다.[193] 마찬가지로 호주에서는 2017년에 모든 스톨이 단계적으로 폐지되었고,[194] 캐나다에서는 2024년까지 감금틀이 단계적으로 폐지될 예정이다. 미국에서는 EU가 2001년에 모든 스톨 금지를 법제화한 이후 많은 주에서 그것이 금지되기 시작했다. 예를 들어, 2006년에 미국 최초로 애리조나주가 모든 스톨을 금지했다. 캘리포니아, 콜로라도, 플로리다, 메인, 미시간, 오하이오, 오리건, 로드아일랜드가 2012년에 그 뒤를 따랐다.[195]

기후 변화 및 배출권 거래

ETS의 경우, 법적 브뤼셀 효과는 항상 명시적으로 언급된 EU의 목표였다. 기후 변화의 본질적인 글로벌 성격을 고려할 때, 사실상의 브뤼셀 효과만으로는 문제를 해결하기가 충분치 않았을 것이다. 특히, 사실상의 브뤼셀 효과는 완전히 국지적 성격인 외국의 온실가스 배출을 완화할 수 없었을 것이다. 이를 의식한 EU는 탄소세와 같은 다양한 다른 규제 메커니즘 대신 ETS

를 채택하기로 했다. 그 이유 중 하나는 ETS가 국제적으로 영향력을 발휘할 가능성이 더 높다는 것을 알았기 때문이다.[196] 사실, 거의 같은 시기에 미국에서도 제한적인 탄소 거래제도가 시행되고 있었다. 여러 주가 온실가스 감축을 위한 지역 배출권 거래제인 지역 온실가스 구상(Regional Greenhouse Gas Initiative)에 참여하고 있었던 것이다. 미국은 또한 국제 협상에서 선호하는 규제 메커니즘으로 탄소 거래제를 지지하기도 했다. EU는 배출권 거래제를 채택함으로써 미국의 지지를 얻고, 나아가 기후 변화 완화에서 미국을 파트너로 하는 다자간 협력의 길을 열 수 있기를 희망했다. 이러한 전략은 기후 일방주의가 EU의 영구적이거나 선호되는 규제 대응이 아님을 시사한다. 그 대신 EU는 항상 다른 관할권들이 자국의 모범을 따라 궁극적으로 기후 변화를 완화하기 위한 글로벌 공동 행위를 취하도록 영감을 주기를 희망했다.

여러 지표에 따르면, EU는 이와 관련하여 성공적이었다. ETS를 통해 기후 변화를 완화하려는 EU의 노력은 해외에서도 주목할 만한 추진력을 얻었으며, 다른 국가들이 자체 ETS를 개발하도록 고무했다. 런던 임페리얼 칼리지 그랜텀 연구소가 수집한 데이터에 따르면, 39개 국가 관할권과 23개 국가 하위 관할권에서 ETS와 유사한 탄소 가격 책정 수단을 시행했거나 시행할 예정이다.[197] 이들 중 다수는 개별 EU 회원국이지만, 호주 및 스위스와 그리고 캐나다, 중국, 일본, 미국의 지역 제도와 같은 관할권도 포함한다.[198]

이러한 법적 브뤼셀 효과는 EU ETS에 대한 비판에도 불구하고 발생했다. EU는 배출 허용량의 적용 예외로 인해 경쟁을 왜곡한다는 비판을 받았다.[199] 게다가, 주어진 허용량 수는 시스템의 효과를 약화시켰고, 이로 인해 가격이 예상된 수준의 배출량 감소를 견인하지 못했다.[200] 금융 위기 동안

EU 배출권 가격은 2008년 중반 이산화탄소 톤당 약 30유로에서 2013년 중반 이산화탄소 톤당 약 5유로로 급락하여[201] EU ETS의 효율성과 글로벌 모델로서의 그 적합성에 더욱 의문을 가지게 했다. 마지막으로, ETS의 적용 범위를 국제 항공 배출로 확대하려는 EU의 노력과 이후의 전략적 후퇴는 ETS를 통해 리더십을 발휘하고 외국 정부에 입법 모델을 제공하려는 EU의 소프트 파워를 손상시킨 것으로 볼 수 있다.[202]

그렇지만, 이러한 결함과 한계에도 불구하고, ETS는 초국가적 맥락에서 온실가스 배출에 대한 가격을 책정하려는 전례 없는 시스템이며, 다른 국가들이 따라야 할 가장 혁신적인 모형을 제시하고 있다.[203] ETS의 확산은 다른 관할권의 ETS들과 EU ETS가 "연계"될 가능성에 의해 더욱 촉진된다.[204] 이는 이러한 외국의 제도들이 연계를 위한 EU ETS의 최소 조건을 충족한다는 전제하에 가능하다.[205] 호주, 캘리포니아, 퀘벡과 같은 일부 관할권은 해당 프로그램을 EU ETS 시장과 연계하기 위해 그들의 ETS 프로그램을 EU의 그것과 매우 흡사하게 조정했다.[206]

거듭 말하지만, 한국은 법적 브뤼셀 효과의 두드러진 사례이다. 한국은 2012년에 한국 배출권 거래제("온실가스 배출권의 할당 및 거래에 관한 법률"), 즉 K-ETS를 채택했다.[207] 그 시행은 3년 뒤에 있었다.[208] K-ETS는 국내 온실가스 배출량의 약 68%를 차지하는 약 599개의 대형 배출업체를 대상으로 한다.[209] 이 법은 한국 기업들이 EU ETS의 영향을 받고 있으며 ETS가 새로운 기술 개발에 중요한 역할을 할 수 있다는 인식을 적어도 부분적으로 반영하고 있다. 예를 들어, 2012년 한국의 한 뉴스 기사에서는 유럽을 오가는 항공편을 운영하는 한국 항공사에 대한 EU ETS의 영향에 대해 언급하고 있다.

이 기사에서는 유럽 항공사들이 친환경 연료 개발 등 EU ETS에 대응하기 위한 노력에서 혁신에 앞장서고 있으므로 한국 항공사가 글로벌 경쟁에서 유럽 항공사에 뒤처질 수 있다고 언급하고 있다.[210]

몇 가지 자료에 따르면, K-ETS의 모델로 EU ETS가 사용되었다는 것을 알 수 있다. 2012년 한국의 환경부가 K-ETS 시행령과 관련해 발표한 입법 예고문은 "시행령은 **EU와 같은 외국 사례를** 참고하고 글로벌 표준과 한국경제의 현실을 반영해 배출권 거래제를 설계했다"[211]고 언급하고 있다. 2012년 5월 대통령 직속 녹색성장위원회가 발간한 K-ETS Q&A에서는 다음과 같이 EU를 언급하며 ETS의 긍정적 효과를 강조하고 있다. 즉 "EU가 ETS를 도입한 후 온실가스 배출량은 감소했지만, 기업이 해외로 빠져나가거나 경쟁력을 잃지는 않았다."[212]

한국은 또한 EU가 해외에 규제 모델을 확산하는 것을 더욱 용이하게 하기 위해 기술 지원 프로그램을 사용하는 사례에 해당하기도 한다. 2016년 7월, 한국 기획재정부와 EU는 3년간 350만 유로 규모의 협력 프로젝트를 시작했으며, 이를 통해 EU는 K-ETS 시행을 위한 기술 지원을 제공하고 K-ETS 관련 정책 개발도 지원하고자 한다. EU는 상담 핫라인, 교육 워크숍, 전문가 포럼 등을 제공할 예정이다.[213] 한국은 정통하고 경험이 풍부한 규제 기관으로부터 배울 수 있는 기회로 EU의 조언을 환영한다. 한국 기획재정부 차관의 성명에 따르면, "10년 이상 EU ETS를 운영해 온 EU의 풍부한 경험을 공유함으로써 K-ETS가 한국의 온실가스 감축을 위한 성공적인 정책 수단이 될 수 있기를 바란다"[214]라고 이르고 있다. 주한유럽연합대표부 참사관의 성명도 비슷한 의견을 표명하면서, 이는 이 지역에서 ETS의 광범위한 모방을 위한 길을 제시할 것이라고 다음과 같이 언급했다. 즉, "[한-EU ETS 프로젝트는] 지난 10년간 세계 최초이자 최대 규모의 배출권 거래제인 EU의 ETS 운영에서 얻은 최고의 기술 전문성과 교훈을 공유하는 것을 목표로 한다. 한국의 ETS 시행과 운영을 지원함으로써 이 지역의 역내 다른 국가들에게 긍정적인 모범 사례를 제시하고자 한다"[215]라고 말한다.

마지막으로, 중국은 온실가스의 주요 배출국으로서 그 역할과 관련하여 법적 브뤼셀 효과의 특히 주목할 만한 사례이다. 현재 중국은 EU에 이어 두 번째로 큰 탄소 시장 거래제도를 운영하고 있다. 중국은 베이징, 상하이, 광둥성의 중국 내 여러 지역에서 탄소 거래 프로그램을 시범 운영했으며,[216] 2017년에 국가 배출권 거래제를 승인했다.[217] 중국이 EU의 선례를 모방하려는 의지는 명령 및 통제를 통한 규제의 한계에 대한 인식 증가와 이산화황 배출권 거래의 실패한 과거 경험 등 다양한 요인에서 찾을 수 있다.[218] EU는 또한 중국의 규제 당국과 적극적인 대화를 통해 규제 역량을 구축하고, 데이터 수집, 모니터링 및 검사와 같은 업무를 현지 규제 당국에 지원하고 있다.[219] 이러한 노력과 중국이 조치를 취하고 있다는 구체적인 신호에도 불구하고, 정부의 시장 개입 전통과 에너지 가격 인상에 대한 정치적 혐오를 고려할 때 EU ETS가 중국에 의미 있게 이식될 수 있을지는 아직은 불분명하다.[220]

ETS는 배출량 통제와 기후 변화를 완화하기 위한 EU의 노력과 관련된 법적 브뤼셀 효과의 유일한 예는 아니다. EU는 또한 지역 오염을 줄여 대기질을 개선하고 기후 변화를 유발하는 유해한 온실가스를 완화하기 위해 자동차 산업에 대한 배출 기준을 설정하는 광범위한 조치도 취했다. EU는

2009년에 승용차에 대해 유로-5 표준을, 2014년에 유로-6 표준을 채택했다. 유로-5는 디젤 자동차에서 발생하는 미세한 특정 물질을 줄이는 데 중점을 두며, 반면에 유로-6의 핵심 목표는 질소산화물과 일산화탄소를 줄이는 데 있다.[221] 또한 유로-6는 오염 물질 노출과 관련된 직접적인 인체 건강 문제를 넘어 이산화탄소에 대한 제한을 부과함으로써 더 광범위한 기후 변화 목표를 다루고 있다.[222]

EU가 이러한 표준을 채택한 직후인 2016년에 러시아 정부는 자국에서 유로-5 표준을 의무화했다.[223] 러시아 전체 자동차 수출의 69%가 유럽으로 향하는 점을 고려할 때, 러시아가 예를 들어 일반적인 미국 표준이 아닌 EU 표준을 모방하는 것은 당연했다.[224] 이러한 법적 브뤼셀 효과에 앞서 상당한 사실상의 브뤼셀 효과 또한 있었다. 이는 국내적으로 법적인 변화의 길을 열어주었다. 실제로 많은 국내 기업이 이미 유로-5, 심지어 유로-6 표준에 부합하는 자동차를 생산 및 판매하여 중요한 EU 시장에 접근하고 있었다.[225] 마찬가지로 러시아 정유사들도 EU 표준에 맞춰 생산량을 조정하기 시작했었다. 예를 들어, 러시아 에너지 기업 루코일은 2012년에 정유 공장을 유로-5 표준으로 완전히 전환했고, 가스프롬 네프트와 로스네프트는 2013년에 일부 휘발유와 디젤을 EU 표준에 따라 생산하기 시작했다.[226] 하지만 브뤼셀 효과가 러시아에서는 아직 완전하지 않았다. 일부 현지 기업들이 국내용으로 EU 표준을 충족하지 못하는 자동차를 계속 생산하고 있다. 이는 특히 고품질 연료에 대한 접근이 제한된 오지에 공급하기 위해서이다.[227]

남아프리카공화국은 EU의 연료 표준으로 이동하려는 노력에 있어 기업과 정부의 이해관계가 상호 작용하는 흥미로운 예를 제공한다. 남아공 정부는 여러 외국 관할권이 EU의 표준에 맞춰 연료 규격을 강화했다는 점을 인정했으며,[228] EU의 연료 표준을 남아공 법에도 도입하자는 제안을 했다. 남아공의 현행 연료 규정인 "청정 연료 I"은 유로 III 연료 규격에 해당한다.[229] 유로 V 규격에 해당하는 업데이트된 "청정 연료 II" 규정은 2017년 7월에 발효될 예정이었다. 그러나 정부가 청정 연료 생산으로의 전환을 위해 시설을 업그레이드할 수밖에 없는 정유소에 대해 필요한 지원을 약속하지 않으면서, 새로운 규정 초안은 철회되었다.[230]

남아공 정유사들은 시장이 유럽 연료 표준으로 이동하고 있음을 인정하고 청정 연료에 대한 수요 증가를 따라잡기 위해 EU 표준의 남아공 현지 채택을 지지한다. 동시에 그들은 시설 업그레이드를 위한 막대한 자본 투자를 위해 정부 지원이 필요하다고 강조한다.[231] 업계는 이러한 지원이 없다면 새로운 표준이 채택될 때마다 수입된 청정 연료 공급이 국내 시장을 잠식할 것이라고 주장한다.[232] 남아공의 화학 및 에너지 대기업인 사솔은 전환을 위한 충분한 투자가 이루어질 수 있도록 남아공 정부와 지속적으로 협상을 진행하고 있다.[233] 또한 남아공 액체 연료 산업의 집단 이익을 대표하는 산업 협회인 남아공석유산업협회는 교착 상태를 해결하기 위해 에너지부와 공동으로 태스크 포스를 설립했다.[234]

정부와 주요 기업 행위자 간의 이러한 대화는 상업적 현실이 EU 표준의 채택을 뒷받침하고, 그러한 모방이 정부와 업계 모두의 지지를 받는 경우조차도, 법적 브뤼셀 효과를 향한 길이 얼마나 길고 복잡할 수 있는지를 보여준다. 사솔과 같은 영향력 있는 기업과 산업 협회의 로비 활동은 남아공 정부가 EU의 현행 연료 규정을 본떠 규정을 개발하는 데 중요한 역할을 했다.[235] 하지만, 이들 기업이 정부 지원 없이는 EU 표준에 적응하지 못하는 탓에, 법적 브뤼셀 효과가 남아공에서 나타나는 데 시간이 걸렸다.

EU는 지난 20년 동안 환경 정책에 대해 전 세계적으로 중요하고 상당한 영향력을 행사해 왔다. 많은 환경 문제가 전 지구적이라는 특성을 고려할 때, 이는 EU가 규제를 외부화하는 데 민감하고 적극적으로 관심을 기울여 온 정책 이슈였다. 이 장에서는 전자제품의 유해 물질 관리, 동물 복지 보호, 배출권 거래제를 통한 기후 변화 완화 등의 사례를 통해 EU의 환경 규제가 — 사실상의 규제와 법적 규제 모두에서 — 전 세계에 미치는 영향을 설명했다. 이러한 논의에서 전자제품 유해 물질 관리의 경우 사실상의 브뤼셀 효과가 특히 강력했고 다국적 전자제품 기업들 사이에서 전 세계 생산에 걸쳐 EU 규칙에 대한 광범위한 사실상의 수렴이 이루어지고 있음이 제시되었다. 이러한 공통의 사실상의 브뤼셀 효과는 여러 국가에서 법적 브뤼셀 효과를 위한 길도 열어주었다. 사실상의 브뤼셀 효과는 동물 복지 분야에서도 마찬가지로 널리 퍼져 있는 것으로 나타났다. 이는 동물 실험을 포기한 화장품 업계로부터 도축 전에 동물을 기절시키는 방법을 수정한 도축장에 이르기까지 다양한 사례에서 확인할 수 있다. 이 분야에서도 EU가 외국의 입법 관행에 미치는 영향의 예를 찾을 수 있지만, 다양한 국내 개혁을 사실상의 브뤼셀 효과와 연결 짓기란 여전히 어려운 경우가 많다. 이는 소비자 및 비정부단체 활동과 같은 여러 추가적인 경로들이 이 분야에서 국내 개혁을 추진하는데 역할을 하기 때문이다.

EU의 배출권 거래 메커니즘은 환경 규제에서 브뤼셀 효과의 역학과 한계를 살펴볼 수 있는 대안적인 사례 연구를 제공했다. 외국 정부는 다른 분야에서 EU의 규제 야망을 축소하는 데 있어 많은 경우 성공하지 못했다. 하지만 그들은 자신의 ETS를 국제항공 분야로 일방적으로 확장하려는 EU의 노력을 저지하는 데는 궁극적으로 성공했다. 이는 브뤼셀 효과에 한계가 있음을 시사한다. 특히 이는 EU가 외국 관할권에 경제적으로 중요하고 동시에 정치적으로도 논란이 되는 분야에서 공격적인 일방주의를 추구할 때 그러하다. 그렇지만, EU의 일방주의 위협은 다자간 협상을 촉발하기에 충분했고, 결국 항공 산업에서 배출을 규제하기 위한 국제적 합의로 이어졌다. 이는 규제 변화를 견인하려는 EU의 시도가 없었다면 일어나지 않았을 결과이다. 더욱이, EU가 사실상의 브뤼셀 효과를 통해 규제 조정을 촉진하지 못했음에도 불구하고, EU는 여러 국가가 이후 EU의 ETS를 국내적으로 모방함으로써 법적 브뤼셀 효과를 통해 성공을 거두었다. 이는 사실상의 브뤼셀 효과와 법적 브뤼셀 효과의 다른 관계를 보여준다. 요컨대 사실상의 브뤼셀 효과가 종종 법적 브뤼셀 효과의 길을 열어주는 경우가 많지만, 의미 있는 사실상의 브뤼셀 효과가 없는 상황에서도 법적 브뤼셀 효과가 발생할 수 있다는 점이다. 다만 EU가 이를 촉진하는 데 적극적인 역할을 할 때 가장 효과적이다.

제 III부

제III부의 서문

평가

이 책은 지금까지 브뤼셀 효과의 이면에 있는 이론과 여러 정책 분야의 사례 연구를 통해 그 효과가 어떻게 나타나는지에 초점을 두었다. 이 논의는 순전히 서술적인 것으로, EU가 의도하든 의도하지 않든 오늘날 글로벌 규제 영향력을 발휘할 수 있는 독특한 위치에 있는 이유를 설명하기 위한 것이었다. 이 책의 마지막 부분에서는 브뤼셀 효과가 유익한지, 누구에게 유익한지(8장), 브뤼셀 효과가 앞으로도 지속될 것인지 아니면 변화할 것인지(9장)에 대한 규범적 질문을 던짐으로써 브뤼셀 효과의 현재와 미래의 영향에 대한 논의로 전환한다. 따라서 이어지는 논의는 이전 장들보다 본질적으로 더 주관적일 것이다. 브뤼셀 효과와 관련된 비용과 편익에 대한 가치 중심의 평가와 함께 불가피하게 불확실한 브뤼셀 효과의 지속성에 대한 예측으로 구성되어 있기 때문이다.

8장에서는 규범적 책무를 다루면서 브뤼셀 효과와 관련된 다양한 비용과 편익을 검토하고, 브뤼셀 효과가 균형적으로 EU 안팎에서 사람들의 복지를 증진시키는지 아니면 감소시키는지를 고려한다. 규범적 입장에서 EU의 글로벌 규제 권력을 평가할 때, 이 장은 브뤼셀 효과에 대해 제기될 수 있는 세 가지 주요 비판을 다룬다. 첫째, EU의 글로벌 규제 범위가 비용이 많이 들고 혁신에 해를 끼쳐, 결과적으로 사회에 비용을 부과하는지에 관한 여부를 묻는다. 둘째, 이 장은 브뤼셀 효과가 EU의 보호주의를 반영하며, 따라서 비EU 기업에 비용을 부과하고 자국 기업에 유리하게 시장을 기울이려는 산업 정책 주도의 시도로 볼 수 있다는 비판을 다룬다. 마지막으로, 이 장은 브뤼셀 효과가 외국의 주권적 이익을 침해하고 외국 시민의 정치적 자율성을 훼손하는 규제 제국주의에 해당하는지 그에 관한 여부를 묻는다.

9장에서는 미래를 전망하며 다음과 같은 질문을 다룬다. 즉, 글로벌 경제력의 균형이 변화하고, 기술 혁신이 진전되며, EU가 브렉시트부터 포퓰리즘적 유럽 회의주의 정당들이 조장하는 반EU 정서의 증가에까지 이르는 내부적 도전에 직면한 상황에서 브뤼셀 효과가 계속 확산할 가능성이 있을 것인가가 그것이다. 구체적으로, 이 장에서는 **시장 규모, 규제 역량, 엄격한 표준, 비탄력적 대상, 비분할성** 등 브뤼셀 효과의 근간이 되는 독특한 조건이 EU의 규제 헤게모니에 대한 다양한 대내외적 도전으로부터 영향을 받는지 그에 관한 여부를 묻는다. 예를 들어, 중국의 성장에 따라 EU의 상대적 시장 규모가 줄어들면 브뤼셀 효과가 약화될 것인가? 국가 주권을 회복하고 EU 기관에 위임된 권한을 환수하려는 반EU 정당의 부상과 그들의 노력으로 인해 엄격한 규제를 생성하는 EU의 규제 역량이나 능력이 손상될 것인가? 기업들이 다양한 소비자 시장에 맞게 생산을 점점 맞춤화할 수 있게 되면서 적층 제조(additive manufacturing)와 같은 새로운 기술이 비분할성을 끝장낼 것인가, 그로 인해 기업이 EU 규제를 전 세계적으로 실행하는 것을 포기하게 될 것인가? 이러한 것들은 브뤼셀 효과의 지속력을 결정하는 문제들에 해당한다. 궁극적으로 이는 브뤼셀 효과가 예를 들어 "베이징 효과"에 자리를 내줄 것인지, 아니면 향후 수십 년간 경제적 규제의 새로운 힘들 — 일방주의와 다자주의가 주도하든 전반적인 분열이 주도하든 관계없이 — 이 글로벌 시장을 휩쓸면서 점차 역사 속으로 사라질 것인지를 결정한다.

브뤼셀 효과의 규범적 바람직함 또는 미래에 대한 지속 가능성이라는 두 가지 질문 모두 답하기가 쉽지 않다. 브뤼셀 효과와 관련된 복지 효과는 모두에게 이로운 것은 아니며, EU 규제가 모든 사람의 상황을 개선하는 것은 아니다. 하지만, 브뤼셀 효과는 많은 분야에서 상당한 복지 혜택을 창출하며, 유럽만이 아니라 전 세계적으로도, 심지어 이러한 복지 혜택이 외국의 주권을 희생하고 개인의 정치적 자율성을 존중하지 않고 달성되더라도 변화와 선을 위한 강력한 힘이 될 수 있다. 브뤼셀 효과의 미래 역시 예측하기는 어렵다. 그렇지만, 브뤼셀 효과는 그 존립에 대한 대내외의 위협에 직면해 놀라울 정도로 회복력이 있는 것으로 판명될 수 있다. 브뤼셀 효과가 오래 지속될수록, 그 장점에 대한 규범적 대화가 더욱 절실하다. 그리고 브뤼셀 효과와 관련된 복지 효과가 더욱 중요해질수록, 브뤼셀 효과가 얼마나 오래 지속될 것인지에 대한 논의는 그만큼 중요할 것이다.

제8장
브뤼셀 효과는 유익한가?

이 책은 지금까지 글로벌 규제 정책의 여러 영역에서 브뤼셀 효과의 존재와 중요성을 입증했고, 그 결과로써 글로벌 시장에 미치는 EU의 강력한 영향력을 밝혀냈다. 이러한 광범위한 영향력을 고려할 때 중요한 질문이 부상한다. 즉, 브뤼셀 효과의 확산이 바람직한가 아니면 바람직하지 않은가? 물론 브뤼셀 효과는 승자와 패자를 모두 만들어 내기 때문에, 이 질문에 대한 답은 누구에게 물어보느냐에 따라 달라질 수 있다.

이 장은 브뤼셀 효과가 유익한지에 대한 규범적 질문을 다루며, 이를 위해 특히 브뤼셀 효과가 EU 내부와 외부에서 사람들의 복지를 감소보다는 증진하는지에 관한 그 여부를 묻는다. 복지는 이러한 맥락에서 사람들이 살고 있는 사회의 민주적 구조 내에서 그들의 정치적 자율성을 존중하면서, 그들이 더 나은 제품과 서비스 — "더 나은"이란 사람들의 가치관에 따라 더 저렴하고, 더 안전하며, 더 지속 가능한 것으로 정의되는 — 에 접근할 수 있도록 하는 측면에서 측정되어야 한다.

이러한 복지 혜택과 이를 달성하기 위해 발생하는 비용을 비교할 때, 브뤼셀 효과에 대해 크게 세 가지 비판이 제기될 수 있다. 첫째, 기업계에서 빈번히 제기되는 비판의 하나로 더 제한적인 EU 규제의 확산은 비용이 많이 들고 혁신을 저해한다는 것이다. 따라서, 이 주장에 따르면 수많은 소비자가 시장에서 가격이 책정되어 덜 제한적인 규제가 존재할 때보다 더 불리한 상황에 처할 수 있다. 또한 산업 발전도 좌절되어 사회 전체에 비용이 부과될 것이다. 둘째, 외국 정부와 기업들이 자주 제기하는 또 다른 비판은 브뤼셀 효과의 기저에 있는 제도적 및 이념적 동기는 EU의 보호주의를 반영한다는 것이다. 이 비판에 따르면, 산업 정책의 표현으로서 EU의 규제 관행은 시장 작동을 왜곡하고 그 결과 왜곡되지 않은 경쟁이 창출할 수 있는 이득을 소비자에게서 박탈할 수 있다. 셋째, 다수의 학자는 브뤼셀 효과가 EU의 규제 제국주의를 반영하여 외국 주권자의 민주적 특권과 그들 시민의 정치적 자율성을 침해할 수 있다고 주장했다.

이러한 비판은 무시할 수 없으며, 순 편익을 계산할 때 반드시 고려해야 한다. 브뤼셀 효과는 사회의 일부 부문에서 복지 감소라는 실질적인 경제적 및 정치적 비용을 부과한다. 경제적 비용은 절대적이면서도 분배적이어서, 특히 부유하지 않은 소비자와 소규모 기업에 부담을 준다. 주권 비용은 그것이 EU의 자비로운 동기에서 비롯된 것이든 아니면 사악한 동기에서 비롯된 것이든지에 관계없이 외국 관할권에서 느껴진다. 그러나 만연한 보호주의에 대한 비난과 같은 일부 비판들은 근거가 부족하다. 그리고 타당성이 높은 비판조차도 브뤼셀 효과가 부족한 규제 역량을 완화하거나 때로는 과도한 해외 기업의 영향력을 상쇄하여 외국 소비자의 복지를 감소시키기보다는 오히려 향상시키는 등 브뤼셀 효과가 창출하는 혜택과 균형 있게 고려될 필요가 있다. 이 장에서는 브뤼셀 효과에 대한 몇 가지 중요한 비판을 살펴보는 동시에 브뤼셀 효과가 수반하는 혜택의 맥락에서 이러한 비판을 고려한다.

브뤼셀 효과는 비용을 증가시키고 혁신을 방해하는가?

의심할 여지 없이, 브뤼셀 효과는 다양한 제품과 서비스에 대한 기준을 높여 EU와 해외에서 기업과 소비자 모두에게 비자발적인 비용을 부과하는 경우가 많다. EU의 엄격한 규제를 준수하는 것은 기업에 있어 종종 많은 비용이 소요되며, 기업은 일반적으로 그 비용을 소비자에게 전가하여 소비자가 지불하는 최종 가격을 높인다. 일부 소비자는 더 안전하거나 환경적으로 더욱 지속 가능하다고 여기는 제품 및 서비스에 대한 대가로 더 높은 가격을 지불할 준비가 되어 있다. 하지만 다른 소비자는 비용과 기타 고려 사항을 다르게 교환할 것이다. 또한 과도한 규제는 혁신을 방해하여 사회 전체에 동태적 비용을 부과할 수도 있다.

2장에서는 브뤼셀 효과가 엄격한 규제에 대한 이해관계자들의 강력한 요구에 의해 유지된다고 주장했다. 대다수의 유럽 소비자와 시민은 높은 규제 기준의 부과를 지지한다. 그러나 이것이 모든 소비자에게 해당되는 것은 아니다. 더 저렴한 소비재에 대한 접근성을 중시하는 일부 유럽 시민은 강화된 제품 표준이 종종 이와 관련된 더 높은 비용을 정당화하는지 의문을 제기할 수도 있다. 이는 외국 소비자의 경우에도 마찬가지이며, 이들 중 다수는 EU 소비자의 선호도가 그들에게 강요되어 제품 및 서비스 비용이 증가하면 분개할 수 있다.

게다가, 유럽의 일부 기업들은 높은 규제 기준을 유럽 경제를 위해 지속 가능하지 않은 것으로 바라본다. 이들은 사전예방 원칙에 지나치게 의존하면 경제 성장과 혁신이 둔화되어[1] EU 기업들이 중요한 수출 시장에서 밀려날 수 있다고 주장한다.[2] 6장에서 설명한 REACH 규정이 좋은 예가 될 수 있다. 유럽의 기업들은 규정이 발효된 지 12년이 넘도록 REACH의 높은 규정 준수 비용을 계속해서 비판하고 있다. 화학업계 로비 단체인 유럽화학산업협회의 부회장 토니 바스톡(Tony Bastock)은 REACH 준수가 글로벌 시장에서 업계의 경쟁 능력을 약화시킨다고 불평한다. 아주 적은 양의 화학물질조차 등록해야 했던 REACH 기한의 마감일 이후, 바스톡은 다음처럼 암울한 미래를 묘사한다. "우리를 기다리고 있는 부담은 여전히 그대로이다. 하지만 이 괴물은 계속해서 유럽의 혁신을 집어삼키고 있다."[3]

미국의 화학업계도 비슷한 우려를 표명하고 있다. 팬 우드 화학의 짐 델리시(Jim DeLisi) 회장은 REACH의 이점은 잘 알려지지 않은 데 비해, 그것이 혁신을 크게 방해한다고 다음과 같이 주장한다. 요컨대 그는 "REACH가 인간의 건강이나 환경을 개선할 것인지는 수년이 지나도, 어쩌면 영원히 알 수 없을 것이지만, 규제 당국과 상거래를 제약하는 능력은 이미 분명해졌다"라고 하면서, REACH를 "입증되지 않은, 매우 관료주의적인 화학물질 규제 방식"이라고 일컫는다.[4] 미국 국제무역위원회에 따르면 REACH의 규제 준수로 인해 미국 화학물질 수출업체의 비용이 20% 이상 증가한 것으로 알려졌다.[5] 5장에서 설명한 EU의 데이터 보호 규정인 GDPR도 마찬가지로 기업에게 막대한 비용을 부과하는 것으로 나타났다. 미국 기업의 최고 경영진 200

명을 대상으로 프라이스워터하우스쿠퍼스가 최근 실시한 설문조사에 따르면,[6] 응답자의 68%는 GDPR 준수를 달성하기 위해 100만~1천만 달러를 투자할 것이라고 답했으며, 9%는 1,000만 달러 이상, 24%는 100만 달러 미만을 지출할 것으로 예상하는 등 GDPR에 맞게 비즈니스 관행을 조정하는 데 드는 비용이 높았다.[7] 기업이 이러한 비용을 그냥 흡수할 것이라고 예상하는 사람은 거의 없었다. 대신에 그중 일부는 필연적으로 소비자에게 전가될 것이다.

혁신에 대한 동태적 비용을 구체적으로 살펴보면, 브뤼셀 효과는 적어도 네 가지 상이한 방식으로 혁신을 방해할 수 있다. 첫째, 규정 준수 비용이 증가하면, 기업은 신제품 개발에 지출할 자원이 줄어들 수 있다. 둘째, 특정 유형의 비즈니스 관행을 제한함으로써 기술 및 비즈니스 개발을 위한 일부 경로가 축소되거나 차단된다. 셋째, 브뤼셀 효과가 특히 널리 퍼져 있는 정책 분야에서는 조화가 모든 시장 참여자를 특정 행위나 생산으로 밀어붙이면서 실험이 줄어들 수 있다. 그러한 경우 기업과 국가가 잘못되거나 비효율적인 표준으로 수렴할 위험이 있다. 이러한 모든 비용은 산업 발전을 저해하고 잠재적으로 복지를 증가시킬 수도 있는 새로운 제품 개발을 막거나 지연시킬 수 있다. 마지막으로, 점진적 혁신과는 반대로 변혁을 목표로 하는 모험과 위험 감수의 의욕을 꺾는 문화적 규범이 정착되어 혁신이 방해받을 수 있다. 이와 관련하여 우버 임원의 발언이 좋은 예시가 된다. 이 임원은 기술 산업에 대한 미국과 EU의 규제 철학에서의 차이에 대해 언급하면서, "유럽에서는 규제 당국이 기술 기업을 다룰 때 소비자의 요구를 충족시키는 것이 목표다. 미국에서는 그 목표가 세상을 더욱 광범위하게 바꾸거나 적어도 세상을 변화시키는 데 있다"라고 지적했다.[8] 만약 브뤼셀 효과로 인해 모든 기업과 관할권이 "세상을 바꾸는 것"과는 반대로 "소비자 요구의 충족"이라는 목표를 향해 나아간다면, 틀림없이 일부 제품은 개발되지 않을 것이고, 그 결과 일부 진보는 전혀 실현되지 않을 것이다.

절대 비용 이외에, 브뤼셀 효과는 분배 비용도 발생시킨다. EU 규제를 준수하는 데 드는 비용은 특히나 중소기업에 있어 엄두가 안 날 정도로 높은 경우가 많다. 반면에 다국적 대기업은 거의 틀림없이 EU가 설정하는 거의 모든 기준을 충족할 수 있는 자원을 보유하고 있을 것이다. 따라서 오히려 EU의 높은 규제 장벽은 기존 대기업의 힘을 보호하고 더욱 강화하게 될 것이며, 이는 누적되는 규제 부담을 감당하기 위해 고군분투하는 중소기업과 신규 진입자의 희생을 대가로 할 것이다. 결국, 페이스북이나 구글과 같은 거대 다국적 기업이 헤드라인을 장식하는 반면, 브뤼셀 효과의 실제 숨은 비용은 EU의 요구를 충족하도록 제품과 서비스를 설계할 동일한 역량이 없는 소규모 신규 업체들이 부담하게 된다. 예를 들어, EU의 새로운 저작권 개혁은 저작권이 있는 콘텐츠를 표시하는 플랫폼 회사가 업로드된 콘텐츠의 저작권 위반 여부를 검사하는 필터를 운영하도록 요구한다.[9] 이러한 필터링 시스템을 개발하고 운영하는 데는 1억 달러의 비용이 소요된다. 이는 소규모 신규 업체에는 엄청난 비용이지만 구글과 같은 기업들에는 사소한 비용일 수 있다.[10] 이러한 분배 효과는 EU 규제의 의도하지 않은 하나의 결과이다. 즉, 이는 대규모 기존 기업에 유리하게 상대적 규제 부담을 기울게 하고, 그 과정에서 이들의 지배력을 더욱 강화시킨다.

이러한 비판은 모두 중요하며, 규제 당국과 기업계와 유권자들이 고려해야 할 진정한 과제이다. 그러나 기업에 대한 비용과 소비자에 대한 높은 가격이 자동으로 사람들의 복지가 감소하고 있음을 나타내는 것은 아니라는 점도 사실이다. 엄격한 규제로 야기되는 높은 가격을 바라보는 한 가지 방법은 규제 후견주의(regulatory paternalism) 관점을 사용하는 것이다.[11] 이는 개인이 현명치 못한 결정에서 벗어나도록 강제하거나 유도하는 방법으로서 정부 개입을 정당화한다. 이런 관점은 규제로 인해 가격이 상승할 수 있지만, 규제는 현재와 미래에도 다른 종류의 비용을 줄일 수 있음을 시사한다. 예를 들어, 엄격한 규제가 없다면 소비자들은 고려하지 않은 숨은 비용을 가져오는 결정을 내릴 수 있다. 즉, 그들은 안전성이 낮은 제품의 건강 비용에 관한 올바른 정보를 얻지 못하거나 혹은 환경 보호 저하의 장기적 사회 비용을 충분히 인식하지 못해 더 저렴한 제품을 선택할 수 있다. 이는 그들이 특정 화학물질의 유해성에 대한 자신의 교육을 위해 시간을 투자하지 않거나 개인 데이터에 대한 통제권 포기와 연관된 부정적 결과를 고려하지 않기 때문일 수 있다. 또한 그들은 부적절하게도 미래 세대의 복지를 무시하면서, 미래 환경에 해를 끼칠 수 있는 더 저렴한 제품을 현재 선택할 수도 있다. 이러한 종류의 소비자 선택은 다음 세대의 소비자와 시민들에게 부담을 안긴다. 이런 경우 시장은 최적의 결과를 만들어 내지 못한다. 이 때문에, 심지어 그것이 개인 선호에서 벗어나더라도, 정부 규제는 분명 개인 선호보다 때로는 우선시되어야 한다.

또한 브뤼셀 효과로 인해 서로 상충된 규제가 조화를 이루는 경우를 비롯해 기업에도 이익이 되는 결과가 나타날 수 있다. 이러한 결과는 종종 경제 운영자에게 순 편익을 가져다준다. 이러한 관점에서 볼 때, EU 규제는 기업에 부담을 주고 혁신을 저해하기보다는 예측 가능성과 법적 확실성을 높여 운영 비용을 절감해 준다. 그 결과 기업이 소비자의 신뢰와 만족도를 높이는 제품을 생산할 수 있게 한다. 나아가 규제 준수에 드는 부담스러운 비용을 부담해야 함에도, 기업은 브뤼셀 효과로 인해 의미 있는 이익을 얻을 수 있다. 즉, 기업은 상충적인 국가별 규제에 직면하지 않고 통일된 법적 체계에 따라 EU 전체에서 거래할 수 있다. EU의 공통 규칙은 불확실성을 줄이고 계획과 장기 투자를 촉진한다.[12] 이 때문에 브뤼셀 효과로 인해 기업에 발생한 이익은 실제로 비용보다 더 클 수 있고, 소비자 가격을 낮출 수 있다.

마찬가지로 혁신에 대한 효과 또한 긍정적일 수 있다. EU 규제가 환경적으로 더욱 지속 가능할 뿐만 아니라 비용 효율성도 더 높은 제품을 개발하도록 기업을 유도하기 때문이다. 예를 들어, 에너지 효율 기술은 소비자와 기업의 비용을 절감해 주는 경우가 많고, 이를 도입한 사람들에게 상당한 위험 대비 수익을 제공한다는 것은 잘 알려진 사실이다. 그러나 정보 및 행위에 관한 많은 시장 실패로 인해, 이를 강제할 수 있는 규제가 마련되지 않는 한 소비자는 이를 제대로 채택하지 않는 경우가 많다.[13] 따라서 높은 기준을 준수하는 것은 기업을 위한 비용 절감과 경쟁력의 중요한 원천이 될 수도 있다.

기업은 규제 준수 비용이나 혁신에 대한 유인을 고려하는 것 외에도 브랜드와 소비자 신뢰도를 중요하게 생각한다. 따라서 기업은 규제가 기업의 평판을 개선하거나 제품과 서비스에 대한 소비자의 신뢰를 높일 수 있다면 이를 지지할 준비 또한 되어 있다. 기업은 EU의 모든 규제를 환영하지는 않지만, 규제를 통해 얻을 수 있는 이점을 이해하고 있다. 마이크로소프트의 부사장인 존 프랭크(John Frank)는 마이크로소프트와 같은 회사는 "규제를 받지 않으려는 것이 아니다"라고 강조했다.[14] 기업은 고객이 자사 제품을 편안하게 구매하기를 바라며, 명확한 규제는 이를 달성하는 데 도움이 될 수 있다.[15] 동일한 이유에서 마이크로소프트의 사장은 최근 미국에서 안면 인식 기술의 규제를 촉구했다.[16] 그는, 규제하지 않으면 소비자를 불안하게 하며 "선의뿐만 아니라 악의적으로"도 사용될 수 있는 이러한 기술 분야에 대한 명확한 규칙이 중요하다고 강조했다. 아마존도 마찬가지로 안면 인식 기술에서 당황스러운 실수를 발견한 후 정부에 "신중하게 검토해 줄 것"을 요청했다.[17] 따라서 확립된 규칙은 소비자 신뢰를 높이고 새로운 제품에 대한 수요를 높일 수 있다.

더 높은 기준을 준수함으로써 평판상의 이점과 브랜드 자산도 얻을 수 있다. 기업은 많은 규제 영역에서 높은 기준을 준수함으로써 시장과 소비자에게 귀중한 신호를 보낼 수 있다. 예를 들어, 더 엄격한 보고 요건을 요구하는 증권거래소에 기업을 상장하거나[18] 높은 환경, 인권, 노동 기준을 준수하는 것 등이다. 이런 방식으로 기업은 합법성을 강화하고 평판을 얻으며, 소비자 행동을 주도하는 가치관을 가진 소비자 마음을 사로잡을 수 있다.[19] 예를 들어, EU 식품 기준의 준수는 전 세계 여러 지역에서 소비자 신뢰를 얻게 한다. 몇몇 중국 국내 기업들은 자사 제품의 안전성에 대한 신호를 시장에 보내기 위해 EU 기준을 준수하여 유제품을 생산한다고 선언한다. 중국의 우유 생산업체인 준러바오는 유럽 국가에서 수입한 장비를 사용하고 있으며, 생산라인의 모든 기술적 측면이 EU 기준을 준수한다고 발표했다.[20] 마찬가지로 성무 그룹도 새로운 전문 공장에 투자한 후 EU 기준을 준수하는 유기농 유아용 분유를 생산하고 있다. 이 회사는 EU 규제를 따르는 분유가 중국과 전 세계에서 판매될 것이라고 강조한다.[21] 중국 유제품 업계는 국내 유제품 산업에서 소비자 신뢰를 더욱 높이기 위해 노력하면서 국가 표준을 EU 기준에 부합하도록 상향 조정하는 것도 적극적으로 지지했다.[22] 예를 들어, 중국 산업 협회인 중국국영농장생산유제품협회는 EU 기준을 수용하면서 협회에 가입한 국내 생산업체에 인증을 제공하고 있다. 그에 따라 중국의 많은 기업이 EU 기준을 준수하고 있음을 구체적으로 알리기 위해 협회에 가입했다.

결과적으로 브뤼셀 효과의 비용 편향성에 대한 비판은 더욱 조화롭고 예측이 가능하며 안정적인 기업 환경을 통해 창출되는 많은 경제적 편익에 관한 인식으로 완화되어야 한다. 이 편익들은 더 신뢰할 수 있고 지속 가능하며 반드시 더 비쌀 필요도 없는 제품 및 서비스를 통해 종종 소비자에게 전달되는 효율성을 창출했다. 이는 브뤼셀 효과가 일부 소비자의 복지를 감소시키지 않는다는 의미는 아니다. 실제로 감소시키기도 한다. 규제 후견주의를 따르는 것은, 결국 소비자들이 개인적 선호에 반하더라도 브뤼셀 효과에 따라 여전히 더 나은 삶을 살 수 있다고 주장할 수 있는 유일한 방법일 수 있다. 비록 특정 EU 규제(다른 일부 대안적 규제와 달리)가 소비자들에게 최적인지는 여전히 논란의 여지가 있지만 말이다. 물론 EU가 외국 기업과 소비자를 위해서도 이러한 선택을 해야 하는지에 대한 의문은 여전히 남아있다. 이는 브뤼셀 효과에 대한 논의를 단순히 경제적 차원이 아닌, 정치적 차원으로 바꿔놓는다. EU의 "규제 제국주의"와 외국의 규제 주권을 잠식할 가능성에 대한 논의는 이 장의 뒷부분에서 더 자세히 살펴보게 될 것이다.

브뤼셀 효과는 EU의 규제 보호주의를 반영하는가?

EU의 대외 규제 영향력을 의심스럽게 보는 이들은 흔히 EU를 보호주의적 행위자로 묘사한다. 이들은 EU가 소비자 및 환경 보건과 안전을 걱정하는 척하면서, 사실은 EU 기업들을 보호하기 위해 외국 기업들에 비용을 부과하기를 열망한다고 보고 있다.[23] 최근 EU를 보호주의적 규제자로 묘사하려는 시도가 몇 차례 있었다. 특히 미국에 본사를 둔 기업들이 EU 규제의 표적이 되면서 그러했다. 기술 분야에서 미국의 지배력은 "유럽에서 분노의 원천"으로 묘사되었고,[24] 비평가들은 EU가 미국의 기술 기업을 쫓는 것은 질투에 따른 보호주의 때문이라고 지적한다. 분명 부러워할 만한 이유가 있을 것이다. 세계에서 가장 가치 있는 기술 기업 중 15개는 미국 기업이고, 1개는 유럽 기업이기 때문이다.[25] 따라서 미국 거대 기술 기업에 대한 EU의 집행 조치를 워싱턴 DC에서 종종 "보호주의적 음모"의 일환으로 보는 것도 놀라운 일은 아니다.[26] 예를 들어, 유럽위원회가 디지털 단일 시장 전략을 발표할 준비를 하고 있을 때, 『뉴욕 타임즈』는 "유럽에서는 이를 소비자 보호라고 부르고, 실리콘 밸리는 이를 보호주의라고 부른다"라고 비꼬듯이 말했다.[27] 2015년에 버락 오바마 대통령도 미국 기술 기업에 대한 유럽의 규제 조치는 실리콘 밸리의 더 성공한 경쟁자들보다 뒤처진 유럽 기업들에게 우위를 주려는 시도를 반영하는 것이라고 주장했다.

> 우리는 인터넷을 소유해 왔습니다. 우리 기업들은 인터넷을 만들고, 확장하고, 경쟁할 수 없는 방식으로 인터넷을 완성해 왔습니다. 그리고 종종 이

슈에 대해 고상한 입장이라고 묘사되는 것들이 때로는 단지 일부 상업적 이익을 챙기기 위해 고안된 것일 때도 있습니다.[28]

EU의 "녹색 보호주의"를 비난하는 비슷한 논평들이 다양한 환경 정책을 상대로 제기되었다.[29] 예를 들어, 2009년의 재생 에너지 지침은 더 지속 가능한 해외의 생산업체를 희생시키면서 역내 바이오 연료 생산업체가 EU 시장에 유리하게 접근할 수 있도록 했다는 비판을 많이 받았다. 유럽 국제정치경제센터는 "다른 형태의 녹색 보호주의와 마찬가지로, 국제 무역 정책에 문제를 일으키는 것은 환경적 야망이나 정책이 아니다. [EU] 자체의 산업 정책 야망을 위해 이러한 정책을 사용하는 것이 문제"라고 주장했다.[30] 유사하게 EU의 GMO 규제도 "노골적인 무역 보호주의"로 분류되었다.[31] 성장호르몬이 없는 쇠고기만 수입해야 한다는 주장과 GMO 규제로부터 EU의 산림 및 토지 관리 기준을 반영한 수입 제한에 이르기까지 최근의 환경 보호에 대해 비슷한 감정이 표출되었다.[32]

EU는 자신이 보호주의적 의제를 가지고 있다는 사실을 단호히 부인한다. EU의 공식적인 의제는 EU 기업이 외국 기업과 동등한 조건으로 경쟁할 수 있는 공정한 경쟁의 장을 보장하는 규제 환경을 조성하는 것을 목표로 한다.[33] EU는 종종 복지 국가와 경제 정책의 지속 가능성에 대한 헌신을 강조한다. EU는 다른 국가에 자신의 표준을 수출함으로써 자국 산업의 경쟁력을 훼손하지 않으면서도 야심 찬 사회 및 환경 의제를 추구할 수 있다.[34] 그러나 국내 기업과 외국 기업에 동일한 규칙을 적용하는 "경쟁력에 관한 관심"과 외국 기업을 희생시키면서 국내 기업을 우대하는 "규제 보호주의" 사이의 경계가 모호할 때도 있다. EU가 미국 기업을 상대로 경쟁법을 집행할 때, 그 의도를 정확히 파악하기는 어렵다. 그 집행 조치가 산업 정책의 목적과 유럽 기업들을 유리하게 하기 위한 것인지, 아니면 집행 대상 기업의 국적과 관계없이 EU법을 똑같이 적용하려는 객관적 적용의 결과인지 판단하기가 쉽지 않기 때문이다.

아마도 경쟁정책 분야에서만큼 유럽의 보호주의에 대한 비난이 자주 제기된 분야는 없을 것이다. 유럽위원회는 미국의 유명 기업에 대해 많은 판결을 내렸다. 이러한 판결에 대한 반응으로 유럽위원회는 경쟁보다 유럽의 산업 정책 목표를 달성하기 위해 경쟁 권한을 사용한다는 비난을 받아왔다. 이러한 비난은 미국 당국은 승인했지만, 유럽위원회가 막은 두 미국 기업 간의 합병인 2001년 **제너럴 일렉트릭/허니웰** 합병까지 거슬러 올라간다.[35] 미국 법무부의 반독점 집행 담당 최고 책임자는 EU 결정에 대한 반응으로 유럽위원회가 경쟁이 아닌 경쟁자를 보호하고 있다고 비난했다.[36] EU가 경쟁이 아닌 경쟁자를 보호하고 있다는 생각은 이후 몇 년 동안 일종의 주문이 되었다.[37] 미국 의회 의원들도 마찬가지로 "유럽위원회가 미국 경쟁업체를 희생시키면서 유럽 산업을 보호하고 육성하기 위한 도구로 합병 심사 절차를 이용하고 있다"라고 비난하면서 우려를 표명했다.[38] 유럽위원회는 **제너럴 일렉트릭/허니웰** 외에도 MCI 월드컴, 타임워너, NYSE 유로넥스트, UPS를 포함한 미국의 광범위한 유명 기업들과 관련된 여러 합병을 막거나 상당한 구조조정을 강요했다.[39] 이러한 사례는 EU 경쟁정책의 근간을 형성하는 동기에 대한 비판자들의 불신을 생생하게 유지시킨다.

가장 최근에 EU의 경쟁 집행은 지배적 기업을 표적으로 삼았다. 유럽위원회에 따르면 이들 기업은 지배적 시장 지위를 남용했다. 예를 들어, 2018년 EU는 안드로이드 운영 체제와 관련된 남용 행위를 고발하면서 구글에 50억 달러의 벌금을 부과했다.[40] 이 기록적인 벌금은 앞서 2017년에 자사의 쇼핑 비교 서비스에 유리하도록 검색 결과를 조작하여 경쟁업체에 손해를 끼친 혐의로 구글에 부과된 23억 달러의 벌금에 이은 것이었다.[41] 2019년에는 구글이 검색 시스템을 남용하여 타사 사이트에 자사의 애드센스 네트워크를 사용하도록 강요한 사실이 유럽위원회에서 밝혀진 후 17억 달러의 세 번째 벌금이 부과되었다.[42] 최근 EU의 경쟁법 집행의 표적이 된 미국의 다른 대기업으로는 퀄컴[43]과 애플[44]이 있으며, 이는 이전에 인텔[45]과 마이크로소프트[46]에 내린 불리한 결정에 기반한 것이다. 이러한 유명 사례들에서 EU는 보호주의적 규제 의제를 추진한다는 비판을 받았다.

그러나 이 사례들을 자세히 살펴보면 유럽 기업이 유럽위원회 경쟁 조치의 주요 수혜자가 아니라는 점을 알 수 있다. 그 결과 EU의 동기가 보호주의에 있다는 점에 의문이 제기된다. 대부분 경우, 승자는 다른 미국 기업들이다. 여기에는 처음에 피해를 본 경쟁자로서 유럽위원회에 소를 제기했던 미국 기업도 포함된다. 예를 들어, 마이크로소프트는 처음에 구글을 상대로 소를 제기한 회사였다.[47] 마찬가지로 인텔을 상대로 한 유럽위원회 집행 조치의 주요 수혜자는 또 다른 미국 기업인 AMD였다. 반면에 퀄컴을 상대로 한 유럽위원회 결정의 최대 수혜자는 인텔과 애플이었다. 이러한 경쟁 조치는 향후 시장에 진출하려는 일부 유럽 기업에도 도움이 될 수 있다. 그렇지만, 현재 직접적인 수혜자는 분명히 다른 미국 기업들이다.

여러 다른 분야의 규제 분쟁 역시도 양측에 걸쳐 미국의 이해관계와 관련되어 있고, 그래서 EU 규제가 미국 기업을 희생시켜 EU 이익을 증진하는 데 맞춰져 있다는 주장에 더욱 의문을 제기한다. 예를 들어, 미국 음악 업계는 온라인에 업로드된 불법 음원 콘텐츠에 대한 책임 규정을 둘러싼 업계 싸움에서 (대부분 미국에 본사를 둔) 인터넷 플랫폼들을 상대로 EU 규제를 활용했다.[48] EU의 새로운 저작권 지침은 온라인 플랫폼이 자사 사이트에 게시된 저작권 침해 콘텐츠를 감지하고 삭제하도록 그들에게 더 큰 책임을 부여할 수 있는 중요한 기회를 제공했다.[49] 다수의 전통적인 미국 통신 회사들도 마찬가지로 EU 규제 당국을 향한 로비를 통해 왓츠앱, 스카이프, 페이스타임과 같은 (대부분 미국에 본사를 둔) 인터넷 기반 메시징 회사들에게 통신 회사들이 받는 것과 동일한 규제 요건을 적용하도록 요구해 왔다. 페이스북과 마이크로소프트 — 이러한 메시징 회사의 소유주 — 는 미국에 본사를 둔 그들의 경쟁자들이 제안한 이러한 EU 규제 요건에 반대해 왔다.[50] 미국 기업이 다른 미국 기업을 상대로 EU법을 활용하는 이러한 여러 사례를 고려할 때, EU가 유럽 경쟁업체에 보호주의적 이익을 제공하기 위해 노력하면서 미국 기업들을 표적으로 삼는 편향된 규제 기관으로 묘사하는 것은 의문의 여지가 있다.

EU 규제가 명시적으로 EU 기업을 보호하려는 의도에서 비롯된 것은 아니더라도, EU가 기술 부문에 대한 개입 비용과 편익을 제대로 균형 잡지 못하고 있을 수 있다. 이는 부분적으로 유럽의 거대 기술 기업이 거의 없기 때문일 것이다. 특히 유럽위원회는 유럽 소비자들의 복지를 극대화하는 데에만 초점을 맞추다 보니, 기술 산업이 창출하는 편익을 충분히 내재화하지 못할 수 있다. 그 결과 유럽위원회는 일반적으로 소비자를 위한 개입의 이점을 과대평가하고 기업에 대한 규제 비용을 과소평가할 수 있다. 이는 직접적인 보호주의로 이어지지는 않더라도, 유럽의 이익을 희생으로 외국의 이익을 여전히 불리하게 만들 수 있다.

더욱이 유럽위원회 집행 기록은 EU를 주로 미국 기업을 주시하는 규제자로 묘사하는 것이 오해의 소지가 있음을 시사한다. EU가 주요 미국 기업들에 대해 내린 중요한 결정들이 언론의 큰 주목을 받지만, 유럽위원회의 많은 경쟁 관련 결정들은 EU 기업들도 같은 강도로 겨냥하고 있다. 예를 들어, 2016년 세계 최대와 두 번째로 큰 맥주 회사 간의 인수에서, 유럽위원회는 벨기에 인수자 안호이저-부시 인베브가 사브 밀러를 1,000억 달러 이상에 인수하는 것을 승인하는 조건으로 영국에 기반을 둔 사브 밀러의 유럽 맥주 사업 부문 전체를 사실상 매각하도록 안호이저-부시 인베브에 요구했다.[51] 게다가, 유럽위원회는 도이치 뵈르제와 미국의 뉴욕증권거래소 유로넥스트의 합병을 금지한 다음 해에[52] 유럽 인수자에 의한 유사한 인수 시도인 런던증권거래소와 도이치 뵈르제 간의 제안된 합병도 금지했다.[53] EU는 불법적인 국가 보조금을 받은 혐의로 기업들을 조사한 사례에서 애플, 아마존, 스타벅스뿐만 아니라 이탈리아 기업 피아트에 대해서도 판결을 내린 바 있다.[54] 유럽위원회는 또한 현재 알리탈리아와 라이언에어에 제공된 불법적인 국가 보조금의 지급 가능성을 조사하고 있다.[55] 이러한 사례는 유럽위원회가 유럽 소비자들의 복지를 보호하기 위해 열성적으로 유럽 기업들을 추적하고 있을 가능성을 시사한다.

그럼에도 보호주의는 체계적으로 측정하는 것은 물론이고 감지하기도 어려운 경우가 많다. 보호주의적 동기는 입법 목표나 외국 기업을 상대한 집행 결정의 근거로 거의 인용되지 않는다. 그러나 여러 주장에 따르면 보호주의가 EU 경쟁법 집행의 동인이 될 가능성은 없다. 예를 들어, 유럽위원회가 합병을 조사할 때 그 거버넌스 구조를 고려해 보면 그러하다. 제안된 합병을 검토하는 유럽위원회 심사팀은 EU 전역의 변호사와 경제학자로 구성되며, 그 가운데 소수만이 합병 대상과 동일한 국가 출신이다. 모든 최종 결정은 각 회원국 출신 위원들로 구성된 전체 유럽위원회 위원단의 투표에 달려 있으며, 이 중 합병 대상 국가 출신 위원은 단 한 명뿐이다. 따라서 대상 국가의 경제적 이익을 보호하기 위해 복지를 높이는 합병에 이의를 제기하려는 어떤 결정이든지 유럽위원회 위원 28명*의 다수와 다국적 심사팀이 특정 국가 산업에 보호주의적 승리를 안겨주기 위해 유럽 전역의 소비자에게 제공되는 혜택을 포기해야 할 것이다. 하지만 한 회원국의 보호주의 의제를 지지하는 이러한 집단적 결정은 어떤 상황에서도 현실적으로 일어나기가 힘들다.[56]

최근 컬럼비아 대학교에서 실시한 연구에서는 현재까지 가장 포괄적인 데이터를 사용하여 EU 합병 규제의 근간이 되는 보호주의적 동기를 조사했다.[57] 4장에서 설명한 이 연구에서는 1990년부터 2014년까지 유럽위원회에 신고된 5,000건 이상의 합병 전체를 조사했다. 거래 가치와 합병이 이루어지는 산업을 포함하여 거래의 모든 주요 요소를 통제한 후 분석한 결과, 유럽위원회가 보호주의적 목적을 위해 자신의 권한을 조직적으로 사용했다는 증거는 발견되지 않았다. 오히려 분석 결과에 따르면 유럽위원회는 외국 인수자와 관련된 거래에 대해서는 이의를 제기할 가능성이 별로 없고, 유럽 기업

* 브렉시트 이후 유럽위원회 총 위원수는 유럽연합 회원국 수와 동일한 27명으로 변화했다. 앞으로 회원국 수가 늘어나면 그에 비례해 유럽위원회 위원 수도 증가한다.

의 인수 시도에 대해서는 동등하거나 더 많은 이의를 제기할 가능성이 있는 것으로 나타났다. 이는 유럽위원회가 기업결합 심사 권한을 통해 유럽 챔피언을 육성하거나 외국 기업이 인수하지 못하도록 유럽 기업을 보호하려는 것이 아님을 나타낸다. 그러므로 합병 통제 분야의 분석은 유럽의 반독점 보호주의에 대한 일반적인 개념에 의문을 제기한다.

보호주의가 지배적 기업의 행위나 유럽위원회의 국가 보조금 결정에 대한 조사를 포함한 EU 경쟁정책의 다른 영역에도 여전히 침투하고 있는지, 그에 관한 의문은 남아 있다. 이러한 영역은 경험적으로 검증하기가 더 어려운데, 일방적 행위 사례나 국가 보조금 사례(유럽위원회가 조사하지 않은 사례를 포함하여) 전체를 알 수 없기 때문이다. 그러나 합병, 지배력 남용, 카르텔, 국가 보조금 사건 등을 모두 조사하는 기관은 경쟁총국이라는 유럽위원회 내부에 있는 바로 그 동일 기관이다. 보호주의가 실제로 EU 경쟁정책의 다른 영역으로 침투하고 있다면, 유럽위원회가 합병 분야에서는 보호주의적 경향을 통제하면서 동시에 다른 영역에서는 편향된 집행을 하는 이유가 있어야 할 것이다. 그렇지만 그 이유가 무엇인지는 불분명하며, 현재까지 그러한 편향된 집행이 한 분야에서는 존재하지만, 다른 분야에서는 존재하지 않을 수 있다는 주장을 뒷받침하는 증거는 거의 없다.

경쟁법 분야 외에서도 마찬가지이다. EU가 유럽 기업들에 유리하게 경쟁의 장을 조성하려는 동기를 가지고 있음을 시사하는 확실한 증거는 거의 찾아보기 힘들다. 예를 들어, 유럽위원회의 식품 안전 관련 결정은 산업 정책보다는 진정한 소비자 선호를 반영하는 것으로 보인다. 호르몬 처리 쇠고기를 금지한 EU의 결정은 EU 생산자들에게 보호주의적 혜택을 거의 제공하지 못했다. 호르몬 처리 쇠고기의 수입이 제한되면서 해외에서 호르몬 처리되지 않은 쇠고기의 수입이 증가했기 때문이다.[58] 또한 호르몬을 직접 생산하는 몇몇 유럽 기업들은 금지 조치 이후 매출이 감소했다. 비슷한 이익집단 역학 관계가 EU의 GMO 금지 조치에서도 나타난다. EU가 GMO 생산 콩과 옥수수를 금지한 후, 유럽 기업들은 실질적인 이득을 얻지 못했다. 금지 이후 시장을 장악할 수 있었을 유럽 농부들의 콩이나 옥수수 생산이 거의 없었기 때문이다. 유럽 내 생산량을 늘리는 대신, GMO 콩과 옥수수 수입이 해외 비GMO 생산업체의 허가받은 콩과 옥수수 수입으로 대체되었을 뿐이다.[59]

EU의 환경 및 보건 규정은 보호주의 의제와 조화를 이루기 어려운 유사한 패턴을 반영하는 것으로 보인다. 예를 들어, EU의 ETS는 원래 외국 항공사의 배출량도 규제하기 위해 고안되었다. 하지만 EU가 외국 항공사를 ETS에 포함시키려는 경쟁에서 패배한 후에도 ETS는 유럽에서 계속 운영되었다. 다시 말해 EU는 외국 기업에 대한 규제 집행 능력이 약화된 상황에서도 해당 규제를 계속 시행했다. REACH 규정에 따라 화학물질의 안전성을 평가할 때도 마찬가지이다. 화학물질의 안전성을 평가하는 과학 전문가들은 일반적으로 그 화학물질을 수출하는 기업의 국적조차 모르는 상태에서 평가를 진행한다.[60] 안전성 평가에 사용된 정보가 담긴 문서 파일도 마찬가지이다. 파일은 일반적으로 해당 화학물질이 주로 국내 업체에서 생산되는지, 아니면 해외 업체에서 생산되는지 정확한 판단을 할 수 없게 되어 있다. 이 때문에 산업 정책적 고려 사항을 평가에 반영하기가 어렵다. 그 대신, 전문가들은 오직 안전성이라는 관점에서만 서류와 물질들을 평가한다.

EU의 규제 의제를 이끄는 체계적인 보호주의에 대한 설득력 있는 증거가 없는 상황에서, EU는 외국 기업을 상대하든 국내 기업을 상대하든 관계없이 그냥 엄격한 규제자일 뿐이라는 것이 더 그럴듯한 설명일 수 있다. 2장에서 논의한 바와 같이 EU의 엄격한 규제 입장은 더 많은 보호 규제를 요구해 온 EU 시민들의 견해와도 일치하며, 이는 EU 행동의 대안적 동기를 제공한다. 유럽 시민과 비정부단체는 소비자, 환경, 건강에 관한 보다 엄격한 보호를 요구하는 목소리를 높여 왔다. 그들은 지배적 기업의 행태에 대해 점점 더 불신하고 개인 데이터의 무결성에 대해서도 마찬가지로 더욱 관심을 가지게 되었다. 이로 인해 기업의 데이터 보호 및 경쟁 관행에 대한 규제 조사가 더욱 강화되었다.

시민 운동은 단일 시장을 외부화하려는 EU의 노력도 설명한다. 기후 변화와 같은 많은 환경 위험은 그 특성상 전 지구적이고 EU만으로는 해결할 수 없다. 대신에 그러한 위험은 기업이 전 세계적으로 관행을 조정하고 외국 정부는 국내 규제를 통해 대응해야 할 것을 요구한다. 예를 들어 외국에서 불법으로 벌채된 목재의 수입을 금지하는 것은 삼림 벌채를 막고 열대우림을 보존하려는 EU의 노력에 매우 중요하다.[61] 마찬가지로 치명적인 바이러스와 같은 많은 건강 문제는 전 세계적으로 쉽게 전염되는 것으로 알려져 있으며, 발원지를 차단하지 않으면 유럽 시민들에게 해를 끼친다. 이러한 우려로 인해 EU는 출처에 상관없이 항균제 내성과 같은 건강 위험을 봉쇄하기 위한 새로운 조치를 추진하게 되었다.[62] 또한 많은 유럽인은 EU와 영토적 연관성이 적은 외국의 관행에서 주로 비롯된 우려를 해결하기 위해 EU가 나서야 한다고 촉구했다. 외국에서 동물 복지를 무시하는 것은 유럽에서 동물을 방치하거나 학대하는 것만큼이나 유럽인들의 도덕 감각을 상하게 한다.

2014년 캐나다 이누이트족의 비인도적인 바다표범 사냥에 대응하기 위한 EU의 바다표범 제품 금지 조치에 관한 EU와 캐나다 간의 세계무역기구 무역 분쟁이 대표적인 예이다. 세계무역기구 상소기구는 "동물 보호에 관한 도덕적 관심은 EU에서 매우 중요한 가치"라는 EU의 주장에 근거하여 "공공 도덕을 보호하기 위해 필요하다"며 금지 조치를 지지했다.[63]

만약 보호주의에 대한 비난이 근거가 있다면, 그 비난은 브뤼셀 효과를 비판하는 강력한 근거가 될 수 있다. 그렇지만 시민의 확고한 선호에 초점을 맞춘 대안적인 설명과 함께 보호에 대한 명확한 증거의 부족은 EU의 규제 보호주의에 대한 우려가 잘못되었거나 기껏해야 광범위한 규제 체계를 잘못 해석했을 가능성이 있음을 시사한다.

브뤼셀 효과는 규제 제국주의에 해당하는가?

브뤼셀 효과는 다른 관할권의 규제 주권을 약화시키는 경향이 있다는 비판을 받기도 한다. 특히 개발도상국 시장의 많은 소비자는 제품의 안전성과 비용 간의 교환 관계를 유럽인과 다르게 생각할 것이다. 하지만 브뤼셀 효과로 인해 기업들이 이들 시장에서도 더 엄격한 규제를 따르도록 유도되면서, 개발도상국 소비자들의 선호는 무시되고 있다. 주장에 따르면, 이들 소비자는 다양한 제품에 대해 더 많은 비용을 지불하도록 강요받으면서 손해를 보게 된다. 이는 그들이 이와 관련하여 유럽 소비자들이 내린 선택을 간접적으로라도 받아들여야 하기 때문이다.[64] 적절한 예는 사하라 이남 아프리카에서 기아와 빈곤을 완화하기 위한 GMO 작물 재배에 관한 것이다.[65] GMO 사용은 저렴한 농산물을 절실히 필요로 하는 국가에서 농작물 수확량을 늘리는 잠재력을 가지고 있을 것이다. 더욱이 정성적 연구가 시사하는 바에 따르면, GMO는 내충성 및 제초제 내성 GMO 작물에 관련된 노동력 감소를 중시하는 여성과 어린이에게 특별한 혜택을 가져다주는 것으로 나타났다.[66] 그러나 아프리카를 비롯한 개발도상국들은 EU와의 무역 관계 악화를 우려해 GMO 작물 도입을 꺼리고 있다.[67] 따라서 소득과 생계를 농업에 의존하는 아프리카 농부들은 유럽의 이데올로기적 사치에 대한 대가를 치르도록 강요받을지도 모른다.[68]

일부 논평가들은 EU의 단일 시장 외부화가 "제국주의적" 동기를 반영한다고 주장하기까지 한다. 이들 비평가에 따르면 EU는 다른 국가에 대한 정치적 및 경제적 지배력을 행사하려고 한다.[69] 이러한 비판은 특히 가입 및 기타 파트너십 조약을 통해 인접 국가에 규범을 수출하려는 EU의 노력과 관련이 있다. EU는 EU와의 긴밀한 협력 또는 궁극적으로 EU 회원국이 되고자 하는 국가들에 대해 상당한 영향력을 갖고 있다.[70] 얀 지론카(Jan Zielonka)에 따르면, EU는 "경제적, 관료적, 제국적 도구"를 이용하여 이웃 국가들에 대한 통제권을 행사하려는 제국이다.[71] 그의 주장에 따르면, 유럽 기업들을 경제적 비교열위에 처하지 않게 하면서 유럽인들이 현재의 생활 수준을 유지할 수 있는 유일한 방법은, 유럽의 거버넌스 모델이 다른 국가들에 상당한 비용을 부과하더라도, EU가 자신의 법과 행정 관행을 다른 국가들에 수출하는 것이다.[72]

라파엘라 델 사트로(Raffaella Del Satro)도 같은 맥락에서 자신의 관행을 주변부로 수출하고 해외에서 자신의 규범적 정체성을 재생산하는 EU의 관행은 해당 지역에 EU의 제국주의적 질서를 뿌리내리게 하기 위한 것이라고 주장한다.[73] EU는 핵심부의 이익을 공유하는 EU에 우호적인 엘리트를 양성함으로써 자신의 제국주의적 질서를 확대하고자 한다. 그녀는 이것이 "제국주의적 관계의 고전적인 양상"이라고 지적한다.[74] 이러한 노력에서 EU는 민주주의와 인권을 포함한 규범을 이웃 국가에 수출하는 준-선의적인 존재일 수 있다. 그러나 동시에 EU는 이들 국가에 대해 막강한 권력을 행사하고 있다.[75]

하지만 직접적인 영향권 밖에서도, EU가 새로운 형태의 제국주의에 관여하고 있다고 비평가들은 주장한다. EU는 군사적 및 정치적 도구를 통해 목표를 추구하는 대신 자신의 광대한 역내 시장에 대한 접근성에 의존하는 국가들을 지배하기 위해 경제적 및 관료적 도구를 사용하고 있다는 비난을 받아왔다.[76] 이러한 비판은 브뤼셀 효과의 다양한 징후를 상대로 제기되었다. 예를 들어, GDPR의 전 세계적 영향력을 논의하면서 마크 스콧(Mark Scott)과 로렌스 세룰루스(Laurens Cerulus)는 "유럽이 어떻게 다시 한번 전 세계를 정복하려 하는지"를 설명한다. 하지만 이번에는 군사적 수단 없이 "샌프란시스코에서 서울에 이르기까지 정부와 기업에 더욱 엄격한 개인정보보호 규칙을 부과하는 것을 목표로 하는 법적 거물"을 통해서라고 그들은 말한다.[77] 그들은 GDPR을 기반으로 국내 데이터 보호법을 만든 남아프리카공화국과 같은 국가들에서는 이러한 유럽의 입법 수출이 "'데이터 제국주의'의 한 형태로 과거 식민 지배국들이 하달한 또 다른 명령으로 여겨질" 위험이 있다고 지적한다.[78] 로렌스 A. 코건(Lawrence A. Kogan)은 EU가 환경 및 식품 안전 문제에 대해 광범위한 규제를 행사하는 것을 비판하면서 다음과 같이 직설적으로 말한다.

> EU는 환경 문화 제국주의의 모험에 착수했다. 이는 과거 유럽 식민지 시대를 연상시키는 전 세계적인 관행이다. 그리고 유럽이 이를 강제하기 위해 "소프트 파워"를 사용하고 있다는 사실은 결과적으로 스스로를 먹여 살릴 수 없을 사람들에게는 더 이상 입맛에 맞지 않을 것이다.[79]

EU는 이러한 비판에 대해 강압—EU는 무엇을 하도록 어떤 기업이나 정부를 설득하기 위해 힘이나 위협을 사용하지 않는다—을 가하지 않는다고 주장하며 반박한다. 특히 EU가 시장 주도의 브뤼셀 효과를 통해 규칙을 수출하고 있는 경우에는 특히 그렇다. 그 대신 EU는 자국 시장에서 활동할 때 다른 국가들이 EU 규칙을 따라 행동할 것을 요청하며 국내 및 해외 행위자에 동등하게 단일 시장의 규범을 시행하고 있을 뿐이다.[80] 만약 다국적 기업의 이기심이 그들로 하여금 자발적으로 글로벌 운영 전반에 걸쳐 EU 규제를 채택하게 만든 것이라면, EU를 "제국주의"라고 비난할 수는 없다. 트위터가 혐오 발언에 관한 EU의 정의를 글로벌 운영에 적용하거나 다우케미컬이 전 세계적으로 EU의 REACH 규정을 준수하는 경우, EU는 미국의 주권을 침해하는 것이 아니다. 물론 이들 기업이 엄격한 EU 규제와 EU 규칙을 세계화하려는 시장에 기반한 유인의 상호작용에서 비롯된 "비자발적 유인"에 따라 때로는 마지못해 EU 규칙을 준수하고 있을 수 있다. 일부에서는 고작해야 EU의 일방주의를 "부드러운 강압"으로 표현할 수도 있지만, 시장이 규칙을 전달하는 방식에 있어 EU의 소극적 역할을 고려하면 이러한 표현마저도 논란의 여지가 있다.

게다가 EU는 종종 자신을 규범적으로 바람직하고 보편적으로 적용할 수 있는 가치와 정책을 가진[81] 선량한 글로벌 헤게몬으로 묘사함으로써[82] 자신의 규제 범위를 옹호한다. 이러한 방식으로 EU는 글로벌 복지에 이바지하는 규범의 옹호자가 된다. EU는 규칙에 기반한 세계를 만들고 미국이 추진하는 논란의 여지가 많고 이기적인 세계관에 대한 대안을 제시하고자 하는 자신의 노력을 강조한다. 예를 들어, 호세 마뉴엘 바호주 전 유럽위원회 위원장은 "EU의 비교 우위는 규범적 힘 또는 가치의 힘에 있다[...]. 위기 이후의 세계에서 사람들이 웰빙, 평화, 번영을 보장하는 새로운 방법을 찾고 있는 지금, 유럽의 경험은 전 세계에 제공할 수 있는 많은 것을 가지고 있다"라고 언급했다.[83] 미국의 경제학자이자 노벨상 수상자인 조지프 스티글리츠(Joseph Stiglitz)도 마찬가지로 유럽적 가치의 세계적 매력을 강조하면서 유럽이 "'소프트 파워'(아이디어 및 모범의 힘과 영향력)"를 발휘하여 "세계의 중심 기둥 중 하나가 되어야 할 것"을 촉구했다. 스티글리츠에 따르면, "유럽의 성공은 본질적으로 유럽적이면서도 동시에 글로벌한 일련의 가치를 추구한 데 부분적인 이유가 있다."[84]

기후 변화에 맞서 싸우는 데 있어 EU의 적극적인 역할은 제국주의적 동기가 아닌 대체로 선의에 의한 것으로 추정되는 규제의 예가 될 수 있다. 기후 변화는 전 세계적인 대응이 필요한 글로벌 문제이다. 다른 국가들이 계속해서 온실가스를 대기 중으로 배출하는 상황에서 EU가 단독으로 기후 변화를 완화하는 데는 능력에 한계가 있다. 이에 따라 EU는 새롭고 보다 강력한 글로벌 기후 변화 조약을 체결하기 위해 다수의 노력을 기울여 왔다.[85] 그러나 국제 조약 협상과 관련된 어려움으로 인해 EU는 일방적으로 행동하고 역외 효력을 갖는 배출권 거래 레짐을 설립해야 했다.[86] EU는 기후 변화 완화라는 글로벌 공공선을 제공하기 위한 집단적 이익에 따라 행동하고 있다고 주장하면서 일방적인 규제를 옹호했다.[87]

EU는 규제 의제의 보편적 혜택을 강조함으로써, 종종 규제 시행을 추동하는 사실상의 일방주의를 모호하게 만드는 데 성공한다. EU가 자신을 보편적 가치를 증진시키는 자비롭고 규범적인 권력으로 묘사할 수 있다고 해도,[88] 회의론자들은 규범 권력이라는 개념이 신식민주의적 색채를 띠고 있다고 지적한다. 왜냐하면 EU가 결국에는 "문명의 표준"을 효과적으로 수출하고 있기 때문이다.[89] 예를 들어, 기후 변화에 대처하는 전 세계적인 행동을 끌어내려는 EU의 노력이 선의의 동기에서 비롯된 것이라 하더라도, EU는 다른 국가, 특히 개발도상국에 부당한 비용을 부과하고 있는 규제 제국주의자로 행동하고 있다는 비난을 받을 수 있다. 비평가들은 애초에 기후변화문제의 원인을 제공한 것은 EU 회원국과 같은 선진국들이었으며, 개발도상국에 유사한 규제 의무를 부과하는 대신 문제 완화의 비용 대부분을 선진국이 부담하는 것이 당연한 일이라고 주장한다.[90] 따라서 그들은 그렇게 하지 않으면 "선의"도 아니고 규범적으로도 정당화될 수 없을 것이라고 즉각적으로 지적한다.

비록 비평가들이 EU를 새로운 형태의 "제국주의"로까지 비난하지는 않지만, 많은 사람은 브뤼셀 효과가 민주적 책임성을 약화시킨다고 우려를 제기한다. 국내 정치 과정과 제도를 대외적으로 무시할 수 있는 EU의 능력은 일종의 "정책 세탁"[91] — 해당 국가의 일반 시민을 상대로 규제의 출처를 위장하는 — 이거나 혹은 "공모적 위임"[92] — 일반적으로 국내 규제 정책에 영향을 미치는 이익집단들로부터 규제를 분리시키는 — 에 해당할 수 있다. 이런 유형의 주권 비판은 경제적으로 취약한 EU의 무역 파트너에만 국한되지 않는다. EU는 미국과 같은 관할국의 주권을 손상시킬 수도 있다. 예를 들어, 선출되지 않은 유럽 공무원이 미국 기업의 글로벌 거래를 차단할 수 있다는 생각은 관련 당사자들을 당황하게 할 수 있다. 그러므로 미국 정부는 브뤼셀 효과가 자국의 규제 자유를 제약하여 미국의 주권을 약화시킨다는 타당한 주장을 한다. 미국 정부가 공표한 규칙보다 EU의 규칙이 우선할 때마다 미국의 규제 의제는 훼손되고, 이로 인해 미국의 경제 관련 결정 능력은 약화된다. 미국 시민은 자신이 동의하지 않는 결정에 대해 유럽 정치인에게 책임을 물을 수 없다. 브뤼셀 효과에 내재된 이러한 다수결주의에 역행하는 요소는 민주적으로 확립된 선호에 따라 자국 시민에게 서비스를 제공할 수 있는 외국 정부의 능력을 약화시킨다.

하지만 브뤼셀 효과가 외국 주권자의 규제 공간을 방해한다는 사실을 인정하더라도, 브뤼셀 효과가 미국의 민주주의를 포함한 외국의 민주적 이익을 훼손하지 않는다는 그럴듯한 주장도 여전히 존재한다. EU의 규제 과정이 흠이 없거나 완벽하게 민주적인 것은 아니지만,[93] 미국에 비해 기업의 영향력에 덜 영향을 받는다는 것은 틀림없는 사실일 것이다. 따라서 브뤼셀 효과는 소비자에게 권한을 부여함으로써 미국의 공적 생활에서 기업 이익이 과도하게 대표된다는 주장에 균형을 맞추는 효과가 있을 수 있다.[94] 예를 들어, 정치적 지출이 언론 자유의 한 형태라고 판결한 후 선거에 영향을 미치기 위한 기업의 무제한 지출의 문이 열린 미국 대법원의 **시민 연합**(Citizens United) 판결[95] 이후, 미국 내 많은 사람은 기업 로비의 규모가 민주주의 과정을 왜곡하고 있다고 우려하고 있다. 브뤼셀에서도 기업 로비가 점점 더 많이 이루어지고 있지만, 브뤼셀에서 기업 이익단체의 영향력은 상당히 적고, 종종 시민사회단체가 행사하는 영향력에 의해 제약을 받는다.[96] 따라서 EU 역외 국가에서 규제가 너무 관대하거나, 너무 약하게 집행되거나, 그와 달리 최적이 아니라면, 브뤼셀 효과는 이를 능가하는 바람직한 수단이 될 수 있다.

또한 깨달아야 할 중요한 점은, 외국(비EU) 행위자들이 브뤼셀 효과를 주권 침해로 획일적으로 보지는 않는다는 것이다. 오히려 그 반대이다. 외국의 지지단체들은 특히 EU 단일 시장의 외부화를 환영하는 경우가 많다. 왜냐하면 이를 통해 그들이 국내 정책 문제에 대한 인식을 제고할 수 있게 하기 때문이다. EU 규제는 이 문제에 대한 국내 토론에 영향을 미치려는 그들의 노력에 중요한 벤치마크가 될 수 있다.[97] EU 규제를 예시로 들어, 일부 정부들이 실제로 특정 정책 영역에서 그 규제를 시행하고 있다는 점을 보여줌으로써, 그들은 자국의 법체계에서 해당 정책 영역의 미비점을 더욱 효과적으로 지적할 수 있다. 예를 들어, 더 높은 수준의 소비자 보호를 선호하는 미국 소비자들과 환경 보호를 지지하는 시민사회는 종종 EU 정책들을 근거로 삼아 미국의 변화를 끌어내기 위한 노력에 그 정책들을 활용한다.[98]

REACH 규정은 유용한 예시를 제공한다. 환경방위기금을 포함해 미국에 본부를 둔 비정부단체는 국내 개혁을 옹호하기 위해 REACH를 활용해 왔다. 예를 들어, 스웨덴에 본부를 둔 안전한 화학물질을 옹호하는 비정부단체인 "국제화학사무국"은 『유럽 밖에서 REACH 활용하기』라는 보고서를 발간하여 다른 국가의 규제 개혁을 옹호할 때 유럽의 REACH 규정을 모델로 사용할 수 있는 방법을 보여주었다.[99] 이러한 지원 활동을 바탕으로 환경방위기금은 미국에서 『연못 건너편: 미국 화학물질과 기업에 대한 REACH의 첫 번째 큰 영향 평가』라는 제목의 보고서를 발간하여 미국에서 활발하게 거래되는 특별히 유해한 화학물질을 파악하고 규제 개혁을 촉구했다.[100] 2008년에는 미국의 또 다른 지지단체인 "맘스라이징"은 다양한 전문가 및 기타 활동가들과 함께 오바마 행정부에 "미국의 긴급한 화학물질 노출 위기"를 해결해 줄 것을 촉구했다. 맘스라이징의 공동 설립자는 미국의 기준을 유럽에서 통용되는 기준과 대비하면서, 오늘날 부모들은 미국 기준을 신뢰할 수 없기 때문에 제품이 유럽의 규제 기준을 충족한다고 명시된 라벨을 찾아야 한다고 분노하며 지적했다.[101]

식품에 합성 염료를 사용하는 것에 관해 미국식품의약국(FDA)과 미국 기업들 모두 비슷한 주장을 하고 있다. 2007년에 영국 연구자들은 인공 색소를 섭취하면 어린이의 과잉 행동이 증가한다는 사실을 발견했다.[102] 이 연구로 EU의 경고 라벨 요건이 등장했다. 미국에서는 이 연구에 대한 인식으로 공익과학센터가 FDA에 여러 인공 식용 색소를 금지해 달라는 청원을 제기했다.[103] FDA의 식품 자문 위원회는 2011년 3월 회의에서 영국의 연구를 고려했지만, 공익과학센터의 노력은 결국 실패로 돌아갔다.[104] 이에 굴하지 않고 공익과학센터는 라디오, 웹, 인쇄 매체 등 여러 플랫폼에서 이 결정을 비판하면서 "유럽에서는 더 안전한 천연염료를 판매하면서 미국에서는 그렇지 않은" 미국 기업들을 공개적으로 비난했다.[105] 공익과학센터 전무이사 마이클 제이콥슨(Michael Jacobson)은 미국 기업을 상대로 직접 로비 활동을 하면서, "이봐요 맥도날드, 이봐요 마스, 당신들은 유럽에서는 염료를 사용하지 않지만, 미국에서는 바로 똑같은 제품에 염료를 사용하고 있잖아요"라고 말했다.[106] 결과적으로 그리고 FDA의 무대책에도 불구하고 합성 염료 규제에 대한 소비자들의 지지로 크래프트[107]와 마스[108]를 비롯한 미국의 많은 기업이 자발적으로 자국 제품에서 인공 염료를 제거하게 되었다.

심지어 조직화된 활동가들 외에도, 규제가 약한 시장의 개별 소비자들은 자국 정부나 다자간 협력 메커니즘이 공공재를 제공하지 못하는 상황에서 EU를 글로벌 공공재의 자비로운 공급자로 칭송하며 EU의 일방주의를 환영할 수 있다.[109] 예를 들어, 일부 미국 소비자들은 웹 운영자가 쿠키 — 소비자의 인터넷 검색을 추적하여 마케팅 정보를 수집하는 소프트웨어 파일 —를 개인 컴퓨터에 저장할 수 없다면 만족해한다.[110] 다른 사람들은 환경 영역에서 브뤼셀 효과를 환영할 가능성이 높다. 특히 많은 사람이 보기에 미국을 "더 더럽고 덜 안전하게" 방치하게 될 "환경 규칙의 무분별한 도태"에 미국 정부가 관여하고 있는 시점에서는 더욱 그러할 것이다.[111] 마찬가지로, 플라스틱 장난감을 생산하는 다국적 기업이 브뤼셀 효과로 인해 전 세계 시장에서 더 안전한 화학물질을 사용한다면 개발도상국 시장의 어린이들은 자국 정부가 화학물질을 규제하지 않더라도 혜택을 볼 수 있다. 물론 많은 외국의 소비자들은 EU 규제의 수동적인 수혜자들이다. EU가 글로벌 카르텔 규제를 추구하면 외국 소비자는 자국 시장에서 제품에 대해 더 이상 바가지요금을 지불하지 않기 때문에 이득을 본다. 그러나 이러한 이득이 공모를 적발하고 카르텔을 해체한 유럽위원회 경쟁총국의 노력 덕분이라는 사실을 아는 사람은 거의 없을 것이다. 마찬가지로, 청소년이 온라인에서 혐오 담론에 덜 노출되는 —EU 규제의 전 세계적 적용 덕분에— 외국 가정은 EU와 그들이 누리는 규제 혜택을 연관 짓게 될 가능성도 높지 않다.

또한 이 책 2부의 다양한 사례들에서 설명한 것처럼, 미국 내 일부 진보적인 주들은 EU의 리더십을 지지하며 EU 규제를 자신의 주법에 통합하기로 자발적으로 결정했다.[112] 예를 들어, 전자제품에 독성 중금속 사용을 금지하는 EU의 RoHS 지침이 성공하자 지방 정부, 비정부 환경시민단체, 전자제품 생산업체로 구성된 광범위한 연합이 캘리포니아의 2004년 전자 폐기물 법안에 RoHS를 포함하는 것을 지지하게 되었다. 캘리포니아 법안은 RoHS와 유사한 연방 차원의 법안에 대한 비정부단체의 전국적 차원에서의 지지와 함께 시작되었다.[113] 연방 차원의 규제를 통과시키려는 노력이 실패하자, 캘리포니아주 정부는 독자적인 조치를 취하기로 결정했고, 캘리포니아 RoHS 법이 캘리포니아에서 채택되면서 정점을 찍었다.[114]

일부 개발도상국 정부도 브뤼셀 효과를 마찬가지로 환영한다. 브뤼셀 효과는 더 많은 자원과 경험을 가진 기관에 규제 업무를 아웃소싱할 수 있는 기회를 이들 국가에 제공한다. 예를 들어, 개발도상국의 경쟁 기관은 종종 EU의 경쟁 조사에 무임승차하면서, 반경쟁적 합병을 금지하거나 전 세계적으로 기업 행위와 제품을 수정하게 하는 EU 결정에 따른 글로벌 효과의 혜택을 누리곤 한다. 그와 유사하게, 소비자에게 더 안전한 제품을 제공하려는 열망은 있지만 자원이 한정된 정부들도 전 세계적으로 생산 패턴에 영향을 미치는 EU에 의해 부과된 엄격한 표준들로부터 혜택을 누린다.

따라서 브뤼셀 효과와 관련된 주권 비판이 가치가 없지는 않지만, 그것이 브뤼셀 효과에 치명적인 규범적 비판을 제공할 가능성은 없다. 브뤼셀 효과가 글로벌 규제 환경을 형성할 때, 유럽 시민의 선호가 비유럽 시민의 선호보다 더 큰 영향력을 갖는다는 점은 사실이며, 이는 많은 이들에게 있어 당연히 우려스러운 일이다. 하지만 그러한 비판은 외국의 규제 기관이 조치에 필요한 역량과 적절한 동기를 가지고 있다는 가정하에서만 더 타당해 보인다. 다시 말해 그러한 비판은 규제 역량이나 그 역량을 행사하려는 의지가 자원 부족이나 과도한 기업 영향력에 의해 손상당하지 않을 때나 해당한다. 이러한 조건이 충족되지 않을 경우, 브뤼셀 효과는 규범적 측면에서 더 자비로운 것 같다. 관련된 주장이 규제에 관한 국제 협력에 대해서도 제기될 수 있다. EU의 일방주의가 아닌 국제기구의 맥락 안에서 협력적이고 합의에 기반한 메커니즘을 통해 규제의 세계화가 이루어져야 한다는 주장이 있을 수 있다. 그러나 3장에서 논의한 바와 같이 그러한 조약에 기반한 메커니즘은 종종 실효성에 실패하곤 했고, 그 때문에 브뤼셀 효과가 차선책이 되었다. 이런 식으로 "차선책" 이론은 브뤼셀 효과에 대한 최선의 방어를 제공할 수 있다.[115] 즉, 이상적으로는 모든 정부가 자국의 경제를 규제하고 필요에 따라 국제적으로 조정할 수 있다. 그렇지만, 이러한 가정이 성립하지 않을 때, 브뤼셀 효과는 덜 불쾌하고 더 필요한 차선의 대안이 된다.

브뤼셀 효과를 제한하려는 외국의 시도

앞선 논의가 시사하듯이 브뤼셀 효과는 비용과 편익 모두를 창출한다. 브뤼셀 효과로 인해 발생하는 다수 비용은 그 편익으로 상쇄된다. 하지만 그 비용과 편익이 불균등하게 배분되기 때문에 브뤼셀 효과는 계속해서 비판의 대상이 될 것임이 분명하다. 그러나 브뤼셀 효과가 자신들의 복지를 해친다고 보는 이들의 경우, EU 규제에 대해 이의를 제기할 수 있는 기회가 제한적일 수 있다. 특히 민주적 선거를 통해 EU 지도자들에게 책임을 물을 수 없는 외국 기업과 정부들이 그러하다.

브뤼셀 효과에 대한 외국 기업의 대응

EU 규제의 전 세계적 적용 범위를 고려하면, 외국의 이해관계자들은 EU의 규제 결과에 영향을 미치기 위해 노력하면서 상당한 자원을 투자하려는 유인을 갖게 된다.[116] 그 결과, 로비 활동이 특히 브뤼셀에서 두드러지게 나타난다. 이는 유럽위원회나 혹은 다른 EU 기관의 규제 포섭 가능성에서 얻을 수 있는 이익이, 글로벌 영향력이 덜한 다른 규제 기관에 성공적으로 영향을 미침으로써 얻을 수 있는 이익보다 클 것으로 예상되기 때문이다.

그러므로 외국 기업들은 로비를 통해 EU 규제 절차에 막대한 투자를 하고 있으며, 주로 유럽위원회 및 유럽의회를 주요 표적으로 삼고 있다. EU의 투명성 등록 시스템이 2011년에야 구축되었기 때문에 역사적으로 EU에서 이루어진 로비의 규모를 정량화하기는 어렵다.[117] 하지만 2011년 이후 2019년 3월까지 약 12,000개에 달하는 상당한 수의 단체가 등록했으며, 여기에는 기업과 시민사회 대표들도 포함되어 있다.[118] 이 중 1,000개 이상의 단체가 EU 외부에 본사를 두고 있으며, 주로 대부분 스위스와 미국에 본사를 두고 있다.[119] 특히 미국 기술 기업들이 EU에서 로비 활동을 강화하고 있다. 예를 들어 구글과 마이크로소프트의 EU 로비 예산은 EU에서 다섯 번째로 높은 수준이다.[120] 또한 미국정보기술산업협회 — 애플, 페이스북, 구글과 같은 기술 기업을 대표하는 미국에 본사를 둔 로비 단체 — 는 EU가 정책을 "주도하고 지휘하고 있는" 점을 인식하여 브뤼셀 상주 직원을 늘리고 있다.

EU 기관은 규제가 이해관계자들에게 미치는 영향에 대해 그들과 협의하기 위한 노력의 일환으로 로비 활동을 환영한다.[121] EU는 이러한 이해관계자 참여 유형을 규제 과정에 부당한 영향을 미치기보다는 귀중한 정보를 제공하고 EU 정책 입안의 정당성을 높여주는 것으로 보고 있다.[122] 그러나 비평가들은 기업 로비에 노출되면 기관이 포섭되어 복지를 감소시키는 결과를 초래할 수 있다는 점을 즉시 상기시킨다.[123] 특히 외국 비평가들은 브뤼셀의 상대적으로 약한 로비 규제 — 변호사-의뢰인 특권과 공직자가 퇴임 후 즉시 영향력을 행사할 수 있도록 허용하는 느슨한 윤리 규정 모두와 관련하여 — 가 국제 로비 기업들로 하여금 더 엄격한 외국 법률을 우회할 수 있게 한다고 강조한다. 로비스트에게 유리한 이러한 환경은 국제 로비 기업을 끌어들이고 EU 규제 과정의 투명성을 약화시킨다.[124]

가장 많은 로비가 이루어진 EU 법안은 전 세계적으로 광범위한 규제 결과를 초래하는 두 가지 규정인 REACH와 GDPR이다. 일부 평론가들은 REACH가 "EU 입법 역사상 가장 거대한 로비 캠페인 중 하나를 촉발"한 것으로 언급했다.[125] 2006년 규정이 제정되기 전에 유럽위원회가 REACH에 대해 개최한 협의에서 산업계와 시민사회 모두 6,300건 이상의 의견을 제출했다.[126] 특히 미국 기업과 정부를 포함한 외국 당사자들은 REACH에 영향을 미치기 위해 적극적으로 노력했다. 예상대로 미국 화학 제조업체들이 적극적으로 참여했다. 그러나 미국의 시민사회도 참여하여 60개 미국 단체와 1만 명 이상의 시민의 지지를 받아 REACH에 찬성하는 제안서를 제출했다.[127] 흥미로운 사실은, 캘리포니아주 연방하원의원 헨리 A. 왁스만(Henry A. Waxman)의 보고서에 따르면, REACH에 대한 미국 정부의 공식 입장은 미국 기업들과 긴밀히 조율되었지만, 미국의 시민사회 이익단체가 옹호하는 입장을 포함시키려는 노력은 전혀 없었다고 한다.[128]

특정 정책 영역에서 브뤼셀 효과를 통한 EU 규제의 전 세계적 적용은 또한 국제 비즈니스 그룹들이 EU 로비에 관한 그들의 입장을 조정하도록 장려하기도 한다. 예를 들어, 미국 출판업계와 음악 업계는 EU 저작권 개혁의 일환으로 온라인 플랫폼에 대해 더 많은 의무를 부과하려고 하면서 유럽의 상대 업계와 협력했다.[129] 마찬가지로 55개국의 1,160개 의료 관련 기업과 병원들은 글로벌 옹호 및 혁신적인 건강관리구상을 조정하기 위해 '글로벌 녹색 및 건강 병원'에 가입했다.[130] 이 단체의 조치 항목에는 EU의 REACH 지침에 정의된 고위험성 우려 물질을 포함한 모든 제품의 교체가 포함된다.[131] 초국가적 이익단체와 로비 연합의 형성을 더욱 촉진하는 것은 제3국 행위자를 회원으로 받아들이는 EU에 본부를 둔 비즈니스 협회의 회원 전략이다.[132] 예를 들어, REACH를 탄생시킨 입법 과정에서 중요한 역할을 한 유럽화학산업협회는 EU 외부에 본사를 둔 여러 기업을 대표하는 비EU 행위자들에게도 개방적이다. 디지털 유럽 — 아마존부터 소니 그리고 지멘스부터 시스코에까지 이르는 회원사를 포함해 전 세계 35,000여 개의 기술 기업을 대표하는 산업 협회 — 도 마찬가지로 EU와 비EU 회원사 모두를 환영한다.[133] 디지털 유럽은 GDPR을 준비하는 과정에서 IT산업을 위해 조율된 목소리를 냈으며, 여기에는 유럽위원회 협의의 일환으로 제출된 공동 의견서도 포함되었다.[134] 이러한 조율된 로비 노력은 EU의 규제 과정에서 외국 기업의 목소리를 강화했고, 때로는 그들의 영향력을 높이기도 했다.

이러한 그들의 공동 노력에도 불구하고, 외국 기업들이 로비 활동을 통해 브뤼셀 효과를 광범위하게 완화할 수 있는 경우는 거의 드물다. EU 규제의 상당수는, 기업의 강력한 반대에도 불구하고 EU의 규제 과정에서 크게 훼손되지 않은 채 탄생했다. 비록 외국 기업들은 그들이 반대하는 규제에 대해 어느 정도 양보를 얻어내거나 규제의 특정 측면을 완화하는 데 성공하더라도, 다른 이익단체의 영향력에 의해 그들의 영향력이 상쇄될 수 있다. 실제로 최근의 실증 연구에서 안드레아스 뒤르와 그의 공저자들은 EU 규제를 형성하는 데 있어 기업의 이해관계는 다른 이해관계보다 영향력이 크지 않음을 보여주었다.[135] EU의 입법 과정에서 시민 단체와 기타 비기업 행위자들의 강력한 영향력을 고려할 때 그들이 규제 제정을 지연시킬 수는 있지만 그 채택을 막을 수는 없다.[136]

상대적으로 로비 활동을 통해 성공을 거두기 어렵기 때문에 외국 기업들은 때때로 다른 전략을 모색하게 된다. 그 결과, "이길 수 없다면 합류하라"는 말이 브뤼셀의 규제를 막으려다 실패한 후, 많은 외국 기업의 대응을 이끄는 지침이 되었다. 사실상의 브뤼셀 효과는 외국 기업들이 자국 정부를 상대로 자국에서도 EU와 동등한 수준의 규제를 도입하도록 로비하게 만들 수 있다. 이는 최근 애플과 페이스북이 미국 연방 정부에 GDPR 스타일의 연방 개인정보보호법을 채택하도록 촉구하면서 한 일과 비슷하다.[137] 이들 기업은 이미 EU 규칙의 준수에 드는 비용을 부담하고 있으므로, 그들은 이제 자국 시장으로 단일 시장을 더욱 외부화하는 것을 옹호할 유인을 갖게 되었다.

즉, 이 전략은 국내 규제가 없는 상황에서 EU 규제의 영향을 받지 않는 국내 비(非)수출 기업들과의 경쟁에서 그들이 공평한 경쟁의 장을 만들 수 있게 한다. 그들의 옹호는 때때로 사실상의 브뤼셀 효과를 법적 브뤼셀 효과로 바꿔놓기도 한다. 외국 정부가 EU와 유사한 법안을 제정하기 때문이다. 이러한 역학은 앞선 장들에서 논의한 바 있다.[138]

외국 기업이 사용할 수 있는 또 다른 전략은 자신의 경쟁자를 상대로 EU의 엄격한 규제를 활용하여 EU의 규제 역량을 자신에 유리하게 전환하는 것이다. 이 장의 앞부분에서 언급하고 3장에서 논의한 바와 같이, EU는 외국 기업이 다른 외국 기업을 상대로 소송을 제기하는 "선택의 장"이 점점 되어가고 있다. 유럽위원회는 종종 미국 생산자들이 경쟁자의 관행에 도전할 수 있는 친절한 장을 제공한다. 예를 들어, REACH 규정은 특정 화학물질의 사용을 제한하기 위해 이해 당사자가 유럽화학물질청과 협력할 수 있게 한다. 이를 통해 미국 기업을 포함한 모든 화학물질 생산업체는 EU에서 경쟁업체(다른 미국 기업을 포함한) 물질을 거부할 수 있다.[139] 경쟁법 영역에서 미국 기업들은, 이 장의 앞부분과 4장에서 설명한 바와 같이 그들이 (종종 국내) 경쟁사의 관행을 중단시키려고 할 때마다 EU가 특히 유용한 법적 분쟁의 장이 될 수 있다는 것을 알게 되었다. 이러한 사례는, 비록 EU 규제의 해로운 효과를 경쟁자에게 전가하는 것에 불과하기는 하지만, 일부 외국 기업이 때때로 브뤼셀 효과를 자신에게 어떻게 유리하게 이용할 수 있는지 보여준다.

이러한 사례는 브뤼셀 효과로 인해 부정적 영향을 받는 외국 기업들이 그들에 대한 EU의 규제 권한을 그들 뜻대로 통제하기 위한 전략에 한계가 있음을 보여준다. 이들 기업은 EU 기관에 대한 광범위한 로비에 참여할 수 있고, 빈번히 그렇게 하고 있으며, 때때로 그들이 반대하는 규제의 일부 측면을 지연시키거나 약하게 만드는 데 성공하기도 한다. 또한 다음에서 논의하듯이, 그들은 EU가 그 규제를 수정하거나 포기하도록 EU를 상대로 노력하고 설득해 보라고 자국 정부에 촉구할 수도 있다. 그러나 많은 경우 이들 기업은 직접적인 로비 시도가 좌절되고 자국 정부가 EU의 규제 의제를 되돌릴 수 없다는 것을 알게 된다. 이로 인해, 마지못해서지만, 이들 기업에는 글로벌 운영을 EU 규제에 맞추는 것 외에는 선택의 여지가 거의 없게 된다. 이러한 조정 후에는 이들 기업의 이해 계산이 종종 바뀌며, 심지어는 자신과 경쟁자가 활동하는 글로벌 규제 환경을 더욱 조화시키는 방법으로 EU 규제를 옹호하는 기업이 될 수조차 있다.

브뤼셀 효과에 대한 외국 정부의 대응

브뤼셀 효과에 반발하는 것은 외국 기업들만이 아니다. 미국을 비롯한 외국 정부도 종종 브뤼셀 효과를 비판한다. 그들은 EU 규제를 비용이 많이 들고 보호주의적인 것으로 간주하거나 혹은 주권을 침해하는 것으로 바라보기 때문이다. 그러나 미국 정부도 다른 외국 정부와 마찬가지로 EU의 규제 범위를 통제할 방법이 거의 없다. 즉, EU는 자기 시장을 규제하고 있으며, 이를 수행할 주권적 권리를 갖고 있다. 만약 미국 기업이 사실상의 브뤼셀 효과로 인해 자발적으로 글로벌 관행을 변경한다면, 미국 정부는 그러한 결정의 부산물로 미국 시장에 영향을 미친 것에 대해 EU에 그 탓을 돌리기가 어려울 수 있다. 그 결과, 미국 정부는 종종 구경꾼 역할에 머물게 되면서, 기업과 정부를 EU 규제로 밀어붙이는 시장의 힘에 영향을 미칠 수 없게 된다. 이로 인해 브뤼셀 효과가 미국 해안에 도달하면서 직면하는 경제적, 정치적 비용에 대해 미국 정부는 종종 분노하곤 한다.

앞서 논의한 바와 같이, 미국 정부의 첫 번째 우려는 EU 규제가 미국 기업에 적응 비용을 부과한다는 것이다. 또 다른 관련 우려는, 미국 소비자가 꼭 공유하지 않는 우려를 생산자들이 수용해야 하는 경우, 미국 소비자가 결국에는 상품에 더 많은 비용을 지불하게 된다는 것이다. 둘째, 미국 정부는 종종 EU 규제를 보호주의적인 것이며, 따라서 불공정한 것으로 간주한다. 셋째, 미국은 또한 주권 상실에 분노하기도 한다. EU 규제가 자국 규제보다 우선시되고 있기 때문이다. 이러한 이해관계로 인해 미국 정부는 종종 EU 정책에 대해 반대 의사를 표명하곤 했다. 예를 들어, 미국 화학 업계의 요청에 따라 미국 정부는 REACH 규정을 축소하기 위해 광범위한 노력을 기울였다.[140] EU의 개입주의적 경쟁법에 대한 미국 정부의 반응은 때때로 똑같이 적대적이었다.[141] 이는 외국 항공사에 ETS를 적용하려는 EU의 초기 계획에도 해당했다. 이는 미국 항공사와 미국 정부로부터 격렬한 반대를 받았고, 물론 다른 외국 정부로부터도 그러했다.[142] 끝으로, GDPR도 미국 내에서 격렬한 반발을 불러일으켰고, 미국 기업과 미국 정부 모두의 전례 없는 로비 활동을 가져왔다. 그렇지만 특정의 모든 EU 규제에 대해 미국 정부가 찬성이나 반대의 일관된 정부 입장을 정하기가 어려운 경우도 때로는 있다. 전 EU 주재 미국 대사였던 앤서니 가드너(Anthony Gardner)는 그가 경쟁에 관한 분쟁에서 유럽위원회에 로비하지 않았다고 언급했다. 일반적으로 그러한 분쟁의 양 당사자에 미국 기업이 있었기에 특정 사안에서 미국의 이해관계를 명확하게 밝히기가 어려웠던 때문이다.[143]

심지어 미국이 로비를 위한 통일된 이해관계를 가지고 있고 브뤼셀 효과에 적극적으로 저항하고자 할 경우에도, 미국은 자국의 국내 시장을 EU가 규제하는 것을 막을 방법이 거의 없다. 이런 점에서 브뤼셀 효과는 캘리포니아 효과와는 확연히 다르다. 캘리포니아는 연방 정부로부터의 명시적인 면제가 없으면 미국 연방법과 일치하지 않는 규정을 공포할 수 없다.[144] 더욱이, 각각의 새로운 행정부는 이러한 면제 사항을 재해석할 수 있는 능력을 물려받는다. 이는 우리가 현재 목격하듯이 캘리포니아가 더 엄격한 배출 기준을 유지할 수 있도록 허용한 캘리포니아의 청정 대기법 면제에 트럼프 행정부가 도전하고 있는 것에서 잘 드러난다.[145] 따라서 연방의 선점권은 캘리포니아 효과의 범위에 심각한 제한을 가한다. 행정부가 캘리포니아의 규제 선택에 동의하지 않고 선점권을 사용하여 해당 주의 규제 자유를 제한하려고 할 때, 그 효과는 특히 제한적이다.[146] 하지만 EU의 규제 권한을 비슷하게 제한하는 연방의 선점권과 유사한 것은 없다.

미국 생산업체가 더 높은 기준을 준수해야 하거나 EU 시장에서 퇴출당하게 될 때, 미국 정부는 다음의 4가지 잠재적 대응 방법을 사용할 수 있다. (1) 예를 들어 외교적 수단, 세계무역기구에 EU를 제소, 또는 EU에 일정한 보상을 제안 혹은 EU에 대한 제재 위협 등의 방법으로 EU의 규칙 변경을 강요하려는 시도, (2) 협력적 해결책 모색, 예를 들어 미국과 EU 선호의 일부 조합을 반영하는 국제 표준의 추구, (3) EU 규제를 국내에 복제하여 EU 표준으로 수렴(법적 브뤼셀 효과), 마지막으로, (4) 아무것도 하지 않고, 사실상의 브뤼셀 효과를 통해 자국 기업이 EU 규제를 준수하는 것을 지켜보는 것이 그것이다.[147]

미국이나 다른 외국 정부에게 있어 논란의 여지가 가장 큰 전략은 제재를 통해 EU를 위협하는 일일 것이다. 그러나 무역 전쟁의 전망은 국가들 스스로가 전략으로 추구하기에는 종종 비용이 너무 많이 든다. 심지어 무역 갈등이 급속히 고조되고 있는 현재의 정치 환경에서도 그러하다. 또한 많은 경우 무역 제재는 세계무역기구에 따른 각국의 의무와도 일치하지 않을 것이다. 예를 들어, 과거 미국과 EU의 경쟁법 집행에 관한 갈등에서 미국은 EU가 **보잉과 맥도넬 더글라스** 합병에 대한 반대를 중단하지 않으면 무역 제재를 가하겠다고 EU를 위협했다.[148] 하지만 보복에 대한 고조된 수사에도 불구하고, 이 경쟁 논란은 미국 정부에게 "우리에게는 EU법을 바꿀 권한이 없다"는 결론을 내리게 했다.[149]

EU 규제는 일반적으로 보복 위협을 견딜 수 있지만, 제재 위협으로 인해 EU가 규제 입장을 후퇴하거나 최소한 수정한 제한적인 사례도 있었다. 예를 들어, 외국 항공사를 ETS에 포함시키기로 한 EU의 결정은 외국 항공사들이 유럽의 에어버스 항공기를 포기하고 경쟁사인 미국의 보잉 항공기를 선택할 수 있다는 위협을 불러왔다.[150] 이 특별한 위협으로 인해 EU는 외국 항공사에 대한 항공 지침의 시행을 일시적으로 중단했다.[151] 이 사례의 경우, 위협은 효과적이었다. 위태로운 상업적 이익의 범위, EU 조치의 뻔뻔스럽게 일방주의적이며 논란의 여지가 있는 성격, 지침에 항의한 엄청난 수의 EU의 무역 상대국 때문이었다. 그러나 이와 같은 드문 경우를 제외하고는, 미국과 같은 막강한 정부로부터의 보복 위협조차도 규제 정책을 철회하도록 EU를 강제하는 데 효과적이지 않다.[152]

어떤 상황에서는 국제기구가 외국 정부들이 EU 규제에 이의를 제기할 수 있는 장소를 제공할 수도 있다. 세계무역기구는, 예를 들어 수입국이 제한에 대한 과학적 정당성을 제시하거나, 제한이 공중 보건을 보호하는 데 필요하거나 환경 보존과 관련이 있는 경우를 제외하고는, 국가들이 덜 엄격한 규제를 가진 국가로부터의 수입을 제한하는 것을 금지하고 있다.[153] 세계무역기구 소송의 대부분은, 국내 규제가 국내 규제 권한의 정당한 행사를 반영하는지, 아니면 단순히 보호주의적 목표를 달성하기 위한 것인지에 대한 당사자들 간의 이견을 중심으로 이루어진다.

미국은 1996년 EU의 호르몬 처리 쇠고기 금지 조치와 2003년 GMO 식품 금지 조치에 이의를 제기하며 세계무역기구에 제소했고, 결국 두 무역 분쟁에서 미국이 핵심 주장에서 모두 승소했다.[154] 미국은 EU가 주장하는 식품 안전 추구와 소비자 건강에 대한 우려는 실제로는 외국과의 경쟁으로부터 자국 농가를 보호하려는 의도가 반영된 것이라고 주장했다.[155] EU는 유럽인들이 GMO와 성장 촉진 호르몬에 대해 깊은 의구심을 갖고 있다고 하면서[156] 진정한 소비자 선호도를 근거로 자신의 조치를 옹호했다. 그리고 EU는 과학적 연구 결과도 그러한 건강 우려를 뒷받침한다고 주장했다.[157] 세계무역기구는 미국의 손을 들어주었고, EU가 호르몬 처리된 쇠고기의 수입 금지를 해제하고, 마찬가지로 지체 없이 GMO 제품을 승인하도록 요구했다.[158] 가장 최근에는 미국이 염소(鹽素)로 세척된 미국산 가금류에 대한 EU의 수입 금지 조치에 이의를 제기했다. 미국에 따르면 이는 가금류를 안전하게 소비할 수 있도록 하는 과정이다.[159] 이러한 도전은, EU 규제가 보호주의적이거나 또는 그것이 충분한 과학적 증거가 뒷받침되지 않을 경우, 세계무역기구가 EU의 규제 추구에 일부 제한을 가할 수 있음을 시사한다.

그러나 세계무역기구에 의존하는 것은 궁극적으로 브뤼셀 효과의 영향에 대처할 수 있는 강력한 수단이 되지 못한다. 미국의 승소 사례와 같은 간헐적인 승리에도 불구하고, 세계무역기구는 EU 규제의 적용 범위에 불만을 가진 외국 관할권에 대해 기껏해야 불완전한 구제책을 제공할 뿐이다. 세계무역기구 분쟁 해결 메커니즘은 예컨대 손해에 대해 소급 적용이 되지 않는 약점을 가지고 있다.[160] 게다가 세계무역기구 시스템은 회원국에 제한 조치를 해제하도록 강제할 수 없다. 세계무역기구는 단지 규정을 준수하지 않는 회원국에 대한 제재를 승인할 수 있을 뿐이다.[161] 예를 들어, EU는 미국의 보복을 감내하면서 호르몬 처리된 쇠고기에 대한 수입 금지 조치를 유지해 왔다.[162] 또한 EU는 GMO 판결 이행 기한을 여러 차례 연장했고, 반면에 미국은 합의 또는 EU의 향후 준수를 기대하며 보복 조치를 유예했다.[163] 미국과 같이 세계 경제를 선도하는 국가가 EU의 준수를 확보하는 데 겪은 어려움은 약소국이 EU의 무역 상대국일 때 그들이 세계무역기구에 제소하더라도 불만에 대해 구제받는 데 훨씬 더 어려움을 겪을 것임을 시사한다. 일반적으로 보복 수단이 거의 없는 소규모 개발도상국에 강력한 무역 파트너를 처벌할 수 있는 권한을 부여한다고 해서 이 권한이 실제로 사용되리라는 보장은 거의 없다. 따라서 승인된 보복 조치를 포함한 세계무역기구의 구제 시스템은 외국 정부가 EU를 효과적으로 제약할 수 있는 수단을 거의 제공하지 못한다.

세계무역기구가 브뤼셀 효과를 제약할 수 있는 능력은 한정된 권한으로 인해 더욱 제한된다. 세계무역기구는 수입업자와 국내 생산자 간의 차별을 금지하고 있다.[164] 세계무역기구에서 EU 규제에 대한 이의 제기에 성공하려면, 외국 정부는 EU 규제가 차별적이라는 점을 입증해야 한다. 그러나 많은 EU 규제는 외국 생산자에게 비용이 많이 들기는 하지만 본질적으로 차별적이지 않다. 즉 EU 기업들도 동일한 규칙의 적용을 받는다. EU 규제들이 외국 생산업체에 차별적인 영향을 미치지 않는다면 차별 주장은 유지하기 어렵고 세계무역기구가 이를 제재하기 위해 할 수 있는 일은 거의 없다. 더욱이 경쟁 및 개인정보보호와 같은 많은 영역은 세계무역기구의 권한 범위에 속하지 않는다.[165] 기타 새로운 이슈 영역 중에 경쟁법을 세계무역기구의 체계에 포함시키려는 시도가 여러 차례 있었지만 모두 실패로 돌아갔다.[166] 오늘날 세계무역기구의 적용 범위를 새로운 문제 영역으로 확대하는 것은 더욱 불가능해 보인다. 160여 개 회원국 간의 합의가 점점 더 어려워지고 있기 때문이다. 따라서 세계무역기구는 기껏해야 브뤼셀 효과로 인해 발생하는 비용을 외국 정부가 완화할 수 있는 제한적인 수단을 제공할 뿐이다.

실제로 세계무역기구는 브뤼셀 효과를 적절히 제한하지 못할 뿐만 아니라 때로는 이를 촉진하는 데 도움이 될 수도 있다. 브뤼셀 효과를 통해 세계화된 EU 규제의 수출은, 표준을 조화시켜 국제 무역을 촉진한다는 세계무역기구의 근본 목표에 이바지하는 것으로 볼 수 있다.[167] 또한 세계무역기구 규정은 EU 무역 파트너가 EU의 규제 추구에 일방적인 보복으로 대응할 수 있는 능력을 제한한다.[168] 예를 들어, 미국이 EU의 데이터 이전 금지 조치에 직면했을 때 EU에 무역 제재를 가했다면, 세계무역기구 규정을 위반하여 EU에 의해 세계무역기구 제소에 부쳐졌을 것이다. 이러한 의미에서 세계무역기구는 브뤼셀 효과에 대한 제한뿐만 아니라, 그것을 위한 보호막도 제공할 수 있다.[169]

이론적으로는, EU의 규제 영향력이 커지고 미국 기업에 미치는 그 효과로 인해 미국이 국제기구에 의한 시장 감독 강화를 지지하게 될 가능성이 있고, 적어도 그래야만 할 것이다. 미국은 국제기구의 시장 규제 역량에 회의적인 경우가 많지만, 브뤼셀 효과에 대한 이해를 높이면 국제 협력의 이점을 깨닫게 될 것이다. 이러한 협력을 통해 미국은 많은 산업 분야에서 글로벌 상거래를 규제하는 데 있어 시대에 뒤지지 않게 공동의 역할을 하는 기회를 얻게 될 것이다. 이는 미국이 브뤼셀 효과를 사전에 차단하기 위한 수단으로 국제 규제를 모색할 수 있는 "선제적 연방주의(preemptive federalism)"라는 개념과 유사하다. 규제 표준에 대해 어느 정도 영향력을 갖는 것이 EU에 영향력을 완전히 양도하는 것보다는 나을 것이다.[170] 항공 배출 규제가 좋은 예일 것이다. ETS에서 EU의 일방주의에 직면하여, 미국은 이 문제를 다자간 방식으로 해결하기 위한 국제 협약 — 국제항공탄소상쇄감축제도[171] — 의 체결을 지지한 국가 중 하나였다. 이를 통해 미국은 항공 산업의 규제 방식에 대해 훨씬 더 많은 발언권을 갖게 되었다.

국제 규제 협력이 EU의 일방적 규제 조치보다 미국의 이익에 일반적으로 더 큰 도움이 된다는 점을 고려할 때, 미국이 범대서양 무역 투자 동반자협정(TTIP)을 포함한 국제 무역 협상에 의도적으로 등을 돌린 것은 놀라운 일이다.[172] 규제 기준에 대한 기존의 대서양 양안 간 불일치는 항상 협상의 가장 큰 걸림돌이었다.[173] 동시에 이러한 불일치를 극복할 가능성은 양측 모두에게 있어 TTIP로부터 경제적 이득을 얻을 수 있는 가장 큰 기회를 제공했다. 미국은 EU와 공동으로 서로의 다른 규제를 해결할 수 있는 기회를 환영했어야 했다. 특히 대안으로써 EU가 단독으로 해당 기준을 정할 수도 있다는 점을 고려할 때 더욱 그러했다. EU는 또한 양자 간 협상을 위해 특정 규제 상황에서 일방주의를 포기할 의향이 있었을 수도 있다. 브뤼셀 효과의 위협은 그러한 협상에서 확실히 EU의 협상력을 강화했을 것이다. 그리고 그 위협으로 인해 EU는 규제 정책의 일부 영역에 관한 입장을 수정하는 대가로 미국으로부터 귀중한 이득을 얻어낼 수 있었을 것이다. 어찌 되었든, EU와 협상하지 않은 것은 유리한 글로벌 표준을 수립하려는 미국의 이익을 약화시켰고, 이와 관련하여 더 많은 지분을 EU에 넘긴 것이 분명해 보인다.

미국과 같은 강대국도 보통은 자국의 규제 기준을 방어하는 데서 얻는 것은 없다. 심지어 그 국가의 기준이 EU의 기준보다 더 바람직하다고 많은 사람이 여기더라도 그러하다. 덜 엄격한 규제자로서 미국의 입장은 사실상의 브뤼셀 효과가 발생하는 분야에서는 그저 무의미해진다.[174] 그럼에도 미국이 EU 기준을 국내에서 정기적인 조치로 채택할 가능성은 여전히 낮다. 규제 변경에는 항상 비용이 수반된다. 기업은 새롭고 상이한 기준을 준수하기 위해 생산 과정이나 관행을 재구성해야 한다.[175] 정부도 입법과 규제 기관의 재교육에 관련된 비용을 부담한다.[176] 그리고 가장 중요한 점으로 미국은 자신의 선호하는 규제가 가져올 효율성을 포기해야 한다는 것이다. 자국의 국내 기준을 고수할 때, 미국은 최소한 순수하게 국내적인 활동에 대해 그 기준이 적용되도록 할 수 있다. 그리고 거대한 미국의 시장 규모를 고려할 때, 이는, 반대를 위한 국내 수출 지향 산업의 압도적인 로비가 없는 한, 종종 국내에서 선호하는 규제를 유지할 충분한 유인을 제공한다.

그렇지만, 어떤 경우에는 처음에는 주저하던 정부조차도 시간이 지나면서 EU 규제를 받아들이고 EU와 유사한 국내 규칙을 채택하기도 한다. 일단

EU가 규제 의제를 추진하는 것을 정부들이 막지 못하면 국내 정치 경제도 변할 수 있다. 이는 앞서 여기에서 논의된 많은 제품과 서비스에 걸친 법적 브뤼셀 효과를 논의하면서 설명한 바와 같다. 이들 정부는 이제 자국의 수출 지향 기업들로부터 EU의 선례를 따르도록 로비를 받을 수 있고, EU 규제를 모방함으로써 국내적으로 정치적 이득을 얻을 수 있다. 때로는 EU 규칙 때문에 정부들이 어쩔 수 없이 적응해야 하는 경우 또한 있다. 예를 들어, 데이터 보호 분야에서 정부는 EU 규칙을 모방하려는 유인을 가진다. 이는 적절성 결정과 그에 따라 데이터가 국가 간에 자유롭게 흐를 수 있다는 확신을 얻기 위함이다. 정부의 경제적 이익은 기업들의 필요에 의해 결정되므로, 따라서 그들은 비록 마지못해라도 EU 규칙을 따라야 할 수도 있다.

브뤼셀 효과는 비용과 편익을 모두 발생시킨다. 그리고 그것이 전반적으로 바람직한지에 대한 명확한 답은 없다. 브뤼셀 효과는, 때때로 가격을 인상하고 인구의 일부가 소중하게 여기는 제품과 서비스에 대한 접근을 막음으로써 EU 및 해외의 개별 소비자에게 경제적 비용을 부과한다. 또한 브뤼셀 효과는 외국 정부들의 규제 공간을 제한하여, 그 결과 정치적으로 그들이 책임져야 할 시민적 요구에 대한 대응 능력을 떨어뜨림으로써 정치적 비용을 부과할 수도 있다. 마지막으로, 브뤼셀 효과는 때때로 부담스러운 규제 비용을 흡수할 수 있는 더 나은 위치에 있는 강력한 기존 사업자에게로 신규 진입자의 부를 이전함으로써 분배 비용을 부과할 수도 있다.

브뤼셀 효과와 관련된 이러한 다양한 비용을 인정하면 이를 완화하기 위한 노력이 재개될 수 있을 것이다. 그리고 이러한 노력 중 일부가 실제로 이미 진행되고 있을 것이다. 예를 들어, 유럽위원회의 “더 나은 규제 의제”를 효과적으로 이행하면, 여전히 비평가들의 주요 관심사인 일부 규제 부담을 줄일 수 있는 잠재력이 있다.[177] 게다가, 외국 이해관계자들의 의견을 영향 평가 과정 — 미국 정부 기관의 비용-편익 분석과 유사한 EU 방식 — 에 더 많이 반영하는 것은 규제 제국주의와 관련된 비판을 어느 정도 완화할 수 있을 것이다.[178] 합의에 기반한 메커니즘을 통해 국제적인 규제 협력을 추구하려는 노력의 강화도 마찬가지로 일방주의와 관련된 정치적 비용을 일부 낮출 수 있다.[179] 마지막으로, 브뤼셀 효과가 강력한 기존 기업에 힘을 실어주는 의도치 않은 결과를 초래한다는 사실을 깨닫게 되면, EU는 기업의 규제 준수 능력에 따라 규제 부담을 점차 차등화할 수 있을 것이다. 이는 EU의 기존 규제 철학과 매우 일치하는 정책 입장일 것이다.[180]

동시에, 브뤼셀 효과와 관련된 이러한 다양한 비용이 완화될 수 있거나 완화될 것인지에 관한 여부와 관계없이, 브뤼셀 효과는 EU와 해외 모두에서 느낄 수 있는 많은 편익 또한 창출한다는 점을 인식하는 것이 중요하다. 종종 이러한 편익은, 몇 가지 예를 들면 깨끗한 환경과 향상된 제품 안전성, 개인 데이터에 대한 통제력 강화, 온라인상의 혐오 담론에 대한 노출 감소 등을 경험하는 대규모 소비자층을 통해 확산하곤 한다. 물론 모든 사람이 같은 선호를 공유하지는 않으며, 이와 관련해 정부 — 외국 정부는 말할 것 없이 자국 정부조차도 — 가 자신을 대신하여 선택을 내릴 것이라고는 믿지 않을 것이다. 결국, 브뤼셀 효과가 긍정적인지 부정적인지는 정책 분야, 개인의 사회경제적 및 문화적 배경, 가치관 및 이념에 따라 달라지는 개인의 선호에 달려 있다. 그러나 이 장에서의 논의는, 전반적으로 브뤼셀 효과가 모든 경우와 모든 사람에게 균일하지는 않더라도, 가치 있는 순이익을 창출할 가능성이 더 높다는 결론을 뒷받침한다.

그렇지만 브뤼셀 효과가 바람직한가에 대한 질문의 궁극적인 답은, 이 장에서 논의한 많은 사례가 보여주듯이, 이에 대응하기 위해 할 수 있는 일이 거의 없다는 점을 고려하면 그 질문 자체가 중요하지 않을 수도 있다는 것이다. 좋아하든 싫어하든, 개인, 기업, 정부 — 특히 외국 정부 — 는 브뤼셀 효과가 발생하는 근본적 요인이 존재하는 한 브뤼셀 효과를 억제하기 위해 할 수 있는 일이 거의 없다. 따라서 브뤼셀 효과를 긍정적으로 볼 것인지 부정적으로 볼 것인지는, 브뤼셀 효과가 현재 글로벌 정치경제에 실재하며 중요하다는 논란의 여지가 적은 결론에 비하면 부차적인 문제이다. 브뤼셀 효과는 수많은 정책 영역에서 침투력과 파급력을 가지고 있으며, 일반적으로 인식되는 것보다 훨씬 더 큰 영향력을 발휘하고 있다. 그러므로, 오히려 더 중요한 질문은 브뤼셀 효과가 지속될 것인지, 그리고 앞으로 어떻게 발전해 나갈 것인지일 것이다. 이것이 바로 다음 장에서 검토하게 될 질문이다.

제9장

브뤼셀 효과의 미래

이 책은 브뤼셀 효과가 나타난 기원과 조건을 설명하고, 이러한 조건이 어떻게 EU를 전 세계에 걸쳐 특별한 규제 영향력을 가진 글로벌 규제 헤게몬으로 자리매김하게 했는지 보여주었다. 브뤼셀 효과가 글로벌 시장에 미치는 중대한 영향을 감안할 때, 남아있는 중요한 질문 중 하나는 브뤼셀 효과가 지속될지 아니면 시간이 지나면서 기본 조건이 바뀜에 따라 변화하거나 약화될 가능성이 있는지 여부이다.

EU의 규제 헤게모니에 대한 몇 가지 대내외적 도전이 다가오고 있다. 브뤼셀 효과에 대한 외부적 도전에는 중국과 기타 신흥 강대국의 지속적인 부상이 포함되며, 이는 EU 시장의 상대적 규모를 점차 축소시켜 사실상의 브뤼셀 효과를 위한 근본적인 전제 조건에 도전할 가능성이 있다. 동시에 세계화에 대한 반발이 커지고 이에 따른 국제 협력의 쇠퇴는 법적 브뤼셀 효과의 잠식에 이바지하게 될 가능성이 있다. 이에 따라 EU는 다자간 조약과 제도를 통해 규제를 수출할 수 있는 능력을 상실하여 글로벌 규제 헤게몬으로서의 역할이 더욱 약화될 위험이 있다. 또한 적층 제조와 같은 혁신적인 신기술은 산업 공정을 혁신하여 생산의 맞춤화 및 현지화를 더욱 가능하게 할 것이다. 이런 일이 일어나면, 사실상의 브뤼셀 효과에 중요한 생산의 비분할성을 특징으로 하는 산업이 줄어들 것이다.

이러한 외부 상황과 더불어 내부로부터 브뤼셀 효과를 약화시킬 위험이 있는 일련의 내부 도전 과제가 있다. 그중에는 브렉시트로 알려진 영국의 임박한 EU 탈퇴이다.* 이는 EU의 규제 영향력을 감소시킬 수 있는 위협이 된다. 영국이 탈퇴하면 EU의 시장 규모와 규제 역량이 감소하여 사실상의 브뤼셀 효과를 지탱하는 앞의 두 가지 조건이 약화될 것이다. EU 내부의 도전은 반EU 정당의 부상과 더불어 EU의 정치적 투쟁으로 더욱 심화하고 있으며, 이로 인해 반EU 정서가 커질 경우, EU가 효과적으로 규칙을 제정할 수 있는 능력이 저하될 가능성이 있다. 이는 브뤼셀 효과를 추동하는 다른 두 가지 중요한 조건, 즉 EU의 규제 역량과 엄격한 규제에 대한 EU의 선호를 잠재적으로 약화시킬 것이다.

이 마지막 장에서는 이러한 가능한 경로를 살펴보고, 이러한 외부 및 내부적 도전이 브뤼셀 효과를 유지하는 5가지 조건 — 시장 규모, 규제 역량, 엄격한 표준, 비탄력적 대상, 비분할성 — 을 손상시킬 수 있는 능력을 평가한다. 이러한 상황이 향후 브뤼셀 효과를 약화시킬 가능성은 확실히 존재한다. 하

* 2016년 6월 23일의 국민투표로 브렉시트가 결정된 이후인 2020년 1월 31일에 공식적으로 영국의 EU 탈퇴가 이루어졌다. 이후 영국과 EU는 새로운 관계를 설정하기 위한 협상을 진행하여 2020년 12월 무역협력협정(Trade and Cooperation Agreement)을 체결하고, 원산지 규정을 충족하는 모든 상품에 대해 무관세 및 무쿼터를 적용하기로 합의했다. 브렉시트 이후 영국에서는 물가 상승과 경기침체의 우려가 지속되는 가운데 EU 탈퇴를 후회하는 '브레그렛(Bregret, Brexit + Regret)'이라는 말이 유행하고 있다. 현재 영국은 브렉시트 전후로 경제적 및 정치적 혼란을 겪으며 분열된 국론을 통합하고 새로운 미래를 제시해야 하는 어려운 과제를 앞에 두고 있다.

지만 이러한 상황이 초래하는 위협의 심각성에도 불구하고, 브뤼셀 효과가 놀랍게도 이 상황에 직면하여 회복력을 보일 것이라는 결론을 내릴 만한 여러 이유도 있다.

외부의 도전

다양한 외부 도전이 가까운 미래에 사실상의 브뤼셀 효과와 법적 브뤼셀 효과를 약화시킬 가능성이 있다. 특히 EU 시장 규모의 상대적 감소, 반세계화 정서 고조, 신기술의 출현 각각은 브뤼셀 효과를 통해 EU가 행사하는 영향력을 약화시킬 수 있다. 이러한 상황을 차례로 논의할 것이다.

베이징 효과가 궁극적으로 브뤼셀 효과를 대체하게 될까?

8장에서는 오늘날 외국 정부가 브뤼셀 효과를 억제할 수 있는 능력이 제한적이라고 설명했다. 그러나 이는 변화할 수 있다. 새로운 강대국의 부상은 시간이 지남에 따라 대체 수출 시장의 가용성을 증가시킬 것이고, 더 많은 무역을 EU에서 다른 곳으로 옮기는 옵션을 다국적 기업에 제공할 것이다. 특히 유럽 표준에 따라 기업이 유럽에서 무역하는 데 비용이 너무 많이 들 경우, 중국은 다양한 상품에 대한 대체 수요처를 제공할 수 있는 위치에 점차 더 가까워질 수 있다. 이러한 상황은, 브뤼셀 효과가 나타나기 위한 중요한 조건 중 하나 — 시장 규모 — 의 중요성이 줄어듦에 따라 EU가 시장의 힘을 활용하고 글로벌 시장에 대해 규제를 정하는 능력을 제약할 수 있다. 또한,

이는 언젠가 "베이징 효과"가 브뤼셀 효과를 대체하게 되는 일조차 일어나는 것은 아닐지라는 의문도 갖게 한다.

EU는 세계 경제에서 큰 역할을 유지하고 있지만, 아시아 및 기타 지역의 개발도상국이 상대적으로 높은 성장률을 지속하는 한 EU의 상대적인 시장 규모는 필연적으로 줄어들 것이다. 오늘날 기업들은 자사 제품과 서비스 시장으로서 EU와 손절하고 무역을 다른 곳으로 전환하는 경우는 거의 없다. 심지어 가까운 미래에도 코카콜라, 페이스북, 제너럴 일렉트릭과 같은 진정한 다국적 기업들이 EU 규제를 준수해야 하는 의무를 회피하기 위해 유럽에서 무역을 포기할 것이라고 상상하기는 어렵다. 그러나 중국과 같은 지역의 수요가 증가함에 따라, 기업의 EU 시장 접근성에 대한 의존도는 필연적으로 줄어들 것이다.[1]

가장 낙관적인 경제 전망조차도 전 세계 GDP에서 EU의 상대적 비중이 향후 수십 년 동안 크게 줄어들 것이라는 점을 인정한다. EU의 경제력이 갈수록 약해짐에 따라 경제적 힘이 급속하게 성장하는 아시아로 점점 더 이동하고 있다. 가장 큰 경제 성장은 저비용 인적 자본을 활용할 수 있는 중국 및 인도와 같이 인구가 많은 개발도상국에서 이루어질 것이다. 금융 위기 이후 EU의 GDP 성장은 더디게 이루어졌다. 2010년부터 2018년까지 EU의 성장률은 미국에 비해 크게 뒤처졌다.[2] 중국과 같은 거대한 개발도상국과 비교하면 성장률의 차이는 훨씬 더 확연해진다.[3] 예를 들어, 2017년 EU 경제가 2.4% 성장한 반면, 중국 경제는 6.9% 성장했다.

이러한 추세는 계속될 것이며, EU의 글로벌 시장 지위는 점차 약화될 것이다. 예를 들어, 프랑스의 주요 연구기관인 '전망연구 및 국제정보센터'의

2010년 추정에 따르면 전 세계 명목 GDP에서 EU의 비중은 2008년 30%에서 2025년 24%로, 그리고 2050년에는 16%로 줄어들 것으로 예상한다.[4] 그러나 이 수치조차 지나치게 낙관적인 전망일 수 있다. 국제통화기금에 따르면 전 세계 명목 GDP에서 EU가 차지하는 비중은 2017년 기준으로 이미 21.3%로 감소하여[5] 2025년에는 전망연구 및 국제정보센터의 예측치를 크게 웃돌 것으로 본다. EU의 상대적 경제력 감소는 구매력 평가 지수(PPP)로 조정한 GDP로 측정할 때 훨씬 더 분명해진다. 민간 회계법인 프라이스 워터하우스 쿠퍼스는 PPP 조정 글로벌 GDP에서 EU가 차지하는 비중이 2050년까지 중국의 20%와 인도의 15%에 비해 9%로 감소할 것으로 예측한다.[6] 전망연구 및 국제정보센터의 전망에 따르면, "중국과 인도 경제는 2008년과 2050년 사이에 일정한 상대 물가를 기준으로 13배 성장할 것이다. 같은 기간 동안 미국 경제는 2배, 유럽 경제는 60% 팽창할 것"으로 본다.[7] 명목 GDP든 PPP 조정 GDP든 사용된 척도나 성장 전망을 예측하는 특정 기관에 상관없이 EU 시장의 힘이 상당히 감소할 것임은 분명하다.

EU 기관들은 향후 수십 년 동안 유럽의 경제력이 상대적으로 쇠퇴할 것임을 잘 알고 있다. 유럽위원회 보고서인 『글로벌 유럽 2050』은 유럽의 세 가지 잠재적 미래, 즉 위협받는 유럽, "아무도 신경 쓰지 않는" 유럽, 르네상스를 겪는 부활하는 유럽을 예상한다. 가장 낙관적인 "유럽 르네상스" 시나리오는 정치적, 재정적, 군사적 통합을 강화하면서 계속해서 확대되고 강해지는 EU를 상상한다.[8] 이 긍정적인 시나리오에서도 글로벌 GDP에서 EU가 차지하는 비중이 현재와 2050년 사이에 거의 절반으로 줄어들 것으로 바라보고 있다. 유럽의회의 2030년 전망도 비슷한 그림을 그리면서 EU 시장의 힘이 꾸준히 감소하여 2030년에는 글로벌 명목 GDP에서 차지하는 비중이 17~18%에 그칠 것으로 예상한다.[9]

상대적으로 큰 시장 규모를 보유하는 것이 일방적으로 규제 영향력을 행사하는 데 중요하다는 점을 고려하면, EU의 상대적인 경제적 쇠퇴가 브뤼셀 효과를 크게 약화시킬 가능성이 있다는 데 대부분의 사람이 동의할 것이다. EU 외부에서 무역을 위한 기회가 늘어나면서 EU 시장을 포기하고 무역을 다른 곳으로 전환하는 것이 더 현실화될 수 있다. 이는 필연적으로 EU가 글로벌 표준을 설정하는 능력을 제한할 것이다. 따라서 신흥 경제 강국들이 제품과 서비스를 위한 최종 대체지로 성장하고, 이를 제공함으로써 규칙을 제정하는 EU의 힘을 축소시킬 수 있다. 하지만 이들 국가가 브뤼셀 효과를 억제할 수는 있지만 반드시 글로벌 표준의 원천이 되는 것은 아니다.

지난 20년 동안 중국이 규제에 대한 의지를 늘려왔다는 몇 가지 증거가 있다. 이 기간에 경쟁법, 소비자 보호, 환경 보호, 금융 규제 및 식품 안전에서 규제 수준이 급격히 높아졌다. 이러한 많은 분야에서 지난 10년 동안 새로운 포괄적인 법들이 통과되었다. 이에는 독점 금지법(2007),[10] 개정된 식품 안전법(2015),[11] 포괄적인 사이버 보안법(2016),[12] 환경 공개와 관련된 새로운 규칙(2014)[13]이 포함된다. 학계에서는 이러한 규제 활동 증가의 원인에 대해 의견이 분분하며, 일부에서는 규제 증가의 대부분이 중국의 세계무역기구 가입과 시기적으로 일치한다고 지적한다.[14] 또 다른 일부는 중국을 규제로 유인한 몇 가지 국내 스캔들을 강조하면서, 예컨대 이로 인해 엄격한 식품 안전 기준이 출현하게 된 것으로 설명했다. 시민의 정보 접근성 향상도 중국이 새로운 규제를 공표하려는 의지를 높인 동기로 언급되었다.[15] 더욱이 일부는 법이 외국 기업과 중국 기업에 동등하게 적용되는지 의문을 제기하면서,[16] 규제 개혁을 촉진하는 동기로 산업 정책과 무역 보호주의가 있다고 주장한다.

그럼에도, 중국이 향후 수십 년 동안 전 세계 GDP에서 차지하는 비중이 높아질 것이고 일부 정책 분야를 규제하려는 움직임을 보여왔다고 하더라도, 중국이 조만간 글로벌 표준의 원천으로서 EU를 대체할 가능성은 거의 없다. 중국의 규제 역량과 경제 성장을 추구하는 것보다 소비자와 환경 보호를 강화하려는 의지는 GDP와 같은 속도로 증가하고 있지 않다. 최근에 중국은 경쟁법과 같은 분야에서 규제 역량을 강화하기 위해 노력하고 있지만, 경쟁 시장의 가장 열렬한 수호자로서 유럽위원회를 결코 따라잡지 못했다. 중국 기관들이 EU가 추구하는 유형의 규제 정책을 만들고 집행하기 위해서는 아직 갈 길이 멀다. 또한, 경쟁법 이외의 대다수 정책에서 규제 조치를 위한 중국 정부의 집행 메커니즘은 여전히 미흡한 상태이다.

게다가, 중국이 머잖아 최대 소비 시장이 될 수 있지만, 1인당 GDP — 전체 GDP보다 한 국가의 규제 성향을 더 잘 예측할 수 있는[17] — 는 상승하는 중국의 경제력에 비해 EU 회원국들이 계속해서 훨씬 더 나은 상황을 유지하고 있음을 시사한다. HSBC 보고서에 따르면 2050년 중국의 1인당 소득(2000년 미화 기준)은 17,372달러가 될 것으로 예상된다. 이는 독일(52,683달러), 프랑스(40,643달러), 스페인(38,111달러)을 포함하여 전부는 아니지만 많은 EU 회원국의 수치에 여전히 훨씬 못 미치는 수준일 것이다.[18] 부와 사회적 규제는 종종 상관관계가 있는데, 이는 중국에서 향후 한동안 높은 수준의 규제에 대한 국내 수요가 약할 가능성이 있음을 시사한다.[19] 중국 소비자들이 1인당 기준으로 그렇게 부유하지 않은 한, 성장과 경제 발전을 저해할 수 있는 높은 수준의 규제에 대한 그들의 욕구가 낮을 가능성이 높다. 하지만 이는 중국이 계속 성장하고 중국인 개개인이 부유해짐에 따라 변화할 가능성이 있다. 그러나 지난 몇 년 동안 그랬던 것처럼 중국의 전체 GDP 성장률도 불가피하게 계속 둔화할 수밖에 없을 것이다. 이는 부담스러운 규제에 대한 중국의 열정을 약화시킬 수 있다. 이를 반영하듯 중국 당국은 경기 둔화를 되돌리기 위해 노력하면서 2018년에 이미 대기질 개선을 목표로 한 오염 규제를 완화했다.[20]

중국이 향후 경제적 성공에 대한 높은 전망에 미치지 못한다면, 규제 완화에 대한 압력은 더욱 커질 것이다. 독립 연구기관인 캐피털 이코노믹스는 중국의 과거 고속 경제 성장이 지속될 수 없다고 주장한다.[21] 중국 경제의 근간이 되는 몇 가지 기본 요인은 중국 경제의 호조가 끝날 것이라는 예측에 힘을 보탠다.[22] 여기에는 과도한 부채 축적과 지속 불가능할 정도로 높은 투자율이 포함된다. 이러한 요인들은 인구 고령화, 갈수록 독재화되는 정치 체제, 개혁에 대한 적대감과 함께 급격한 성장 둔화에 이르게 할 수 있다. 그렇게 된다면, 중국이 새로운 규제를 도입하려는 의지가 EU의 그것을 앞지르리라고는 거의 기대하지 않게 될 것이다. 그러한 규제가 중국의 경제 성장을 더욱 둔화시킬 가능성이 있기 때문이다.

그러나 중국의 견고한 경제 성장이 계속되더라도, 중국의 성장이 주로 수출에 의존하는 한 "베이징 효과"가 브뤼셀 효과를 대체하기는 어려울 것이다. EU의 규제 영향력의 핵심은 외국 기업의 EU 시장 접근에 대한 의존도이며, 따라서 수입처로서 EU의 중요성이다. 지금까지 수출은 중국의 성장을 견인해 왔으며, 2016년에 5,000억 달러가 넘는 상당한 무역 흑자를 기록했다.[23] 이러한 이유로, 자사 제품을 중국 표준에 맞춰 조정해야 했던 외국 기업은 상대적으로 많지 않았다. 오히려 그들은 중국산 수입품이 자국 표준을 충족하는지를 걱정해야 했다. 물론 시간이 지남에 따라 대규모 소비 시장으로서 중국의 중요성도 커질 것이다. 하지만 중국의 1인당 GDP가 높아져 대량 소비 시장이 등장하기 전까지는, 중국이 글로벌 표준의 중요한 원천이 되기는 어려울 것이다.

마지막으로, 설령 중국이 (1) 급속한 경제 성장의 경로를 지속하고, (2) 무역 균형을 달성하고 가장 중요한 수입 대상국이 되며, (3) 주목할 만한 규제 규칙을 제정하는 데 필수적인 규제 역량을 구축하고, (4) 더 높은 수준의 규제에 대한 수요를 지속적으로 창출하는 소비자 부를 달성한다고 하더라도, 규제 국가로서의 중국이 브뤼셀 효과를 뒤집을 수 있을지는 불분명하다. 첫째, EU는 법적 브뤼셀 효과를 통해 이미 다른 여러 관할권에서 규제를 강화하여 비즈니스 수행 방식을 지속적으로 변화시켜 왔다. 둘째, 중국은 EU 규제를 가장 열심히 모방한 국가 가운데 하나이다. 2부에서 논의한 바와 같이, 이는 데이터 보호, 식품 안전, 경쟁 정책 및 환경 보호와 관련하여 사실이다. 따라서, 오히려 향후 "베이징 효과"는 중국이 시장의 힘을 활용하여 원래 브뤼셀로부터 수입한 EU 규제를 그저 세계화하는 것에 그칠 수 있다.

세계화의 후퇴가 법적 브뤼셀 효과를 약화시킬까?

오늘날 대다수 논평가는 국제제도와 다자간 협력이 위협받고 있다는 데 동의할 것이다. 이런 이야기는 미국에서 트럼프 대통령이 당선된 이후에 더욱 힘을 얻었는데, 그는 포퓰리즘적 반세계화 캠페인으로 승리를 끌어냈기 때문이다. 오늘날 트럼프 대통령만이 그러한 유일한 세계 지도자는 아니며, 그의 세계관은 국수주의 정책을 수용하고 국제적 이탈과 경제적 보호주의를 옹호하는 많은 정치인의 공감을 사고 있다. 지정학에서 나타나는 이러한 포퓰리즘적 전환은 자유주의 국제 질서와 EU가 항상 옹호해 온 세계관에 심각한 도전을 제기하고 있다. 그 결과 외교, 조약, 제도를 통해 세계를 형성해 나가는 EU의 능력이 점점 약화하고 있으며, 이는 조약에 근거한 법적 브뤼셀 효과에도 도전이 되고 있다.

자유주의 국제 질서가 해체될 위기에 처해 있지만, 브뤼셀 효과는 세계화가 필연적으로 후퇴하고 있다는 견해에 도전한다. 실제로, 국제 협력이 위기에 처해 있을 수 있다. 하지만 브뤼셀 효과는 다자간 협력이 없는 상황에서도 많은 정책 분야에서 국제 규범이 계속 등장할 수 있음을 보여준다. 다만 이러한 규제들은 점점 더 EU에 의해서만 만들어질 수 있다. 오히려 글로벌 제도의 후퇴로 인해 사실상의 브뤼셀 효과가 메워야 할 규제 공백이 더 커질 것이다. 이에 따라 규범 생산 방식은, 공통의 표준을 협상하려는 시도가 사실상의 브뤼셀 효과로 대체되면서, 조약에 기반한 다자간 협상에서 EU의 시장 주도적 일방주의로 변화하게 될 것이다.

분명한 것은 브뤼셀 효과만으로는 다자주의를 되살리고 제도화된 협력을 복원할 수 없다는 것이다. 하지만 브뤼셀 효과는 일부 정책 분야에서 국제 협력과 제도의 소멸을 잠재적으로 완화할 방법을 제공한다. 트럼프 대통령 치하에서 미국이 나토에 대한 협력을 보류하거나 무역 협정 체결을 거부하거나 파리 기후 협정에서 탈퇴하거나 이란 핵 협정에서 탈퇴할 수 있음은 사실이다. 하지만 미국의 반세계화 입장이 EU가 생산하고 브뤼셀 효과를 통해 수동적으로 외부화하는 글로벌 규제를 약화시키지 못할 것이다. 따라서 국제 협력의 부재로 인한 위기는 다자주의를 대체할 만한 것이 거의 없는 비경제 분야에서 가장 심각하다. 예를 들어 NATO가 제공하는 공동 방위 및 중요한 억지력이나 혹은 이란이나 북한과 같은 국가들의 핵 야망을 봉쇄하려는 국제 사회의 노력과 같은 분야에서 그러하다. 그렇지만 미국이 국제적인 규제 표준에 대한 협력을 철회하면 EU의 일방주의가 그 공백을 더 쉽게 메울 수 있다. 이러한 분야들에서 트럼프 대통령과 다른 국수주의자들은 — 의도한 것은 아닐지라도 사실상 — 세계화와 유럽화를 맞바꾸고 있다.

무역 조약들은 세계화가 후퇴하고 있지만 브뤼셀 효과가 여전히 글로벌 표준을 유지할 수 있다는 것을 보여주는 예이다. 오늘날 무역 협정은 주로 무역에 대한 규제 장벽을 다룬다. 예를 들어, 시장 접근을 허용하기 전에 자동차가 분출할 수 있는 배출량이나 염소 처리된 닭고기나 호르몬 처리된 쇠고기 수입의 안전 여부와 같은 것이 이에 해당한다.[24] 따라서 현대 무역 거래의 핵심은 바로 EU가 일방적으로 공포할 수 있는 규칙과 규제이다.

이러한 이유만으로도 환태평양경제동반자협정(Transpacific Partnership, TPP)에서 미국의 탈퇴는 놀라운 일이고 자신의 국익에 반하는 것으로 보인다. TPP는 호주, 브루나이, 캐나다, 칠레, 일본, 말레이시아, 멕시코, 뉴질랜드, 페루, 싱가포르, 베트남, 미국 등 12개 태평양 국가 간의 특혜 무역 협정이다. 이는 2016년 2월에 서명되었지만 비준되지 않았다. 2017년 1월 미국의 서명을 철회하기로 한 트럼프 대통령의 결정 탓에 협정은 발효되지 못했고,[25] 나머지 TPP 당사국들은 더 낮은 온건한 수준의 자체 자유무역협정을 추진하게 되었다.[26] 하지만 TPP에 등을 돌림으로써 미국은 많은 EU 표준의 일방적 세계화에 대응할 수 있는 몇 안 되는 그럴듯한 수단 중 하나를 제거했다. 나머지 TPP 서명국들과 충분히 큰 무역 지대를 설립함으로써, 미국은 글로벌 표준에 영향을 미치거나 혹은 최소한 상호 인정을 통해 EU가 수용할 가능성이 더 높은 대체 표준을 제공할 수 있는 잠재력을 가지고 있었다. 하지만 그 대신 미국 규제 당국은 규제 영향력을 회복할 수 있는 이 기회를 양보함으로써 EU 표준이 브뤼셀 효과를 통해 더욱 깊숙이 침투할 수 있는 길을 열어주었다.

TPP의 핵심 목표 중 하나에는 전 세계적으로 규제 기준에 영향력을 행사하고자 하는 열망이 있었다. 협상가들은 당시 다자와 양자 포럼 모두에서 향후 협상의 청사진이 될 수 있는 "황금 표준"을 수립하기 위한 기회를 포착했다. 협상 초기에 당시 미국 부통령 조 바이든은 "높은 수준의 환태평양 파트너십이 글로벌 시스템의 혈류로 들어가 규칙과 규범을 개선하는 것이 목표"라고 말했다.[27] 캐나다의 전 총리인 스티븐 하퍼도 TPP를 미래 21세기 무역 협정의 모델로 칭송했다.[28] 또한 최근에 멕시코의 루이스 비데가라이 외무장관은 TPP에서 협상된 표준과 규칙이 다른 지역의 무역 협정에도 접목될 수 있다고 말했다.[29]

지리적 표시(Geographical Indications, GIs)는 TPP에서 제안된 규제 표준의 한 예이다. 이는 TPP 성공에 따라 전 세계 국가들이 그 표준을 널리 받아들였다면 브뤼셀 효과를 잠재적으로 완화할 수 있었을 것이다. GIs는 파르마 햄, 샴피뇽 샴페인, 로크포르 치즈와 같이 지리적 원산지를 나타내는 상품에 부착된 표시로, 특정 지방 또는 지역 조건과 관련된 제품의 품질에 대한 중요 정보를 전달한다. 이러한 보호조치는 증류주 및 기타 주류를 위해 특히 중요하다. "스카치", "우조", "코냑"과 같은 용어는 해당 국가(각각 스코틀랜드, 그리스, 프랑스)에서 생산된 제품에 한정되는 것임을 EU가 전 세계적으로 보장하고 있기 때문이다. EU와 미국은 GIs에 대해 극명하게 다른 견해를 가지고 있다. 상표가 보호 대상 GI와 혼동을 일으킬 정도로 유사하다면, 당사자는 상표 등록을 거부해야 한다고 명시적으로 규정함으로써 상표보다 GIs의 우월성을 EU는 강조한다.[30] 반면 미국은 상표 제도를 통해서 GIs를 보호하고자 한다.[31] 현재까지 EU는 GIs에 대한 규제를 관할권 밖으로 수출하는 데 성공해 왔다. 예를 들어, EU가 최근 캐나다와 체결한 무역 협정에 이탈리아산 아시아고 치즈, 그리스산 칼라마타 올리브유, 그리고 EU 전역에 걸친 기타 150개 이상의 식품에 대한 보호조치들이 포함되어 있다.[32] EU는 최근 베트남과의 협정에서 GI 보호를 169개 제품으로 확대했다.[33]

TPP는 미국이 선호하는 GIs에 대한 규제 모델을 수출함으로써 EU의 영향력에 대응할 수 있는 잠재적 수단을 제공했다.[34] TPP는 GIs가 상표 제도(미국의 접근 방식에 따라)나 혹은 **고유의**(sui generis) 제도(EU의 접근 방식에 따라)를 통해 보호받을 수 있음을 인정했다. 그렇지만 TPP는 GIs보다 상표 선호를 강조하는 방향으로의 변화를 반영했다. 예를 들어, TPP는 "지리적 표시가 선의로 기출원 중이거나 등록된 상표와 혼동을 일으킬 가능성이 있는 경우" GI에 대한 취소나 이의를 허용했다.[35] 이는 EU의 접근 방식에서 벗어나는 것이었다. 만약 미국이 TPP 참여를 철회하지 않았다면, GIs를 상표에 유리하게 대체하는 것은 국제적으로 더 폭넓은 관심을 끌었을 것이다. 그리고 이는 EU가 선호하는 표준과 경쟁할 수 있는 표준을 제공할 수 있었을 것이다.

미국은 TPP에 가입하고 대안적인 글로벌 규제 표준을 제시함으로써 브뤼셀 효과에 간접적으로 대응할 수 있는 기회를 놓쳤다. 그런 외에도, 미국은 EU와의 무역투자동반자협정(Trade and Investment Partnership, TTIP) 협상을 우선으로 하여 EU의 표준 설정을 직접적으로 제어할 수도 있었을 것이다. TTIP는 양측이 2013년부터 협상을 시작한 EU와 미국 사이에 제안된 무역 협정이다. 그러나 트럼프 대통령은 취임하자마자 회담을 중단하고 EU와 무역 갈등을 시작했다. 회담이 재개될 것인지 그리고 언제쯤에 TTIP가 발효될 것인지는 불투명하다.

EU와 미국 간의 무역 협정은 기념비적인 일이 될 것이다. 이 두 무역 강국은 합쳐서 전 세계 경제 생산량의 절반을 차지하고, 세계 무역 흐름의 1/3을 대표한다. 그렇지만 이러한 협정을 체결하는 것은 최상의 상황에서도 상당한 노력이 필요한 일이다. 대서양 양쪽에서 반무역 정서가 고조되고 있는 것 외에도, 쇠고기 호르몬에서 GMO, 지리적 표시에서 투자 중재에 관한 규칙에 이르기까지 규제 기준에 대한 기존의 대서양 양안 간 이견은 협상의 걸림돌로 여겨져 왔다.[36] 그러나 이러한 차이점을 장애물로 바라보는 대신, 브뤼셀 효과의 역학관계는 미국이 EU와 공동으로 상호 경합적인 규제를 해결할 수 있는 기회를 적극적으로 받아들였어야 했음을 시사한다. 그 반대는 EU가 단독으로 이러한 표준을 정하도록 하는 것이다. 따라서 TTIP는 미국이 글로벌 규제 표준에 대해 발언권을 가질 수 있는 최선의 기회를 제공할 것이며, 트럼프 행정부의 반무역 의제에 깔린 근본 논리에 의문을 제기한다.

기술 혁명이 비분할성을 종식시킬까?

브뤼셀 효과에 대한 또 다른 잠재적 도전은 기업이 제품을 분할할 수 있게 하는 기술 개발에서 비롯될 가능성이 있다.[37] 생산의 비분할성은 브뤼셀 효과의 근간을 이루는 핵심 요소다. 그러나 미래에는 기업들이 다양한 시장에 서비스를 제공하기 위해 더 다양한 종류의 제품을 생산하는 것이 기술적으로 가능하고 경제적으로도 실행 가능하다는 것을 알게 될 수 있다. 이는 기업들이 단일화된 글로벌 표준을 포기하고 다양한 시장에서 더 낮은 표준을 활용할 수 있고, 이로 인해 앞으로 EU의 사실상의 규제 영향력을 제한할 수도 있게 할 것이다. 브뤼셀 효과를 수용하는 것은 기업들로 하여금 더 낮은 비용으로 더 큰 분할성을 허용하는 기술을 개발하도록 더욱 유인할 수 있다. 이러한 발전이 상당수의 제품 시장에 적용되는 한, 이는 앞으로 글로벌 규제 영향력을 행사할 수 있는 EU의 능력을 점차 잠식할 수 있다.

더 많은 주문제작과 현지 생산을 가능하게 하는 가장 주목할 만한 신기술 중 하나는 3D 프린팅과 같은 적층 제조이다.[38] 적층 제조를 사용하면, 청사진을 제공하기 위해 사용되는 디지털 파일을 변경하는 것만으로 동일한 기계가 다양한 기능을 갖춘 제품을 생산할 수 있다. 적층 제조는 규모의 경제에 크게 구애받지 않아 대량의 주문 제작을 가능하게 한다. 실제로 이는 제조업체가 상당한 추가 비용 없이 다수의 다양한 생산 표준을 준수하면서 더욱 분산된 생산 네트워크에 의존할 수 있는 능력을 제공할 수 있다. 생산이 여러 현지 시장에 분산되면, 장거리 운송과 같은 물류비용이 제거되므로 제품을 현지(또는 심지어는 개인) 수요에 쉽게 맞출 수 있다.[39] 적층 제조는 특정 산업에서 브뤼셀 효과를 약화시키는 잠재력이 있을 것이다. 왜냐하면 이는 전통적인 공급망을 붕괴시키고, 소량 생산의 단위당 비용을 낮추며, 복잡한 주문 제작을 가능하게 하기 때문이다. 이렇게 되면, 비용 측면에서 더 이상 모든 제품을 EU 표준에 맞출 필요가 없는 상황이 발생할 것이다.

적층 제조는 빠르게 성장하고 있으며 앞으로 몇 년 동안 계속 성장할 것으로 예상된다. 산업 분석가들은 2020년까지 적층 제조의 직접 시장이 200억 달러로 성장하고 2025년에는 1,000억~2,500억 달러에 달할 것으로 예측한다.[40] 적층 제조는 다양한 산업에 차별적인 영향을 미칠 것이다. 지금까지는 그것이 주로 프로토타입 제작에 사용되었지만, 항공우주, 의료, 자동차 부문과 같은 고부가가치 산업에서 점점 상용화가 가능한 생산 기술이 되어가고 있다.[41] 기술이 더욱 개선되고 비용이 감소함에 따라 에너지, 로봇 공학, 소비재 및 소매 제품 등의 부문으로 그 사용 범위가 확대될 수 있다.

그렇지만 적층 제조와 관련된 비용은 가까운 미래에 이 기술이 고부가가치 산업으로 제한될 수 있음을 시사한다. 그 외에도 몇 가지 기술적, 상업적 한계 또한 있다. 특히 적층 제조는 주로 규모의 경제가 거의 없고, 따라서 전통적인 제조 방법을 사용할 수 없는 소량 생산에 맞춰져 있다.[42] 현재 대량 생산에 적합한 애플리케이션은 많지 않다. 생산량이 증가하자마자 적층 제조와 관련된 비용 이점은 사라질 것이다. 심지어 소량 생산의 경우에도 적층 제조는 높은 재료 비용, 느린 축적 속도, 그에 따른 긴 가공 시간 등의 요인으로 인해 전통적인 제조 방법보다 종종 비용이 더 많이 든다.[43] 이러한 한계가 지속되는 한 적층 제조가 브뤼셀 효과를 크게 줄이기는 어려울 것이다.

생산과 서비스 제공의 더 큰 분할성을 목표로 하는 또 다른 기술의 예는 지리적 차단이다. 지리적 차단은 사용된 IP 주소에 따라 결정된 지리적 위치를 기반으로 인터넷 콘텐츠에 대한 사용자의 접근을 제한하는 기술을 의미한다. 따라서 지리적 차단은 인터넷을 거의 완벽하게 분할할 수 있게 하여 서비스 제공자가 각 지리적 시장에 맞게 인터넷 사이트를 별도로 맞춤화할 수 있게 해줄 것이다. 이론적으로 이 기술은 디지털 경제에 대한 EU의 규제가 유럽 사용자에게 미치는 영향을 우회할 수 있는 길도 제공할 것이다. 그러나 지리적 차단은 특정 지역에서 널리 사용되고 있지만, 초기 예측들이 시사한 만큼 널리 채택되지는 않았다. 5장에서 논의한 것처럼 페이스북과 같은 소셜 미디어 기업은 지리적 차단을 포기하기로 선택했다. 그들의 비즈니스 모델이 "글로벌 대화"에 의존하기 때문이었다. 지리적 차단 기술을 기반으로 온라인 발언을 선택적으로 제거하면 "하나의 페이스북"이라는 개념이 손상될 수 있다. 또한 지리적 차단 기술은 사용자가 온라인에서 자신의 위치를 숨길 수 있기 때문에 불완전하며, IT 기업이 유럽 전용 데이터를 격리하고 그렇게 하지 못한 데 대한 법적 책임의 회피를 어렵게 한다. 마찬가지로 5장에서 논의한 바와 같이 계류 중인 법원 소송도 유럽법원이 디지털 경제에 대한 EU의 규제 준수를 제한하는 방법으로 지리적 위치 사용을 제한할 수 있음을 또한 시사한다.

지리적 차단은 저작권이 있는 자료의 서비스 제공자와 관련하여 가장 일반적으로 사용된다. 넷플릭스, 아마존 프라임 비디오, 유튜브, 훌루, BBC iPlayer 등을 포함한 대형 온라인 콘텐츠 제공업체는 모두 지리적 차단을 사용하여 특정 국가의 사용자에 대한 콘텐츠 접근을 거부한다. 대부분 경우, 그러한 제한은 제공업체가 특정 관할권의 저작권 있는 자료에 대한 라이선스만을 보유하고 있기 때문에 필요하다. 이러한 서비스의 지리적 차단은 널리 사용되고 있으며, 지리적 차단에 대한 새로운 EU 규제를 포함하여 그 사용이 법의 보호를 받고 있다.[44] 지리적 차단은 종종 가격 차별을 할 수 있는 기회가 동기가 되어 제품 및 서비스의 온라인 판매 분야에서도 사용되었다. 예를 들어, 호주 정부의 2013년 보고서는 지리적 차단과 같은 기술이 호주 소비자에게 불이익을 주는 상당한 가격 차별을 시행하는 데 사용되고 있다고 결론지었다.[45] 여기에는 호주인들이 전문가용 소프트웨어에 평균적으로 50% 더 많은 비용을 지불하고 있는 것도 포함되었다. 따라서 지리적 차단은 이론적으로는 국경 간 전자상거래의 사용을 크게 제한할 수 있다. 그러나 실제로는 이베이와 아마존과 같은 세계 최대 온라인 소매업체 중 상당수가 해외 인터넷 사이트의 잠재 고객을 지리적으로 차단하지 않는다. 예를 들어, 미국 거주자는 Amazon.com 외에 Amazon.ca 또는 Amazon.co.uk에서 쇼핑하는 것을 선택할 수 있다. 전반적으로 온라인 쇼핑 사이트 중 14%만이 최소한 하나의 국가에 대해 지리적 차단을 실시하고 있으며, 나머지는 지리적 위치에 상관없이 모든 사용자에게 접근을 허용한다.[46]

지리적 차단이 당초 예상보다 제한적으로 활용되는 데에는 몇 가지 이유가 있다. 그 가운데 하나는 지리적 차단이 가격에 미치는 효과에 대한 대중적 학습에 따른 소비자의 반발과 대중의 분노이다. 두 번째는 법적 노출과 관련된 위험이다. 예를 들어, EU는 실제 배송이 없는 실물 제품 판매의 경우와 마찬가지로 전자 서비스 판매의 경우에도 지리적 차단을 금지한다.[47] EU는 또한 이 분야에서 규제를 적극적으로 시행하고 있다. 2018년에 유럽위원회는 다른 EU 회원국에서 소매업체들이 국경을 넘어 광고하고 판매하는 것을 차단하고 인위적으로 높은 소매 가격을 유지한 이유로 의류 소매업체 게스에

4,000만 유로의 벌금을 부과했다.[48] 셋째, 경쟁이 존재하는 한, 지리적 차단에 따른 실효성이 제한된다. 지리적 차단 시장에서 경쟁을 벗어난 높은 가격이 책정되었을 때, 이보다 낮은 가격을 제시할 준비가 되어 있는 대체 공급자가 있다면, 가격 차별화는 작동하기 어렵다. 그러므로 기업들이 지리적 차단을 사용할 가능성은 낮아진다. 그들이 지리적 차단을 시도하면, 차단된 시장이 경쟁자에게 넘어갈 뿐이기 때문이다. 마지막으로, 분할성을 달성하기 위한 기술을 개발하는 것이 기업의 재능과 자원을 최대한 활용하는 것은 아닌 것 같다. 세계적으로 유명한 하이테크 기업 중 다수는 제품을 분할할 수 있는 엔지니어링 역량을 갖추고 있을 것이다. 하지만 이들 기업은 일부 시장에서 더 낮은 규제를 활용할 수 있는 기술을 개발하기 위해 자신의 재능을 사용하기보다는 미래 혁신에 집중하는 것을 선호한다.[49]

생산의 분할성을 높이고 이를 통해 브뤼셀 효과를 약화시킬 수 있는 새로운 기술 개발의 세 번째 예는 GMO의 재배와 관련이 있다. "유전자 사용 제한 기술"(GURTs) — "터미네이터 종자" 또는 "자살 종자"로도 알려진 — 의 개발은 극소량의 GMO라도 우발적으로 존재하는 것을 방지할 수 있는 기술이다.[50] 6장에서 논의한 바와 같이 "우발적 존재"는 재배 및 가공의 다양한 단계에서 GMO와 비GMO 품종이 섞임으로써 우발적이고 따라서 불가피하게 발생하는 GMO 함량을 의미한다. 우발적 존재의 위험으로 인해 GMO와 비GMO 작물을 모두 생산하는 것이 어려워졌다. 교차오염을 완전히 제거하는 것이 불가능에 가까웠기 때문이다. 이러한 GMO 생산의 비분할성은 브뤼셀 효과에서 예측할 수 있듯이 많은 농부와 식품 가공업체가 EU의 엄격한 GMO 표준을 준수하도록 만들었다.

그러나 GURTs 종자는 유전자 변형 식물의 번식이나 형질 발현을 방해하여 유전 물질의 무단 사용을 제한하는 특정 유전자 스위치 메커니즘을 가지고 있다. 이 기술은 서로 다른 종자 품종의 혼종과 관련된 우려를 피하기 위해 정밀하게 설계된 것이다.[51] 따라서 GURTs는 농부와 식품 가공업체가 분할 가능한 표준에 따라 생산하고 GMO 및 비GMO 시장 모두에 서비스를 제공하는 데 도움이 될 수 있다. 특히, "GURTs는 유전자 봉쇄를 위한 완충 구역의 필요성을 줄이거나 제거할 수 있으며, 자발적 종자가 발아하거나 유전자 변형 형질이 발현되는 것을 방지한다. 그 결과 이는 자발적 식물의 발생 가능성을 철저히 제한할 수 있다."[52] 농약과 종자를 생산하는 글로벌 농업 기업인 시젠타가 이 기술을 실험했다.[53] 그러나 현재까지 GURTs 종자는 아직 실험 단계에 있고, 언제 그리고 어느 정도로 그 종자가 GMO 산업을 변화시킬 것이며, 그에 따라 향후 농업 관련 산업에 브뤼셀 효과가 미치는 영향을 억제할지는 불분명하다.

적층 제조, 지리적 차단, 그리고 GURTs 종자의 논의에 관한 사례들은 현대 기술이 어떻게 산업 공정, 온라인 서비스 제공 및 농업 기술에 혁명을 일으킬 수 있는지 보여준다. 널리 채택되면, 이 기술들은 제품을 더 쉽게 분할할 수 있게 할 것이다. 그럼으로써 이 기술들은 브뤼셀 효과를 유지하는 데 중요한 "비분할성" 조건을 잠식하여 EU가 자신의 표준을 세계화하는 능력을 손상시킬 수 있다. 그러나 이 논의는 이 기술들에 관련된 한계, 위험 및 불확실성을 보여준다. 그리고 이 논의는 브뤼셀 효과에 대응할 수 있는 이러한 기술의 능력이 지연되고, 특정 생산자, 시장 및 산업에 국한될 가능성도 있음을 시사한다.

내부의 도전

브뤼셀 효과는 앞서 논의한 외부적 도전 외에도 EU 내부의 또 다른 도전에 직면해 있다. 이와 관련하여 브렉시트는 가장 눈에 띄는 도전이다. 그러나 많은 사람에 따르면 EU 스스로가 만든 위기와 도전으로 인해 브뤼셀 효과를 약화시킬 수 있는 광범위한 반EU 정서가 존재한다. 여기에는 국가 주권을 회복하고 EU의 권한을 억제하려는 노력의 일환으로 포퓰리즘적인 반EU 정당의 부상과 통합에서 벗어나는 전반적인 추세가 포함된다. 따라서 브뤼셀 효과의 출현이 당초 EU 내부의 규제 야망에서 나온 산물이었던 만큼, 브뤼셀 효과의 회복력에 대한 가장 큰 위협은 결국 EU 자체의 내부에서 비롯될 수도 있다.

브렉시트와 규제의 자유라는 환상

브렉시트는 EU의 미래에 대한 전례 없는 도전이다. 회원국이 EU 탈퇴를 선택한 전례가 없었기 때문에, 브렉시트 과정은 분명히 불확실하고 불안정하다. 여러 가지 부정적인 영향 중에서도 영국의 이탈은 EU의 상대적인 경제력과 이에 따른 글로벌 규제 영향력을 약화시킬 것으로 보인다. 영국은 GDP 기준으로 EU에서 두 번째로 큰 경제 대국이며, 인구 기준으로도 세 번째로 큰 국가이다. 브뤼셀 효과는 관할권이 큰 시장을 대표할 때 증폭된다. 영국의 이탈 이후 EU의 시장 규모는 15% 감소할 것이다. 그 결과 브렉시트로 인해 외국 시장 대비 남아 있는 EU 시장의 상대적 규모가 줄어들 것이다.[54] 영국은 단순히 그 크기와 규모 외에도 다양한 정책 분야에 걸쳐 유능한 관료 조직과 기술 전문성 등을 포함하여 브뤼셀 효과 또한 강화하는 주목할 만한 규제 역량을 EU 기관에 제공해 왔다. 그러나 브렉시트 이후 EU의 시장 규모와 규제 역량의 감소에도 불구하고, 브렉시트가 브뤼셀 효과를 약화시킬 것 같지는 않다. 오히려 그것이 브뤼셀 효과를 더욱 두드러지게 만들 가능성이 있다.

브렉시트 캠페인을 벌인 영국의 반EU 세력은 EU 탈퇴가 결국 영국을 EU의 과도한 규제로부터 해방시켜 영국의 규제 주권을 회복할 것이라고 주장했다. 다른 EU 회원국들과 비교해 영국은 항상 시장의 미덕과 유럽 기업의 경쟁력 유지의 필요성을 강조하면서 규제에 대해 보다 회의적인 태도를 가졌다.[55] 영국은 이사회에서 많은 규제에 맞서 치열하게 싸웠지만 다른 회원국들의 반대에 부딪혔다.[56] 이는 당연히 분노를 불러일으켰고, EU가 지나치게 개입하여 영국의 주권을 침해한다는 비평가들의 주장에 일조했다.

그러나 브뤼셀 효과를 주도하는 역학은 브렉시트 이후 영국의 규제 주권을 회복하겠다는 약속이 정부가 이행할 수 없는 잘못된 선거 공약임을 보여준다. 오히려 EU 규제는 영국 경제의 중요한 측면을 계속 지배할 것이다. 영국 수출의 약 절반이 EU로 향하고 있으며, 이에 대한 변화는 거의 없을 것으로 예상된다.[57] 그러므로 영국은 브렉시트 이후에도 오랫동안 EU의 대규모 소비 시장에 대한 접근에 계속 의존할 것이다. EU는 최소한 의약품(대 EU 수출 48%), 항공기(51%), 석유 연료(64%), 기계류(37%) 등 주요 산업 분야에서 영국 수출의 1위 대상국이다.[58] 이처럼 EU 시장 접근에 대한 높은 의존도는 사실상의 브뤼셀 효과가 시사하듯이 영국 기업들이 앞으로도 EU 규칙을 계속 준수할 것임을 의미한다. 원칙적으로 영국 기업은 브렉시트 이후 유럽 시장을 위해서는 하나의 표준을, 나머지 세계를 위해서는 여러 가지 다른 표준들을 채택할 수 있다. 하지만 규모의 경제와 획일적인 생산의 기타 이점들은 이를 불가능하게 할 것이다. 따라서 브뤼셀 효과는 브렉시트가 영국에 가져다줄 규제 자유에 대한 환상을 깨뜨린다.

이러한 사실상의 브뤼셀 효과 외에도, 브렉시트 이후 영국은 상당한 법적 브뤼셀 효과 또한 목격하게 될 가능성이 높다. 금융 규제 및 데이터 개인정보 보호와 같은 분야에서 영국 정부는 규제 레짐의 "동등성" 또는 "적절성"을 보장하기 위해 긴밀한 규제 조율을 유지하려는 상당한 동기를 갖게 될 것이다. 이는 영국 기업이 EU에서 사업을 하기 위한 여전한 전제 조건이다.[59]

몇몇 주요 정책 분야는 영국과 EU 경제의 상호 연결성과 이로 인해 영국이 EU를 탈퇴한 후에도 영국 기업과 영국 정부가 EU 규제를 준수해야 하는 동기를 보여준다. 다음 논의에서는 데이터 보호, 금융 규제, 화학 규제의 사례를 들어 이러한 역학을 설명한다. 이 사례들은 생산을 여러 시장에 걸쳐 분할하는 것이 얼마나 어려운지를 보여준다. EU를 탈퇴한 후에도 영국 기업들이 오랫동안 브뤼셀에서 나오는 규제들과 긴밀히 연결을 유지해야 하기 때문이다.

우선, 데이터 보호에 있어서 디지털 경제의 중요성과 EU와 영국 간의 국경 간 데이터 흐름의 규모는 아무리 강조해도 지나치지 않다. 디지털 경제는 영국 GDP의 10%를 차지한다.[60] 또한, 서비스는 영국 전체 글로벌 수출의 44%를 차지하며, 전체 서비스 무역의 약 절반이 디지털 기술 및 관련 데이터 흐름에 의해 이루어진다.[61] 영국 경제는 유럽 내에서 디지털 경제가 GDP에서 차지하는 비중이 가장 높으며, 개인 인터넷 사용자 비율도 G7 국가 중 가장 높다.[62] 중요한 것은 영국의 국가 간 데이터 흐름의 3/4이 EU 국가와 이루어진다는 점이다.[63] 따라서 2016년 9월 영국의 정보위원 엘리자베스 덴햄이 말한 것처럼, 사실상과 법적 브뤼셀 효과 모두가 "브렉시트가 데이터 보호 표준에 관한 한 브렉시트를 의미하지 않아야 하도록" 할 것이라는 점은 놀라운 일이 아니다.

엘리자베스 덴햄의 공개적인 발언 외에도, 영국 정부의 다른 몇몇 대표자들은 영국의 데이터 보호 규칙이 사실상과 법적 모두에서 EU의 그것을 계속 따르고 있다고 밝혔다. 예를 들어, 영국의 디지털 장관 맷 행콕은 2017년 2월 "정부는 브렉시트 이후에도 데이터 흐름이 방해받지 않도록 보장하기를 원하기 때문에" 영국 데이터 보호법이 브렉시트 이후에도 EU 데이터 보호법을 따라야 한다고 지적했다.[64] 행콕에 따르면 이를 보장하는 가장 쉬운 방법은 "[EU의 개인정보보호 규제에 관한 일반 지침]을 영국법에 전면적으로 반영하는 것"이었다.[65]

영국이 브렉시트 이후 GDPR을 모방해야 하는 가장 설득력 있는 이유는 GDPR 조항에서 비롯된다. 이는 데이터 개인정보보호 권리에 대한 "적절한 수준의 보호"를 보장하지 못하는 제3국으로 EU에서 데이터를 이전하는 것을 금지하고 있다.[66] 따라서 브렉시트 이후 EU가 영국의 데이터 보호법이 "적절하다" ― EU와 "본질적으로 동등하다"는 의미로 유럽사법재판소가 정의한 ― 는 결정을 내리지 않으면, EU에서 영국으로의 데이터 이전이 중단될 수밖에 없을 것이다.[67] 이는 계속해서 규제를 조율해야 할 강력한 동기를 제공한다. 영국 정부도 이를 인지하고 있다. 영국 하원의 EU 위원회는 2017년 7월 보고서에서 영국이 EU와 너무 밀접하게 통합되어 있어 적절성 협정이 없이는 영국이 버티기 어려울 것이라고 지적했다. 그 결과 해당 위원회는 "영국이 EU 회원국에서 탈퇴한 후에도 영국-EU 간 데이터 이전을 원활히 하기 위해 정부가 적절성 결정을 모색해야 한다"라고 권고했다.[68]

번거로운 데이터 보호 규칙이 경쟁력과 혁신에 걸림돌이 된다고 강조해 온 브렉시트 찬성론자들은, 브렉시트 이후 영국이 순전히 경제적 이유만으로 GDPR에서 벗어날 수 없다는 것에 아마도 실망할 것이다. 그러나 데이터 보호에 대한 법적 브뤼셀 효과는 경제적 고려 사항을 넘어서는 결과를 가져올 가능성이 높다. 영국의 많은 사람이 특히 우려하는 것은 EU의 데이터 보호 규칙이 영국의 국가 안보 이익과 충돌할 수 있다는 점이다. 영국의 2016년 수사권 법에는 국가 안보 목적을 위한 데이터 보유 및 감시에 관한 조항이 포함되어 있다.[69] 영국 정보위원은 최근 "영국의 감시 및 데이터 보유 레짐이 긍정적인 적절성 판결에 위험이 될 가능성이 있어 보인다"라고 언급하면서 이러한 긴장을 인정했다.[70]

EU 회원국은 국가 안보를 목적으로 일부 데이터 수집 및 보유를 정당화하기 위해 GDPR의 국가 안보 예외 조항을 발동할 수 있다. 하지만 유럽위원회의 긍정적인 적절성 판결을 구하는 비회원국은 동일한 조항을 자동으로 이용할 수 없다.[71] 이를 극복하기 위해 일부 논평가들은 영국이 부분적 적절성 판결을 받을 가능성이 있다고 주장했다. 즉, 영국 규칙이 상업적 데이터와 관련해서는 적절하나 법 집행의 데이터 보호와 관련해서는 적절하지 않다는 결정이 내려질 수 있다는 것이다. 캐나다는 상업 부문에 대해서만 EU로부터 적절성 판결을 받은 관할권의 한 예이다. 영국 정보위원은 이러한 선택에 대해 논평하면서 "부분적 적절성이 전혀 적절하지 않은 것보다 낫다"

고 하면서도, 앞으로 가장 좋은 방법은 "모든 부문에 걸쳐 통합되고 조화로운 접근 방식"을 갖는 것이라고 언급했다.[72] 이는 영국이 영국의 감시 및 보안 규칙을 변경해야 할 가능성이 있더라도 완전한 적절성을 추구하기로 선택할 수 있음을 시사한다.

브렉시트 이후를 제한하는 브뤼셀 효과의 영향력을 보여주는 또 다른 예는 금융서비스산업이다. 영국은 세계에서 두 번째로 큰 금융 중심지이다.[73] 이 산업은 EU 단일 시장에 대한 접근에 크게 의존하고 있으며, 현재 영국 금융 서비스 수출의 44%가 EU로 향하고 있다.[74] EU 시장을 향한 방해 없는 접근으로 인해 영국은 영국 외 금융기관에게도 매력적인 영업 거점이 되었다. 2017년 영국 은행 자산의 49%는 영국 외 은행과 관련이 있었다.[75] 이러한 외국계 은행에게 영국은 더 넓은 유럽 시장에 서비스를 제공할 수 있는 접근지 역할을 한다.

금융 기관의 EU 시장 접근은 "금융 패스포팅(financial passporting)"으로 알려진 기존 레짐을 기반으로 한다.[76] 패스포팅은 은행이 영국과 같은 한 회원국의 규제와 감독을 받으면 EU 전체와 더 넓은 유럽경제지역에서 영업할 수 있게 허용하는 제도를 말한다. 개별 회원국 규제의 이러한 상호 인정은 "단일 규칙집"을 준수하겠다는 EU 모든 회원국의 약속에 의존한다. 이 규칙집은 EU 금융 부문을 위한 통합적인 규제 체계를 제공한다.[77] 따라서 EU 규제와의 조율은 영국의 금융 서비스 산업을 유지하기 위해 중요한데, 거대 EU 시장을 위한 관문을 제공하고 이를 통해 영국이 세계의 금융 수도로서 역할을 할 수 있게 해주기 때문이다.

EU를 탈퇴하자마자, 영국 은행과 영국에 등록된 외국계 은행은 패스포팅 권리를 상실하게 될 것이다.[78] 이 권리를 유지하려면 그들이 다른 EU 회원국에 별도의 자회사를 설립하고 해당 회원국의 규제 레짐을 따라야 할 것이다. 또는 그 대안으로 이들 은행은 "동등성 레짐"으로 알려진 법적 개념을 기반으로 영국에서 EU 시장에 계속 서비스를 제공할 수도 있을 것이다.[79] 동등성 레짐은 EU가 영국의 규제 레짐을 EU의 규제 레짐과 동등한 것으로 인정하여 해당 EU 규칙과 동일한 결과를 달성하는 것을 의미한다.[80] 그러나 동등성 레짐은 패스포팅에 비해 분명히 열등한 레짐으로, 권리가 더 적고 법적 위험이 더 크다.[81] 유럽위원회는 유럽은행감독청 및 유럽증권시장감독청과 같은 다른 주요 EU 기관과 협의하여 동등성 결정을 내린다.[82] 또한 영국은 이후 몇 년 동안 유럽 법률 체계에 맞게 자국의 법률 체계를 계속 조정해야 하며, 그렇지 않으면 유럽위원회가 동등성 결정을 일방적으로 취소할 수 있다. 이는 브렉시트 이후 영국 금융 산업이 EU의 금융 규제에서 벗어날 수 없고, 오히려 앞으로도 EU의 단일 규칙집과 "동등성"을 유지해야 한다는 것을 의미한다.

영국에 본사를 둔 금융 기관이 EU 규제를 따르는 성향을 보이는 또 다른 잠재적인 사례는 이들이 EU로 완전히 이전할 가능성이 있다는 것이다. 일부 언론 보도가 예측한 대규모 이탈이 발생하지 않더라도,[83] 일부 은행 및 기타 금융 기관은 자본의 상대적 탄력성 때문에 프랑크푸르트를 포함한 EU의 다른 금융 중심지로 인력을 재배치했다.[84] 이러한 재배치 결정은 브렉시트 전체와 관련된 불확실성의 동기로부터 부분적으로 영향을 받았다. 여기에는 갑작스러운 철회 위협에 노출될 수 있는 동등성 레짐에 깔린 모호성도 포함된다. 그렇지만 그와 관계없이, 영국의 금융 산업이 브뤼셀 효과에서 벗어날 수 없다는 점은 분명하다. 오히려 이들은 EU 레짐을 적극적으로 선택 — 규제 동등성에 의하든 이전에 의하든 — 하고 있다. 이는 브렉시트 이후 약속된 규제 자유를 실제로 실행하는 것이 얼마나 어려운지 다시 한번 보여준다.

나아가 브렉시트 이후 EU가 영국에 미칠 지속적인 규제 영향력의 또 다른 예는 화학 규제에서 찾을 수 있다. EU의 화학물질의 등록, 평가, 승인 및 제한에 관한 REACH 규정은 화학물질의 거래뿐만 아니라 화학물질을 제품에 사용하는 하위 산업의 거래에도 적용된다.[85] 6장에서 논의한 바와 같이 EU법은 화학물질 안전에 대해 세계에서 가장 높고 부담이 큰 규제 표준을 설정하고 있으며, 그 결과 다국적 기업의 글로벌 비즈니스 관행에 영향을 미친다. 예를 들어 REACH는 페인트, 세제, 섬유, 가구, 장난감, 전기제품 등 광범위한 제품에 허용되는 화학물질을 결정한다.

영국 경제에서 화학 산업이 차지하는 경제적 중요성은 주목할 만하다. 영국의 화학 산업은 대 EU 수출에서 자동차 산업에 이어 두 번째로 큰 수출 부문이다. 또한 영국 전체 제조업에서 두 번째로 큰 산업이기도 하다.[86] 영향을 받는 모든 하위 산업을 여기에 더하면, REACH 규정이 영국 경제에 갖게 될 지속적인 역할은 브렉시트 이후 규제 자유에 대한 약속을 실제로는 더욱 공허하게 만들 것이다. 현재까지 영국 기업이 등록한 REACH 등록 건수가 9,000건이 넘는다는 사실이 이를 잘 보여준다.[87]

REACH 규정은 오랫동안 영국에 의해 "부담스러운 EU 규제의 상징"이라는 조롱을 받아왔다.[88] 2013년에는 영국의 중소기업들이 가장 부담스러운 법안으로 REACH를 선정하기도 했다.[89] 이러한 우려를 반영하여 데이비드 캐머런 총리의 "EU 관료주의 줄이기" 캠페인에는 REACH 이행을 더욱 비즈니스 친화적으로 만드는 것이 포함되었다.[90] 그러나 브렉시트조차도 영국 기업들을 REACH의 규제 부담에서 해방시키지는 못할 것이다. 해당 산업에서 영국과 EU 무역 관계의 중요성을 고려할 때, 영국 기업들은 EU 시장에 대한 접근성을 유지하기 위해 REACH를 준수하는 제품을 계속 생산할 것이다. 예를 들어, 영국 화학기업협회의 CEO인 피터 뉴포트는 영국 화학업계가 단일 시장에 대한 접근을 보장하기 위해 "EU의 REACH 규정에 잔류하는 것"을 선호한다고 말함으로써 이 점을 분명히 했다.[91] 영국 정부도 이를 인정하고 있다. 하원 환경감사위원회는 최근 화학 산업에 두 가지 다른 규제를 적용하려는 시도에 따른 비용을 경고했다. 그러면서 이 위원회는 영국이 REACH 등록 시스템에 참여자로 계속 잔류하기 위해 협상해야 하며, 필요하다면 접근 비용도 지불해야 한다고 촉구했다.[92]

방금 논의한 데이터 보호, 금융 서비스, 화학 안전 등의 사례는 영국이 EU를 탈퇴한 후에도 영국 기업이 계속해서 많은 EU 규칙의 적용을 받게 될 것임을 시사한다. 브뤼셀 효과는 제약, 의료 기기 및 승인에 관한 규제, 살충제 및 농업 규제, 환경과 안전 및 보안 기준을 포함한 자동차 규제, 그리고 환경 및 재생 에너지 규제 등 영국 경제의 다른 분야에도 유사하게 침투할 것이다. 이러한 EU 규제의 잔존만으로도 브렉시트 지지자들은 불안해할 가능성이 크며, 규제 주권에 대한 약속이 근거가 없다는 것을 인정할 수밖에 없다.

그러나 "브렉시트 지지자들"을 더욱 당혹스럽게 만들 수 있는 것은 영국의 탈퇴가 브뤼셀 효과의 더욱 강력한 변종으로 이어질 수 있다는 현실이다. 영국의 탈퇴는 EU의 규제 규칙 제정에 대한 가장 큰 내부 제약을 제거할 것이다. 그리고 그 탈퇴로 인해 독일과 프랑스가 더 많은 영향력을 얻을 수 있게 되어, 더욱 개입주의적인 표준이 적용될 가능성이 있다.[93] 일반적으로 영국은 자제를 촉구하고 경쟁력을 고려하며 규제에 대한 균형이 필요하다고 주장해 왔다. 그러면서 영국은 EU의 규제 추진에 있어서 절제를 요구하는 목소리를 내왔다. 브렉시트 이후에는 시장 친화적인 이러한 중요한 목소리가 사라질 것이다. 그리고 시장 친화적 회원국들의 연합이 위축되면서 규제 친화적 국가들이 점점 더 야심 찬 유럽 규제 의제를 추진하게 될 가능성이 있다.[94] 이는 영국뿐만 아니라 전 세계에도 영향을 미칠 것이다.

현실적으로 영국의 EU 탈퇴는 탈퇴 운동가들의 신념과 캠페인 수사에도 불구하고 EU의 규제 속박으로부터 영국을 해방시키지 못할 것이다. 오히려, 영국은 해당 규제의 내용에 영향을 미칠 수도 없으면서 EU 규제에 구속되는 상황에 머잖아 놓이게 될 수 있을 것이다. 결과적으로 브렉시트로 인해 영국은 규칙 제정자로서의 역할을 포기한 대가로 훨씬 더 엄격하게 규제되는 유럽에서 목소리를 내지 못하는 규제 수용자가 되어갈 것이다.

반EU 정서의 부상

오늘날 EU는 여러 회원국에서 포퓰리즘을 표방하는 반EU 정당이 힘을 얻으면서 독특한 도전에 직면해 있다. 오늘날 유럽에서 가장 문제가 되는 정치적 분열은 우파와 좌파가 아니라 국내에 집중하는 자와 더 많은 통합을 수용하는 자들 사이의 분열이다. 전자는 유럽 국가의 주권을 회복한다는 명목으로 EU에 이양된 권한을 축소하려 들 것이다.[95] 이러한 요구들에 대한 두려움에서 통합론자들조차도 국가 주권을 희생하면서까지 EU의 권한을 확대해야 한다는 주장에 소심해지고 있다.[96] 더 많은 유럽 규제는 주권의 축소를 의미한다. 그리고 주권의 축소는 유럽 공동 통화나 관리되지 않은 이민을 둘러싼 논쟁에서 볼 수 있듯이 더 많은 예측 불가능성과 통제력 상실을 의미한다. 유럽 내에서 유럽에 대한 이러한 서로 다른 비전 간의 간극이 커지는 것은 결국 EU의 광범위한 규제 의제에 가장 큰 도전이 될 것이다.

이러한 내부 투쟁으로 인해 브뤼셀 효과가 점진적으로 잠식될 가능성이 있다. 여러 위기가 계속되고 EU 내부에서 반EU 정서가 커지면서[97] 브뤼셀로 새로운 권한을 이양하는 EU의 능력이 둔화하거나 심지어 종료될 수도 있다. EU 기관의 의사 결정이 점점 더 교착 상태에 빠지면서 규제 역량을 행사할 수 있는 EU의 능력이 손상될 수 있다. 또한 증가하는 반EU 정서는 브뤼셀에서 나오는 (모든) 규칙에 대한 일반적인 회의론으로 이어질 수도 있다. 이러한 현상이 충분한 수의 회원국에서 주류 정치에 침투한다면, 브뤼셀 효과를 뒷받침하는 두 가지 핵심 조건, 즉 규제 역량과 엄격한 규칙에 대한 선호가 제거될 가능성이 있다.

이렇게 되면 EU 기관의 글로벌 규제 영향력은 약화할 가능성이 높다. EU 기관이 EU 시민의 지지, 유럽의회의 지원, 이사회에서 회원국 정부의 충분한 표를 더 이상 얻지 못할 것이기 때문이다. 유럽위원회와 유럽법원이 유럽 통합을 위해 계속 헌신한다고 해도, 그들은 다른 기관의 지원 없이는 야심 찬 규제 의제를 추진할 수 없을 것이다. 반EU 정당들이 기존 규제를 폐지하는 의제에 착수하지는 않더라도, 단일 시장을 더욱 통합하기 위한 새로운 규제의 급격한 둔화를 우리가 계속해서 보게 될 수도 있다.

일반적인 반EU 정서에 맞서 싸우는 외에도, 기타 경제적 및 정치적 압력으로 인해 EU가 앞으로 규제를 덜 하게 될 수도 있다. 예를 들어, 특히 복지 모델이 지속 불가능하게 될 정도로 경제 성장이 둔화하고 인구 고령화로 인해 회원국의 재정 부담이 증가함에 따라 EU는 향후 규제의 비용과 편익에 대해 재고해야 할 수도 있다.[98] 이로 인해 EU는 경쟁력과 혁신을 우선시하고 규제를 더욱 자제할 수 있다. 예를 들어, 장-클로드 융커 위원장 치하의 유럽위원회는 "더 적게, 더 효율적으로"라는 목표를 가지고 "더 나은 규제" 의제에 이미 착수한 바 있었다.[99] 이 의제의 일환으로 유럽위원회는 규제 부담을 최소화하겠다고 약속했다. 이는 EU가 과거보다도 더 자주 친규제적인 경향을 억제할 의향이 있음을 시사한다. 동시에 그러한 발전이 불가피한 것은 아니다. EU는 수십 년 동안 성장과 경쟁력의 상대적 부족을 겪었지만, 이러한 문제에 대한 해결책으로 규제 완화를 수용하지는 않았다. 따라서 EU 전체의 경제 기초가 유럽의 복지 국가와 삶의 방식을 유지하기 위해 고군분투하고 있음에도 불구하고, EU의 규제 성향은 온전히 유지되고 있는지도 모른다.

유럽의 경제적 경로 외에도, 정치적 상황으로 인해 EU는 가장 엄격한 규제 중 일부를 재평가하게 될 수도 있다. 예를 들어, 테러 사건이 더 빈번해지면 EU는 GDPR에 포함된 개인정보보호 기능을 재조정하여 감시를 강화하고 국가 안보 목적으로 개인 데이터의 대량 보유까지 허용하는 방안을 고려할 수 있다. 프랑스는 예컨대 최근 몇 년 동안 여러 차례 테러 공격을 경험했으며, 이에 따라 정부의 감시 권한을 확대하려는 움직임을 보이고 있다.[100] 마찬가지로 2017년 런던에서 발생한 테러 공격 이후 내무부 장관들은 왓츠앱과 같은 암호화된 온라인 통신을 향한 법 집행 기관의 접근을 강화할 것을 촉구했다.[101] 이는 유럽법원에 도전이 될 수 있는 분야이다. 유럽법원은 개인정보보호 문제에 대한 관할권을 가지고 있지만 국가 안보 및 형사 사법에 대한 관할권은 가지고 있지 않기 때문이다.[102] 하지만 회원국 사이에서 입법 변경에 대한 정치적 압력이 형성될 경우, 유럽법원이 최종 결정권을 갖게 될지는 불분명하다.

그렇지만, 이러한 위험에도 불구하고, EU의 규제 의제가 반EU 정서와 현재 진행 중인 위기로부터 크게 영향받지 않을 가능성도 있다. 광범위한 반EU 정서는 일반적으로 단일 시장의 규제에 초점을 두고 있지 않다. EU 전역에서 집권하고 있는 포퓰리즘 정당들은 예산 주권, 사법부 조직권, 국내 언론 통제권, 난민 수용에 대한 통제권 행사 능력에 가장 큰 관심을 두고 있다.[103] EU가 추구하는 엄격한 경쟁 정책, 데이터 보호 또는 식품 안전은 여전히 포퓰리즘 의제에서 벗어나 있다. 따라서 EU가 유로존 구조, 헝가리와 폴란드의 법치주의 후퇴, 이주 관리에서의 역할 등 논란이 되는 이슈를 축소할 수밖에 없더라도, 브뤼셀 효과는 대체로 또는 전혀 영향을 받지 않을 수도 있다. 이러한 이슈는 EU의 규제 의제에 직접적으로 위협이 되지 않기 때문이다.

그러나 브뤼셀 효과의 근간이 되는 규제에 대한 직접적인 공격이 없더라도, 반EU 정서로 인해 EU의 규제 의제에 부수적으로 피해가 발생할 위험이 있다. 만약 반EU 정당들이 유럽의회와 이사회의 의사 결정에 상당한 영향력을 행사한다면, 그리고 이들이 국가 주권을 희생하여 EU 기관에 권한을 부여하는 모든 것에 반대하는 일반적인 투표 전략을 채택한다면, 이러한 일이 발생할 수 있다. 하지만 그러한 부수적인 피해는 유럽위원회가 비입법적 행위를 통해 규율할 수 있는 분야에서는 완화될 수 있으며, 그러한 권한은 방대하고 확고하게 자리 잡혀 있다. 따라서 EU의 규제 활동은 유럽위원회가 이행법 또는 위임된 규칙 제정을 통해 비입법적 규칙 제정에 관여하는 모든 정책 영역에서 계속될 수 있다. 동시에 이사회와 유럽의회의 지원이 필요한 입법 행위에서 둔화가 있을 가능성도 있다. 이는 반EU 강령을 가진 정당들에 의해 이 기관들이 점점 더 포획되는 경우 그러할 것이다. 하지만 유럽위원회 단독으로 수행되는 규제 활동이 상대적으로 널리 퍼져 있는 점을 고려하면, 이조차도 브뤼셀 효과를 크게 감소시키지 못할 수도 있다.[104] 2018년에 입법 과정에서 이사회나 혹은 이사회와 유럽의회가 공동으로 공포한 규정, 지침 또는 결정으로 구성된 총 423건의 입법 행위가 있었다. 이 수치는 채택된 총 1,570건의 비입법적 행위에 비하면 매우 적은 수치이며, 그중 1,417건은 유럽위원회 규정과 지침 및 결정이었다.[105]

EU 규칙 제정의 기술 관료적 특성은 브뤼셀 효과의 회복력에 더욱 기여할 수 있다. 유럽위원회 관료 체제는 자신에게 할당된 규제 영역에 집중하며 더 광범위한 위기로 인해 주의가 분산될 가능성이 없는 기술 관료들로 구성되어 있다. 이러한 경향은 EU 규제의 다수를 그것을 둘러싼 정치적 위기로부터 차단시킨다. 예를 들어, 2016년 브렉시트 투표 다음 날 유럽위원회는 살충제(글리포세이트) 규제에 대한 투표를 위해 회동했다. 일부 뉴스 평론가들은 이번 투표를 역사상 가장 큰 위기에 직면한 상황에서 유럽위원회가 "흔들림 없는 침착함"을 유지하려는 열망에 기인하는 것으로 분석했다.[106] 이는 사실일 수도 있지만, 기술 관료적 규칙 제정이 주변의 정치적 현실과 무관하게 자체적인 시간표와 절차를 따르는 방식을 보여주는 것이기도 하다. 글리포세이트 라이선스 연장을 결정해야 할 필요성은 유럽위원회가 시기를 거의 통제할 수 없는 코미톨로지 절차*의 일환으로 유럽위원회에 제시되었다. 따라서 유럽위원회는 중대한 정치적 충격이 자신의 경제 및 정치 시스템의 핵심을 강타하더라도, 기술 관료적 의제를 계속 추진한다.

더 넓게 보면, 단일 시장에 대한 규제 — GDPR이나 미국 거대 기술 기업에 대한 거액의 경쟁법 벌금과 같은 주목할 만한 규제를 포함하여 — 는 위기 상황에서 대중에게 환영할 만한 주의 분산과 안도감을 제공한다. 새로운 규제를 반포할 수 있는 EU의 능력은 적어도 대중에게 정상적이라는 느낌을 주고 브뤼셀이 여전히 온전하게 운영되고 있다는 것을 보여준다. 또한 이는 EU 기관들이 유럽 시민에게 실질적인 이익을 제공할 수 있다는 것을 보여주는 기회이기도 하다.

마지막으로, 논의된 현재 위기의 결과는 브뤼셀 효과가 그대로 유지될 뿐만 아니라 오히려 더 강화될 수도 있다는 것이다. 역사를 통틀어 많은 위기에 대한 EU의 해결책은 일반적으로 "더 많은 유럽"을 추구하는 것이었다. 이는 회원국 정부의 주권적 권한을 강화하는 대신 이주 관리에서 EU의 국경 및 해안 경비청인 프론텍스**의 역할을 강화하거나 유로 위기에 대응하여 유로존 거버넌스의 야심 찬 확장을 추진하는 데서 볼 수 있다.[107] 따라서 EU의 광범위한 규제 의제는 지속될 수 있을 뿐만 아니라, 반EU 정서가 커짐에도 불

* 코미톨로지 절차(comitology proceedings)는 회원국 대표들로 구성된 위원회의 감독을 받아 EU법을 시행하는 절차이다. 이는 효율성을 유지하면서 회원국이 유럽위원회의 실행 권한을 통제하도록 하는 것을 목표로 한다.

** 유럽국경 및 해안 경비청(European Border and Coast Guard Agency)을 뜻하는 프론텍스(Frontex)는 2004년에 설립되었으며, 본부는 폴란드 바르샤바에 있다. 이 기관은 EU 외부 국경 감시 및 관리, 불법 이민 단속, 국경 간 범죄 대응, 회원국 국경관리 지원 등을 주요 임무로 한다.

구하고, 심지어는 증가할 수도 있다. EU의 기존 문제 중 상당수가 추가 통합 및 추가적인 규제를 통해 가장 잘 해결될 수 있기 때문이다.

같은 맥락에서 브뤼셀 효과의 상대적 중요성 또한 EU의 다른 글로벌 영향력 도구와 비교할 때 증가할 수도 있다. 포퓰리즘 의제를 내세운 정부들이 EU 회원국 전체에서 두각을 나타내면서, "규범 권력"으로서의 EU의 글로벌 역할이 점차 의문시될 수 있다. EU는 전통적으로 해외에서 인권과 법치를 증진하는 데 중요한 역할을 맡아왔다. 그러나 이러한 노력은 이제 EU 회원국 자체, 특히 헝가리와 폴란드의 도전적인 정부에 의해 이 권리들이 노골적으로 침해되면서 약화하고 있다. 이는 EU가 규제 권한에 더욱 의존하도록 만든다. 이러한 규제 권한은 EU를 내부 투쟁으로부터 더욱 쉽게 차단시키며, 따라서 국내외에서 EU의 힘과 중요성을 과시하는 데 활용될 수 있다.

브뤼셀 효과를 지속시키는 조건들을 미래에 약화시킬 가능성이 있는 몇 가지 기존의 그리고 새롭게 등장하는 위협 및 도전들이 외부와 내부 모두에 존재한다. 특히 중국의 부상이나 영국의 탈퇴로 인해 EU의 상대적인 **시장 규모**가 줄어들 수 있다. EU의 상대적 **규제 역량**은, 브렉시트의 결과로든 포퓰리즘적인 반EU 정당의 위협으로 인해서든, 또는 중국의 상대적 규제 역량 증가에 따라서든, 약화될 수 있다. **엄격한 규칙**을 공표하려는 EU의 의지도, 특히 포퓰리스트들의 반EU 의제가 회원국으로 권한을 환원하려는 시도로 이어질 경우, 마찬가지로 약화될 수 있다. 생산의 **비분할성**은 적층 제조나 지리적 차단과 같은 기술 발전으로 인해 덜 일반화될 수 있다. 더욱이 반세계화 정서가 조약 체결과 제도화된 협력을 방해함에 따라 사실상의 브뤼셀 효과의 약화는 법적 브뤼셀 효과의 쇠퇴를 동반할 수 있다.

그러나 이러한 발전이 가까운 미래에 브뤼셀 효과에 대한 도전이 될지는 불확실하다. EU 규제는 브렉시트 이후에도 오랫동안 영국 경제의 여러 중요한 측면에 계속해서 침투할 것이다. 이는 브렉시트가 실제로 실행이 가능한 정책으로서보다는 하나의 구호로서 수행되기가 더 쉽다는 것을 보여준다. 오히려 영국의 탈퇴로 EU의 규제 친화적 연합이 번창할 수 있는 여지가 더 커질 수도 있다. 미국이 글로벌 기구들에서 후퇴하고 세계화에 대한 전 세계적인 반발도 브뤼셀 효과를 약화시키는 데는 별다른 영향을 미치지 않을 수 있다. 오히려, 다자주의가 시들해지면서 EU의 일방주의가 메우게 될 공백이 더 커질 수 있다. 그리고 다자간 규칙 제정을 부활시키려는 시도가 소용없다고 EU가 판단할수록, EU는 단순히 자국 시장을 규제하고 브뤼셀 효과를 통해 이러한 규칙을 세계화하는 작업에 더욱 집중하게 될 가능성이 있다. 중국이 조만간 글로벌 표준 설정자로서 EU를 대체하기는 어려울 것이다. 그렇게 될 때쯤이면, EU의 많은 규제들이 이미 비즈니스 관행과 중국을 포함해 전 세계의 관할권에서 굳건히 자리를 잡고 있을 것이다. 마찬가지로, 기술 발전이 일부 산업을 변화시킬 수 있다. 그러나 기술적 문제와 기술 및 원자재 비용으로 인해 적층 제조와 같은 기술들이 얼마나 빠르고 광범위하게 적용되어 브뤼셀 효과를 약화시킬 수 있을지는 불분명하다. 마지막으로, EU의 의사 결정에 대한 정치적 도전이 규제 규칙의 제정을 늦출 수는 있다. 하지만, 브뤼셀 효과를 전 세계적으로 전파하는 주요 규제가 반EU 정당과 유럽 회의주의 정부들에 의해 폐지의 대상이 될 가능성은 별로 없다.

물론 이러한 힘과 도전이 결합하여 시간이 지남에 따라 가장 강력한 브뤼셀 효과의 형태를 부식시킬 수 있다. 그리고 그것들이 외부뿐만 아니라 내부에서도 EU의 규제 헤게모니를 압박할 수 있다. 그렇게 되면 EU는 브뤼셀 효과가 더 이상 통용되지 않는 세상에 대비해야 할 것이다. 그리고 EU는 시장과 일방주의에 대한 의존을 포기하고 규제 협력과 다자주의를 선호해야 할 수도 있다. 그렇다 하더라도, 경로 의존성과 조약에 기반한 메커니즘을 통해 법률 체계 전반에 걸쳐 자신의 규칙들을 제도화하는 데 성공했던 EU의 과거 덕분에, EU의 많은 규제가 살아남을 가능성이 높다. 또한 EU의 규제 장치들은 주변의 위기 상황을 전혀 인지하지 못하고 무사한 채로 평소처럼 그냥 작동하고 있을 가능성도 매우 높다. 따라서 브뤼셀 효과는 오늘날에도 만연해 있을 뿐만 아니라, 설득력 있는 주장에 따르면, 이 효과가 지속되어 가까운 미래에도 EU의 규제 헤게모니를 확장할 것이다.

미주

서문

1 유럽위원회의 본 출판물 제작 지원은 내용에 대한 승인을 의미하지 않으며, 내용은 저자의 견해만을 반영한다. 또한 유럽위원회는 본 출판물에 포함된 정보의 어떠한 사용에 대해서도 책임을 지지 않는다.

서론

1 Walter Russell Mead, *Incredible Shrinking Europe: The Continent's Grand Unity Project is Failing, and its Global Influence is Fading*, Wall St. J. (Feb. 12, 2019), https://www.wsj.com/articles/incredible-shrinking-europe-11549928481 (on file with author).

2 Ana Palacio, *The European Unraveling?* LA Nacion (Feb. 16, 2017), https://www.nacion.com/opinion/internacional/the-european-unraveling/PY5GRBN4PVDRXOXYXJBTUVH6NY/story/ [https://perma.cc/2LUT-BAPX].

3 Richard Youngs, Europe's Decline And Fall: The Struggle Against Global Irrelevance 1 (2010).

4 Stephen Walt, *The Coming Erosion of the European Union*, Foreign Policy (Aug. 18, 2011), https://foreignpolicy.com/2011/08/18/the-coming-erosion-of-the-european-union/ [https://perma.cc/TQ3Y-JPX3].

5 Richard Haas, *Why Europe No Longer Matters*, Wash. Post (June 17, 2011), https://www.washingtonpost.com/opinions/why-europe-no-longer-matters/2011/06/15/AG7eCCZH_story.html?utm_term=.9bc86c66d9b4 (on file with author).

6 Tony Barber, *The Decline of Europe is a Global Concern*, Fin. Times, Dec. 21, 2015, at 1 (on file with author).

7 Theodore R. Bromund, *Europe Paves the Way for Its Decline*, Heritage Foundation (Oct. 9, 2018), https://www.heritage.org/europe/commentary/europe-paves-the-way-its-decline [https://perma.cc/5F49-75DN].

8 *See, e.g.*, Jed Rubenfeld, Commentary, *Unilateralism and Constitutionalism*, 79 N.Y.U. L. Rev. 1971, 1975-76, 2005-06 (2004); *see also* Eva Pejsova, *Europe: A New Player in the Indo-Pacific*, Diplomat (Jan. 19, 2019), https://thediplomat.com/2019/01/europe-a-new-player-in-the-indo-pacific/ [https://perma.cc/LNU2-942W].

9 *See* Anu Bradford & Eric A. Posner, *Universal Exceptionalism in International Law*, 52 HARV. Int'l L.J. 1, 53 (2011).

10 *See* Leslie H. Gelb, *GDP Now Matters More than Force: A U.S. Foreign Policy for the Age of Economic Power*, Foreign Aff., Nov./Dec. 2010, at 35, https://www.foreignaffairs.com/ articles/united-states/2010-10-21/gdp-now-matters-more-force (on file with author).

제I부의 서문

1 *See generally* David Vogel, Trading Up: Consumer and Environmental Regulation in a Global Economy (1995).

2 Robert Howse & Donald Regan, *The Product/Process Distinction—An Illusory Basis for Disciplining "Unilateralism" in Trade Policy*, 11 Eur. J. Int'l. L. 249 (2000); Douglas A. Kysar, *Preferences for Processes: The Process/Product Distinction and the Regulation of Consumer Choice*, 118 Harv. L. Rev. 525 (2004).

3 *See, e.g.*, Daniel W. Drezner, *Globalization, Harmonization, and Competition: The Different Pathways to Policy Convergence*, 12 J. Eur. Pub. Pol'y 841, 841–59 (2005); Beth Simmons, *The International Politics of Harmonization: The Case of Capital Market Regulation, in* Dynamics of Regulatory Change (David Vogel & Robert A. Kagan eds., 2004), at 42, 50–52; Bruce Carruthers & Naomi Lamoreaux, *Regulatory Races: The Effects of Jurisdictional Competition on Regulatory Standards*, 54 J. Econ. Lit. 52 (2016).

4 *See, e.g.*, Ralph Nader, *Preface* to Lori Wallach & Michelle Sforza, Whose Trade Organization?: Corporate Globalization and the Erosion of Democracy, at ix, xi (1999).

5 *See* Alan Tonelson, The Race to the Bottom: Why a Worldwide Worker Surplus and Uncontrolled Free Trade Are Sinking American Living Standards 14–15 (2002). 이러한 역학에 대한 전반적인 논의는 다음을 참조하라. Dale D. Murphy, The Structure of Regulatory Competition: Corporations and Public Policies in a Global Economy (2004) 특히 제I부, 제II부 그리고 제V부를 참조하라.

6 *See* David Vogel & Robert A. Kagan, *Introduction* to Dynamics of Regulatory Change: How Globalization Affects National Regulatory Policies 4–5 (David Vogel & Robert A. Kagan eds., 2004).

7 *See* Debora L. Spar & David B. Yoffie, *A Race to the Bottom or Governance from the Top?, in* Coping With Globalization 31, 31–51 (Aseem Prakash & Jeffrey A. Hart eds., 2000); David Vogel, *Trading Up and Governing Across: Transnational Governance and Environmental Protection*, 4 J. Eur. Pub. Pol'y 556, 563 (1997); Vogel & Kagan, supra note 6, at 2–8; See also Elizabeth R. DeSombre, Flag-

ging Standards: Globalization and Environmental, Safety, and Labor Regulations at Sea (2006).

8 *See* John C. Coffee, Jr., *The Future of Corporate Federalism: State Competition and the New Trend Toward De Facto Federal Minimum Standards*, 8 Cardozo L. Rev 759, 761–63 (1987).

9 Vogel, *supra* note 1.

10 Vogel & Kagan, *supra* note 6, at 9.

11 Vogel, *supra* note 6, at 562 (1997).

12 *See* John Braithwaite & Peter Drahos, Global Business Regulation 518–19 (2000); Beth Simmons, *supra* note 3, at 42, 50–52; Vogel & Kagan, *supra* note 6, at 14.

13 *See* Drezner, *supra* note 3, at 841.

14 *Id.* at 850.

제1장

1 *See* Margot Horspool & Matthew Humphreys, European Union Law 39–70 (6th ed. 2010) (이 책은 다양한 EU 기관들에 대한 개요를 제공한다); *see also* Council Eur. Union, https://www.consilium.europa.eu/en/european-council/ (last visited August 10, 2019) [https://perma.cc/97RY-QDL5]; Eur. Commission, https://ec.europa.eu/commission/index_en (last visited August 10, 2019) [https://perma.cc/S8D3-K7T9]; Eur. Parliament, http://www.europarl.europa.eu/portal/en (last visited August 10, 2019) [https://perma.cc/H9PG-W2MJ].

2 Case C-26/62, Onderneming van Gend & Loos v. Neth. Inland Revenue Admin., 1963 E.C.R. 3; Case C-6/64, Flaminio Costa v. E.N.E.L., 1964 E.C.R. 585.

3 Chad Damro, *Market Power Europe*, 19 J. Eur. Pub. Pol'y 682, 687 (2012).

4 Case C-120/78, Rewe-Zentral AG v. Bundesmonopolverwaltung für Branntwein, 1979 E.C.R. 00649; Stephen Weatherill, *"Pre-emption, Harmonisation and the Distribution of Competence to Regulate the Internal Market," in* The Law of the Single European Market, Unpacking the Premises (Catherine Barnard & Joanne Scott eds., 2002).

5 David Vogel, The Politics of Precaution: Regulating Health, Safety, and Environmental Risks in Europe and the United States 244 (2012) [hereinafter Vogel, Politics].

6 *See* Henrik Selin & Stacy D. VanDeveer, *Raising Global Standards: Hazardous Substances and E-Waste Management in the European Union*, Environment, Dec. 2006, at 6, 10–11. Vogel, Politics, *supra* note 5, at 244

7 Vogel, Politics, *supra* note 5, at 244.

8 Abraham L. Newman, Protectors of Privacy: Regulating Personal Data in the Global Economy 11 (2008).

9 *See* Ian Manners, *Normative Power Europe: A Contradiction in Terms?*, 40 J. Common Market Stud. 235 (2002); See Vogel, Politics, supra note 5, at 237–41.

10 *See, e.g.*, Christian Zacker, *Environmental Law of the European Economic Community: New Powers Under the Single European Act*, 14 B.C. Int'l & Comp. L. Rev. 249, 264 (1991).

11 Daniel P. Gitterman, *European Integration and Labour Market Cooperation: A Comparative Regional Perspective*, 13 J. Eur. Soc. Pol'y 99, 106–09.

12 Treaty on European Union (Maastricht, Feb. 7, 1992), Protocol on Social Policy, 1992 O.J. (C 191) 196, https://europa.eu/european-union/sites/europaeu/files/docs/body/treaty_on_european_union_en.pdf [https://perma.cc/FD3P-GYLZ].

13 *Id.*

14 *See* David Vogel, Trading Up: Consumer and Environmental Regulation in a Global Economy 67 (1995).

15 *See* Regulation (EC) 1221/2009 of the European Parliament and of the Council of 25 November 2009 on the Voluntary Participation by Organisations in a Community Eco-Management and Audit Scheme (EMAS), art. 1, 2009 O.J. (L 342) 1 (replacing the original EMAS Regulation 1836/93); Walter Mattli & Ngaire Woods, *In Whose Benefit? Explaining Regulatory Change in Global Politics, in* The Politics of Global Regulation 1, 35 (Walter Mattli & Ngaire Woods eds., 2009).

16 *See* Mattli & Woods, *supra note* 15; Magali A. Delmas, *The Diffusion of Environmental Standards in Europe and in the United States: An Institutional Perspective*, 35 Pol'y Sci. 91, 91 (2002).

17 Paulette Kurzer, *Biased or Not? Organized Interests and the Case of Food Information Labeling*, 20 J. Eur. Pub. Pol'y 722 (2013); Yves Tiberghien, The Battle for the Global Governance of Genetically Modified Organisms: The Roles of the European Union, Japan, Korea, and China in a Comparative Context 2016, https://www.sciencespo.fr/ceri/sites/sciencespo.fr.ceri/files/etude124.pdf [https:// perma.cc/Y62H-JKJ3].

18 Regulation (EC) No. 1829/2003 of the European Parliament and of the Council of 22 September 2003 on Genetically Modified Food and Feed, 2003 O.J. (L 268) 1; Regulation (EC) No 1830/2003 of the European Parliament and of the Council of 22 September 2003 Concerning the Traceability and Labelling of Genetically Modified Organisms and the Traceability of Food and Feed Products Produced from Genetically Modified Organisms and Amending Directive 2001/18/EC, 2003 O.J. (L 268) 24.

19 *See, e.g.*, Letter from Friends of the Earth Europe, ARGE, Coop Italy, EuroCoop, Greenpeace EU, VLOG, to Tonio Borg Commissioner Health and Consumer Policy, European Commission (July 8, 2013), https://gmwatch.org/en/news/archive/2013/14644- keep-zero-tolerance-of-unapproved-gmos [https://perma.cc/2P2C-6N47].

20 UK House of Commons, The Extension of Qualified Majority Voting from the Treaty of Rome to the European Constitution, 2004, https://researchbriefings.parliament.uk/ResearchBriefing/Summary/RP04-54 [https://perma. cc/Y6HH-JBUN].

21 Daniel Kelemen, The Rules of Federalism: Institutions and Regulatory Politics in the EU and Beyond 29–30 (2009); *see* R. Daniel Kelemen et. al., *Wider and Deeper? Enlargement and Integration*

in the European Union, 21 J. Eur. Pub. Pol'y 647, 657 (2014).

22 *See* Gerald Schneider et al., *Bargaining Power in the European Union: An Evaluation of Competing Game-Theoretic Models*, 58 Pol. Stud. 85, 98–99 (2010).

23 *See* Andreas Warntjen, *Do Votes Matter? Voting Weights and the Success Probability of Member State Requests in the Council of the European Union*, 39 J. Eur. Integration 673, 676 (2017).

24 *See* Åse Gornitzka & Ulf Sverdrup, *Access of Experts: Information and EU Decision- making*, 34 West Eur. Pol. 48, 64 (2011).

25 *The Ministry: Tasks and Structure*, German Ministry for the Environment, Nature Conservation and Nuclear Safety (last updated Mar. 25, 2019), https:// www.bmu.de/en/ministry/tasks-and-structure/ [https://perma.cc/HVK6-9UC2]; *About Us*, Umwelt Bundesamt (last updated Mar. 7, 2018), https://www.umweltbundesamt.de/ en/the-uba/about-us [https://perma.cc/TZU3-E4QP]; *About RIVM*, Dutch National Institute for Public Health and the Environment (last updated May 13, 2019), https:// www.rivm.nl/en/about-rivm/rivm [https://perma.cc/83JF-6XE2].

26 *See, e.g.*, Vogel, Politics, supra note 5, at 242. 그러나 거래 실패의 반대 사례도 존재한다. *See, e.g.*, Paul Copeland, *The Negotiation of the Revision of the Working Time Directive*, *in* EU Enlargement, the Clash of Capitalisms and the European Social Dimension 72, 87–93, (2014).

27 *See* Raya Kardasheva, *Package Deals in EU Politics*, 57 Am. J. Pol. Sci. 858, 858 (2013).

28 *See id.* at 861.

29 *Id.*

30 *See* Manuele Citi & Mogens Justesen, *Measuring and Explaining Regulatory Reform in the EU: A Time-Series Analysis of Eight Sectors, 1984–2012*, 53 Eur. J. Pol. Res. 709, 723 (2014).

31 Tanja Börzel, *Pace-Setting, Foot-Dragging, and Fence-Sitting: Member State Responses to Europeanization*, 40 J. Common Mkt. Stud. 193, 200 (2002).

32 Simon Hix, *The European Union as a Polity, in* Handbook of European Union Politics, 141 (Knud Erik Jørgensen et al. eds., 1st ed. 2006); Mark A. Pollack, The Engines of European Integration: Delegation, Agency, and Agenda Setting in the EU 384–85 (2003). 예를 들어, 이와 대비되는 주장은 다음을 참조하라. Simon Hug, *Endogenous Preferences and Delegation in the European Union*, 36 Comp. Pol. Stud. 41, 67 (2003).

33 Giandomenico Majone, F*rom the Positive to the Regulatory State: Causes and Consequences of Changes in the Mode of Governance*, 17 J. Pub. Pol'y 139, 157 (1997) [hereinafter Majone, *Causes and Consequences*].

34 Giandomenico Majone, *The European Commission as Regulator, in* Regulating Europe 61, 64 (Giandomenico Majone ed., 1996) [hereinafter Majone, *Commission as Regulator*]; James A. Caporaso et al., *Still a Regulatory State? The European Union and the Financial Crisis*, 22 J. Eur. Pub. Pol'y 889, 901 (2015).

35 다음 EU 예산의 팩트 체크(fact check)를 참조하라. Europa, https://ec.europa.eu/info/about-european-commission/eu-budget/how-it-works/fact-check_en (last visited May 15, 2019) [https://

perma.cc/RA53-4EFR]; *EU Budget 2017: Strengthening the Economy and Responding to Migration Challenges*, Europa, http://ec.europa.eu/budget/library/biblio/documents/2016/factsheet-on-eu-%20budget-2017_en.pdf (last updated Dec. 10, 2016) [https://perma.cc/TCW5-Y8ZC].

36 다음 그래프를 참조하라. Congressional Budget Office, https://www.cbo.gov/publication/most-recent/ graphics (last visited Oct. 14, 2018) [https://perma.cc/5FSU-XN7T]

37 Majone, *Causes and Consequences, supra* note 33, at 150–51.

38 *Id.* at 150.

39 Majone, *Commission as Regulator, supra* note 34, at 64.

40 *See* Giandomenico Majone, *The Rise of the Regulatory State in Europe*, 17 W. EUR. POL. 77, 85, 98 (1994).

41 Majone, *Commission as Regulator, supra* note 34, at 63–64; Giandomenico Majone, *From Regulatory State to a Democratic Default*, 52 J. Common Mkt. Stud. 1216, 1217 (2014).

42 Consolidated Version of the Treaty on the Functioning of the European Union arts. 23–25, Mar. 30, 2010, 2010 O.J. (C 83) 47, 58 [hereinafter TFEU].

43 *See id.*

44 *See id.* art. 3(3); Single European Act art. 6, Feb. 17, 1986, 1987 O.J. (L 169) 1.

45 Pollack, *supra* note 32, at 14–15.

46 *Id.* at 384–85.

47 European Union, European Parliament, Future of Europe: European Parliament Sets Out Its Vision (2017), https://www.europarl.europa.eu/resources/library/media/20171023RES86651/20171023RES86651.pdf [https://perma. cc/8XSG-YXP7].

48 Case C-507/17, Google v. CNIL, Request for a Preliminary Ruling from the Counseil d'État (France), 2017 O.J. (C 347) 22.

49 *See, e.g.*, Consolidated Version of the Treaty on European Union art. 3, ¶ 5, May 9, 2008, 2008 O.J. (C 115) 13 [hereinafter TEU].

50 *See, e.g.*, Case C-300/89, Comm'n v. Council (Titanium Dioxide Case), 1991 E.C.R. I-02867; Case C-155/91, Comm'n v. Council (Directive on Waste—Legal Basis), 1993 E.C.R. I-00939.

51 *See* Vogel, Politics, *supra* note 5, at 237.

52 Council Regulation 1907/2006 of Dec. 18, 2006, Concerning the Registration, Evaluation, Authorisation, and Restriction of Chemicals (REACH), and Creating a Chemicals Agency, 2006 O.J. (L 396).

53 *Commission White Paper: Strategy for a Future Chemicals Policy*, 7, COM (2001) 88 final (Feb. 27, 2001).

54 Political Agreement for a Council Common Position (EC) No. 15921/2005 of Dec. 19, 2005, art. 1, 2005, http://ec.europa.eu/environment/chemicals/reach/pdf/background/political_agreement_council.pdf [https://perma.cc/QM2Q-H754].

55 Gloria González Fuster, The Emergence of Personal Data Protection as a Fundamental Right of

the EU 126 (2014).

56 Commission Recommendation 81/679 of July 29, 1981, Relating to the Council of Europe Convention for the Protection of Individuals with Regard to Automatic Processing of Personal Data, recital 3, 1981 O.J. (L 246/31).

57 *Communication from the Commission to the European Parliament and the Council: A European Data Protection Framework for the 21st Century*, at 8, COM (2012) 43 final (Jan. 25, 2012).

58 *Commission White Paper: Europe and the Global Information Society*, at 22 (June 24, 1994), http://aei.pitt.edu/1199/1/info_society_bangeman_report.pdf [https://perma. cc/B7RC-YL76].

59 *Proposal for A Comprehensive Approach on Personal Data Protection in the European Union*, at 3–4, 10, COM (2010) 609 final (Apr. 11, 2010), https://eur-lex.europa.eu/legal- content/GA/ALL/?uri=CELEX%3A52010DC0609 [https://perma.cc/K7NH-5SG8].

60 *Commission Staff Working Paper and Executive Summary of the Impact Assessment on the General Data Protection Regulation*, at 2, SEC (2012) 73 final (Jan. 25, 2012), https://eur-lex.europa.eu/legal-content/EN/TXT/PDF/?uri=CELEX:52012SC0073&from= EN [https://perma.cc/F3NB-UQLD].

61 규제 제국주의와 브뤼셀 효과에 대한 또 다른 비판을 논의한 9장을 참조하라.

62 *See* Sieglinde Gstöhl, *Political Dimensions of an Externalization of the EU's Internal Market* 4-5 (Dep't of EU Int'l Relations & Diplomacy Studies, EU Diplomacy Papers No. 3/2007, 2007), http://aei.pitt.edu/9593/1/EDP_3-2007_Gst%C3%B6hl.pdf [https://perma.cc/B2FX-ZJ7F].

63 여론조사에 따르면, 유럽인의 70%가 유럽이 이러한 역할을 맡기를 원한다. *See* Benita Ferrero-Waldner, European Comm'r for External Relations & European Neighbourhood Pol'y, Speech at George Bush Presidential Library Foundation and Texas A&M University EU Center of Excellence: The European Union: A Global Power? (Sept. 25, 2006), http://europa.eu/rapid/pressReleasesAction.do?reference=SPEECH/06/530&format=PDF&aged=1&language=EN&guiLanguage=en [https://perma.cc/JWT3-RMN6]; *see also* European Comm'n, Taking Europe to the World 59 (2004); Alasdair R. Young & John Peterson, *The EU and the New Trade Politics, in* The European Union and the New Trade Politics 1, 2 (John Peterson & Alasdair R. Young eds., 2007).

64 *See Commission White Paper: Completing the Internal Market*, at 22 COM (85) 310 final (June 28, 1985), https://eur-lex.europa.eu/legal-content/EN/ALL/?uri= CELEX%3A51985DC0310 [https://perma.cc/SXF6-GYS3]; *Commission on The Impact and Effectiveness of the Single Market, COM* (96) 520 final (Oct. 30, 1996), https://publications.europa.eu/en/publication-detail/-/publication/84e25462-8584-43db-bcca-da3aee83522f/language-en [https://perma.cc/P6YR-VB69].

65 *Commission Staff Working Document on The External Dimension of the Single Market Review*, at 5–6, SEC (2007) 1519 (Nov. 20, 2007).

66 *Id.* at 8.

67 *Communication on A Single Market for 21st Century Europe*, at 7, COM (2007) 725 final (Nov. 20, 2007) [hereinafter *A Single Market for 21st Century Europe*].

68 *Communication on A Single Market for Citizens*, at 7, COM (2007) 60 final (Feb. 21, 2007); *see also Reducing Emissions from the Aviation Sector*, Eur. Comm'n, http://ec.europa.eu/clima/policies/transport/aviation/index_en.htm (last updated Nov. 13, 2012) [https:// perma.cc/X69S-F3GW].

69 *Communication on An Area of Freedom, Security and Justice Serving the Citizen*, at 9, COM (2009) 262 final (June 10, 2009).

70 *Communication on A Comprehensive Approach on Personal Data Protection in the EU*, at 19, COM (2010) 609 final (Nov. 4, 2010).

71 *Id.* at 16 (원문 강조 제거).

72 Mark Scott and Laurens Cerulus, *Europe's New Data Protection Rules Export Privacy Standards Worldwide*, Politico (Jan. 31, 2018), https://www.politico.eu/article/ europe-data-protection-privacy-standards-gdpr-general-protection-data-regulation/ [https://perma.cc/PKM3-BA3V].

73 European Commission, Trade for All—Towards a More Responsible Trade and Investment Policy, 14 October 2015, https://publications.europa.eu/en/publication-detail/-/publication/84e25462-8584-43db-bcca-da3aee83522f [https://perma.cc/48EY-35SX].

74 European Council, *Promoting EU Value Through Trade* (last updated Nov. 14, 2017), http://www.consilium.europa.eu/en/policies/trade-policy/promoting-eu-values/ [https://perma.cc/B6X3-XAW9].

75 *See* TEU art. 3 ¶5, art. 21 ¶1.

76 *A Single Market for 21st Century Europe, supra* note 67, at 3.

77 *See, e.g.*, Emma Tucker, *Plastic Toy Quandary that EU Cannot Duck*, Fin. Times, Dec. 9, 1998, at 3.

78 Vogel, Politics, *supra* note 5, at 13.

79 *See* Jan Zielonka, *Europe as a Global Actor: Empire by Example?*, 84 Int'l Aff. 471, 475 (2008).

80 *See* Zaki Laïdi, *The Unintended Consequences of European Power* 5 (Les Cahiers Européens de Sciences Po. No. 5, 2007), http://www.cee.sciences-po.fr/erpa/docs/wp_2007_5.pdf [https://perma.cc/V5MK-SFNW].

제2장

1 *See, e.g.*, Daniel W. Drezner, *Globalization, Harmonization, and Competition: The Different Pathways to Policy Convergence*, 12 J. Eur. Pub. Pol'y 841, 847 (2005) [hereinafter Drezner, *Different Pathways*]; *see also, e.g.*, David A. Wirth, *The EU's New Impact on U.S. Environmental Regulation*, 31 Fletcher F. World Aff. 91, 96 (2007).

2 *See* Drezner, *Different Pathways, supra* note 1, at 843.

3 Daniel W. Drezner, All Politics is Global: Explaining International Regulatory Regimes 33–62 (2008).

4 Chad Damro, *Market Power Europe*, 19 J. Eur. Pub. Pol'y 682, 683 (2012).

5 *Id.* at 687.

6 *See* David Vogel & Robert A. Kagan, Dynamics of Regulatory Change: How Globalization Affects national Regulatory Policies 13 (David Vogel & Robert A. Kagan eds., 2004).

7 *See* Alasdair R. Young, *Political Transfer and "Trading Up"? Transatlantic Trade in Genetically Modified Food and U.S. Politics*, 55 World Pol. 457, 459 (2003).

8 *European Union*, CIA World Factbook, https://www.cia.gov/library/publications/ the-world-factbook/geos/ee.html (last visited Sept. 24, 2018) [https://perma.cc/23LD- 7NEU]. GDP 수치는 명목 GDP이다.

9 *GNI, Atlas Method (Current US$)*, The World Bank, https://data.worldbank.org/indicator/NY.GNP.ATLS.CD?locations=EU-1W (last visited Sept. 24, 2018) [https:// perma.cc/GK32-68NU].

10 *Country Comparison: Imports*, CIA World Factbook, https://www.cia.gov/library/Publications/the-world-factbook/rankorder/2087rank.html (last visited Sept. 24, 2018) [https://perma.cc/4RZ9-RCQZ]. *See International Trade in Services*, Eurostat, https://ec.europa.eu/eurostat/statistics-explained/index.php?title=International_trade_in_services (last visited Sept. 24, 2018) [https://perma.cc/RAQ5-VR5R]; *U.S. Imports of Services by Major Category*, U.S. Census Bureau, https://www.census. gov/foreign-trade/Press-Release/current_press_release/exh4.pdf (last visited Sept. 24, 2018) [https://perma.cc/QC6K-WCRN].

11 *United States*, CIA World Factbook, https://www.cia.gov/library/publications/the-world-factbook/geos/us.html (last visited Sept. 24, 2018) [https://perma.cc/4CYP- SC63]; *China*, CIA World Factbook, https://www.cia.gov/library/publication s/the-world-factbook/geos/ch.html (last visited Sept. 24, 2018) [https://perma.cc/ B9YW-6X6E]; *Japan*, CIA World Factbook, https://www.cia.gov/library/publi cations/the-world-factbook/geos/ja.html (last visited Sept. 24, 2018) [https://perma. cc/E5SG-J8U8]. GDP 수치는 명목 GDP이다.

12 *European Union, supra* note 8; *United States, supra* note 11; *China, supra* note 11; *India*, CIA World Factbook, https://www.cia.gov/library/publications/the-world-factbook/geos/in.html (last visited Sept. 24, 2018) [https://perma.cc/CAR8-PYX9].

13 *Statistics Relating to Enlargement of the European Union*, Wikipedia, https://en.wikipedia.org/wiki/Statistics_relating_to_enlargement_of_the_European_Union (last visited Sept. 24, 2018) [https://perma.cc/XFT5-XY3W].

14 *See Negotiations and Agreements*, European Commission, http://ec.europa.eu/trade/policy/countries-and-regions/negotiations-and-agreements/ (last visited Sept. 24, 2018) [https://perma.cc/F2Y9-YUGP].

15 *See generally* Alberto Alesina & Enrico Spolaore, The Size of Nations (2003).

16 *Bilateral trade between European Union (EU 28) and United States of America*, ITC, https://www.trademap.org/Bilateral_TS.aspx?nvpm=1||14719|842||TOTAL|||2|1|1|1|2|1|1|1|1 (last visited Sept. 24, 2018) [https://perma.cc/N795-4LSR]; *Bilateral trade between European Union (EU 28) and Russian Federation*, ITC, https://www.trademap.org/Bilateral_TS.aspx?nvpm=1||14719|643||-

TOTAL|||2|1|1|1|2|1|1|1|1 (last visited Sept. 24, 2018) [https://perma.cc/P5F4-K7F]; *Bilateral trade between European Union (EU 28) and South Africa*, ITC, https://www.trademap.org/Bilateral_TS.aspx?nvpm=1||147 19|710||TOTAL|||2|1|1|1|2|1|1|1|1 (last visited Sept. 24, 2018) [https://perma.cc/AS76- E5GL]; *Bilateral trade between European Union (EU 28) and China*, ITC, https://www.trademap.org/Bilateral_TS.aspx?nvpm=1||14719|156||TOTAL|||2|1|1|1|2|1|1|1|1 (last vis- ited Sept. 24, 2018) [https://perma.cc/KJ9R-FAAU]; *Bilateral trade between European Union (EU 28) and Canada*, ITC, https://www.trademap.org/Bilateral_TS.aspx?nvpm=1||14719|124||TOTAL|||2|1|1|1|2|1|1|1|1 (last visited Sept. 24, 2018) [https://perma.cc/ P663-8XA6]; *Bilateral trade between European Union (EU 28) and Japan*, ITC, https://www.trademap.org/Bilateral_TS.aspx?nvpm=1||14719|392||TOTAL|||2|1|1|1|2|1|1|1| 1 (last visited Sept. 24, 2018) [https://perma.cc/2S-ER-6HFN]; *Bilateral trade between European Union (EU 28) and India*, ITC, https://www.trademap.org/Bilateral_TS.asp x?nvpm=1||14719|699||TOTAL|||2|1|1|1|2|1|1|1|1 (last visited Sept. 24, 2018) [https://perma.cc/5JJK-6CP7]; *Bilateral trade between European Union (EU 28) and Brazil*, ITC, https://www.trademap.org/Bilateral_TS.aspx?nvpm=1||14719|076||TOTAL|||2|1|1|1|2|1|1|1|1 (last visited Sept. 24, 2018) [https://perma.cc/689M-BNEY]; *Bilateral trade between European Union (EU 28) and Australia*, ITC, https://www.trademap.org/Bilateral_TS.aspx?nvpm=1||14719|036||TOTAL|||2|1|1|1|2|1|1|1|1 (last visited Sept. 24, 2018) [https://perma.cc/P9LS-QDCA]; *Bilateral trade between European Union (EU 28) and Korea, Republic of*, ITC, https://www.trademap.org/Bilateral_TS.aspx?nvpm=1||14719|410||TOTAL|||2|1|1|1|2|1|1|1|1 (last visited Sept. 24, 2018) [https://perma.cc/ R6PD-D7EG].

17 *United States, supra* note 16; *Russia, supra* note 16; *China, supra* note 16; *India, supra* note 16; *Brazil, supra* note 16; *Canada, supra* note 16; *Australia, supra* note 16; *Korea, supra* note 16; *Japan, supra* note 16; *South Africa, supra* note 16.

18 Sorin Burnete & Pilasluck Choomta, *The Impact of European Union's Newly-Adopted Environmental Standards on Its Trading Partners*, 10 Stud. in Bus. & Econ. 5, 11 (2015) Jan Ahlen, The "EU Effect" and the Export of Environmental Standards to the U.S., (2009) (unpublished MA thesis, University of North Carolina) https://cdr.lib.unc.edu/indexablecontent/uuid:5045f331-b321-4b5b-991b-596dc0d74b06 [https://perma.cc/HJ3H-5HAX].

19 Facebook, Inc., Annual Report (Form 10-K) 35–38 (Feb. 1, 2018).

20 Robinson Meyer, *Europeans Use Google Way, Way More Than Americans Do*, Atlantic (Apr. 15, 2015), https://www.theatlantic.com/technology/archive/2015/04/europeans-use-google-way-way-more-than-americans-do/390612/ [https://perma.cc/Y6RN-JSNG].

21 Alphabet, Inc., Annual Report (Form 10-K) 32 (Feb. 5, 2018); Amazon.com, Inc., Annual Report (Form 10-K) 70 (Feb. 1, 2018).

22 Kevin Grogan, *Takeda Gives Up on Getting European OK for Sleep Drug*, Pharma Times (Oct. 7, 2011), http://www.pharmatimes.com/news/takeda_gives_up_on_getting_european_ok_for_sleep_drug_980275 [https://perma.cc/MTU2-CB5E].

23 *Id.*

24 Kate O'Neill, *The Changing Nature of Global Hazardous Waste Management: From Brown to Green?*, in Dynamics of Regulatory Change, 156, 156–58 (David Vogel & Robert A. Kagan eds., 2004).

25 *See id.* at 156–58.

26 *See* Jan Zielonka, *Europe as a Global Actor: Empire by Example?*, 84 Int'l Aff. 471, 477– 80 (2008).

27 *See* Emilie M. Hafner-Burton, *Trading Human Rights: How Preferential Trade Agreements Influence Government Repression*, 59 Int'l Org. 593 (2005).

28 *See* David Bach & Abraham L. Newman, *The European Regulatory State and Global Public Policy: Micro-Institutions, Macro-Influence*, 14 J. Eur. Pub. Pol'y 827, 831 (2007).

29 *See id.* at 832.

30 *See* David Bach & Abraham L. Newman, *Domestic Drivers of Transgovernmental Regulatory Cooperation,* 8 Reg. & Governance 395 (2014).

31 *See* Colin Kirkpatrick & David Parker, *Infrastructure Regulation: Models for Developing Asia* 40–41 (Asian Dev. Bank Inst. Discussion Paper No. 6, 2004), https://www.adb.org/sites/default/files/publication/156701/adbi-dp6.pdf [https://perma.cc/9C9L-GSEF]; *See* Xiaoye Wang, *Highlights of China's New Anti-Monopoly Law*, 75 Antitrust L.J. 133, 145 (2008).

32 *See* Nikhil Kalyanpur & Abraham L. Newman, *Mobilizing Market Power: Jurisdictional Expansion as Economic Statecraft* 8 (International Organization 2018), https://www.cambridge.org/core/services/aop-cambridge-core/content/view/880511974FC84FF93C95403A11788147/S0020818318000334a.pdf/mobilizing_market_power_jurisdictional_expansion_as_economic_statecraft.pdf [https://perma.cc/8J8R-36VZ].

33 *See* Sophie Meunier & Kalypso Nicolaïdis, *The European Union as a Conflicted Trade Power*, 13 J. Eur. Pub. Pol'y 906, 907-08 (2006).

34 *See* Giandomenico Majone, *The Rise of the Regulatory State in Europe*, *in* A Reader on Regulation 77, 83–101 (1998).

35 *See* Bach & Newman, *supra* note 28, at 831.

36 *See* Andreja Pegan, *The Bureaucratic Growth of the European Union,* 13 J. Contemp. Eur. Res. 1208–34, 1210 (2017).

37 *See id.* at 1210.

38 Office of Mgmt. & Budget, Exec. Office of the President, Analytical Perspectives: Budget of the U.S. Government Fiscal Year 2018 62 (2018), https://www.gpo.gov/fdsys/pkg/BUDGET-2018-PER/pdf/BUDGET-2018-PER.pdf [https://perma.cc/8BYG-9Q8M].

39 Office of Personnel Mgmt., Exec. Office of the President, Sizing Up the Executive Branch: Fiscal Year 2018 6 (2018), https://www.opm.gov/policy-data-oversight/data-analysis-documentation/federal-employment-reports/reports-publications/sizing-up-the-executive-branch-2016.pdf [https://perma.cc/426U-UB5T].

40 *See id.*

41 Hussein Kassim, John Peterson & Michael W. Bauer, The European Commission of the Twenty-First Century 39 (2013).

42 Antonis A. Ellinas & Ezra Suleiman, The European Commission and Bureaucratic Autonomy 10–11 (2012).

43 *See* Liesbet Hooghe, *Images of Europe: How Commission Officials Conceive Their Institution's Role*, 50 J. Common Mkt. Stud. 87, 101 (2012).

44 *See* Liesbet Hooghe, *Several Roads Lead to International Norms, but Few via International Socialization: A Case Study of the European Commission*, 59 Int'l Org. 861, 874 (2005).

45 *Id.*

46 *See* Antonis Ellinas & Ezra S. Suleiman, *Supranationalism in a Transnational Bureaucracy: The Case of the European Commission*, 49 J. Common Mkt. Stud. 924, 941 (2011); Jeremy Richardson, *The Onward March of Europeanization: Tectonic Movement and Seismic Events, in* Constructing a Policy-Making State? Policy Dynamics in the EU 334, 340 (Jeremy Richardson ed., 2012).

47 *See* Berthold Rittberger & Arndt Wonka, *Introduction: Agency Governance in the European Union*, 18 J. Eur. Pub. Pol'y 780, 782 (2011); Mark Thatcher, *The Creation of European Regulatory Agencies and its Limits: a Comparative Analysis of European Delegation*, 18 J. Eur. Pub. Pol'y 790, 801–02 (2011); Daniel Kelemen, *The Politics of 'Eurocratic" Structure and the New European Agencies*, 25 W. Eur. Pol. 93 (2002); David Levi-Faur, *Regulatory Networks and Regulatory Agencification: Towards a Single European Regulatory Space*, 18 J. Eur. Pub. Pol'y 810, 813 (2011).

48 John Peterson, *The Commission and the New Intergovernmentalism, in* The New Intergovernmentalism: States and Supranational Actors in the Post- Maastricht Era 185, 197 (Bickerton et al. eds., 2015).

49 *See* Bach & Newman, *supra* note 28, at 832.

50 Regulation (EU) 679/16, art. 83, 2016 O.J. (L119) 1.

51 European Commission Press Release IP/17/1784, Antitrust: Commission Fines Google €2.42 Billion For Abusing Dominance as Search Engine by Giving Illegal Advantage to Own Comparison Shopping Service (June 27, 2017), https://europa.eu/rapid/press-release_IP-17-1784_en.htm [https://perma.cc/BEX2-FPRZ]; European Commission Press Release IP/18/4581, Antitrust: Commission Fines Google €4.34 Billion for Illegal Practices Regarding Android Mobile Devices to Strengthen Dominance of Google's Search Engine (July 18, 2018), https://europa.eu/rapid/press-release_IP-18-4581_en.htm [https://perma.cc/BEX2-FPRZ]; European Commission Press Release IP/19/1770, Antitrust: Commission Fines Google €1.49 Billion for Abusive Practices in Online Advertising (Mar. 20, 2019), http://europa.eu/rapid/press-release_IP-19-1770_en.htm [https://perma.cc/8L6C-PD2J].

52 Lorna Woods & Philippa Watson, Steiner & Woods EU Law 51 (12th ed. 2014).

53 R. Daniel Kelemen, *Law, Fiscal Federalism, and Austerity*, 22 Ind. J. Global Legal Stud. 379 (2015).

54 Case C-438/05, Int'l Transp. Workers' Fed'n v. Viking Line ABP, 2007 E.C.R. I-10779; *See* Darren G. Hawkins, David A. Lake, Daniel L. Nielson & Michael J. Tierney, *Delegation Under Anarchy: States, International Organizations, and Principal-Agent Theory, in* Delegation and Agency in International Organizations 3–38 (Darren G. Hawkins et. al. eds., 2006)

55 Case C-376/98 Germany v Parliament and the Council ("Tobacco Advertising I"), 2000 E.C.R. 8419 and Case C-380/03 Germany v Parliament and the Council ("Tobacco advertising II"), 2006 E.C.R. 11573.

56 *See* Philip Blenkinsop, *EU Takes Ireland to Court for Not Claiming Apple Tax Windfall*, Reuters (Oct. 4, 2017), https://www.reuters.com/article/us-eu-apple-taxavoidance-court/eu-takes-ireland-to-court-for-not-claiming-apple-tax-windfall-idUSKCN1C913I [https://perma.cc/B27G-RUH3]; Simon Bowers, *Starbucks and Fiat Sweetheart Tax Deals with EU Nations Ruled Unlawful*, Guardian (Oct. 21, 2015), https://www.theguardian.com/business/2015/oct/21/starbucks-and-fiat-tax-deals-with-eu-nations-ruled-unlawful [https://perma.cc/F8PT-KLMY].

57 Consolidate-d Version of the Treaty on the Functioning of the European Union, June 7, 2016, 2016 O.J. (C202) 59 [hereinafter TFEU], arts. 107,108, 109.

58 Stephen C. Sieberson, *Inching toward EU Supranationalism—Qualified Majority Voting and Unanimity under the Treaty of Lisbon*, 50 Va. J. Int'l L. 919 (2010).

59 Elisa Morgera, *Environmental Law, in* Eur. Union Law 657 (Barnard & Peers eds., 2014).

60 *See, e.g.*, Single European Act art. 6, Feb. 17, 1986, 1987 O.J. (L 169) 1; Treaty on European Union art. G, Feb. 7, 1992, 1992 O.J. (C 191) 1, 5-44; Treaty of Lisbon Amending the Treaty on European Union and the Treaty Establishing the European Community, Dec. 13, 2007, 2007 O.J. (C 306) 1 [hereinafter Treaty of Lisbon].

61 TFEU art. 294.

62 George Tsebelis & Geoffrey Garret, *Legislative Politics in the European Union*, 1 Eur. Union. Pol. 9 (2000); Oliver Costa & Nathalie Brack, *The Role of the European Parliament in Europe's Integration and Parlamentarization Process, in* Parliamentary Dimensions of Regionalization and Globalization 45, 45–69 (2013).

63 Renaud Dehousse, The European Court of Justice: The Politics of Judicial Integration (1998).

64 R. Daniel Kelemen & Susan K. Schmidt, *Introduction—the European Court of Justice and Legal Integration: Perpetual Momentum?*, 19 J. Eur. Pub. Pol'y 1 (2012); Judicial Activism at the European Court of Justice (Mark Dawson et al., 2013).

65 Case C-6/64, Flaminio Costa v. E.N.E.L., 1964 E.C.R. 585.

66 Case C-26/62, Onderneming van Gend & Loos v. Neth. Inland Revenue Admin., 1963 E.C.R. 3.

67 Duncan Robinson & Alex Barker, *EU's top judge defends ECJ against charges of integration agenda*, Financial Times (Nov. 22, 2016), https://www.ft.com/content/0e132ef8-af0c- 11e6-a37c-f4a01f1b-0fa1 (on file with author); See Keleman & Schmidt, *supra* note 64.

68 *See, e.g.*, Case C-333/13, Dano v. Jobcenter Leipzig, 2014 E.C.R. 2358.

69 *See* Giandomenico Majone, *From the Positive to the Regulatory State: Causes and Consequences of Changes in the Mode of Governance*, 17 J. Pub. Pol'y 139, 144 (1997).

70 *See id.* at 163.

71 *Compare* TFEU, *supra* note 57, arts. 3–4, *with id.* art. 6.

72 *See* TFEU, 2016 O.J. (C202) 59, arts. 3, 4, and 6.

73 J. Luis Guasch & Robert W. Hahn, *The Costs and Benefits of Regulation: Implications for Developing Countries*, 14 World Bank Res. Observer 137, 138 (1999); *see also* Euel Elliott, James L. Regens & Barry J. Seldon, *Exploring Variation in Public Support for Environmental Protection*, 76 Soc. Sci. Q. 41 (1995).

74 *See, e.g.*, Ragnar E. Löfstedt & David Vogel, *The Changing Character of Regulation: A Comparison of Europe and the United States*, 21 Risk Analysis 399, 400–01 (2001).

75 *See* David Vogel, The Politics of Precaution: Regulating Health, Safety, and Environmental Risks in Europe and the United States 10 (2012) [hereinafter Vogel, Politics].

76 *See* R. Daniel Kelemen & David Vogel, *Trading Places: The US and the EU in International Environmental Politics*, 43:4 Comp. Pol. Stud. 427.

77 *See supra* note 75 at 22–42.

78 *See supra* note 75 at 34–42, 235–36.

79 Single European Act, Feb. 17, 1986, 1987 O.J. (L169) [hereinafter SEA].

80 *See* Ian Bache & Stephen George, Politics in the European Union 160 (1st ed. 2006).

81 Mitchell P. Smith, Environmental and Health Regulation in the United States and the European Union: Protecting Public and Planet 2 (2012).

82 Paulette Kerzer, *Transatlantic Risk Perceptions, Public Health, and Environmental Concerns: Coming Together or Drifting Apart?*, *in* The State of the European Union Vol. 7: With US or Against US? European Trends in American Perspective (2006).

83 Ben Clift, *Comparative Capitalism, Ideational Political Economy and French Post-Dirigiste Responses to the Global Financial Crisis,* 17 J. New Pol. Econ. 565 (2012); Ulrich Witt, *Germany's "Social Market Economy": Between Social Ethos and Rent Seeking*, 6 Indep. Rev. 365 (2002).

84 *See* Clift, *supra* note 83, at 565; Witt, *supra* note 83, at 365.

85 Stein Kuhnle, *The Beginnings of the Nordic Welfare States: Similarities and Differences*, 21 Acta Sociologica 9 (1978).

86 Veit Koester, Nordic Countries' Legislation on the Environment with Special Emphasis on Conservation—A Survey, (1979); Konrad Adenauer Stiftung, History of Energy and Climate Energy Policy in Germany: CUD Perspectives 1958–2014 (2014).

87 *Commission Institutional Paper on State-Owned Enterprises in the EU: Lessons Learnt and Ways Forward in a Post-Crisis Context*, No. 031, COM (July 2016), https://ec.europa.eu/ info/sites/info/files/file_import/ip031_en_2.pdf [https://perma.cc/QSC8-83ZZ].

88 *See* Peter A. Hall & David Soskice, Varieties of Capitalism: The Institutional Foundations of

Comparative Advantage (2001).

89 Treaty of Lisbon, *supra* note 60, art. 1(4).

90 Katharina Pistor, *Legal Ground Rules in Coordinated and Liberal Market Economies*, ECGI—Law Working Paper No. 30/2005 (2005), https://ecgi.global/sites/default/ files/working_papers/documents/SSRN-id695763.pdf [https://perma.cc/FW5U-Z98N].

91 Kira Brecht, *How US and EU Capital Markets are Different*, Open Market (Oct. 29, 2015), http://openmarkets.cmegroup.com/10431/how-u-s-and-eu-capital-markets-are-different [https://perma.cc/2K4Y-BUB7]; Ines Goncalves Raposo & Alexander Lehmann, *Equity Finance and Capital Market Integration in Europe*, European Union (Jan. 2019), http://bruegel.org/wp-content/uploads/2019/01/PC-2019-03.pdf [https://perma.cc/ B5XV-SMYJ].

92 *See* Jonathan B. Wiener & Michael D. Rogers, *Comparing Precaution in the United States and Europe*, 5:4 J. of Risk Research 317, 336 (2002), https://scholarship.law.duke.edu/cgi/viewcontent.cgi?article=1985&context=faculty_scholarship [https://perma.cc/ Z2HJ-DWJC].

93 Andreas Ladner, *The Polarization of the European Party System—New Data, New Approach, New Results* 7 (Sept. 5, 2014) (paper presented in panel P361—"The Methodological Challenges of Designing Cross-National Voting Advice Applications" at the ECPR General Conference), https://ecpr.eu/Filestore/PaperProposal/f989009a-d679-465d-aff7-f6573671fd16.pdf [https://perma.cc/W4UQ-PBQU].

94 Jean-Claude Juncker, Candidate for President, Eur. Comm'n, Opening Statement in the European Parliament Plenary Session, A New Start for Europe: My Agenda for Jobs, Growth, Fairness and Democratic Change §6 (July 15, 2014).

95 Susan Rose-Ackerman, *Regulation and the Law of Torts*, 81 Am. Econ. R. 54, 54 (1991).

96 *See* W. K. Viscusi, *Structuring anEffective Occupational Disease Policy: Victim Compensation and Risk Regulation*, 2 Yale J. Reg. 53 (1984); Richard Posner, *Regulation (Agencies) versus Litigation (Courts): An Analytical Framework, in* Regulation vs. Litigation: Perspectives from Economics and Law 11, 20 (2011).

97 *See* Steven Shavell, *Liability for Accidents, in* Handbook for Law and Economics 142, 176 (Vol. 1, 2007).

98 *See* Steven Shavell, *Liability for Harm versus Regulation of Safety*, 13 J. L. Stud. 357, 369 (1984) [hereinafter Shavell, *Liability for Harm*].

99 *See id.* at 357.

100 *See* Posner, *supra* note 96, at 14.

101 *See* W. Kip Viscusi, *Toward a Diminished Role for Tort Liability: Social Insurance, Government Regulation, and Contemporary Risks to Health and Safety*, 6 Yale J. Reg. 65, 71 (1989) [hereinafter Viscusi, Tort Liability].

102 *See* R. Daniel Kelemen, Eurolegalism: The Transformation of Law and Regulation in the European Union 28 (2011).

103 European Commission Press Release IP/18/3041, A New Deal for Consumers: Commission Strengthens EU Consumer Rights and Enforcement (Apr. 11, 2018). 이 제안된 법안은 대표 소송을 통한 금지명령 구제를 허용하지만 집단 구제를 인정하지 않는 EU의 2009년 금지명령 지침을 대체할 것이다. See Directive 2009/22/EC of the European Parliament and of the Council of 23 April 2009 on Injunctions for the Protection of Consumers' Interests, 2009 O.J. (L 110) 30.

104 *See* Vogel, Politics, supra note 75, at 257.

105 *See* 3 C.F.R. 215.

106 *See* Exec. Ord. No. 12,866, 3 C.F.R. 638 (1994); Unfunded Mandates Reform Act of 1995, Pub. L. No. 104-4, §§ 201-202 109 Stat. 48 (codified at 2 U.S.C. §§ 15031-32 (2014)).

107 *See, e.g.*, Indus. Union Dep't, AFL-CIO v. Am. Petroleum Inst. (*The Benzene Case*), 448 U.S. 607, 642-46 (1980); *see also* Exec. Order No. 13,563, 3 C.F.R. 215, 215 (2011). *see also* Cass R. Sunstein, The Cost Benefit Revolution 4 (2018).

108 *Communication from the Commission on Impact Assessment*, COM (2002) 276 final (June 5, 2002).

109 *Commission Staff Working Document, Better Regulation Guidelines*, at 15, SWD (2017) 350 (July 7, 2017), https://ec.europa.eu/info/sites/info/files/better-regulation-guide-lines.pdf [https://perma.cc/Q8TL-ENG2].

110 *See* Richard Parker & Alberto Alemanno, *Comparative Overview of EU and US Legislative and Regulatory Systems: Implications for Domestic Governance & the Transatlantic Trade and Investment Partnership*, 22 Colum. J. Eur. L., 61, 85-89 (2016).

111 *Commission Staff Working Paper: Operational Guidance on Taking Account of Fundamental Rights in Commission Impact Assessments*, SEC (2011) 567 final (May 6, 2011), http://ec.europa.eu/smart-regulation/impact/key_docs/docs/sec_2011_0567_en.pdf [https://perma.cc/Y2PL-HA5D].

112 *See id.* at 87.

113 *See* Jonathan Wiener & Alberto Alemanno, *Comparing Regulatory Oversight Bodies Across the Atlantic: The Office of Information and Regulatory Affairs in the US and the Impact Assessment Board in the EU, in* Comparative Administrative Law (Susan Rose-Ackerman & Peter Lindseth eds., 2010).

114 *See* Vogel, Politics, supra note 75, at 261-66. For an alternative view, *See* Swedlow et al., *A Quantitative Comparison of Relative Precaution in the United States and Europe, 1970-2004, in* The Reality of Precaution: Comparing Risk Regulation in the United States and Europe 377, 378-79 (Jonathan Wiener et al. eds., 2011).

115 *See* Vogel, Politics, *supra* note 75, at 4.

116 *See* Vogel, Politics, *supra* note 75, at 261-66.

117 *See id.* at 259.

118 *See, e.g., Communication on the Precautionary Principle*, at ¶ 1, COM (2000) 1 final (Feb. 2, 2000).

119 *See, e.g., id.; see also* Sarah Harrell, *Beyond "REACH"?: An Analysis of the European Union's Chemical Regulation Program Under World Trade Organization Agreements*, 24 Wis. Int'l L.J. 471, 481-89

(2007). *See* Case T-13/99, Pfizer Animal Health SA v. Council, 2002 E.C.R. II-3318, ¶ 142.

120 Ragnar E. Löfstedt, *The Swing of the Regulatory Pendulum in Europe: From Precautionary Principle to (Regulatory) Impact Analysis*, 28 J. Risk & Uncertainty 237, 243–44 (2004).

121 Maastricht Treaty: Treaty on European Union, art. 1, 7 February 1992, 1992 O.J. (C191) 1, 31 I.L.M. 253.

122 *See* Löfstedt, *supra* note 120, at 243–45.

123 *See* Yves Tiberghien, *Competitive Governance and the Quest for Legitimacy in the EU: The Battle over the Regulation of GMOs since the mid-1990s*, 31 J. Eur. Integration 389, 404–05 (2009); Giandomenico Majone, *Political Institutions and the Principle of Precaution, in* The Reality of Precaution: Comparing Risk Regulation in the United States and Europe 377, 414 (Jonathan Wiener et al. eds., 2011).

124 *Communication from the Commission on the Precautionary Principle*, COM (2000) 1 final (Feb. 2, 2000); The Precautionary Principle in the 20th Century: Late Lessons from Early Warnings 5 (Harremoes et al. eds., 2013).

125 *See* Vogel, Politics, *supra* note 75, at 268–69. *See also* Giandomenico Majone, Dilemmas of European Integration 125–26 (2005).

126 *See* David Vogel, *The Hare and the Tortoise Revisited: The New Politics of Consumer and Environmental Regulation in Europe*, 33 Brit. J. Pol. Sci. 557, 566 (2003).

127 *See* Vogel, Politics, *supra* note 75, at 271.

128 *See* Kenisha Garnett & David Parsons, Multi-Case Review of the Application of the Precautionary Principle in European Union Law and Case Law, 37 Risk Analysis 502, 511 (2017).

129 *See, e.g.*, Case T-70/99, Alpharma v. Council, 2002 E.C.R. II-3506; Joined Cases T-74, T-76, T-83, T-84, T-85, T-132, T-137, T-141/00, Artegodan GmbH v. Comm'n, 2002 E.C.R. II-4948; Case T-13/99, Pfizer Animal Health, 2002 E.C.R. II-3318.

130 Joined Cases T-74, T-76, T-83, T-84, T-85, T-132, T-137, T-141/00, Artegodan GmbH v. Comm'n, 2002 E.C.R. II-4948, ¶ 184.

131 EU(14개국) 전역에 걸쳐 적용되는 다양한 레짐에 대한 개요는 다음을 참조하라. *European Online Gambling Outlook 2017,* Gambling Compliance (Jan. 17, 2017), https://gamblingcompliance.com/premium-content/research_report/european-online-gambling-outlook-2017 [https://perma.cc/TF5K-X65N].

132 Loi 2010-476 du 12 mai 2010 relative à l'ouverture à la concurrence et à la régulation du secteur des jeux d'argent et de hasard en ligne [Law 2010-476 of May 12, 2010 on the Opening Up to Competition and Regulation of the Online Gambling Industry], https://www.legifrance.gouv.fr/affichTexte.do?cidTexte=JORFTEXT000022204510 [https://perma.cc/MY8J-LNA4]; Taylor Wessing, *Gambling Law in Germany,* Lexology (June 7, 2017), https://www.lexology.com/library/detail.aspx?g=6111b061-3533-4573-97a9-70bfd7f46d2b [https://perma.cc/9B8G-UJLV].

133 EU가 선호하는 규제를 수출하기 전에 일정 수준의 외부 규제 합의를 얻어야 할 때도 비슷한 이슈가 발

생한다. See, e.g., AR Young, *Europe as a Global Regulator: The Limits of EU Influence in International Food Safety Standards*, 21 J. Eur. Pub. Pol'y 904 (2014).

134 *See* Stephen Castle, *Europeans Introduce Corporate Tax Plan*, N.Y. Times, Mar. 17, 2011, at B5; *EU Corporate Tax Plan Deals Blow to Irish*, EurActiv.com (Mar. 16, 2011), https://www.euractiv.com/section/euro-finance/news/eu-corporate-tax-plan-deals-blow-to-irish/ [https://perma.cc/M7SM-EKRM]; *see also Tax Wars: New Versus Old Europe,* Economist, July 24, 2004, at 61.

135 *See Common Consolidated Corporate Tax Base (CCCTB)* European Comm'n, https://ec.europa.eu/taxation_customs/business/company-tax/common-consolidated-corporate-tax-base-ccctb_en [https://perma.cc/GK4W-VQV6]; Press Release, European Comm'n, Commission Proposes Major Corporate Tax Reform for the EU (Oct. 25, 2016), http://europa.eu/rapid/press-release_IP-16-3471_en.htm [hereinafter Tax Reform Press Release] [https://perma.cc/NW46-Q8TN].

136 Jim Brunsden, *Brussels Proposes Europe-Wide Corporate Tax System*, ft.com (Oct. 25, 2016), https://www.ft.com/content/4bfe986c-9ac4-11e6-b8c6-568a43813464 (on file with author).

137 Tax Reform Press Release, *supra* note 135.

138 Pat Leahy, *Michael Noonan Attacks EU Body Over Corporate Tax Plans*, Irish Times (Feb. 28, 2017), https://www.irishtimes.com/business/economy/michael-noonan-attacks-eu-body-over-corporate-tax-plans-1.2991443 [https://perma.cc/JHJ5-KWN9].

139 21 C.F.R. § 1240.61 (2018); Corrigendum to Regulation 853/2004 Laying Down Specific Hygiene Rules for Food of Animal Origin, 2004 O.J. (L 226) 22.

140 Final Determination Regarding Partially Hydrogenated Oils, 80 Fed. Reg. 34650 (June 17, 2015).

141 European Comm'n, Report From the Commission to the European Parliament and the Council Regarding Trans Fats in Foods and in the Overall Diet of the Union Population, COM (2015) 619 final (Dec. 3, 2015), https://ec.europa.eu/food/sites/food/files/safety/docs/fs_labelling-nutrition_trans-fats-report_en.pdf [https://perma. cc/F965-VHGR]; European Comm'n, *Open Public Consultation on the Initiative to Limit Industrial Trans Fats Intakes in the EU*, https://ec.europa.eu/info/consultations/open-public-consultation-initiative-limit-industrial-trans-fats-intakes-eu_en [https://perma.cc/BDE4-WWFD].

142 Sarbanes-Oxley Act of 2002, Pub. L. No. 107-204, 116 Stat. 745 (codified at 15 U.S.C. §§ 7201-7266 (2006)). *See* Abraham L. Newman, Protectors of Privacy: Regulating Personal Data in the Global Economy, 146 (2008).

143 Dodd-Frank Wall Street Reform and Consumer Protection Act, Pub. L. No. 111-203, 124 Stat. 1376 (codified as amended in scattered sections of 12, 15, 22, and 26 U.S.C.).

144 *See, e.g.*, Bob Sherwood, *Long Arm of the US Regulator*, ft.com (Mar. 9, 2005, 6:37 PM), https://www.ft.com/content/be157b6a-90c6-11d9-9980-00000e2511c8 (on file with author); *see also* John C. Coffee, Jr., *Racing Towards the Top?: The Impact of Cross-Listings and Stock Market Competition on International Corporate Governance,* 102 Colum. L. Rev. 1757 (2002).

145 Regulation 2017/821 of the European Parliament and of the Council Laying Down Supply Chain

Due Diligence Obligations for Union Importers of Tin, Tantalum and Tungsten, Their Ores, and Gold Originating from Conflict-Affected and High-Risk Areas, 2017 O.J. (L 130), 1 [hereinafter "Regulation 2017/821]. 이 규정의 실질적 내용은 Regulation 2017/821, Art. 20(3)에 따라 2021년에 발효될 예정이다..

146 *See* Sue Miller, Nate Lankford & Quinnie Lin, *3 Ways EU Conflict Minerals Rule Differs from US Approach*, Law360 (Mar. 20, 2017, 5:26 PM), https://www.law360.com/articles/903845/3-ways-eu-conflict-minerals-rule-differs-from-us-approachl[https://perma.cc/G4B3-CRFZ]; Cydney S. Posner, *European Parliament ApprovesConflict Mineral Rules for EU,* CooleyPubCo(Mar. 20, 2017), https://cooleypubco.com/2017/03/20/european-parliament-approves-conflict-minerals-rules-for-the-eu/[https://perma.cc/VH3G-MUNF].

147 이러한 영역들은 여전히 유럽위원회가 정의해야 한다. Regulation 2017/821, Art. 14(2).

148 미국 규제는 수입업체의 실사 의무를 초기 "합리적 원산국 조사" 검사로 제한하며, 이에 따라 기업은 생산에 사용하는 분쟁 광물이 규제 대상 국가에서 온다는 사실을 알고 있거나 그렇게 믿을 만한 이유가 있는 경우에만 실사를 수행해야 한다. 반면, EU 규제는 EU 규제의 적용을 받는 모든 수입업체에게 실사를 수행할 것을 요구한다.

149 The Personal Data Protection Bill 2018 (Draft) (India), art. 4, https://meity.gov.in/writereaddata/files/Personal_Data_Protection_Bill%2C2018_0.pdf [https://perma.cc/8ZTN-6YAX].

150 *Id.* at art. 3(13).

151 *Id.* at art 40.

152 *Id.* at art 40.

153 참고로 이 책은 "탄력적"과 "비탄력적"이라는 개념을 사용함에 있어 일부 자유롭게 해석하며, 수요 탄력성(상품 수요가 가격과 같은 다른 경제적 변수의 변화에 얼마나 민감한지를 나타냄)과 같은 개념의 활용에 있어서 경제학의 전통적 사용법과는 다소 차이가 있다.

154 Regulation (EC) 1907/2006, of the European Parliament and of the Council of 18 December 2006 Concerning the Registration, Evaluation, Authorisation and Restriction of Chemicals (REACH), Establishing a European Chemicals Agency, 2007 O.J. (L 136) 3 [hereinafter REACH].

155 Directive 2002/95/EC, of the European Parliament and of the Council of 27 January 2003 on the Restriction of the Use of Certain Hazardous Substances in Electrical and Electronic Equipment, 2003 O.J. (L 37) 19 [hereinafter RoHS Directive].

156 Regulation 2016/679, of the European Parliament and of the Council of 27 April 2016 on the protection of natural persons with regard to the processing of personal data and on the free movement of such data, and repealing Directive 95/46/EC (General Data Protection Regulation) 2016 O.J. (L 119) 32, 33 [hereinafter GDPR].

157 Kalyanpur & Newman, *supra* note 32.

158 Paul L. Davies, *Financial Stability and the Global Influence of EU Law, in* EU Law Beyond EU Borders: The Extraterritorial Reach of EU Law (Marise Cermona & Joanne Scott eds.2019).

159 Yesha Yadav & Dermot Turing, *The Extraterritorial Regulation of Clearinghouses,* 2 J. Fin. Reg. 21,

22 (2016).

160 *Id.* at 23.

161 *Id.*

162 *Id.* at 26.

163 국제 자본 이동성은 다양한 요인에 따라 좌우되며, 제한된 환율 통제와 더불어 외국 기업과 개인이 해외직접투자(FDI)를 수행하고 해외 주식 시장에 투자할 수 있는 능력을 전제로 한다.

164 *Commission Proposal for a Council Directive on a Common System of Financial Transaction Tax and Amending Directive 2008/7/EC,* COM (2011) 594 final (Sept. 28, 2011).

165 *See* Joshua Chaffin et al., Business Lashes Out at Trading Tax Plans, Fin. Times (London), Sept. 29, 2011, at 1. Press Release, European Comm'n, Common Rules for a Financial Transaction Tax—Frequently Asked Questions (Sept. 28, 2011), http://europa.eu/rapid/pressReleasesAction.do?reference=MEMO/11/640 [https://perma.cc/9A4V-AG63

166 Boris Groendahl & Alexander Weber, *Austria Says EU Financial Transaction Tax is on Wrong Track*, Bloomberg (Sept. 5, 2018), https://www.bloomberg.com/news/articles/2018-09-05/austria-says-europe-s-push-for-transaction-tax-is-on-wrong-track (on file with author).

167 *See* European Comm'n, *supra* note 165. 금융거래세는 브뤼셀 효과의 다른 조건들 또한 누락된 사례이다. 다시 말해 현재 EU는 이 세금을 부과할 규제 권한(또는 역량)이 부족하다. 일부 회원국들이 이 입법안에 반대하고 있어 필요한 규제 성향도 결여되어 있다. 게다가 거래 활동을 위한 대체 가능한 시장도 존재하므로 EU의 영향력이 감소하고 있다. 마지막으로, 모든 관할권이 동일한 세금을 적용할 필요는 없고 대신 자신의 관할권 내 거래를 규제할 자율성을 유지한다는 점에서 이 세금은 분할적이다.

168 그러나 2018년 독일과 프랑스가 프랑스에서 시행된 세금 부과를 기반으로 제안한 더 좁은 범위의 법안은 2019년 초 관련 재무장관 회의에서 긍정적인 가능성을 보여주었다. *See* Alexander Weber, *Germany, France Try to Jump-Start EU Financial-Transaction Tax*, Bloomberg (Dec. 3, 2018), https://www.bloomberg.com/news/articles/2018-12-03/germany-france-try-to-jump-start-eu-financial-transaction-tax (on file with author).

169 Parliament and Council Directive 2013/36/EU, On Access to the Activity of Credit Institutions and the Prudential Supervision of Credit Institutions and Investment Firms, 2013 O.J. (L 176) 338.

170 Jim Brunsden, *Brussels Proposes Europe-Wide Corporate Tax System*, Fin. Times (Oct. 25, 2016), https://www.ft.com/content/4bfe986c-9ac4-11e6-b8c6-568a43813464 (on file with author).

171 Mehreen Khan et. al., *Google, Facebook and Apple Face 'Digital Tax' on EU Turnover*, Fin. Times (Mar. 15, 2018), https://www.ft.com/content/e38b60ce-27d7-11e8-b27e- cc62a39d57a0 (on file with author); *Commission Proposal for a Council Directive on Laying Down Rules Relating to the Corporate Taxation of a Significant Digital Presence*, COM (2018) 147 final (Mar. 21, 2018).

172 Case C-34/10, Brüstle v. Greenpeace eV., EUR-Lex62010CJ0034 (Oct. 18, 2011).

173 *See Scientists Fear Stem Cell Ruling Deals Blow to EU Research*, EurActiv.com (Oct. 19, 2011), https://www.euractiv.com/section/health-consumers/news/scientists-fear-stem-cell-ruling-deals-blow-to-eu-research/ [https://perma.cc/275L-3M9Z].

174 Mary Beth Warner, *'German Reasoning Won Out' in Stem Cell Ruling*, Spiegel (Oct. 19, 2011) http://www.spiegel.de/international/the-world-from-berlin-german-reasoning-won-out-in-stem-cell-ruling-a-792721.html [https://perma.cc/E4UB-M2ZR].

175 최근까지 중국은 EU 종이 폐기물의 약 14%와 플라스틱 폐기물의 20%를 수거하여 재활용했다. *See* Paola Tamma, *China's Trash Ban Forces Europe to Confront its Waste Problem, Politico* (Feb. 21, 2018), https://www.politico.eu/article/europe-recycling-china-trash-ban-forces-europe-to-confront-its-waste-problem/ [https://perma.cc/ARB9-634U].

176 Eur. Envtl. Agency Report, Movements of Waste Across the EU's Internal and External Borders (2012), *EU Exporting More Waste, Including Hazardous Waste*, Eur. Env't Agency (Nov. 6, 2012), https://www.eea.europa.eu/highlights/eu-exporting-more-waste-including [https://perma.cc/96PT-J9G8]; Sandra Laville, *UK Worst Offender in Europe for Electronic Waste Exports—Report,* Guardian (Feb. 7, 2019), https://www.theguardian.com/environment/2019/feb/07/uk-worst-offender-in-europe-for-electronic-waste-exports-report [https:// perma.cc/XAJ7-WAHJ].

177 이 문헌에 대한 개요는 다음을 참조하라. Bruce Carruthers & Naomi Lamoreaux, *Regulatory Races: The Effects of Jurisdictional Competition on Regulatory Standards*, 54 J. Econ. Lit. 52 (2016); Vogel & Kagan, *supra* note 6.

178 Daniel Drezner, *Globalization and Policy Convergence*, 3 Int'l Studies Rev. 53, 57–58 (2001) [hereinafter Drezner, *Globalization and Policy*].

179 *Id.* at 69, 75.

180 Vogel & Kagan, *supra* note 6.

181 Bruce Carruthers & Naomi Lamoreaux, *supra* note 177, at 89–90.

182 *Id.* at 54. *See also* Charles M. Tiebout, *A Pure Theory of Local Expenditures*, 64 J. Pol. Econ. 416 (1956).

183 *See* Drezner, *Different Pathways supra* note 1, at 844–45; David Lazer, *Regulatory Interdependence and International Governance*, 8 J. Eur. Pub. Pol'y 474, 476–78 (2001).

184 *Oracle's Use of Potentially Harmful Substances*, Oracle, http://www.oracle.com/us/products/applications/green/harmful-substances-185039.html (last visited Oct. 21, 2018), [https://perma.cc/7UW7-S8QW].

185 *See* Joel Waldfogel, The Tyranny of the Market: Why You Can't Always Get What You Want (2007).

186 *See* Anu Bradford, *Antitrust Law in Global Markets, in* Research Handbook on the Economics of Antitrust Law 283, 308-11 (Einer Elhauge ed., 2012).

187 *See* US Dep't of Justice, Corporate Leniency Policy (1993) https://www.justice.gov/atr/file/810281/download [https://perma.cc/3X5L-89NB]; *Leniency*, European Commission, http://ec.europa.eu/competition/cartels/leniency/leniency.html (last visited Oct. 22, 2018) [https://perma.cc/N2CT-2DJS].

188 표준 계약의 이점에 대한 자세한 내용은 다음을 참조하라. Marcel Kahan and Michael Klausner,

Standardization and Innovation in Corporate Contracting (Or "The Economics of Boilerplate"), Virginia L. Rev., Vol, 83, May 1997 No 4.

189 GDPR, *supra* note 156, at 48.

190 David Ingram, *Exclusive: Facebook to Put 1.5 Billion Users Out of Reach of New EU Privacy Law*, Reuters (Apr. 18, 2018), https://www.reuters.com/article/us-facebook-privacy-eu-exclusive/exclusive-facebook-to-change-user-terms-limiting-effect-of-eu-privacy-law-idUSKBN1HQ00P [https://perma.cc/BX7R-B998].

191 *See* Ryan Singel, *EU Tells Search Engines to Stop Creating Tracking Databases*, Wired (Apr. 8, 2008), http://www.wired.com/threatlevel/2008/04/eu-tells-search/ [https://perma.cc/ZH4T-S3QW].

192 *See, e.g.*, Regulation (EC) 1829/2003 of the European Parliament and of the Council of 22 September 2003 on Genetically Modified Food and Feed, 2003 O.J. (L 268).

193 *See, e.g.*, Case C-442/09, Bablok v. Freistaat Bayern, EUR-Lex 62009CJ0442, at 8 (Sept. 6, 2011); Charles E. Hanrahan, Congr. Research Serv., RS21556, Agricultural Biotechnology: The U.S.-EU Dispute 5 (2010).

194 *See* REACH, *supra* note 154, arts. 5-7, at 37-38.

195 Wirth, *supra* note 1, at 102-03; Joanne Scott, *From Brussels with Love: The Transatlantic Travels of European Law and the Chemistry of Regulatory Attraction*, 57 Am. J. Comp. L. 897, 908-20, 939-40 (2009); Vogel, Politics, *supra* note 75, at 169, 204, 217; Henrik Selin & Stacy D. VanDeveer, *Raising Global Standards: Hazardous Substances and E-Waste Management in the European Union*, Environment, Dec. 2006, at 7, 14.

196 *See* Theodore Levitt, *The Globalization of Markets*, Harv. Bus. Rev., May 1983, at 39-49 https://hbr.org/1983/05/the-globalization-of-markets [https://perma.cc/42XS- ENV7]; Simón Teitel, Economies of Scale and Size of Plant: The Evidence and the Implications for the Developing Countries, 13 J. Common Mkt. Stud. 92, 94 (1974).

197 *Economies of Scale and Scope*, Economist (Oct. 20, 2008), https://www.economist. com/node/12446567 [https://perma.cc/UMC5-2ZFW].

198 Richard Perkins & Eric Neumayer, *Does the 'California Effect' Operate Across Borders? Trading- and Investing-Up in Automobile Emission Standards*, 19 J. Eur. Pub. Pol'y. 217, 232 (2012).

199 퍼킨스(Perkins)와 노이마이어(Neumayer)의 *California Effect Across Borders*에 대한 반대 견해는 다음을 참조하라. KPMG International, The Transformation of the Automotive Industry: The Environmental Regulation Effect (2010).

200 Lazer, *supra* note 183, at 490.

201 Brandon Mitchener, *Rules, Regulations of Global Economy are Being Set in Brussels*, Wall St. J. (Apr. 23, 2001), https://www.wsj.com/articles/SB1019521240262845360 (on file with author).

202 Alan Schwartz, *Statutory Interpretation, Capture and Tort Law: The Regulatory Compliance Defense*, 2 Am. L. & Econ. Rev. 1, 17.

203 Nat'l Research Council, State and Federal Standards for Mobile-Source Emissions 140 (2006),

https://www.nap.edu/read/11586/chapter/7#140; *see also* Fiona Miller, *The Advantages of Selling a Standardized Product* Bizfluent (Sept. 26, 2017), https://bizfluent.com/info-8788551-advantages-selling-standardized-product.html [https://perma.cc/FF9P-6BWX].

204 Mark Casson, Multinationals and World Trade 56–57 (2012).

205 Lazer, *supra* note 183, at 477.

206 Wirth, *supra* note 1, at 104.

207 *See* Mitchener, *supra* note 201.

208 *See* Mike Colias, *General Motors Will Stop Selling Cars in India*, Wall St. J. (May 18, 2017), https://www.wsj.com/articles/general-motors-will-stop-selling-cars-in-india-1495092601 [https://perma.cc/QY5E-SGW8].

209 Vogel, Politics, *supra* note 75, at 16.

210 Warren J. Keegan, *Multinational Product Planning: Strategic Alternatives*, 33 J. Marketing 58, 59 (1969).

211 Aref A. Alashban et. al., *International Brand-Name Standardization/Adaptation:Antecedents and Consequences*, 10 J. Int'l Marketing 22, 29 (2002).

212 *See* Marriott Set To Standardize On HSIA, Hotel Business (Dec. 7, 2002), https://www. hotelbusiness.com/marriott-set-to-standardize-on-hsia/ [https://perma.cc/T6XM-3ZAR].

213 Vogel, Politics, supra note 75, at 16

214 *See*, e.g., Joe Sandler Clarke, *Child Labour on Nestle Farms: Chocolate Giant's Problems Continue*, Guardian (Sept. 2, 2015), https://www.theguardian.com/global-development-professionals-network/2015/sep/02/child-labour-on-nestle-farms-chocolate-giants-problems-continue [https://perma.cc/NH69-6H6Z].

215 Scott, *supra* note 195, at 923.

216 Vogel, Politics, *supra* note 75, at 217.

217 물론 노동 기준은 다른 수단을 통해 다른 관할권으로 성공적으로 수출될 수 있다. 여기서 주장하는 바는 단지 노동 기준이 분할적인 특성을 가진다는 점에서 브뤼셀 효과가 적용되기에는 적합하지 않다는 것이다. *See, e.g.*, Brian Greenhill et al., *Trade-Based Diffusion of Labor Rights: A Panel Study, 1986–2002*, 103 Am. Pol. Sci. Rev. 669, 678-80 (2009).

218 *See* Emil Protalinski, *Windows 7 to Be Shipped in Europe Without Internet Explorer*, Arstechnica (June 11, 2009, 2:57 PM), http://arstechnica.com/microsoft/news/2009/06/windows-7-to-be-shipped-in-europe-sans-internet-explorer.ars [https://perma.cc/TY63-UTY5].

219 Aiofe White, *Google to Create Shopping Service Unit to Satisfy EU* (Sept. 26, 2017), https://www.bloomberg.com/news/articles/2017-09-26/google-said-to-split-off-shopping-service-to-meet-eu-demands (on file with author);

220 Vlad Savov, *Google News Quits Spain in Response to New Law*, The Verge (Dec.11, 2014), https://www.theverge.com/2014/12/11/7375733/google-news-spain-shutdown [https://perma.cc/FL2M-D9YF].

221 *European Commission Report on The Single Market Review: Impact on Competition and Scale Effects, Economies of Scale,* at 15 (1997) (on file with the author) [hereinafter EU *Single* Market Review].

222 *See* Daniel Schwartz, *Why Coke is Lowering its Sugar Levels in Canada,* CBC News (Mar. 1, 2015), https://www.cbc.ca/news/health/why-coke-is-lowering-its-sugar-levels-in-canada-1.2961029 [https://perma.cc/7FGB-JFFN].

223 *EU Single Market Review, supra* note 221, at 15; Maria Doriza Loukakou & Nampungwe Beatrice Membe, Product Standardization and Adaptation in International Marketing: A Case of McDonalds (2012) (Master's thesis in Business Administration, University West), http://hv.diva-portal.org/smash/get/diva2:543563/FULLTEXT01.pdf [https://perma.cc/AWH4-PD8Y].

224 *EU Single Market Review, supra* note 221, at 15.

225 *See, e.g.,* KPMG Int'l, The Transformation of the Automotive Industry: The Environmental Regulation Effect 16 (2010).

226 Vogel, Politics, *supra* note 75, at 284.

227 Knowledge@Wharton, Why Companies Are Increasingly Moving Towards Standardization 4 (2013), http://d1c25a6gwz7q5e.cloudfront.net/papers/sponsor_collaborations/KW_Wipro_Future_of_Industry_Anand_Sankaran. pdf [https://perma.cc/N8B7-YCFP].

제3장

1 Joanne Scott, *Extraterritoriality and Territorial Extension in E.U. Law,* 62 Am. J. Comp. L. 87, 88–90 (2014).

2 *Id.* at 94.

3 *Id.*

4 *Id.* at 90.

5 *Id.* at 124.

6 *Id.* at 98.

7 확실히 여기서 논의된 세 가지 형태의 영향력이 EU 규칙이 EU 외부에서 정착되는 유일한 방식은 아니다. *See, e.g.,* Katerina Linos, *Diffusion Through Democracy,* 55 Am. J. Pol. Sci. 678 (2011); *see also* Charles F. Sabel & Jonathan Zeitlin, *Learning from Different: The New Architecture of Experimentalist Governance in the European Union*, 14 Euro. L.J. 271 (2008); Jonathan Zeitlin, Extending Experimentalist Governance?: The European Union and Transnational Regulation (2015).

8 *See Communication from the Commission to the Council and the European Parliament: Wider Europe—Neighbourhood: A New Framework for Relations with Our Eastern and Southern Neighbours,* at 5, COM (2003)104 final (Mar. 11, 2003).

9 Sophie Meunier & Kalypso Nicolaidis, *The European Union as a Trade Power, in* International Re-

lations and the European Union 275, 279 (Christopher Hill & Michael Smith eds., 2011).

10 *See EU Enlargement Factsheet*, European Commission, https://ec.europa.eu/neigh- bourhood-enlargement/sites/near/files/pdf/publication/factsheet_en.pdf [https:// perma.cc/Q3CF-YCGD].

11 *See Communication from the Commission to the Council and the European Parliament: Wider Europe—Neighbourhood: A New Framework for Relations with Our Eastern and Southern Neighbours*, at 5, COM (2003)104 final (Mar. 11, 2003)

12 *See* Sophie Meunier & Kalypso Nicolaides, *The European Union as a Conflicted Trade Power,* 13:6 J. EU Pub. Pol'y 906, 913 (2006).

13 *Negotiations and Agreements*, European Commission, *available at* http://ec.europa. eu/trade/policy/countries-and-regions/negotiations-and-agreements/ [https://perma. cc/BAS2-QNTA].

14 *See generally* Legislative Approximation and Application of EU Law in the Eastern Neighbourhood of the European Union: Towards a Common Regulatory Space? (Peter van Elsuwge & Roman Petrov eds., 2014); Nariné Ghazaryan, The European Neighbourhood Policy and the Democratic Values of the EU (2014).

15 "European Neighbourhood Policy (ENP)," European Union External Action (21 Dec. 2016, 4:25 PM), https://eeas.europa.eu/diplomatic-network/european-neighbourhood-policy-enp/330/european-neighbourhood-policy-enp_en [https://perma.cc/NZ6J-NFT2].

16 Consolidated Version of the Treaty on the Functioning of the European Union arts. 3(5) & 21(1), Mar. 30, 2010, 2010 O.J. (C 83) 47, 88–89 [hereinafter TFEU].

17 *See* Treaty of Lisbon Amending the Treaty on European Union and the Treaty Establishing the European Community, Dec. 13, 2007, 2007 O.J. (C 306) 1, art. 8 [hereinafter Treaty of Lisbon]; Christophe Hillion, *The EU Neighborhood Competence under Article 8 TEU, in* Thinking Strategically about EU's External Action 204 (Elvire Fabry ed., 2011).

18 Johannes Hahn, First Vice President of the European Commission (2010–2014), Address at Chatham House Conference: Beyond Berlin: What Does the Next Decade Hold for the Western Balkins? (July 10, 2018).

19 *Communication from the Commission to the Council and the European Parliament: Wider Europe—Neighbourhood: A New Framework for Relations with our Eastern and Southern Neighbours*, at 10, COM (2003) 104 final (Mar. 11, 2003).

20 Eduard Soler i Lecha & Elina Villup, *Reviewing the European Neighbourhood Policy: A Weak Response to Fast Changing Realities,* Barcelona Centre for Int'l Affairs (June 2011), https://www.cidob.org/en/publications/publication_series/notes_interna- cionals/n1_36/reviewing_the_european_neighbourhood_policy_a_weak_response_to_fast_changing_realities [https://perma.cc/U84X-79LT].

21 Judy Dempsey, *Judy Asks: Is the European Neighborhood Policy Doomed?*, Carnegie Europe (May 20, 2015), https://carnegieeurope.eu/strategiceurope/60138?lang=en [https://perma.cc/FLF3-

QZ7M].

22 Euro Comm'n, Report on Implementation of EU Free Trade Agreements 7 (2018).

23 Raymond J. Ahearen, Europe's Preferential Trade Agreements: Status, Content, and Implications, Congressional Research Service 2 (2011), https://fas.org/sgp/crs/row/R41143.pdf [https://perma.cc/22UG-R8TW].

24 Emilie M. Hafner-Burton, *Trading Human Rights: How Preferential Trade Agreements Influence Government Repression*, 59 Int'l Org. 593 (2005); Sophie Meunier & Kalypso Nicolaidis, *supra* note 9.

25 Billy A. Melo Araujo, The EU Deep Trade Agenda: Law and Policy 2 (2016).

26 Todd Allee & Manfred Elsig, *Are the Contents of International Treaties Copied-and-Pasted? Evidence from Preferential Trade Agreements* 11-12 (NCCR Working Paper No. 8, 2016), https://www.wti.org/research/publications/998/are-the-contents-of-international-trea- ties-copied-and-pasted-unique-evidence-from-preferential-trade-agreements/ [https:// perma.cc/2JB4-W9YR].

27 Annalisa Savaresi, *The EU External Action on Forests: FLEGT and the Development of International Law, in* External Environmental Policy of the European Union: EU and International Law Perspectives 149 (Elisa Morgera ed., 2012).

28 Billy A. Melo Araujo, The EU Deep Trade Agenda: Law and Policy 226 (2016).

29 *Id.*

30 *Fisheries: Bilaterial Agreements With Countries Outside the EU*, European Com- mission, https://ec.europa.eu/fisheries/cfp/international/agreements_en [https:// perma.cc/2XRB-L939].

31 *External Aviation Policy—A Common Aviaion Area with the EU's neighbours,* European Commission, https://ec.europa.eu/transport/modes/air/international_aviation/external_aviation_policy/neighbourhood_en [https://perma.cc/5Y47-CCRS].

32 *The Energy Community Treaty*, EUR-Lex, https://eur-lex.europa.eu/legal-content/EN/LSU/?uri=CELEX:32006D0500 [https://perma.cc/NQ53-XFST]; Council Decision 2006/500, 2006 O.J. (L 198) 15 (EC).

33 Treaty establishing the Transport Community, art. 1, 2017 OJ (L 278) 3.

34 예를 들어, EU는 국제통화기금의 회원이 아니지만 EU 회원국들의 입장을 조율한다. *See* Joachim A. Koops & Dr. Dominik Tolksdorf, *The European Union's Role in International Economic For a Paper 4: The IMF*, European Parliament 44 (2015), http://www.europarl.europa.eu/RegData/etudes/STUD/2015/542193/IPOL_STU(2015)542193_EN.pdf [https://perma.cc/94GN-Y8E9].

35 *The OECD and the EU*, European External Action Service (Jun. 23, 2016, 1:52 AM), https://eeas.europa.eu/delegations/paris-oecd-and-un_en/12350/The%20OECD%20and%20the%20EU [https://perma.cc/ZJH3-SNVS].

36 Food and Agriculture Org. of the United Nations, Understanding Codex 15 (5th ed. 2018).

37 *See*, Sara Poli, *The European Community and the Adoption of International Food Standards within the Codex Alimentarius Commission*, 10 Euro. L.J. 613 (2004).

38 In-person Interview with Sabine Juelicher, Director of Directorate-General for Health and Food Safety, European Commission (July 18, 2018).

39 *Food: Legislation,* European Commission, https://ec.europa.eu/food/safety/bio- safety/irradiation/legislation_en [https://perma.cc/4NTZ-WJHL].

40 Pasqualina Lagana et al., *The Codex Alimentarius and the European Legislation on Food Additives, in* Chemistry and Hygiene of Food Additives 27 (Maria Eufemia Gioffré, Salvatore Parisi & Santi Delia eds., 2017).

41 *Codex and the International Food Trade,* Food and Agriculture Organization of the United Nations, http://www.fao.org/3/w9114e/w9114e06.htm [https://perma. cc/N8J2-2YNV].

42 Bill Canis & Richard K. Lattanzio, *US and EU Motor Vehicle Standards: Issues for Transatlantic Trade Negotiations*, Congressional Research Service (2014).

43 Mathieu Rousselin, *The EU as a Multilateral Rule Exporter*, (Kolleg-Forschergruppe (KFG) The Transformative Power of Europe, Working Paper No. 48, 2012), http://userpage. fu-berlin.de/kfgeu/kfgwp/wpseries/WorkingPaperKFG_48.pdf [https://perma.cc/ H8TA-5MTK].

44 Sandra Lavenex, *The Power of Functionalist Extension: How EU Rules Travel,* 21 J. of EU Pub. Pol'y 885 (2014).

45 Anne-Marie Slaughter, A New World Order (2004).

46 David Bach & Abraham L. Newman, *Governing Lipitor and Lipstick: Capacity, Sequencing, and Power in International Pharmaceutical and Cosmetics Regulation*, 17 Rev. Int'l. Pol. Econ. 665, 672 (2010).

47 *See* Anu Bradford, *Antitrust Law in Global Markets, in* Research Handbook on the Economics of Antitrust Law 283, 314–16 (Einer Elhauge ed., 2012).

48 Sandra Lavenex, *supra* note 44, at 894.

49 *Id.*

50 Giancarlo F. Frosio, *The Right to Be Forgotten: Much Ado about Nothing*, 15. J. on Telcomm. & High Tech. L. 307, 310 (2017); Arie Reich, *The Impact of the EU Court of Justice on the Israeli Legal System* (Bar Ilan University Faculty of Law Research Paper, No. 18-24, 2018).

51 *See* Frosio *supra* note 50, at 6.

52 Karen J. Alter, *The Global Spread of European Style International Courts*, 35 W. Eur. Pol. 135, 139 (2012)

53 *Id.* at 140.

54 Agreement on Andean Subregional Integration, art. 29, May 26, 1969, 8 I.L.M. 910; Karen J. Alter & Laurence Helfer, Transplanting International Courts: The Law and Politics of the Andean Tribunal of Justice 10 (2017).

55 Alter & Helfer, *supra* note 54.

56 Karen J. Alter et. al., *Transplanting the European Court of Justice: The Experience of the Andean Tribunal of Justice*, 60 Am. J. of Comp. L., 629, 631 (2012).

57 *See* ATJ Case 2-IP-1988 point 2, at 2–3 (May 25, 1988).

58 *See, e.g.*, ATJ Case 2-IP-1988 (May 25, 1988); ATJ Case 3-AI-1996 (Mar. 24, 1997); ATJ Case 2-AI-1997 (Sept. 24, 1988); ATJ Case 3-AI-1997 (Dec. 8, 1997); ATJ Case 7-AI-1998 (Nov. 12, 1999); ATJ Case 16-AI-1999 (Mar. 22, 1999); ATJ Case 51-AI-2000 (Nov. 16,2001); ATJ Case 53-AI-2000 (Apr. 24, 2002); ATJ Case 89-AI-2000 (Sept. 28, 1001); ATJ Case 93-AI-2000 (Jan. 22, 2002); ATJ Case 1-AN-1997 (Feb. 26, 1998); ATJ Case 3-AN- 1997 (Mar. 9, 1998); ATJ Case 4-AN-1997 (Aug. 17, 1998); ATJ Case 24-AN-1999 (Feb. 2,2000); ATJ Case 23-AN-2002 (Aug. 19, 2003); ATJ Case 214-AN-2005 (Nov. 17, 2006); ATJ Case 3-AN-2006 (Mar. 21, 1997).

59 *See* ATJ Case 3-AI-1996 (Mar. 24, 1997).

60 *See, e.g.*, ATJ Case 2-AI-1997 (Sept. 24, 1998) (citing Case 2-282/96 Commission v Fr. Republic, 1997 E.C.R. I-2929 (E.C.J.) and Case 293/96 Irish Farmers Ass'n and Others v Minister for Agric., Food and Forestry, Ir. and Attorney General, 1997 E.C.R. I-01809 (E.C.J.).

61 Alter, *supra* note 56, at 640.

62 *Id.* at 633.

63 *Id.* at 644.

64 *Id.* at 645.

65 Corte Constitucional [C.C.] [Constitutional Court], abril 21, 2017, Sentencia T-236/17 (Colom.), [http://www.corteconstitucional.gov.co/relatoria/2017/T-236-17.htm].

66 Corte Constitucional [C.C.] [Constitutional Court], septiembre 8, 2015, Sentencia C-583/15 (Colom.), [http://www.corteconstitucional.gov.co/relatoria/2015/c-583-15. htm].

67 Corte Constitucional [C.C.] [Constitutional Court], junio 2, 2017, Sentencia T-365/17 (Colom.), [http://www.corteconstitucional.gov.co/relatoria/2017/t-365-17.htm].

68 Competition Comm'n of In. v. Co-ordination Comm. of Artists and Technicians of W.B. Film and Television, C.A. 6691 of 2014, Supreme Court of India, 2014.

69 Tamil Nadu Film Exhibitors Ass'n v. Competition Comm'n of India, (2015) 2 LW (Mad.) 686, 695.

70 *See* In Re Surinder Singh Barmi and Board of Control for Cricket in India, C.A. 61 of 2014, Supreme Court of India, 2014.

71 *See, e.g.*, Roger Van den Bergh, *The Difficult Reception of Economic Analysis in European Competition Law, in* Post-Chicago Developments in Antitrust Law, 34, 46–50 (Antonio Cucinotta et al. eds., 2002). *Compare with Antitrust Guidelines for the Licensing of Intellectual Property,* U.S. Department of Justice and Federal TradeCommission (Jan. 12, 2017), https://www.ftc.gov/system/files/documents/public_statements/1049793/ip_guidelines_2017.pdf [https://perma.cc/X42M-Z2AZ]; *and* Commission Regulation 772/2004, 2004 O.J. (L 123) 11. *Contra* Damien Geradin & Einer Elhague, Global Antitrust Law and Politics, 208–32 (2007).

72 *See* Rafael la Porta et. al., *The Economic Consequences of Legal Origin*, 46 J. Econ. Literature 285 (2008); *see also* Holger Spamann, *Contemporary Legal Transplants: Legal Families and the Diffusion of (Corporate) Law*, 6 BYU L. Rev. 1813 (2009).

73 *See* Brazilian Internet Law (Law No. 13,709 of Aug. 14, 2018) (Braz.); *see also* Paul M. Schwartz, *Global Data Privacy: The EU Way*, 94 NYU L. Rev. (forthcoming 2019), 27–29, https://papers.ssrn.com/sol3/papers.cfm?abstract_id=3338954 [https://perma. cc/Z86X-P37E].

74 Hans-Bernand Schafer, *Rules versus Standards in Rich and Poor Countries: Precise Legal Norms as Substitutes for Human Capital in Low-Income Countries*, 14 Sup. Ct. Econ. Rev. 113 (2006).

75 Madeleine B. Kadas & Russel Fraker, *Chapter 20: Central and South American Overview: Emerging Trends in Latin America, in* International Environmental Law 366 (Roger R. Martella, Jr. & J. Brett Grosko eds., 2014).

76 Allan Tatham, "Judicial Variations on the Theme of Regional Integration": Diffusing the EU Model of Judicial Governance 10 (Sant'Anna Legal Stud. STALS Res. Paper 6/2015, 2015), http://www.stals.sssup.it/files/Tatham%20stals_rechecked.pdf [https://perma. cc/K7X6-HDL9].

77 *Compare, e.g.,* Article 27 of the Market Power Control and Regulation Act and Article 3 of the Spanish Competition Defense Act or the Art 11 of the Market Power Control and Regulation Act with Article 101 of the TFEU or the Art 1 of the Spanish Competition Defense Act.

78 *See*, e.g, Hailegabriel G. Feyissa, *European Influence on Ethiopian Antitrust Regime: A Comparative and Functional Analysis of Some Problems,* 3 Mizan Law Review 271, 275 (2009); *see also* Gabriela Mancero-Bucheli, *Intellectual Property and Rules on Free Movement: A Contradiction in the Andean Community (ANCOM)*, 4 L. & Bus. Rev. Am. 125 (1998).

79 서아프리카국가경제공동체는 EU 반독점법을 모방했을 뿐만 아니라, 이 재판소는 다카르 조약(Treaty of Dakar)이 유럽공동체 설립조약인 로마 조약과 EU사법재판소의 판례를 참고하여 해석되어야 한다고 판결했다. *See* Advisory Opinion 3/2000/ CJ/UEMOA (June 27, 2000).

80 Ian Manners, *Normative Power Europe: A Contradiction in Terms?*, 40 J. of Common Market Stud. 235, 236 (2002).

81 *Id.* at 239, 240–41, 244.

82 Michel Leví Coral, *La Unión Europea y la nueva integracion latino Americana parámet- ros de comparación aplicados en diferentes estudios sobre los procesos de integración* [The European Union and the New Latin American Integration: Comparison Parameters Applied in Different Studies About Integration Processes], 11 Revista del Centro Andino de Estudios Internacionales 217, 223 (2011).

83 Amadeo Arena, *Primacy: Three (Not So) Unshakable Certainties About a Foundational Principle of EU Law*, Conference at Columbia University (Nov. 8, 2017).

84 Leví Coral, *supra* note 82, at 224. *See also* Samuel Fernandez Illanes, *El proceso de inte- gración europeo: ¿Un ejemplo para otras regiones?* [The European Integration Process: An Example for Other Regions?], 5 Instituto de Ciencias Sociales y de la Comunicacion 36 (2009), http://www.ubo.cl/icsyc/wp-content/uploads/2011/09/2-Fern%C3%A1ndez. pdf [https://perma.cc/VV4F-C2DL].

85 Alter & Helfer, *supra* note 54, at 5.

86 Alter, *supra* note 52, at 145.

87 Tatham, *supra* note 76, at 11.

88 이 협상들의 실패에 대한 문헌과 논평은 많이 존재한다. *See*, e.g., Megan Dee, *Tackling the EU's Emerging Irrelevance in the Doha Round,* Commentary for the European Council on Foreign Relations 'EU Performance Scorecard 2012' (2012); Jeremy Rayner, Alexander Buck & Pia Katila (eds.), Embracing Complexity: Meeting the International Forest Governance Challenge (2011); Editorial Board, *Global Trade After the Failure of the Doha Round,* N.Y. Times (Jan. 1, 2016), https://www.nytimes.com/2016/01/01/opinion/global-trade-after-the- failure-of-the-doha-round.html (on file with author).

89 *See* Anu Bradford, *International Antitrust Negotiations and the False Hope of the WTO*, 48 Harv. Int'l L.J. 383, 413-22 (2007).

90 *See* Nico Krisch, *The Decay of Consent: International Law in an Age of Global Public Goods,* 108 Am. J. Int'l L. 1 (2014); *see also* Joost Pauwelyn et al., *When Structures Become Shackles: Stagnation and Dynamics in International Lawmaking,* 25:3 Eur. J. Int'l L. 733 (2014).

91 Pauwelyn et al., *supra* note 90.

92 *Id.*

93 *See* Christopher J. Carr & Harry N. Scheiber, *Dealing With a Resource Crisis: Regulatory Regimes for Managing the World's Marine Fisheries*, 21 Stan. Envtl. L.J. 45, 53, 62, 76–79 (2002).

94 Frank Hendrickx et al., *The Architecture of Global Labor Governance,* 155:3 Int'l Lab. Rev. 339 (2016).

95 *See* David Vogel & Robert A. Kagan, *Introduction* to Dynamics Of Regulatory Change: How Globalization Affects National Regulatory Policies 23 (David Vogel & Robert A. Kagan eds., 2004).

96 *See* Jonathan R. Macey, *Regulatory Globalization as a Response to Regulatory Competition*, 52 Emory L.J. 1353, 1367–69 (2003).

97 *See* Nicolas A.J. Croquet, *The Climate Change Norms under the EU-Korea Free Trade Agreement: Between Soft and Hard Law, in* Global Governance through Trade: EU Policies and Approaches 124 (Jan Wouters et al., 2015).

98 *See* Axel Marx & Jadir Soares, *Does Integrating Labor Provisions in Free Trade Agreements Make a Difference? An Exploratory Analysis of Freedom of Association and Collective Bargaining Rights in 13 EU Trade Partners, in* Global Governance through Trade: EU Policies and Approaches 158 (Jan Wouters et al. eds., 2015).

99 *See also* Billy Melo Araujo, *Labour Provisions in EU and US Mega-Regional Trade Agreements: Rhetoric And Reality,* 67:1 Int'l & Comp. L. Quart. 233 (2018).

100 Laura Beke & Nicolas Hachez, *The EU GSP: A Preference for Human Rights And Good Governance? The Case of Myanmar, in* Global Governance through Trade: EU Policies and Approaches 185 (Jan Wouters et al. eds., 2015).

101 Clara Portela, European Union Sanctions and Foreign Policy: When and Why Do They Work?, 160 (Routledge 2010).

102 Clara Portela, Enforcing Respect for Labour Standards with Targeted Sanctions, 7 (2018).

103 Laura Beke & Nicolas Hachez, *supra* note 100, at 207.

104 Commission Report on GSP 2016-2017, 19 January 2018, COM (2018) 36 final.

105 Opinion Procedure 2/15, Request for an Opinion pursuant to Article 218(11) TFEU— Conclusion of the Free Trade Agreement between the European Union and the Republic of Singapore—Allocation of competences between the European Union and the Member States, 2017 E.C.R. I-376.

106 *Belgium Walloons Block Key EU CETA Trade Deal with Canada,* BBC News (Oct. 25, 2016), https://www.bbc.com/news/world-europe-37749236 [https://perma.cc/8247- ESSQ]; Eric Maurice, *Belgium Green Lights Unchanged CETA,* EU Observer (Oct. 28, 2016), https://euobserver.com/economic/135717 [https://perma.cc/3M9S-K6GL].

107 *ACTA: Controversial Anti-Piracy Agreement Rejected by EU,* BBC (July 4, 2012), https://www.bbc.com/news/technology-18704192 [https://perma.cc/5R37-4Q7Q].

108 *See* Sabrina Safrin, *The Un-Exceptionalism of U.S. Exceptionalism,* 41 Vand. J. Transnat'l L. 1307, 1324–27 (2008).

109 Press Release, European Comm'n, New EU Rules to Eliminate the Main Loopholes Used in Corporate Tax Avoidance Come Into Force on 1 January (Dec. 30, 2018), https:// europa.eu/rapid/press-release_IP-18-6853_en.htm [https://perma.cc/RE76-PAVE].

110 Press Release No. 7656-17, U.S. Commodity Futures Trading Comm'n, CFTC Approves Exemption from SEF Registration Requirement for Multilateral Trading Facilities and Organised Trading Facilities Authorized Within the EU (Dec. 8, 2017), https://www.cftc.gov/PressRoom/PressReleases/pr7656-17 [https://perma.cc/673X-DBNP]; *see also* Shanny Basar, *US and EU Equivalence Works Well,* MarketsMedia (Sept. 26, 2018), https://www.marketsmedia.com/us-and-eu-equivalence-works-well/ [https://perma. cc/GL3Y-LJMD].

111 *A Global Financial Market,* European Commission, https://ec.europa.eu/info/ business-economy-euro/banking-and-finance/international-relations/international- cooperation-financial-regulation-and-capital-movements_en[https://perma.cc/RRU6- C2K8].

112 Pierre-Henri Conac, *The European Union's Role in International Economic Fora Paper 6: The IOSCO,* European Parliament: Directorate General for Internal Policies 12, 37 (2015).

113 *Id.* at 24.

114 Stefan Ingves, Chairman, Basel Committee on Banking Supervision, Keynote Speech at the Institute for Law and Finance Conference: Basel III Are We Done Now? (Jan. 29, 2018).

115 *See* Vogel & Kagan, *supra* note 95, at 13.

116 *See Towards* 5G, European Commission (last updated Mar. 14, 2019), https:// ec.europa.eu/digital-single-market/en/towards-5g [https://perma.cc/36GS-CZNK]; *see also, e.g.,* David E. Sanger et al., *In 5G Race With China, U.S. Pushes Allies to Fight Huawei,* N.Y. Times, (Jan. 26, 2019) (on file with author).

117 *International Cooperation on 5G,* European Commission (last updated Mar. 8. 2019), https://

ec.europa.eu/digital-single-market/en/5G-international-cooperation [https:// perma.cc/4JPJ-DF7X].

118 *See* Macey, *supra* note 96, at 1369.

119 Lavenex, *supra* note 48, at 895.

120 David Vogel, The Politics of Precaution: Regulating Health, Safety, and Environmental Risks in Europe and the United States, 13 (2015).

121 Bradford, *supra* note 89, at 408.

122 *See, e.g., A Large Black Cloud: Rapid Growth Is Exacting a Heavy Environmental Price*, Economist (Mar. 15, 2008), at 13, 17.

123 *Historic Agreement Reached to Mitigate International Aviation Emissions*, International Civil Aviation Organization (ICAO) (Oct. 6, 2016), https://www.icao.int/Newsroom/ Pages/Historic-agreement-reached-to-mitigate-international-aviation-emissions.aspx [https://perma.cc/4V-VC-6B8J].

제4장

1 European Commission Press Release IP/18/4581 Antitrust: Commission Fines Google ¢4.34 Billion for Illegal Practices Regarding Android Mobile Devices to Strengthen Dominance of Google's Search Engine (July 18, 2018), http://europa.eu/rapid/press-release_IP-18-4581_en.htm [https://perma.cc/L8NT-8U9W]. Google has appealed the case before the European Courts. See Case T-604/18, Google & Alphabet v. Comm'n, 2018 O.J., (C 445) 21.

2 Commission Decision in Case No. AT.39740 (Google Search—Shopping), C(2017) 4444 final (June 27, 2017) *cited in* 2018 O.J. (C 9) 11, http://ec.europa.eu/competition/antitrust/cases/dec_docs/39740/39740_14996_3.pdf [https://perma.cc/6XA3- 34ND]. Google has appealed the case before the European Courts. *See* Case T-612/17, Google & Alphabet v. Comm'n, 2017 O.J. (C 369) 37.

3 European Commission Press Release IP/19/1770, Antitrust: Commission Fines Google ¢1.49 Billion for Abusive Practices in Online Advertising (Mar. 20, 2019) http://europa.eu/rapid/press-release_IP-19-1770_en.htm [https://perma.cc/2XSR-6Q6V].

4 2018년 유럽위원회는 퀄컴이 컴퓨터 칩 시장에서 애플과 맺은 독점 거래 계약에 대해 12억 달러의 벌금을 부과했다. See Summary of Commission Decision in Case No. AT.40220 (Qualcomm—Exclusivity Payments), 2018 O.J. (C 295) 25 (No public ver- sion of the full Decision available as of Apr. 13, 2019).

5 유럽위원회는 아일랜드에 애플로부터 145억 달러의 불법 국가보조금을 환수하도록 명령했다. Commission Decision in Case No. SA.38373 (Ireland/Apple State Aid), 2017 O.J. (L 187) 1.

6 Commission Decision in Case No. COMP/C-3/37.990 (Intel), D(2009) 3726 final (May 13, 2009)

cited in 2009 O.J. (C 227) 13. 2017년 9월 유럽사법재판소는 유럽위원회가 결정한 벌금을 뒤집었다. *See* Case C-413/14 P, Intel v. Comm'n, Judgment of September 6, 2017 (Grand Chamber), https://eur-lex.europa.eu/legal-content/EN/TXT/PDF/?uri=CELEX:62014CJ0413 [https://perma.cc/4UTG-NLTC].

7 Commission Decision in Case No. COMP/C-3/37.792 (Microsoft), C(2004) 900 final, (Mar. 24, 2004) *cited in* 2007 O.J. (L 32) 23.

8 Commission Decision in Case No. COMP/M.2220 (General Electric/Honeywell), 2004 O.J. (L 48) 1.

9 Anu Bradford et al., *Competition Law Gone Global: Introducing the Comparative Competition Law and Enforcement Datasets*, 16 J. Empirical Legal Stud. 411 (2019).

10 Anu Bradford et al., *The Global Dominance of European Competition Law Over American Antitrust Law* (forthcoming in J. Empirical Legal Stud 2019) (on file with author).

11 Consolidated Version of the Treaty on the Functioning of the European Union, art. 101, 13 Dec. 2007, 2012 O.J. (C 326) 47 [hereinafter TFEU].

12 TFEU art. 102.

13 Council Regulation 139/2004 of Jan. 20, 2004, on the Control of Concentrations Between Undertakings, 2004 O.J. (L 24) 1 (EC).

14 Sherman Act, 15 U.S.C. §§ 1–7 (2018).

15 Clayton Act, 15 U.S.C. §§ 12–27 (2018). *See also* Federal Trade Commission Act, 15 U.S.C. §§ 41–58 (2018). 클레이턴법(Clayton Act)이 1914년 연방거래위원회법(FTC)과 함께 처음 제정되었지만, 현대 미국의 합병 통제 레짐은 하트-스콧-로디노 법(Hart-Scott-Rodino Act)이 합병의 사전 신고 절차를 도입한 1976년에 시작되었다. Pub. L. 94-435, 90 Stat. 1383.

16 TFEU arts.107–09.

17 Michael S. Gal, *Monopoly Pricing as an Antitrust Offences in the U.S. and the E.C.: Two Systems of Belief About Monopoly?*, 49 Antitrust Bull. 343, 345–6 (2004); Eleanor M. Fox, *EU and US Competition Law: A Comparison in* Global Competition Policy 339, 344 (Edward M. Graham & J. David Richardson eds., 1997).

18 *See* Council Regulation 139/2004 of Jan. 20, 2004 On the Control of Concentrations Between Undertakings, art. 8, 2004 O.J. (L 24) 1 (EC); See William E. Kovacic, *Transatlantic Turbulence: The Boeing-McDonnell Douglas Merger and International Competition Policy,* 68 Antitrust L.J. 805, 851 (2001).

19 하지만 일부 EU 회원국들은 자국 및 EU 경쟁법을 집행할 때 형사처벌을 적용하고 있다.

20 Directive 2014/104/EU of the European Parliament and of the Council of 26 November 2014 on Certain Rules Governing Actions for Damages Under National Law for Infringements of the Competition Law Provisions of the Member States and of the European Union, 2014 O.J. (L 349) 1.

21 *See* Anu Bradford, Antitrust Law in Global Markets, in Research Handbook on the Economics of

Antitrust Law 283, 310 (Einer Elhauge ed., 2012).

22 *Id.*

23 *Id.* at 309.

24 *See* Gunnar Niels & Adriaan ten Kate, *Introduction: Antitrust in the U.S. and the EU— Converging or Diverging Paths?*, 49 Antitrust Bull. 1, 11-15 (2004).

25 *See, e.g.*, Deborah Platt Majoras, Deputy Assistant Attorney Gen., Antitrust Div., US Dep't of Justice, Remarks on GE-Honeywell: The U.S. Decision Before the Antitrust Law Section, State Bar of Georgia 16 (Nov. 29, 2001), http://www.justice.gov/atr/public/speeches/9893.pdf [https://perma.cc/7MXL-84YB].

26 Maureen K. Ohlhausen, Federal Trade Commissioner, U.S.-E.U. Convergence: Can we bridge the Atlantic?, Remarks at the 2016 Georgetown Global Antitrust Symposium Dinner 9 (Sept. 19, 2016), https://www.ftc.gov/system/files/documents/public_statements/985133/ohlhausen_dinner_speech_09192016.pdf [https://perma.cc/99DA- 2LZK]; Roger D. Blair & D. Daniel Sokol, *Welfare Standards in U.S. and E.U. Antitrust Enforcement,* 81 Fordham L. Rev. 2497, 2501–02 (2013).

27 Fox, *supra* note 17, at 340; *see also* Blair & Sokol, *supra* note 26, at 2502.

28 Stephanie Honnefelder, European Parliament Fact Sheet on the European Union—Competition Policy (2018), http://www.europarl.europa.eu/ftu/pdf/en/FTU_2.6.12.pdf [https://perma.cc/UYT7-RTA4].

29 Commission Guidelines on the Application of Article 81(3) of the Treaty, ¶ 33, 2004 O.J. (C 101) 97, 102; Commission Guidance on the Commission's Enforcement Priorities in Applying Article 82 of the EC Treaty to Abusive Exclusionary Conduct by Dominant Undertakings, ¶ 19, 2009 O.J. (C 45) 7, 9; *see also* Case C-94/00, Roquette Frères SA v. Comm'n [2002] ECR I-09011, ¶ 42; Case C-52/09 Konkurrensverket v. TeliaSonera Sverige AB [2011] ECR I-527, ¶ 22.

30 Commission Guidelines on the Application of Article 81(3) of the Treaty, ¶ 13, 2004 O.J. (C 101) 97, 98; Commission Guidance on the Commission's Enforcement Priorities in Applying Article 82 of the EC Treaty to Abusive Exclusionary Conduct by Dominant Undertakings, ¶ 13, 2009 O.J. (C 45) 7, 8–9.

31 Fox, *supra* note 17, at 339–40; Alexander Italianer, European Commission Director- General for Competition, Fighting Cartels in Europe and the US: Different Systems, Common Goals, Address to the Annual Conference of the International Bar Association (Oct. 9, 2013), http://ec.europa.eu/competition/speeches/text/sp2013_09_en.pdf [https://perma.cc/EC8A-F3PV]; Nicholas Levy, *Mario Monti's Legacy in EC Merger Control,* 1 Competition Pol'y Int'l 99 (2005); *see generally* Ariel Ezrachi, *EU Competition Law Goals and the Digital Economy* (Aug. 2018) (BEUC Discussion Paper), https://www.beuc.eu/publications/beuc-x-2018-071_goals_of_eu_competition_law_ and_digital_economy.pdf? [https://perma.cc/GN4T-H3MF].

32 제102조는 시장지배적 지위 남용을 금지하면서 그 예시적 남용 행위 목록에 "직접적 또는 간접적으로 **불공정한** 구매가격이나 판매가격 또는 기타 불공정한 거래조건을 부과하는 것"을 포함하고 있다(강조

추가됨). TFEU art. 102. 공정성에 대한 언급은 반경쟁적 합의와 관련해서도 발견된다. 즉 제101조 제1항을 위반한 기업들은 자신들의 행위가 효율성을 창출하고 소비자들이 그 혜택의 **공정한** 몫을 받았다는 것을 입증함으로써 위반을 해소할 수 있다(강조 추가됨). TFEU art. 101(3).

33 Blair & Sokol, *supra* note 26, at 2504–05.

34 Council Regulation 1/2003 of Dec. 16, 2002 on the Implementation of the Rules on Competition Laid Down in Articles 81 and 82 of the Treaty, Recitals ¶ 9, 2003 O.J. (L 1) 1, 2 (EC); *Commission Green Paper on Vertical Restraints in EC Competition Policy,* ¶ 180, COM(96) 721 final (Jan. 22, 1997); Case C-8/08 T-Mobile Netherlands BV v. Raad van bestuur van de Nederlandse Mededingingsautoriteit [2009] ECR I-4529, ¶ 38; Case C-501/06 P GlaxoSmithKline Services Unlimited v. Comm'n [2009] ECR I-9291, ¶ 63.

35 Fox *supra* note 17, at 340.

36 *See* D. Daniel Sokol, *Troubled Waters Between U.S. and European Antitrust*, 115 Mich L. Rev 955, 958 (2017). *See also* William E. Kovacic, U.S. Fed. Trade Comm'n Chairman, Competition Policy in the European Union and the United States: Convergence or Divergence?, Remarks at Bates White Fifth Annual Antitrust Conference (June 2, 2008), https://www.ftc.gov/sites/default/files/documents/public_statements/competition- policy-european-union-and-united-states-convergence-or-divergence/080602bateswhite.pdf [https://perma.cc/NE9D-RTR5].

37 *See* Anu Bradford et al., *Is E.U. Merger Control Used for Protectionism? An Empirical Analysis*, 15 J. Empirical Legal Stud. 165 (2018); Anu Bradford, *International Antitrust Enforcement and the False Hope of the WTO*, 48 Harv. Int'l L.J. 383 (2007).

38 Commission Decision in Case No. COMP/M.2220 (General Electric/Honeywell), 2004 O.J. (L 48) 1.

39 John Wilke, *U.S. Antitrust Chief Chides EU for Rejecting Merger Proposal*, Wall St. J. (July 5, 2001, 12:01 AM ET), https://www.wsj.com/articles/SB99428227597056929 (on file with author).

40 *Id.*

41 Commission Decision in Case No. IV/M.877 (Boeing/McDonnell Douglas), 1997 O.J. (L 336) 16; Commission Decision in Case No. COMP/M.1741 (MCI WorldCom/ Sprint) 2003 O.J. (L 300) 1; Commission Decision in Case No. COMP/M.1845 (AOL/Time Warner), 2001 O.J. (L 268) 28; Commission Decision in Case No. COMP/M.6570 (UPS/ TNT Express), C(2013) 431 final (Jan. 30, 2013) cited in 2014 O.J. (C 137) 8.

42 Tobias Buck, *How the European Union Exports Its Laws*, Fin. Times (July 9, 2007), https://www.ft.com/content/942b1ae2-2e32-11dc-821c-0000779fd2ac (on file with author).

43 Mark Scott, *E.U. Commission Opens Inquiry Into E-Commerce Sector*, N.Y. Times (May 6, 2015), https://www.nytimes.com/2015/05/07/business/international/european- commission-e-commerce-inquiry-american-tech-companies.html (on file with author).

44 Julia Fioretti, *Apple Appeals Against EU Tax Ruling, Brussels Says No Cause For Lower Tax Bill*, Reuters (Dec. 18, 2016 7:12 PM) https://www.reuters.com/article/us-eu-apple-taxavoidance-

idUSKBN148007 [https://perma.cc/B65D-KYPQ].

45 Interview by Kara Swisher with Barack Obama, President of the United States of America, in Standford, Cal. (Feb. 15, 2015), https://www.recode.net/2015/2/15/11559056/white-house-red-chair-obama-meets-swisher [https://perma.cc/Q6MQ-NYZ2].

46 Adam Satariano & Jack Nicas, *E.U. Fines Google $5.1 Billion in Android Antitrust Case,* N.Y. Times (July 18, 2018) https://www.nytimes.com/2018/07/18/technology/google-eu-android-fine.html (on file with author).

47 John Cassidy, *Why Did the European Commission Fine Google Five Billion Dollars?* New Yorker (July 20, 2018),https://www.newyorker.com/news/our-columnists/ why-did-the-european-commission-fine-google-five-billion-dollars [https://perma. cc/9WFS-GBBM].

48 Senate Finance Committee (@SenFinance), Twitter (Jul. 18, 2018, 8:33 AM), https:// twitter.com/SenFinance/status/1019605981968371712 [https://perma.cc/ZDN2-B2D7].

49 *See* Commission Decision in Case No. M.7881 (ABInBev/SABMiller) C (2016) 3212 final (May 24, 2016).

50 Bradford et al., *supra* note 37.

51 Pierre Cremieux & Edward A. Snyder, *Enforcement of Anticollusion Laws against Domestic and Foreign Firms*, 59 J.L. & Econ., 775 (2016).

52 *See* Press Release, Alstom, Siemens and Alstom Join Forces to Create a European Champion in Mobility (Sept. 26, 2017), https://www.alstom.com/press-releases- news/2017/9/siemens-and-alstom-join-forces-to-create-a-european-champion-in-mobility [https://perma.cc/SE7T-33UT].

53 *See* Commission Decision of 6 February 2019 in case M. 8677 Siemens/Alstom (not yet published since last verified on Apr. 14, 2019). *See also* European Commission Press Release IP/19/881, Merger: Commission Prohibits Siemens' Proposed Acquisition of Alstom (Feb. 6, 2019), http://europa.eu/rapid/press-release_IP-19-881_en.htm [https://perma. cc/5FQY-8TCD]; Rochelle Toplensky, *EU Blocks Planned Siemens-Alstom Rail Deal in Landmark Decision*, Fin. Times (Feb. 6, 2019), https://www.ft.com/content/6e344f6a- 29fd-11e9-88a4-c32129756dd8 (on file with author).

54 Commission Decision of 6 February 2019 in case M. 8677 Siemens/Alstom (not yet pub- lished sincelast verified on Apr. 14, 2019).

55 Foo Yun Chee & John Revill, *EU Antitrust Policy Under Fire After Siemens-Alstom Deal Blocked,* Reuters (Feb 6, 2019, 5:51 AM), https://www.reuters.com/article/us-alstom- m-a-siemens-eu/eu-antitrust-policy-under-fire-after-siemens-alstom-deal-blocked-idUSKCN1PV12L [https://perma.cc/7CL3-HZ8N].

56 Mehreen Khan, *A Clash of EU's Titans Over China,* Fin. Times (Apr. 2, 2019), https:// www.ft.com/content/abd1ef0c-54ce-11e9-a3db-1fe89bedc16e (on file with author).

57 *See* Council Regulation 1/2003 of December 16, 2002, on the Implementation of the Rules on Competition Laid Down in Articles 81 and 82 of the Treaty, O.J. (2003) (L 1) 1 (EC); and Council

Regulation 139/2004 of Jan. 20, 2004, on the Control of Concentrations Between Undertakings, 2004 O.J. (L 24) 1 (EC). *See also* Nicolas Petit & Norman Neyrinck, *A Review of the Competition Law Implications of the Treaty on the Functioning of the European Union*, Competition Pol'y Int'l Antitrust J. (Jan. 2010), at 7, http://www.emulation-innovation.be/wp-content/uploads/2013/09/Petit-Neyrinck-102-2-Lisbon.pdf [https://perma.cc/8SZE-5MVU].

58 *See* Council Regulation 1/2003 of 16 December 2002 on the Implementation of the Rules on Competition Laid Down in Articles 81 and 82 of the Treaty, O.J. (2003) (L 1) 1 (EC).

59 *See, e.g., Competition Policy: Prosecutor, Judge and Jury*, Economist (Feb. 18, 2010), https://www.economist.com/leaders/2010/02/18/prosecutor-judge-and-jury [https:// perma.cc/B5J5-A9AK];; Tom Fairless, *EU Displaces U.S. as Top Antitrust Cop*, Wall St. J. (Sept. 3, 2015, 5:04 PM ET), https://www.wsj.com/articles/eu-displaces-u-s-as-top- antitrust-cop-1441314254 (on file with author).

60 Bradford et al., *supra* note 37, at 191.

61 *See, e.g.*, Foreign Trade Antitrust Improvements Act of 1982 (FTAIA), 15 U.S.C. § 6a (2018); United States v. Aluminum Co. of Am., 148 F.2d 416, 444 (2d Cir. 1945); Case T-102/96, Gencor Ltd v. Comm'n, 1999 E.C.R. II-759,¶¶ 73, 92, 96; *see also* Eleanor M. Fox, *National Law, Global Markets, and* Hartford: *Eyes Wide Shut*, 68 Antitrust L.J. 73, 79-86 (2000); Damien Geradin et al., *Extraterritoriality, Comity, and Cooperation in EU Competition Law, in* Cooperation, Comity, and Competition Policy 21, 24-29 (Andrew T. Guzman ed., 2011).

62 *See* Commission Decision of 24 May 2004, Case COMP/C-3/37.792 (Microsoft), 2007 O.J. (L 32) 23; Commission Decision of 24 March 2004, Case COMP/C-3/37.792 (Microsoft), 3-4, C (2004) 900 final (Apr. 21, 2004).

63 *See* Steve Lohr, *Antitrust Cry from Microsoft*, N.Y. Times, Mar. 31, 2011, at B1, https:// www.nytimes.com/2011/03/31/technology/companies/31google.html?mtrref=www. google.com&gwh=A598C6EBBF881EE0FCBA67C3037A8078&gwt=pay&assetTyp e=PAYWALL (on file with author); Brad Smith, *Adding Our Voice to Concerns About Search in Europe,* Microsoft on the Issues (Mar. 30, 2011, 9:00 PM); https://blogs.microsoft.com/on-the-issues/2011/03/30/adding-our-voice-to-concerns-about-search-in-europe/ [https://perma.cc/X8L7-357W].

64 Vlad Savov, *What is Fair Search and Why Does It Hate Google So Much?*, The Verge (Apr. 12, 2013), https://www.theverge.com/2013/4/12/4216026/who-is-fairsearch [https://perma.cc/JE3A-W5KB].

65 European Commission Press Release IP/17/1784, Antitrust: Commission Fines Google ¢2.42 Billion For Abusing Dominance as Search Engine by Giving Illegal Advantage to Own Comparison Shopping Service (June 27, 2017), https://europa.eu/rapid/press- release_IP-17-1784_en.htm [https://perma.cc/BEX2-FPRZ]; European Commission Press Release IP/18/4581, Antitrust: Commission Fines Google ¢4.34 Billion for Illegal Practices Regarding Android Mobile Devices to Strengthen Dominance of Google's Search Engine (July 18, 2018), https://europa.eu/rapid/

press-release_IP-18-4581_en.htm [https://perma.cc/BEX2-FPRZ]; European Commission Press Release IP/19/1770, Antitrust: Commission Fines Google ¢1.49 Billion for Abusive Practices in Online Advertising (Mar. 20, 2019), http://europa.eu/rapid/press-release_IP-19-1770_en.htm [https://perma.cc/8L6C-PD2J].

66 *See* Council Regulation 139/2004 of Jan. 20, 2004, on the Control of Concentrations Between Undertakings, art. 1(2), 2004 O.J. (L 24) 1 (EC).

67 *See* Bradford, *supra* note 21, at 308–11.

68 *See* Commission Decision in Case No. COMP/M.2220 (General Electric/Honeywell), 2004 O.J. (L 48) 1. In contrast, for the position of US regulatory authorities, see Press Release, US Dep't of Justice, Justice Department Requires Divestitures in Merger Between General Electric and Honeywell (May 2, 2001), http://www.justice.gov/atr/ public/press_releases/2001/8140.pdf.[https://perma.cc/KF3G-PGPV].

69 Commission Decision in Case No. IV/M.053 (Aerospatiale-Alenia/de Havilland), 1991 O.J.(L 334) 42.

70 Commission Decision in Case No. IV/M.619 (Gencor/Lonrho), 1997 O.J. (L 11) 30.

71 Commission Decision in Case No. COMP/M.6570 (UPS/ TNT EXPRESS), C(2013) 431 final (Jan. 30, 2013) *cited in* 2014 O.J. (C 137) 8.

72 Commission Decision in Case No. M.7630 (FedEx/TNT Express), C(2015) 9826 final (Jan. 8, 2016) *cited in* 2016 O.J. (C 450) 12.

73 Commission Decision in Case No. COMP/M.5421 (Panasonic/Sanyo) C (209) 7572 (Sept. 29, 2009) *cited in* 2009 O.L. (C 322) 13.

74 Boeing Co. et al., Joint Statement Closing Investigation of the Proposed Merger, 5 Trade Reg. Rep. (CCH) ¶ 24,295 (July 1, 1997).

75 Commission Decision in Case No. IV/M.877 (Boeing/McDonnell Douglas), 1997 O.J. (L 336) 16,36-38.

76 *See* Kovacic, *supra* note 18, at 838-39.

77 Commission Decision in Case No. COMP/M.5984 (Intel/McAfee), C(2011) 529 Final (Jan. 26, 2011).

78 *Id.*

79 Commission Decision in Case No. COMP/M.1845 (AOL/Time Warner), 2001 O.J. (L 268) 28.

80 *See* Commission Decision in Case No. COMP/39258 (Airfreight), C(2010) 7694 final (Nov. 21, 2001) *re-adopted in* Summary Commission Decision in Case No. AT.39258 (Airfreight), 2017 O.J. (C 188) 14; Commission Decision in Case AT.39924 (Swiss Franc Interest Rate Derivatives/ LIBOR), C(2014) 7605 final (Oct. 21, 2014) *cited in* 2015 O.J. (C 72) 9; Commission Decision in Case AT.39924 (Swiss Franc Interest Rate Derivatives/ Bid Ask Spread Infringement), C(2014) 7602 final (Oct. 21, 2014) *cited in* 2015 O.J. (C 72) 14; Commission Decision in Case No. AT.39861 (Yen Interest Rate Derivatives) C(2015) 432 final (Feb. 4, 2015) cited in 2017 O.J. (C 305) 10; Commission Decision

in Case No. AT.39437 (TV and Computer Monitor Tubes) C(2012) 8839 final (Dec. 5, 2012) *cited in* 2013 O.J. (C 303) 13.

81 *See* Commission Decision in Case No. AT.39437 (TV and Computer Monitor Tubes) C(2012) 8839 final (Dec. 5, 2012) *cited in* 2013 O.J. (C 303) 13; South Korea, Improving International Cooperation in Cartel Investigations: Contributionto the OECD Global Forum on Competition (2011), http://www.oecd.org/officialdocuments/publicdisplaydocumentpdf/?cote=DAF/COMP/GF/WD(2012)13&docLanguage=En [https://perma.cc/6HPB-75TM]; *2008 Year-End Criminal Antitrust Update*, Gibson Dunn (Jan. 7, 2009), https://www.gibsondunn.com/2008-year-end-criminal-antitrust-update/ [https://perma.cc/U3P3-G2RP].

82 *See* Commission Decision in Case No. COMP/E-1/37.512 (Vitamins), 2003 O.J. (L 6) 1. The Commission's decision cites the following undertakings as addressees of its decision: F. Hoffmann-La Roche AG; BASF AG; Aventis SA (formerly Rhône-Poulenc); Lonza AG; Solvay Pharmaceuticals BV; Merck KgaA; Daiichi Pharmaceutical Co. Ltd; Eisai Co. Ltd; Kongo Chemical Co. Ltd; Sumitomo Chemical Co. Ltd; Sumika Fine Chemicals Ltd; Takeda Chemical Industries Ltd; Tanabe Seiyaku Co. Ltd. Id. ¶ 1. 이 결정은 "이 결정이 다루는 제품들은 다음 비타민 그룹과 밀접하게 연관된 제품들에 속하는 대량 합성물질들이다"라고 추가로 언급한다. A, E, B1, B2, B5, B6, C, D3, biotin (H), folic acid (M), beta-carotene and carotinoids." Id. ¶ 8.

83 Harry First, *The Vitamins Case: Cartel Prosecutions and the Coming of International Competition Law,* 68 Antitrust L.J. 711 (2001).

84 First, *supra* note 83, at 711–34.

85 Howard Bergman & D. Daniel Sokol, *The Air Cargo Cartel: Lessons for Compliance, in* Anti-Cartel Enforcement in a Contemporary Age: Leniency Religion 301, 308–11 (Caron Beaton-Wells & Christopher Tran eds., 2015).

86 Commission Decision in Case No. AT.39850 (Container Shipping) C (2016) 4215 final (July 7, 2016) cited in 2016 O.J. (C 327) 4.

87 *E.g.*, Commission Decision in Case No. COMP/C-3/37.990 (Intel), D(2009) 3726 final (May 13, 2009) *cited in* 2009 O.J. (C 227) 13; Commission Decision In Case No. COMP/C-3/37.792 (Microsoft) C(2004) 900 final (Mar. 24, 2004) *cited in* 2007 O.J. (L 32) 23; *see* Stephen Castle, *Microsoft Gets Record Fine and a Rebuke from Europe*, N.Y. Times, Feb. 28, 2008, at C3, https://www.nytimes.com/2008/02/28/technology/28soft. html (on file with author); Editorial, *Europe* v. U.S. *Business*, Wall St. J., Jan. 17, 2008, at A16, https://www.wsj.com/articles/SB120053154686996085 (on file with author); European Commission Press Release IP/18/4581 Antitrust: Commission Fines Google ¢4.34 Billion for Illegal Practices Regarding Android Mobile Devices to Strengthen Dominance of Google's Search Engine (July 18, 2018), http://europa.eu/rapid/press- release_IP-18-4581_en.htm [https://perma.cc/BEX2-FPRZ]; Alex Barker & Mehreen Khan, *EU Fines Google Record ¢4.3bn Over Android*, Fin. Times (July 18, 2018), https:// www.ft.com/content/56ae8282-89d7-11e8-b18d-0181731a0340 (on file with author); Summary of Commission Decision in Case

No. AT.40220 (Qualcomm (Exclusivity Payments) 2018 O.J. (C 269) 25; *Qualcomm Fine Shows EU Antitrust Enforcers Aren't Dauntedby Intel Ruling*, MLex (Jan. 24, 2018), https://mlexmarketinsight.com/insights- center/editors-picks/antitrust/europe/qualcomm-fine-shows-eu-antitrust-enforcers-arent-daunted-by-intel-ruling [https://perma.cc/78G9-BM9Y].

88 *See, e.g.*, Commission Decision in Case No. COMP/B-2/38.381 (De Beers), C(2006) 521 final (Feb. 22, 2006) cited in 2006 O.J. (L 205) 24.

89 Andrew E. Kramer, *Russia Stockpiles Diamonds, Awaiting the Return of Demand*, N.Y. Times (May 11, 2009), https://www.nytimes.com/2009/05/12/business/global/12diamonds. html (on file with author).

90 Commission Decision in Case COMP/A.39.116/B2 (Coca-Cola), C(2005) 1829 final (June 22, 2005) cited in 2005 O.J. (L 253) 21.

91 PepsiCo, Inc. v. Coca-Cola Co., 315 F. 3d 101, 108 (2d Cir. 2002).

92 Michal S. Gal, *Antitrust in a Globalized Economy: The Unique Enforcement Challenges Faced by Small and Developing Jurisdictions*, 33 Fordham Int'l L.J. 1, 41 (2009).

93 European Commission Press Release IP/17/1784, Antitrust: Commission Fines Google ¢2.42 Billion for Abusing Dominance as Search Engine by Giving Illegal Advantage to Own Comparison Shopping Service (June 27, 2017), http://europa.eu/rapid/press-release_IP-17-1784_en.htm [https://perma.cc/ZN2D-4SS9].

94 Google Europe Twitter post, Sept. 27 2017, https://twitter.com/googleeurope/ status/913071852146315264 [https://perma.cc/Z4RL-C6B3]; Oliver Heckmann, *Changes to Google Shopping in Europe*, Google Blog (Sept. 27, 2017), https://adwords.googleblog.com/2017/09/changes-to-google-shopping-in-europe.html [https://perma. cc/QSH6-CEXC].

95 Aoife White, *Google to Create Shopping Service Unit to Satisfy EU*, Bloomberg (Sept. 26, 2017), https://www.bloomberg.com/news/articles/2017-09-26/google-said-to- split-off-shopping-service-to-meet-eu-demands (on file with author).

96 Jeff John Roberts, *Google's $2.7 Billion Fine: What it Means and What Happens Next*, Fortune http://fortune.com/2017/06/27/google-eu-fine-faq/ [https://perma. cc/29X8-3VUM]; Rochelle Toplensky & Richard Waters, *Google Changes Shopping Search to Sooth EU Antitrust Concerns*, Fin. Times (Sept. 28, 2017), https://www. ft.com/content/9c9d196a-a432-11e7-b797-b61809486fe2 (on file with author).

97 Commission Decision in Case No. COMP/C-3/37.792 (Microsoft), C(2004) 900 final, ¶ 2.1 (Mar. 24, 2004) cited in 2007 O.J. (L 32) 23.

98 *Id* ¶ 427.

99 Nicolas Economides & Ioannis Lianos, *The Elusive Antitrust Standard on Bundling in Europe and the United States in the Aftermath of the* Microsoft Cases, 76 Antitrust L.J. 483, 484 (2009).

100 Siemens, Business Conduct Guidelines (2009), https://new.siemens.com/global/en/company/sustainability/compliance.html (on file with author).

101 ExxonMobil, Antitrust and Competition Law: Legal Compliance Guide 7–8 (2014), https://corporate.exxonmobil.com/-/media/Global/Files/policy/ Antitrust-and-Competition-Law-Legal-Compliance-Guide.pdf [https://perma.cc/ JAM5-8NLX].

102 Interview with John Frank, Vice President of Microsoft, in Brussels (July 16, 2018).

103 Anu Bradford et al., *supra* note 9.

104 Michal S. Gal, The *'Cut and Paste' of Article 82 of the EC Treaty in Israel: Conditions for a Successful Transplant,* 9 Eur. J.L. Reform 467 (2007); William E. Kovacic, *Merger Enforcement in Transition: Antitrust Controls on Acquisition in Emerging Economies,* 66 U. Cin. L. Rev. 1071, 1086–89 (1998).

105 Competition Act 89 of 1998, Preamble (S. Afr.).

106 Case 27/76, United Brands Co. v. Comm'n 1978 E.C.R. 207 164.

107 Competition Act 89 of 1998, § 8(a) (S. Afr.).

108 Competition Act 89 of 1998, § 1(1)(ix) (S. Afr.).

109 See the seminal South African dominance case *Competition Commission and South African Airways (Pty) Ltd* (final) (18/CR/Mar01) [2005] ZACT 50 *citing, inter alia*, Commercial Solvents Case 6/73 etc [1974] ECR 223; *Sealink/b and Holyhead* [1992] 5 CMLR 255; *Virgin/British Airways OJ* [2000] L30/1, [2000] CMLR 999 21.

110 *See*, for example, the lengthy discussion of Article 101 and the characterization of hori- zontal and vertical agreements in *Competition Commission v South African Breweries Limited and Others* (129/CAC/Apr14) [2015].

111 David Lewis, Thieves at the Dinner Table: Enforcing Competition Rules in South Africa 247 (2012).

112 *Id.* at 24–26.

113 Competition Act 89 of 1998, Preamble (S. Afr.).

114 2004 Parliamentary Debate, at 864; Other sources confirm this view. *See* Kala Andarajah & Dominique Lombardi, *Competition Law in Singapore*, Aug. 24, 2015, at 3, https://www.competitionpolicyinternational.com/competition-law-in-singapore/ [https://perma.cc/HV6G-6WPD]; Burton Ong, *The Origins, Objectives and Structure of Competition Law in Singapore*, 29 Kluwer L. Int'l 269, 280 (2006).

115 *Compare, e.g.*, Competition and Consumer Commission of Singapore, Guidelines on the Section 34 Prohibition 2016 (Dec. 1, 2016) with Commission Guidelines on the Applicability of Article 101 of the Treaty on the Functioning of the European Union to Horizontal Co-operation Agreements, 2011 O.J. (C 11).

116 Ong, *supra* note 114, at 280.

117 Competition Act, Third Schedule,¶ 8 (Cap. 50B, 2006 Rev. Ed.) (Sing.).

118 Robert Ian McEwin et al., Competition Practice & Procedures 1–5 (2007). Law in Singapore: Principles Practice & Procedures 1–5 (2007).

119 Competition Commission of Singapore Infringement Decision in Case No. CCS/600/008/07

(SISTIC.com PTE Ltd.), ¶ 4.1.3 (June 4, 2010), https://www. cccs.gov.sg/~/media/custom/ccs/files/public%20register%20and%20consultation/ public%20consultation%20items/abuse%20of%20dominant%20position%20by%20 sisticcom%20pte%20ltd/sistic20infringement20decision20nonconfidential20version.ashx [https://perma.cc/8J63-QZG4].

120 *Id.* ¶ 4.1.3.

121 SISTIC.com PTE Ltd. v. Competition Commission of Singapore, App. No. 1 of 2010 ¶ 287(Competition App. Bd., May 28, 2012) (Sing.), https://www.cccs.gov. sg/~/media/custom/ccs/files/public%20register%20and%20consultation/public%20 consultation%20items/abuse%20of%20dominant%20position%20by%20sisticcom%20 pte%20ltd/sistic20appealcab20decision120june202012redacted.ashx [https://perma. cc/P5B8-2WPV].

122 Ong, *supra* note 114, at 270.

123 Competition Commission of Singapore, 10 Years of Championing Growth and Choice 56 (2015), https://www.cccs.gov.sg/-/media/custom/ccs/files/ media-and-publications/publications/annual-reports/ccs-ar250811final.pdf [https:// perma.cc/HS5K-2U72].

124 Nicholas Tan, *A Big Ticket Issue for Singapore's Biggest Ticketing Issuer*, 23 Sing. Academ. L.J. 538, 542 (2011).

125 Ninety-Third Report on the Competition Bill, 2001, Rajya Dabha Secretariat, AUGUST 2002/SRAVANA, 1924(SAKA), 14, http://www.prsindia.org/uploads/ media/1167471748/bill73_2007050873_Standing_Committee_Report_on_Competition_Bill 2001.pdf [https://perma.cc/GE39-ZSPE].

126 *See* The Competition Act, No. 12 of 2003, §4, India Code (2019), https://indiacode.nic. in/bitstream/123456789/2010/2/A2003-12.pdf [https://perma.cc/RY4A-HSPS]; *see also* Pratibha Jane & Simone Reis, *Competition Law in India—Jurisprudential Trends and the Way Forward*, Nishith Dsai Associates (Apr. 6, 2013), http://www.nishithde- sai.com/information/nda-in-the-media/audio/article/competition-law-in-india-juris- prudential-trends-and-the-way-forward-1.html?tx_ttnews%5Border%5D=title&tx_ttn ews%5Bdir%5D=desc&cHash=d619c816715a4137798584d0af1cf9c9 [https://perma. cc/3ZQV-TWME].

127 The Competition Act, No. 12 of 2003, § 4(e), India Code (2019), https://indiacode. nic.in/bitstream/123456789/2010/2/A2003-12.pdf [https://perma.cc/RY4A-HSPS].

128 Case 27/26, United Brands v. Comm'n, 1978 E.C.R, 207

129 *Id.* 65–66.

130 HT Media Ltd. v. Super Cassettes (2014) CCI 109.

131 *See* Li Jian (李剑), *Zhong Guo Fan Long Duan Fa Shi Shi Zhong De Ti Xi Chong Tu Yu Hua Jie* (中国反垄断法实施中的体系冲突与化解) *[System Conflict and Resolution for the Enforcement of China Antimonopoly Law]*, China Legal Science (2014), http://zgfxqk.org.cn/WKA3/WebPublication/wkDownLoad.aspx?fileID=29930f86- 115c-4c84-9807-660efb90fbde&pid=ce18f75c-5bf9-4c87-b69e-800680816003 [https://perma.cc/V3ZY-6GG7].

132 *See* Wan Jiang (万江), *Zhong Guo Fan Long Duan Fa Yu Ou Meng Jing Zheng Fa Nei Rong Dui Bi Biao* (中国反垄断法与欧盟竞争法内容对比表) *[Comparison of Chinese Antimonopoly Law and EU Competition Law]*, Lexis Practical Guide http://hk.lexiscn.com/asiapg/articles/29e3d1ef-5bbb-20ab-d13f-3a18e2a80385.html [https://perma.cc/2E67-ECVT].

133 *See* TFEU Article 42; Anti-Monopoly Law of the People's Republic of China, Art. 56 (promulgated by the Standing Comm. Nat'l People's Cong., Aug. 30, 2007, effective Aug. 1, 2008), 2007 Standing Comm. Nat'l People's Cong. Gaz. 68.

134 *See* Qian Dali (钱大立), Huang Kai (黄凯), *Jian Xi Jing Ying Zhe Ji Zhong Shen Cha Ban Fa Xiu Ding Cao An Zheng Qiu Yi Jian Gao* (简析经营者集中审查办法修订草案征求意见稿) *[Brief Analysis of draft version of Amendment to the Measure for the Undertaking Concentration Examination*], Law Review Of Corporate & Acquisitions By Llinks Law Office (Sept. 2017), http://www.llinkslaw.com/uploadfile/publication/60_1515059367.pdf [https://perma. cc/N3LT-96X6].

135 *See* Wan Jiang (万江), *supra* note 132.

136 *See* Li Meiying (李梅影), *Fan Long Duan Fa You Wang Ming Nian Chu Tai Jiang Jie Jian Ou Meng Jing Zheng Fa Jing Yan* (反垄断法有望明年出台将借鉴欧盟竞争法经验) *[Antimonopoly Law is Expected to Be Released Next Year, Will Learn From EU Competition Law Experience]*, Int'l Fin. News (Apr. 25, 2005), http://it.people.com. cn/GB/3346561.html [https://perma.cc/3NRJ-ABLH].

137 *See* Li Jian (李劍), *supra* note 131.

138 *See* Shang Ming (尚明), *Fa Zhan Zhong De Zhong Guo Jing Zheng Zheng Ce Yu Li Fa* (发展中的中国竞争政策与立法) *[Competition Policies and Legislation of the Developing China] (Apr. 27, 2005)*, http://tfs.mofcom.gov.cn/article/ bc/200504/20050400081489.shtml [https://perma.cc/UG8W-76DL].

139 MOFCOM는 중국 상무부이고, NDRC는 중국 국가발전개혁위원회이며 SAIC는 국가공상행정관리총국을 의미한다.

140 *See* Torben Toft, *Update on Competition Developments in China: EU-China Competition Law Cooperation* (Sept. 2016) (on file with Pritzker School of Law), http://www.law. northwestern.edu/research-faculty/searlecenter/workingpapers/documents/Torben_ Toft_update_on_competition_developments_in_China.pdf [https://perma.cc/ F86X-UEQ7].

141 *See Terms of Reference of the EU-China Competition Policy Dialogue*, entered on May 6, 2004 (last visited on Nov. 10, 2017). Item 2.7, downloaded via http://ec.europa.eu/ competition/international/bilateral/china_tor_en.pdf [https://perma.cc/KP9P-4L33].

142 Organic Law for the Regulation and Control of Market Power (Ley Orgánica de Regulación y Control del Poder de Mercado), Registro Oficial Suplemento 555, Oficio No. T.364-SNJ-11-1287, 2011.

143 For example, *compare* Article 27 of the Market Power Control and Regulation Act and the Article 3 of the Spanish Competition Defense Act or the Art 11 of the Market Power Control and Regulation Act with Article 101 of the TFEU or the Art 1 of the Spanish Competition Defense Act.

144 Los Metodos para la Definicion del Mercado Relevante – Junta de Regulacion de Poder de Mercado –Registro Oficial 885 del 18 de noviembre de 2016 (Methods for Relevant Market Definition –

Market Power Board – Official Register No. 885 from November 18, 2016).

145 Republic of Ecuador, Constitution of 2008, Art. 3 (unofficial English transla- tion http://pdba.georgetown.edu/Constitutions/Ecuador/english08.html) [https:// perma.cc/6XVU-4YYG]).

146 Evgeny Khokhlov, *The Current State of Russian Competition Law in the Context of Harmonization with EU Competition Law*, 5 J. Eur. L. & Prac. 32, 32–38 (2014).

147 Hailegabriel G. Feyissa, *European Influence on Ethiopian Antitrust Regime: A Comparative and Functional Analysis of Some Problems*, 3 Mizan L. Rev. 271 (2009).

148 Ana Julia Jatar, Symposium, *Competition Policy in Latin America: Introduction*, 24 Brooklyn J. Int'l L. 357 (1998).

149 Bradford, *supra* note 10.

150 David Gerber, *Constructing Competition Law in China: The Potential Value of European andU.S. Experience*, Wash. U. Global Stud. L. Rev. 315 (2004); William E. Kovacic, *Merger Enforcement in Transition: Antitrust Controls on Acquisition in Emerging Economies*, U. Cin. L. Rev. 66:1071–12 (1998).

151 Gal, *supra* note 17, at 345–46.

152 *See, e.g.*, Roger Van den Bergh, *The Difficult Reception of Economic Analysis in European Competition Law, in* Post-Chicago Developments in Antitrust Law, 34, 46–50 (Antonio Cucinotta et al. eds., 2002).

153 *See* Burton Ong, *The Competition Act of 2004: A Legislative Landmark on Singapore's Legal Landscape*, J. Singapore Legal Stud. 172, 174 n 8 (2006).

154 Hans-Bernd Schäfer, *Rules Versus Standards in Rich and Poor Countries: Precise Legal Norms as Substitutes for Human Capital in Low-Income Countries*, 14 Sup. Ct. Econ. Rev. 113, 113–34 (2006).

155 *See* Mr. Mario Monti, EU Commissioner for Antitrust, International Co-operation and Technical Assistance: A View from the EU, Geneva (July 4, 2001), http://www.europa. eu/rapid/press-release_SPEECH-01-328_en.pdf [https://perma.cc/M8LH-ADB5].

156 *See* discussion in Bradford et al., *supra* note 10.

157 *See* EC-Turkey Assoc. Council Decision No 1/95 of 22 December 1995 On Implementing The Final Phase of the Customs Union (96/142/EC), 1996 O.J. (L 35) 1, 9 art. 39.

158 Solomon Menabdishvili, *Recent Developments in the Competition Law of Georgia. Changes Resulting from the Association Agreement*, 8 Y.B. Antitrust & Reg. Stud. 213 (2015).

159 Bradford et al., *supra* note 10.

160 *See* Hanna L. Buxbaum, *The Private Attorney General in a Global Age: Public Interests in Private International Antitrust Litigation*, 26 Yale L.J. 219, 251 (2001).

161 Anti-Monopoly Law of the People's Republic of China (promulgated by the Standing Comm. Nat'l People's Cong., Aug. 30, 2007, effective Aug. 1, 2008), 2007 Standing Comm. Nat'l People's Cong. Gaz. 68.

162 Commission Decision in Case No. COMP/C-3/37.792 (Microsoft), C(2004) 900 final, ¶ 2.1 (Mar.

24, 2004) cited in 2007 O.J. (L 32) 23.

163 Jeremy Kirk, *Korea to Hear Microsoft Competition Case: Company Protests Windows XP-Messenger Tie-in*, InfoWorld (Jul. 8, 2005), https://www.infoworld.com/ article/2670535/operating-systems/korea-to-hear-microsoft-competition-case.html [https://perma.cc/DC6X-3BH3].

164 *Id.* at 622.

165 David J. Silverthorn, *Microsoft Tying Consumers'Hands? The Windows Vista Problem and the South Korea Solution,* 13 Mich. Telecomm. & Tech. L. Rev. 617, 621–22 (2007).

166 *Id.* at 622.

167 Marius Meland, *Microsoft Battles South Korean Antitrust Decision,* Law360 (Mar. 27, 2006), https://www.law360.com/articles/5854 (on file with author).

168 Press Release, Microsoft Korea(한국마이크로소프트), Microsoft's Position on the Release of Decision by the Korean Fair Trade Commission(공정거래위원회 의결서 송부에 대한 '마이크로소프트의 입장') (Feb. 24, 2006) *reprinted in* Newswire. kr (Feb. 24, 2006 6:51 PM) http://www.newswire.co.kr/newsRead.php?no=127294 [https://perma.cc/226L-DSM4].

169 Maria Kiselyova, *Russian Competition Watchdog Opens Case Against Google,* Reuters (Feb. 20, 2015, 5:20 AM),https://www.reuters.com/article/us-russia-crisis-google- investigation/russian-competition-watchdog-opens-case-against-google-idUSKBN-0LO0RJ20150220 [https://perma.cc/7TXC-VCK8].

170 Press Release Russian Federal Antimonopoly Service, FAS Russia reached settle- ment with Google (Apr. 2017), https://en.fas.gov.ru/press-center/news/detail. html?id=49774 [https://perma.cc/9S3Z-VQBP]; E. Kroh, *Google Pays $7.7M Fine To End Russian Antitrust Probe*, Law360, (May 12, 2017, 5:06 PM EDT) ,https://www. law360.com/articles/923370/google-pays-7-7m-fine-to-end-russian-antitrust-probe (on file with author).

171 Evgeny Khokhlov, *The Russian Federal Antimonopoly Service's Case Against Google Related to Bundling and Other Anticompetitive Practices with Respect to Android,* 8 J. Eur. Competition L. & Prac. 468, 468 (2017). See also Decision of FAS of Russia in Case No. 1-14-21/00-11-15 (Oct. 15, 2015), https://br.fas.gov.ru/ca/upravlenie-regulirovaniya-svyazi-i-informatsionnyh-tehnologiy/ad-54066-15/ [https://perma.cc/NY9U-B4C3] (unofficial English translation http://www.benedelman.org/docs/yandex-vs-google- translation-18sep2015.pdf).

172 Brad Haynes, *Brazil Investigates Google Over Antitrust Charges*, Reuters (Oct. 11, 2013, 11:37 AM), https://www.reuters.com/article/us-google-brazil-idUSBRE99A0JM20131011 [https://perma.cc/VYM7-JHDK]; Press Release, Brazilian Administrative Council for Economic Defense, CADE Investigates Google's Possible Anticompetitive Practices in the Brazilian Online Search Market, (Oct. 11, 2013), http://en.cade.gov.br/ press-releases/cade-investigates-google2019s-possible-anticompetitive-practices-in-the-brazilian-online-search-market [https://perma.cc/W3X6-M5AG].

173 Jeff Zalesin, *Brazil Continues Google Antitrust Probe Without Microsoft,* Law360 (May 5, 2016),

https://www.law360.com/articles/792935/brazil-continues-google-antitrust-probe-without-microsoft (on file with author).

174 *Brazil: CADE considers opening probe into Google,* Competition Pol'y Int'l (Aug. 20, 2018), https://www.competitionpolicyinternational.com/brazil-cade-considers-joining-investigations-against-google/ [https://perma.cc/3PNM-S6CJ].

175 B. Balki, *Google fined—this time by the Turkish Competition Watchdog,* Kluwer Competition Law Blog (Nov. 5, 2018), http://competitionlawblog.kluwercompe- titionlaw.com/2018/11/05/google-fined-this-time-by-the-turkish-competition-watch-dog/ [https://perma.cc/P5XD-7VN4].

176 Jung-Ah Lee, *South Korean Search Portals File Phone Complaint Against Google,* Wall St. J. (Apr. 18, 2011), https://www.wsj.com/articles/SB10001424052748703983104576264012635638314 (on file with author).

177 Youkyung Lee, *South Korea's fair trade commission clears Google after 2-year probe,* NBC News (July 18, 2013), https://www.nbcnews.com/business/south-koreas-fair-trade-commission-clears-google-after-2-year-6C10669675 [https://perma.cc/VR73-TWS3]; Samuel Gibbs and agencies, *Google's South Korean offices inspected in Android antitrust probe,* Guardian (July 21, 2016), https://www.theguardian.com/technology/2016/ jul/21/google-south-korean-offices-inspected-android-antitrust-probe [https://perma. cc/D7EC-YTKF]; *see also* Zach Miners, *South Korea Drops Antitrust Investigation Against Google,* PCWorld (July 18, 2013, 4:35 PM PT), https://www.pcworld.com/article/2044695/s-korea-drops-antitrust-investigation-against-google.html[https:// perma.cc/RW6C-9ACR].

178 Song Jung-a, *South Korea Confirms Google Antitrust Probe,* Fin. Times (Aug. 12, 2016, https://www.ft.com/content/59bd6b78-6044-11e6-b38c-7b39cbb1138a (on file with author).

179 Hyunsuk Cho & Sooryun Park, KFTC monitors Google regarding alleged violation of antitrust laws, JoongAng Ilbo (Apr. 21, 2016), http://news.joins.com/article/19921051 [https://perma.cc/CFU8-L4QY] (Translated from Korean to English).

180 Commission Decision in Case No. M.7881 (ABInBev/SABMiller) C (2016) 3212 final (May 24, 2016).

181 Superintendencia del Poder de Mercado. Expediente No. SCPM- CRPI- 2016- 017, http://www.scpm.gob.ec/images/RESOLUCIONES-CRPI/notificacion-obligatoria/ 2016/SCPM-CRPI-2016-017-06-05-2016.pdf [https://perma.cc/3PLG-5673]. *See* Com- mission Decision in Case No. M.7881 (ABInBev/SABMiller) C (2016) 3212 final (May 24, 2016). The Commission engaged Mazars LLP as Monitoring Trustee. Trustee Details, Case No., M.7881 (ABInBev/SABMiller) (June 24, 2016), http://ec.europa.eu/competition/mergers/cases/additional_data/m7881_2794_3.pdf [https://perma.cc/8WFM-9H7D].

182 *See supra* note 62 and accompanying text.

183 Richard Waters, *Department of Justice opens review into Big Tech's market power,* Fin. Times, July 24, 2019, *available at* https://www.ft.com/content/4f008ab0-ad8c-11e9- 8030-530adfa879c2 (on

file with author).

제5장

1 Regulation 2016/679, of the European Parliament and of the Council on the Protection of Natural Persons with regard to the Processing of Personal Data and on the Free Movement of Such Data, and Repealing Directive 95/46/EC, 2016 O.J. (L 119) 1 [hereinafter GDPR].

2 *Code of Conduct on Countering Illegal Hate Speech Online*, European Commission2 (May 31, 2016), http://ec.europa.eu/justice/fundamental-rights/files/hate_speech_code_of_conduct_en.pdf [https://perma.cc/RD57-XXCF] [hereinafter The Code].

3 Kevin Granville, *Facebook and Cambridge Analytica: What You Need to Know as FalloutWidens,* N.Y. Times (Mar. 19, 2018), https://www.nytimes.com/2018/03/19/technology/facebook-cambridge-analytica-explained.html?register=google (on file with author); Paul Mozur, A Genocide Incited on Facebook, With Posts From Myanmar's Military, N.Y. Times (Oct. 15, 2018), https://www.nytimes.com/2018/10/15/technology/myanmar-facebook-genocide.html (on file with author).

4 개인정보보호에 대한 기본권은 유럽인권협약에서 그 기원을 찾을 수 있다. 이는 유럽평의회가 작성한 조약 문서로 개인정보보호에 대한 기본권을 보장한다; *see* Council of Europe, European Convention for the Protection of Human Rights and Fundamental Freedoms, art. 8, *opened for signature* Nov. 4, 1950, ETS 5 [hereinafter ECHR]. 유럽인권재판소는 유럽인권협약을 집행하는 임무를 부여받았으며, 개인정보보호권을 데이터 보호로까지 확대했다; *see* Copland v. United Kingdom, 253 Eur.Ct.H.R. (2007). 모든 EU 회원국이 유럽인권협약의 47개 서명국 중 하나이므로, 모든 유럽인들은 이 개인정보보호 규정의 수혜자가 된다.

5 *See* Treaty on the Functioning of the European Union art. 16, Oct. 26, 2012, 2012 O.J. (C326) 1 [hereinafter TFEU].

6 Charter of Fundamental Rights of the European Union, arts. 7–8, Dec. 12, 2007, 2007 O.J. (C 303) 1 [hereinafter Charter of Fundamental Rights].

7 Orla Lynskey, The Foundations of EU Data Protection Law 11 (2015).

8 Regulation 2016/679, of the European Parliament and of the Council on the Protection of Natural Persons with regard to the Processing of Personal Data and on the Free Movement of Such Data, and Repealing Directive 95/46/EC, 2016 O.J. (L 119) 1 [hereinafter GDPR].

9 Council Directive 95/46, On the Protection of Individuals with Regard to the Processing of Personal Data, 1995 O.J. (L 281) 31 [hereinafter Data Protection Directive].

10 GDPR, supra note 1, at art. 5(1)(a).

11 *Id.* at arts. 5(1)(b)–1(c).

12 *Id.* at art. 5(1)(d), (5)(1)(f).

13 *Id.* at art. 17.

14 *Id.* at art. 25.

15 *Id.* at arts. 51, 68.

16 *Id.* at art. 83.

17 Slaughter and May, "New Rules, Wider Reach: the Extra-TerritorialScope of the GDPR" (2016), https://www.slaughterandmay.com/media/2535540/new-rules-wider-reach-the-extraterritorial-scope-of-the-gdpr.pdf [https://perma.cc/C9RK-CHW7]; *see also* Deloitte, "GDPR Top Ten: #3 Extraterritorial applicabilityof the GDPR" (Apr. 3, 2017), https://www2.deloitte.com/nl/nl/pages/risk/articles/cyber-security-privacy-gdpr-top-ten-3-extraterritorial-applicability-of-the-gdpr.html [https://perma.cc/2DTG-BHUJ].

18 *See* GDPR, *supra* note 1, at art. 45.

19 *Proposal for a Regulation of the European Parliament and of the Council concerning the respect for private life and the protection ofpersonal data in electronic communications and repealing Directive 2002/58/EC (Regulation on Privacy and Electronic Communications)*, COM (2017) 10 final (Jan. 10, 2017).

20 Directive 2002/58/EC of the European Parliament and of the Council of 12 July 2002Concerning the Processing of Personal Data and the Protection of Privacy in the Electronic Communications Sector, 2002 O.J. (L 201) 37.

21 Mehreen Khan, *EU States Urged to Agree Online Privacy 'Cookie Law,'* Fin. Times (Apr.23, 2018), https://www.ft.com/content/1ebf5a9e-4707-11e8-8ee8-cae73aab7ccb (on file with author).

22 Natasha Singer, The Next Privacy Battle in Europe is Over this New Law, N.Y. Times (May27, 2018), https://www.nytimes.com/2018/05/27/technology/europe-eprivacy-regulation-battle.html (on file with author).

23 Summary of the Opinion of the European Data Protection Supervisor on the Proposal for a Regulation on Privacy and Electronic Communications (ePrivacy Regulation), 2017 O.J.(C 234) 3.

24 *Proposal for a Regulation of the European Parliament and of the Council Concerning the Respect for Private Life and the Protection of Personal Data in Electronic Communications and Repealing Directive 2002/58/EC (Regulation on Privacy and Electronic Communications)—Examination of the Presidency text,* (COD) 2017/0003 10975/18 (July 10, 2018), https://eur-lex.europa.eu/legal-content/EN/TXT/PDF/?uri=CONSIL:ST_10975_2018_INIT&from=EN [https://perma.cc/6XQZ-CQCE].

25 Case C-131/12, Google Spain SL v. Agencia Espanola de Protección de Datos, ECLI:EU:C:2014:317, http://curia.europa.eu/juris/document/document.jsf ?docid=152065&doclang=en [hereinafter Google Spain].

26 *Id.* at 91–99.

27 *Id.* at 56.

28 *Id.* at 51–60.

29 Jennifer Daskal, *Borders and Bits*, 71 Vand. L.R. 179, 212 (2018).

30 Mark Scott, *Google Will Further Block Some European Search Results,* N.Y. Times (Feb.11, 2016),https://www.nytimes.com/2016/02/12/technology/google-will-further-blocksome-european-search-results.html (on file with author).

31 Mark Scott, *French Court Refers Google Privacy Case to ECJ,* Politico (July 19, 2017),http://www.politico.eu/article/french-court-refers-google-privacy-case-to-ecj/ [https://perma.cc/8TDU-P2GK].

32 Daskal, *supra* note 29, at 214.

33 *See Transparency Report—Search Removals Under European Privacy Law,* Google (May29, 2014), https://transparencyreport.google.com/eu-privacy/overview [https://perma.cc/ZF5L-KMEA] (이 수치들은 2019년 5월 14일 기준으로 정확하다. 구글은 주기적으로 이 수치들을 업데이트한다).

34 David F. Katz & Elizabeth K. Hinson, Germans Fine U.S. Companies forUnlawful Data Transfers to States, Lexology (2016), https://www.lexology.com/library/detail.aspx?g=743c9b6f-fc67-4479-893c-3a4384f9296e [https://perma.cc/Q3R9-N2R9].

35 Duncan Robinson, *Facebook Fined by French Regulator Over Data Protection Rules,* Fin. Times (May 16, 2017), https://www.ft.com/content/10f558c6-3a26-11e7-821a-6027b8a20f23<<<REFC>>> (on file with author).

36 *See, e.g.,* Gregory Shaffer, Globalization and Social Protection: The Impact of EU andInternational Rules in the Ratcheting Up of U.S. Privacy Standards, 25 Yale J. Int'l L. 1,43 (2000).

37 Cecilia Kang, *Promise by Google Ends FTC's Privacy-Breach Probe,* Wash. Post, Oct. 28, 2010, at A15.

38 Robinson, *supra* note 35.

39 Thomas Shaw, Privacy Law and History: WWII-Forward The Privacy dvisor (Mar. 1, 2013), https://iapp.org/news/a/2013-03-01-privacy-law-and-historywwii-forward/ [https://perma.cc/6XE2-8SWA].

40 Alvar C.H. Freude and Trixy Freude, *Echoes of History: Understanding GermanData Protection,* Newpolitik 2 (Oct. 1, 2016), https://www.bfna.org/wp-content/uploads/2017/04/Echoes_of_history_Understanding_German_Data_Protection_Freude.pdf [https://perma.cc/D6ZB-WQ7H].

41 Lynskey, *supra* note 7, at 46–47.

42 *Communication on A Comprehensive Approach on Personal Data Protection in the EU,* at 19(COM) (2010) 609 final (Nov. 4, 2010).

43 브뤼셀 벨기에에서 진행된 유럽위원회 법무소비총국 국제 데이터 유통 및 보호과 책임자 브루노 젠카렐리(Bruno Gencarelli)와의 인터뷰 (2018년 7월 17일).

44 *Id.*

45 *Id.* at 47.

46 *Id.*

47 Shaw, *supra* note 39.

48 Henry Farrell & Abraham L. Newman, Of Privacy and Power: The Transnational Struggle over

Freedom and Security 52 & 108 (2019).

49 Abraham L. Newman, Protectors of Privacy: regulating personal data in the global economy 11 (2008).

50 *Id.*

51 Lobbyplag, https://lobbyplag.eu/lp (last visited May 20, 2019).

52 유럽위원회에 제출된 168개의 모든 의견은 다음에서 확인할 수 있다. European Commission, *Consultation on the legal framework for the fundamental right to protection of personal data*, https://ec.europa.eu/home-affairs/what-is-new/public-consultation/2009/consulting_0003_en [https://perma.cc/A2GS-WNLW] (last visited Oct.28,2018) [hereinafterGDPRPublicConsultation]; *compare* Privacy International, Privacy International's Response to the European Commission Consultation 2-(2009), https://ec.europa.eu/home-affairs/sites/homeaffairs/files/what-is-new/public-consultation/2009/pdf/contributions/unregistered_organisations/privacy_international_en.pdf [https://perma.cc/NR85-KVJ8] *with* TechAmerica Europe, TechAmerica Europe's Response to EU Commission Consultation on the Legal Framework for the Fundamental Right to Protection of Personal Data 3 (2009), https://ec.europa.eu/home-affairs/sites/homeaffairs/files/what-is-new/public-consultation/2009/pdf/contributions/registered_organisations/tech_america_europe_en.pdf [https://perma.cc/43PC-ZDKT].

53 *Compare* Tech America Europe, *Id.* at 3 *with* Privacy International, *Id.* at 3.

54 *See* GDPR Public Consultation, *supra* note 52.

55 *Id.*

56 European Parliament Legislative Resolution of 12 March 2014 on the Proposal for a Regulation of the European Parliament and of the Council on the Protection of Individuals with Regard to the Processing of Personal Data and on the Free Movement of such Data (General Data Protection Regulation) (COM(2012)0011 – C7-0025/2012 – 2012/0011(COD)) (Ordinary legislative procedure: first reading), Eur. Parl. Doc. (P7_TA(2014)0212) (2014)..

57 Hannah Kuchler, *Max Schrems: the Man who Took on Facebook—and Won,* Fin. Times(Apr. 5, 2018), https://www.ft.com/content/86d1ce50-3799-11e8-8eee-e06bde01c544(on file with author).

58 Commission Decision 2000/520/EC of 26 July 2000 pursuant to Directive 95/46/EC of the European Parliament and of the Council on the Adequacy of the Protection Provided by the Safe Harbour Privacy Principles and Related Frequently Asked Questions Issued by the U.S. Department of Commerce, 2000 O.J.(L215)7 [hereinafter SafeHarbor Decision].

59 Schrems v. Data Protection Commissioner, [2014] IEHC 310 (H.Ct.) (Ir.).

60 Case C-362/14, Maximillian Schrems v. Data Protection Commissioner, 2015 E.C.R. 650[hereinafter Schrems I].

61 Commission Flash Eurobarometer 443 Report—ePrivacy (Dec. 2016), http://ec.europa.eu/commfrontoffice/publicopinion/index.cfm/Survey/getSurveyDetail/search/privacy/surveyKy/2124 [https://perma.cc/Y6CA-ZS5Z].

62 Henry Farrell & Abraham Newman, *The Transatlantic Data War,* Foreign Aff. (2015), https://www.foreignaffairs.com/articles/united-states/2015-12-14/transatlantic-data-war (on file with author).

63 *See* Shaffer, *supra* note 36, at 75; cf. Data Protection Directive, *supra* note 9, at arts. 17–20.

64 Ashley Rodriguez, *Google Says it Spent "Hundreds of Years of Human Time" Complying withEurope's Privacy Rules,* Quartz (Sept. 26, 2018), https://qz.com/1403080/google-spenthundreds-of-years-of-human-time-complying-with-gdpr/ [https://perma.cc/SP4HBKTK].

65 *See, e.g.,* Privacy Act of 1974, 5 U.S.C. § 552a(4) (2006); *see also* Shaffer, *supra* note 36, at 23-28.

66 *See* David Bach & Abraham L. Newman, *The European Regulatory State and Global Public Policy: Micro-Institutions, Macro-Influence,* 14 J. Eur. Pub. Pol'y 827, 833 (2007).

67 *Id.*

68 Samuel W. Royston, *The Right to be Forgotten: Comparing the US and European Approaches,* 48 St. Mary's L.J. 253 (2016).

69 15 U.S.C. § 45 (a) (1) (2012).

70 Paul M Schwartz & Karl-Nikolaus Peifer, *Transatlantic Data Privacy Law,* 106 Geo. L. J.115, 119 (2017).

71 Constance Chevallier-Govers, *Personal Data Protection: Confrontation Between the European Union and the United States, in* The European Union and the United States: Processes, Policies, and Projects 150 (Yann Echinard et al. eds., 2013)(quoting Alex Turk).

72 Jack Goldsmith, Emerging Threats, The Failure of Internet Freedom, Knight First Amendment Institute at Columbia (2018), https://knightcolumbia.org/sites/default/files/content/Emerging_Threats_Goldsmith.pdf [https://perma.cc/B6W4-JX3U].

73 *Id.*

74 Franz-Stefan Gady, EU/U.S. *Approaches to Data Privacy and the "Brussels Effect": AComparative Analysis,* 4 Geo. J. Int'l Aff. 12–23 (2014).

75 Duncan Robinson, *EU Removes Carrot but Keeps Stick in Data Laws,* Fin. Times (Jan.20, 2016), https://www.ft.com/content/9d774734-a4b1-11e5-a91e-162b86790c58 (on filewith author).

76 2017년 6월 30일 기준으로 EU 28의 총 사용자 수는 252,070,000명이었다; *see* Internet World Stats, http://www.internetworldstats.com/stats4.htm [https://perma.cc/H8SU-ZYXM].

77 Shona Ghosh, *Facebook in Europe is About to Get Massively Disrupted by New Laws Meantto Bring it to Heel,* Business Insider (Apr. 10, 2018), http://www.businessinsider.com/gdpr-privacy-law-eu-massive-timely-facebook-2018-4?utm_content=buffere825a&utm_medium=social&utm_source=facebook.com&utm_campaign=buffer-biuk [https://perma.cc/2GLA-TDUY.]

78 Robinson Meyer, *Europeans Use Google Way, Way More Than Americans Do,* Atlantic(Apr. 15, 2015), https://www.theatlantic.com/technology/archive/2015/04/europeansuse-google-way-way-more-than-americans-do/390612/ [https://perma.cc/9RV6-PUWJ].

79 Adam Satariano, *New Privacy rules could make this woman one of the tech's most important regu-*

lators, N.Y. Times (May 16, 2018), https://www.nytimes.com/2018/05/16/technology/gdpr-helen-dixon.html (on file with author).

80 *Id.*

81 *See* discussion *supra* page 36.

82 *Legal Confusion on Internet Privacy: The Clash of Data Civilizations*, Economist, June19, 2010, at 63.

83 *See* Bach & Newman, *supra* note 66, at 29; *see also* Dorothee Heisenberg, Negotiating Privacy: The European Union, the United States, and Personal Data Protection 119 (2005).

84 Daskal, *supra* note 29, at 23–34; Heisenberg, Id. at 119.

85 *See* Ryan Singel, *EU Tells Search Engines to Stop Creating Tracking Databases*, Wired(Apr. 8, 2008), http://www.wired.com/threatlevel/2008/04/eu-tells-search/ [https://perma.cc/5N5G-228K].

86 *See* Brandon Mitchener, *Standard Bearers: Increasingly, Rules of Global Economy are Setin Brussels*, Wall St. J., Apr. 23, 2002, at A1; Editorial, *Regulatory Imperialism*, Wall St.J. (Oct. 26, 2007), https://www.wsj.com/articles/SB119334720539572002 (on file with author).

87 *See, e.g., Legal Confusion on Internet Privacy, supra* note 82; Kevin J. O'Brien, *Anger in Europe over Google and Privacy*, N.Y. Times, May 17, 2010, at B5; David Scheer, *For Your Eyes Only—Europe's New High-Tech Role: Playing Privacy Cop to the World*, Wall St.J., Oct. 10, 2003, at A1; *see also* Mark Berniker, *EU: Microsoft Agrees to.NET PassportChanges*, Datamation (Jan. 30, 2003), https://www.datamation.com/entdev/article.php/1576901/EU-Microsoft-Agrees-to-NET-Passport-Changes.htm [https://perma.cc/Z79U-3GZ2].

88 Daskal, *supra* note 29, at 232–34.

89 *See, e.g., Privacy Policy & Terms*, Google (Jan. 22, 2019), https://policies.google.com/privacy?hl=en&gl=ZZ [https://perma.cc/PHQ9-RBDJ]; *Privacy Statement*, Netflix (Apr. 24, 2019), https://help.netflix.com/legal/privacy [https://perma.cc/TF7G-H774]; Mitchener, supra note 86.

90 *See Apple Customer Privacy Policy*, Apple, https://www.apple.com/legal/privacy/[https://perma.cc/TG8J-YD7N].

91 *Privacy Policy*, Apple, https://www.apple.com/legal/privacy/en-ww/governance/[https://perma.cc/42BC-X6MJ].

92 Alex Hern, *Apple Launches iOS 11.3 with Raft of Privacy Features*, Guardian (Mar. 29,2018), https://www.theguardian.com/technology/2018/mar/29/apple-launches-ios-113-privacy-features-gdpr-data-protection [https://perma.cc/5G9X-D9KX].

93 Natasha Lomas, *Facebook to Roll Out Global Privacy Settings Hub—Thanks to GDPR*,TechCrunch (Jan. 24, 2018), http://social.techcrunch.com/2018/01/24/facebookto-roll-out-global-privacy-settings-hub-thanks-to-gdpr/ [https://perma.cc/BK5K-A8AD];Jim Brunsden, Tim Bradshaw & Hannah Kuchler, *Facebook's Sheryl Sandberg to HoldTalks with Top EU Data Official*, Fin. Times (Apr. 6, 2018), https://www.ft.com/content/88a8682a-3996-11e8-8b98-2f31af407cc8 (on file with

author).

94 Hard Questions Q&A with Mark Zuckerberg, Facebook Newsroom (Apr. 4, 2018), https://newsroom.fb.com/news/2018/04/hard-questions-protecting-peoples-information/[https://perma.cc/NEP5-9748].

95 *Updates to Terms*, Airbnb, https://www.airbnb.com/home/terms-of-serviceevent?euid=76ed6f04-5530-5d81-7aaa-ce7e07e16be9 [https://perma.cc/X9BJ-WRYN].

96 *Privacy Policy*, Uber (May 25, 2018), https://privacy.uber.com/policy [https://perma.cc/43JZ-MP4N].

97 PricewaterhouseCoopers, GDPR Preparedness Pulse Survey (2016),https://www.pwc.com/us/en/increasing-it-effectiveness/publications/assets/pwcgdpr-series-pulse-survey.pdf [https://perma.cc/2BZB-FGWK].

98 *See* Preparing for a New Era in Privacy Regulation, Microsoft (Apr. 16, 2018),https://www.microsoft.com/en-us/microsoft-365/blog/2018/04/16/preparing-for-anew-era-in-privacy-regulation-with-the-microsoft-cloud/ [https://perma.cc/7XMVG3U6];Brendon Lynch, *Get GDPR Compliant with the Microsoft Cloud*, Microsofton the Issues (2017), https://blogs.microsoft.com/on-the-issues/2017/02/15/getgdpr-compliant-with-the-microsoft-cloud/ [https://perma.cc/Y2Z5-F6WS]; RichSauer, *Earning Your Trust with Contractual Commitments to the General Data ProtectionRegulation,* Microsoft on the Issues (2017), https://blogs.microsoft.com/on-theissues/2017/04/17/earning-trust-contractual-commitments-general-data-protectionregulation/ [https://perma.cc/UEQ8-SBCS].

99 Ugo Pagallo, *The Impact of Domestic Robots on Privacy and Data Protection, and the Troubles with Legal Regulation by Design*, Data Protection on the Move 403(2016).

100 Opinion 2/2017 on Data Processing at Work WP 249, Article 29 Working Party (June 8, 2017), https://iapp.org/resources/article/wp29-opinion-on-data-processing-at-work/[https://perma.cc/A5CT-MQ9X].

101 *Number of Employers Using Social Media to Screen Candidates at All-Time High, FindsLatest CareerBuilder Study,* CareerBuilder (June 15, 2017),http://press.careerbuilder.com/2017-06-15-Number-of-Employers-Using-Social-Media-to-Screen-Candidates-at-All-Time-High-Finds-Latest-CareerBuilder-Study [https://perma.cc/7BRH-R4DB].

102 Daniel Michaels, *Hot U.S. Import: European Regulations,* Wall St. J. (May 7, 2018),https://www.wsj.com/articles/techs-pickup-of-new-data-privacy-rules-reflects-eusgrowing-influence-1525685400 (on file with author).

103 *The Internet: Vive La Liberte!*, Economist, Nov. 25, 2000, at 75.

104 Daskal, *supra* note 29, at 216.

105 Jeff Pelline, *Yahoo to Charge Auction Fees, Ban Hate Materials,* CNET (Mar. 29 2002),https://www.cnet.com/news/yahoo-to-charge-auction-fees-ban-hate-materials/ (onfile with author).

106 Mark Scott, E.U. *Fines Facebook $122 Million Over Disclosures in WhatsApp Deal,* N.Y.Times

(Jan. 20, 2018), https://www.nytimes.com/2017/05/18/technology/facebookeuropean-union-fine-whatsapp.html (on file with author).

107 Alex Hern & Martin Belam, *LA Times Among US-based News Sites Blocking EU Usersdue to GDPR,* Guardian (May 25, 2018), https://www.theguardian.com/technology/2018/may/25/gdpr-us-based-news-websites-eu-internet-users-la-times [https://perma.cc/3WNB-53RS].

108 David Ingram, *Exclusive: Facebook to Put 1.5 Billion Users Out of Reach of New EUPrivacy Law,* Reuters (Apr. 18, 2018), https://www.reuters.com/article/us-facebookprivacy-eu-exclusive/exclusive-facebook-to-change-user-terms-limiting-effect-of-euprivacy-law-idUSKBN1HQ00P [https://perma.cc/U6M8-7BVB].

109 *Are we Looking at the New Global Standard for Data Privacy?,* Reuters (May. 7, 2018), https://blogs.thomsonreuters.com/answerson/new-global-standard-for-data-privacy/[https://perma.cc/Q9D3-B7FV].

110 Matthew Newton & Julia Summers, *Russian Data Localization Laws: Enriching "Security" & the Economy,* Henry M. Jackson School of International Studies (2018), https://jsis.washington.edu/news/russian-data-localization-enriching-security-economy/ [https://perma.cc/82BY-5RAC]; Yuxi Wei, *Chinese Data Localization Law: Comprehensive but Ambiguous*, Henry M. Jackson School ofInternational Studies (2018), https://jsis.washington.edu/news/chinese-datalocalization-law-comprehensive-ambiguous/ [https://perma.cc/FWC9-MR7G].

111 *India's Misguided move Towards Data Localisation*, Fin. Times (Sept. 29 2018), https://www.ft.com/content/92bb34a8-b4e5-11e8-bbc3-ccd7de085ffe (on file with author).

112 Olga Razumovskaya & Laura Mills, *Russia to Block LinkedIn Over Data-Privacy Dispute,* Wall St. J. (Nov. 11, 2016), https://www.wsj.com/articles/russia-may-block-linkedin-ifcompany-loses-court-case-on-personal-data-law-1478775414 (on file with author).

113 Paul Mozur & Vindu Goel, *To Reach China, LinkedIn Plays by Local Rules,* N.Y. Times(Oct. 5,2014),https://www.nytimes.com/2014/10/06/technology/to-reach-chinalinkedin-plays-by-local-rules.html (on file with author).

114 Cal. Civ. Code § 1798.120(a) (West).

115 Cal. Civ. Code § 1798.135(a)(1) (West).

116 Cal. Civ. Code § 1798.135(b) (West).

117 Scott, *supra* note 30.

118 *Id.*

119 Court of Justice of the European Union, Advocate General's Opinion in Case C-507/17Google v. CNIL (Jan. 10, 2019), http://curia.europa.eu/juris/document/document_print.jsf?docid=209688&text=&dir=&doclang=FR&part=1&occ=first&mode=req&pageIndex=0&cid=7572825 [https://perma.cc/RV9J-97TF].

120 *Id.*, at 46.

121 *Id.*, at 53.

122 *Id.*, at 59.

123 *Id.*, at 61.

124 Alphabet Inc., Annual Report (Form 10-K) (Feb. 5, 2018).

125 Alex Hern, *ECJ to Rule on Whether "Right to Be Forgotten" Can Stretch Beyond EU*,Guardian (July 20, 2017), https://www.theguardian.com/technology/2017/jul/20/ecj-ruling-google-right-to-be-forgotten-beyond-eu-france-data-removed[https://perma.cc/5JNZ-W6DP].

126 *Id.*

127 Schwartz & Peifer, *supra* note 70, at 122.

128 Graham Greenleaf, Asian Data Privacy Laws: Trade & Human Rights Perspectives 57 (2014).

129 Daniel Michaels, *Hot U.S. Import: European Regulations,* Wall St. J. (May 7, 2018),https://www.wsj.com/articles/techs-pickup-of-new-data-privacy-rules-reflects-eusgrowing-influence-1525685400 (on file with author).

130 Mark Scott & Laurens Cerulus, *Europe's New Data Protection rules Export PrivacyStandards Worldwide,* Politico (Jan. 31, 2018), https://www.politico.eu/article/europe-data-protection-privacy-standards-gdpr-general-protection-data-regulation/[https://perma.cc/WRW7-G6LN]; *see also* Angelica Mari, *Brazilian President Signs Data Protection Bill,* ZDNet (Aug. 16, 2018), https://www.zdnet.com/article/brazilian-president-signs-data-protection-bill/ [https://perma.cc/BB2DJREC];Asina Pornwasin, *Thai Data Protection Laws Must Quickly be Updated to EUStandards: Experts,* The Nation (May 25, 2018), http://www.nationmultimedia.com/detail/national/30346209 [https://perma.cc/T729-LKBV].

131 Graham Greenleaf, *The Influence of European Data Privacy Standards Outside Europe: Implications for Globalization of Convention 108*, 2 Int'l Data Privacy L. 68, 75(2012); *see, e.g.*, María Paz Canales, *Proteccion de datos en America Latina, urgente y* necesaria[*Data Protection in Latin America, Urgent and Necessary*], Derechodigitales(July 7, 2017), https://www.derechosdigitales.org/11282/proteccion-de-datos-en-america-latina-urgente-y-necesaria/ [https://perma.cc/5E-BL-L7B4] (translation supplied).

132 Tim Cook Calls for US Federal Privacy Law to Tackle "Weaponized" Personal Data, Guardian(Oct. 24, 2018), https://www.theguardian.com/technology/2018/oct/24/tim-cook-us-federal-privacy-law-weaponized-personal-data [https://perma.cc/TG55-FTMB].

133 Mehreen Khan & Tim Bradshaw, *Apple and Facebook Call for EU-style Privacy Laws in US,* Fin. Times (Oct. 24, 2018), https://www.ft.com/content/0ca8466c-d768-11e8-ab8e-6be0dcf18713 (on file with author).

134 Mark Zuckerberg, *The Internet needs new rules. Let's start in these four areas*, Wash. Post (Mar. 30, 2019), https://www.washingtonpost.com/opinions/mark-zuckerbergthe-internet-needs-new-rules-lets-start-in-these-four-areas/2019/03/29/9e6f0504-521a-11e9-a3f7-78b7525a8d5f_story.html?fbclid=IwAR2dyE8yvRAI2SIUUsAJEj6nwcZatkpOWaS0k cxHWsRkrpJI_qUZDpiDL-w&utm_term=.bdb2c94b7c87 (on file with author).

135 Meghashyam Mali, *Tech Mobilizes Against California Privacy Law,* The Hill (July 1,2018), https://thehill.com/policy/technology/394928-tech-mobilizes-against-california-privacy-law [https://perma.cc/GWU6-ZGQB]; *see also* Daisuke Wakabayashi, *Silicon Valley Faces Regulatory Fight on Its Home Turf*, N.Y. Times (July 30, 2018), https://www.nytimes.com/2018/05/13/business/california-data-privacy-ballot-measure.html(on file with author).

136 *See* GDPR, *supra* note 1, at art. 45; *see also Communication from the Commission to the European Parliament and the Council Exchanging and Protecting Personal Data in a Globalised World* (COM) (2017) 7 final (Jan. 10, 2017).

137 Manuel Martínez-Herrera, *From Habeas Data Action to Omnibus Data Protection: The Latin American Privacy (R)Evolution,* White & Case LLP (Sept. 30, 2011), https://www.whitecase.com/publications/article/habeas-data-action-omnibus-data-protectionlatin-american-privacy-revolution [https://perma.cc/N9J8-4PZQ].

138 European Commission, Adequacy of the Protection of Personal Data in non-EU Countries (last visited May 19, 2019), https:ec.europa.eu/info/law/law-topic/dataprotection/data-transfers-outside-eu/adequacy-protection-personal-data-non-eucountries_en [https://perma.cc/BLS2-DVTK].

139 Schrems I, *supra* note 60.

140 Christina Lam, *Unsafe Harbor: The European Union's Demand for Heightened Data Privacy Standards in Schrems v. Irish Data Protection Commissioner,* 40 Bos. Col. Int'lComp. L.R. 1, 8 (2017).

141 *Id.*

142 *See* GDPR, *supra* note 1, at art. 47.

143 *See, e.g., IBM Controller Binding Corporate Rules,* IBM (2018), https://www.ibm.com/privacy/details/us/en/bcr.html [https://perma.cc/8SMW-3KGF]; *Twilio Receives Approval for Binding Corporate Rules, Commits to Highest Standard of Data Protection,* Twilio (June 8, 2018), https://investors.twilio.com/all-news/press-release-details/2018/Twilio-Receives-Approval-for-Binding-Corporate-Rules-Commits-to-Highest-Standard-of-Data-Protection/default.aspx [https://perma.cc/4T84-684X].

144 Stephen Gardner, EU, *South Korea Look to Data Transfer Privacy Deal in 2018,* Bloomberg (Nov. 20, 2017), https://www.bna.com/eu-south-korea-n73014472278/[https://perma.cc/5SAW-659A].

145 Data Protection Commissioner v. Facebook Ireland Limited & anor [2017] IEHC 545(H. Ct.) (Ir.)

146 Case C-311/18: Reference for a Preliminary Ruling from the High Court (Ireland) made on 9 May 2018—Data Protection Commissioner v. Facebook Ireland Limited, Maximillian Schrems, 2018 O.J. (C 249) 15 [hereinafter Schrems II].

147 Protección de los atos Personales [Personal Data Protection Act], Ley25.326, Nov. 2, 2000, Boletín Oficial [B.O.] 1 (Arg.), http://www.uba.ar/archivos_secyt/image/Ley%2025326.pdf [https://perma.cc/L5A4-EMCS].

148 Civil Rights Association, *The Future of Personal Data Protection in Argentina: Reflections of a*

Working Group at 3, 6–8 (June 2016), https://adcdigital.org.ar/wp-content/uploads/2016/07/Reflexiones-futuro-datos-personales-ADC.pdf[https://perma.cc/SAW3-UQWZ] (translation supplied).

149 *See* Ley No. 18.331, Aug.11, 2008; *see also* Regulation No. 414/009, Aug. 31, 2009 (theaccompanying regulations to the actual data protection law).

150 Commission Implementing Decision of 21 August 2012 Pursuant to Directive 95/46/EC of the European Parliament and of the Council on the Adequate Protection of Personal data by the Eastern Republic of Uruguay with Regard to Automated Processing of Personal Data, 2012 O.J. (L227) 11.

151 Julio César Fernández, *Ley de Proteccion de Datos Personales* ("Law for Personal DataProtection") 7 (2009), https://www.ort.edu.uy/fi/pdf/florenciasarasolalicsistemasort.pdf [https://perma.cc/GP5X-RX4W] (translation supplied); see also Martínez-Herrera, *supra* note 137.

152 Martínez-Herrera, *supra* note 137.

153 European Commission Press Release IP/18/4501, The European Union and Japan agreed to create the world's largest area of safed at aflows (July17,2018); *see also* Gardner, *supra* note 144.

154 Brian Yap, *Multinationals Struggle to Adapt to Japan's New Privacy Law*, Bloomberg BNA (Aug. 31, 2017), https://www.bna.com/multinationals-struggle-adaptn73014464003/[https://perma.cc/MGP5-2YUL].

155 Andrew A. Adams, Kiyoshi Murata & Yohko Orito, *The Japanese Sense of Information Privacy,* 24 AI & Soc. 327 (2009).

156 *See* Gardner, *supra* note 144.

157 European Commission Press Release IP/17/4739, Press Statement by Commissioner VěraJourová, Mr. Lee Hyo-seong, Chairman of the Korea Communications Commission and Mr. Jeong Hyun-cheol, Vice President of the Korea Internet & Security Agency(Nov. 20, 2017); Alexandros Koronakis, *Europe's Privacy Culture*, New Europe (Apr.16, 2018), https://www.neweurope.eu/article/europes-privacy-culture/ [https://perma.cc/7XDJ-UPAP].

158 Personal Information Protection Act, Act No. 11990, Sept. 30 2011, (S. Kor.), translatedby Korean Legal Information Institute, http://www.law.go.kr/lsInfoP.do?lsiSeq=142563&chrClsCd=010203&urlMode=engLsInfoR&viewCls=engLsInfoR [https://perma.cc/R3V4-2BQN].

159 Scott Warren, *Security and Privacy: A View from Asia and the Middle East*, Squire Patton Boggs (Jan. 24, 2018), https://www.securityprivacybytes.com/2018/01/security-and-privacy-a-view-from-asia-and-the-middle-east/ [https://perma.cc/FV2J-KJ2H].

160 *See* Gardner, *supra* note 144.

161 *Id.*

162 Penny Pritzker & Andrus Ansip, *Making a Difference to the World's Digital Economy,* U.S. Dep't of Com. (Mar. 11, 2016), https://www.commerce.gov/news/blog/2016/03/making-difference-worlds-%20digital-economy-transatlantic-partnership [https:/perma.cc/QS9J-M3P3].

163 Duncan Robinson, *EU and US Reach Deal on Data Sharing*, Fin. Times (Feb. 2, 2016),https://www.ft.com/content/7a9954d2-c9c8-11e5-be0b-b7ece4e953a0 (on file with author).

164 Commission Decision 2000/520/EC of 26 July 2000 Pursuant to Directive 95/46/EC of the European Parliament and of the Council on the Adequacy of the Protection Provided by the Safe Harbour Privacy Principles and Related Frequently Asked Questions Issued by the U.S. Department of Commerce, 2000 O.J. (L 215) 7 [hereinafter Safe Harbor Decision].

165 *U.S.-EU Safe Harbor List*, U.S. Dep't. of Com., https://www.export.gov/safeharbor_eu [https://perma.cc/2RR3-SZ9U].

166 Martin A. Weiss & Kristin Archick, U.S.-EU Data Privacy: From Safe Harbor to Privacy Shield, Congressional Research Services (2016),https://fas.org/sgp/crs/misc/R44257.pdf [https://perma.cc/A4UJ-VG22].

167 *See* Schrems I, *supra* note 60.

168 Schwartz & Peifer, *supra* note 70, at 160 (citing Schrems I, *supra* note 60, at ¶73).

169 Natasha Lomas, *Europe's Top Court Strikes Down 'Safe Harbor' Data Transfer Agreementwith U.S.*, Techcrunch (Oct. 6, 2015), https://techcrunch.com/2015/10/06/europestop-court-strikes-down-safe-harbor-data-transfer-agreement-with-u-s/ [https://perma.cc/KH2D-HM5Z].

170 Commission Implementing Decision (EU) 2016/1250 of 12 July 2016 Pursuant to Directive 95/46/EC of the European Parliament and of the Council on the Adequacy of the Protection Provided by the EU-U.S. Privacy Shield (notified under documentC(2016) 4176), 2016 O.J. (L 207) 1.

171 *See Privacy Shield Framework List of Companies*, U.S. Dept. of Com. (last visited May19, 2019), https://www.privacyshield.gov/list [https://perma.cc/4SAP-2Z3A].

172 *See* European Commission Press Release IP/16/2461, European Commission Launches EU-U.S. Privacy Shield: Stronger Protection for Transatlantic Data Flows (July 12,2016).

173 Judicial Redress Act of 2015 § 2, PL 114-126, 130 Stat 282 (2016).

174 Mark Scott, *Europe's Privacy Watchdogs Call for Changes to U.S. Data-Transfer Deal*, N.Y.Times (Dec. 21, 2017), https://www.nytimes.com/2016/04/14/technology/europeus-data-privacy.html (on file with author).

175 Case T-670/16, Digital Rights Ireland Ltd. v. Commission, ECLI:EU:T:2017:838.

176 Case T-738/16, La Quadrature du Net and Others v. Commission, ECLI:EU:T:2018:520.

177 European Data Protection Board, EU—U.S. Privacy Shield—Second Annual Joint Review (Jan. 22, 2019), https://edpb.europa.eu/sites/edpb/files/files/file1/20190122edpb_2ndprivacyshieldreviewreport_final_en.pdf ? [https://perma.cc/7NJX-Z7AA];Barney Thompson & Mehreen Khan, *Brussels Losing Patience with US Over Data-Sharing Agreement*, Fin. Times, Sept. 18, 2017, https://www.ft.com/content/ed13ad0a-9bb8-11e7-8cd4-932067fbf946 (last visited Oct. 29, 2018) (on file with author).

178 Natasha Lomas, *Pressure Mounts on EU-US Privacy Shield After Facebook-Cambridge Analytica Data Scandal*, TechCrunch (June 12,2018),http://social.techcrunch.com/2018/06/12/

pressure-mounts-on-eu-us-privacy-shield-after-facebook-cambridgeanalytica-data-scandal/ [https://perma.cc/3MQ9-L3S8].

179 Natasha Lomas, *EU Parliament Calls for Privacy Shield to be Pulled until US Complies,* TechCrunch (July 5 2018), http://social.techcrunch.com/2018/07/05/eu-parliament-calls-for-privacy-shield-to-be-pulled-until-us-complies/ [https://perma.cc/C5D8-2Y7S]; *see also* European Parliament Resolution on the Adequacy of the ProtectionAfforded by the EU-US Privacy Shield, Eur. Parl. Doc. B8-0305 2645(RSP) (2018), http://www.europarl.europa.eu/sides/getDoc.do?type=MOTION&reference=B8-2018-0305&language=EN [https://perma.cc/RKR9-V6FB].

180 European Data Protection Board, supra note 177; Amanda Lee, US to Appoint Permanent Privacy Shield Ombudsmen, as EU Pressure Tells, Euractiv.com (Jan. 23, 2019), https://www.euractiv.com/section/data-protection/news/us-to-appoint-permanentprivacy-shield-ombudsperson-following-eu-pressure/ [https://perma.cc/4UF8-UBVN].

181 European Data Protection Board, supra note 177, at 6.

182 Era Gunning & Ridwaan Boda, *"Is Your Organisation Ready for POPI and the GDPR?"* ENSAFRICA, Mondaq (Feb. 6, 2018), http://www.mondaq.com/southafrica/x/670728/Data+Protection+Privacy/Is+Your+Organisation+Ready+For+POPI+And+The+GDPR [https://perma.cc/265L-4SZU].

183 *Id.* at 29; *see also* Adrian Naude, Data Protection in South Africa: The Impact of the Protection of Personal Information Act and Recent International Developments (Dec.2014) (unpublished LL.M thesis, University of Pretoria), https://repository.up.ac.za/handle/2263/46094 [https://perma.cc/4WHE-V55M].

184 Loi n° 2008-12 sur la Protection des données a caractere personnel [Law No. 2008-12 onthe Protection of Personal Data] (Sen.).

185 Ann Brian Nougréres, *Data Protection and Enforcement in Latin America and inUruguay, in* David Wright & Paul De Hert, Enforcing Privacy: Regulatory, Legal and Technological Approaches, 145–80, 176 (2016), at 153; Maria deLourdes Zamudio Salinas, *El marco normative latinoamericano y la ley de proteccion dedatos personales del Peru* [The Latin American Regulatory Framework and the Personal Data Protection Law of Peru] 9, Revista Internacional de Protección de Datos Personales (2010), at 10.

186 Zamudio Salinas, *supra* note 185.

187 Lei No. 13.709, de 14 de Agosto de 2018, Diário Oficial da Uniao [D.O.U.] de 15.8.2018 (Braz.); *see also* Paul M. Schwartz, *Global data privacy: The EU Way*, 94 N.Y.U.L. Rev. 1, 29 (2019).

188 *See, e.g.*, Nougréres, *supra* note 185, at 145; Greenleaf, *supra* note 128, at 75; Zamudio Salinas, *supra* note 185, at 10.

189 *See* Red Iberoamericana de proteccion de datos [Ibero-American Data ProtectionNetwork], Miembros [Members], http://www.redipd.es/la_red/Miembros/index-idesidphp.php [https://perma.cc/F86L-LLMQ].

190 *Id.*

191 Red Iberoamericana de proteccion de datos [Ibero-American Data Protection Network], *Standards for Personal Data Protection for the Ibero-American States* (June 20, 2017),http://www.redipd.es/documentacion/common/Estandares_eng_Con_logo_RIPD.pdf [https://perma.cc/8HBH-5N6J]; *see also New Ibero-American Standards to Provide Consistency in the Protection of Personal Data,* Jones Day (Oct. 2017), http://www.jonesday.com/new-ibero-american-standards-to-provide-consistency-in-the-protection-of-personaldata-10-03-2017 (on file with author); *see also,* Nougréres, supra note 185, at 145.

192 Magnus Franklin, *Latin American Endorsement of EU Privacy Model Bolsters Brussels'Leadership Claim*, MLex Market Insight (Aug. 14, 2017), https://mlexmarketinsight.com/insights-center/editors-picks/Data-Protection-Privacy-and-Security/crossjurisdiction/latin-american-endorsement-of-eu-privacy-model-bolsters-brusselsleadership-claim [https://perma.cc/SX2G-UFYR].

193 Programa de Acción de la Red Iberoamericana de Protecctón de Datos Periodo 2015-2017 *[2015-2017 Action Program of the Iberoamerican Network for Data Protection]*2 (2015), http://www.redipd.es/documentacion/common/PROGRAMA_DE_ACCION_DE_LA_RIPD_2015-17.pdf#aqui [https://perma.cc/7QA8-HQDB].

194 (中华人民共和国网络安全法) [Cyber Security Law] (promulgated by the Standing Comm. Nat'l People's Cong., Nov. 7, 2016, effective June 1, 2017); 2016 StandingComm. Nat'l People's Cong. Gaz. (China). For a US translation, *see* Creemers et al.,*Translation: Cybersecurity Law of the People's Republic of China (Effective June 1, 2017),* New America (June 29, 2018), https://www.newamerica.org/cybersecurity-initiative/digichina/blog/translation-cybersecurity-law-peoples-republic-china/ [https://perma.cc/L38D-2TKN]; *see also* Jack Wagner, *China's Cybersecurity Law: What You Need to Know*, The Diplomat (June 1, 2017), https://thediplomat.com/2017/06/chinascybersecurity-law-what-you-need-to-know/ [https://perma.cc/6SSN-SMX7].

195 *See* Scott Thiel & Arthur Cheuk, *China's Evolving Personal Data Privacy Landscape,* DLA Piper (Feb. 8, 2013), https://www.dlapiper.com/en/us/insights/publications/2013/02/chinas-evolving-personal-data-privacy-landscape/ [https://perma.cc/TN2L-DXMX]. The Reference List on p. 5 expressly sets out the EU Privacy and Electronic Communications Directive (2002/58/EC).

196 *Compare Data Protection Laws of the World—China*, DLA Piper, https://www.dlapiperdataprotection.com/system/modules/za.co.heliosdesign.dla.lotw.data_protection/functions/handbook.pdf?country-1=CN [https://perma.cc/65KC-7525] *with* GDPR, *supra* note 1, at art. 5(1)(b), 6(1)(b).

197 张新宝 [Zhang Xinbao], 中国个人数据保护立法的现状与展 [The Status Quo and Prospect of China's Personal Data Protection Legislation],香港中英文版《中国法律》杂志2007年第3期 [3 China Law (2007)], http://article.chinalawinfo.com:81/article_print.asp?articleid=37590 (on file with author)(translation supplied).

198 *Id.*

199 *See* 张新宝[Zhang Xinbao], 采取国家立法主导模式保护网络个人资料*[Adopting Nation Legislation Orient-*

ed Model for Internet Individual Data Protection], 检察日报[People's Procuratorial Daily] (Oct. 27, 2003), http://www.china.com.cn/chinese/OP-c/429899.htm [https://perma.cc/NM7Y-PE37].

200 COUNTRY REPORT—CHINA, FREEDOM ON THE NET 2018 (2019), https://freedomhouse.org/report/freedom-net/2018/china [https://perma.cc/9977-5RZS].

201 https://www.technologyreview.com/s/612601/how-google-took-on-china-and-lost/[https://perma.cc/RLT5-9LMW].

202 Paul Mozur, *Inside China's Dystopian Dreams: A.I., Shame and Lots of Cameras*, N.Y.Times (Oct. 15, 2018), https://www.nytimes.com/2018/07/08/business/china-surveillance-technology.html (on file with author).

203 Lily Kuo, *China Bans 23m From Buying Travel Tickets as part of "Social Credit" System*, Guardian (Mar. 1, 2019), https://www.theguardian.com/world/2019/mar/01/chinabans-23m-discredited-citizens-from-buying-travel-tickets-social-credit-system [https://perma.cc/5PB5-J6UD].

204 Policy in Action through the Information Security Management System, Wipro Sustainability Report 2016–17 (2017), http://wiprosustainabilityreport.com/16-17/policy_in_action_through_the_information_security_management_system [https://perma.cc/CNA3-ENFD].

205 Annual Report for 2015–16, Infosys (2016), https://www.infosys.com/investors/reports-filings/annual-report/annual/Documents/infosys-AR-16.pdf [https://perma.cc/XYQ8-WTDY].

206 Christopher Nilesh, *The India draft bill on data protection draws inspiration from GDPR, but has its limits*, Economic Times (July 28, 2018), https://economictimes.indiatimes. com/tech/internet/the-india-draft-bill-on-data-protection-draws-inspiration-fromgdpr-but-has-its-limits/articleshow/65173684.cms [https://perma.cc/M88H-NFJJ](India).

207 Mozilla Foundation, Mozilla's Comments on the White Paper of the Committee of Experts on Data Protection Framework for India 13 (Jan.31, 2018), https://blog.mozilla.org/netpolicy/files/2018/02/Mozilla-submission-to-Srikrishna-Committee.pdf [https://perma.cc/J2LN-ZVB3].

208 Daskal, *supra* note 29, at 233.

209 *See* White House, Consumer Data Privacy in a Networked World: A Framework for Protecting Privacy and Promoting Innovation in the Global Digital Economy 1-26 (2012), https://obamawhitehouse.archives.gov/sites/default/files/privacy-final.pdf [https://perma.cc/R47Z-LDMX].

210 *See, e.g.*, Daisuke Wakabayashi, *California Passes Sweeping Law to Protect Online Privacy*,N.Y. Times (July 30, 2018), https://www.nytimes.com/2018/06/28/technology/california-online-privacy-law.html (on file with author).

211 Issie Lapowsky, *California Unanimously Passes Historic Privacy Bill*, Wired (June 28,2018), https://www.wired.com/story/california-unanimously-passes-historic-privacybill/[https://perma.cc/AW6H-VWTW].

212 *Compare* Cal. Civ. Code § 1798.110(a) (West) with GDPR, supra note 1, at art. 5(1)(b),12.

213 *Compare* Cal. Civ. Code § 1798.100(a) (West) with GDPR, supra note 1, at art. 15.

214 *Compare* Cal. Civ. Code § 1798.105(a) (West) with GDPR, supra note 1, at art. 17.

215 Cecilia Kang, *F.T.C Approves Facebook Fine of About $5 Billion*, N.Y. Times (July 12,2019), https://www.nytimes.com/2019/07/12/technology/facebook-ftc-fine.html (of ile with author)

216 Conor Dougherty, *Push for Internet Privacy Rules Moves to Statehouses*, N.Y. Times(Dec. 22, 2017), https://www.nytimes.com/2017/03/26/technology/internet-privacystate-legislation-illinois.html (on file with author).

217 Council Framework Decision 2008/913/JHA, *Combating Certain Forms and Expressionsof Racism and Xenophobia by Means of Criminal Law*, art. 1 2008 O.J. (L 328) 55, 56[hereinafter Council Framework Decision].

218 *Brandenburg v. Ohio*, 395 U.S. 444, 447 (1969); see also Chaplinsky v. New Hampshire, 315 U.S. 568, 572 (1942).

219 Eugene Volokh, *No, There's No "Hate Speech" Exception to the First Amendment*, Washington Post (May 7, 2015), https://www.washingtonpost.com/news/volokh-conspiracy/wp/2015/05/07/no-theres-no-hate-speech-exception-to-the-firstamendment/?utm_term=.e96978325c4d (on file with author).

220 *Id.*

221 *See, e.g.*, Snyder v. Phelps, 562 U.S. 443, 458 (2011).

222 Ira Steven Nathenson, *Super-Intermediaries, Code, Human Rights*, St. Thomas University School of Law Legal Studies Research Paper No. 2014-09, 96–97; Senate Comm. on Foreign Relations, Report on the International Covenant on Civil and Political Rights,S. Exec. Rep. No. 23, 4-7 (102d Cong., 2d Sess. 1992), reprinted in 31 I.L.M. 645 (1992).

223 Case C-247/99, P Bernard Connolly v. Comm'n, 2001 E.C.R. I-1611

224 Case C-54/07, Centrum voor gelijkheid van kansen en voor racismebestrijding v. FirmaFeryn NV, 2008 E.C.R. I-05187.

225 TFEU, *supra* note 5.

226 Advocate General's Opinion in Case Case C-54/07, Centrum voor Gelijkheid vanKansen en voor Racismebestrijding v. Firma Feryn NV (Mar. 12, 2018), http://curia.europa.eu/juris/document/document.jsf ?text=&docid=70156&pageIndex=0&doclang=EN&mode=lst&dir=&occ=first&part=1&cid=96546 [https://perma.cc/DVQ7-UPPV]; *see also* Uladzislau Belavusau, Fighting Hate Speech through EU Law, 4Amsterdam L. Forum 20, 30 (2012).

227 *Erbakan v Turkey*, No. 59405/00, 56 (Eur. Ct. H.R. July 6, 2006).

228 *Id.*

229 European Court of Human Rights, Fact sheet on Hate Speech, 1 (Mar. 2019),https://www.echr.coe.int/Documents/FS_Hate_speech_ENG.pdf [https://perma.cc/FHY6-HDWV].

230 Council Framework Decision, *supra* note 217.

231 Directive 2010/13/EU of the European Parliament and of the Council of 10 March 2010 on the

coordination of certain provisions laid down by law, regulation or administrative action in Member States concerning the provision of audiovisual media services (Audiovisual Media Services Directive), 2010 O.J. (L 95) 1.

232 Art. 137(c) & Art. 137(d), para. 1, Sr.(Neth.).

233 *See, e.g.*, Sheena McKenzie, *Geert Wilders guilty of 'insulting a group' after hate speech trial*, CNN (Dec. 9, 2016), https://www.cnn.com/2016/12/09/europe/geert-wildershate-speech-trial-verdict/index.html [https://perma.cc/QXQ3-KUQA].

234 *See, e.g.*, European Commission, Code of Conduct on countering illegal hate speech online: First results on implementation (Dec. 2016), https://ec.europa.eu/information_society/newsroom/image/document/2016-50/factsheet-code-conduct-8_40573.pdf[https://perma.cc/CM67-8Z2H].

235 Jeffrey Eisenach, *Don't Make the Internet a Public Utility*, N.Y. Times (Oct. 28, 2016), https://www.nytimes.com/roomfordebate/2015/02/04/regulate-internet-providers/dont-make-the-internet-a-public-utility (on file with author).

236 The Code, *supra* note 2; *see also How the Code of Conduct helped countering illegal hate speech online*, European Commission (Feb. 2019), https://ec.europa.eu/info/sites/info/files/hatespeech_infographic3_web.pdf [https://perma.cc/M2AW-CYFL].

237 European Commission Press Release IP/18/1169, A Europe that protects: Commissionre inforces EU response to illegal content online (Mar. 1, 2018).

238 European Commission Press Release IP/17/3493, Security Union: Commission steps up efforts to tackle illegal content online (Sept. 28, 2017).

239 Daniel Boffey, *EU Threatens to Crack Down on Facebook over Hate Speech*, Guardian(Apr. 11, 2018), https://www.theguardian.com/technology/2018/apr/11/eu-heavysanctions-online-hate-speech-facebook-scandal [https://perma.cc/K86F-AKRM].

240 Danielle Keats Citron, *Extremist Speech, Compelled Conformity, and Censorship Creep*, 93 Notre Dame L.R. 1035, 1070 (2018).

241 *Gesetz zur Verbesserung der Rechtsdurchsetzung in sozialen Netzwerken*[Netzwerkdurchsetzungsgesetz—NetzDG] [Network Enforcement Act], Sept. 1, 2017,Elektronischer Bundesanzeiger [eBAnz] at 3352ff 2017 I (Ger.); *see also* PhilipOltermann, *Tough new German law puts free speech and tech in spotlight*, Guardian (Jan. 5, 2018), https://www.theguardian.com/world/2018/jan/05/tough-new-germanlaw-puts-tech-firms-and-free-speech-in-spotlight [https://perma.cc/47LA-RXC5].

242 *France to Get Tougher on Social Media Hate Speech—PM*, Reuters (Mar. 19, 2018),https://www.reuters.com/article/france-racism-socialmedia/france-to-get-tougher-onsocial-media-hate-speech-pm-idUSL8N1R14G0 [https://perma.cc/HKS7-QQ26]; *see also* Jajer M'tiri, *France Reveals New Plan to Counter Online Hate Speech*, AA (Mar. 19,2018), https://www.aa.com.tr/en/europe/france-reveals-new-plan-to-counter-onlinehate-speech/1093371 [https://perma.cc/YWV6-3BYV].

243 Ginger Hervey, *Theresa May to Call for increased policing of online hate speech,* Politico(Feb. 6, 2018), https://www.politico.eu/article/theresa-may-to-call-for-increasedpolicing-of-online-hate-speech/ [https://perma.cc/LQ7U-QGZN].

244 Noah Feldman, *Free Speech In Europe Isn't What Americans Think,* Bloomberg(Mar. 19, 2017), https://www.bloomberg.com/view/articles/2017-03-19/free-speechin-europe-isn-t-what-americans-think (on file with author); *see also* Jeffrey Rosen, *The Delete Squad, Google, Twitter, Facebook and the new global battle over the future of freespeech,* New Republic (Apr. 29, 2013), https://newrepublic.com/article/113045/free-speech-internet-ssilicon-valley-%EF%BF%BCmaking-rules [https://perma.cc/G925-7396].

245 European Commission against Racism and Intolerance General Policy Recommendation No. 15 on Combating Hate Speech, ECRI (2016), 3 (Dec. 8, 2015), https://rm.coe.int/ecri-general-policy-recommendation-no-15-on-combating-hate-speech/16808b5b01[https://perma.cc/CB9N-ZJMH].

246 *See* Ericha Panzen, *Xenophobic and Racist Hate Crimes Surge in European Union*, Human Rights Brief (Feb. 28, 2017), http://hrbrief.org/2017/02/xenophobicracist-hate-crimes-surge-european-union/ [https://perma.cc/2CTV-Y387].

247 *Supra* note 245.

248 Council of Europe, No Hate Speech Youth Campaign (last visited Oct.17, 2018), https://www.coe.int/en/web/no-hate-campaign [https://perma.cc/BN3H-F642].

249 Melanie Stray, Galop UK Online Hate Crime Report 2017 (2017), http://www.galop.org.uk/wp-content/uploads/2017/08/Online-hate-report.pdf [https://perma.cc/BH2E-9G9J].

250 *See* European Federation of Journalists, About, Media Against Hate(last visited Oct. 17, 2018), http://europeanjournalists.org/mediaagainsthate/about/[https://perma.cc/QF8D-8QUL].

251 *See* European Commission, Media Pluralism and Democracy: Sepcial Eurobarometer 452 Report (Nov. 2016), http://ec.europa.eu/commfrontoffice/publicopinion/index.cfm/ResultDoc/download/DocumentKy/75538 [https://perma.cc/RA7E-D8DB].

252 *Id.* at 45-48.

253 Mark Scott, *What U.S. Tech Giants Face in Europe in 2017,* N.Y. Times (Jan. 1, 2017), https://www.nytimes.com/2017/01/01/technology/tech-giants-europe-2017.html[https://perma.cc/7CV7-RDQB].

254 2017년 12월 31일 기준으로 EU 28개국의 총 사용자 수는 253,480,000명이었다. see Internet World Stats, Internet Usage in the European Union—March 2019 (Mar. 2019),

255 Shona Ghosh, *Facebook in Europe is About to get massively disrupted by new laws meant to bring it to heel,* Business Insider (Apr. 10, 2018), http://www.businessinsider.com/gdprprivacy-law-eu-massive-timely-facebook-2018-4?utm_content=buffere825a&utm_medium=social&utm_source=facebook.com&utm_campaign=buffer-biuk [https://perma.cc/86GR-QXC2].

256 Facebook Inc. (FB) Third Quarter 2017 Results Conference Call (Nov. 1, 2017), https://s21. q4cdn.

com/399680738/files/doc_financials/2017/Q3/Q3-'17-Earningscall-transcript.pdf [https://perma.cc/9F77-CYQR] ("One of our strongest areas thisquarter was SMBs in Europe, with revenue growing more than 60% year-over-year."); *see also* Press Release, Facebook Inc. (FB) Fourth Quarter and Full Year 2017 ResultsConference Call (Jan. 31, 2018), https://investor.fb.com/investor-news/press-releasedetails/2018/facebook-reports-fourth-quarter-and-full-year-2017-results/default.aspx[https://perma.cc/GBX7-Y7TM].

257 2016년 5월 기준으로 영국, 독일, 프랑스, 폴란드, 스페인의 총 사용자 수는 141.2백만 명이었다.; see Statista, Countries with the Most YouTube Users as of May 2016 (2016), https://www.statista.com/statistics/280685/number-of-monthly-unique-youtube-users/ [https://perma.cc/L4QC-Y8BK]. 전 세계적으로 유튜브 사용자 수는 약 10억 명이다.; *see* Social Bakers, All YouTube Statistics in One Place (last visited May 24, 2019), https://www.socialbakers.com/statistics/youtube/ [https://perma.cc/B86Y-WKUK].

258 Robinson Meyer, *Europeans Use Google Way, Way More Than Americans Do*, Atlantic(Apr. 15, 2015), https://www.theatlantic.com/technology/archive/2015/04/europeans-usegoogle-way-way-more-than-americans-do/390612/ [https://perma.cc/5J5C-7CVA].

259 Alphabet Q4 2017 Earnings Call (Feb. 1, 2018), https://abc.xyz/investor/pdf/2017_Q4_Earnings_Transcript.pdf [https://perma.cc/T532-EYHE].

260 *Id.*

261 Snap Inc., Quarterly Report (Form 10-Q, Aug. 11, 2017) ("우리는 2016년 2분기의 143백만 명과 비교하여 이번 분기에 173백만 명의 일일 활성 사용자(DAU)를 기록했으며, 이는 21%의 증가율을 보여준다. 이러한 성장의 대부분은 북미와 유럽과 같은 핵심 시장에서 계속해서 이루어지고 있다.").

262 *The EU code of conduct on countering illegal hate speech online*, European Commission, Combatting Discrimination (last visited May 19, 2019), https://ec.europa.eu/info/policies/justice-and-fundamental-rights/combatting-discrimination/racism-andxenophobia/countering-illegal-hate-speech-online_en#monitoringrounds [https://perma.cc/WQ4W-GFLF].

263 *How the Code of Conduct helped countering illegal hate speech online—Factsheet,* European Commisssion (Feb. 2009), https://ec.europa.eu/info/sites/info/files/hatespeech_infographic3_web.pdf [https://perma.cc/76C7-E7V3]; *see also Code ofConduct on countering illegal hate speech online, Fourth evaluation confirms self-regulationworks*, European Commission (Feb. 2009), https://ec.europa.eu/info/sites/info/files/code_of_conduct_factsheet_7_web.pdf [https://perma.cc/37BV-797D].

264 *See* YouTube Help, Hate Speech (last visited May. 19, 2019), https://support.google.com/youtube/answer/2801939?hl=en [https://perma.cc/GX28-ZJA4].

265 Tumblr Community Guidelines (Dec. 17, 2018), https://www.tumblr.com/policy/en/community [https://perma.cc/8CSP-CZQH].

266 European Commission, Press Release Security Union: Commission steps up efforts to tackle illegal content online (Sept. 28, 2017), http://europa.eu/rapid/press-release_IP-17-3493_en.htm

[hereinafter September 28 Press Release].

267 Martin Ammori, *The "New" New York Times,* 127 Harv. L. Rev. 2259, 2260 (2014).

268 *Id.*

269 *Id.*

270 Jeff Rosen, *Who Decides? Civility v. Hate Speech on the Internet,* ABA, 33 (Winter 2013),https://www.americanbar.org/content/dam/aba/administrative/public_education/insights/Insights13-2.pdf [https://perma.cc/Z6P8-CXCW].

271 Julia Angwin & Hannes Grassegger, *Facebook's Secret Censorship Rules Protect WhiteMen from Hate Speech But Not Black Children*, Pro Publica (June 28, 2017), https://www.propublica.org/article/facebook-hate-speech-censorship-internal-documentsalgorithms[https://perma.cc/J6N6-Y5HZ].

272 정확한 기간은 2018년 11월 5일부터 12월 14일까지(6주)였다.; see EuropeanCommission, Code of Conduct Fourth evaluation, *supra* note 263.

273 European Commission Press Release IP/19/805, Countering illegal hate speech online—EU Code of Conduct ensures swift response (Feb. 4, 2019).

274 Hannan Kuchler, *Facebook defends guidelines for moderators,* Fin. Times (May 22, 2017),https://www.ft.com/content/3daf880e-3f45-11e7-82b6-896b95f30f58 [https://perma.cc/9J56-ZHSB].

275 European Commission Press Release IP/18/261, Countering illegal hate speech online— Commission initiative shows continued improvement, further platforms join (Jan. 19,2018).

276 European Commission Daily News, *Snapchat joins the EU Code of Conduct to fight illegal hate speech online*, European Commission (May 7, 2018), http://europa.eu/rapid/ press-release_MEX-18-3723_en.htm [https://perma.cc/PHT9-4T6L].

277 Mehreen Khan, EU draws up sweeping rules to curb illegal online content, Fin. Times, (July 23, 2019) https://www.ft.com/content/e9aa1ed4-ad35-11e9-8030-530adfa879c2(onfile with author).

278 Ammori, supra note 267, at 2279.

279 *Code of Conduct—Illegal Online Hate Speech, Questions and Answers,* European Commission Question 8 (June 2016), https://ec.europa.eu/info/sites/info/files/ code_of_conduct_hate_speech_en.pdf [https://perma.cc/W6ZG-BQRF].

280 Ammori, *supra* note 267, at 2279.

281 Angwin & Grassegger, *supra* note 271.

282 Nathenson, *supra* note 222, at 127.

283 Jeffrey Rosen, *Google's Gatekeepers,* N.Y. Times (Nov. 28, 2008), http://www.nytimes.com/2008/11/30/magazine/30google-t.html (on file with author).

284 Rachel Whetstone, *Free Expression and Controversial Content on the Web*, Official Google Blog (Nov. 14, 2007), https://googleblog.blogspot.com/2007/11/free-expression-andcontroversial.html [https://perma.cc/353H-HWZ4].

285 Eva Galperin, *Twitter Steps Down from the Free Speech Party*, Electronic Frontier Foundation (May

21, 2014), https://www.eff.org/deeplinks/2014/05/twitter-stepsdown-free-speech-party [https://perma.cc/C2QK-H8K4].

286 2017년 5월, 오스트리아 법원은 페이스북에게 오스트리아 내에서만이 아닌 전 세계적으로 게시물을 삭제할 것을 명령했다. 왜냐하면 해외 사용자들에 대한 삭제 없이 오스트리아에서만 해당 메시지를 차단하는 것으로는 충분하지 않다고 판단했기 때문이다.; *see generally* BBC News, *Facebook Must Delete Hate Postings, Austria Court Rules,* BBC News (May 9, 2017), http://www.bbc.com/news/world-europe-39852623 [https://perma.cc/RD6A-8QBN]; *see also* Alphabet Inc.,Annual Report (Form 10-K, Feb. 5, 2018).

287 Ammori, *supra* note 267, at 2276.

288 Angwin & Grassegger, *supra* note 271.

289 *Id.*

290 Ammori, *supra* note 267, at 2281 (Dave Willner & Monika Bickert와의 인터뷰 인용).

291 유명한 잊혀질 권리와 관련된 개인정보보호 및 그 범위에 관한 또 다른 사건에서, 유럽사법재판소는 특정 정보를 유럽에서뿐만 아니라 전 세계적으로 검색 결과에서 삭제해야 할 의무를 확대할지 여부도 검토하고 있다. See supra notes 117–26 and accompanying text.

292 Natasha Lomas, *ECJ to Rule on Whether Facebook Needs to Hunt for Hate Speech,* TechCrunch (Jan. 11, 2018), https://techcrunch.com/2018/01/11/ecj-to-rule-onwhether-facebook-needs-to-hunt-for-hate-speech/ [https://perma.cc/MQH8-83ME].

293 Press Release No. 69/19, Court of Justice of the European Union, Eva Glaswischnig-Piesczek v. Facebook Ireland Limited (June 4, 2019), https://curia.europa.eu/jcms/upload/docs/application/pdf/2019-06/cp190069en.pdf [https://perma.cc/GJ8M-BHC6].

294 Criminal Code Amendment (Sharing of Abhorrent Violent Material) Bill 2019 (Cth) (Austl.).

295 Damian Cave, *Australia Passes Law to Punish Social Media Companies for Violent Posts*, N.Y. Times Apr. 3, 2019), https://www.nytimes.com/2019/04/03/world/australia/ social-media-law.html?login=email&auth=login-email&login=email&auth=login-email (on file with author).

296 *Id.*

제6장

1 *Import Conditions,* European Comm'n, https://ec.europa.eu/food/safety/international_affairs/trade_en [https://perma.cc/W2WB-P9AE] (last visited May 24, 2019).

2 George Smith, *EU Remains Biggest Importer and Exporter of Agri-Food Products,* New Food Magazine (June 8, 2018), https://www.newfoodmagazine.com/news/67520/eu-biggest-importer-exporter/ [https://perma.cc/XTK8-5GAE].

3 *See, e.g. A Brief Look at Europe's Tainted Food Scandals,* Daily Sabah Europe (Aug.11, 2017,8:53PM),https://www.dailysabah.com/europe/2017/08/11/a-brief-look-ateuropes-tainted-

food-scandals [https://perma.cc/5LW2-35CW].

4 European Commission Press Release, "BSE: UK Beef Embargo to be Lifted" (Mar. 8,2006) (http://europa.eu/rapid/press-release_IP-06-278_en.htm [https://perma.cc/YUN4-8T4Q]). It should be noted that there is no scientific certainty that infectedbeef did in fact transmit BSE to humans. *BSE: What is It and Where Does it Come From?* Irish Times (Jun. 11, 2015, 1:12 PM), https://www.irishtimes.com/news/ireland/irish-news/bse-what-is-it-and-where-does-it-come-from-1.2245903 [https://perma.cc/DC33-KP3L].

5 Rose Troup Buchanan, *Mad Cow Disease in the UK: What is BSE and What Are theSymptoms?* The Indep. (Oct. 1, 2015, 2:45 PM), https://www.independent.co.uk/news/uk/home-news/mad-cow-disease-in-the-uk-what-is-bse-and-what-are-thesymptoms-a6675351.html [https://perma.cc/SC5D-X75J].

6 Maria Weimer, Risk Regulation in the Internal Market 59 (2019).

7 *Food Safety: Overview*, European Comm'n (last visited Apr. 23, 2019), https://ec.europa.eu/food/overview_en [https://perma.cc/TW82-DLNJ].

8 *See generally Food Safety in the EU*, European Union (last visited Apr. 23, 2019), https://europa.eu/european-union/topics/food-safety_en [https://perma.cc/T3NY-6UQT].

9 Regulation (EU) No 1169/2011 of the European Parliament and of the Council of25 October 2011 on the Provision of Food Information to Consumers, Amending Regulations (EC) No 1924/2006 and (EC) No 1925/2006 of the European Parliamentand of the Council, and Repealing Commission Directive 87/250/EEC, CouncilDirective 90/496/EEC, Commission Directive 1999/10/EC, Directive 2000/13/EC ofthe European Parliament and of the Council, Commission Directives 2002/67/EC and2008/5/EC and Commission Regulation (EC) No 608/2004, 2011 O.J. (L 304).

10 *See, e.g.*, Regulation (EC) No 178/2002 of the European Parliament and of the Council of28 January 2002 laying down the general principles and requirements of food law, establishingthe European Food Safety Authority and laying down procedures in matters offood safety, 2002 O.J. (L 31); Regulation (EC) No 882/2004 of the European Parliamentand of the Council of 29 April 2004 on official controls performed to ensure the verificationof compliance with feed and food law, animal health, and animal welfare rules, 2004O.J. (L 165).

11 *See, e.g.*, Directive 2001/18 on the Deliberate Release Into the Environment of GeneticallyModified Organisms, 2001 O.J. (L 106), 1; Regulation (EC) No. 1829/2003 of the European Parliament and of the Council of 22 September 2003 on Genetically Modified Food and Feed, 2003 O.J. (L 268); Regulation (EC) No 1830/2003 of the European Parliamentand of the Council of 22 September 2003 Concerning the Traceability and Labelling of Genetically Modified Organisms and the Traceability of Food and Feed Products Produced from Genetically Modified Organisms and Amending Directive 2001/18/EC. GMO라는 용어는 질병에 대한 저항성이나 작물 생산성 향상과 같은 특성을 개선하기 위해 생체 세포와 유기체의 유전적 구성을 수정하는 생명공학 기술의 사용을 의미한다. 이러한 수정된 유기체를 GMO라고 한다. GMO를 사용하여 생산된 식품과 사료를 GM 식

품 또는 GM 사료라고 한다. EU는 GMO의 재배와 거래뿐만 아니라 GM 식품과 사료도 규제한다. *See* European Commission, Press Release MEMO/15/4778, "Fact Sheet: Questions and Answers on EU's Policies on GMOs" (Apr. 22, 2015), http://europa.eu/rapid/press-release_MEMO-15-4778_en.pdf.

12 *About* EFSA, European Food Safety Auth., https://www.efsa.europa.eu/en/aboutefsa [https://perma.cc/4KN5-RRG2] (last visited Apr. 23, 2019).

13 Regulation (EC) No. 178/2002 of the European Parliament and of the Council of 28January 2002 Laying Down the General Principles and Requirements of Food Law,Establishing the European Food Safety Authority and Laying Down Procedures inMatters of Food Safety, 2002 O.J. (L 31), 13.

14 *See* Commission Implementing Regulation (EU) No 503/2013 of 3 April 2013 onApplications for Authorisation of Genetically Modified Food and Feed in Accordancewith Regulation (EC) No 1829/2003 of the European Parliament and of the Council andAmending Commission Regulations (EC) No 641/2004 and (EC) No 1981/2006, 2013O.J. (L 157), 6.

15 Regulation (EU) No 182/2011 of the European Parliament and of the Council of 16 February 2011 laying down the rules and general principles concerning mechanisms forcontrol by Member States of the Commission's exercise of implementing powers, 2011 O.J.(L 55).

16 *Id.*

17 *EU Register of Authorised GMO,* European Comm'n, http://ec.europa.eu/food/dyna/gm_register/index_en_new.cfm (reviewing records for "Registered" products for"Authorized use" of "seeds for cultivation") (last visited Apr. 23, 2019).

18 *Id.*

19 European Comm'n, Press Release, *supra* note 11.

20 *See* Directive (EU) 2015/412 of the European Parliament and of the Council of 11 March 2015 amending Directive 2001/18/EC as regards the possibility for the Member States to restrict or prohibit the cultivation of genetically modified organisms (GMOs) in their territory Text with EEA relevance, 2015 O.J. (L 68); *See also* European Commission, Press Release, *supra* note 11..

21 *Majority of EU Nations Seek Opt-Out from Growing GM Crops*, Reuters (Oct. 4,2015, 11:26 AM), https://www.reuters.com/article/us-eu-gmo-opt-out/majority-of-eunations-seek-opt-out-from-growing-gm-crops-idUSKCN0RY0M320151004 [https://perma.cc/AG7M-MPPT].

22 Regulation (EC) No 1830/2003 of the European Parliament and of the Council of 22September 2003 Concerning the Traceability and Labelling of Genetically ModifiedOrganisms and the Traceability of Food and Feed Products Produced from GeneticallyModified Organisms and Amending Directive 2001/18/EC, 2003 O.J. (L 268); Regulation(EC) No 1829/2003 of the European Parliament and of the Council of 22 September 2003 on Genetically Modified Food and Feed (Text with EEA relevance), 2003 O.J. (L 268).

23 Regulation (EC) No 1830/2003 of the European Parliament and of the Council of 22September

2003 Concerning the Traceability and Labelling of Genetically ModifiedOrganisms and the Traceability of Food and Feed Products Produced From Genetically Modified Organisms and Amending Directive 2001/18/EC, 2003 O.J. (L 268), 24, 26-27.

24 *Traceability and Labelling*, European Comm'n, https://ec.europa.eu/food/plant/gmo/traceability_labelling_en [https://perma.cc/AH7B-7FXT] (last visited Apr. 29,2019); Regulation (EC) No. 1830/2003 of the European Parliament and of the Councilof 22 September 2003 Concerning the Traceability and Labelling of Genetically Modified Organisms, 2003 O.J. (L 268) 24, 26–27.

25 Koreen Ramessar, Teresa Capell, Richard M Twyman & Paul Christou, *Going to RidiculousLengths—European Coexistence Regulations for GM Crops*, 28 Nature Biotech 133, 134(2010).

26 *See* European Comm'n, Special Eurobarometer 354: Food-Related Risks(2010), http://ec.europa.eu/commfrontoffice/publicopinion/archives/ebs/ebs_354_en.pdf [https://perma.cc/F282-G2KA].

27 Joshua Chaffin & Hugh Carnegy, *How Food Scares Galloped Across Europe,* Fin. Times(Feb. 11, 2013), https://www.ft.com/content/8b94164c-7452-11e2-80a7-00144feabdc0(on file with author).

28 *Id.*

29 *DS 26: European Communities—Measures Concerning Meat and Meat Products(Hormones),* World Trade Org., https://www.wto.org/english/tratop_e/dispu_e/cases_e/ds26_e.htm [https://perma.cc/ES5P-KBBQ] (last updated Apr. 12, 2016).

30 *DS 389: European Communities—Certain Measures Affecting Poultry Meat and PoultryMeat Products from the United States*, World Trade Org., https://www.wto.org/english/tratop_e/dispu_e/cases_e/ds389_e.htm [https://perma.cc/SU46-DLGN](last updated Feb. 24, 2010).

31 Tom Delreux & Sandra Happaerts, Environmental Policy and Politics inthe European Union 186 (2016)

32 *See* European Comm'n, Eurobarometer 55.2: Europeans, Science, and Technology 40 (2001), http:// ec. europa. eu/ research/ press/ 2001/ pr0612en- report. pdf[https://perma.cc/ND4A-J4V3]; European Comm'n, Special Eurobarometer238: Risk Issues 53 (2006), http://ec.europa.eu/public_opinion/archives/ebs/ebs_238_en.pdf [https://perma.cc/9JJ8-HKT9].

33 *See* European Comm'n, Special Eurobarometer 341: Biotechnology 31(2001), http://ec.europa.eu/commfrontoffice/publicopinion/archives/ebs/ebs_341_en.pdf [https://perma.cc/CH7G-SZQW].

34 European Comm'n, Eurobarometer 354: Food Related Risks 30 (2010), http://ec.europa.eu/commfrontoffice/publicopinion/archives/ebs/ebs_354_en.pdf [https://perma.cc/NH2C-9Q8A].

35 Hans-Georg Dederer, *The Challenge of Regulating Genetically Modified Organisms in theEuropean Union: Trends and Issues, in* Contemporary Issues in EnvironmentalLaw Japan and EU 152 (Yumiko Nakanishi, ed., 2016).

36 Tomasz Twardowski & Aleksandra Małyska, *Social and Legal Determinants for Marketingof GM Products in Poland*, 29 New Biotechnology 249 (2012).

37 Tom Delreux & Happaerts, *supra* note 31, at 183.

38 Andrew Willis, *EU Receives Anti-GMO Petition Amid Raging Legal Battle*, EU Observer(Dec. 10 2010, 9:25 AM), https://euobserver.com/environment/31474 [https://perma.cc/MJD9-5KWU].

39 James Kanter, *BASF to Stop Selling Genetically Modified Products in Europe,* N.Y. Times(Jan. 16, 2012), https://www.nytimes.com/2012/01/17/business/global/17iht-gmo17.html (on file with author).

40 Joshua Chaffin & Jim Pickard, *Monsanto to Drop Applications to Grow GM Crops in EU*, Fin. Times (July 17, 2013), https://www.ft.com/content/aed5e0a8-ef1e-11e2-9269-00144feabdc0 (on file with author).

41 Tom Delreux & Happaerts, *supra* note 31, at 183.

42 *See* Statement of Policy: Foods Derived from New Plant Varieties, 57 Fed. Reg. 22,984,22,988, 22,991 (May 29, 1992).

43 Prakash & Kelly L. Kollman, *Biopolitics in the EU and the U.S.: A Race to the Bottom or Convergence to the Top?*, 47 Int'l Stud. Q. 617, 627, 629-34 (2003).

44 *What GM Crops are Currently Being Grown and Where?* Royal Soc'y, https://royalsociety.org/topics-policy/projects/gm-plants/what-gm-crops-are-currently-being-grownand-where/ [https://perma.cc/HB6L-CWPP] (last visited Apr. 22, 2019).

45 Thomas J. Hoban, *Public Attitudes Towards Agricultural Biotechnology*, Table 1 (The Foodand Agriculture Organization of the United Nations, ESA Working Paper No. 04-09,2004).

46 *Id.* citing *MSU Food Literacy and Engagement Poll: Wave I*, Food@MSU (Aug. 17, 2017),http://www.canr.msu.edu/news/msu-food-literacy-and-engagement-poll [https://perma.cc/YH8E-W285]; Brad Buck, *UF Study: Consumers see 'Organic' and 'non-GM'Food Labels as Synonymous,* UF IFAS Blogs (Oct. 23, 2017), http://blogs.ifas.ufl.edu/news/2017/10/23/uf-study-consumers-see-organic-non-gm-food-labels-synonymous/[https://perma.cc/D6DN-427Q].

47 *U.S. Polls on GE Food Labeling*, Ctr. Food Safety, https://www.centerforfoodsafety.org/issues/976/ge-food-labeling/us-polls-on-ge-food-labeling [https://perma.cc/W2WV-GSKQ] (last visited Apr. 22, 2019).

48 Consumer Reports Nat'l Research Ctr., Consumer Support for Standardization and Labeling of Genetically Engineered Food 2 (2014),http://www.justlabelit.org/wp-content/uploads/2015/02/2014_GMO_survey_report.pdf [https://perma.cc/GJ8D-T5GF].

49 *DS 291: European Communities—Measures Affecting the Approval and Marketing ofBiotech Products,* World Trade Org., https://www.wto.org/english/tratop_e/dispu_e/cases_e/ds291_e.htm [https://perma.cc/76FT-DZ2X] (last updated Apr. 16,2019); See also Mark A. Pollack and Gregory C. Shaffer, When CooperationFails: The International Law and Politics of Genetically Modified Foods (2009).

50 David Langlet & Said Mahmoudi, EU Environmental Law and Policy 339-40 (2016).

51 *See* Charles E. Hanrahan, Cong. Research Serv., RS21556, AgriculturalBiotechnology: The U.S.-

EU Dispute 6 (2010); *see also* Minutes of Meeting,WT/DSB/M/311, at 6–7 (Mar. 15, 2012); *DS 291: European Communities—MeasuresAffecting the Approval and Marketing of Biotech Products: CurrentStatus,* World Trade Org., http://www.wto.org/english/tratop_e/dispu_e/cases_e/ds291_e.htm[https://perma.cc/76FT-DZ2X] (last updated Apr. 16, 2019).

52 Dederer, *supra* note 35, at 147–48.

53 *See* Hanrahan, *supra* note 51.

54 Commission Regulation (EU) No 619/2011 of June 24, 2011, Laying Down the Methods of Sampling and Analysis for the Official Control of Feed as Regards Presence of Genetically Modified Material for Which an Authorisation Procedure is Pending or the Authorisation of Which has Expired, 2011 O.J. (L 166).

55 Commission Regulation (EU) No 619/2011 of June 24, 2011, Laying Down the Methods of Sampling and Analysis for the Official Control of Feed as Regards Presence of Genetically Modified Material for Which an Authorisation Procedure is Pending or the Authorisation of Which has Expired, 2011 O.J. (L 166).

56 Richard B. Stewart, *GMO Trade Regulation and Developing Countries* 6–7 (Pub. Law &Legal Theory Research Paper Series, Working Paper No. 09-70, 2009).

57 *See, e.g.,* Stewart, *supra* note 56, at 10; Linda Kleemann et. al., *Certification and Accessto Export Markets: Adoption and Return on Investment of Organic-Certified PineappleFarming in Ghana*, 64 World Dev. 79 (2014); Spencer Henson, Oliver Masakure &John Cranfield, *Do Fresh Produce Exporters in Sub-Saharan Africa Benefit from GlobalGAPCertification?* 39 World Dev. 375 (2011).

58 Kleemann, *supra* note 57 at 87.

59 *See, e.g.,* Andrew Graffham, Esther Karehu & James MacGregor, FreshInsights Number 6: Impact of EurepGAP on Small-Scale VegetableGrowers in Kenya (2007), https://assets.publishing.service.gov.uk/media/57a08be6ed915d3cfd001018/60506fresh_insights_6_EurepGapKenya.pdf; Andrew Graffham &James MacGregor, Fresh Insights Number 5: Impact of EurepGAP on Small-Scale Vegetable Growers in Zambia (2007), https://assets.publishing.service.gov.uk/media/57a08be840f0b64974000e70/60506FI5_EurepGAPZambia.pdf.

60 *EU Member States,* European Food Safety Auth, https://www.efsa.europa.eu/en/partnersnetworks/eumembers [https://perma.cc/PY8T-6BD6] (last visited Oct. 27, 2018).

61 U.S.D.A., Press Release, "U.S. Farm Exports Hit Third-Highest Level on Record," 16 Nov.2017 (https://www.fas.usda.gov/newsroom/us-farm-exports-hit-third-highest-levelrecord)[https://perma.cc/HB5Q-YFE6].

62 하지만 생산자들은 무역 전환으로 인해 다른 수출 시장에서 더 낮은 가격으로 농작물을 판매할 수밖에 없다.

63 Katharine Gostek, *Genetically Modified Organisms: How The United States' and theEuropean Union's Regulations Affect the Economy,* 24 Mich. St. Int'l L.R. 761, 787–90(2016).

64 *See* Prakash & Kollman, *supra* note 43, at 632.

65 Gostek, *supra* note 63, at 790–94.

66 *Why M&M's Are Made With Natural Coloring in the EU and not the U.S.*, WBUR(Mar. 28, 2014), http://www.wbur.org/hereandnow/2014/03/28/artificial-dyes-candy[https://perma.cc/GM93-6M3H]; Donna McCann et. al. *Food Additives and HyperactiveBehaviour in 3-Year-Old and 8/9-Year-Old Children in the Community: A Rendomised, Double-Blinded, Placebo-Controlled Trial*, 370 Lancet 1560 (2007).

67 Robyn O'Brien, *US Food Companies Have Removed Food Dyes in the UK—Why Not Here?*, Robyn O'Brien (Apr. 9, 2015), https://robynobrien.com/us-food-companieshave-removed-food-dyes-in-the-uk-why-not-here/ [https://perma.cc/S7XJ-L4QM].

68 WBUR, *supra* note 66.

69 Melissa Kravitz, *6 Foods that are Legal in the US but Banned in Other Countries*, Bus.Insider (Mar. 1, 2017, 5:49 PM), https://www.businessinsider.com/foods-illegal-outside-us-2017-3?IR=T [https://perma.cc/4R44-FRPF].

70 Kravitz, supra note 69.

71 *Id.*

72 이러한 모든 사례에서 EU 표준의 세계화는 미국 소비자들의 압박에 의해 촉진되었다. 예를 들어, ADA는 '요가 매트 화학물질'로도 알려져 있는데, 이는 요가 매트에 사용되는 것과 동일한 화학물질이기 때문이다. 이로 인해 식품에서의 ADA 사용을 반대하는 대중 캠페인에서 인상적인 참고 사례가 되었다. Virginia Chamlee, *Subway Wasn't the Only Chain to Use the 'Yoga Mat Chemical' in Its Bread*, Eater (Aug. 8, 2016, 4:00 PM), https://www.eater.com/2016/8/8/12403338/subway-yoga-mat-chemical-mcdonaldsburger-king-wendys [https://perma.cc/7ZQJ-TQSN].

73 *See, e.g.*, Sarah Kobylewski & Michael E. Jacobson, Food Dyes: A Rainbowof Risks (2010), https://cspinet.org/sites/default/files/attachment/food-dyes-rainbowof-risks.pdf [https://perma.cc/G2M8-FVCA; WBUR, *supra* note 66.

74 프랑스에서, 식품 수입업자들은 엄격한 식품 위생 및 안전 기준인 유럽연합 식품위해요소중점관리기준 인증("HACCP")인 "EUHACCP" 인증을 획득해야 한다.

75 Tomohiro Machida, *Japanese Dried Fish Flake Group Hope to Find Agreeable French Palates*, Nikkei Asian Rev. (Sept. 27, 2014, 1:00 PM), https://asia.nikkei.com/Business/Trends/Japanese-dried-fish-flake-group-hopes-to-find-agreeable-French-palates [https://perma.cc/B952-NKN7].

76 *See The Costs of GMO Labeling*, Foodie Farmer (Apr. 8, 2014), https://thefoodiefarmer.blogspot.com/2014/04/the-costs-of-gmo-labeling.html [https://perma.cc/3ZQ9-XJ9A].

77 *See* Charles E. Hanrahan, Cong. Research Serv., RS21556, Agricultural Biotechnology: The U.S.-EU Dispute 5 (2010).

78 *See* Hanrahan, *supra* note 51, at 5.

79 *Id.* at 245.

80 *Id.* at 469; *see also* David Vogel, The Politics of Precaution: RegulationHealth, Safety, and Environmental Risks in Europe and the United States 86 (2012).

81 CropLife Int'l, Fact Sheet: Adventitious Presence (AP) or Low LevelPresence (LLP), https://croplife.org/wp-content/uploads/pdf_files/Fact-Sheet-Adventitious-Presence-or-Low-Level-Presence.pdf.

82 Nicholas Kalaitzandonakes, *The Economics of Adventitious Presence Thresholds in the EU Seed Market*, Food Policy 43 (2013) 237.

83 Case C-442/09, Bablok v. Freistaat Bayern, EUR-Lex 62009CJ0442, at 8 (Sept. 6, 2011).

84 Kalaitzandonakes, *supra* note 82, at 237.

85 Pamela Rosalía Narváez Torres, *Deteccion de polen convencional y geneticamente modificadode soya, glycine max l., en la miel de abeja, apis mellifera, de los estados Campechey Yucatan ("Detection of Conventional Pollen and Genetically Modified Soy, Glycine MaxL., in the Honey, Apis Mellifera, of the States of Campeche and Yucatan")*, UniversidadAutonoma de Mexico (2013), https://www.conacyt.gob.mx/cibiogem/images/cibiogem/Fomento-investigacion/Tesis/Deteccion-polen-convencio-nal-y-GM-soya.pdf[https://perma.cc/B67R-ZJH2].

86 *Id.* at 37.

87 *Id.* at 86.

88 *See* Vogel, supra note 80, at 86.

89 Brandon Mitchener, *Standard Bearers: Increasingly, Rules of Global Economy Are Set inBrussels*, Wall St. J., Apr. 23, 2002, at A1; *Editorial, Regulatory Imperialism*, Wall St.J. (Oct. 26, 2007), http://online.wsj.com/article/SB119334720539572002.html (on filewith author).

90 *See id.; see also* David A. Wirth, The EU's New Impact on U.S. Environmental Regulation,31 Fletcher F. World Aff. 91, 104 (2007). 마찬가지로, 맥도날드를 포함한 EU에서 운영 중인 다국적 외식 소매업체들은 EU에서의 소비자 반발을 완화하기 위해 계약 농가들에게 비GMO 작물만을 생산하도록 요청했다. *See* Prakash &Kollman, *supra* note 43, at 632.

91 *U.S. Traders Reject GMO Crops that Lack Global Approval*, Reuters (May 6, 2016),https://www.reuters.com/article/us-usa-gmo-crops/u-s-traders-reject-gmo-crops-thatlack-global-approval-idUSKCN0XX2AV [https://perma.cc/77L2-6XR7].

92 *Id.*

93 *See* Centre du Commerce International, Developpement des Produits et des Marches, Cacao: Guide Des Practiques Commerciales, 115 (2012).

94 Regulation (EU) 2015/1933 of 27 October 2015 Amending Regulation (EC) No1881/2006 as Regards Maximum Levels for Polycyclic Aromatic Hydrocarbons inCocoa Fibre, Banana Chips, Food Supplements, Dried Herbs and Dried Spices, 2015O.J. (L 282); *see also EU Commission Updates the Regulation of PAHS in Foodstuffs*, SGS(Nov. 19, 2015), http://www.sgs.com/en/news/2015/11/safeguards-18915-eu-commission-updates-the-regulation-of-pahs-in-foodstuffs [https://perma.cc/D6PY-D6YY].

95 Council Regulation (EEC) No. 315/93 of 8 February 1993 Laying down Community Procedures for Contaminants in Food, 1993 O.J. (L 37).

96 코코아를 인공적으로 건조하는 것이 주요 문제 중 하나인데, 이는 연기가 코코아 콩과 접촉할 때 다환 방향족 탄화수소의 수준이 높아질 위험이 있기 때문이다. *See* Moki Kindzeka, *New European Union Import Laws Hurt African Cocoa Exports*, DeutscheWelle (May 28, 2013), http://www.dw.com/en/new-european-union-import-lawshurt-african-cocoa-exports/a-16842178 [https://perma.cc/9MF4-T73Q]

97 Ntaryike Divine, Jr., *European Regulations Worry Cocoa Exporters*, Voice of AfricaNews (Feb. 1, 2013, 7:03 PM), https://www.voanews.com/a/european-regulationsworry-african-cocoa-exporters/1595716.html [https://perma.cc/C3JP-7FV8].

98 *Cameroon*, Observatory Econ. Complexity, https://atlas.media.mit.edu/en/profile/country/cmr/ [https://perma.cc/RHK7-9PV8] (last visited Apr. 22, 2019); *Top 10 Cocoa Producing Countries*, WorldAtlas (last updated Sept. 28, 2018), https://www.worldatlas.com/articles/top-10-cocoa-producing-countries.html [https://perma.cc/FEX6-3AL3].

99 *Cameroon*, Observatory of Econ. Complexity, https://atlas.media.mit.edu/en/profile/country/cmr/ [https://perma.cc/RHK7-9PV8] (last visited Apr. 22, 2019).

100 Divine, Jr., *supra* note 97.

101 Kindzeka, *supra* note 96.

102 *EU Tightens Laws on African Cocoa Exports*, Ventures Africa (June 3, 2013), http://venturesafrica.com/eu-tightens-laws-on-african-cocoa-exports/ [https://perma.cc/QY6W-ZK7Y].

103 *Cameroon Refurbishing Cocoa Drying Ovens to Meet EU Rules*, Reuters (Sept. 4, 2013),https://www.euractiv.com/section/agriculture-food/news/cameroon-refurbishingcocoa-drying-ovens-to-meet-eu-rules/ [https://perma.cc/UKM3-EUVB].

104 Steve Jaffee & Oliver Masakure, *Strategic Use of Private Standards to Enhance International Competitiveness: Vegetable Exports from Kenya and Elsewhere*, 30 Food Pol. 316 (2005).

105 Commission Regulation 753/2002 of 29 April 2002 laying down rules for applyingCouncil Regulation No. 1493/1999 as regards the description, designation, presentation,and protection of certain wine sector products, 2002 O.J. (L 118); Council Regulation(EC) No 479/2008 of 29 April 2008 on the Common Organisation of the Marketin Wine, Amending Regulations (EC) No 1493/1999, (EC) No 1782/2003, (EC) No1290/2005, (EC) No 3/2008 and repealing Regulations (EEC) No 2392/86 and (EC) No 1493/1999, 2008 O.J. (L 148), 39.

106 Council Regulation (EC) No 479/2008 of 29 April 2008 on the Common Organisationof the Market in Wine, Amending Regulations (EC) No 1493/1999, (EC) No 1782/2003,(EC) No 1290/2005, (EC) No 3/2008 and repealing Regulations (EEC) No 2392/86 and(EC) No 1493/1999, 2008 O.J. (L 148), 34;Jacob Gaffney, *European Union Standardizes Wine Labels*, Wine Spectator (May 18, 2002), http://www.winespectator.com/webfeature/show/id/European-Union-Standardizes-Wine-Labels_21288 [https://perma.cc/ZBA6-46HJ].

107 The Liquor Products Act 60 of 1989, art. 10 (S. Afr.).

108 WESGRO Cape Town & Western Cape Research, Sector: Wine, 16 (2016),http://www.wesgro.co.

za/pdf_repository/Wine%20Fact%20Sheet%20-%20Final.pdf[https://perma.cc/532E-2VVT].

109 Citrosuco, Relatório de Sustentabilidade 2013-2014 [*Citrosuco Sustainability Report 2013-2014*], 12 (2014), http://www.citrosuco.com.br/sustentabilidade/relatorio-de-sustentabilidade.html [https://perma.cc/8L6S-RCSP].

110 Citrosuco, Relatório de Sustentabilidade 2016-2017 [*Citrosuco Sustainability Report 2016-2017*], 16 (2017), http://www.citrosuco.com.br/sustentabilidade/relatorio-de-sustentabilidade.html [https://perma.cc/8L6S-RCSP].

111 Citrosuco, Relatório de Sustentabilidade 2013-2014 [*Citrosuco Sustainability Report 2013-2014*] (2014), http://www.citrosuco.com.br/sustentabilidade/relatorio-de-sustentabilidade.html [https://perma.cc/8L6S-RCSP].

112 JBS, "A Maior Empresa Do Mundo, Em Produtos de Origem Animal" [*The World's Largest Company in Products of Animal Origin*], http://jbs.com.br/sobre/ (last visitedMay 23, 2019) [https://perma.cc/DL9D-AY84].

113 JBS S.A., Relatório de Sustentabilidade 2016-2017 [*JBS S.A. SustainabiliyReport 2016-2017*], 115, 116 120 (2017), https://jbss.infoinvest.com.br/ptb/4069/JBS%20RAS%202016%20PT%20 170502%20Final.pdf [https://perma.cc/9JDGPNMP].예를 들어 이 회사는 소비자에게 쇠고기의 원산지를 제공하는 "오리진(Origin)"이라는 프로그램을 개발했다. 이 프로그램은 브라질 시장을 대상으로 하지만, 쇠고기 생산의 모든 단계를 추적해야 하는 EU 요구사항을 기반으로 한다.

114 Linda Kleemann, Awudu Abdulai & Mareike Buss, *Certification and Access to Export Markets: Adoption and Return on Investment of Organic-Certified Pineapple Farming in Ghana*, 64 World Dev. 79 (2014).

115 Dela-Dem Doe Fianko et. al., *Does GlobalGAP Certification Promote Agricultural Exports?* (Global Food Discussion Papers 112) (2017).

116 *About Us,* Agricola Famosa, http://www.agricolafamosa.com.br/agricola-famosa/[https://perma.cc/MGU3-AZPH] (last visited May 23, 2019).

117 Etsuyo Michida, Vu Hoang Nam & Aya Suzuki, *Emergence of Asian GAPs and itsRelationship to GlobalG.A.P.* (IDE Discussion Paper No. 507) (2015); Sam F. Halabi& Ching-Fu Lin, *Assessing the Relative Influence and Efficacy of Public & Private FoodSafety Regulation Regimes: Comparing Codex & GlobalG.A.P. Standards,* 72 Food& Drug L.J. 262, 294 (2017); Maya Kaneko, "Apple Exporters Hope to Stay Aheadin Quality Race," Japan Times (Mar. 24, 2006), https://www.japantimes.co.jp/news/2006/03/24/national/apple-exporters-hope-to-stay-ahead-in-quality-race/#.W7j36CZOZ0 [https://perma.cc/P5QN-3BDQ].

118 Maria Weimer & Ellen Vos, *The Role of the EU in Transnational Regulation ofFood Safety: Extending Experimentalist Governance?, in* The Role of EU inTransnational Regulation: Extending Experimentalist Governance? 51 (J. Zeitlin ed., 2015).

119 Agreement on the Application of Sanitary and Phytosanitary Measures, Apr. 15, 1994, Marrakesh Agreement Establishing the World Trade Organization, Annex 1A, art. III, 1867 U.N.T.S.

493 [not reproduced in I.L.M.].

120 Maria Weimer & Ellen Vos, *supra* note 118, at 61-68.

121 유럽위원회 보건식품안전총국 국장인 사빈 쥐리허(Sabine Juelicher)와의 대면 인터뷰(2018년 7월 18일).

122 Ministry of Agriculture and Supply, Minister's Office, Normative Instruction No. 10,of April 27, 2001 (Repealed by Normative Instruction 55/2011 / MAPA), http://www.agricultura.gov.br/assuntos/insumos-agropecuarios/insumos-pecuarios/alimentacaoanimal/arquivos-alimentacao-animal/legislacao/instrucao-normativa-no-55-de-1o-dedezembro-de-2011.pdf/view [https://perma.cc/VFM2-5VCH]

123 Coimma, *A Carne Produzida No Brasil Tem Hormonio? [Does the Meat that Comes FromBrazil Contain Hormones?]*, Coimma Blog (Oct. 06 2014), http://www.coimma.com.br/balancas-e-troncos/A_carne_produzida_no_Brasil_tem_hormonio.html [https://perma.cc/KX78-HXSX]; Meg Cristina de Campos Pires. *Analise sobre o comercio entre Brasil e Uniao Europeia e as barreiras nao tarifarias que o afetam [Analysis on the commerce relationship between Brazil and the European Union and the non-tariff barrier thataffects it]*, (Ph.D. Thesis, Universidade Estadual Paulista) 3 (2012).

124 *Brazil Exports Only 20% of Beef Produced and RevenuesReach U.S. $5.9B*, Comex (Mar. 6, 2016), https://www.comexdobrasil.com/brasil-destina-a-exportacao-apenas-20-dacarne-bovina-produzida-e-receita-chega-a-us-59-bi/ [https://perma.cc/5C9M-N54M].https://www.comexdobrasil.com/brasil-destina-a-exportacao-apenas-20-dacarne-bovina-produzida-e-receita-chega-a-us-59-bi/ [https://perma.cc/5C9M-N54M].

125 Jale Tosun & Maurıcio de Moraes, *Marcondes Import Restrictions and Food-SafetyRegulations: Insight from Brazil*, 7 Latin Am. Pol. 377, 380, 387 (2016).

126 이 국가계획은 식품 생산망을 평가하고 모니터링하기 위한 농축수산부의 기존 연방 검사 및 감시 프로그램의 부문별 버전을 의미한다. Id. at 385.

127 Regulation (EC) No 178/2002 of the European Parliament and of the Council of 28 January 2002 laying down the general principles and requirements of food law, establishing the European Food Safety Authority and laying down procedures in matters of food safety, 2002 O.J. (L 31).

128 Taiwan lifayuan (台灣立法院), Xingzheng yuan han qing shenyi`shipin weisheng guanli fa xiuzheng caoan'an, *di 5 tiao he di 9 tiao(行政院函請審議「食品衛生管理法修正草案」案, 第5條和第9條) [The proposal of Act Governing Food Safety and Sanitation, Article 5 and Article 9]*, Lifayuan guohui-tushu guan wangzhan (立法院國會圖書館網站) (May 31, 2014) (Chinese text https://lis.ly.gov.tw/lgcgi/lgmeetimage?cfc7cfcdcfcec8cbc5cdcfcad2cdccc9) [https://perma.cc/N6PF-8NMV].

129 Mariko Kubo, The Changing World of Food Labelling Regulations, Leatherhead Food Research White Paper No. 23 (2016).

130 European Commission Press Release, European Union and United States Agree to Historic New Partnership on Organic Trade (Feb. 15, 2012), http://europa.eu/rapid/press-release_IP-12-138_

en.htm [https://perma.cc/TX3A-2G9P].

131 European Commission Press Release MEMO 17/4686, "Fact Sheet: The New Organic Regulation" (updated Apr. 19, 2018), http://europa.eu/rapid/press-release_MEMO-17-4686_en.htm [https://perma.cc/J7RR-F9HK].

132 Tosun & de Moraes, *supra* note 125, at 390–91.

133 *Id.* at 391.

134 *GMOs Globally,* GMO Answers, https://gmoanswers.com/gmos-globally [https://perma.cc/MUA4-KE8L] (last visited May 23, 2019).

135 Labeling Around the World, Just Label It! http://www.justlabelit.org/right-to-knowcenter/labeling-around-the-world/ [https://perma.cc/3DZJ-L8E3] (last visited May 23,2019).

136 Stewart, *supra* note 56, at 9.

137 라틴아메리카 국가들의 현재 GMO 규제 현황에 대해서는 다음을 참조하라: Eric Katovish, The Regulation of Genetically Modified Organisms in Latin America: Policy Implications for Trade, Biosafety, and Development (PhD thesis, University of Minnesota) (2012).

138 Ley No. 29811, Ley que Establece la Moratoria al Ingreso y Producción de OrganismosVivos Modificados al Territorio Nacional por um Periódo de 10 Anos, D.O. 09.12.2011,art. 1 (Peru).

139 *See* Ley No. 300, Ley Marco de la Madre Tierra y Desarrollo Integral para Vivir Bien,art. 24(7)–(9). G.O. 15.10.2012 (Bolivia); Constitución Política de Ecuador 2008art. 401.

140 *See* Brazil, Ministry of Justice Directive No. 2,658/03 (2004), 이는 GMO 함유량이 1% 허용 기준을 초과할 때마다 모든 식품/식품 제품/사료에 유전자 변형 로고를 표시하기 위한 방침을 수립하기 위한 것이다.

141 *See* Uruguay's Decreto No 34.901, stating in Article D.1774.83. 여기에는 "유전자 변형된 식품 또는 전체 성분 중 1% 이상의 유전자 변형 성분이 포함된 하나 이상의 재료를 함유한 식품은 반드시 표시되어야 한다"라고 명시하고 있다.(번역 제공)

142 Katovish, *supra* note 137.

143 Corte Constitucional [C.C.] [Constituional Court], septiembre 8, 2015, SentenciaC-583/15 (Colom.), [http://www.corteconstitucional.gov.co/relatoria/2015/c583-15.htm [https://perma.cc/6229-DTCW].

144 Sentencia C-583/15 (2015), *supra* note 143, at 1.

145 Stewart, *supra* note 56 at 1, 2, 4, 6, 8, and 9.

146 *Id.* at 2.

147 Patrycha Dabrowska-Klosińska, The EU and Transnational Regulation of GMOs, inExtending Experimentalist Governance? The European Union andTransnational Regulation 83, 100–01 (Jonathan Zeitlin ed., 2015).

148 *Id.* at 99.

149 S. Res. 764, 114th Cong. § 1 (2016) (enacted) (amending the Agricultural MarketingAct of 1946 by adding a GMO food disclosure standard); National Bioengineered FoodDisclosure Standard, Pub.

L. No. 114-216, 130 Stat. 834 (2015) (codified at 7 U.S.C. §§1639-1639c).

150 *BE Disclosure & Labeling,* USDA, https://www.ams.usda.gov/rules-regulations/gmo[https://perma.cc/66DU-5SKP] (last visited May 23, 2019).

151 *GE Food Labeling: States Take Action,* Center for Food Safety (Jun. 10, 2014),http://www.centerforfoodsafety.org/fact-sheets/3067/ge-food-labeling-states-takeaction[https://perma.cc/G7KS-TT4G].

152 22 M.R.S.A. §§2592(1)(C)(2013) *as enacted by* P.L. 2013, ch. 436, §1 and affected by §2.

153 The Mellman Group, Memo to "Just Label It!" Re: Voters Want GMOFood Labels Printed on Packaging (2015), http://4bgr3aepis44c9bxt1ulxsyq.wpengine.netdna-cdn.com/wp-content/uploads/2015/12/15memn20-JLI-d6.pdf [https://perma.cc/MM5F-FC53].

154 *GMOs Part of U.S.-E.U. Trade Negotiations,* Just Label It!, http://www.justlabelit.org/gmos-part-of-u-s-e-u-trade-negotiations/ [https://perma.cc/W3WF-NCJN] (last visited May 24, 2019).

155 Regulation (EC) 1907/2006, of the European Parliament and of the Council of 18 December 2006 Concerning the Registration, Evaluation, Authorisation and Restriction of Chemicals (REACH), Establishing a European Chemicals Agency, 2007 O.J. (L 136) 3 [hereinafter REACH].

156 *See* Melody M. Bomgardner, *Facts & Figures of the Chemical Industry,* Chem. & Eng'gNews, July 4, 2011, at 33–67.

157 Council Directive 76/769/EEC of 27 July 1976 on the approximation of the laws, regulations and administrative provisions of the Member States relating to restrictions on the marketing and use of certain dangerous substances and preparations. See David Langlet & Said Mahmoudi, EU Environmental Law and Policy 309 (2016).

158 *See* REACH, *supra* note 155, art. 5; Joanne Scott, *From Brussels with Love: The Transatlantic Travels of European Law and the Chemistry of Regulatory Attraction*, 57Am. J. Comp. L. 897, 898-99 (2009).

159 *See* Doaa Abdel Motaal, *Reaching REACH: The Challenge for Chemicals EnteringInternational Trade,* 12 J. Int'l Econ. L. 643, 645 (2009); Scott, supra note 158.

160 European Environmental Law: After Lisbon 452 (Jan H. Jans & Hans H.B.Vedder, eds., 4th ed., 2012).

161 *Id.* at 453.

162 *See* TFEU art. 191(2); *cf.* Case C-180/96, United Kingdom v. Comm'n, 1998 E.C.R.I-2269, para. 99.

163 *See Commission White Paper: Strategy for a Future Chemicals Policy,* at 7-8, 28, COM(2001) 88 final (Feb. 27, 2001).

164 *Id.* at 6. The exception being chemicals that are imported or produced at a rate of lessthan 1 ton annually.

165 *Registered Substances,* European Chems. Agency, https://echa.europa.eu/information-on-chemicals/registered-substances [https://perma.cc/C4RJ-RRT8] (last updated May 17, 2019).

166 Wirth, *supra* note 90, at 102.

167 Mitchell P. Smith, Environmental and Health Regulation in theUnited States and the European Union: Protecting Public and Planet26 (2012).

168 *Id.*

169 *Id.* at.35.

170 *Id.* at.37.

171 *Id.* at.38.

172 European Comm'n, Special Eurobarometer 468: Attitudes ofEuropean Citizens Towards the Environment 9 (2017), http://ec.europa.eu/commfrontoffice/publicopinion/index.cfm/ResultDoc/download/DocumentKy/81259 [https://perma.cc/8N45-8HJU].

173 *Id.* at 10.

174 *Commission White Paper: Strategy for a Future Chemicals Policy*, 7, COM (2001) 88 final(Feb. 27, 2001).

175 Lyndsey Layton, *Chemical Law Has Global Impact,* Washington Post (June 12,2008), http://www.washingtonpost.com/wp-dyn/content/article/2008/06/11/AR2008061103569.html (on file with author).

176 Dieter Pesendorfer, *EU Environmental Policy Under Pressure: Chemicals Policy ChangeBetween Antagonistic Goals?,* 15 Envt'l Pol. 95, 103–04 (2006)

177 Smith, *supra* note 167, at 41.

178 *Id.*

179 Pesendorfer, *supra* note 176, at 106.

180 Smith, *supra* note 167, at 42.

181 *See* Lawrence A. Kogan, Exporting Precaution: How Europe's Risk-FreeRegulatory Agenda Threatens American Free Enterprise 40-43 (2005).

182 *See, e.g.,* Anne Pouillot et al., *REACH: Impact on the US Cosmetics Industry?*, 8 J.Cosmetic Dermatology 3, 5–6 (2009).

183 Henrik Selin & Stacy D. VanDeveer, *Raising Global Standards: Hazardous Substancesand E-Waste Management in the European Union,* 48 Envir. 6, 13 (2006)

184 *Id.*

185 *Id.*

186 Pesendorfer, *supra* note 176, at 105.

187 Selin & VanDeveer, *supra* note 183, at 13.

188 Layton, *supra* note 175.

189 *Id.*

190 Frank Ackerman, Elizabeth A. Stanton & Rachel Massey, *European Chemical Policy andthe United States: The Impacts of REACH*, 25 Renewable Resources J. 15, 16 (2007).

191 *Id.*

192 *Id.*

193 Pesendorfer, *supra* note 176, at 101.

194 *Id.*

195 Selin & VanDeveer, *supra* note 183, at 64.

196 Smith, *supra* note 167, at 41.

197 Ackerman, *supra* note 190, at 16.

198 *See* Wirth *supra* note 90 at 102-03.

199 *See* Scott, supra note 158, at 939-40; Selin &. VanDeveer, *supra* note 183, at 7, 14. Thisis consistent with David Vogel, Trading Up: Consumer and EnvironmentalRegulation in a Global Economy, 5-8 (1995).

200 *See* Kerstin Heitmann & Antonia Reihlen, Techno-Economic Support on REACH: Case Study on "Announcement Effect" in the Market Relatedto the Candidate List of Substances Subject to Authorisation 5, 9(2007).

201 Lyndsey Layton, *Chemical Law Has Global Impact*, Wash. Post (June 12, 2008), http://www.washingtonpost.com/wp-dyn/content/article/2008/06/11/AR2008061103569.html (on file with author).

202 *Preservatives*, Johnson & Johnson, https://www.safetyandcarecommitment.com/Ingredients/Preservatives [https://perma.cc/F8QK-TJWX] (last visited May 23, 2019).

203 *Ingredients*, Johnson & Johnson, https://www.safetyandcarecommitment.com/Ingredients [https://perma.cc/UJB4-WDXG] (last visited May 23, 2019).

204 Layton, *supra* note 175.

205 Vogel *supra* note 80, at 169.

206 Risk & Policy Analysts, Insights on the impact of REACH & CLP implementation on industry's strategies in the context of sustainability:Final report prepared for ECHA 22 (2017), https://echa.europa.eu/documents/10162/13637/echa_css_report_without_case_studies_en.pdf/a0a6f46f-16c8-fbea-8b41-9ff683aafe5c [https://perma.cc/Q5DT-GEGC].

207 Vogel, *supra* note 80, at 217.

208 *Your Questions*, L'Oreal, http://www.loreal.com/sustainability/l'or%C3%A9alanswers/product—ingredient-safety/your-questions [https://perma.cc/7RY9-D5M9](navigate to "Other Ingredient," "Nanomaterials") (last visited May 24, 2019).

209 *Id.*

210 *Id.*

211 Risk & Policy Analysts, Insights on the impact of REACH & CLPImplementation on Industry's Strategies in the Context ofSustainability: Final Report Prepared for ECHA, 21 (2017), https://echa.europa.eu/documents/10162/13637/echa_css_report_without_case_studies_en.pdf/a0a6f46f-16c8-fbea-8b41-9ff683aafe5c [https://perma.cc/Q5DT-GEGC].

212 Brazilian Association of Public Ministry of Environment, "Reach: Legislation to Controlthe Entry of Chemical Into the EU Already Affects Brazil," Jusbrasil (Mar. 7, 2013),https://abrampa.

jusbrasil.com.br/noticias/100381642/reach-legislacao-para-controleda-entrada-de-produtos-quimicos-na-ue-ja-afeta-brasil?ref=topic_feed [https://perma.cc/U4G6-Q76Z].

213 The H&M Group, Annual Report, 2017, 47 (2017).

214 *Chemicals Management*, H&M Group, https://sustainability.hm.com/en/sustainability/commitments/use-natural-resources-responsibly/chemicals.html [https://perma.cc/YHN5-Y6PY] (last visited May 24, 2019),

215 H&M Group, Sustainability Commitment (2016), https://sustainability.hm.com/content/dam/hm/about/documents/en/CSR/Sustainability%20Commitment/Sustainability%20Commitment_en.pdf [https://perma.cc/KW5G-RKGX].

216 Vogel, *supra* note 80, at 204.

217 Vogel, *supra* note 80, at 217.

218 *See* Mark Schapiro, *New Power for 'Old Europe,'* Nation, Dec. 27, 2004, at 11, 12; *Chemical Spotlight: The Chemical Industry in the United States,* Select USA, https://www.selectusa.gov/chemical-industry-united-states [https://perma.cc/U5Z8-ASJ2](last visited May 24, 2019).

219 *See* Lyndsey Layton, supra note 201.

220 *See, e.g.* Michael Greshko et al., *A Running List of How President Trump is Changing Environmental Policy,* Nat'l Geo., https://news.nationalgeographic.com/2017/03/how-trump-is-changing-science-environment/ [https://perma.cc/L25Y-9FH3] (last updated May 3, 2019).

221 Eric Lipton, *Why Has the E.P.A. Shifted on Toxic Chemicals? An Industry Insider HelpsCall the Shots*, N.Y. Times (Oct. 21, 2017), https://www.nytimes.com/2017/10/21/us/trump-epa-chemicals-regulations.html (on file with author).

222 Eric Lipton, *The E.P.A.'s Top 10 Toxic Threats, and Industry's Pushback*, N.Y. Times (Oct.21, 2017), https://www.nytimes.com/2017/10/21/us/epa-toxic-chemicals.html (on filewith author).

223 *Global REACH?*, Euphor, (20 June 2017), http://www.euphoreach.com/globalreach/[https://perma.cc/8KE6-EKWB].

224 *Id.*

225 European Commission Press Release MEMO/06/488, Q and A on the New ChemicalsPolicy, REACH (Dec. 13, 2006), http://europa.eu/rapid/press-release_MEMO-06-488_en.htm?locale=en [https://perma.cc/A7KB-37T2].

226 Sorin Burnete & Pilasluck Choomta, *The Impact of European Union's Newly-Adopted Environmental Standards on Its Trading Partners*, 10 Studies in Bus. & Econ. 5, 12 (2015).

227 European Chem. Agency, Report on the Operation of REACH and CLP2016, 111 (2016), https://echa.europa.eu/documents/10162/13634/operation_reach_clp_2016_en.pdf [https://perma.cc/9XH4-KZD3].

228 Katja Biedenkopf, *Chemicals: Pioneering Ambitions with External Effects in* EuropeanUnion External Environmental Policy: Rules, Regulation andGovernance Beyond Borders 189, 194–96, 199–201 (Camilla Adelle, KatjaBiedenkopf & Diarmuid Torney eds., 2018).

229 Biedenkopf, *supra* note 228, at 199–200.

230 *See, e.g.*, Basel Convention on the Control of Transboundary Movements of HazardousWastes and Their Disposal, March 22, 1989, 1673 U.N.T.S. 126, 28 I.L.M. 657 (1989)(entered into force May 5, 1992); Rotterdam Convention on the Transboundary Movements of Hazardous Wastes and Their Disposal, 10 Sept., 1998, 2244 U.N.T.S.337, 38 I.L.M. 1 (1999) (entered into force Feb. 24, 2004); Stockholm Convention on Persistent Organic Pollutants, May 22, 2001, 2256 U.N.T.S. 119, 40 I.L.M. 532 (2001)(entered into force May 17, 2004).

231 *See* Yoshiko Naiki, *Assessing Policy Reach: Japan's Chemical Policy Reform in Response tothe EU's REACH Regulation,* 22 J. Envtl. L. 171, 178 (2010).

232 Scott, *supra* note 158, at 920–28.

233 *Id.* at 914–20.

234 Scott, *supra* note 158, at 914–20.

235 *Id.* at 910–14.

236 Angela Logomasini, *Trust in Government: A Bad Strategy for the Chemical Industry*, Competitive Enter. Inst. (Apr. 1, 2016), https://cei.org/blog/trust-governmentbad-strategy-chemical-industry [https://perma.cc/VL57-BL88]; Jeff Tollefson, *Why the Historic Deal to Expand US Chemical Regulation Matters,* Nature (May 25, 2016),https://www.nature.com/news/why-the-historic-deal-to-expand-us-chemical-regulation-matters-1.19973 [https://perma.cc/U5DT-ZFJS].

237 Katja Biendenkopf, *EU Chemicals Regulation, in* Extending ExperimentalistGovernance? The European Union and Transnational Regulation 107,130 (Jonathan Zeitlin ed., 2015).

238 *Id.* at 129–35.

239 *Id.* at 127–28.

240 *Id.* at 130.

241 Tollefson, *supra* note 236.

242 *See, e.g.*, Daniel E. Uyesato & Lucas Bergkamp, *Reformed TSCA and REACH: Howdo They Compare?*, Hunton, Andrews, Kurth (Oct. 23, 2017), https://www.huntonnickelreportblog.com/2017/10/reformed-tsca-and-reach-how-do-theycompare-2/ [https://perma.cc/5CZU-3ZSL].

243 *Id.*

244 *Id.*

245 Ondrej Filipec, *U.S. Chemical Policy Under Review: How Much Europeanisation*, 5 East.J. Euro. Studies 159, 2 (2014).

246 Biendenkopf, *supra* note 237, at 125.

247 *Id.* at 126.

248 *Id.* at 127.

249 *Id.* at 126.

250 *See, e.g.*, Leslie E. Kersey, Note, *Trans-Atlantic REACH: The Potential Impact of the European*

Union's New Chemical Regulations on Proof of Causation in U.S. Federal Courts, 36 B.C. Envtl. Aff. L. Rev. 535 (2009).

251 *Milward v. Acuity Specialty Products Group, Inc.*, 969 F.Supp.2d 101, 105-08 (D. Mass.2013).

252 Act on Registration and Evaluation, etc. of Chemical Substances (Act No. 11789, Enactment on May 22, 2013, Enforcement on Jan 1, 2015) (화학물질의 등록 및평가 등에 관한 법률, 법률 제11789호, 2013. 5. 22. 제정, 시행 2015. 1. 1.) [hereinafter"K-REACH"], (English full text available at Korean Law Translation Center(한국법제연구원 법령번역센터): http://elaw.klri.re.kr/kor_service/lawView.do?hseq=31605&lang=ENG; *See also, K-REACH Amendment 2019—Live Updates*, Chem Safety PRO, http://www.chemsafetypro.com/Topics/Korea/K-REACH_Amendment.html [https://perma.cc/AUX8-RD8Q] (last updated 10 Mar. 2019).

253 Biendenkopf, *supra* note 237.

254 예를 들어, K-REACH의 제10조와 제14조 제1항은 REACH의 제7조, 제10조, 제14조와 마찬가지로 수입업자와 제조업자 모두에게 실질적으로 유사한 정보 공개 요건을 부과하고 있다.

255 *See, e.g., Differences between K-REACH and EU REACH*, ChemSafetyPRO (Jan.31, 2017), http://www.chemsafetypro.com/Topics/Korea/Difference_between_KREACH_and_EU_REACH.html [https://perma.cc/FH5L-QQFV].

256 *Compare* REACH, *supra* note 155, Art. 7 and K-REACH, *supra* note 252, Art. 10; *see also How to Comply with Amended K-REACH Regulation 2019*, ChemSafetyPro (Dec. 31,2015), https://www.chemsafetypro.com/Topics/Korea/Korea_REACH.html [https://perma.cc/CSQ6-MBSV] (last updated Sept. 17, 2018).

257 Environmental Safety & Health Association for High Technology, ComparisonBetween EU REACH, Korea REACH and Taiwan REACH (2013), http://seshaonline.org/meetings/miniNE-2013presentations/Aerssens%20-%20REACH%20comparison%20EU,KOREA,TAIWAN.pdf [https://perma.cc/D6ZF-KNF3].

258 *See Registered Substances, supra* note 165.

259 *K-REACH Registration*, ChemSafetyPro (Dec. 31, 2015), https://www.chemsafetypro.com/Topics/Korea/Korea_REACH_Registration.html [https://perma.cc/4K8DFUZH](last updated Apr. 19, 2019).

260 Korea Trade-Investment Protection Agency (대한무역투자진흥공사), GlobalBusiness Report 07-031, "Local Responses to EU REACH and Implications" ("EU화학물질등록승인제도(REACH)에 대한 현지 대응사례 및 시사점", at 6-7, 06Aug. 2007, http://125.131.31.47/Solars7DMME/004/81000.PDF.

261 Ministry of Environment (대한민국 환경부), Speech by Man-Hee Lee, the formerMinister of Environment (환경부 장관 이만의 연설문) "U REACH' Effect onKorean Trade and Strategies for Response" ("EU 新화학물질제도(REACH)가무역에 미치는 영향 및 대응방안", 15 July 2008, http://www.me.go.kr/minister/web/board/read.do;jsessionid=bczpKrcLn7ik4w1iMBTzt248onK-6abYmku1ilJXlfrtT2Csa6InRp0jtpFF0bDra.meweb1vhost_servlet_engine1?pagerOffset=210&-

maxPageItems=10&maxIndexPages=10&searchKey=&searchValue=&menuId=379&orgC-d=&boardId=164642&boardMasterId=15&boardCategoryId=&decorator=.

262 *Id.*

263 K-REACH Legislative Comment (화학물질의 등록 및 평가 등에 관한 법률,제정·개정이유), Korea Ministry of Government Legislation, National Law InformationCenter (법제처국가법령정보센터) http://www.law.go.kr/LSW/lsRvsRsnListP.do?lsId=011857&chrClsCd=010102 [https://perma.cc/N59E-KNLM]

264 *Enactment of Act Concerning Registration, Evaluation, etc. of Chemical Substances,* Ministry of the Environment (Oct. 29, 2013), http://eng.me.go.kr/eng/web/index.do?menuId=167 [https://perma.cc/PKL9-6AQG].

265 Yoshiko Naiki, *Assessing Policy Reach: Japan's Chemical Policy Reform in Response to theEU's REACH Regulation,* 22 J. Environ. L. 171, 191. (2010).

266 The Act on the Evaluation of Chemical Substances and Regulation of Their Manufacture(Kagakubushitu Shinsa Kisei Hou), Act No.117 of 16 October 1973 (as revised by ActNo. 39 of May 20, 2009).

267 Naiki, *supra* note 265, at 187.

268 *Id.* at 186–87.

269 *Id.* at 186.

270 *Id.* at 192

271 Katja Biedenkopf & Dae Young Park, *A Toxic Issue?: Leadership in Comprehensive Chemicals Management, in* Environmental Leadership: A Reference Handbook, 782, 792–93 (Deborah Rigling Gallagher ed., 2012).

272 *Id.* at 793.

273 *Id.*

274 *Id.*

275 *The Strictest Standard by EU Now Put China Produced Toys in the "Desperate Position"?* CIF News (July 22, 2013), http://www.cifnews.com/article/3552 [https://perma.cc/ZXR5-W2TW]; Chen Yu, Four Mandatory National Standards for the Safety of Children's Toys, China Econ. Net (May 30, 2014), http://www.ce.cn/cysc/zljd/xfp/201405/30/t20140530_2898420.shtml [https://perma.cc/55P4-JEZ3].

276 Huo Yifu, *The Standard Outline of the "Children's Mat Safety Requirements" is Publishedin Shanghai,* China Quality News Network (Oct. 27, 2017), http://www.cqn.com.cn/zgzlb/content/2017-10/27/content_5032161.htm [https://perma.cc/TXW9-L835].

277 *Id.*

278 Zhou Huiyan, *The New Standard for Floor Mats is Expected to be Released Next Year,* Xinmin Newspaper (Oct.20,2017),http://shanghai.xinmin.cnmsrx/2017/10/20/31326884.html [https://perma.cc/5FW5-B8R6].

제7장

1 *Index of Legislation, in Manual of European Environmental Policy,* IEEP (2012), https://ieep.eu/publications/2014/10/forthcoming-policy-and-index[https://perma.cc/M85A-WWTC].

2 Diarmuid Torney, European Climate Leadership in Question: Policies Toward China and India 36 (2015).

3 Yumiko Nakanishi, *Introduction: The Impact of the International and European Union Environmental Law on Japanese Basic Environmental Law, in* Contemporary Issues in Environmental Law: The EU and Japan 1, 4 (Yumiko Nakanishi ed., 2016).

4 Jerry McBeath & Jonathan Rosenberg, Comparative Environmental Politics 3 (2006).

5 Treaty on European Union (Maastricht text) art. 130r, July 29, 1992, 1992 O.J. (C 191) 1, 28-29; *Id.* art. 2, at 5.

6 Treaty of Amsterdam Amending the Treaty on European Union, the Treaties Establishing the European Communities and Certain Related Acts art. 3c, Oct. 2, 1997, 1997 O.J. (C 340) 1, 25.

7 Treaty of Lisbon Amending the Treaty on European Union and the Treaty Establishing the European Community art. 174, Dec. 13, 2007, 2007, O.J. (C 306) 1, 87.

8 *Id.* art. 10A, at 1, 23-24.

9 Suzanne Kingston et al., European Environmental Law 70–71 (2017).

10 Case C-176/03, Comm'n v. Council, 2005 E.C.R. I-07879.

11 Case C-441/17 R, Comm'n v. Poland, EUR-Lex 62017CO0441(02) (Nov. 20, 2017).

12 *See* Directive 2002/95/EC, of the European Parliament and of the Council of 27 January 2003 on the Restriction of the Use of Certain Hazardous Substances in Electrical and Electronic Equipment, 2003 O.J. (L 37) 19.

13 *See* id.

14 Directive 2011/65/EU, of the European Parliament and of the Council of 8 June 2011 on the Restriction of the Use of Certain Hazardous Substances in Electrical and Electronic Equipment, 2011 O.J. (L 174) 88.

15 Directive 2012/19/EU, of the European Parliament and of the Council of 4 July 2012 on Waste Electrical and Electronic Equipment (WEEE), 2012 O.J. (L 197) 38.

16 Katja Biedenkopf, *The Multilevel Dynamics of EU and U.S. Environmental Policy: A Case Study of Electronic Waste, in* L'Union Européenne et les États-Unis: Processus, Politiques et Projets 189, 192 (Yann Echinard et al. eds., 2013).

17 *Id.*

18 Council Directive 74/577/EEC, of 18 November 1974 on Stunning of Animals Before Slaughter, 1974 O.J. (L 316) 10.

19 *Id.* 5대 자유는 (1) 배고픔과 목마름으로부터의 자유, (2) 불편함으로부터의 자유, (3) 통증, 상해, 질병으로부터의 자유, (4) 정상적 행동을 표현할 자유, (5) 두려움과 스트레스로부터의 자유로 이루어져 있다.

20 *40 Years of Animal Welfare,* Eur. Commission, https://ec.europa.eu/food/sites/food/files/animals/docs/aw_infograph_40-years-of-aw.pdf (last visited Feb. 7, 2019) [https://perma.cc/V93D-W94S]; Consolidated Version of the Treaty on the Functioning of the European Union art. 12, Mar. 30, 2010, 2010 O.J. (C 83) 47, 54.

21 *EU Animal Welfare Strategy: 2012-2015,* Eur. Commission (2012), https://ec.europa.eu/food/sites/food/files/animals/docs/aw_brochure_strategy_en.pdf [https://perma.cc/3VSC-JJLX].

22 *Milestones in Improving Animal Welfare,* Eur. Commission (2012), https://ec.europa.eu/food/sites/food/files/animals/docs/aw_infograph_milestones_en.pdf [https://perma.cc/33C9-GHUV].

23 *The EU Emissions Trading System (EU ETS) Factsheet*, Eur. Commission (2016), https://ec.europa.eu/clima/sites/clima/files/factsheet_ets_en.pdf[https://perma.cc/7TQ9-CFJN].

24 Torney, *supra* note 2, at 39.

25 *Id.*

26 *Id.* at 12.

27 McBeath & Rosenberg, *supra* note 4, at 58.

28 Atlas of European Values: Trends and Traditions at the Turn of the Century 119 (Loek Halman, Inge Sieben & Marga van Zundert eds., 2011).

29 Didier Bourguignon & Nicole Scholz, *Chernobyl 30 Years on: Environmental and Health Effects,* Eur. Parliament: Think Tank (Mar. 22, 2016), http://www.europarl.europa.eu/thinktank/en/document.html?reference=EPRS_BRI(2016)581972 [https://perma.cc/D3BZ-EHRV].

30 *Introduction to Acid Rain,* Enviropedia, http://www.enviropedia.org.uk/Acid_Rain/Acid_Rain_Introduction.php (last visited Jan. 30, 2019) [https://perma.cc/8DCV-MJBT].

31 R. Daniel Keleman, *Globalizing European Union Environmental Policy,* 17 J. Eur.Pub. Pol'y 335, 340 (2010) (citing Jürgen Hofrichter & Karlheinz Reif, *Evolution of Environmental Attitudes in the European Community,* 13 Scandinavian Pol. Stud. 119(1990)).

32 European Comm'n, Report, *Special Eurobarometer 468: Attitudes of European Citizens Towards the Environment*, Open Data Portal 5 (Nov. 2017), http://ec.europa.eu/commfrontoffice/publicopinion/index.cfm/ResultDoc/download/DocumentKy/81259 [hereinafter *Special Eurobarometer 468*] [https://perma.cc/WV7A-J7RP].

33 European Comm'n, Report, *Special Eurobarometer 459: Climate Change*, Open Data Portal 5 (Sept. 2017), https://ec.europa.eu/clima/sites/clima/files/support/docs/report_2017_en.pdf [hereinafter *Special Eurobarometer 459*] [https://perma.cc/B6MV-9G4B].

34 *Id.*

35 *Special Eurobarometer 468, supra* note 32, at 5-6.

36 *Id.* at 6.

37 *Special Eurobarometer 459, supra* note 33.

38 Bruce Stokes et al., *Global Concern About Climate Change, Broad Support for Limiting Emissions:*

U.S., China Less Worried; Partisan Divides in Key Countries, Pew Res. Center 24 (Nov. 5, 2015), http://www.pewresearch.org/wp-content/uploads/sites/2/2015/11/Pew-Research-Center-Climate-Change-Report-FINAL-November-5-2015.pdf [https://perma.cc/7NTG-SVXQ].

39 Keleman, *supra* note 31, at 340.

40 Torney, *supra* note 2, at 39–40.

41 *Id.*

42 Javier Delgado-Ceballos et al., *Environmental Nongovernmental Organization Coalitions: How the Green 10 Influences European Union Institutions, in* Environmental Leadership: A Reference Handbook 254 (Deborah Rigling Gallagher ed., 2012).

43 Tom Delreux & Sandra Happaerts, Environmental Policy and Politics in the European Union 133 (2016).

44 Delgado-Ceballos et al., *supra* note 42, at 258–59. *See also* for details on each group: Delreux & Happaerts, *supra* note 43, at 130–32.

45 Delgado-Ceballos et al., supra note 42, at 259–62.

46 David Coen, *Environmental and Business Lobbying Alliances in Europe: Learning from Washington?, in* The Business of Global Environmental Governance 197, 209 (David Levy & Peter J. Newell eds., 2005).

47 Ludwig Krämer, *Environmental Governance in the EU, in* Environmental Protection in Multi-layered Systems: Comparative Lessons from the Water Sector 11, 23–24 (Mariachiara Alberton & Francesco Palermo eds., 2012).

48 Delreux & Happaerts, *supra* note 43, at 135.

49 Biedenkopf, *supra* note 16, at 203.

50 Kingston et. al, *supra* note 9, at 27–28.

51 Delreux & Happaerts, *supra* note 43, at 244.

52 Press Release, European Comm'n, Energy Union: Commission Takes Action to Reinforce EU's Global Leadership in Clean Vehicles (Nov. 8, 2017), http://europa.eu/rapid/pressrelease_IP-17-4242_en.htm [https://perma.cc/4M6U-EPB7].

53 Keleman, *supra* note 31, at 343.

54 Press Release, European Comm'n, Speech by Commissioner Arias Canete at the Brussels Europe Power Market Event (Oct. 24, 2016), http://europa.eu/rapid/press-release_SPEECH-16-3526_en.htm [https://perma.cc/8BSG-T24Q].

55 Keleman, *supra* note 31.

56 Press Release, European Comm'n, Environment: Fewer Risks from Hazardous Substances in Electrical and Electronic Equipment (July 20, 2011), http://europa.eu/rapid/pressrelease_IP-11-912_en.htm [https://perma.cc/4ZW9-UH52]; Otto Pohl, *European Environmental Rules Propel Change in* U.S., N.Y. Times, July 6, 2004, at F4.

57 *RoHS Compliance / Lead Free,* Fujitsu, http://www.fujitsu.com/us/about/local/corporate/sub-

sidiaries/fcai/rohs/ (last visited Jan. 31, 2019) [https://perma.cc/57GDQFNT]; *Oracle Global Position on Restriction of Hazardous Substances (RoHS),* Oracle, http://www.oracle.com/us/products/applications/green/rohs-position-185078.pdf (last visited Jan. 31, 2019) [https://perma.cc/AH65-Q5KY].

58 Katja Biedenkopf, E-Waste Governance Beyond Borders—Does the EU Influence US Environmental Policy? 15 (2010) (unpublished manuscript), https://refubium.fuberlin.de/bitstream/handle/fub188/19456/Biedenkopf-E-Waste_Governance_beyond_Borders-445.pdf ?sequence=1&isAllowed=y [https://perma.cc/HX6P-ERHK].

59 *Id.*

60 Hiawatha Bray, *Tech Firms Face EU Toxics Test: Limits on the Use of Hazardous Materials Pushes US Electronics Makers to Innovate*, Boston Globe (June 1, 2006), http://archive.boston.com/business/technology/articles/2006/06/01/tech_firms_face_eu_toxics_test/ [https://perma.cc/K5EQ-DZHA].

61 *Id.*

62 *Id.*

63 *The Impact of RoHS—Now and In the Future,* HKTDC (July 1, 2008), http://info.hktdc.com/productsafety/200807/psl_ele_080701.htm [https://perma.cc/V2UP-GBE4].

64 Katja Biedenkopf, Institute for European Studies, Policy Recycling? The External Effects of EU Environmental Legislation on the United States, 241 (2011).

65 *Id.*

66 *Id.*

67 *Hitachi Group to Eliminate 6 Chemical Substances Targeted in RoHS by March 2005 Shifting to Lead-Free Solder by March 2004 in Japan and by March 2005 Worldwide*, Hitachi (Dec. 1, 2003), http://www.hitachi.com/New/cnews/031201.html [https://perma.cc/N5TA-NANJ].

68 *Id.*

69 *Top 15 Semiconductor Sales Leaders—2018F,* AnySilicon (Nov. 12, 2018), https://anysilicon.com/top-15-semiconductor-sales-leaders-2018f/ [https://perma.cc/8VB5-6LPS].

70 *Corporate Social Responsibility Report,* TSMC 48 (2017), https://www.tsmc.com/download/csr/2018_tsmc_csr/english/pdf/e_all.pdf [https://perma.cc/FN3K-MNKM].

71 미디어텍은 무선 통신, HDTV, DVD 및 블루레이, 휴대폰 시스템온칩 솔루션을 제공하는 팹리스 반도체 회사이다. Corporate Social Responsibility Report, MediaTek 139 (2015), https://d86o2zu8ugzlg.cloudfront.net/mediatek-craft/reports/CSR/2015-MediaTek-Corporate-Sustainability-Report-Final.pdf (last visited Feb. 7, 2017) [https://perma.cc/E6VX-M4EA].

72 *Overcome ROHS, EU's First Environmental Regulation*, Sci. Times (June 6, 2016), http://www.sciencetimes.co.kr/?news=eu%EC%9D%98-%EC%B2%AB-%ED%99%98%EA%B2%BD%EA%B7%9C%EC%A0%9C-rohs%EB%A5%BC-%EB%84%98%EC%96%B4%EB%9D%BC [https://perma.cc/N6W4-V5RS].

73 *Id.*

74 *EU RoHS II (Restriction of Hazardous Substances Directive)*, Samsung, https://www.samsung.com/semiconductor/about-us/global-compliance/ (last visited June 3, 2019) [https://perma.cc/ZM4T-YC2Z].

75 Justin McCurry, *Cosmetics Testing: Will Japan Go Cruelty-Free?*, Japan Today (Oct. 26, 2015), https://japantoday.com/category/features/lifestyle/cosmetics-testing-will-japangocruelty-free [https://perma.cc/A77C-HBPV].

76 *Cosmetics Industry*, Cosmetics Eur., https://www.cosmeticseurope.eu/cosmeticsindustry/(last visited Feb. 8, 2019) [https://perma.cc/X6TK-9GL8].

77 *See* Id.

78 *Id.*

79 David Bach & Abraham L. Newman, *Governing Lipitor and Lipstick: Capacity, Sequencing, and Power in International Pharmaceutical and Cosmetics Regulation*, 17 Rev. Int'l Pol. Econ 665, 685 (2010).

80 *Id.* at 688.

81 *Shiseido to Abolish Testing Cosmetics on Animals*, Japan Times (Mar. 2, 2013), https://www.japantimes.co.jp/news/2013/03/02/business/corporate-business/shiseido-to-abolishtesting-cosmetics-on-animals/#.WtO-hq3MzBI [https://perma.cc/QPC6-8PRT].

82 화장품 기업 카오(Kao)는 비오레(Biore), 큐렐(Curel), 니베아(Nivea) 등의 제품에 대해 2015년부터 동물 실험을 중단했다. *Kao Group Confirms Its Policy of "Neither Conducting Nor Outsourcing Animal Testing in Cosmetics,"* Animal Rts. Center (June 25, 2015), http://www.arcj.org/en/animals/animaltesting/00/id=608 [https://perma.cc/NDJ7-MHMB]. Kose issued a similar statement in 2014. *Kose Group Promotes Alternatives to Animal Testing*, Beauty Packaging (Oct. 16, 2014), https://www.beautypackaging.com/contents/view_breaking-news/2014-10-16/kosegroup-promotes-alternatives-to-animal-testing/ [https://perma.cc/45S7-2BTF].

83 *Japan Cosmetics Makers Win OECD Approval for Animal Testing Alternative*, Nikkei Asian Rev. (Nov. 2, 2016), https://asia.nikkei.com/Business/Science/Japan-cosmetics-makerswin-OECD-approval-for-animal-testing-alternative [https://perma.cc/YP7X-X3WC].

84 McCurry, *supra* note 75.

85 *Guidelines for Supplier's Assessment*, Kao, https://www.kao.com/global/en/sustainability/procurement/supplier-guidelines/ (last visited Jan. 31, 2019) [https://perma.cc/C343-MA5M].

86 Sophia Yan, *In China, Big Cosmetics Firms are Selling Products Tested on Animals*, CNBC (Apr. 19, 2017), https://www.cnbc.com/2017/04/19/in-china-big-cosmetics-firms-areselling-products-tested-on-animals.html [https://perma.cc/8FEB-5EPK].

87 시세이도(Shiseido) 고객 관리팀과의 이메일 통신 (Mar.-Apr. 2018) (on file with author).

88 Case C-592/14 European Federation for Cosmetic Ingredients v. UK Secretary of State for Business, EUR-Lex 62014CJ0592 (Sept. 21, 2016), paras. 12-14.

89 *Id.*

90 *Id.* paras. 43, 45.

91 Humane Soc'y Int'l (June 30, 2014), http://www.hsi.org/news/press_releases/2014/06/china-implements-rule-change-063014.html [https://perma.cc/M93W-A4XC].

92 *Report from the Commission to the European Parliament and the Council on the Impact of Animal Welfare International Activities on the Competitiveness of European Livestock Producers in a Globalized World,* at 9, COM (2018) 42 final (Jan. 26, 2018).

93 Cleandro Pazinato Dias et al., The Brazilian Pig Industry Can Adopt European Welfare Standards: A Critical Analysis, 45 Ciencia Rural 1079, 1081 (2015).

94 *Id.* at 1085.

95 Council Directive 93/119/EC, of 22 December 1993 on the Protection of Animals at the Time of Slaughter or Killing, 1993 O.J. (L 340) 21.

96 *Id.* art. 5(1)(c).

97 James Moynagh, *EU Regulation and Consumer Demand for Animal Welfare*, 3 AgBioForum 107, 110 (2000).

98 European Parliament Directorate-General for Internal Policies, *Animal Welfare in the European Union*, Eur. Parliament 32 (Jan. 2017), http://www.europarl.europa.eu/RegData/etudes/STUD/2017/583114/IPOL_STU(2017)583114_EN.pdf [https://perma.cc/K4WE-2B8Y]; *see also Beef—Market Report,* Gov't Can., https://web.archive.org/web/20180807135043/http://www.canadainternational.gc.ca/eu-ue/policiespolitiques/reports_beef-boeuf_rapports.aspx?lang=eng (last modified Feb. 4, 2014).

99 Directive 97/2/EC first phased out the use of veal crates and regulated the diets of calves, and was replaced by Council Directive 2008/119/EEC, of 18 December 2008. Council Directive 97/2/EC, 1997 O.J. (L 25) 24; Council Directive 2008/119/EC, 2009 O.J. (L 10) 7.

100 *HSUS Report: The Welfare of Animals in the Veal Industry,* Humane Soc'y 8–12 (July, 2012), http://www.humanesociety.org/sites/default/files/archive/assets/pdfs/farm/hsus-the-welfare-of-animals-in-the-veal-industry-b.pdf [hereinafter HSUS Report] [https://perma.cc/P8X6-6Y6V]. *See also* Am. Veterinary Med. *Ass'n., Literature Review on the Welfare Implications of the Veal Calf Husbandry,* AVMA (Oct. 13, 2008), https://www.avma.org/KB/Resources/LiteratureReviews/Pages/Welfare-Implications-of-the-Veal-Calf-Husbandry-Backgrounder.aspx [https://perma.cc/E4L2-PWGH].

101 *HSUS Report,* supra note 100, at 1.

102 *Id.* at 2. 애리조나(Arizona) 2006년 입법, 2012년 발효; 콜로라도(Colorado) 2008년 입법, 2012년 발효; 캘리포니아(California) 2015년 발효; 메인(Maine) 2009년 입법; 미시간(Michigan) 2009년 입법; 오하이오(Ohio) 2010년 입법, 로드아일랜드(Rhode Island) 2012년 입법.

103 *Id.* at 2; Animal Care & Housing, Am. Veal Ass'n, http://www.americanveal.com/animal-care-housing/ (last visited Feb. 8, 2019) [https://perma.cc/JGS9-X9WP].

104 *HSUS Report*, *supra* note 100, at 2.

105 *Id.* at 14.

106 Council Directive 2007/43/EC, 2007 O.J. (L 182) 19.

107 *Poultry Welfare: Matching the New EU Regulatory Framework*, DELACON Dossier 5 (2011), https://www.delacon.com/download/?file=89 [https://perma.cc/U85K-PPMU].

108 European Parliament Directorate-General for Internal Policies, supra note 98, at 31.

109 Council Regulation (EC) No. 1/2005 of 22 December 2004 on the Protection of Animals During Transport and Related Operations and Amending Directives 64/432/EEC and 93/119/EC and Regulation (EC) No 1255/97, 2005 O.J. (L 3) 1.

110 Case C-424/13, Zuchtvieh-Export GmbH v. Stadt Kempten, EUR-Lex 62013CJ0424 (Apr. 23, 2015).

111 David Mahoney, *Zuchtvieh-Export GmbH v. Stadt Kempten: The Tension Between Uniform, Cross-Border Regulation and Territorial Sovereignty*, 40 B.C. Int'l & Comp. L. Rev. 363, 364–66, 371 (2017).

112 Clair Gammage, *A Critique of the Extraterritorial Obligations of the EU in Relation to Human Rights Clauses and Social Norms in EU Free Trade Agreements*, Eur. & World, Oct. 10, 2018, at 12.

113 Joanne Scott, *Extraterritoriality and Territorial Extension in EU Law*, 62 Am. J. Comp. L. 87

114 *Id.* at 89.

115 Directive 2003/87/EC, of the European Parliament and of the Council of 13 October 2003 Establishing a Scheme for Greenhouse Gas Emission Allowance Trading Within the Community and Amending Council Directive 96/61/EC, 2003 O.J. (L 275) 32 [hereinafter Directive 2003/87/EC].

116 *See* Directive 2008/101/EC, of the European Parliament and of the Council of 19 November 2008 Amending Directive 2003/87/EC So as to Include Aviation Activities in the Scheme for Greenhouse Gas Emission Allowance Trading Within the Community, 2009 O.J. (L 8) 3 [hereinafter Directive 2008/101/EC].

117 Kati Kulovesi, *Climate Change in EU External Relations: Please Follow My Example (or I Might Force You to)*, *in* The Eternal Environmental Policy of the European Union: EU and International Law Perspectives 115, 117 (Elisa Morgera ed., 2012); Delreux & Happaerts, supra note 43, at 246.

118 Kulovesi, *supra* note 117.

119 *The European Union's Emissions Trading Scheme: A Violation of International Law: Hearing Before the Subcomm. on Aviation of the H. Comm. on Transp. & Infrastructure*, 112th Cong. 34-36 (2011) (statement of Hon. Nancy N. Young, vice president of Environmental Affairs, Air Transport Association of America, Inc.).

120 *Id.* at 4–5.

121 *See* Directive 2008/101/EC, supra note 116, ¶17; *see also* Joanne Scott & Lavanya Rajamani, *EU Climate Change Unilateralism*, 23 Eur. J. Int'l L. 469, 482-83 (2012).

122 *See* Scott & Rajamani, *supra* note 121, at 475.

123 *Id.*

124 *See* Case C-366/10, Air Transp. Ass'n of Am. v. Sec'y of State for Energy & Climate Change, EUR-Lex 62010CJ0366 (Dec. 21, 2011).

125 *See US Aviation Sector Finally Challenges EU Emissions Scheme*, CAPA (July 6, 2011), https://centreforaviation.com/analysis/reports/us-aviation-sector-finally-challengeseu-emissions-scheme-54825 [https://perma.cc/D9U9-LP5D]. 원고에 따르면, ETS 지침(Directive)은 국제민간항공협약(시카고 협약), 유엔기후변화협약의 교토 의정서, 그리고 미국과 EU 및 회원국 간의 항공운송협정(오픈 스카이 협정)을 포함한 다수의 국제 협정을 위반하고 있다.

126 Press Release No. 139/11, Court of Justice of the European Union, The Directive Including Aviation Activities in the EU's Emissions Trading Scheme is Valid 2 (Dec. 21, 2011), http://curia.europa.eu/jcms/upload/docs/application/pdf/2011-12/cp110139en. pdf [https://perma.cc/DWP9-WCMR].

127 Kulovesi, *supra* note 117, at 143; Torney, supra note 2, at 134.

128 Torney, *supra* note 2, at 134; Delreux & Happaerts, *supra* note 43, at 215.

129 Torney, *supra* note 2, at 134.

130 *Id.* at 158.

131 *Id.* at 134.

132 Delreux & Happaerts, *supra* note 43, at 215.

133 *Historic Agreement Reached to Mitigate International Aviation Emissions,* ICAO (Oct. 6, 2016), https://www.icao.int/Newsroom/Pages/Historic-agreement-reached-tomitigate-international-aviation-emissions.aspx [https://perma.cc/LUW2-Q2UC].

134 *Id.*

135 *ICAO Council Adopts New CO2 Emissions Standard for Aircraft,* ICAO (Mar. 6, 2017), https://www.icao.int/Newsroom/Pages/ICAO-Council-adopts-new-CO2-emissionsstandard-for-aircraft.aspx [https://perma.cc/G6RJ-VTDW].

136 *Reducing Emissions from Aviation*, Eur. Commission (Nov. 23, 2017), https://ec.europa.eu/clima/policies/transport/aviation_en#tab-0-0 [https://perma.cc/ZKK6-5LLW]; See also Regulation (EU) 2017/2392, of the European Parliament and of the Council of 13 December 2017 Amending Directive 2003/87/EC to Continue Current Limitations of Scope for Aviation Activities and to Prepare to Implement a Global Market-Based Measure from 2021, 2017 O.J. (L 350) 7.

137 Janina Scheelhaase et. al, *EU ETS Versus CORSIA—A Critical Assessment of Two Approaches to Limit Air Transport's CO2 Emissions by Market-Based Measures,* 67 J. Air Transport Mgmt. 55, 58 (2018).

138 European Parliament, *Environmental Policy: General Principles and Basic Framework,* Fact Sheets on Eur. Union, http://www.europarl.europa.eu/factsheets/en/sheet/71/environment-policy-general-principles-and-basic-framework [https://perma.cc/3KZT-R4M4].

139 Biedenkopf, *supra* note 16, at 194.

140 *Id.*

141 *Proposal for a Directive of the European Parliament and of the Council Amending Directive 2011/65/EU on the Restriction of the Use of Certain Hazardous Substances in Electrical and Electronic Equipment*, at 2, COM (2017) 38 final (Jan. 26, 2017). *See also*, Henrik Selin & Stacy D. VanDeveer, *Raising Global Standards: Hazardous Substances and E-Waste Management in the European Union*, Environment, Dec. 2006, at 6, 14–15.

142 Biedenkopf, *supra* note 16, at 194.

143 *Id.* at 194–95.

144 *Id.* at 202.

145 미국은 2009년 전기장비 환경설계법(EDEE법)에서 RoHS와 유사한 통일된 국가 표준을 제정하기 위해 1976년 유해물질관리법을 개정하는 연방법안을 제출했지만, 해당 법안은 소위원회에서 통과되지 못했다. Environmental Design of Electrical Equipment Act (EDEE) Act, H.R. 2420, 111th Cong. (2009).

146 Cal. Health & Safety Code §§ 25214.9–.10.2 (West 2003); *see also* Restrictions on the Use of Certain Hazardous Substances (RoHS) in Electronic Devices, Cal. Department Toxic Substances Control, https://dtsc.ca.gov/restrictions-onthe-use-of-certain-hazardous-substances-rohs-in-electronic-devices/ (last visited Feb. 1, 2017) [hereinafter *What is RoHS*] [https://perma.cc/8YV9-58F9].

147 2003년 9월 23일, 캘리포니아 전자폐기물 재활용법이 법률로 서명되었다. Cal. Pub. Res. Code §§ 42460-42486 (West 2004) 전자폐기물 재활용법은 소비자가 구매 시 수수료를 부과하여 이러한 장치를 재활용하기 위한 전문 프로그램을 제정한다. See *E-Waste More Information*, Cal. Department Toxic Substances Control, https://dtsc.ca.gov/ewaste/e-waste-more-information/ (last visited Feb. 1, 2019) [hereinafter *E-Waste More Information]* [https://perma.cc/2LEA-MWCW].

148 *What is RoHS, supra* note 146.

149 *See* Cal. Pub. Res. Code, *supra* note 147. The EU's RoHS Directive is referenced in § 42465.2(b).

150 *How Do the California Restrictions on the Use of Certain Hazardous Substances (RoHS) Law and Regulations Compare to the European Union's RoHS Directive?*, Cal. Department Toxic Substances Control, https://dtsc.ca.gov/howdo-the-california-restrictions-on-the-use-of-certain-hazardous-substances-rohs-lawand-regulations-compare-to-the-european-unions-rohs-directive/ (last visited Feb. 1, 2019) (emphasis in original) [hereinafter *How Does the California RoHS Compare to the EU RoHS?*] [https://perma.cc/4ZZT-MB9Y]. EU가 캘리포니아에 어떤 영향을 미쳤는지 자세히 알아보려면, see Biendekopf, supra note 64, at 248–55.

151 *See* Cal. Pub. Res. Code, *supra* note 147, at §§ 42463, 42465.2(b); Cal. Health & Safety Code § 25214.10(b) (West 2006); Joanne Scott, *From Brussels with Love: The Transatlantic Travels of European Law and the Chemistry of Regulatory Attraction*, 57 Am. J. Comp. L. 897, 942 (2009).

152 *How Does the California RoHS Compare to the EU RoHS?, supra* note 150.

153 *Covered Electronic Devices,* Cal. Department Toxic Substances Control, https://dtsc.ca.gov/covered-electronic-devices/ (last visited Feb. 1, 2019) [https://perma.cc/Y2DA-AR9B]; Cal. Health &

Safety Code, supra note 151, § 25214.10.1(a)(1); *E-Waste More Information, supra* note 147.

154 *See* Biedenkopf, *supra* note 58, at 13.

155 *Id.* at 14.

156 S. 981, 217th Leg., Reg. Sess. (N.J. 2016); *See also* State of N.J. Dep't of Envtl. Protection Div. of Solid & Hazardous Waste, E-Cycle N.J., http://www.state.nj.us/dep/dshw/ewaste/ (last visited Feb. 1, 2019) [https://perma.cc/P99H-ZY62].

157 Ind. Code Ann. § 13-20.5-1-1 (c)(6)(A)(ii) (LexisNexis 2017).

158 H.R. 854, 85th Leg., Reg. Sess., at 2(b)(1) (Minn. 2007).

159 415 Ill. Comp. Stat. Ann. 150/30 §30(a) (LexisNexis 2009).

160 N.Y. Envtl. Conserv. Law §27-2605(1)(f) x (Consol. 2010).

161 *E-Waste*, NYPSC, http://nypsc.org/e-waste/ (last visited Feb. 1, 2019) [https://perma.cc/67L3-9K4Q].

162 Nat'l Inst. of Standards & Tech., *Compliance FAQs: RoHS*, Standards.Gov, https://www.nist.gov/standardsgov/compliance-faqs-rohs (last visited Feb. 1, 2019) [https://perma.cc/54NW-VNBQ].

163 *Restriction of Hazardous Substances,* SGS, https://www.sgs.com/-/media/global/documents/brochures/sgs-cts-ee-global-rohs-brochure-a4-en-10-web.pdf (last visited Feb. 1, 2019) [https://perma.cc/3VCV-XHPW]; *see also* Sorin Burnete & Pilasluck Choomta, *The Impact of European Union's Newly-Adopted Environmental Standards on Its Trading Partners*, 10 Stud. Bus. & Econ. 5, 11 (2015).

164 Burnete & Choomta, supra note 163; *Global Regulation of Substances in Electronics*, Chemical-Watch,(Mar. 2013), https://chemicalwatch.com/14164/global-regulationof-substances-in-electronics (on file with author); *Substance Regulations RoHS and REACH Continue to Expand Globally and Undergo Restriction Updates,* 3BLMEDIA (Aug. 1, 2016), https://www.3blmedia.com/News/Substance-Regulations-RoHS-and-REACH-Continue-Expand-Globally-and-Undergo-Restriction-Updates [https://perma.cc/YB42-TPD8].

165 Burnete & Choomta, *supra* note 163.

166 Directive 2000/53/EC, of the European Parliament and of the Council of 18 September 2000 on End-of Life Vehicles, 2000 O.J. (L 269) 34.

167 *End of Life Vehicles,* Eur. Commission, http://ec.europa.eu/environment/waste/elv/index.htm (last visited Jan. 10, 2018) [https://perma.cc/K3Q6-CTB7].

168 *See* Act on the Recycling of Electrical and Electronic Equipment and Vehicles, Act. No. 8405, enacted on Apr. 27, 2007, enforced on Jan. 1, 2008, , *as amended* (S. Kor.) (전기 · 전자제품 및 자동차의 자원순환에 관한 법률, 법률 제8405호, 2007.4.27. 제정, 2008.1.1 시행). 법률의 영문 요약은 see Korea RoHS/ELV/WEE,ChemsafetyPro, http://www.chemsafetypro.com/Topics/Korea/Korea_RoHS_WEEE.html (last updated Mar. 2019) [https://perma.cc/D7J5-NMJF].

169 Legislative Comment to Act on the Recycling of Electrical and Electronic Equipment and Vehicles (Act No. 8405, enacted on Apr. 27, 2007, enforced on Jan. 1, 2008, as amended (S. Kor.) (전기 · 전자

제품 및 자동차의 자원순환에 관한 법률 제정 이유, 법률 제8405호, 2007.4.27 제정, 2008.1.1 시행), Korea Ministry of Government Legislation, National Law Information Center (법제처 국가법령정보센터), http://www.law.go.kr/LSW//lsInfoP.do?lsiSeq=78830&ancYd=20070427&ancNo=08405&efYd=20080101&nwJoYnInfo=N&efGubun=Y&chrClsCd=010202#0000 [https://perma.cc/HC49-DYEY]

170 *ECO-Assurance System,* APEC-VC Korea (July 15, 2016), http://img.konetic.or.kr/apec-vc/xml/img/envdb/16Data-36_ECO-Assurance_System_.pdf [https://perma.cc/59FN-CQMV]. *See also,* Eco-Assurance System for Electrical and Electronic Equipment and Vehicles ("EcoAs") (환경성보장제 (EcoAs)), Korea Env't. Corp.(한국환경공단), http://www.ecoas.or.kr/user/system/about.eco (last visited Aug. 5, 2019) [https://perma.cc/J7S2-UE87].

171 *Recycling Policy,* MoE, http://eng.me.go.kr/eng/web/index.do?menuId=143 (last visited Jan. 10, 2018) [https://perma.cc/MS7P-6P2A].

172 *EcoAs, supra* note 170.

173 *Id.*

174 Joon Rae Kim (김준래), *Re-Use of Resources Increases Competitiveness of Manufactures* (폐자원 활용이 제조사 경쟁력 높인다), Sci. Times Korea (Nov. 26, 2014), https://www.sciencetimes.co.kr/?p=130663&cat=40&post_type=news&paged=122 (last accessed Aug 5, 2019) [https://perma.cc/Z5YA-QVR4].

175 John Quick, *Manufacturing Environmental Laws, Directives, and Challenges, in* Handbook of Fiber Optic Data Communication: A Practical Guide to Optical Networking 157 (Casimer DeCusatis ed., 4th ed. 2013).

176 *Id.*

177 Gary Nevison, *Japanese "RoHS" Marking Requirements,* Element14 (July 15, 2010), https://www.element14.com/community/docs/DOC-23360/l/japanese-rohsmarking-requirements (on file with author).

178 Yoshiko Naiki, *Assessing Policy Reach: Japan's Chemical Policy Reform in Response to the EU's REACH Regulation,* 22 J. Environ. L. 171, 182 (2010).

179 *See* comparative chart in *China RoHS 2 2019,* ChemSafetyPRO (Jan. 1, 2016), http://www.chemsafetypro.com/Topics/Restriction/China_RoHS_2_vs_EU_RoHS_2.html (updated Apr. 16, 2019) [https://perma.cc/4C6T-D3VL].

180 *Id.*

181 Biedenkopf, *supra* note 64, at 5.

182 Law No. 14321, Dec. 23, 2011, A.D.L.A 2300 (Arg.).

183 Madeline Kadas et al., *Growing Attention to Product Stewardship Initiatives Seen in Latin America,* 29 Int'l Env't Rep. 596, 600 (2006).

184 *Brazil to Propose RoHS-like Regulation for Electronics,* Chemical Watch (Jan. 4, 2018), https://chemicalwatch.com/62850/brazil-to-propose-rohs-like-regulation-forelectronics (on file with

author).

185 Council Directive 1999/74/EC, of 19 July 1999 Laying Down Minimum Standards for the Protection of Laying Hens, 1999 (L 203) 53.

186 European Parliament Directorate-General for Internal Policies, *supra* note 108, at 31.

187 Council Directive 2008/120/EC, of 18 December 2008 Laying Down Minimum Standards for the Protection of Pigs, 2009 (L 47) 5.

188 *40 Years of Animal Welfare, supra* note 20.

189 Wayne Pacelle, *Brazil Adds Its Might to the Movement to End Gestation Crates*, Humane Soc'y Int'l (Nov. 25, 2014), https://blog.humanesociety.org/2014/11/brazil-gestationcrates. html [https://perma.cc/7YJG-XB6F] [hereinafter *BRF Announces Phase-out of Confinement of Breeding Sows*].

190 *Id.*

191 *Call to Follow NZ Lead in Banning Sow Stalls*, Sydney Morning Herald (Dec. 6, 2012), https://www.smh.com.au/environment/conservation/call-to-follow-nz-lead-inbanning-sow-stalls-20101206-18ltl.html [https://perma.cc/3AYE-DB7T].

192 *Sow Stalls to be Banned*, Nat'l Bus. Rev. (Dec. 1, 2010), https://www.nbr.co.nz/ article/sow-stalls-be-banned-134068 [https://perma.cc/7KKB-KSRY].

193 Nat'l Animal Welfare Advisory Comm., Animal Welfare (Pigs) Code of Welfare 2010 Report (2010).

194 Pacelle, *supra* note 189.

195 Lindsay Patton, *9 States That Have Banned Cruel Gestation Crates for Pigs,* One Green Planet (Jan. 27, 2015), http://www.onegreenplanet.org/animalsandnature/states-thathave-banned-cruel-gestation-crates-for-pigs/ [https://perma.cc/RXL4-T73C].

196 벨기에 브뤼셀에서 진행된 유럽위원회 기후행동총국(DG Climate Action)의 피터 자펠(Peter Zapfel)과의 인터뷰 (July 17, 2018).

197 Mirabelle Muuls et al., *Evaluating the EU Emissions Trading System: Take it or Leave It? An Assessment of the Data after Ten Years* 3 (Grantham Inst., Briefing Paper No. 21, 2016), https://www.imperial.ac.uk/media/imperial-college/grantham-institute/public/publications/briefing-papers/Evaluating-the-EU-emissions-trading-system_Grantham-BP-21_web.pdf [https://perma.cc/ZF99-XCNF].

198 Delreux & Happaerts, *supra* note 43, at 213.

199 Jan H. Jans & Hans H.B. Vedder, European Environmental Law: After Lisbon 435 (4th ed., 2012).

200 *Id.*

201 Nicolas Koch et al., *Causes of the EU ETS Price Drop: Recession, CDM, Renewable Policies or a Bit of Everything?—New Evidence*, 73 Energy Pol'y 676 (2014), https://www.pik-potsdam.de/members/edenh/publications-1/CausesoftheEUETSpricedrop.pdf [https://perma.cc/4SCK-URDN].

202 피터 자펠(Peter Zapel)과의 인터뷰, *supra* note 196.

203 Kulovesi, *supra* note 117, at 135.

204 *See, e.g., EU and Switzerland Sign Agreement to Link Emissions Trading Systems,* Eur. Commission (Nov. 23, 2017), https://ec.europa.eu/clima/news/eu-and-switzerlandsign-agreement-link-emissions-trading-systems_en [https://perma.cc/G4VP-HRAP].

205 Directive 2003/87/EC, *supra* note 115, art. 25(1).

206 Justin Dabner, *Fiscal Responses to Climate Change in Australia: A Comparison with California*, 31 Australian Tax Forum 131 (2016).

207 Act on the Allocation and Trading of Greenhouse Gas Emissions Permits (온실가스 배출권의 할당 및 거래에 관한 법률), Act. No. 11419, enacted on May 14, 2012, enforced on November 15, 2012, as amended (S. Kor.); Enforcement Decree on the Allocation and Trading of Greenhouse Gas Emission Permits (온실가스 배출권의 할당 및 거래에 관한 법률 시행령), Presidential Decree. No. 24180, enacted and enforced on Nov 15, 2012, as amended (S. Kor.). K-ETS에 대한 영어로 된 자세한 내용은 see also, *Republic of Korea: An Emissions Trading Case Study*, IETA, https://ieta.wildapricot.org/resources/Resources/Case_Studies_Worlds_Carbon_Markets/2016/Korean_Case_Study_2016.pdf (last updated Sept. 2016) [https://perma.cc/5PQJ-5H58].

208 K-ETS 시행에 관한 논의는 see *What Now for South Korea's Emissions Trading Scheme*, Carbon Pulse (July 5, 2016), http://carbon-pulse.com/22019/[https://perma.cc/D96U-BSYJ]; *see also Emissions Trading Worldwide: Status Report 2016,* International Carbon Action Partnership 18 (2016), https://icapcarbonaction.com/images/StatusReport2016/ICAP_Status_Report_2016_Online.pdf [https://perma.cc/EK9B-PPD3].

209 *Korea Emissions Trading Scheme,* ICAP, https://icapcarbonaction.com/en/?option=com_etsmap&task=export&format=pdf&layout=list&systems%5B%5D=47 [https://perma.cc/T9NU-5ZPL] (last updated Jan. 25, 2019).

210 Yoojung Lee (이유정), *EU Implements ETS... Korean Corporations are Under Pressure* (EU, 탄소배출권 강행 ... 한국기업 '발등의 불'), HankYung (한국경제) (Jan. 5, 2012), http://news.hankyung.com/article/2012010486891 [https://perma.cc/32G7-KBNX].

211 *Notice of Legislation—K-ETS Enforcement Decree* (온실가스 배출권거래제 시행령 입법예고), Ministry of Environment (환경부) (July 23, 2012), http://www.me.go.kr/home/web/board/read.do;jsessionid=0EzCFbnBeDVwzPXTiIIs9jTkDXKROVfClaf88iDYE0wqEjcJOJDEcznJsVFBiZhO.meweb1vhost_servlet_engine1?pagerOffset=1890&maxPageItems=10&maxIndexPages=10&searchKey=&searchValue=&menuId=286&orgCd=&boardMasterId=1&boardCategoryId=39&boardId=182166&decorator= [https://perma.cc/3CLC-PTGC] [translation by author].

212 Presidential Committee on Green Growth (대통령직속녹색성장위원회), Key Questions and Answers Related to K-ETS (온실가스 배출권의 할당 및 거래에 관한 법률」관련 주요 질의·답변 자료) (May 14, 2012), http://17greengrowth.pa.go.kr/?p=51732 [https://perma.cc/U7E8-DHPA] [translation by author].

213 *About the Project*, EU-Korea ETS Project, http://www.kets-project.eu/en/intrdce/aboutUs.do?menuId=menu21 (last visited Feb. 1, 2019) (on file with author).

214 Joint Press Release, EU-Korea ETS Project, EU and the Republic of Korea Launch €3.5 Million Emissions Trading System Cooperation Project (July 8, 2016), https://eeas.europa.eu/sites/eeas/files/joint_press_release_final.pdf [https://perma.cc/NXW9-TRCA].

215 EU-Korea ETS Project, *supra* note 213.

216 Torney, *supra* note 2, at 131

217 *ETS Detailed Information: China*, ICAP 1, https://icapcarbonaction.com/en/?option=com_etsmap&task=export&format=pdf&layout=list&systems[]=55 [https://perma.cc/FR8F-FT4K]. (last updated Jan. 25, 2019).

218 Torney, *supra* note 2, at 131.

219 피터 자펠(Peter Zapfel)과의 인터뷰, *supra* note 196.

220 Anatole Boute, *The Impossible Transplant of the EU Emissions Trading Scheme: The Challenge of Energy Market Regulation*, 6 Transnat'l Envtl. L. 59 (2017).

221 *The Introduction of Euro 5 and Euro 6 Emissions Regulations for Light Passenger and Commercial Vehicles*, RSA, http://www.rsa.ie/Documents/Vehicle%20Std%20Leg/Emissions%20regs/Euro%205%20and%20Euro%206%20Emissions%20Reg%20light%20passengercommvehicles.pdf (last visited Feb. 8, 2019) [https://perma.cc/2389-9HDG].

222 Press Release No. 10165/07, Council of the European Union, Motor Vehicle Emissions (Euro 5 and 6) (May 30, 2007), https://www.consilium.europa.eu/uedocs/cms_Data/docs/pressdata/en/misc/94369.pdf [https://perma.cc/BN3H-7ZXX].

223 *Russia: Heavy-Duty: Emissions,* Transport Polic'y, https://www.transportpolicy.net/standard/russia-heavy-duty-emissions/ (last visited Feb. 8, 2019) [https://perma.cc/MXL6-FFKB].

224 Azat Timerhanov, *Krupnejshie napravlenija jeksporta avtomobilej iz Rossii [Russian Car Export Largest Destinations]*, ABTOCTAT [AutoStat Analytic Agency] (June 30, 2017), https://www.autostat.ru/news/30558/ [https://perma.cc/43CH-TK7H] [translation by author].

225 Gleb Fedorov, *Russia Gradually Catching Up as It Switches to Euro 5 Fuel,* Russ. Beyond (June 17, 2014), https://www.rbth.com/politics/2014/06/17/russia_gradually_catching_up_as_it_switches_to_euro_5_fuel_37491.html [https://perma.cc/U42B-XEP3].

226 *Id.*

227 *Antidizel'nyj Standart: Chto Nuzhno Znat' o Evro-6* [Anti-diesel Standard: What to Know About Euro-6], Autonews (Mar. 19, 2015), https://www.autonews.ru/news/58259f779a794747431204b2 [https://perma.cc/VPY9-3EXM] [translation by author].

228 *Discussion Document on the Review of Fuel Specifications and Standards for South Africa*, Suid-Afrika/ Republic of South Africa Government Gazette no. 34089, 8 Mar. 2011, at 26, 29 (These include California, China, India, Japan, Malaysia, the Philippines, and California), http://www.energy.gov.za/files/esources/petroleum/March%202011/1-34089%208-3%20Energy.pdf [https://perma.cc/62VV-X4HL].

229 SAPIA, Annual Report 5 (2017), http://www.sapia.org.za/Portals/0/Annual-Reports/SAPIA_

AR%202017_FA_lowres.pdf [https://perma.cc/QL6Q-YBS9].

230 *Repeal of the Amendment Regulations Regarding Petroleum Products Specifications and Standards Published on 1 June 2012 in Notice No. R. 431 Government Gazette No: 35410*, Suid-Afrika/Republic of South Africa Government Gazette no. 40979, 13 July 2017, at 4, http://www.energy.gov.za/files/policies/petroleum/Repeal-of-the-Amendment-Regulations-regarding-Petroleum-Products-Specifications-and-Standards.pdf [https://perma.cc/B27Y-39JN].

231 SAPIA, *supra* note 229, at 5, 6. '청정 연료 II'를 구현하는 데 필요한 자본 투자는 400억 랜드로 추산된다. Id. at 6.

232 SAPIA, *supra* note 229, at 25.

233 *Discussion Document on the Review of Fuel Specifications and Standards for South Africa, supra* note 228, at 21.

234 SAPIA, *supra* note 229, at 25.

235 *See Discussion Document on the Review of Fuel Specifications and Standards for South Africa, supra* note 228, at 9, 23.

제8장

1 *See* Leo Cendrowicz, *Is Europe Finally Ready for Genetically Modified Foods?*, Time (Mar. 9, 2010), http://content.time.com/time/business/article/0,8599,1970471,00.html [https://perma.cc/XK4J-XB4J].

2 *See* id.

3 Frédéric Simon, *Reach 'Monster' will Devour EU Innovation, Chemical Industry Warns,* Euractiv (Apr. 29, 2016), https://www.euractiv.com/section/science-policymaking/news/reach-monster-will-devour-eu-innovation-chemical-industry-warns/ [https://perma.cc/EHZ8-H83L].

4 *Oversight on EPA Toxic Chemical Policies: Hearing Before the S. Comm. on Env't & Pub. Works*, 110th Cong. 122–23 (2008) (statement of Jim DeLisi, President, Fanwood Chemical, Inc.)

5 Trade Barriers that US Small and Medium-Sized Enterprises Perceive as Affecting Exports to the European Union, Inv. No. 332-541, USITC Pub. 4455, at 3–5 (Mar. 2014) (Final).

6 이 설문조사는 500명 이상의 직원을 보유한 기업의 최고정보책임자(CIO), 최고정보보호책임자(CISO), 법무책임자(General Counsels), 최고준법책임자(CCO), 최고개인정보보호책임자(CPO), 최고마케팅책임자(CMO)들을 대상으로 실시되었다.

7 *Pulse Survey: US Companies Ramping Up General Data Protection Regulation (GDPR) Budgets,* PwC, https://4f0imd322ifhg1y4zfwk3wr7-wpengine.netdna-ssl.com/wpcontent/uploads/2018/03/pwc-gdpr-series-pulse-survey-1.pdf (last visited Mar. 30, 2019) [https://perma.cc/TJC2-4HQ4].

8 우버(Uber)의 법무 책임자 리카르도 팔코니(Riccardo Falconi)와의 화상 회의 인터뷰(Sept. 21, 2018).

9 *Amendments by the European Parliament to the Commission Proposal for a Directive of the European Parliament and of the Council on Copyright in the Digital Single Market and Amending Directives 96/9/EC and 2001/29/EC*, A8-0245/2018 (June 29, 2018).

10 Editorial, *EU Copyright Reforms are Harsh but Necessary,* Fin. Times (Mar. 26, 2019), https://www.ft.com/content/233528e2-4cce-11e9-8b7f-d49067e0f50d. (on file with author).

11 Anthony I. Ogus, *Regulatory Paternalism: When is It Justified?, in* Corporate Governance in Context: Corporations, States, and Markets in Europe, Japan, and the US 303 (Klaus J. Hopt et al. eds., 2005).

12 *See* Cendrowicz, *supra* note 1.

13 Travis Bradford, The Energy System: Technology, Economics, Markets, and Policy 447 (2018).

14 벨기에 브뤼셀에서 진행한 마이크로소프트 부사장 존 프랭크(John Frank)와의 인터뷰 (July 16, 2018).

15 *Id.*

16 Brad Smith, *Facial Recognition Technology: The Need for Public Regulation and Corporate Responsibility,* Microsoft: Microsoft on Issues (July 13, 2018), https://blogs.microsoft.com/on-the-issues/2018/07/13/facial-recognition-technology-the-need-forpublic-regulation-and-corporate-responsibility/ [https://perma.cc/8DV4-6WZ5].

17 *See* Stephanie Hare, *We Must Face Up to the Threat Posed by Biometrics*, Fin. Times (Aug. 8, 2018), https://www.ft.com/content/b4d47e04-9727-11e8-95f8-8640db9060a7. (on file with author).

18 John C. Coffee, Jr., *Racing Towards the Top?: The Impact of Cross-Listings and Stock Market Competition on International Corporate Governance*, 102 Colum. L. Rev. 1757 (2002).

19 예를 들어, 마이크로소프트는 자사의 프라이버시 보호 입장을 경쟁력의 원천으로 여긴다. 존 프랭크(John Frank)와의 인터뷰, *supra* note 14.

20 *See* Jun Le Bao Zai Wei Xian Zeng She Xue Sheng Nai Sheng Chan Xian, Zhi Li Yu Wei Geng Duo Hai Zi Ti Gong Xin Xian You Zhi De Hao Niu Nai (君乐宝在威县增设学生奶生产线 致力于为更多孩子提供新鲜优质的好牛奶) [Jun Le Bao Recently Sets Production Line of Student Milk in Xingtai City, and Aims to Produce Fresh and High-quality Milk for More Children], Junlebao Dairy (Jan. 2018), http://www.junlebaoruye.com/content.aspx?id=1172 [https://perma.cc/9EV8-FNG9].

21 *See Post Hearing Information Pack, China Shengmu Organic Milk Limited*, HKEXnews at 151-152 (June, 2014),http://www3.hkexnews.hk/listedco/listconews/sehk/2014/0715/ltn20140715042.pdf [https://perma.cc/67EY-AW2A].

22 *See* Sun Jie (孙杰), *2016 Ru Ye Wan Li Xing Shang Ban Cheng Shou Gong Wo Guo Sheng Ru Zhi Liang Wen Ding Ke Kao (2016乳业万里行上半程收官 我国生乳质量稳定可靠) [First Half of Quality Promotion of Dairy Industry in 2016 has Completed, and the quality of raw milk in China is stable and reliable*], People's Network (Nov. 28, 2016), http://yuqing.people.com.cn/n1/2016/1128/c210117-28904115.html. [https://perma.cc/9SBC-6USM].

23 *See* Lawrence A. Kogan, Exporting Precaution: How Europe's Risk-Free Regulatory Agenda Threatens American Free Enterprise 101–02 (2005), http://www.wlf.org/upload/110405MO-

NOKogan.pdf [https://perma.cc/3TUJ-46KH].

24 Editorial, *Tax Affairs of American Tech Groups Come Under Fire,* Fin. Times (Oct. 3, 2017), https://www.ft.com/content/8cdba452-a779-11e7-ab55-27219df83c97. (on file with author).

25 *Why Big Tech Should Fear Europe: To Understand the Future of Silicon Valley, Cross the Atlantic,* Economist (Mar. 23, 2019), https://www.economist.com/leaders/2019/03/23/why-big-tech-should-fear-europe [https://perma.cc/47Y3-3VZU].

26 Philip Stephens, Opinion, *Europe Rewrites the Rules for Silicon Valley,* Fin. Times (Nov. 3, 2016), https://www.ft.com/content/5596e92c-a04d-11e6-86d5-4e36b35c3550. (on file with author)

27 Mark Scott, E.U. *Rules Look to Unify Digital Market, but U.S. Sees Protectionism,* N.Y. Times (Sept. 13, 2016), https://www.nytimes.com/2016/09/14/technology/eu-us-techgoogle-facebook-apple.html. (on file with author)

28 실리콘 밸리에서 카라 스위셔(Kara Swisher)가 진행한 버락 오바마(Barack Obama)와의 인터뷰 (Feb. 13, 2015), https://www.recode.net/2015/2/15/11559056/white-house-red-chair-obama-meets-swisher [https://perma.cc/9UD7-5HNF].

29 Jonathan Golub, *Global Competition and EU Environmental Policy: Introduction and Overview, in* Global Competition and EU Environmental Policy 1, 19, 23 (Jonathan Golub ed., 2013).

30 Fredrik Erixon, *The Rising Trend of Green Protectionism: Biofuels and the European Union* 2 (European Centre for Int'l Political Econ., Occasional Paper No. 2/2012, 2012), https://ecipe.org/publications/rising-trend-green-protectionism-biofuels-and-european-union/[https://perma.cc/26A5-BW2K].

31 Lawrence A. Kogan, *Trade Protectionism: Ducking the Truth About Europe's GMO Policy,* N.Y. Times (Nov. 27, 2004), https://www.nytimes.com/2004/11/27/opinion/tradeprotectionism-ducking-the-truth-about-europes-gmo-policy.html. (on file with author)

32 *See, e.g.,* Dr. Bernard D. Goldstein, Opinion, *The EU's Distortion of Public Health Unfairly Hurts US Agricultural Produce,* Hill (Jan. 29, 2018), http://thehill.com/opinion/healthcare/371236-the-eus-distortion-of-public-health-unfairly-bans-us-agriculturalproduce [https://perma.cc/8R3Y-RGP3]; The New Tool Against Forestry in Developing Countries, World Growth 3 (2010), http://worldgrowth.org/site/wp-content/uploads/2012/06/WG_Green_Protectionism_Forestry_Report_6_10.pdf [https://perma.cc/Y8EL-Q9XQ].

33 *See Communication from the Commission to the European Parliament, the Council and the European Economic and Social Committee: A Strategic Vision for European Standards: Moving Forward to Enhance and Accelerate the Sustainable Growth of the European Economy by* 2020, at 2-3, COM (2011) 311 final (June 1, 2011).

34 *See, e.g.,* Emma Tucker, *Plastic Toy Quandary that EU Cannot Duck,* Fin. Times, (Dec. 9, 1998), at 3.

35 *See* Commission Decision 2004/134/EC of 3 July 2001, 2004 O.J. (L 048) 1.

36 John R. Wilke, U.S. *Antitrust Chief Chides EU for Rejecting Merger Proposal,* Wall St. J. (July 5, 2001), https://www.wsj.com/articles/SB99428227597056929. (on file with author).

37 *See, e.g.*, William J. Kolasky, Deputy Assistant Attorney Gen. Antitrust Div., U.S. Dep't of Justice, Address Before the Seminar on Convergence Sponsored by the Netherlands Ministry of Economic Affairs (Oct. 28, 2002), https://www.justice.gov/atr/speech/whatcompetition [https://perma.cc/4RXX-EC9T].

38 Wilke, *supra* note 36.

39 Commission Decision of 28 June 2000 Declaring a Concentration Incompatible with the Common Market and the EEA Agreement, Case COMP/M.1741—MCI WorldCom/Sprint, 2003 O.J. (L 300) 1; Commission Decision of 11 October 2000 Declaring a Concentration to be Compatible with the Common Market and the EEA Agreement, Case COMP/M.1845—AOL/Time Warner, 2001 O.J. (L 268) 28; Summary of Commission Decision of 1 February 2012 Declaring a Concentration Incompatible with the Internal Market and the Functioning of the EEA Agreement, Case COMP/M.6166—Deutsche Börse/NYSE Euronext, 2014 O.J. (C 254) 8; Summary of Commission Decision of 30 January 2013 Declaring a Concentration Incompatible with the Internal Market and the Functioning of the EEA Agreement, Case COMP/M.6570—UPS/TNT Express, 2014 (C 137) 8.

40 Press Release, European Comm'n, Antitrust: Commission Fines Google €4.34 Billion for Illegal Practices Regarding Android Mobile Devices to Strengthen Dominance of Google's Search Engine (July 18, 2018), http://europa.eu/rapid/press-release_IP-18-4581_en.htm [https://perma.cc/X7MR-ZU4J].

41 Summary of Commission Decision of 27 June 2017, Case AT.39740—Google Search (Shopping), 2018 O.J. (C 9) 11.

42 Press Release, European Comm'n, Antitrust: Commission Fines Google €1.49 Billion for Abusive Practices in Online Advertising (Mar. 20, 2019), https://eeas.europa.eu/topics/external-investment-plan/60039/antitrust-commission-fines-google-€149-billionabusive-practices-online-advertising_en [https://perma.cc/C8W4-SJV7].

43 올해 초, 유럽위원회는 퀄컴이 애플과 맺은 컴퓨터 칩 시장의 독점적 거래 계약에 대해 12억 달러의 벌금을 부과했다. See Summary of Commission Decision of 24 Jan. 2018, Case AT.40220—Qualcomm (Exclusivity Payments), 2018 O.J. (C 269) 25.

44 유럽위원회는 별도의 경쟁 조치에서 아일랜드가 애플로부터 불법적인 국가 지원금 130억 유로를 회수하도록 명령했다. See Commission Decision (EU) 2017/1283 of 30 Aug. 2016, on State Aid SA.38373 (2014/C) (ex 2014/NN) (ex 2014/CP) Implemented by Ireland to Apple, 2017 O.J. (L 187) 1.

45 Summary of Commission Decision of 13 May 2009, Case COMP/C-3/37.990—Intel, 2009 O.J. (C 227) 13. 2017년 9월, 유럽사법재판소는 그 결정에서 유럽위원회가 부과한 벌금을 뒤집었다. Case C-413/14 P, Intel Corp. v. Comm'n, EUR-Lex 62014CJ0413 (Sept. 6, 2017).

46 Commission Decision of 24 May 2004, Case COMP/C-3/37.792—Microsoft, 2007 O.J. (L 32) 23.

47 *See* Steve Lohr, *Antitrust Cry from Microsoft,* N.Y. Times, Mar. 31, 2011, at B1, https://www.

nytimes.com/2011/03/31/technology/companies/31google.html?mtrref=www.google.com&g-wh=A598C6EBBF881EE0FCBA67C3037A8078&gwt=pay&assetType=PAYWALL (on file with author); Brad Smith, Adding Our Voice to Concerns About Search in Europe, Microsoft on Issues (Mar. 30, 2011), https://blogs.microsoft.com/on-the-issues/2011/03/30/adding-our-voice-to-concerns-about-search-in-europe/[https://perma.cc/E527-TVFJ].

48 *See, e.g.*, Ben Homewood, *Google 'Abuses' Highlighted in the Wake of Record Anti-Trust Fine,* Google (July 19, 2018), http://www.musicweek.com/media/read/google-abuses-highlighted-in-the-wake-of-record-anti-trust-fine/073231 [https://perma.cc/XV34-FW6W].

49 *See, e.g.*, Richard Smirke, *Europe and Copyright: A Comprehensive Look at the Continent's Digital Plans,* Billboard (Apr. 28, 2016), https://www.billboard.com/articles/business/7349853/digital-single-market-music-business-european-union [https://perma.cc/KUC2-V2MW].

50 *See* Sam Schechner & Stu Woo, *EU to Get Tough on Chat Apps in Win for Telecoms,* Wall St. J. (Sept. 11, 2016), https://www.wsj.com/articles/eu-to-get-tough-on-chat-apps-inwin-for-telecoms-1473607662 (on file with author).

51 Case COMP/M.7881, AB InBev/SABMiller, EUR-Lex 32016M7881 (May 24, 2016).

52 Summary of Commission Decision of 1 February 2012 Declaring a Concentration Incompatible with the Internal Market and the Functioning of the EEA Agreement, Case COMP/M.6166—Deutsche Börse/NYSE Euronext, 2014 O.J. (C 254) 8.

53 Summary of Commission Decision of 29 March 2017 Declaring a Concentration Incompatible with the Internal Market and the Functioning of the EEA Agreement, Case COMP/M.7995—Deutsche Börse/London Stock Exchange, 2017 O.J. (C 240) 7.

54 Commission Decision (EU) 2016/2326, of 21 October 2015 on State Aid SA.38375 (2014/C ex 2014/NN) Which Luxembourg Granted to Fiat, 2016 O.J. (L 351) 1.

55 Press Release, European Comm'n, State Aid: Commission Opens In-depth Investigation into Italian State Loan to Alitalia (Apr. 23, 2018), http://europa.eu/rapid/press-release_IP-18-3501_en.htm [https://perma.cc/H9NE-F6UQ]; Press Release, European Comm'n, State Aid: Commission Opens In-depth Investigation into measures in Favour of Ryanair at Frankfurt-Hahn Airport in Germany (Oct. 26, 2018), http://europa.eu/rapid/pressrelease_IP-18-6222_en.htm [https://perma.cc/DP8G-YYCZ].

56 Anu Bradford et al., *Is EU Merger Control Used for Protectionism? An Empirical Analysis*, 15 J. Empirical Legal Stud. 165, 188 (2018).

57 *Id.*

58 David Vogel, The Politics of Precaution: Regulating Health, Safety, and Environmental Risks in Europe and the United States 27 (2012).

59 *Id.*

60 핀란드 헬싱키에서 유럽화학물질청(ECHA) 법무국 선임 법률 고문인 시릴 자케(Cyril Jacquet)와의 인터뷰 (Jan 4, 2018).

61 *See* Regulation (EU) 995/2010, of the European Parliament and of the Council of 20 October 2010 Laying Down the Obligations of Operators Who Place Timber and Timber Products on the Market, 2010 O.J. (L 295) 23.

62 *See, e.g., Communication from the Commission to the Council and the European Parliament: A European One Health Action Plan Against Antimicrobial Resistance,* COM (2017) 339 final (June 29, 2017).

63 Appellate Body Report, *European Communities—Measures Prohibiting the Importation and Marketing of Seal Products,* ¶ 5.203, WT/DS400/AB/R; WT/DS401/AB/R (Apr. 29, 2014).

64 *See, e.g., US Airline EU ETS Case Against the UK to be Referred to European Court as NGO Coalition Joins Actions,* GreenAirOnline.com, http://www.greenaironline.com/news.php?viewStory=1129 (last visited Apr. 2, 2019) [https://perma.cc/2RK2-TXJK].

65 *See, e.g.,* Kimberly Elliott & Janeen Madan. *Can GMOs Deliver for Africa?* (Center for Global Development, CGD Policy Paper 080, 2016) http://www.cgdev.org/publication/can-gmos-deliver-africa [https://perma.cc/KU9S-E77T].

66 Marnus Gouse et al., *Genetically Modified Maize: Less Drudgery for Her, More Maize for Him? Evidence from Smallholder Maize Farmers in South Africa,* World Dev., July 2016, at 27.

67 Ademola A. Adenle, *Response to Issues on GM Agriculture in Africa: Are Transgenic Crops Safe?,* BMC Res. Notes (Oct. 8 2011), https://bmcresnotes.biomedcentral.com/articles/10.1186/1756-0500-4-388 [https://perma.cc/8PC2-TE9R].

68 Robert Paarlberg, *GMO Foods and Crops: Africa's Choice,* 27 New Biotechnology 609, 610–11 (2010).

69 *See, e.g.,* Jan Zielonka, Europe as Empire: The Nature of the Enlarged European Union 9–22 (2006).

70 *See* Zaki Laidi, *The Unintended Consequences of European Power* 9–10 (Les Cahiers Européens de Sciences Po. No. 5, 2007), https://spire.sciencespo.fr/notice/2441/dkt13evdojn1lbo9786c100s2 [https://perma.cc/7YL6-F3YF].

71 Jan Zielonka, *Europe as a Global Actor: Empire by Example?,* 84 Int'l Aff. 471, 475 (2008).

72 *Id.* at 477, 483.

73 Raffaella A. Del Sarto, *Normative Empire Europe: The EU, Its Borderlands and the Arab Spring,* 54 J. Comm. Market Stud. 215, 222–23 (2016).

74 *Id.* at 227.

75 *Id.*

76 *See, e.g.,* Editorial, *Regulatory Imperialism,* Wall St. J. (Oct. 26, 2007), https://www.wsj.com/articles/SB119334720539572002 (on file with author); Angelos Sepos, *Imperial Power Europe? The EU's Relations with the ACP Countries,* 6 J. Pol. Power 261 (2013).

77 Mark Scott & Laurens Cerulus, *Europe's New Data Protection Rules Export Privacy Standards Worldwide,* Politico (Jan. 31, 2018), https://www.politico.eu/article/europe-data-protection-pri-

vacy-standards-gdpr-general-protection-data-regulation/[https://perma.cc/9LHF-FM7M].

78 *Id.*

79 Lawrence A. Kogan, *Exporting Europe's Protectionism*, 77 Nat'l Int. 91, 99 (2004).

80 *See, e.g.*, Margrethe Vestager, Competition Commissioner, Opening Remarks at the ICN Merger Workshop: Merger Review: Building a Global Community of Practice (June 3, 2016); The Rt Hon Sir Leon Brittan QU, Vice-President of the European Commission, Address at the WTO High Level Symposium on Trade and the Environment (Mar. 15, 1999).

81 *See* Consolidated Version of the Treaty on European Union art. 3(5), May 9, 2008, 2008 O.J. (C 115) 13 17. See also Ian Manners, *The Normative Ethics of the European Union*, 84 Int'l Aff. 45, 46 (2008).

82 *See generally* Ian Manners, *Normative Power Europe: A Contradiction in Terms?*, 40 J. Common Market Stud. 235, 235 (2002).

83 José Manuel Barroso, *Europe's Rising Global Role*, Project Syndicate (Dec. 16, 2009), https://www.project-syndicate.org/commentary/europe-s-rising-global-role? (on file with author).

84 Joseph Stiglitz, Opinion, The EU's Global Role, Guardian (Mar. 29, 2007), https://www.theguardian.com/commentisfree/2007/mar/29/theeusglobalmission [https://perma.cc/WJ5Z-TQ4N].

85 *See, e.g.*, Press Release, European Comm'n, The Copenhagen Climate Change Negotiations: EU Position and State of Play (Nov. 9, 2009), http://europa.eu/rapid/press-release_MEMO-09-493_en.htm?locale=en [https://perma.cc/Z7HP-3YA6].

86 *See id.*

87 *See Clean-Air Turbulence*, Economist, July 9-15, 2011, at 16.

88 *See, e.g.*, Mark Leonard, Why Europe Will Run the 21st Century (2005).

89 E.g., Kalypso Nicolaidis & Robert Howse, *'This is my EUtopia ...': Narrative as Power*, 40 J. Common Market Stud. 767, 789 (2002); *see also* Thomas Diez, *Europe's Others and the Return of Geopolitics*, 17 Cambridge Rev. Int'l Aff. 319, 325, 330–35 (2004).

90 *See, e.g.*, Oxfam Int'l, *Adapting to Climate Change: What's Needed in Poor Countries, and Who Should Pay* (Oxfam Briefing Paper 104, 2007), https://www.oxfam.org.nz/sites/default/files/reports/Adapting%20to%20Climate%20Change.pdf [https://perma.cc/N95A-83HV].

91 Hosein, Ian, 2004, Presentation at the 45th International Studies Association Convention: International Relations Theories and the Regulation of International Dataflows: Policy Laundering and Other International Policy Dynamics (Mar. 17–20, 2004) (http://citation.allacademic.com/meta/p_mla_apa_research_citation/0/7/3/8/8/pages73882/p73882-1.php) [https://perma.cc/RWX6-TUEY].

92 Julian Schwartzkopff, *Splendid Isolation? The Influence of Interest Groups on EU Trade Policy* (Berlin Working Paper on European Integration No. 12, 2009), https://www.polsoz.fu-berlin.de/polwiss/forschung/international/europa/Partner-und-Online-Ressourcen/arbeitspapiere/2009-12_Schwartzkopff_SplendidIsolation.pdf [https://perma.cc/T5T4-FJE7].

93 Joseph H. H. Weiler et al., 1995. *European Democracy and its Critique: Five Uneasy Pieces* (European Univ. Inst. Working Paper RSC No. 95/11, 1995), http://cadmus.eui.eu/handle/1814/1386 [https://perma.cc/ZW4U-WV3Q].

94 *See* Robert O. Keohane et al., *Democracy-Enhancing Multilateralism*, 63 Int'l Org. 1 (2009).

95 Citizens United v. FEC, 130 S. Ct. 876 (2010).

96 Andreas Dür et al., Political Influence of Business in the European Union (2019).

97 Joanne Scott, *From Brussels with Love: The Transatlantic Travels of European Law and the Chemistry of Regulatory Attraction,* 57 Am. J. Comp. L. 897, 920–28 (2009); *see also generally* Katerina Linos, The Democratic Foundations of Policy Diffusion: How Health, Family and Employment Laws Spread Across Countries (2013).

98 *See* Alasdair R. Young, *Political Transfer and "Trading Up"?: Transatlantic Trade in Genetically Modified Food and U.S. Politics*, 55 World Pol. 457, 474 (2003).

99 Scott, *supra* note 97, at 923.

100 *Id.* at 920–28.

101 *Id.* at 927 (citing News Release, Scientists, Physicians, Health Advocates, Parents to Obama: Chemical Exposure is an Urgent Crisis in the United States (Nov. 20, 2008), https://smartpolicyreform.org/for-the-media/news-releases/ [https://perma.cc/Y35E-6MCZ]).

102 Donna McCann et al., *Food Additives and Hyperactive Behaviour in 3-Year-Old and 8/9-Year-Old Children in the Community: A Randomised, Double-Blinded, Placebo-Controlled Trial*, 370 Lancet 1560 (2007).

103 Elizabeth Grossman, *Banned in Europe, Safe in the U.S.*, Ensia (June 9, 2014), https://ensia.com/features/banned-in-europe-safe-in-the-u-s/ [https://perma.cc/6YDR-Z3JA].

104 Quick Minutes: Food Advisory Committee Meeting March 30–31, 2011, U.S. Food & Drug Admin. (FDA), https://wayback.archive-it.org/org-1137/20170406211702/https://www.fda.gov/AdvisoryCommittees/CommitteesMeetingMaterials/FoodAdvisoryCommittee/ucm250901.htm (last visited Apr. 3, 2019).

105 Michael F. Jacobsen, *Strong FDA Action on Food Dyes Urged,* CSPI (Mar. 30, 2011), https://cspinet.org/new/201103301.html [https://perma.cc/5JLU-LUYQ]; Gardiner Harris, *Artificial Dye Safe to Eat, Panel Says*, N.Y. Times (Mar. 31, 2011), https://www.nytimes.com/2011/04/01/health/policy/01fda.html (on file with author); April Fulton, *FDA Probes Link Between Food Dyes, Kids' Behavior*, NPR (Mar. 30, 2011), https://www.npr.org/2011/03/30/134962888/fda-probes-link-between-food-dyes-kids-behavior [https://perma.cc/V7WJ-L7QY]; Stephanie Gleason, Artificial Food Dyes Scrutinized by FDA, Wall St. J. (Mar. 29, 2011), https://www.wsj.com/articles/SB10001424052748704471904576228550619608050 (on file with author).

106 *Why M&M's Are Made with Natural Coloring in the EU and Not the U.S.*, WBUR (Mar. 28, 2014), http://www.wbur.org/hereandnow/2014/03/28/artificial-dyes-candy [https://perma.cc/7GP4-KKA7].

107 Katie Lobosco, *Kraft Ends Mac and Cheese Fake Coloring. Will It Still Be Yellow?*, CNN Business (Apr. 20, 2015), https://money.cnn.com/2015/04/20/news/companies/kraftmacaroni-cheese-fake-color/index.html?iid=EL [https://perma.cc/6PA6-CLXB].

108 Amy Kuperinsky, *Mars to Remove Artificial Colors from M&M's and Other Candy*, NJ. Com (Feb. 6, 2016), https://www.nj.com/entertainment/index.ssf/2016/02/mars_to_remove_artificial_colors_from_mms.html [https://perma.cc/JZC2-NEE2].

109 *See* Otto Pohl, *European Environmental Rules Propel Change in U.S.*, N.Y. Times, July 6, 2004, at F4 (on file with author).

110 *See* Joseph Turow et al. *Americans Reject Tailored Advertising and Three Activities that Enable It* (Annenberg Sch. for Commc'n, Departmental Paper No. 524, 2009), https://repository.upenn.edu/asc_papers/524/ [https://perma.cc/TPK7-D6E4].

111 *Regulation: The Right Way to Get Rid of It: America Needs Regulatory Reform, Not a Crude Cull of Environmental Rules*, Economist (Mar, 2, 2017), https://www.economist.com/leaders/2017/03/02/the-right-way-to-get-rid-of-it [https://perma.cc/G87U-UDH2].

112 캘리포니아의 경우, REACH는 "규제 개혁의 촉매이자 자원"이라고 설명할 수 있다. Scott, *supra* note 97, at 898.

113 *See Community Waste Prevention Toolkit: Computer Factsheet,* Inform, https://www.informinc.org/community-waste-prevention-toolkit-computers-fact-sheet/ (last visited Apr. 3, 2019), [https://perma.cc/N395-U8FH]; Scott Cassel, *Product Stewardship: Shared Responsibility for Managing HHW, in* Handbook on Household Hazardous Waste, 159, 198–99 (Amy D. Cabaniss ed., 2008).

114 Katja Biedenkopf, E-Waste Governance Beyond Borders—Does the EU Influence US Environmental Policy? 11 (2010) (unpublished manuscript) (https://refubium.fu-berlin.de/ bitstream/handle/fub188/19456/Biedenkopf-E-Waste_Governance_beyond_Borders-445.pdf ?sequence=1&isAllowed=y) [https://perma.cc/H7DX-6SDP].

115 R. G. Lipsey & Kelvin Lancaster, *The General Theory of Second Best,* 24 Rev. Econ. Stud. 11 (1956).

116 Chad Damro, *Market Power Europe,* 19 J. Eur. Pub. Pol'y 682, 689 (2012).

117 Agreement Between the European Parliament and the European Commission on the Establishment of a Transparency Register for Organisations and Self-employed Individuals Engaged in EU Policy-making and Policy Implementation, 2011 O.J. (L 191) 29; Transparency Register, http://ec.europa.eu/transparencyregister/info/homePage.do?redir=false&locale=en (last updated Mar. 25, 2019) [https://perma.cc/4RMU-2G2Q].

118 Statistics for the Transparency Register, Transparency Register, http://ec.europa.eu/ transparencyregister/public/consultation/statistics.do?locale=en&action=prepareView (last updated Mar. 25, 2019) [https://perma.cc/6D7S-55W5].

119 *Id.* (data filtered according to non-EU countries).

120 Adam Satariano, G.D.P.R., *a New Privacy Law, Makes Europe World's Leading Tech Watchdog,* N.Y.

Times (May 24, 2018), https://www.nytimes.com/2018/05/24/technology/europe-gdpr-privacy.html. (on file with author).

121 Emilia Korkea-aho, *'Mr. Smith Goes to Brussels': Third Country Lobbying and the Making of EU Law and Policy*, 18 Cambridge Y.B. Eur. Legal Stud. 45, 48, 57 (2016). 이러한 공약은 유럽연합조약(TEU) 제11조에 명시되어 있으며, 이는 유럽위원회에 관련 당사자와 협의할 사전 의무를 부여한다. TEU 제11조 협의 의무에 따라, EU 규칙의 적용을 받거나 영향을 받는 제3자 행위자는 이 과정에서 이해관계자로 간주된다.

122 *Id.* at 52.

123 *See generally Bill Wirtz, EU-Funded Lobbying is Expensive and Undemocratic,* EUObserver (Sept. 21, 2017), https://euobserver.com/opinion/139093 [https://perma.cc/32XB-BA4V]; Rinus van Schendelen, More Machiavelli in Brussels: The Art of Lobbying the EU 319–20 (2002).

124 Eric Lipton & Danny Hakim, *Lobbying Bonanza as Firms Try to Influence European Union,* N.Y. Times (Oct. 18, 2013), https://www.nytimes.com/2013/10/19/world/europe/ lobbying-bonanza-as-firms-try-to-influence-european-union.html (on file with author).

125 Korkea-aho, *supra* note 121, at 59.

126 REACH *Background: Internet Consultation on Draft Chemicals Legislation (the REACH System),* Eur. Commission, http://ec.europa.eu/environment/chemicals/reach/background/internet_cons_en.htm (last updated June 8, 2016) [https://perma.cc/N7H5-SPEX].

127 Korkea-aho, *supra* note 121, at 60.

128 *Id.* (citing H.R. Comm. on Government Reform, Minority Staff Special Investigations Div., A Special Interest Case Study: The Chemical Industry, the Bush Administration, and European Efforts to Regulate Chemicals (2004), https://wayback.archive-it.org/4949/20141 031194315/http://oversight-archive.waxman.house.gov/documents/20040817125807-75305.pdf [hereinafter Special Interest Case Study]).

129 Robert Levine, *Laying Down the Law: How the Music Business Came Together to Score Two Political Wins,* Billboard (Sept. 20, 2018), https://www.billboard.com/articles/business/ 8476196/music-modernization-act-eu-copyright-music-business-unity [https://perma.cc/S2LM-BDA3].

130 *Who We Are,* GGHH, https://www.greenhospitals.net/ (last visited Apr. 3, 2019), [https://perma.cc/P3MG-TNS8].

131 *See Chemicals*, GreenHospitals.Net, https://www.greenhospitals.net/chemicals/ (last visited Apr. 3, 2019), [https://perma.cc/QMT6-X6W4].

132 Korkea-aho, *supra* note 121, at 50–51.

133 *Our Members*, DigitalEurope, https://www.digitaleurope.org (last visited Apr. 3, 2019), [https://perma.cc/UD48-YB3X].

134 DIGITALEUROPE, *Response to European Commission Consultation on the Legal Framework for the Fundamental Right to Protection of Personal Data* (Nov. 20, 2009), https://ec.europa.eu/home-affairs/sites/homeaffairs/files/what-is-new/publicconsultation/2009/pdf/contribu-

tions/registered_organisations/digital_europe_en.pdf [https://perma.cc/3TYL-SJHD].

135 Dür et al., *supra* note 96.

136 *Id.*

137 Mehreen Khan & Tim Bradshaw, *Apple and Facebook Call for EU-style Privacy Laws in US*, Fin. Times (Oct. 24, 2018), https://www.ft.com/content/0ca8466c-d768-11e8-ab8e-6be0dcf18713 (on file with author).

138 *See generally* David Vogel, Trading Up: Consumer and Environmental Regulation in a Global Economy (1995).

139 특히 화학 회사가 경쟁사의 "매우 우려되는 물질"과 비교하여 더 안전한 대체 물질을 생산한다는 것을 보여줄 수 있다면 이는 특히 가치가 있다. 왜냐하면 이를 통해 경쟁사의 물질이 자동으로 거부되기 때문이다. See Scott, *supra* note 97, at 930.

140 *See* Special Interest Case Study, *supra* note 128.

141 *See* Matt Murray et al., *Oceans Apart: As Honeywell Deal Goes Awry for GE, Fallout May Be Global*, Wall St. J., June 15, 2001, at A1.

142 *See* the E.C.J. case discussed by Murray et al., *supra* note 141; see also Joshua Chaffin & Andrew Parker, *Blow to US Airlines in Emissions Fight,* Fin. Times (Oct. 6, 2011), http://www.ft.com/cms/s/0/36556726-f005-11e0-bc9d-00144feab49a.html#axzz2BZQvmThR (on file with author).

143 EU 주재 미국 대사를 역임한 앤서니 가드너(Anthony Gardner)와의 전화 인터뷰 (July 30, 2018).

144 예를 들어, 부시 행정부는 캘리포니아의 온실가스 배출 규정을 선점했다. See 42 U.S.C. § 7543(a) (2006). 미국 환경보호청(Environmental Protection Agency)은 또한 캘리포니아의 첫 번째 선점 면제 신청도 거부했다. *See* Letter from Stephen L. Johnson, Administrator, EPA, to Arnold Schwarzenegger, Governor of California (Dec. 19, 2007), https://www.epa.gov/sites/production/files/2016-10/documents/20071219-slj.pdf [https://perma.cc/5RLR-PSNP].

145 *See* Adam Liptak, *Trump v. California: The Biggest Legal Clashes,* N.Y. Times (Apr. 5, 2018), https://www.nytimes.com/2018/04/05/us/politics/trump-california-lawsuits.html (on file with author).

146 *See* Hiroko Tabuchi, Brad Plumer and Coral Davenport, *E.P.A. Readies Plan to Weaken Rules That Require Cars to Be Cleaner,* N.Y. Times (Apr. 27, 2018), https://www.nytimes.com/2018/04/27/climate/epa-emissions-california.html (on file with author); *see also* David Sloss, *California's Climate Diplomacy and Dormant Preemption*, 56 Washburn L.J. 507 (2017).

147 *See* Young, *supra* note 98, at 458–59.

148 *See, e.g.*, Brian Coleman, *Clinton Hints at U.S. Retaliation If EU Blocks Boeing Merger,* Wall St. J., July 18, 1997, at A2, https://www.wsj.com/articles/SB869154847949775OO (on file with author).

149 Deborah Platt Majoras, Deputy Asst. Att'y Gen., Antitrust Div., U.S. Dep't of Justice, Remarks Before the Antitrust Law Section State Bar of Georgia: GE–Honeywell: The U.S. Decision 14 (Nov. 29, 2001), http://www.justice.gov/atr/public/speeches/9893.pdf [https://perma.cc/GRN2-3FY9].

150 Daniel Michaels, *Chinese Envoy Backs Shunning of Airbus*, Wall St. J. (Mar. 9, 2012), https://www.wsj.com/articles/SB10001424052970204781804577271312775663108 (on file with author). 하지만

EU는 물러서지 않겠다고 주장했다. *See* Joshua Chaffin, *EU Defies Carbon Trade War Threats,* Fin. Times (Mar. 20, 2012), https://www.ft.com/content/10aebc46-72b6-11e1-ae73-00144feab49a#axzz263rsQIP5 (on file with author).

151 Tom Delreux & Sandra Happaerts, Environmental Policy and Politics in the European Union 133, 215 (2016).

152 Jim Brunsden, *EU Seeks to End Long-Running Row over Curbs on US Beef,* Financial Times (Sept. 3, 2018), https://www.ft.com/content/03ec6d4c-af85-11e8-99ca-68cf89602132 (on file with author).

153 General Agreement on Tariffs and Trade art. XX, Oct. 30, 1947, 61 Stat. A-11, 55 U.N.T.S. 194 [hereinafter GATT].

154 *See* Appellate Body Report, *European Communities—Measures Concerning Meat and Meat Products (Hormones),* WT/DS26/AB/R, WT/DS48/AB/R (Jan. 16, 1998) (*adopted* Feb. 13, 1998), https://www.wto.org/english/tratop_e/dispu_e/hormab.pdf [hereinafter Appellate Body Report] [https://perma.cc/847R-TC3T].

155 Appellate Body Report, *supra* note 154, at 28.

156 *See id.* at 20–23.

157 *Id.* at 7.

158 Appellate Body Report, *supra* note 154.

159 *See* Press Release, Office of the U.S. Trade Rep., U.S. Files WTO Case Challenging EU Restrictions on U.S. Poultry Exports (Jan. 16, 2009), https://ustr.gov/about-us/policy-offices/press-office/press-releases/2009/january/us-files-wto-case-challengingeu-restrictions-us-p [https://perma.cc/SZG9-D4HL].

160 John H. Jackson et al., Legal Problems of International Economic Relations 367 (5th ed. 2008).

161 *Id.*

162 *See* Renée Johnson & Charles E. Hanrahan, Cong. Research Serv., R40449, The U.S.-EU Beef Hormone Dispute (2010). EU는 수입 금지를 정당화하고 미국의 보복 조치에 이의를 제기하기 위해 과학적 증거를 계속 수집했다. 또 다른 세계무역기구 소송과 엇갈리고 결론이 나지 않은 항소심 판결 이후에도, EU의 수입 금지와 미국의 보복 조치는 여전히 효력을 발휘하고 있다. *See also* Press Release, Office of the U.S. Trade Representative, WTO's Appellate Body Vindicates Continued U.S. Imposition of Sanctions After the EU Claimed Compliance in the *EU–Hormones* Dispute (Oct. 16, 2008), https://ustr.gov/archive/assets/Document_Library/Press_Releases/2008/October/asset_upload_file626_15173.pdf [https://perma.cc/3J6J-E2MG].

163 *See* Johnson & Hanrahan, *supra* note 162. EU가 준수하더라도, GMO가 EU 시장에 접근하는 것은 제한적일 것이다. 세계무역기구는 EU의 GMO 승인 유예에 대해서만 판결을 내렸다. GMO 제품의 추적 가능성 및 라벨링에 대한 EU의 엄격한 요건은 그대로 유지되어 GMO 식품에 대한 EU 소비자의 불신을 고려할 때 생산자의 유럽 시장 진출이 상당히 제한될 것이다.

164 *See* GATT, *supra* note 153, art. III.

165 그러나 개인정보보호에 대해서는 GATT 제14조의 일반 예외 조항을 참조. 이 조항은 "개인정보 정

보"를 위해 국가가 거래를 제한할 수 있는 권한을 명시하고 있다. *See* Gregory Shaffer, *Globalization and Social Protection: The Impact of EU and International Rules in the Ratcheting Up of U.S. Privacy Standards,* 25 Yale J. Int'l L. 1, 50 (2000) (quoting GATT, supra note 153, art. XIV).

166 *See* Anu Bradford, *International Antitrust Negotiations and the False Hope of the WTO*, 48 Harv. Int'l L.J. 383 (2007).

167 Dominique Sinopoli and Kai Purnhagen, *Reversed Harmonization or Horizontalization of EU Standards?: Does WTO Law Facilitate or Constrain the Brussels Effect?* 34 Wisc. Int'l L.J. 92 (2016).

168 Understanding on Rules and Procedures Governing the Settlement of Disputes, Apr. 15, 1994, Marrakesh Agreement Establishing the World Trade Organization, Annex 2, 1869 U.N.T.S. 401.

169 *See* Shaffer, *supra* note 165, at 54–55.

170 *See* Jonathan R. Macey, *Regulatory Globalization as a Response to Regulatory Competition*, 52 Emory L.J. 1353, 1359 (2003).

171 *See generally, Carbon Offsetting and Reduction Scheme for International Aviation (CORSIA),* Int'l Civ. Aviation Org., https://www.icao.int/environmentalprotection/CORSIA/Pages/default.aspx [https://perma.cc/6U8Z-9LEA]. 트럼프 행정부에서는 국제항공탄소상쇄감축제도(Carbon Offsetting and Reduction Scheme for International Aviation, CORSIA)에 대한 미국의 의지가 더욱 불확실해졌다. *See, e.g.,* Allision Lampert & Victoria Bryan, *U.S. Airlines Affirm Aviation Emissions Deal After Trump's Paris Pullout*, Reuters (June 6, 2017), https://www.reuters.com/article/usairlines-iata-climatechange-idUSKBN18X2WX [https://perma.cc/6G9S-KQ35].

172 Philip Blenkinsop, *EU Deeply Disagrees with U.S. on Trade Despite Detente,* Reuters (Aug. 30, 2018), https://www.reuters.com/article/us-usa-trade-eu/eu-deeply-disagreeswith-u-s-on-trade-despite-detente-idUSKCN1LF1E0 [https://perma.cc/7VU2-4N63].

173 Sewell Chan, *Greenpeace Leaks U.S.-E.U. Trade Deal Documents,* N.Y. Times (May 2, 2016), https://www.nytimes.com/2016/05/03/world/europe/ttip-greenpeace-leak-tradedeal. html (on file with author).

174 때때로 미국은 EU 기준을 받아들이며, 그것을 채택할 수도 있다. 특히, 이미 EU 규칙의 적용을 받고 있는 수출 지향 기업의 로비 활동으로 인해 국내적으로 공평한 경쟁 환경을 조성하고자 하는 국내 수요에 직면하는 경우 더욱 그렇다.

175 *See* Daniel W. Drezner, *Globalization, Harmonization, and Competition: The Different Pathways to Policy Convergence*, 12 J. Eur. Pub. Pol'y 841, 845 (2005).

176 *See* id.

177 See discussion of the "Better Regulation Agenda" in chapter 2.

178 *Id.*

179 *See* discussion in chapter 3.

180 예를 들어, EU의 2012년 온실가스 배출량 검증에 관한 규정은 소규모 배출업체에 대한 검증 절차를 간소화했고, 심지어 많은 검증 절차를 없애기까지 했다. Commission Regulation (EU) No 600/2012, of 21 June 2012 O.J. (L 181) 1, art. 33.

제9장

1 *See* Dominic Wilson & Roopa Purushothaman, *Dreaming with BRICs: The Path to 2050* (Goldman Sachs, Global Econ., Paper No. 99, 2003), https://www.goldmansachs.com/insights/archive/archive-pdfs/brics-dream.pdf [https://perma.cc/YKL5-T2CC].

2 *GDP Growth (Annual %)*, The World Bank, https://data.worldbank.org/indicator/NY.GDP.MKTP.KD.ZG?end=2017&locations=EU-USCA&start=2010&view=chart [https://perma.cc/G2Z6-BFZ6].

3 *GDP Growth (Annual %)*, The World Bank, https://data.worldbank.org/indicator/NY.GDP.MKTP.KD.ZG?end=2017&locations=EU-CN-INID&start=2010&view=chart [https://perma.cc/PV62-T5L9].

4 Jean Fouré, Agnes Bénassy-Quéré & Lionel Fontagné, *The World Economy in 2050: A Tentative Picture*, (CEPII, Working Paper No. 27, 2010), 48 http://www.cepii.fr/PDF_PUB/wp/2010/wp2010-27.pdf [https://perma.cc/M4P4-L9VH].

5 *Report for Selected Country Groups and Subjects*, IMF, https://www.imf.org/external/ pubs/ft/weo/2016/02/weodata/weorept.aspx?pr.x=44&pr.y=12&sy=2008&ey=2018&scsm=1&ssd=1&sort=country&ds=.&br=1&c=001%2C998&s=NGDPD&grp=1&a=1 [https://perma.cc/B6GV-XPHQ].

6 *The Long View: How Will the Global Economic Order Change by 2050?*, PwC, 4, 8, (Feb. 2017), https://www.pwc.com/gx/en/world-2050/assets/pwc-the-world-in-2050-fullreport-feb-2017.pdf [https://perma.cc/3A2C-6WR8].

7 Fouré, Bénassy-Quéré & Fontagné *supra* note 4, at 4.

8 Directorate-General for Research and Innovation, European Commission, Global Europe 2050, 5 (2012), https://ec.europa.eu/research/socialsciences/pdf/policy_reviews/global-europe-2050-report_en.pdf [https://perma.cc/TN2B-7GX5].

9 The Global Economy in 2030: Trends and Strategies for Europe, Centre for European Policy Studies, 61 (Daniel Gros & Cinzia Alcidi eds., 2013), https://espas.secure.europarl. europa.eu/orbis/sites/default/files/generated/document/en/The%20Global%20Economy%20in%202030.pdf [https://perma.cc/5T95- Y4Z3]

10 Zhōnghuá rénmín gonghéguó fǎn lǒngduan fǎ (中华人民共和国反垄断法) [Anti-Monopoly Law of the People's Republic of China] (promulgated by the Standing Comm. Nat'l People's Cong. Aug 30, 2007, effective Aug. 1, 2008), http://english.mofcom.gov.cn/article /policyrelease/Businessregulations/201303/20130300045909.shtml [https://perma.cc/59MS-YQMC].

11 Michael T. Roberts & Ching-Fu Lin, *2016 China Food Law Update*, 12 J. Food L. & Pol'y 238 (2016).

12 Zhōnghuá rénmín gonghéguó wǎngluo ānquán fǎ (中华人民共和国王老安全法) [People's Republic of China Cybersecurity Law] (promulgated by the Standing Comm.Nat'l People's Cong., Nov. 7, 2016, effective June 1, 2017), http://www.npc.gov.cn/npc/xinwen/2016-11/07/content_2001605.htm

[https://perma.cc/AE5V-DRQ9].

13 Alex L. Wang, *Explaining Environmental Information Disclosure in China*, 44 Ecology L. Q. 865, 882 (2018).

14 Benjamin van Rooij, Regulating Land and Pollution in China: Lawmaking, Compliance, and Enforcement; Theory and Cases, 48 (2006), (citingLindsay Wilson, *Investors Beware: The WTO will not Cure all Ills with China*, 2003 Colum. Bus. L. Rev. 1007, 1020 (2003); Donald C. Clarke, *China's Legal System and the WTO: Prospects for Compliance*, 2 Wash. U. Global Stud. L. Rev. 97, 111 (2003))

15 Wang, *supra* note 13, at n. 101.

16 Dan Harris, *China Business Regulation Rising*, China Law Blog, (July 31, 2010), https://www.chinalawblog.com/2010/07/china_business_regulation_rising.html [https://perma.cc/88K3-YRNW].

17 *See* David Vogel & Robert A. Kagan, *Introduction* to Dynamics of Regulatory Change: How Globalization Affects National Regulatory Policies 9 (David Vogel & Robert A. Kagan eds., 2004).

18 Karen Ward, *The World in 2050: Quantifying the Shift in the Global Economy*, HSBC Global Research, 53 (Jan. 4, 2011), https://www.hsbc.ca/1/PA_ES_Content_Mgmt/content/canada4/pdfs/business/hsbc-bwob-theworldin2050-en.pdf [https://perma.cc/JQ5H-3FCV].

19 Ward, *supra* note 18, at 6.

20 Emily Feng, *Northern China Suffers Smog Pollution After Air Targets Relaxed*, Fin. Times, (Nov. 15, 2018), https://www.ft.com/content/983ad260-e88b-11e8-8a85-04b8afea6ea3 (on file with author).

21 Martin Wolf, *The future might not belong to China,* Fin. Times (Jan. 1, 2019), https:// www.ft.com/content/ae94de0e-0c1a-11e9-a3aa-118c761d2745 (on file with author) (discussing a 2018 study "Long-Term Global Economic Outlook" conducted by Capital Economics).

22 *Id.*

23 *China exports, imports and trade balance By Country and Region 2016*, World Integrated Trade Solution, https://wits.worldbank.org/CountryProfile/en/Country/CHN/Year/2016/TradeFlow/EXPIMP https://perma.cc/4NVG-EQP9].

24 *See* Jean Blaylock, *If you thought chlorine-washed chicken was scary, wait until you see what else Liam Fox has planned for a UK-US trade deal*, The Independent, (July 26, 2017, 10:30 AM), https://www.independent.co.uk/voices/chlorine-washed-chicken-liam-foxtrade- deal-us-ttip-deregulation-a7860706.html [https://perma.cc/VD33-GTBC].

25 Withdrawal of the United States From the Trans-Pacific Partnership Negotiations and Agreement, 82 Fed. Reg. 8,497 (Jan. 23, 2017).

26 제안된 TPP의 당사국이었던 11개국이 포괄적·점진적 환태평양경제동반자협정(CPTPP)을 체결했다. 이 협정에 가입한 국가는 호주, 브루나이, 캐나다, 칠레, 일본, 말레이시아, 멕시코, 뉴질랜드, 페루, 싱가포르, 베트남이다. *See Comprehensive and Progressive Agreement for Trans-Pacific Partnership*, Government of Canada, https://international.gc.ca/trade-commerce/tradeagreements-accords-commerciaux/agr-acc/cptpp-ptpgp/index.aspx?lang=eng [https://perma.cc/2S7X-

C2WF].

27 Doug Palmer, *U.S. aims to reshape world trade rules with regional pacts: Biden,* Reuters (April 5, 2013), https://www.reuters.com/article/us-usa-trade-biden/u-s-aims-to-reshapeworld-trade-rules-with-regional-pacts-biden-idUSBRE9340TD20130405 [https://perma.cc/765A-G9WB].

28 The Canadian Press, *Harper hails Trans-Pacific Partnership, promises $4.3B to protect dairy farmers,* LFPRESS.com (Oct. 5, 2013, 5:24 PM EDT), http://www.lfpress.com/2015/10/05/harper-hails-trans-pacific-partnership-promises-43b-to-protect-dairyfarmers [https://perma.cc/RE8J-9DWX].

29 *U.S. not invited to TPP meeting in Chile; ministers to meet again at APEC*, INSIDE US TRADE (Mar. 15, 2017) https://insidetrade.com/daily-news/us-not-invited-tpp-meetingchile-ministers-meet-again-apec (on file with author).

30 European Union Intellectual Prop. Office, Guidelines for Examination of European Union Trade Marks (2017), https://euipo.europa.eu/tunnel-web/secure/webdav/guest/document_ library/contentPdfs/trade_marks/draft-guidelines-2017-wp-lr2/24_part_b_examination_section_4_AG_chap_11_article_7(1)(k)_clean_lr2_en.pdf [https://perma.cc/V2YN-CLK8].

31 *Geographical Indications An Introduction*, World Intellectual Property Organization, 31, https://www.wipo.int/edocs/pubdocs/en/geographical/952/wipo_pub_952.pdf [https://perma.cc/3H3M-UNYH].

32 Comprehensive Economic and Trade Agreement, Canada-E.U., Annex 20-A, (Oct. 30, 2016).

33 EU-Vietnam Free Trade Agreement, Annex 12-A, unsigned.

34 *See TPP Final Text*, Office of the Trade Representative, arts. 18.30–18.36, https://ustr.gov/sites/default/files/TPP-Final-Text-Intellectual-Property.pdf [https://perma.cc/AN8B-J8UU].

35 *See TPP Final Text,* supra note 34, art. 18.32.

36 *See* Shawn Donnan, *TPP deal lifts hopes for US-EU trade pact,* Financial Times (Oct. 6, 2015), https://www.ft.com/content/5bde5a48-6bda-11e5-8171-ba1968cf791a (on file with author).

37 *See The Third Industrial Revolution*, Economist, Apr. 21, 2012, at 15.

38 적층 제조는 정밀한 기하학적 모양으로 재료(예: 플라스틱 또는 금속)를 겹겹이 쌓아 올려 3D 물체를 만드는 산업 생산 기술이다. 기존 제조는 종종 밀링이나 조각을 통해 재료를 제거해야 하지만, 적층 제조는 재료를 쌓거나 추가하여 3D 물체를 만든다.

39 Richard Kelly & Jörg Bromberger, *Additive Manufacturing: A Long-Term Game Changer For Manufacturers,* McKinsey, https://www.mckinsey.com/business-functions/operations/our-insights/additive-manufacturing-a-long-term-game-changer-formanufacturers [https://perma.cc/PMD8-RHFS].

40 Kelly & Bromberger, supra note 39.

41 *Id.*

42 *Id.*

43 *Id.*

44 Regulation (EC) 2018/302, 2018 O.J. (L 060I).

45 *See generally Parliamentary report urges Australians to bypass online geo-blocks that can double prices for IT products,* ABC (July 30, 2013, 12:14 AM), https://www.abc.net.au/news/2013-07-29/geo-blocking-mps-committee-price-report-apple-adobe-microsoft/4850484 [https://perma.cc/W3QE-GRSF].)

46 Allison McDonald, Matthew Bernhard, Luke Valenta, Benjamin VanderSloot, Will Scott, Nick Sullivan, J. Alex Halderman & Roya Ensafi, *403 Forbidden: A Global View of CDN Geoblocking,* 2018 Internet Measurement Conference (IMC '18), Oct. 31–Nov. 2, 2018, Boston, USA, 11, https://ensa.fi/papers/403forbidden_imc18.pdf [https://perma.cc/P6NW-AYL5].

47 Regulation 2018/302 *supra* note 44, paras. 22–26.

48 European Commission Press Release IP/18/6844, Antitrust: Commission fines Guess €40 million for anticompetitive agreements to block cross-border sales, (Dec. 17, 2018).

49 벨기에 브뤼셀에서 진행된 마이크로소프트 부사장 존 프랭크(John Frank)와의 인터뷰 (July 16, 2018).

50 Luca Lombardo, *Genetic Use Restriction Technologies: A Review,* 12 Plant Biotechnology J. 995, 995.

51 Lombardo *supra* note 50, at 995.

52 *Id.* at 1000.

53 *See discussion in* Lombardo, *supra* note 50, at 995.

54 GDP *and main components (output, expenditure and income),* Eurostat, http://appsso.eurostat.ec.europa.eu/nui/show.do?query=BOOKMARK_DS-406763_QID_23BE6D65_UID_-3F171EB0&layout=UNIT,L,X,0;GEO,L,Y,0;TIME,C,Z,0;NA_ITEM,L,Z,1;INDICATORS,C,Z,2;&zSelection=DS-406763TIME,2016;DS-406763INDICATORS,OBS_FLAG;DS-406763NA_ITEM,B1GQ;&rankName1=INDICATORS_1_2_-1_2&rankName2=NAITEM_1_2_-1_2&rankName3=TIME_1_0_0_0&rankName4=UNIT_1_2_0_0&rankName5=GEO_1_2_0_1&rStp=&cStp=&rDCh=&cDCh=&rDM=true&cDM=true&footnes=false&empty=false&wai=false&time_mode=ROLLING&time_most_recent=true&lang=EN&cfo=%23%23%23%2C%23%23%23.%23%23%23 [https://perma.cc/VF8Y-8N7T] (last visited Jan. 11, 2019).

55 *See* Richard G Whitman, *On Europe—Margaret Thatcher's Lasting Legacy,* Chatham House (Apr. 9, 2013), https://www.chathamhouse.org/media/comment/view/190655 [https://perma.cc/F3Y9-M8VR]; Gordon Rayner & Christopher Hope, *Cut the EU redtape choking Britain after Brexit to set the country free from the shackles of Brussels,* The Telegraph (Mar. 28, 2017, 3:19 PM), https://www.telegraph.co.uk/news/2017/03/27/cut-eu-red-tape-choking-britain-brexit-set-country-free-shackles/ [https://perma.cc/EK8F-47U3].

56 *Is the UK a Winner or Loser in the EU Council?,* Guardian, https://www.theguardian.com/world/datablog/2015/nov/02/is-uk-winner-or-loser-european-council [https://perma.cc/K5B3-KA2R].

57 Brexit: Impact Across Policy Areas, House of Commons Briefing Paper No. 07213, Aug. 26, 2016,

24.

58 Bilateral trade between United Kingdom and European Union (EU 28), Trademap, https://trademap.org/Bilateral_TS.aspx?nvpm=1%7c826%7c%7c%7c14719%7cTOTAL%7c%7c%7c2%7c1%7c1%7c2%7c2%7c1%7c1%7c1%7c1 [https://perma.cc/936C-3SP8].

59 *See infra* notes 70–72 and 83–86 and accompanying text.

60 *The Internet Now Contributes 10 Percent of GDP to the UK Economy, Surpassing the Manufacturing and Retail Sectors*, BCG (May 1, 2015) https://www.bcg.com/d/press/1may2015-internet-contributes-10-percent-gdp-uk-economy-12111 [https://perma.cc/7B3S-PMWU]; "Brexit Could Put Data Sharing in Jeopardy," Chatham House (Mar. 10, 2016), https://www.chathamhouse.org/expert/comment/brexit-couldput-data-sharing-jeopardy [https://perma.cc/FYA5-W76X].

61 European Union Committee, Brexit: the EU Data Protection Package, 2017–19, HL Paper 7, at 5 (UK).

62 *Internet Now Contributes, supra* note 60.

63 European Union Committee, supra note 61, at 5.

64 *On Data Protection Brexit means mirroring EU rules, confirms UK minister*, TechCrunch, https://techcrunch.com/2017/02/01/on-data-protection-brexit-means-mirroring-eurules-confirms-uk-minister/ [https://perma.cc/VE8H-PN8H].

65 *On Data Protection, supra* note 64.

66 *EU General Data Protection Regulation (GDPR)*: Regulation (EU) 2016/679 of the European Parliament and of the Council, (Apr.27, 2016), OJ 2016 L 119/1, Art. 45.

67 Case C-362/14, Maximillian Schrems v. Data Protection Commissioner, ECLI:EU:C:2015:650, (Oct. 6, 2015), 21–22.

68 European Union Committee, *supra* note 61, at 50.

69 Investigatory Power Act 2016, c. 4, § 87, (UK).

70 European Union Committee, *supra* note 61, at 41.

71 *Id.* at 41.

72 *Id.* at 42.

73 Kate Allen, *UK finance industry dominates European scene,* Fin. Times (Sept. 5, 2018), https://www.ft.com/content/88cdec40-b03c-11e8-8d14-6f049d06439c (on file with author).

74 Orcun Kaya, Jan Schilbach & Kinner Lakhani, *Brexit Impact on Investment Banking in Europe,* Deutsche Bank Research (July 2, 2018), 6, https://www.dbresearch.com/PROD/RPS_EN-PROD/PROD0000000000469527/Brexit_impact_on_investment_banking_in_Europe.PDF [https://perma.cc/3KKX-XAPK].

75 Kaya, Schilbach & Lakhani, *supra* note 74, at 7.

76 *Passporting*, Bank of England, https://www.bankofengland.co.uk/prudential-regulation/authorisations/passporting [https://perma.cc/R6VU-FXRU].

77 *See The Single Rulebook*, European Banking Authority, https://eba.europa.eu/regula-

tion-and-policy/single-rulebook [https://perma.cc/R7FQ-B329].

78 영국이 아무런 합의 없이 탈퇴할 경우, 이는 자동으로 발생한다. 물론, 영국은 EU와 협상을 통해 반대되는 합의를 이끌어낼 수도 있다.

79 *Commission Staff Working Document, EU equivalence decisions in financial services policy: an assessment,* European Commission (Feb. 27, 2017), 6, https://ec.europa.eu/info/sites/info/files/eu-equivalence-decisions-assessment-27022017_en.pdf [https://perma.cc/X79K-D2EB]; J. Deslandes, C. Dias & M. Magnus, *Third country equivalence in EU banking and financial regulation*, Directorate-General for Internal Policies, European Parliament, Mar. 2019, http://www.europarl.europa.eu/RegData/etudes/IDAN/2018/614495/IPOL_IDA(2018)614495_EN.pdf [https://perma.cc/WGM7-LM4R].

80 *Commission Staff Working Document, supra* note 79, at 7.

81 Eddy Wymeersch, *Third-Country Equivalence and Access to the EU Financial Markets Including in Case of Brexit 4*, J. Fin. Reg. 209, 212.

82 *Commission Staff Working Document, supra* note 79, at 8.

83 Gavin Finch, Hayley Warren & Will Hadfield, *The Great Brexit Banker Exodus That Wasn't,* Bloomberg (last updated Jan. 31, 2019), https://www.bloomberg.com/graphics/2017-brexit-bankers/.

84 Will Hadfield & Steven Arons, *Money Is Flooding Out of London While the U.K. Bickers Over Brexit,* Bloomberg (Jan. 23, 2019), https://www.bloomberg.com/news/articles/2019-01-23/while-u-k-dithers-over-brexit-finance-outflows-pick-up-speed.

85 Regulation (EC) No 1907/2006 of the European Parliament and of the Council (Dec.18, 2006), 2006 O.J. (L 396).

86 Environmental Audit Committee, The Future of Chemicals Regulation after the EU Referendum, 2016-17, HC Paper 912, 3, https://www.publications.parliament.uk/pa/cm201617/cmselect/cmenvaud/912/912.pdf [https://perma.cc/4DLJ-PYHB].

87 *Statistics,* European Chemicals Agency (last visited June 4, 2019), https://echa.europa.eu/registration-statistics-infograph# [https://perma.cc/Z4AD-5UDL] (last accessed June 4, 2019).

88 Bruce Lourie, *Without EU regulations on chemicals, the UK will be a toxic dumping ground,* Guardian, https://www.theguardian.com/commentisfree/2017/jun/01/euregulations-chemicals-brexit-uk-cancer-eu [https://perma.cc/H5HL-MZKU].

89 Susanne Baker, *Initial techUK views on chemical legislation after EU exit,* techUK (Oct. 26, 2016), http://www.techuk.org/insights/news/item/9593-initial-techuk-views-onchemical-legislation-post-brexit [https://perma.cc/V9TY-77Y9].

90 *Cut EU red tape: Report form the Business Taskforce,* Prime Minister's Office, (updated Feb. 24, 2014), https://www.gov.uk/government/publications/cut-eured-tape-report-from-the-business-taskforce/cut-eu-red-tape-report-from-the-business-taskforce [https://perma.cc/G24D-MDFL].

91 *UK Chemical trade bodies: 'soft' Brexit now more likely*, ChemicalWatch, https://chemicalwatch.com/56861/uk-chemical-trade-bodies-soft-brexit-now-more-likely [https://perma.cc/VF5D-PZY5].

92 The Future of Chemicals Regulation, *supra* note 86, at 5–6.

93 *See* Charles Grant, *How Brexit is Changing the EU*, Centre for European Reform (July 15, 2016), https://www.cer.eu/publications/archive/bulletin-article/2016/howbrexit-changing-eu [https://perma.cc/ZW8Y-AE39].

94 *See* Ben Clements, *IEA Brexit Prize: Britain outside the European Union*, Institute of Economic Affairs, 19–20, https://iea.org.uk/wp-content/uploads/2016/07/Clement%20BREXIT%20entry_for%20web_0.pdf [https://perma.cc/94GC-XU6Y].

95 *See* Judy Dempsey, *Judy Asks: Does Europe Have an Alternative to Populism?*, Carnegie Europe (Aug. 30, 2018), https://carnegieeurope.eu/strategiceurope/77134 [https://perma.cc/R4X9-TG-PV].

96 *See* William A. Galston, *The rise of European populism and the collapse of the center-left*, Brookings Institution (Mar. 8, 2018), https://www.brookings.edu/blog/orderfrom-chaos/2018/03/08/the-rise-of-european-populism-and-the-collapse-of-the-center-left/ [https://perma.cc/3WT8-7QKU].

97 *See, e.g.*, *Gains and losses of political parties at the German general election on September 24, 2017 in comparison to the previous election*, Statista, https://www.statista.com/statistics/753651/german-election-2017-party-gains-and-losses/ [https://perma.cc/HC5J-EDDB].

98 *Population structure and ageing*, Eurostat, https://ec.europa.eu/eurostat/statisticsexplained/index.php/Population_structure_and_ageing [https://perma.cc/D36LQNPG].

99 *Better regulation: Why and how*, European Commission, https://ec.europa.eu/info/law/law-making-process/planning-and-proposing-law/better-regulation-why-andhow_en [https://perma.cc/63CX-BEF4].

100 Intelligence Act of July 24, 2015, https://www.legifrance.gouv.fr/affichCode.do;jsessionid=B-F72E2C1162C7C49D52DE78D65BEF5B4.tpdila07v_2?idSectionTA=LEGISCTA000030934655&cidTexte=LEGITEXT000025503132&dateTexte=20160309 [https://perma.cc/54WP-TDYW].

101 Atack Patrick, *UK interior minister calls for end to WhatsApp 'hiding place' for terror suspects*, Euronews (last updated Mar. 27, 2017), https://www.euronews.com/2017/03/27/uk-interior-minister-calls-for-end-to-whatsapp-hiding-place-for-terror-suspects [https://perma.cc/AJ5V-ZTQM].

102 *See, e.g.*, Joined Cases C-203/15 and C-698/15, Tele2 Sverige AB v. Post-och telestyrelsen, Secretary of State for the Home Department v. Tom Watson, ECLI:EU:C:2016:970, (Dec. 21, 2016).

103 *See* Piotr Buras, *Poland, Hungary, and the slipping facade of democracy* European Council on Foreign Relations (Jul. 11, 2018), https://www.ecfr.eu/article/commentary_poland_hungary_slipping_facade_of_democracy [https://perma.cc/8MMB-2TKS]; *Italy budget: Parliament passes bud-*

get after EU standoff, BBC (Dec. 29, 2018), https://www.bbc.com/news/world-europe-46710472 [https://perma.cc/37B8-7MR7]; Katya Adler, *Europe's migration crisis: Could it finish the EU?*, BBC (June 28, 2018), https://www.bbc.com/news/world-europe-44632471 [https://perma.cc/DM3Y-3UCH].

104 *See Legal acts—statistics*, EUR-Lex, https://eur-lex.europa.eu/statistics/2018/legislativeacts-statistics.html [https://perma.cc/AZP3-69T7]. The cited figures consist of both new (basis) and amending acts.

105 *Legal acts—statistics, supra* note 104.

106 Higgins and Kanter, *Order of Business for E.U. in Brussels? Weeds, Then 'Brexit,'* N.Y. Times (June 28, 2016), https://www.nytimes.com/2016/06/29/world/europe/brexiteu-summit-agenda.html?_r=0 (on file with author).

107 European Commission Press Release MEMO 18/5715, State of the Union 2018: A fully equipped European Border and Coast Guard—Questions and Answers, (Sept. 12, 2018), https://europa.eu/rapid/press-release_MEMO-18-5715_en.htm [https://perma.cc/4HMP-5TQA].

찾아보기

ㅅ

ㅇ

저자 소개

아누 브래드포드(Anu Bradford)

아누 브래드포드는 미국 컬럼비아(Columbia) 대학교 로스쿨 교수로 재직 중이며, 유럽연합(EU)의 규제 권력에 관한 저명한 학자이자 세계 경제 그리고 디지털 규제 분야의 영향력 있는 논평가로 널리 알려져 있다. 그녀는 EU가 세계 시장에 미치는 막대한 영향력을 설명하기 위해 '브뤼셀 효과'라는 용어를 만들었다. 최근의 주요 저서로는 『포린 어페어스』가 2020년 최고의 책으로 선정한 『브뤼셀 효과: 유럽연합은 어떻게 세계를 지배하는가(*The Brussels Effect: How the European Union Rules the World*)』(2020)와 『파이낸셜 타임스』가 2023년 최고의 책으로 선정한 『디지털 제국: 기술 규제를 둘러싼 글로벌 경쟁(*Digital Empires: The Global Battle to Regulate Technology*)』(2023) 등이 있다. 그녀의 연구와 대중적 논평은 『이코노미스트』, 『뉴욕 타임스』, 『월스트리트 저널』 등 주요 세계적 언론에 정기적으로 소개되고 있다.

옮긴이들

김일곤
한국외국어대학교 정치학 박사
한국외국어대학교 EU연구소 인문사회연구사업단 전임연구원
저·역서 및 논문 『유럽석탄철강공동체(ECSC) 설립조약』(번역·해제, 2022); 『주요국 사용자단체의 현황과 역할 비교분석』(공저, 2020); 「유럽의 전환 실험과 전략적 함의 : 유럽 그린 딜(EGD)을 중심으로」(2023) 외

박상준
한국외국어대학교 정치학 박사
한국외국어대학교 EU연구소 인문사회연구사업단 전임연구원
저·역서 및 논문 『유럽경제공동체(EEC) 설립조약, 유럽원자력공동체(Euratom) 설립조약』(공역·해제, 2023); 『사회적 유럽 선언』(번역, 2021); 「기후 위기와 유럽노동조합연맹의 인식 : 사회생태적 계약을 중심으로」(2023) 외

이영주
한국외국어대학교 정치학 박사
한국외국어대학교 EU연구소 인문사회연구사업단 전임연구원
저·역서 및 논문 「정치 인구학을 통해 본 EU 인구 위기와 그 영향」(2023). 「중앙은행디지털화폐(CBDC) 발행 논의의 전개와 디지털 유로화(Digital Euro) : 유럽중앙은행(ECB)의 입장 및 디지털 유로화 발행의 의미를 중심으로」(2022) 외

이하얀
불가리아 소피아대학교 정치학 박사
한국외국어대학교 EU연구소 인문사회연구사업단 전임연구원
저·역서 및 논문 『통합전환 이후 동유럽인의 삶·도시·문화』(공저, 2023); 『러시아-우크라이나 전쟁과 중동부유럽 주요국의 지정학적 위기 대응 전략』(공저, 2022); 「불가리아의 러시아 에너지 무기화에 대한 에너지 독립 전략과 시사점 분석」(2023) 외

한국외국어대학교 EU연구소 신사회계약인문사회총서 06

브뤼셀 효과
유럽연합은 어떻게 세계를 지배하는가

초판 인쇄 2025년 3월 21일
초판 발행 2025년 3월 25일

지은이 아누 브래드포드
옮긴이 김일곤 · 박상준 · 이영주 · 이하얀
발행인 박정식
기획 신선호
편집장 장혜정
도서편집 박미현
디자인 최재영
출판행정 김가은
경영기획 김세희
인사행정 김지은 유빈
재무회계 곽순석 김세아
캐릭터 김세원
발행처 한국외국어대학교 지식출판콘텐츠원
02450 서울특별시 동대문구 이문로 107
전화 02)2173-2494~7
FAX 02)2173-3363
홈페이지 http://press.hufs.ac.kr
전자우편 press@hufs.ac.kr
출판등록 제6-6호(1969. 4. 30)
인쇄·제본 주)파일투프린트 02)2285-0620

ISBN 979-11-7199-294-2 [93340] **정가** 31,000원

* 잘못된 책은 교환하여 드립니다.

HUiNE 은 한국외국어대학교출판부의 어학도서, 사회과학도서, 지역학 도서 Sub Brand이다. 한국외대의 영문명인 HUFS, 현명한 국제전문가 양성(International+Intelligent)의 의미를 담고 있으며, 휴인(携引)의 뜻인 '이끌다, 끌고 나가다'라는 의미처럼 출판계를 이끄는 리더로서, 혁신의 이미지를 담고 있다.